江苏宣传年鉴

2006年

JIANG SU XUAN CHUAN NIAN JIAN

江苏省委宣传部 编

江苏人民出版社

图书在版编目(CIP)数据

2006年江苏宣传年鉴/江苏省委宣传部编.—南京：江苏人民出版社，2006.12

ISBN 7-214-04450-1

Ⅰ.2… Ⅱ.江… Ⅲ.宣传工作—江苏省—2006—年鉴 Ⅳ.D64-54

中国版本图书馆CIP数据核字(2006)第135179号

书　　名　2006年江苏宣传年鉴
编 著 者　江苏省委宣传部
责任编辑　许尔兵
出版发行　江苏人民出版社(南京中央路165号　210009)
网　　址　http://www.book-wind.com
集团地址　凤凰出版传媒集团(南京中央路165号　210009)
集团网址　凤凰出版传媒网http://www.ppm.cn
印 刷 者　常州市武进第三印刷有限公司
开　　本　787×1092毫米　1/16
印　　张　28.75　插页 12
印　　数　1—1 000 册
字　　数　680千字
版　　次　2006年12月第1版　2006年12月第1次印刷
标准书号　ISBN 7—214—04450—1/D·668
定　　价　170.00元(精装)

1. 胡锦涛总书记在常州向群众挥手致意

2. 胡锦涛总书记在镇江参观“张小虎葡萄园”

3. 胡锦涛总书记在南京访问拆迁户家庭

4. 吴邦国委员长接见建设润扬大桥的“有功之臣”

5. 吴邦国委员长与扬州柴油机厂退休职工黄志明夫妇亲切交谈

本页图片均为于先云摄

1. 温家宝总理与河海大学的师生在一起
2. 温家宝总理在南京宁工小学关心外来工子女的学习情况
3. 中共中央政治局委员、中宣部部长刘云山在南通观看“江海志愿者活动图片展”
4. 中共中央政治局委员、中组部部长贺国强在淮安参观周恩来纪念馆　　程　光摄
5. 中共中央政治局委员、国务院副总理曾培炎在连云港视察中国大陆科学钻探工程图片展

本页图片除署名外均为于先云摄

1. 省委举办全省“领导干部学习研讨班” 网上图片
2. 省委书记李源潮在江苏电视台“两会”直播室 电视总台供稿
3. 省委副书记、省长梁保华在“十运会”开幕式上致欢迎词 网上图片
4. 省委副书记任彦申在“十运会”宣传活动仪式上讲话 网上图片
5. 省委常委、宣传部部长孙志军看望英雄教师殷雪梅家属 徐建效摄

要闻图录

1. 2月28日，全省宣传思想工作会议在南京召开　　肖　勇摄
2. 12月15日，神舟六号载人航天飞行先进事迹报告会在南京举行　　于先云摄
3. 瞿秋白英勇就义70周年纪念暨学术研讨会在常州举行　　徐建效摄
4. 文化部、江苏省人民政府和国家文物局联合主办的南通博物苑一百年暨中国博物馆事业发展一百周年纪念大会在南通举行　　南通市委宣传部供稿
5. 省第八届精神文明新人新事经全省投票选出。图为当选先进个人和先进集体代表的合影　　程　光摄

纪念抗日战争胜利 60 周年

1. 李源潮书记向老同志颁发抗战胜利 60 周年纪念章　　于先云摄
2. 8 月 15 日，由江苏省委宣传部、江苏省委党史工办、江苏省文化厅联合主办的“人民的胜利——江苏纪念抗日战争胜利 60 周年大型史料展”在南京博物院隆重开幕　　网上图片
3. 为纪念抗日战争胜利 60 周年，南京各界举行《正义·和平》大型交响音乐会　　于先云摄
4. 南京市民在山西路水上舞台合唱《石城记忆》　　葛　讯摄
5. 省作家协会、省广电总台等联合举行纪念抗日战争胜利 60 周年诗歌朗颂会　　余　萍摄
6. 8 月 16 日，“海峡两岸纪念抗日战争胜利 60 周年名家书法邀请展”在江苏省美术馆隆重开幕　　网上图片

纪念郑和下西洋 600 周年

①

1. 7 月 4 日，由国家纪念郑和下西洋 600 周年活动筹备领导小组和江苏省人民政府共同举办的纪念郑和下西洋 600 周年国际学术论坛在南京隆重开幕　　于先云摄
2. 李源潮书记致欢迎辞　　网上图片
3. 梁保华省长主持开幕式　　网上图片
4. 交通部副部长徐祖远致开幕辞　　网上图片
5. 按照史籍记载，郑和所乘“宝船”，“长四十四丈四尺，阔十八丈”，“体势巍然，巨无与敌”。图为复制模型　　网上图片
6. 大型民族交响音乐会《郑和下西洋》在南京艺术学院音乐厅举行　　肖　勇摄

②

③

④

⑤

⑥

享誉全国的先进典型

1. 泰州市人民政府副秘书长、信访局局长，先后荣获全国“人民满意的公务员”、省优秀共产党员等称号的“时代先锋”张云泉
2. 生前为金坛市城南小学高级教师，先后多次获得金坛市优秀教育工作者、先进教育工作者等称号的英雄教师殷雪梅
3. 常州市黑牡丹(集团)股份有限公司高级技师，“全国劳模”、“全国五一劳动奖章”获得者邓建军
4. 先后荣获“全国五一劳动奖状”、“全国三八红旗集体”、“全国学雷锋先进集体”等300多项荣誉称号的连云港市新浦汽车站“雷锋车”
5. 南京航空航天大学飞行器设计与工程专业01级学生、江苏省十佳青年学生、江苏省高校优秀共产党员标兵胡铃心

本页图片均来自网上

①

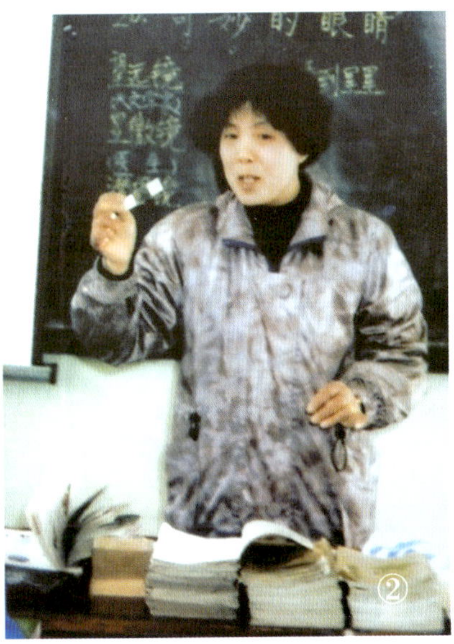

②

③

④

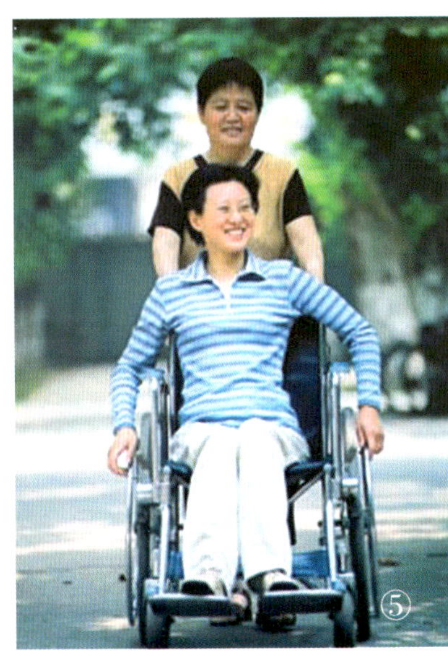

⑤

第十届全国运动会开幕式流光溢彩

国家主席胡锦涛出席开幕式并宣布『十运会』开幕　网上图片

机器人点燃火炬　网上图片

省文化厅供稿

网上图片

网上图片

于先云摄

于先云摄

于先云摄

第十届全国运动会闭幕式美轮美奂

温家宝总理出席闭幕式并宣布“十运会”闭幕　　网上图片

网上图片

于先云摄

网上图片

网上图片

江苏电视台直播画面
广电总台供稿

江苏体育健儿十运会上勇夺金牌

——在第十届全国运动会上，江苏体育健儿共夺得 56 枚金牌、136 枚银牌和 2826.25 总分，三方面成绩均名列全国各代表团之首。本页图片为部分夺金项目。

本页图片除署名外均为肖　勇摄

江苏花样游泳队在集体项目中夺得金牌

雷玉平在男子 81 公斤级拳击比赛中夺冠

徐浩、陈佳鸣在三米双人跳水中获得第一名

体操名将黄旭夺得吊环冠军

曾少眩、薛峰获网球双打金牌

体操新秀吕博勇夺全能冠军

杨芳、高崇博在冰舞比赛中获得第一名

秦旺萍(左)在女子 200 米决赛中夺冠

网上图片

"四进社区"在扬州

①

②

④

③

⑤

⑥

1. 全国先进文化社区命名表彰暨经验交流会议在扬州召开
2. 中央文明办副主任翟卫华参观"文化进社区"成果展览
3. 翟卫华和省委常委、宣传部长孙志军以及扬州市的领导一道观看社区演出节目
4. 第四届全国"四进社区"文艺展演——广陵分会场的演出实况
5. 广陵分会场的演出节目之一
6. 欢乐的社区演出场面

本页图片由李响、马恒福摄

第七届江苏省农村青年文化节

①

②

③

1. 第七届江苏省农村青年文化节在东台市头灶镇举行

肖　勇摄

2. 文化节上，来自全省各地的农村青年表演了农民喜闻乐见的文艺节目。图为女声独唱:“欢天喜地”
3. 古筝齐奏:《井冈山上太阳红》
4. 女青年踏歌起舞
5. 演出场景反映了广大农民群众对文艺的渴求
6. 精彩的演出引来农民观众的阵阵笑声

本页图片除署名外均为董萱、徐越峰摄

④

⑥

⑤

《2006年江苏宣传年鉴》编委会

目　录

适应构建社会主义和谐社会新要求不断改进创新宣传思想工作(代序) …………………………………………(1)

工作总述

工作总述 ……………………………(1)

重要会议

全省宣传部长会议 ……………………(9)
全省宣传思想工作会议 ……………(10)
全省宣传文化系统领导干部会议 …(11)
省文明委第16次全体会议 …………(11)
全省宣传部长座谈会 ………………(12)
十运会新闻宣传工作总结大会 ……(13)
全省精神文明创建工作表彰大会 …(14)

重大活动

开展纪念抗战胜利60周年系列文艺活动 ……………………………(16)
大型民族交响乐《和平颂》晋京演出 ……………………………………(16)
组织十运会宣传报道 ………………(17)
组织十运会开幕、闭幕式文艺演出 ……………………………………(17)
实施文艺下基层“四个一”工程 ……(18)
开展“扫黄打非”“雷霆行动” ………(18)
举办“2005·中国百家金陵画展”(中国画) ……………………………(18)
组织郑和下西洋600周年系列纪念活动……………………………(19)
组织第十一批中青年记者异地采访锻炼活动……………………………(19)
举办第四届全国“四进社区”文艺展演活动……………………………(20)
举办“2006江苏新春音乐会” ………(21)

处室工作

理论建设……………………………(22)
新闻出版……………………………(25)
宣传教育……………………………(28)
文明创建……………………………(31)
对外宣传……………………………(32)
文艺工作……………………………(35)
文化改革……………………………(37)
社科规划……………………………(38)
思想政治工作研究…………………(40)

部门工作

省文化厅工作 ……………………… (43)
省广播电视局工作 ………………… (51)
省新闻出版局工作 ………………… (55)
省文学艺术界联合会工作 ………… (59)
省作家协会工作 …………………… (62)
省社会科学院工作 ………………… (65)
省哲学社会科学联合会工作 ……… (67)
新华日报报业集团工作 …………… (71)
群众杂志社工作 …………………… (74)
省广播电视总台(集团)工作 ……… (77)
凤凰出版传媒集团工作 …………… (80)
省演艺集团工作 …………………… (85)
省文化产业集团工作 ……………… (90)

各市工作

南京市宣传工作 …………………… (93)
苏州市宣传工作 …………………… (97)
无锡市宣传工作 …………………… (102)
常州市宣传工作 …………………… (105)
镇江市宣传工作 …………………… (109)
扬州市宣传工作 …………………… (113)
泰州市宣传工作 …………………… (117)
南通市宣传工作 …………………… (120)
盐城市宣传工作 …………………… (123)
淮安市宣传工作 …………………… (125)
宿迁市宣传工作 …………………… (129)
徐州市宣传工作 …………………… (133)
连云港市宣传工作 ………………… (137)

典型宣传

“连心桥”上的贴心人——张云泉…… (140)
铸就中国桥梁建设丰碑的英雄团队
——润扬大桥建设群体 ………… (140)
知识型职工的杰出代表——邓建军
…………………………………… (141)
师德楷模——殷雪梅 ……………… (142)
42 年如一日的连云港市新浦汽车站
“雷锋车” ………………………… (143)
轮椅上的女博士——侯晶晶 ……… (143)
追梦蓝天的时代骄子——胡铃心 … (144)
引导学生服务基层——扬州大学开展
“三下乡”活动的经验 …………… (144)
经常为群众提供“知识快餐”——江苏
开展形势政策教育的经验 ……… (145)
生命不息、创业不止的带头人——吴仁宝
…………………………………… (145)
不断抢占制高点的企业家——昝圣达
…………………………………… (146)
百姓警察——焦中田 ……………… (147)
乡村好法官——沈国民 …………… (147)
环卫模范——李伯祥 ……………… (148)
优秀青年基层干部——马刚 ……… (148)
见义勇为的英雄法官——高炜 …… (148)
淮钢跳跃式发展的领头人——何达平
…………………………………… (149)
德艺双馨的艺术家——顾芗 ……… (149)
小村庄走出的行业巨子——朱小坤
…………………………………… (150)

捍卫中国力量尊严的运动健儿——陈艳青 …………………………………………（150）
人民满意的税官——张忠平 ………（151）
执著农村教育的园丁——杨瑞清 …（151）
居“危”思“进”的掌门人——张玉纯 …………………………………………（152）
“中国花布大王”——陆亚萍 ………（152）

荣誉奖励

第三批江苏省文明城市 ………………（153）
江苏省 2003 年—2004 年度文明单位标兵 …………………………………………（153）
2003 年—2004 年度文明行业、文明村镇、文明单位、文明社区、江苏省创建文明行业工作先进行业名单 ……（154）
江苏省第九届精神文明建设新人新事当选者名单 ……………………………（179）
2005 年度江苏省文化科技卫生“三下乡”先进集体、先进个人、组织奖、特别贡献奖名单 ……………………（179）
2005 年度宣传信息工作先进单位、先进个人名单 ……………………（180）
2004 年—2005 年度国家舞台艺术精品工程 ……………………………………（180）
第五届全国优秀儿童剧展演 ………（180）
第二十二届中国戏剧梅花奖 ………（180）
第九届中国戏剧节 …………………（180）
第十届全国美术作品展览 …………（180）
第十七届全国版画展 ………………（180）
2005 年全国中国画作品展 …………（181）
2005 · 中国百家金陵画展（中国画） …………………………………………（181）
第七届全国水彩、粉画展……………（181）
全国第二届中国美协会员中国画精品展 …………………………………（181）
全国文化工作先进集体 ……………（182）
全国文化系统先进工作者 …………（182）
全国文化工作先进县 ………………（182）
全国文物工作先进县 ………………（182）
全国服务农民服务基层文化工作先进集体 ………………………………（182）
第四届全国“四进社区”文艺展演……（182）
全国扫黄打非办案有功集体…………（182）
2005 年度文物保护科学和技术创新奖 …………………………………………（183）
2005 年度“全国十大考古新发现”……（183）
全国文物科技创新成果奖 …………（183）
2005 年中国 6 项考古新发现 ………（183）
2005 年全国公共文化服务体系建设征文 ………………………………（183）
全国公共文化发展论坛 ……………（183）
第二批全国文化先进社区 …………（183）
全国社区文化优秀辅导员 …………（183）
全国第三次图书馆评估定级 ………（183）
全国维护妇女儿童权益贡献奖 ……（184）
“全国德育科研先进工作者”………（184）
2004—2005 年度江苏省舞台艺术精品工程 ……………………………（184）
第三届江苏省戏剧文学奖 …………（184）

江苏省第四届少儿艺术节 …………(185)
“红读”网页、动漫设计展示活动艺术节奖 ………………………………(185)
第五届江苏省淮剧艺术节 …………(186)
2005年江苏文化理论创新工程 ……(187)
2005年廉政文化建设研讨征文 ……(187)
第十六届中国新闻奖(江苏)获奖作品目录 ………………………………(188)
第七届长江、韬奋奖获得者…………(188)
荣获“全国优秀新闻工作者”称号……(188)
2005年度国家广电科技创新奖获奖名录 ………………………………(188)
广电媒体新闻宣传类作品(节目、栏目)在全国性评奖中获奖名单 ………(189)
第七届江苏报道奖获奖篇目 ………(189)
2005年度江苏报纸优秀作品一等奖篇目 ………………………………(190)
2005年度江苏省报纸新闻摄影作品一等奖篇目 ………………………(191)
2005年江苏省新闻漫画获奖目录……(191)
2005年度江苏新闻界新闻论文评选一等奖篇目 ………………………(191)
2005年江苏网络好新闻评选一等奖作品篇目 …………………………(192)
江苏广播电视评奖(广播类)一等奖名录 ………………………………(192)
江苏广播电视评奖(电视类)一等奖名录 ………………………………(193)
江苏广播电视评奖(报刊类)一等奖名录 ………………………………(195)

大 事 记

大 事 记 ………………………………(196)

领导讲话

李源潮同志在全省宣传思想工作会议上的讲话 …………………………(214)
孙志军同志在全省宣传部长会议上的讲话 ………………………………(217)
孙志军同志在全省宣传思想工作会议上的讲话 …………………………(227)
孙志军同志在全省宣传文化系统领导干部会上的讲话 …………………(235)

文件汇集

中共中央办公厅关于转发《中共中央宣传部2005年宣传思想工作要点》的通知 ………………………………(240)
中共中央办公厅印发《关于进一步加强和改进舆论监督工作的意见》的通知 ………………………………………(245)
中共中央办公厅、国务院办公厅关于印发《全国性文艺新闻出版评奖管理办法》的通知 ………………(247)
国务院关于加强文化遗产保护的通知 ………………………………………(249)
中宣部关于保持共产党员先进性教育活动宣传报道的意见 ……………(253)

中组部、中宣部关于做好2005年人才工作宣传报道的通知 ……………（255）
中共江苏省委转发《省委宣传部关于中国人民抗日战争暨世界反法西斯战争胜利60周年纪念活动的请示》的通知 ……………………………（257）
中共江苏省委关于加强和改进新形势下对外宣传工作的意见 …………（260）
中共江苏省委办公厅关于印发《2005年全省宣传思想工作要点》的通知 ……………………………………（266）
省委办公厅转发省委宣传部《关于在全省开展“弘扬‘三创’精神，推进‘两个率先’，构建和谐社会”主题宣传教育活动的意见》的通知 …………（272）
省委办公厅、省政府办公厅关于加强廉政文化建设的意见 ……………（274）
2005年第一季度宣传报道意见 ……（278）
关于开展2005年度全省基层党员、干部轮训的实施意见 ……………（283）
关于进一步加强全省理论宣传工作的意见 ………………………………（286）
关于对省内媒体使用外国新闻信息产品加强管理的意见 ………………（288）
关于中国人民抗日战争暨世界反法西斯战争胜利60周年纪念活动的宣传报道意见 ………………………（290）
2005年第二季度宣传报道意见 ……（295）
关于构建社会主义和谐社会的宣传报道意见 …………………………（299）
关于在全省高校社科系统和社科研究系统开展“三项学习教育”活动的实施意见 …………………………（303）
2005年第三季度宣传报道意见 ……（306）
2005年第四季度宣传报道意见 ……（310）
关于开展2005年度农村党员、干部冬训工作的意见 ……………………（314）
省委宣传部机关、直属事业单位保持共产党员先进性教育活动实施方案 ……………………………………（317）
关于开展江苏省第六届精神文明建设“五个一工程”评选工作的通知 ……………………………………（320）
关于印发《2005年度省直重点社科理论期刊资助办法》的通知 ………（322）
关于加强和改进新闻舆论管理工作的实施意见 …………………………（323）
关于下发《江苏省典型宣传工作管理办法》的通知 ……………………（326）
关于开展全省宣传文化系统“五个一批”人才培养工作的通知 ……………（328）
关于在全省大中小学生中开展爱国主义读书活动的通知 ………………（331）
关于实施文艺下基层“四个一”工程的通知 ……………………………（333）
关于公布江苏省宣传文化系统“五个一批”人才评审结果的通知 ……（334）
关于申报2005年度扶持苏北重点文化

项目的通知 ………………………… (335)

报刊文录

在推进"两个率先"中建设和谐社会 ……………………………………………… (337)
把握意识形态工作的主动权 ……… (339)
拓展宣传思想工作新领域 ………… (343)
如何认识中国新社会结构 ………… (345)
履行构建和谐社会新使命 ………… (351)
关于建设社会主义新农村的思考 … (354)
科学构建社会主义和谐社会 ……… (357)
跨越历史的伟大工程 ……………… (362)
倾力办好十运会　全面展示新南京 ……………………………………………… (366)
提高建设社会主义先进文化的能力 ……………………………………………… (368)
造就学习型干部队伍 ……………… (370)
让"凡人善举"遍地开花 …………… (372)
按"三贴近"要求搞好典型宣传 …… (376)
在改革发展中弘扬"三创"精神 …… (378)
提高党报宣传水平 ………………… (381)
创中国一流书业集团 ……………… (383)
在构建和谐社会中体现先进性 …… (385)
在率先发展中抓好人的全面发展 … (387)
城市化如何"化农民" ……………… (391)
解读和谐社会的科学内涵 ………… (395)
建立保持共产党员先进性建设长效机制的几点思考 …………………… (398)
建设和谐社会要以人为本 ………… (400)
信息技术对公共管理的影响 ……… (403)
论城区文化发展的战略选择 ……… (405)
沿江开发要让文化和经济发展比翼齐飞 ……………………………………………… (407)
把文化资源优势转化为外宣优势 … (410)
以少量国资"撬动"社会大资本 …… (412)
中宣部内刊用稿选编(共选编 20 篇) ……………………………………………… (413)

干部队伍

全省宣传干部统计 ………………… (445)
全省宣传系统领导干部名单 ……… (450)

适应构建社会主义和谐社会新要求
不断改进创新宣传思想工作

（代序）

孙志军

构建社会主义和谐社会目标的提出，对新时期加强和改进宣传思想工作提出了新任务新要求。当前，如何进一步深化对宣传思想工作的认识，科学把握构建社会主义和谐社会中宣传思想工作的内在规律，积极探索改进创新的途径，已成为新时期宣传思想战线面临的一个重要课题。

一、按照构建社会主义和谐社会的要求丰富宣传思想工作内涵。构建社会主义和谐社会，要求我们在坚持以经济建设为中心的同时，把加强社会建设、促进社会全面进步摆在更加突出的位置。我们必须按照构建社会主义和谐社会的新要求赋予宣传思想工作新的内涵。一是坚持以人为本。人是和谐社会的主体，实现人与人、群体与群体、社会阶层与社会阶层以及人与自然之间的和谐，是构建社会主义和谐社会的内在要求。宣传思想工作必须发挥思想引领、舆论引导、精神激励、道德教化、文化熏陶等方面的功能和作用，尊重个体差异，体现人文关怀，着力营造各尽所能、各得其所、和谐共处的良好环境。二是统筹发展和谐。社会主义和谐社会是政治经济文化相互协调、健康发展的社会。宣传思想工作必须关注和促进发展的和谐、发展的协调，大力宣传和推进率先发展、加快发展、科学发展，不是片面追求经济增长的速度，而是力争速度、质量和效益的统一，经济快速发展与社会协调发展的统一，经济社会协调发展与生态自然和谐的统一。三是平衡利益关系。社会主义和谐社会是公平正义、安定有序的社会。随着"四个多样化"趋势的进一步发展,我国人民内部不同群体之间利益关系的矛盾日益凸显。宣传思想工作必须切实做好解疑释惑、理顺情绪、协调关系、化解矛盾工作,引导各阶层群众正确看待利益调整,以理性合法的形式表达利益诉求,自觉维护改革发展稳定大局。四是激发创造活力。社会主义和谐社会是人的聪明才智和创造力得到充分发挥的社会,只有全体人民创造财富的能量充分释放,才能为和谐社会奠定坚实的物质基础。当前,我们尤其要大力弘扬和培育"创业、创新、创优"的新时期江苏精神,进一步增添全省人民创业的勇气、创新的锐气、创优的志气,充分调动广大劳动者和建设者的积极性和创造性,为实现"两个率先"目标广开活力之源。

二、根据构建社会主义和谐社会的目标拓展宣传思想工作领域。随着我国社会主义事业发展总体布局的变化,宣传思想工作必须开阔视野、拓宽领域,不断扩大覆盖面和影响力。一是在内容上拓展。要围绕构建社会主义和谐社会的目标任务,进一步加强科学发展观的宣传,尊重、关心、保护发展的积极性、创造性,重视人与人、人与社会、人与自然的统筹协调发展;进一步加强民主法制建设的宣传,巩固和发展民主团结、生动活泼的政治局面;进一步加强符合时代特征、体现社会进步的思想道德和价值观念的宣传,在全社会倡导积极健康向上的良好风尚;进一步加强维护社会稳定的宣传,引导人们倍加珍视团结、倍加维护稳定、倍加顾全大局;进一步加强生态文明建设的宣传,推动整个社会走上生产发展、生活富裕、生态良好的协调发展道路。二是在对象上拓展。高度重视新的社会群体、知识分子群体、青少年群体和待岗职工、进城民工、困难家庭等社会弱势群体的教育引导工作,既要充分发挥包括知识分子在内的工人阶级、广大农民推动经济社会发展的根本作用,又要鼓励和支持其他社会阶层人员为经济社会发展积极贡献力量。要坚持重心下移,降低文化消费门槛,千方百计服务基层、服务农民、服务困难群体,多生产他们买得起、看得懂、用得上的文化产品,多举办他们愿意参与的文化活动,多提供满足不同地区、不同年龄、不同文化水平群众需求的文化服务。三是在渠道上拓展。在充分发挥大众传媒、文化艺术、思想教育和精神文明创建作用的基础上,注重调动社会非政府组织的积极性,把传统途径与现代途径、组织手段与社会手段、体制内力量与体制外力量结合起来,不断扩大先进文化在各类社会群体和各种信息传播领域中的影响力。要建立健全信息网络,畅通信息渠道,及时发现倾向性、苗头性问题,增强工作的主动性和前瞻性。

三、适应构建社会主义和谐社会的趋势创新宣传思想工作手段。当今时代,科技发展日新月异,世界政治经济文化深刻变化。宣传思想工作只有与时俱进、不断创新,才能始终保持生机与活力。要紧紧围绕落实科学发展观、构建社会主义和谐社会的新要求,把“依法、科学、求实”的原则贯穿于理论、新闻、文艺、出版、思想道德建设等各个方面,深入研究江苏人均超过2500美元后人们思想观念和精神文化需求的新变化,研究市场经济和高科技条件给人们带来的新变化,准确把握经济社会文化发展的规律、干部群众思想活动的规律和宣传思想工作自身的规律,在继承和发扬成功经验和优良传统的基础上不断改进创新。要坚持贴近实际、贴近生活、贴近群众,切实转变宣传思想工作传统思维定式和教育模式,变单向灌输为双向互动,变被动接受为主动参与,变工作客体为创造主体,把坚持正确导向与讲究宣传艺术统一起来,把传统宣传教育手段与经济、法律、科技等手段统一起来,善用新闻传媒手段,善用新型文化载体,善用群众性创建和社会实践活动,不断增强宣传思想工作的针对性和实效性。要在继续巩固报刊出版、广播电视等宣传文化阵地的同时,认真研究分析网络和手机短信等新兴媒体的特点和规律,充分利用以现代科技为基础的各种信息传播平台,推动各种文化传播方式互动融合,不断增强主流意识形态的时代感和影响力。

四、立足构建社会主义和谐社会的发展壮大宣传思想工作实力。发展是硬道理。只有不断解放和发展文化生产力、壮大宣传思想工作实力,才能满足人民群众日益增长的精神文化需求,才能在构建社会主义和谐社会的实践中发挥重要作用。当前,宣传文化事业改革发展有着良好的物质基础和科技条件，有着巨大的社会需求和内在动力。我们要有强烈的机遇意识，树立新的文化发展观，开阔发展思路，破解改革难题，切实把宣传思想工作包括文化事业文化产业做大做强。要积极推进文化体制改革，认真贯彻落实将要召开的全国文化体制改革工作会议精神，制定出台文化体制改革总体方案，出台一批文化经济政策，出台社会资本投资文化产业指导目录，组织实施一批重点文化发展工程，推出一批勇于开拓、积极探索、有力推动文化产业发展的各类典型。大胆探索经营性产业发展之路，着力培育一批有实力、有影响力、能够参与国际竞争的市场主体，不断增强文化产业的总体实力。要深入实施文化精品战略，充分利用江苏丰富的人文资源和深厚的文化底蕴，重点实施舞台艺术、影视艺术、文学艺术、图书报刊、多门类文化艺术等精品工程，推出一批思想性、艺术性、观赏性统一、社会效益和经济效益俱佳的优秀精神产品，带动全省文化产品生产和文化市场的繁荣。要切实加强宣传文化阵地建设，进一步增加投入、转换机制、增强活力，同时明确规划政策、项目等，引导扶持多种投资主体的参与，加快发展，逐步形成覆盖全社会的比较完备的公共文化服务体系，保证广大人民群众共享文化发展的新成果。要进一步加快高新技术引进步伐，加强重要新闻媒体和重点网站建设，注重用先进的科技手段传播先进的思想文化，努力占领文化科技发展的制高点。要不断壮大宣传思想工作人才队伍，精心实施人才培养工程，努力造就一批宣传文化领域的拔尖人才和领军人物，使宣传文化部门成为奋发有为、建功立业的创业热土和人才高地。

（原载《党建》杂志2005年第十期）

工作总述

2005年，全省宣传思想战线坚持以邓小平理论和“三个代表”重要思想为指导，按照科学发展观和构建社会主义和谐社会的要求，认真贯彻落实中办29号文件和全国宣传部长会议、全省宣传思想工作会议精神，坚持服务中心、服务大局、服务发展，贴近实际、贴近生活、贴近群众，着力在深化、拓展、创新上下功夫，在科学、依法、求实上下功夫，扎实推进各项工作，取得新进展、新突破，为推进“两个率先”、构建和谐社会提供了思想保证、舆论支持、精神支柱和文化条件。

一、围绕主线抓理论武装，进一步巩固了全省人民团结奋斗的共同思想基础

认真组织了重大理论创新成果的学习教育。紧紧围绕科学发展观、构建和谐社会、加强党的执政能力建设和十六届五中全会精神等重大战略思想和战略部署，立足江苏“两个率先”的最新进展，重点抓好各级领导干部的理论学习。组建十六届五中全会精神宣讲团(组)，宣讲全会精神。服务省委理论学习中心组，共举办中心组学习会11次、省领导干部研讨班1次。组织兼职教授为各级中心组提供了500多场学习辅导报告。在县处级以上领导干部中组织开展了“弘扬‘三创’精神，构建和谐社会，推进‘两个率先’”专题学习调研活动。会同有关部门在省级机关举办了加强执政能力建设系列讲座。参与省“百千万”党政领导干部教育培训工程，组织编写了《民主执政》读本等系列教材。先后发布了两批120题的理论宣讲菜单，为各地各部门理论学习提供服务。以十六届四中全会精神和先进性教育为主要内容，组织了全省基层党员轮训；以十六届五中全会精神和社会主义新农村建设为重点，部署开展2005年度全省农村冬训。

切实加强了重大理论和实际问题的研究与探索。组织召开了全省弘扬“三创”精神理论研讨会，着重就“三创”精神的科学内涵、指导价值、思想渊源、实践基础和弘扬光大等进行深入研讨，深化了对新时期江苏精神的认识。两次召开江苏经济社会发展形势分析会。组织开展了“全面建设小康社会在江苏的实践及理论思考”重大课题研究，与苏州市委市政府共同举办了“江苏全面建设小康社会苏州论坛”及“以科学发展观统领全面小康社会建设——昆山经验研讨会”，认真总结苏南特别是苏州建成全面小康社会的实践经验，结合实践中的新探索进一步丰富完善江苏全面小康社会指标体系，探索江苏推进“两个率先”的新路径。推进“学会建设年”工作，举办了首届省级社科学会研究成果年会。组织出版了《江苏发展道路与发展特色研究》。加强和改进国家、省社科基金项目的管理，共获准国家社科基金项目73个，立项总数在全国省区市排第三名，完成50项国家社科基金项目成果的结项，省社科基金项目结项率达90%。

积极推进了理论宣传和普及工作。组织编撰了《江苏全面建成小康社会指标体系解读》通俗理论读物，对省委省政府确定的全面建设小康社会四大类18项指标体系作出深入浅出的解释，组织引导干部群众加深对这一指标体系的学习与实践。通过江苏省“三个代表”重要思想研究会，面向全省社科界征集需要回答的重大研究课题和热门话题，确定发布了69个资助研究选题，并组织理论工作者进行攻关。召开了纪念陈云同志诞辰100周年、抗战胜利60周年理论座谈会并作集中的理论宣传。成立了首支由22人组成的全省理论宣传重点文章写作队伍，形成相关工作制度，积极开展理论研究、阐释和普及工作，在人民日报、求是杂志、光明日报等中央和省级报刊发表了关于加强党的先进性建设、构建社会主义和谐社会以及江苏率先发展、科学发展、和谐发展等一批重点文章。加强全省重点理论宣传阵地建设，表彰资助省直重点社科理论期刊和省市媒体理论宣传优秀栏(节)目、优秀作品。

二、服务发展抓舆论引导，进一步营造了率先发展、科学发展、和谐发展的良好氛围

重大主题宣传形成声势。围绕省委率先发展、科学发展、和谐发展，推进全面小康社会建设的战略部署，组织开展了一系列重大新闻行动，推出了“科学发展看江苏”、“和谐社会，春满江苏”等专题、专栏和重点报道。配合中央媒体开展“落实科学发展观”大型系列主题采访活动，对我省的新举措、新进展、新气象进行了深入报道。围绕苏北振兴、建设沿东陇海线产业带、推进全省城乡建设和建设教育强省等省委省政府重要会议和重大部署，坚持提前介入、精心策划、系列推出，形成了重点宣传的舆论强势。配合全省加快发展现代服务业会议精神，集中介绍了上海、广东、天津、河北、山东等地的做法和经验，报道了全省各地的思路和举措，为加快发展现代服务业营造了良好舆论氛围。协调组织“长三角”地区网络媒体开展“回顾‘十五’、展望‘十一五’”集体采访活动，大力宣传我省“十五”期间经济社会发展的巨大成就和“十一五”规划。

重要宣传战役高潮迭起。精心策划和组织了纪念抗日战争胜利60周年、纪念郑和下西洋600周年、“十运会”等重大活动的宣传战役。纪念郑和下西洋600周年，重点推出了国际学术论坛、第三届中国太仓郑和航海节，以及相关对外文化交流活动的集中报道。纪念抗战胜利60周年，认真转播转发了中央主要新闻媒体的重点稿件，集中报道了省委省政府举办的纪念抗战胜利60周年座谈会、《人民的胜利》大型展览等纪念活动。“十运会”的新闻宣传浓黑重彩，大力宣传了“十运会”的组织筹备工作，宣传了我省及全国各地运动健儿顽强拼搏精神，宣传了江苏经济建设、城市建设和精神文明建设的新成就，为“十运会”成功举办提供了良好的舆论环境。

网上舆论引导积极主动。立足做强以中国江苏网为龙头的重点新闻网站，形成网上正面宣传强势，正确引导网上舆论。针对涉日问题，加强对省重点新闻网站、重点校园网站以及近50家新闻网页和重点新闻时政类论坛的监督管理，加大了正面引导的力度。强化对新闻网站、校园网络和社会网站传播内容的监管，规范了有害信息处理程序，旗帜鲜明地对互联网有害信息及时进行封堵和查处，共删除各类有害信息3500余条。针对淮安地区“3.29”特大交通氯气泄漏事件，及时加强组织协调，有效防止了新闻炒作特别是网上的新闻炒作。根据互联网管理的有关规定，排查梳理了650个网站，纠正了130个网站的违规行为，依法关闭违规网站1个、栏目2个。

三、突出主题抓思想道德建设，进一步弘扬了民族精神和新时期江苏精神

“三创”主题宣传教育活动广泛深入。

年初省委召开全省宣传思想工作会议，对开展“弘扬‘三创’精神，推进‘两个率先’，构建和谐社会”主题宣传教育活动作出部署，省委书记李源潮亲自作动员报告，省委办公厅转发了开展主题宣传教育活动的意见，年中召开了全省主题宣传教育活动经验交流会。各地各部门紧密结合实际，通过多种宣传教育形式，在全省上下唱响了“三创”主旋律。各地各单位坚持用发展的成果检验主题宣传教育的成效，把活动的着力点和落脚点放在推进“三创”实践上，在全省形成了创业创新创优的热潮。有关调查显示，“三创”精神得到了干部群众的充分肯定和认同，全省城乡居民中占 86.9% 的人认为“三创”对推进“两个率先”、构建和谐社会有至关重要或较大作用，占 70.5% 的人认为广大干部群众在“三创”的实践中表现努力，占 70.7% 的人认为我省在“三创”方面的工作已经取得成效或成效显著。

典型宣传取得突破性进展。充分发挥先进典型的示范导向作用，推出了张云泉、邓建军、润扬大桥建设者群体等全国重大典型，中央和地方多家媒体集中报道了殷雪梅、侯晶晶等一批典型的先进事迹。其中，张云泉的先进事迹由中央和地方 34 家重要媒体作了集中采访报道，刘云山等中央领导同志作出重要批示，省委发出了《关于向张云泉同志学习的决定》，省委书记李源潮亲自撰写《学习张云泉》文章。一年之中，全国性重大典型之多、影响之大、反响之好，为江苏近年来典型宣传所少见，在全国也较突出。同时，宣传了“三创之星”、“十大共产党员标兵”以及“市民楷模”等各个层面的典型人物，其中省级新闻媒体宣传的“三创之星”达 21 名，各市媒体宣传的“三创之星”共 1011 名，省市县（市、区）各有关部门和单位，也都学习宣传了一大批身边的先进典型，较好地起到了激励、示范、弘扬正气的引领作用。

形势政策教育丰富多彩。有计划地组织系列形势报告会，省委书记李源潮、省长梁保华等省领导带头作形势报告，各市委书记也走上讲台作报告。各省辖市及大部分县市区也都建立了形势报告会制度，苏州、镇江、泰州、徐州等地不少大中型企业还主动出资引进高层次的形势报告，形势报告会在全省城乡普遍开展，特别是高校、企业等人群密集地方的形势政策教育得到普及。加强了形势政策教育学习材料的编辑发放工作，先后印发了《经济形势政策》、《中日关系形势》、《联合国安理会改革问题》、《关于连战、宋楚瑜访问祖国大陆有关情况》、《形势政策教育》等宣讲提纲及音像材料，较好地满足了基层的学习需要。

爱国主义教育主题鲜明。精心组织抗战胜利 60 周年系列纪念活动，召开了江苏各界纪念抗战胜利 60 周年座谈会，举办了《人民的胜利——江苏纪念抗日战争胜利 60 周年大型史料展》等，基层广泛开展了形式多样、丰富多彩的群众性活动，大力弘扬了抗战中表现出来的伟大民族精神。南京、苏州、扬州、泰州、淮安等地也注重挖掘运用地方有关历史资源，组织开展教育活动。积极发展红色旅游，引导干部群众特别是青少年参加到红色旅游中来，接受爱国主义教育和革命传统教育。加强爱国主义教育基地建设，常熟沙家浜纪念馆、镇江茅山新四军纪念馆、盐城新四军纪念馆等基地扩建改造工程得到中宣部或省委宣传部重点扶持，泰兴市黄桥革命历史纪念地等 5 个基地被命名为全国爱国主义教育示范基地。

群众性精神文明创建活动扎实开展。认真组织全国文明城市的测评和推荐工作，张家港市被评为全国文明城市，南京市、苏州市、无锡市、常州市被评为全国创建文明城市工作先进城市，另有 21 个村镇被评为全国文明村镇,37家单位被评为全国文明单位,42个村镇被评为全国创建文明村镇工作先进村镇,5人被评为全国精神文明建设先进工作者。以迎接"十运会"为契机深入开展各类群众性精神文明创建活动,在全省组织开展了"创文明城市,迎十运盛会"主题创建活动,窗口行业和执法部门广泛开展了"迎十运、创文明,满意在窗口"活动。全省各地积极开展形式多样的创建活动,南京市实施了十大"市民参与工程",南通市开展了市民精神大讨论,连云港市组织行业、单位与农村结对共建,吸引了干部群众的广泛参与。

未成年人思想道德建设力度加大。认真贯彻省委、省政府未成年人思想道德建设"行动计划",加快实施"六大工程",落实50件实事。组织了"七彩的夏日——江苏未成年人暑期系列活动","名师面对面"专题讲座、科技艺术文化电影系列夏令营、暑期网吧治理特别行动等。举办了首届全省未成年人才艺大赛,开展了"创童谣、唱童谣、演童谣"、道德小品展演、金钥匙科技竞赛、"朝霞工程"新人才艺展示等系列活动。组织了新童谣征集评选活动,全省共征集童谣1万多首。在全省范围加强网吧义务监督员队伍建设,开展了网吧专项治理,建立健全网吧监督体系,不断优化育人环境。加强德育队伍建设,举办了小学少先队辅导员、中学团委书记和高校辅导员培训班。进一步加强了大学生思想政治教育,切实把解决思想问题与解决实际问题结合起来。加强对校报、校刊、网站、校内广播电视和出版社的建设与管理,不给错误观点和言论提供传播渠道。

四、立足改革抓文化建设,进一步满足了人民群众的精神文化需求

精心组织了重大文化活动。会同南京市共同组织了大型民族交响乐《和平颂》晋京演出,拉开了国家文化部"纪念中国人民抗日战争胜利暨世界反法西斯战争胜利60周年优秀剧目展演"的序幕,淮剧《太阳花》等也参加了这一展演活动。举办了"劳动者之歌——庆祝五一国际劳动节暨润扬大桥通车文艺晚会"、"正义·和平"大型交响音乐会、纪念抗战胜利60周年大型交响合唱音乐会和"祖国颂"国庆晚会以及江苏省第四届少儿艺术节等系列文化活动,会同有关方面组织了"中国博物馆事业一百年暨南通博物苑百年庆典"。"十运会"开幕式、闭幕式大型文艺表演,气势恢宏,内涵丰富,艺术精湛,集中体现了江苏的文化底蕴和文化水平,在省内外引起热烈反响和广泛赞誉。

精神产品生产取得新的成果。实施精品战略,认真组织精神产品创作生产,舞剧《红河谷》入选2004—2005年度国家舞台艺术精品工程十大精品剧目,积极扶持话剧《平头百姓》、昆剧《牡丹亭》和《长生殿》等优秀剧目在省内外城市及高校演出。着力推进影视剧创作生产,全省有70部1628集电视剧经总局批准立项,有21部电视剧通过审查准予发行。启动了"诗词歌赋咏江苏"作品征集活动,共收到来自全国各地的相关作品3420件,并评出110多件获奖作品和入围作品。支持电影《栖霞寺1937》,电视剧《如歌的岁月》,电视专题片《抗日中坚八路军》、《跨越梦想——润扬长江大桥建设纪实》,以及昆剧《桃花扇》、话剧《青春万岁》等一批重点作品的生产。在节假日期间,采取政府采购、社会力量合作联办等形式,引进中央歌剧院交响乐、中国民乐团《盛装民乐》、俄罗斯芭蕾舞剧《巴黎圣母院》和《天鹅湖》、"奥地利林茨交响音乐会"等一批经典剧目和演出,丰富了城市节假日文化生活。

面向基层和群众积极开展文化服务。扎实推进文艺下基层"四个一"工程,组织优秀舞台剧目在全省展演596场，组织省及各地文艺院团下基层、进社区、到工地演出7298场，组织高雅民族艺术进校园演出355场，组织“百部电影送千村”，省及各市送电影下乡共10501场，其中苏北5市为中小学生举办的“暑期主题电影展映月”放映1000场。开展了“五走进”文化为民服务活动，组织文化工作者走进社区、企业、农村、校园、军营，为基层面对面提供文化服务和文化产品。扎实推进农村有线电视进村入户工作，全省农村有线电视用户达599.7万户，比2004年底净增113.7万户，比2004年提高7.16个百分点。以目标考核形式，资助苏北地区配备了11辆文艺下基层活动舞台车。实施乡镇文化站（活动中心）建设工程改革试点工作，规范、指导乡镇文化站建设。到2005年底，全省实现了“县县有文化馆、图书馆”的目标，一批文化中心、图书馆、博物馆、文化馆陆续建成并对外开放。

积极稳妥地推进文化体制改革。抓好文化体制改革试点工作，研究起草有关文件。深化试点单位的改革，进行新华日报报业集团报刊结构调整，做好新华发行集团企改股、筹备上市的有关工作，推进演艺集团演艺结构调整、加快全省演艺资源整合，培育新的经济增长点。推进文化管理体制改革。省广播电视信息网络股份有限公司（筹）宿迁分公司正式成立。积极探索和开展国有文化资产监督管理等方面工作。

文化产业发展活力增强。积极推动文化产业纳入全省加快发展现代服务业的总体规划。组织开展“十一五”文化产业发展规划等多项专题调研。积极筹备全省文化工作会议。加快文化产业基地建设，推动动漫、卡通、电脑游戏等新兴文化产业的发展。常州市举办了“2005中国国际卡通·数码艺术周”。支持鼓励民营文化企业发展，鼓励社会资本在政策许可的范围内投资文化产业。启动江苏省文化产业统计工作，探索建立文化产业发展监测评价体系。编撰出版《2005年江苏文化发展蓝皮书》。

五、拓展渠道抓对外宣传，进一步扩大了我省在海内外的影响力

围绕重要工作、重大活动组织对外宣传。根据省委《关于加强和改进新形势下对外宣传工作的意见》，部署实施外宣“六大工程”、“40件实事”，努力构建全方位、多层次、宽领域的大外宣格局。围绕全省改革开放和经济建设，重点组织了省委省政府重要经贸活动的宣传报道工作。“十运会”期间，制订了“境外媒体记者新闻官工作职责”，组织“外国记者看十运”宣传活动。台湾三党主席先后率团访问南京期间，组织了境内外记者的接待工作。发挥苏浙沪三地外宣协作关系的作用，先后两次组织接待了外国驻沪通讯社、部分网络媒体来江苏的采访报道工作。

精心组织南京大屠杀史实展。认真组织了《12·13——侵华日军南京大屠杀史实展》，作为全国纪念抗战胜利60周年活动中的3个重点展览之一，在北京展出后，得到中央领导同志的充分肯定，在国内外引起很大反响。落实李长春同志指示要求，整个展览还组织到沈阳、武汉、广州等国内重要城市巡展。展览通过南京大屠杀历史照片、资料、文物和证人证据等史实的展示，深刻揭露了侵华日军的法西斯暴行，教育人们特别是青年一代永远牢记历史，珍爱和平，开创未来。展览期间吸引了中央领导和各地各界人士包括国际友人60余万人观看，也吸引国内和世界众多主流媒体进行长时间、多角度的宣传报道。编辑出版了28卷1500万字的《南京大屠杀史料集》，许多资料是第一次公开出版发行，社会反响强烈。中央、省和南京市投入5亿多元的侵华日军南京大屠杀遇难同胞纪念馆扩建工程全面启动。精心制作的6集电视专题片《1937,南京真相》同时在央视几套节目播出,受到各方的关注和好评。

积极开展对外文化交流。赴马来西亚举办"纪念郑和下西洋600周年江苏文化周"活动,大力宣传了郑和下西洋的伟大壮举和我国和平外交政策,充分展示了江苏历史文化魅力和现代化建设成就。南京市在日本名古屋举办了《博爱之都——南京》摄影图片展、民间艺人艺术绝活表演、小红花艺术团歌舞表演等活动,苏州市在德国柏林举办了"中国苏州刺绣艺术展",连云港市组织女子民乐团赴韩国举办了专场演出,扬州市在韩国大田举办的"中国·扬州文化周"展示了玉雕漆雕技艺、木偶表演艺术等特色文化。省文化厅、省文联和张家港市委市政府会同国家有关文化组织,联合举办了2005年(张家港)长江文化艺术周活动。江苏卫视国际频道继去年在北美地区落地之后,今年又促成在亚洲地区落地开播。以江苏卫视国际频道为总部,与沿江省市组建了"长江(国际)电视联盟",努力把该频道打造成为长江流域各地向境外发布信息的重要平台。与美国《中国新闻》合作出版了《江苏沿江开发系列》苏州、扬州、泰州、南通等专辑。

六、着眼长远抓宏观管理,进一步推进了宣传思想工作的制度化、规范化建设

制订出台了系列规范性文件。认真贯彻落实中办29号文件精神,着眼于科学管理、依法管理、长效管理,先后制订出台了理论、新闻、出版、网络和典型宣传等一系列规范性文件,进一步加强了宣传文化领域的管理。《关于加强和改进新闻舆论管理工作的实施意见》,力求从事前引导到事后监督,从内容管理到加强队伍管理,基本形成了全方位的导向管理机制。《关于组织协调省内突发事件采访报道的工作预案》,进一步规范了采访行为,明确了报道流程,使宣传部门可以适时研究宣传口径和报道计划,牢牢掌握突发事件报道的主动权。《关于进一步加强全省互联网管理工作的意见》,进一步明确了互联网管理工作的总体要求、重点任务、责任目标和工作措施。省文化厅会同省法院、省检察院联合制订了《关于进一步打击非法音像制品违法犯罪活动的意见》,推动文化部门向司法机关移送涉嫌犯罪案件,对建立打击音像市场盗版犯罪长效机制作了有益探索。

建立健全了相关工作制度。初步建立了新闻发布会和新闻发言人制度,建立了由13个省辖市和省54个部门单位构成的新闻发布网络和队伍。进一步确立规范新闻阅评制度,建立起报纸、广电、图书阅评工作网络。成立广播电视收听收看中心,对全省电台、电视台的重点节目(栏目)进行实时收听收看。建立图书审读队伍,加强对苏版图书的出版前、出版后的审读工作。加强互联网管理制度建设,建立了全省互联网管理联席会议制度,统一管理和协调全省互联网管理工作;组织实施"网络管理工程",探索建立处置网上有害信息的长效管理机制;推广南京大学小百合网站实名制管理办法,并在实践中对这一管理制度进行不断完善。

着重治理了新闻媒体存在的突出问题。针对新闻媒体存在的虚假报道、有偿新闻、低俗之风、不良广告等突出问题,加大了治理力度。召开规范从业人员管理会议和全省坚决制止虚假新闻座谈会,研究制订措施,制止和打击虚假新闻报道。在省人大省政协支持、监督下,下大力治理违法违规药品、医疗不良广告。先后对多家违规的媒体负责人进行了诫勉谈话。对全省范围内的非法出版物和报刊进行督查,共停办各类非法报刊50多种。根据有关规定,规范了报刊社驻地记者站的工作秩序,加强了对记者站的监督管理工作。

七、服务决策抓信息调研，进一步增强了宣传思想工作的前瞻性和主动性

信息工作富有成效。紧紧围绕国内外大事、省委中心工作和全省宣传思想工作新进展新经验以及社会热点、难点问题，加强了信息收集、分析和报送工作，组织撰写报送了大量有价值的舆情信息和工作信息，使全省宣传思想工作的新思路、新探索在全国宣传系统和全省工作大局中得到了及时反映和较好展示。全年向中宣部和省委办公厅报送信息 812 篇，被采用 366 篇。其中，中宣部部刊《宣传工作》采用 19 篇，中宣部舆情信息刊物采用 212 篇，省委办公厅信息刊物采用 135 篇、包括《快报专刊》采用 12 篇。我省舆情信息工作走在全国省区市的前列，部刊工作在全国列第一位；省委宣传部信息工作在全省党委系统信息工作中领先，《快报专刊》刊稿量在省级机关部门列第一名。在及时向中宣部和省委报送舆情和工作动态的同时，加强了信息分析和研究工作，定期不定期地报送专题信息报告和季度年度舆情报告。全年共有 12 篇信息和调研材料得到中央、中宣部领导和省委主要领导的批示。

调查研究工作深入开展。围绕全局工作、重点工作和战略性、前瞻性问题，组织重大课题和应用课题研究。组织开展了一批重大课题调研，形成了一批有分量的研究成果。其中《江苏省精神文化产品供求状况调查与思考》、《当前和今后一个时期我国社会思想意识变化及对策的调查与思考》、《2005 年一季度全省社会舆情健康平稳》等重点调研报告得到中央领导同志和省委主要领导同志的充分肯定，为领导决策提供了信息咨询服务。参与了中宣部研究室、舆情局组织的 7 项重点课题的调研和集中写作。全年共组织撰写报送重点调研报告近 30 篇，其中有 22 篇被中宣部和省委办公厅采用，调研工作在全国省区市党委宣传部中名列前茅。组织开展了 2005 年全省宣传思想工作调研成果交流展示活动，交流了近 60 篇调研报告，并组织了评比奖励和汇编成集，促进了全省宣传思想战线调查研究工作的开展。

八、统筹规划抓人才建设，进一步提高了宣传干部队伍的整体素质

认真开展“三项学习教育”活动。重点在新闻战线和高校社科系统、社科研究部门组织了“三项学习教育”。举办了社科理论骨干培训班、高校思想政治理论课骨干教师和公共管理学院院长培训班、首期高校社科研究骨干研修班。修订完善了优秀社科工作者评比办法，部署开展了“德学双馨”优秀社科工作者的评选推荐工作。组织省内中青年记者异地采访锻炼活动。

注重加强宣传文化系统骨干队伍建设。积极推行干部人事制度改革，省委宣传部机关和多数市委宣传部组织开展了部分处、科级干部职位竞争上岗工作，进一步改进和规范了机关干部选拔任用制度。组织了宣传干部双向挂职锻炼，推动年轻干部和基层宣传骨干在工作实践中锻炼和增长才干。全面启动全省宣传文化系统“五个一批”人才培养工程，组织首批 45 人到北京大学，利用其教学设施和师资力量优势进行培训，开创了与名牌大学合作培养宣传文化系统人才的新模式。举行了江苏省第 7 期高级新闻人才和第 27 期政工人才培训班，共有 230 名新闻和政工高级专业技术人员参加了培训。组织了全省新闻、政工高级专业技术资格的评审工作，评定新闻系列正、副高级职称 63 人，政工系列正、副高级职称 195 人。

努力提高新型人才队伍素质。举办了全省首期新闻发言人培训班，对省直各有关单位的新闻发言人和联络员，各省辖市党委宣传部分管部长、新闻办主任和政府新闻发言人进行了培训。举办了社科理论骨干培训班,全省高校和社科系统共有500名骨干参加了“三进”工作的培训。组织网络新闻宣传和管理干部参加了全国网络新闻业务和管理法规培训。成立了能够熟练运用互联网、具备较高政治素质和文字能力的骨干人员组成的省专兼职网上评论员队伍,南京、无锡、南通、宿迁等市也成立了专兼职人员组成的网上评论员队伍,加强了网上新闻阅评和舆论引导工作。开展了政工干部教育培训,有15000名政工干部参加学习培训。通过多层次多渠道多形式的培训,有效地提高了干部人才队伍的素质和能力,为开创全省宣传思想工作新局面提供了人才保障。

（研究室）

重要会议

全省宣传部长会议确定今年十项重点工作

1月7日，全省宣传部长会议在南京召开，传达全国宣传部长会议精神，总结去年、部署今年全省宣传思想工作。省委常委、宣传部长孙志军出席并作工作报告，他在报告中强调，今年全省宣传思想工作要突出弘扬“三创”精神、推进“两个率先”、构建和谐社会这个主题，重点做好十项工作：一是学习型干部队伍建设全面启动。办好省级机关厅局级领导干部学习论坛和县(市)党政领导干部学习论坛，创设“江苏干部学习网”，开办机关干部系列学习讲座，制订领导干部学习学分制考核办法，建立干部个人学习档案。二是在全省城乡开展系统的形势政策教育。各级领导干部带头做形势政策报告，充分发挥大众传媒、党校和讲师团的作用，对重大改革举措，特别是涉及群众切身利益的有关政策，对干部群众关心的热点、难点问题，加大宣传教育力度。三是进一步加强新闻媒体建设和管理。在全省推开新闻发言人制度；继续改进会议和领导人活动的报道；加强对重大群体性事件报道的管理和对社会热点问题的引导；加强和改进舆论监督工作；高度重视互联网、手机等新兴传媒对社会舆论的影响；加快实施外宣工作“六大工程”。四是做好以“三创之星”为重点的典型宣传。力争推出1—2个在全国产生重大影响的典型。从3月份起，省里将每周推出一个“三创之星”。同时推出“苏南新跨越建全面小康，苏中新崛起争过江进位，苏北新发展超全省增幅”等大型系列采访活动。五是精心组织好纪念抗日战争暨世界反法西斯战争胜利60周年、长征胜利70周年的系列活动，加强爱国主义教育基地建设，组织开展红色旅游活动，建设江苏爱国主义教育网，组织抗战胜利60周年史料展，推出一批弘扬民族精神的优秀作品。六是实施未成年人思想道德建设行动计划。抓好50件实事特别是12项重点专项工作的落实。筹建全省青少年校外实践教育基地，扶持苏北地区困难小学完善青少年课外活动设施。七是以迎接十运会、迎接首批全国文明城市创建为契机，全面推进精神文明创建工作深入发展，组织开展“创文明城市，迎十运盛会”主题创建活动。以全国学习、宣传张家港先进典型十周年为契机，推动文明城市创建深入发展。八是组织优秀精神产品的集中展示活动。组织全国第十届、省第六届精神文明建设“五个一工程”的申报、评比和展示工作。在“十运会”期间，集中展示全省优秀精神产品生产成果，组织优秀舞台艺术展演。九是推进文化体制改革和文化产业发展。推出一批省级文化体制改革试点地区和试点单位。推动经营性国有文化事业单位转企改制，加快发展一批国有或国有控股的大型文化企业和企业集团。制订扶持动漫卡通业发展和培育演艺市场的政策。制订文化产业投资指导目录，培育一批重点民营文化企业。十是组织实施理论、新闻、文艺、出版“四个一批”人才培养工程。选拔100名左右优秀宣传文化人才,进全国名校专业深造,到国外学习培训提高,在基层一线挂职锻炼,推荐参加有影响的展演、学术交流研讨,着力培育一批领军人物和学术带头人。

各市、县(市、区)委常委、宣传部长,各市文明办、外宣办主任,省直宣传文化系统各单位主要负责同志,省有关部门负责同志等出席会议。

(双传学　朱　峰)

全省宣传思想工作会议提出大力弘扬“三创”精神

2月28日,全省宣传思想工作会议在南京举行。这次会议是深入贯彻落实十六大以来党中央关于宣传思想工作的一系列重大部署,动员全省上下在实现“两个率先”的伟大进程中,全面加强思想文化建设,大力弘扬创业创新创优精神,开创我省宣传思想工作新局面的一次重要会议。省委书记李源潮出席并作重要讲话,省长梁保华主持会议。省领导王寿亭、冯敏刚、张连珍、赵少麟、蒋定之、王国生、罗志军、吴齐、孙志军、王荣、张桃林等出席会议。

李源潮在讲话中提出,要正确把握三大文明建设的内在规律,按照“三个代表”重要思想和科学发展观的要求,把思想文化建设进一步摆上全省工作的战略位置,努力建设与“两个率先”适应配套、为“两个率先”提供强大精神动力、富有时代特色和江苏特点的思想文化,大力弘扬创业创新创优精神,服务“两个率先”,推进“两个率先”。李源潮指出,当前江苏思想文化建设的主题,就是在邓小平理论、“三个代表”重要思想和科学发展观指导下,在坚持爱国主义、集体主义、社会主义思想道德的基础上,大力树立和弘扬创业创新创优精神,为率先全面建成小康社会、率先基本实现现代化,提供生机勃勃的精神动力和思想活力,为建设以人为本、全面协调可持续发展的新江苏提供坚强有力的精神支柱和思想保证。

李源潮强调,“三创”精神是面向全省人民、涉及各个领域、贯穿“两个率先”全过程的。各级党委、政府要从全局的高度,充分认识树立和弘扬“三创”精神的重要性和紧迫性,从制订政策、改善服务、营造环境入手,周密部署,全力推动。各级领导干部要带头弘扬“三创”精神,广大党员要把树立和弘扬“三创”精神作为保持先进性的具体实践,充分发挥积极性主动性创造性,努力成为创业的榜样、创新的能手、创优的标兵。李源潮还就全省弘扬“三创”精神提出五条要求:一是要努力推动新一轮思想大解放;二是要着力营造良好的舆论环境;三是要全面提高人们的精神境界;四是要坚持以优秀的作品鼓舞人;五是要在各项政策措施上形成鲜明导向。

梁保华在主持会议时说,在新的形势和任务面前,全省各级党委、政府和宣传思想战线,要从坚持和巩固马克思主义在意识形态领域指导地位的高度,从促进社会主义物质文明、政治文明和精神文明协调发展与构建和谐社会的高度,从加强党的执政能力建设、提高党的领导水平的高度,充分认识做好宣传思想工作的重大意义,把思想真正统一到中央和省委的要求上来。他说,当前全省宣传思想工作的工作重点,是动员全省人民树立和弘扬创业创新创优精神,建设适应“两个率先”实践的思想文化。树立和弘扬“三创”精神,是全面推进“两个率先”的强大精神动力,是加强精神文明建设的重要举措,是新时期全省上下共同面临的一项重大任务。各地、各部门、各单位、各行各业都要结合实际大力弘扬“三创”精神,把一切积极因素调动起来,把人民群众的创造活力激发出来,把各方面的力量凝聚起来,努力创造一流的业绩,为实现“两个率先”而共同奋斗。

省委常委、宣传部长孙志军对我省新时期宣传思想工作作出全面安排和部署。他提出,要围绕建设文化大省的目标任务,突出重点狠抓各项工作的落实。各级党委要坚持党管宣传、党管意识形态的原则,把宣传思想工作摆在全局工作的重要位置,统筹考虑、统筹规划、统筹安排,纳入决策目标、执行责任、考核监督“三个体系”建设之中,作为考核各级党委领导班子、领导干部水平和政绩的重要依据。各级党委及其宣传部门,各条战线、各个部门都要负起做好宣传思想工作的应尽之责。孙志军还就在全省开展“弘扬‘三创’精神,推进‘两个率先’,构建和谐社会”主题教育活动提出要求。

各省辖市市委书记、分管副书记、常委宣传部长,各县(市、区)委分管书记,省各有关部门主要负责同志,部省属高校、部省属大型国有企业和部分民营企业党委负责同志参加了会议。

(双传学　朱　峰)

全省宣传文化系统领导干部会议　传达贯彻刘云山重要讲话精神

6月16日,全省宣传文化系统领导干部会议在南京召开。省委常委、宣传部长孙志军出席并讲话。孙志军在讲话中就进一步学习贯彻中共中央政治局委员、书记处书记、中宣部部长刘云山视察江苏时的重要讲话精神和省委书记李源潮在领导干部会议上的重要讲话精神作出部署。

会议强调,当前,全省宣传文化战线一定要把学习贯彻刘云山和李源潮的重要讲话作为首要任务,进一步统一思想,领会精神,狠抓落实。一是要敏锐把握党和国家事业的发展对宣传工作展现的新变化,创造的新机遇,提出的新要求,不断开拓宣传思想工作的新境界。二是要解放思想,开拓创新,努力实现宣传思想工作的新突破。要在思想观念上突破,形成符合社会主义市场经济规律和体现精神文明建设特点的工作思路;要在方法手段上突破,形成与高科技发展和人们的信息获取方式相适应的宣传途径;要在管理办法上突破,形成运用行政、经济、法律、科技和思想教育等多种手段的综合管理格局。三是要求真务实,着力扩大宣传思想工作的新成果。积极探索在树立和落实科学发展观、构建社会主义和谐社会进程中宣传思想工作的规律和特点,紧密结合江苏实际,创新思路、内容、方法和手段,不断增强宣传思想工作的吸引力、感染力和影响力。四是要提高素质,科学管理,不断增添宣传思想工作的新力量。

孙志军在讲话中要求,要大兴学习之风,按照建设学习型宣传干部队伍的要求,进一步建立健全学习制度,不断提高宣传干部的学习力。要适应“两个率先”的发展要求,建设一支能够担当历史重任的优秀的宣传思想工作队伍。要加强宣传文化队伍的管理,进一步强化制度和机制建设,为优秀人才脱颖而出创造良好的制度环境。

各省辖市市委常委、宣传部长,省直宣传文化系统的有关领导同志出席了会议。

(双传学　朱　峰)

省文明委第16次全体会议提出把未成年人思想道德建设提升到一个新水平

6月27日,省文明委召开第16次全体

会议,听取有关部门关于未成年人思想道德建设工作情况汇报,研究部署暑假期间未成年人思想道德建设及其他精神文明创建有关工作。省委常委、宣传部长、省文明委副主任孙志军,副省长张桃林出席会议并讲话。

孙志军在讲话中指出,一年来,全省加强和改进未成年人思想道德建设做了大量卓有成效的工作。要进一步增强做好这项工作的自觉性和坚定性,开拓创新,乘势而上,把我省未成年人思想道德建设提升到一个新水平。孙志军强调,要进一步总结和推广在实践中产生的新创造、新经验、新成果,突出重点,着力办好作用大、影响大的实事,解决群众反映强烈的突出问题,推动未成年人思想道德建设工作深入发展。要进一步抓住重点工作环节和重点活动载体,广泛开展未成年人思想道德实践活动;进一步推动未成年人活动场所建设,形成有利于未成年人健康成长的社会文化环境。要充分利用暑期的集中时段,广泛开展道德实践活动。在充分整合各部门资源的基础上,今年暑假,省文明办将协调有关部门组织开展"七彩的夏日——江苏省未成年人暑期系列活动",包括系列夏令营、系列培训、开设"名师面对面"电视专题讲座等。各地各部门要认真组织,精心筹划,踊跃参与。同时,各地也要结合暑期特点和当地实际情况,积极探索载体,紧紧抓住暑假有利时机,组织开展各类道德实践活动。

张桃林在讲话中要求,要进一步提高认识,扎实有效地抓好各项重点工作的落实,进一步形成各部门共同参与、紧密配合的工作局面,共同做好未成年人思想道德建设各项工作。会议还听取了精神文明创建有关情况的汇报。

会上,省文明办、省教育厅、省文化厅、省广播电视局、省新闻出版局、省妇联、团省委、省关工委汇报了一年来未成年人思想道德建设有关工作进展情况。

(双传学　朱　峰)

全省宣传部长座谈会就贯彻全省加快现代服务业会议精神作出部署要求

7月27日至28日,全省宣传部长座谈会在淮安召开,省委常委、宣传部长孙志军出席并讲话。这次会议主要内容是传达学习中宣部有关会议精神,围绕学习贯彻全省加快现代服务业会议精神,推进全省文化产业发展进行座谈交流。

孙志军在讲话中指出,我们一定要认清形势,把握机遇,切实把加快发展文化产业作为一项紧迫任务,放在更加突出的位置来抓实抓好。要解放思想,开阔视野,以创新的思路促进文化事业和文化产业共同发展。善于把握先机、拓宽思路,推动文化产业的快速崛起。经济发达地区要充分发挥资本、人才、科技、信息、市场等优势,在内容创新上下功夫,在数字化、信息化等高新技术开发上做文章,实现文化产业的率先发展。经济次发达或欠发达地区,要用足用好自身的优势资源,文化产业同样大有可为。善于运用市场机制,激发文化发展的活力。要更多地通过市场力量配置资源,推动应该和能够市场化的领域尽快实现产业化经营,将适宜由社会提供的服务逐步剥离,实行专业化分工、社会化服务。要改革现有国家包办文化的模式,切实放宽准入范围,降低进入门槛,按照谁投资、谁所有、谁受益的原则,鼓励社会和个人积极参与文化建设,形成全社会办文化的格局。善于运用高新科技,开辟文化事业发展的新空间,逐步使文化产业从劳动密集型向劳动—技术密集型转变,注重文化产业发展的质量和效益。善于整合优势资源，提升集约化、规模化发展水平。加强地区、部门、行业间的联动，统筹整体开发，形成一批市场前景好、竞争能力强、延伸效应大的品牌项目，以重点项目建设带动江苏文化建设的整体发展。通过联合、兼并等手段，发展大型文化产业集团，实现跨地区、跨部门、跨行业和跨所有制经营，形成我省参与国际国内文化竞争的主体力量和支柱企业。

孙志军强调，要从全局的高度充分认识文化产业在现代服务业中的重要地位，进一步解放思想、更新观念，拓宽思路、明确重点，加快推进文化体制改革，加速发展文化产业，努力使我省的文化产业成为新兴的、增幅较快的、在GDP中占有较大比重的一个重要产业。

孙志军还就当前和今后一个时期我省加快文化产业发展提出四点要求：一是加强科学规划，二是培育市场主体，三是规范市场体系，四是完善政策保障。他同时要求要正确处理好文化事业和文化产业的关系，社会效益与经济效益的关系，市场运作与文化安全的关系，"引进来"与"走出去"的关系，眼前工作与长远发展的关系，坚持原则，把握方向，确保文化体制改革和文化产业发展健康有序。

各市委常委、宣传部长，省直宣传文化系统各单位主要负责同志参加会议。

（双传学　朱　峰）

十运会新闻宣传工作总结大会

10月31日，十运会新闻宣传工作总结大会在宁举行。省委书记李源潮，十运会组委会执行主任、省长梁保华专门对十运会新闻宣传工作作出批示。省委副书记、十运会组委会副主任任彦申，省委常委、宣传部长、十运会组委会副主任孙志军出席会议并讲话。

会议首先宣读了李源潮、梁保华对十运会新闻宣传工作的批示。李源潮10月27日的批示是：在这次十运会的宣传报道中，各新闻单位的报道导向正确、内容丰富、形式生动、发稿及时，起到了传播信息、鼓动群众、营造氛围的良好作用，为十运会的圆满成功作出了不可缺少的贡献。梁保华10月31日的批示是：各新闻媒体充分运用各种报道形式和手段，浓墨重彩宣传十运会的全景全貌、盛事盛况，全面展示江苏经济建设的新成就、城市建设的新面貌、精神文明的新风尚。同时，我省新闻单位还以东道主身份为海内外新闻媒体提供服务和协助，共同唱响十运会的主旋律，为十运会圆满成功做出了重要贡献。

任彦申在讲话中指出，十运会的成功举办，江苏媒体立了大功。第一，充分发挥了媒体的功能，为展示广大新闻工作者的才华提供了舞台，在这个大舞台上，记者们的表现精彩可嘉；第二，是对我省新闻宣传部门实力、水平、作风、策划、组织协调、服务能力的大检阅，是一次综合大考；第三，是我省新闻媒体学习、提高、发展、合作的极好机会，与中央媒体、兄弟省市媒体建立了良好的合作关系，锻炼了队伍，提高了水平，在新闻报道和新闻服务上打了一个大仗、硬仗、漂亮仗，证明了我省的新闻媒体是有能力、战斗力和发展潜力的。广大新闻工作者立足岗位，忘我工作，严守纪律，奋力拼搏，不断超越，为十运会的成功举办作出了很大的贡献。

孙志军说，十运盛会，我省新闻宣传工作获得了巨大的成功，为本届全运会增添了精彩而辉煌的篇章，得到了国家体育总局领导的肯定，受到了海内外媒体同行的认同和社会各界的广泛赞誉，这充分证明江苏新闻宣传队伍是一支敢打硬仗、能打胜仗的队伍。希望大家以此为新的起点，使“十运精神”成为指引我们胜利前进、不断攀登新的高峰的强大动力，全面贯彻落实科学发展观，大力谋划新闻事业的新发展，为推动江苏在“两个率先”的征途上继续走在全国前列，做出更大的贡献。

新华日报社、省广电总台、南京日报社和扬子晚报的代表在会上作了交流发言。省和南京市宣传文化系统相关单位负责人、记者代表参加了会议。

（双传学　朱　峰）

全省精神文明创建工作表彰大会

12月27日下午，全省精神文明创建工作表彰大会在南京隆重举行。省委、省政府和省文明委命名表彰“江苏省文明城市”、“江苏省文明单位标兵”和“江苏省创建文明城市工作先进城市”以及文明村镇、文明行业、文明社区、文明单位等，省委宣传部等5部门（单位）表彰江苏省第九届精神文明建设新人新事当选者。省委副书记、省文明委主任任彦申出席并讲话，省委常委、宣传部长孙志军主持大会，省领导赵龙、张桃林、孙安华等出席。省领导在会上为获奖代表颁奖。

省委、省政府决定，命名徐州、盐城、淮安、姜堰、如东、靖江、建湖、宝应、如皋9个城市为第三批“江苏省文明城市”，确认苏州等33个城市继续保持“江苏省文明城市”荣誉称号；授予南京市公安局交通管理局等154个单位为2003—2004年度“江苏省文明单位标兵”荣誉称号。

省文明委决定，授予连云港、兴化、阜宁、盱眙、滨海、沭阳、射阳、金湖8个市（县）为“江苏省创建文明城市工作先进城市”荣誉称号；授予江苏省国家税务系统等139个行业（系统）江苏省文明行业称号，授予南京市玄武区红山街道藤子村等469个村江苏省文明村称号，授予南京市江宁区湖熟镇等254个镇江苏省文明镇称号，授予金陵石油化工有限公司等1895个单位江苏省文明单位称号，授予南京市玄武区锁金村街道锁四社区等99个社区江苏省文明社区称号，授予江苏省价格系统等71个行业（系统）江苏省创建文明行业工作先进行业称号。

省委宣传部、省文明委、新华日报社、省广电局、省邮政局联合表彰江苏省第九届精神文明建设新人新事当选者，他们是：殷雪梅、李庆堂、陆明才、苏州市网上家长学校、李小龙、南京市“市民参与工程”、钱月宝、裴昌彩、南通市公安局刑警支队、唐真亚、李秀春、徐士珍、吕顺芳、洪培业、王伟章。另有15名候选者获提名奖。

任彦申在讲话中指出，这些受表彰的单位和个人，代表了全省精神文明建设的成果，集中体现了江苏人民又好又快实现“两个率先”的新成就。他说，多年来，我省的精神文明创建围绕中心、服务大局，目标明确、工作扎实，贴近实际、贴近生活、贴近群众，每年都有新进展，每年都有新突破，呈现出持续推进、蓬勃发展的良好势头，有力地推动和促进了实现“两个率先”的各项工作，为全省政治、经济、文化、社会建设协调发展作出了重要贡献。

任彦申强调，精神文明创建是一项社会工程、民心工程、示范工程和国民素质工程。“十一五”新的发展任务，对精神文明建设提出了新的要求。我们要进一步增强建设社会主义精神文明的紧迫感和责任感，以更加奋发有为的精神状态，抓紧抓好精神文明创建各项任务的落实。他对下一步精神文明创建工作提出了五条要求。一要紧紧围绕中心，紧紧围绕推进“两个率先”、构建和谐社会这个主题，始终着眼于促进发展、服务发展；二要坚持以人为本，始终把服务人、提高人、发展人作为核心，做到一切为了人民，一切依靠人民，让人民得实惠；三要力促社会和谐，着力营造良好的人际关系，推动建设和谐社区、和谐村镇，妥善处理不同利益群体的关系；四要注重全面推进，统筹城乡精神文明建设，把加强农村精神文明建设摆到更加突出的位置，统筹硬环境和软环境建设，进一步加强软环境建设，突出人的素质提高；五要建设长效机制，使精神文明创建活动更加科学规范。

孙志军就狠抓精神文明建设工作目标任务的落实提出要求，强调抓落实就要着力抓重点、抓具体、一抓到底，抓住事关改革和发展全局的事情，抓住人民群众普遍关心的突出问题，把各项任务项目化、工程化、具体化，真抓实干，长抓不懈，确保抓出成效来。

（杨力群）

重大活动

开展纪念抗战胜利60周年系列文艺活动

围绕纪念抗战胜利60周年，以揭露南京大屠杀史实真相为重点，我省组织了系列纪念活动。主要包括：组织大型民族交响乐《和平颂》和淮剧《太阳花》晋京展演；创作摄制电影《栖霞寺1937》、电视专题片《1937·南京真相》、《血捍长空》、《不应忘却的历史》、电视剧《浦口1945》等影视作品；举办《正义与和平·交响音乐会》等文艺活动；编辑出版28卷本、1500万字的《南京大屠杀史料集》。这些作品的创作和活动的举办，在社会上产生了强烈反响，对于团结广大人民牢记历史、不忘过去、珍爱和平、开创未来，具有重要意义。其中，6集电视纪录片《1937·南京真相》立足于大量的事实和证据，以客观、独到的视角和极富震撼力的画面，全面、深刻地揭露了当年那场血腥屠杀的历史真相，生动再现了中国人民团结一心、奋勇抗战、争取胜利、追求和平的壮丽诗篇，在思想和艺术方面都达到了较高的水准。作品制成后多次在央视播出。电影《栖霞寺1937》被国家广电总局列入全国纪念抗战胜利60周年重点影片之一，在第八届上海国际电影节上各界反响热烈，被多家媒体称为“中国版《辛德勒名单》”。

（王小春）

大型民族交响乐《和平颂》晋京演出

大型民族交响乐《和平颂》是我省和南京市为纪念中国人民抗日战争胜利暨世界反法西斯战争胜利60周年而创作排演的重点作品，由南京市民族乐团特邀著名作曲家赵季平先生创作，被誉为“当代民族交响乐坛上的空前盛事”、“不同凡响的警世之作”。5月9日、10日，《和平颂》作为国家文化部“纪念中国人民抗日战争暨世界反法西斯战争胜利60周年优秀剧目展演”首演剧目，在北京人民大会堂隆重上演，并取得圆满成功。中共中央政治局常委李长春出席《和平颂》音乐会，并在演出前亲切会见了主创人员，对他们的辛勤创作表示感谢。刘云山、顾秀莲、陈至立、黄孟复等党和国家领导人也出席了音乐会。观看演出的还有中央有关部门负责同志赵启正、孙家正、周巍峙、李从军、胡振民、陈晓光和江苏省领导罗志军、孙志军、李佩佑、张桃林、陆军等。省委书记李源潮同志对演出活动给予充分肯定，并作出“争取把这部作品演下去”的批示。演出期间，中央电视台新闻频道、国际频道在早、中、晚新闻和整点新闻中多次报道，新华通讯社、人民日报、光明日报、中国新闻社等中央主要新闻媒体，《文汇报》、《大公报》、《澳门日报》、《中国时报》等港澳台地区以及北京、江苏的主要新闻媒体都在显著位置作了报道。据不完全统计，大陆和港澳台地区各类新闻媒体发表或转载《和平颂》演出消息达700多条次。这是上个世纪60年代以来江苏负责组织的第一部晋京演出并得到中央领导充分肯定的大型文艺作品，它的成功举办，体现了江苏发展社会主义先进文化、建设文化大省的最新成就。

（王小春）

组织十运会宣传报道

自2003年开始，围绕第十届全国运动会的时间节点、重大事件和基本元素，组织新闻报道工作，使整个十运会前期宣传报道显得气势恢宏，丰富生动。进入2005年后，围绕十运会会徽、吉祥物、主题口号、宣传画、会歌等元素，从征集、评审到揭晓以及倒计时200天、100天、50天、30天等重要节点精心策划和组织报道。围绕重大工程建设，以“高温下的十运场馆建设”为题，为十运会造势，使十运会前期宣传内容不断创新、高潮迭起，逐步升温。十运会期间认真组织好各项重大活动的新闻报道，先后成功组织了江苏体育成就展、摄影展、中外记者招待会、2005中国全民健身博览会、十运组委会全体会议暨各代表团团长会议、十运会组委会新闻发布会、十运会开幕、全国群众体育先进表彰大会、全国体育系统先进集体、个人表彰大会、中央领导会见全国体育先进集体和个人代表等重大活动的新闻报道。特别是开幕、闭幕式的报道，气势宏大，隆重热烈，给广大受众留下极为深刻的印象。对十运会的报道，省委书记李源潮、省长梁保华等领导给予充分肯定，并作出批示，认为十运会宣传报道导向正确、内容丰富、形式生动、发稿及时，起到了传播信息、鼓动群众、营造氛围的良好作用。各新闻单位充分运用各种报道形式和手段，浓墨重彩宣传十运会的全景全貌、盛事盛况，宣传体制创新、机制创新在十运会的成功实践，全面展示江苏经济建设的新成就、城市建设的新面貌、精神文明的新风尚。同时，还以东道主身份为海内外新闻媒体提供服务和协助，共同唱响十运会的主旋律，为十运会圆满成功做出了不可缺少的重要贡献。

（魏　赟）

组织十运会开幕、闭幕式文艺演出

第十届全国运动会被称为2008年北京奥运会的一次重要演练，是江苏有史以来承办的规格最高、规模最大的一次全国性活动，而开幕、闭幕式的文艺演出又是倍受世人关注的焦点之一。精心策划组织好十运会开幕、闭幕式，既是2005年江苏文化工作的重中之重，又是展示江苏综合实力、体现文化底蕴的一次难得机遇。开幕式文艺表演《时代交响》以新颖别致的创意、气势恢宏的场面、美轮美奂的声光，体现中华之魂、江苏之美、体育之势和发展之道。整台演出气势磅礴，高潮迭起：高山之巅的“石破天惊”，烈焰中升起的“中华宝鼎”，“小桥流水人家”的江南美景，英姿勃发的“银剑出鞘”，手持火炬的太空人点燃圣火……接连不断的亮点，震撼现场和电视机前的亿万观众，充分体现江苏人的智慧和豪迈。闭幕式文艺演出《欢庆与祝福》，巧妙地以江、河、湖、海组合成四个篇章，深情地阐发一个古老民族的起源和发展，展示一个伟大民族正在实现复兴的丰采神韵，同时也把江苏这样一个文化大省的底蕴和经济大省的实力完美地体现出来。十运会开幕、闭幕式文艺演出突破传统，大胆创新，成功地将文化与体育、艺术与科技巧妙结合在一起，既突出“和谐、奋进”的主题，又体现中国气派和江苏特色，在全世界特别是华人界引起强烈反响。国际奥委会主席罗格十分肯定地说“十运会开幕式大型文艺表演非常精彩，将会是2008年北京奥运会筹备工作的典范”。国家体育总局的领导更是兴高采烈，认为这是历届全运会中办得最精彩的一次！鉴于省文化厅在十运会中的出色表现，省委、省政府给省文化厅记集体一等功，给厅长章剑华同志记个人一等功一次。

（曹　蕾）

实施文艺下基层“四个一”工程

2005年，省委宣传部启动了文艺下基层“四个一”工程。工程旨在更好地服务基层、服务群众，不断满足人民群众日益增长的精神文化需求，同时积极推动文艺院团面向市场、走近群众，在多演出中打磨作品、培养人才。“四个一”工程的主要内容包括：组织一批优秀舞台剧目在全省展演；组织省市县文艺院团下基层演出；组织高雅民族艺术进百校演出；组织百部电影送千村活动。工程实施以来，省及各市共组织优秀舞台剧目展演596场，文艺院团下基层演出7298场，高雅民族艺术进校园演出355场，送电影下乡10 501场。同时推进全省17个乡镇文化站机制创新试点工作，为苏北地区配备了11辆流动舞台车，受到了普遍的欢迎，基层群众的文化生活明显改善。“四个一”工程已经成为覆盖全省城乡的一道独特亮丽的风景线，成为我省有较大影响的一个公共文化服务品牌。

（王小春）

开展“扫黄打非”“雷霆行动”

2005年4月，为迅速贯彻落实中宣部、新闻出版总署、全国“扫黄”办等有关部门的重要部署，江苏各级“扫黄打非”部门以迅雷不及掩耳之势，精心组织实施了“扫黄打非”“雷霆行动”，取得了一系列重要的阶段性成果。期间，省新闻出版局、省“扫黄”办及时召开协调会议，传达贯彻省委常委、宣传部长孙志军同志有关“要高度重视出版物市场的存在问题，认真落实石署长等领导的指示精神，协调南京市采取切实措施尽快解决。要注重长效机制建设，加大日常监管力度，不断提高‘扫黄打非’的工作水平和实际成效”的重要批示，精心研制实施方案，同步推进非法报刊、印刷复制、出版物市场专项整治。各级“扫黄打非”成员单位根据各自职责分工，逐一明确重点区域、重点地段和重点目标，集中行政执法力量联合实施地毯式巡查。据统计，全省共出动行政执法人员9200人次，突击收缴各类非法出版物115.7万件（其中非法盗版光盘近80.5万张），取缔违法违规经营点1011个，行政处罚案件58起，刑事处罚案件7起。其中，有的系根据群众举报突然出击，当场抓获违法人员；有的系循线追踪，直接捣毁犯罪窝点，仅南京市玄武区就相继捣毁7个非法光盘经营窝点，当场收缴淫秽光盘5万余张。

通过组织实施“雷霆行动”，“扫黄打非”的长效机制进一步建立健全，违规报刊出版活动告诫谈话制度、印刷复制业专项治理限期整改制度、打击“私服”“外挂”联合办公制度以及多方联动、层级负责的长效机制趋于完善。

（张辉冠）

举办“2005·中国百家金陵画展”（中国画）

中国百家金陵画展是由中共江苏省委

宣传部、江苏省文化厅、江苏省文联与中国美术家协会共同发起主办的全国性美术品牌文化活动。活动旨在弘扬现实主义艺术精神，展示中国当代美术创新、学术积累，增强艺术推动社会进步的功能，造就时代经典，促进江苏美术繁荣，满足人们追求真、善、美的审美需求。展览自2005年起在江苏举办，单年展出中国画100幅、双年展出油画100幅。每届画展都将评出10幅金奖作品，由江苏美术馆收藏。画展期间同时举办研讨会、名家论坛等活动，推动美术理论的创新和普及。

"2005·中国百家金陵画展"(中国画)作品征集活动于2005年8月初启动，共收到来自全国的应征作品2600多幅。经过严格、公正的评选，最终评出100幅入选作品，江苏有37幅作品入选，其中三幅作品荣获金奖。分别是：孙宽(苏州吴作人艺术馆)的《江南天阔》，卞雅清(南艺学生)的《慵》，王野翔(省文联)的《岁月如梭》。

12月25日，"2005·中国百家金陵画展"(中国画)在南京博物院隆重开幕。省委常委、宣传部长孙志军出席开幕式并致开幕辞。中国文联党组成员、书记处书记廖奔、中国美协常务副主席刘大为，省领导李佩佑、张桃林、冯健亲、陆军，老同志顾浩等也出席了开幕式。

展出期间，全国政协副主席、中央统战部部长刘延东、省委书记李源潮分别观看了画展。刘延东评价说，这个展览办得很好，总体水平很高。作品既体现了民族传统，又有现代意识，应该打到国外去。李源潮表示：这样精品荟萃的高规格艺术展览在南京举办，有利于出人才出作品，促进江苏文化事业的建设和发展。如果坚持10年，将会成为文化江苏的响亮品牌。

(王小春)

组织郑和下西洋600周年系列纪念活动

2005年是郑和下西洋600周年，全国和江苏省举办了郑和下西洋600周年系列纪念活动。江苏是当年郑和下西洋的源发地和起锚地，拥有大量史料和历史遗存，为全国该纪念活动的主要地区之一。我省的纪念活动主要在南京和太仓两地进行。7月4日至7日，作为全国6个重点纪念活动之一的郑和下西洋600周年国际学术论坛在我省成功举办。省各新闻单位对此次国际学术论坛给予了充分报道，同时，反映了第三届中国太仓航海节的盛况，反映了江苏挖掘、修复、重建龙江宝船厂遗址公园、天妃宫、静海寺、郑和博物馆、浏河天妃宫等一批郑和文化遗产，及相关对外文化交流活动。省各媒体对郑和下西洋600周年的宣传报道突出了"热爱祖国、睦邻友好、科学航海"的主题，贯穿了爱国主义的主线。通过对郑和七下西洋的历史事实、在江苏的历史遗迹和各项纪念活动的报道，大力宣传中华民族不辱使命、不畏艰险、勇于开拓、百折不挠的伟大精神，大力宣传中华民族热爱和平、睦邻友好的优良传统，大力宣传中华民族对人类航海事业做出的突出贡献。通过对历史事件的回顾，展示今昔变化，发掘文明脉络，阐发时代精神。

(魏　赟)

组织第十一批中青年记者异地采访锻炼活动

2005年8月15日至9月6日，省委宣传部、省记协组织新华日报报业集团、省广电集团及南京、苏州、无锡等12个市的45名记者，分赴黑龙江、吉林、辽宁三省，进行了为期20天的采访锻炼活动。期间,记者们深入农村厂矿、海岛林场、边陲重镇,用笔墨记录东北振兴的伟大实践,用镜头摄取东北振兴的壮美画面,用话筒采录东北振兴的时代强音。据不完全统计,在此次异地采访活动中,记者涉足109个县(市),338个乡镇、1100多个村、590多个企业,接受采访者达3万之众,共采写录制报道1100多篇。

这次异地采访锻炼,使我省的中青年记者开阔了视野,增长了见识,进一步理解了中央关于"振兴东北"的伟大战略意义。在吉林省松原市采访锻炼的《南京日报》记者王馨在日记里写道:三个星期的实地采访之后,我逐渐意识到这一片沃土不仅属于农业,振兴中的东北正在旧貌换新颜,这片黑土地正在焕发出年轻的气息。

记者们在采访锻炼中认识到,东北三省地大物博,资源丰富,正是作为经济大省、资源小省的江苏今后突破发展瓶颈的良好的合作伙伴。实施振兴东北战略,对江苏而言,是很好的机遇。黑龙江省商务厅副厅长王润亮告诉采访组,江苏、黑龙江"两江"合作大有可为,黑龙江有大森林、大草原、大湿地,而江苏有人才优势、技术优势、工业优势,可以相互取长补短,共同发展。《新华日报》据此采写的一组报道在两地产生了很好的反响。

这次东北之行,记者们吃住在基层,采访到田头的农民、船头的渔民、草原上的牧民、车间里的工人、扛大包的商人,鲜活的一手材料跃然纸上。有时为了拍好一个镜头,录好一段精彩的对话,写好一个细节,记者们要跑几十公里,这在以前是不可想象的。一些同志水土不服,打针吊水仍坚持采访活动;一些地方条件艰苦,没有洗澡设施,但他们仍然坚持白天采访,晚上写稿。记者们深切地感受到,采访锻炼虽然只有短暂的20天,但收获巨大,受益终生。希望今后多组织这类采访锻炼活动。

由省委宣传部、省记协组织的中青年记者异地采访锻炼活动从1998年4月开始,至今已坚持了8年,先后有11批约350人次中青年记者参与采访锻炼,足迹遍及我省各市及陕西、广西、新疆等省、区。

(王良志)

举办第四届全国"四进社区"文艺展演活动

为进一步扩大"四进社区"活动的社会影响,集中展示全国各地"四进社区"活动的丰硕成果,为构建社会主义和谐社会营造良好的社会文化环境,2005年11月12日至13日,由中央文明办、文化部、中央电视台主办,江苏省文明办、江苏省文化厅、扬州市人民政府承办的第四届全国科教、文体、法律、卫生"四进社区"文艺展演活动在扬州市举办,来自全国各地的社区文艺演员与当地社区群众同台演出、相互交流,一批从全国各地社区群众文艺节目中评选出来的精品节目登台亮相,一系列群众喜闻乐见、参与互动的文化活动进社区、进家庭,通过形象、具体、生动的艺术形式,紧密围绕"服务人民群众,建设和谐社区"的主题,充分展示了各地科教、文体、法律、卫生"四进社区"活动、未成年人思想道德建设和创建文明城市、文明社区活动的丰硕成果。全国"四进社区"活动主办单位的领导和各省区市文明办、文化厅的同志观摩了群众演出。121个优秀社区文艺节目分获金银铜奖,23个单位获得本次活动的组织奖。展演期间还举办了全国文化先进社区命名表彰暨经验交流会和全国文化先进社区展览,152个社区被命名为"全国文化先进社区",92名社区文化辅导员获得了“全国社区文化优秀辅导员”的荣誉称号。

（杨力群）

举办“2006 江苏新春音乐会”

12 月 30 日晚，“沪宁之夜 · 2006 江苏新春音乐会”在南京大行宫礼堂隆重举行，新春音乐会由江苏省委宣传部、江苏省广播电视总台、江苏省文化产业集团、江苏沪宁高速公路股份有限公司共同主办，江苏音乐台、江苏省星工场文化传媒有限公司承办。2006 年恰逢中国电影诞生 100 周年，承办方特别邀请了中国电影交响乐团为江苏市民献上了一台以电影音乐为主题的音乐盛会，再现中国电影一个世纪以来所走过的历程。

音乐会以影片《渔光曲》主题曲拉开帷幕，通过对中国电影《渔光曲》、《马路天使》、《夜半歌声》、《红色娘子军》、《一江春水向东流》、《闪闪的红星》、《塞外村女》、《平原游击队》、《地道战》、《南征北战》、《海霞》、《五朵金花》、《潜海姑娘》、《开国大典》等众多经典曲目的演奏，再现了中国电影百年的岁月。音乐会首次运用了大型多媒体视听技术，乐团的精湛演奏配合着投影电影画面，风格多样，整体配合默契，演奏技巧高超，博得了省领导及现场观众的高度赞誉。

此外，中国电影交响乐团还为江苏儿童准备了动画影片歌曲，《葫芦娃》、《黑猫警长》等曲目的精彩演绎受到了现场小观众的热烈欢迎。同时，由三位南京小女孩组成的蓓蕾童声小合唱团也成为了音乐会上的一道靓丽风景，她们那清澈悠扬的童声让听众仿佛置身于童年时光，得到了现场观众及乐团首席指挥的赞许。

处室工作

理论建设

2005年度，围绕深入学习贯彻党中央关于树立和落实科学发展观、构建社会主义和谐社会等重大战略思想和战略部署，立足江苏“两个率先”的实践探索和最新进展，积极开展重大理论和实践问题的研究、宣传和教育工作，理论工作取得了新的成效。

［**推动理论创新成果的学习贯彻**］

省委中心组率先垂范，全年共举办学习会10次、研讨班1次，相关学习成果被《求是》杂志2005年第22期作专题介绍。于年初、年中和年底，就构建和谐社会、学习十六届五中全会精神等，制订下发了县以上党委中心组学习参考计划。会同省委组织部在全省县处以上领导干部中开展了“弘扬‘三创’精神，构建和谐社会、推进‘两个率先’”专题学习教育活动，收到学习体会文章400余篇。根据省委关于建设一支与“两个率先”相适应的“三宽”型领导干部的要求，理论处参与组织领导干部“百千万”教育培训工程11部教材的编写，并牵头组织了《民主执政》读本的编撰。会同省委组织部，围绕“学习创新理论、开拓创新实践”这一主题，部署2003年以来全省中心组学习情况的调研和评优工作。

［**为全省工作大局提供理论服务**］

3月至5月，筹备弘扬新时期江苏“三创”精神理论研讨会，征集论文80多篇；于5月召开会议，入选征文53篇。研讨会围绕“三创”精神的深刻背景、科学内涵、精神实质、指导价值、弘扬光大等进行了深入研讨，论文集由中宣部学习出版社正式出版。2月至6月，根据省委书记李源潮的指示，组织有关方面专家编写了《江苏率先全面建成小康社会指标体系解读》一书，对省委省政府确定的全面建设小康社会四大类18项指标体系作了深入而通俗易懂的解释，并对面上的学习宣讲作出部署。该书由江苏出版总社凤凰出版集团出版，得到全省上下的推广和好评。

［**抓好社科界的基础性工作**］

深入贯彻中央2004年3号文件和中办28号文件，专门就民办社科研究机构以及讲座、论坛、报告会、研讨会的管理制订专门的意见，并由省委办公厅、省政府办公厅以苏办发［2005］15号文件的形式发出。会同省委组织部、省委党校、省教育厅、省社科院和省社科联等部门，部署开展全省社科研究系统和高校社科系统“三项学习教育”活动，举办了为期4天、170多人参加的骨干培训班；会同省教育厅举办了高校思想政治理论课骨干教师和公共管理学院院长“三项学习教育”活动培训班，举办了暑期高校社科研究骨干研修班。以上情况，中宣部理论局在《“三项学习教育”简报》中予以反映。会同省教育厅、省委党校、省社科联、省社科院，修订完善了优秀社科工作者的评比办法，建立“三项学习教育”长效机制，开展了30名“德学双馨”优秀社科工作者的评选推荐工作。

［抓好理论普及和宣传工作］

根据中央和省委重大决策部署，组织了全省面上干部党员的轮训，组织编写《2005年江苏基层党员干部轮训读本》，共7讲，省委常委、宣传部长孙志军专门作序；编写《支部党课》6期，近50万字，为全省基层干部党员认真学习贯彻十六大以来的重大理论创新成果和省委的重大决策部署提供规范教材；举办了为期3天的全省农村冬训部署会暨骨干培训班；认真抓好基层党校建设，以社区党校开拓创新为重点，部署召开专题会议，交流推广经验。认真抓好党报党刊和广播电视的理论宣传工作，积极组织相关的栏目和评论；推动省电台《理论视线》栏目改版，引入主持人和专家进直播室，与听众面对面探讨理论热点问题。

［围绕中心任务抓好理论宣传］

围绕保持共产党员先进性教育活动推出张云泉这一重大典型，积极组织相关的理论宣传文章在2005年4月29日《人民日报》发表；围绕陈云诞辰100周年和抗战胜利60周年，筹办两次大型纪念座谈会，以省委省政府名义召开。这两次会议均由省长梁保华主持，省委书记李源潮同志发表讲话。围绕中央提出的积极开展重大理论和实践问题的研究和宣传的总体要求，积极创新思路、举措，成立了22人组成的全省理论宣传重点文章写作队伍，全年在《人民日报》、《光明日报》和《求是》杂志发表重点文章6篇，受到了中宣部的充分肯定和积极评价。中宣部2005年《宣传工作》第16期以“江苏积极开展重大理论和实际问题的研究与宣传”为题介绍了相关的经验。围绕加强大学生思想政治教育，会同省教育厅就相关工作作深入调研并推广其中的创新做法，得到中宣部、教育部和省委办公厅的肯定，中宣部《办公厅通报》2005年第28期作专门介绍。（以上理论处提供）

［认真组织十六届五中全会学习宣讲工作］

江苏五中全会精神学习宣讲工作有这样几个特点：一是领导重视。省委宣传部对这次宣讲工作高度重视，省委宣传部部务会议专题研究了学习贯彻五中全会精神的意见，要求讲师团、理论处、规划办通力合作，采取一系列措施在全省学习贯彻五中全会精神。省委常委、宣传部长孙志军同志多次对学习宣讲工作作出具体指示，强调要围绕主题、把握主线、狠抓落实，积极、全面、准确、深入地宣讲好五中全会精神，并亲自担任省委宣讲团团长。省委宣讲团选聘省委研究室、省政府研究室、省发改委、省国资委、省委党校、省社科院、省社科联等单位10位理论造诣较高、宣讲能力较强的厅级领导干部组成省委宣讲团。二是行动迅速。中宣部举办学习贯彻党的十六届五中全会精神研讨班后，江苏立即迅速制订下发了《全省县级以上党委理论学习中心组五中全会精神学习计划》，指导县处级以上领导干部深入学习全会精神；召开全省讲师团长、理论处长会议，传达中宣部会议精神，提出全省学习宣讲贯彻意见，作出工作部署；立即组建省委宣讲团，开始集中备课。三是把握准确。省讲师团及时将中宣部“全国讲师团长、理论处长五中全会精神研讨班”的精神和宣讲要求、宣讲书籍资料、宣讲提纲、示范宣讲发送到宣讲团每位成员手中，为开展宣讲提供了条件。宣讲团成员带着省委的重托和广大干部群众的渴望，以极大的政治热情投入到宣讲的精心准备、深入研讨和认真备课，从而使宣讲工作始终坚持了正确的导向。四是创新方法。除有重点地集中组织部分宣讲报告外，这次学习宣讲主要采取提供宣讲服务的方法。省委宣传部将成立宣讲团信息和各位成员联系方法通过各种方式通报各地，各地、各部门根据学习需要和工作实际安排组织学习时,可根据需要自行选择联系讲课领导专家。同时,大力培训理论骨干,和省委党校组织理论宣讲骨干培训班,为基层培训理论干部;指导各市成立市宣讲组,为县以下单位部门学习提供服务,推动基层的理论学习和宣讲,扩大宣讲的覆盖面。五是联系实际。在宣讲中,大家在领会五中全会精神实质和宣讲基本要求的基础上,紧密联系"十五"我们党领导人民艰苦奋斗、开拓创新的伟大历程和巨大成就,联系改革开放和现代化建设的实际,特别是联系江苏省委十届九次全会精神和全会通过的江苏省"十一五"规划《建议》的实际,联系江苏广大干部群众力争"两个率先"的思想实际,努力回答干部群众关心的发展问题,把要讲的和大家想听的有机结合起来,增强宣讲的感染力和吸引力。六是成效显著。这次宣讲收到了良好效果。在近一个月时间里,宣讲团成员已分赴全省部分市和县(市、区)共宣讲了70多场,听众达5万多人。在省委宣讲团的示范下,部分市也组建了五中全会精神宣讲团,有力地促进了面上的学习。许多干部群众反映,这次宣讲注重科学性和艺术性的有机统一,听后坚定了信念,振奋了精神,对统一思想,凝聚力量,动员全省人民为实现党和国家在新世纪新阶段奋斗目标而奋斗,起到了重要作用。江苏的宣讲工作得到中宣部的肯定,中宣部《宣传思想工作》和中央电视台《新闻联播》向全国作了介绍和报道。

[开展形势政策教育工作]

今年,按照中央工作的总体部署和要求,中宣部在全国城乡集中开展一次形势政策宣传教育。围绕中宣部这一重点工作,讲师团及时转变思路,服务这一重点工作,将形势政策教育纳入到政工干部教育培训范畴,开辟了一条形势政策教育的新路子。一是认真做好组织发动工作。通过深入细致的组织发动工作,组织了全省1.5万名政工干部参加了形势政策宣传教育,基本上涵盖了全省各地区、各部门政工干部。同时,要求每位政工干部学习后在本单位、支部做2—3场形势报告,直接受众达15万人,有效地扩大了形势政策教育的覆盖面,在全省掀起了形势政策宣传教育的高潮,使江苏省成为形势政策宣传教育见事早、行动快、覆盖面广、组织程度高、教育效果好的省份之一,受到中宣部领导的高度评价。二是认真做好教学组织工作。为做好形势政策宣传教育的教学工作,组织省有关领导、专家编写了报告讲座形式的《形势政策宣传教育》教材。教材共分为8讲,内容坚持以"三个代表"重要思想为指导,紧密结合江苏"两个率先"的发展战略,紧密结合广大干部群众的思想实际和工作实际,具有较强的针对性和实效性,通俗易懂,政工干部学习后可直接用于本单位、本部门的教育宣传。围绕形势政策宣传教育重点内容和全省开展的"弘扬'三创'精神,构建'和谐江苏',力争'两个率先'"主题教育活动,特别组织编写了《江苏全面建设小康社会指标体系》、《构建社会主义和谐社会和建设和谐江苏》、《弘扬"三创"精神》三本专题辅导,为各地各部门深入开展形势政策宣传教育及时提供相关最新资料,深得好评。为提高形势政策宣传教育水平,组织了两期形势政策宣传教育集体备课会,提出教学组织考核要求,研讨宣传教育的重点和难点,观摩领导和专家报告,为各地开展形势政策宣传教育培训了师资骨干。三是建立了形势政策宣传教育的长效机制。经与省人事厅反复沟通,已将形势政策宣传教育纳入到政工专业技术人员继续教育规划,每年上半年所有政工干部均要求参加形势政策宣传教育,学习成绩载入《江苏省专业技术人员继续教育证书》,作为晋升高一级专业技术资格和聘任的重要条件。通过政工干部开展形势政策宣传教育具有许多独特优势：一是政工干部量广面大，分布在各单位和社会各个方面，可以大大地扩大形势政策宣传教育的覆盖面和受教育人数，真正做到了使群众成为宣传教育的主体；二是政工干部与本单位干部职工面对面的交流互动，能紧密结合各自的工作实际和生活实际，用群众的语言和大家身边的事解疑释惑，避免了空洞说教，形式生动活泼，教育效果较好；三是能各展所长，发挥优势，因地制宜，因人而异，有效克服工学矛盾，省钱省力，起到了释疑解惑、统一思想、推进工作的作用，为本部门、本单位的改革、发展、稳定创造了良好的环境。

［为基层学习教育提供理论服务］

为服务基层宣传教育和学习培训需要，将宣讲队伍建设作为理论服务一项重要的基础工作，大力借助外力，借船出海，借梯上楼，充分利用江苏社科理论资源丰厚的优势为建设学习型社会和学习型政党服务。会同省有关部门重组了全省理论教育资源，组建了新一批兼职教授队伍，成员既有领导，又有专家。发布了二批 120 题的宣讲菜单，学习单位根据需要与兼职教授实行双向互动选择，"看单点菜"，邀请兼职教授来做报告。全年组织讲师团兼职教授队伍直接为各级中心组学习和培训班提供了 450 场的学习辅导报告。

［开展政工职评和教育培训工作］

通过与省有关部门反复沟通，彻底实现了政工职评与教育培训同全省其他专业技术职评与教育培训的并轨工作，并对今后一个时期政工职评和教育培训的科学化、规范化和长远发展作了政策界定，为全省广大政工干部办了一件好事、实事。这项工作在全国反响很大，全国同行一致认为这为政工专业技术职称科学化、规范化和长远发展开了一个好头。今年共评定高级政工师 195 人，研究员级高级政工师 8 人。

［开展政工干部教育培训工作］

政工干部的教育培训是江苏思想政治工作的一个品牌，对提高政工干部的政治素质和业务水平发挥了重要作用，多次得到全国政工职评办的肯定和表彰。为提高政工干部履职能力和业务素质，在政工干部教育培训中开设了"社会心理学"专业课程，在全省统一教学大纲，统一教学计划，统一教材，统一考试，统一发证，形成了分级负责，分层次、分类别、多渠道、多形式的教育培训格局。克服种种困难，反复宣传开展政工干部的教育培训工作的意义和作用，动员组织了全省 1.5 万多名政工干部参加学习。编写了适合政工干部学习需求的《社会心理学》教材和《学习大纲》，进行了骨干教师的集体备课，组织了全省的教学和考试考核，培训效果较好。（以上讲师团提供）

新 闻 出 版

［开展重大主题宣传活动］

弘扬"三创"精神，为推进"两个率先"、构建"和谐社会"创造良好舆论氛围，是 2005 年江苏新闻宣传工作的总要求。配合全省工作部署，新闻宣传部门组织了弘扬"三创"精神、推进"两个率先"、构建"和谐社会"的主题教育活动，全年新闻宣传都围绕这一主题布局、展开和推进。2 月份，省委宣传部提出总体方案，各新闻单位以报道全省宣传思想工作会议为切入点，拉开报道的帷幕，并逐步升温，随后，从九个方面以组合式系列报道为主要形式，把握节奏，循序推进，受到省委主要领导同志的肯定。同时，根据省委省政府的重点工作部署，又在不同时段突出了阶段性重点的报道。一季度集中报道全省和全国"两会"，紧扣主题，把推进"两个率先"、构建"和谐社会"在全省喊响。3月份开始，在各省级媒体开辟栏目，推出"三创之星"典型报道，全年共推出26个集体和个人。4月份开始，集中报道了李源潮、蒋定之、洪银兴等领导同志做的形势政策报告会，使全省干部群众了解国情省情。4月份，配合苏北振兴和沿东陇海线产业带建设会议，对苏北发展作了有分量的报道。省委宣传部下发了《关于构建和谐社会的宣传报道意见》，新华日报开设专栏、专版发表报道和理论文章，省电视台新闻中心推出9集系列专题《和谐发展 春满江苏》等报道，从而在全省形成舆论声势。省委主要领导同志高度赞扬了这组报道。5月份开始，根据省领导关于发展要有新举措、新动力、新目标和新的切入点的指示精神，省委宣传部组织省主要媒体加强对"又快又好发展"的报道，全面反映全省发展活力和局面。6月份，配合全省教育工作会议，重点报道全省教育工作，整个宣传形成了会前气氛浓、会中规模大、会后不断深入的舆论氛围。围绕"七一"宣传，省委宣传部专门制订方案并组织实施，形成了阶段性的舆论中心。7至8月份，配合省委省政府召开的学习广东发展现代服务业经验报告会和全省服务业工作会议展开报道。省委宣传部组织省主要媒体记者南下广州、深圳、上海，北上济宁、青岛、天津、唐山，推出了上海广东发展现代服务业、津冀鲁加快发展两组重点报道。8月份，根据上半年全省经济社会发展情况，推出了苏南、苏中、苏北上半年经济社会发展的成就宣传。2005年年底，重点推出了"苏南新发展建全面小康，苏中新崛起争过江进位，苏北新跨越超全省增幅"大型系列报道，完整展现苏南、苏中、苏北全面实现小康的恢宏进程。12月底，结合昆山全面达到小康指标体系的宣传，组织省各媒体开展了"昆山经验"的大型采访报道。另外，进一步加强对于突发事件新闻报道的组织力度，"3·29"淮安路段液氯泄漏事件，由于介入主动，协调积极，报道及时，中央和省各媒体的正面宣传引导，为事件顺利处理和当地社会稳定营造了良好舆论氛围，受到了省委省政府主要领导同志的充分肯定。

［**精心策划全国十运会、纪念郑和下西洋600周年、纪念抗日战争胜利60周年的宣传报道**］

江苏是上列三个全国性重大活动宣传的重点省份，省委宣传部分别下发宣传报道意见，精心组织和策划，积极主动展开宣传。5月至7月，省各新闻单位开设专栏、专题，多渠道、多形式、全方位、立体式反映中央和江苏举办郑和下西洋600周年系列纪念活动。省各新闻单位对江苏举办的国际学术论坛、"第三届中国太仓航海节"、江苏挖掘和修复的龙江宝船厂遗址公园、天妃宫、静海寺、郑和博物馆、浏河天妃宫等一批郑和文化遗产，及相关对外文化交流活动做了宣传报道。8月份起，江苏媒体掀起纪念抗日战争胜利60周年的宣传热潮，省各新闻单位除转载转播中央媒体重要稿件，做好中央举办的重大纪念活动的宣传报道工作外，集中宣传报道了省委省政府举办的纪念中国人民抗日战争胜利60周年座谈会、中国人民抗日战争胜利60周年纪念章颁发工作、纪念中国人民抗日战争暨世界反法西斯战争胜利60周年《正义·和平》交响音乐会等三项重要纪念活动。从2003年开始，我省围绕全国第十届运动会的时间节点、重大事件和基本元素，努力做好十运会的新闻报道工作，使整个宣传报道显得气势恢宏，丰富生动。十运会开幕前，围绕十运会会徽、吉祥物、主题口号、宣传画、会歌等元素，从征集、评审到揭晓以及倒计时200天、100天、50天、30天等重要节点进行精心策划报道；围绕重大工程建设，以"高温下的十运场馆建设"为题，为十运会造势，使十运会前期宣传内容不断创新、高潮迭起，逐步升温。认真组织好各项重大活动的新闻报道，先后成功组织了江苏体育成就展、摄影展、中外记者招待会、2005中国全民健身博览会、十运组委会全体会议暨各代表团团长会议、十运会组委会新闻发布会、十运会开幕、全国群众体育先进表彰大会、全国体育系统先进集体和个人表彰大会、中央领导会见全国体育先进集体和个人代表等重大活动的新闻报道。特别是开幕、闭幕式的报道，规模宏大，气势不凡，隆重热烈，给人们留下了极为深刻的印象。对十运会的报道，省委省政府主要领导同志都给予了充分肯定，并作出批示，认为十运会宣传报道导向正确、内容丰富、形式生动、发稿及时，起到了传播信息、鼓动群众、营造氛围的良好作用，各新闻单位充分运用各种报道形式和手段，浓墨重彩宣传十运会的全景全貌、盛事盛况。宣传体制创新、机制创新在十运会的成功实践，全面展示江苏经济建设的新成就、城市建设的新面貌、精神文明的新风尚。同时，还以东道主身份为海内外新闻媒体提供服务和协助，共同唱响十运会的主旋律，为十运会圆满成功做出了不可缺少的重要贡献。

［**规范新闻管理**］

根据上级精神和工作安排，加大了对新闻采编从业人员的管理力度，加强和改进了舆论监督工作。省委宣传部召开了规范新闻采编从业人员管理工作会议、坚决制止虚假新闻工作座谈会、全省新闻阅评工作座谈会等重要会议。同时，进一步加强了省内媒体使用外国新闻信息产品的管理、加强对自由撰稿人的管理和群体性事件新闻报道工作的管理，出台了《关于组织协调省内突发事件采访报道的工作预案》和《关于加强和改进新闻舆论管理工作的实施意见》两个文件。结合办理人大政协的议案提案，多次召开整治不良广告协调会议，取得了良好效果。建立了省级广播电视收听收看中心和图书审读队伍，进一步健全了新闻阅评、报刊审读网络体系。在强化规范管理的基础上，加大了从严处理的力度。2005年，对几家违反法律法规和宣传纪律的媒体作出了通报批评和下发警告通知书的决定，并多次召集违规媒体负责同志进行诫勉谈话。

［**建立健全新闻发布会和新闻发言人制度**］

2004年12月，省委办公厅、省政府办公厅转发了省委宣传部《关于在全省设立新闻发言人规范新闻发布制度的意见》。截止2005年底，江苏全省13个省辖市、54个省有关部门和单位都设立了新闻发言人和联络员。4月，国务院新闻办公室、省委宣传部、省政府新闻办公室联合举办了江苏省新闻发言人培训班。省直各有关单位的新闻发言人和联络员，各省辖市政府新闻发言人、分管部长及新闻办主任参加了培训。7月29日，江苏多年来第一次召开了省直部门和单位新闻宣传工作座谈会。各市也根据相关规定，逐步建立新闻发言人制度，规范新闻发布会制度。2005年，江苏新闻发布会制度取得了较大进展，初步建立起了信息发布网络和队伍，信息发布工作逐步走向规范，呈现出多层面、多形式的特点。

［**加强出版管理**］

明确目标，突出重点，出版工作比以往更积极更主动。一是多出优秀图书工作扎实推进。2005年，围绕重大题材尤其是围绕纪念中国人民抗日战争胜利60周年暨世界反法西斯战争胜利60周年、加强未成年人思想道德建设、服务“三农”等，组织出版了一批有较高思想深度和艺术水准的出版物，并积极做好展示展销活动。二是积极筹备省第六届“五个一工程”图书评奖工作。三是加强图书审读工作。省委宣传部与省新闻出版局共同研究建立了图书审读制度，出台了《关于加强图书审读工作的实施意见》，重点加强对苏版图书的出版前、出版后的审读工作，确保我省图书出版导向。四是加大对重点出版物的资助力度。省委宣传部与省新闻出版局一起研究了2004至2005年度重点出版物资助评审工作，对全省出版社2004年已出版的部分重点出版物给予资助。五是进一步推进全省非法报刊治理工作。从4月起，省委宣传部与省纠风办、省新闻出版局、省扫黄打非工作领导小组办公室联合组成督查组，对全省13个省辖市非法报刊，重点是各县（市、区）以新闻中心名义出版发行的工作简报、各市级党报违规出版各县（市、区）版进行督查，并要求限期整改，登报声明。六是对记者站工作秩序进行规范。根据有关管理规定，省委宣传部与省新闻出版局对中央媒体驻苏记者站、省级媒体驻各省辖市记者站、市级媒体驻当地记者站的工作秩序进行了规范，进一步强化属地化管理原则，要求各新闻单位和驻地记者站围绕重点认真开展自查自纠并及时上报，各市委宣传部和市新闻出版局对近年来记者站工作进行一次全面回顾总结，为全省记者站工作会议作准备。七是积极开展江苏"十一五"国家重点图书出版规划的调研、制订和报送工作，最终确定92个选题作为江苏报送"十一五"国家重点图书出版规划的项目。八是"扫黄打非"工作力度加大。重点加大对政治性非法出版物、盗版教材教辅、低俗读物、伪书以及侵犯知识产权行为的打击力度。

（**新闻出版处**）

宣 传 教 育

根据全省宣传部长会议精神和《全省宣传思想工作要点》的部署，2005年度宣传教育工作坚持以邓小平理论和"三个代表"重要思想为指导，全面宣传贯彻中央和省委全会精神，紧紧围绕"弘扬'三创'精神、推进'两个率先'、构建和谐社会"的主题，按照"三贴近"的要求，大力弘扬民族精神和时代精神，加强形势政策教育、爱国主义教育和典型宣传工作，扎实推进思想政治工作和公民道德建设，积极在凝心聚力、振奋精神上下功夫，在服务基层、服务群众上下功夫，在求创新、求实效上下功夫，努力维护改革发展稳定的大局，积极动员全省人民为建设以人为本、全面协调可持续发展的新江苏而努力奋斗。

［**大力推进主题教育活动**］

弘扬"创业创新创优"为核心的新时期江苏精神是省委立足于"两个率先"全局、经过深思熟虑作出的重大战略部署，也是宣传思想战线服务"两个率先"、构建和谐社会的突破口和重要抓手。经报领导同意，本年度全省宣传教育工作的主题确定为"弘扬'三创'精神，推进'两个率先'、构建和谐社会"。年初，省委办公厅转发了省委宣传部主题教育活动的意见。2月28日召开的全省宣传思想工作会议就是主题教育的动员会。省委常委、宣传部长孙志军在会上对宣传思想工作特别是主题教育进行了部署。李源潮书记发表了《弘扬"三创"精神，推进"两个率先"》的重要讲话。以弘扬"三创"精神为主题的学习教育活动，一浪高过一浪，在全省蓬勃展开。3月初开始，宣教处通过省级主要媒体启动了"三创之星"系列宣传，每周推出一星，每月突出一个重点。系列宣传对推动'三创'主题教育活动发挥了重要作用。7月3日至4日在徐州召开了全省主题教育经验交流会，13个市和4个省有关厅局作了大会交流，一个单位作了书面交流。对下阶段的教育活动进行了再动员、再部署。

各地各部门围绕"三创"精神是否深入

人心、“三创之星”是否家喻户晓、“三创”热情是否空前高涨的三条标准，组织开展了形式多样的宣传教育活动，全省上下形成了人人干事业、个个求发展、全民争率先的生动局面，为率先发展、科学发展、和谐发展注入了强大的精神动力，与“两个率先”相适应、富有时代特征的“三创”精神正成为江苏的主流思想，民众自主创业、企业持续创新、干部争先创优正成为江苏的主题实践。据省城调队在全省 13 个省辖市及部分县市对 1300 户城乡居民进行的专题调查显示，“三创”精神得到了广大群众的充分拥护和肯定。调查中，认为“三创”对江苏推进“两个率先”、构建和谐社会作用至关重要或有较大作用的居民占 86.9%，认为我省广大干部群众在“三创”的工作实践中表现努力的占 70.5%，认为我省在“三创”方面的工作已取得成效或成效显著的居民占 70.7%。

[不断提高典型宣传水平]

典型宣传是宣教工作的重要内容。今年以来，江苏重大典型宣传取得突破性进展。张云泉、邓建军和润扬大桥建设经验等被确定为全国重大典型，中宣部专门组织了 3 个新闻采访团进行了集中采访报道，一改多年来江苏没有全国重大典型的局面。其中，34 家中央和地方重点媒体对张云泉的先进事迹作了报道，一周内刊发各类报道 200 多篇，刘云山、贺国强、周永康、王刚等中央有关领导同志作出重要批示，省委书记李源潮亲自撰写了《学习张云泉》一文并接见了中央采访团；13 家中央媒体对邓建军的先进事迹进行了连续 3 天的集中报道；36 家中央和地方重要媒体对润扬大桥建设经验进行了集中报道。另外，上半年，13 家中央媒体还对连云港“雷锋车”先进事迹进行了集中报道，境内外上百家媒体对常州金坛殷雪梅老师舍己救学生的英勇事迹进行了宣传报道。李源潮书记还对学习宣传殷雪梅作出了长篇批示。这些先进典型的宣传在全国各地引起了强烈反响，展示了江苏人民与时俱进、开拓创新的时代风貌，树立了江苏的良好形象。对典型宣传工作的成绩，省委主要领导给予了高度评价。

不断总结典型宣传的经验，探索典型宣传的运作机制，着力提高典型宣传的组织管理水平。5 月份，在广泛征求各方面意见的基础上，正式下发了《江苏省典型宣传工作管理办法》。中宣部宣教局领导认为，“《办法》总结了典型宣传工作中的一些成功经验，从典型的选择、分类和宣传等环节，对典型宣传进行了规范，针对性、操作性都很强，对各地进一步加强和改进典型宣传工作，提高典型宣传工作水平，具有借鉴意义。”中宣部在部刊《宣传工作》中摘要刊发了这一文件。

[扎实开展形势政策教育]

年初，中宣部要求在全国开展一次集中的形势政策宣传教育。省委对此非常重视，并专门进行了研究，李源潮书记还作了重要批示。省委宣传部认真贯彻落实中央和省委的部署和要求，紧密结合形势的发展和重大决策部署的实施，切实加大形势政策教育力度，在统一思想、凝聚人心、鼓舞士气、稳定社会方面做了大量深入细致的工作，取得了明显的成效。3 月 14 日，省委办公厅转发了省委宣传部《关于在全省城乡集中开展形势政策教育的意见》。各省辖市也相继以市委或市委办公室的名义出台了相关文件。全省上下迅速掀起了形势政策宣传教育的热潮。在集中开展形势政策教育期间，各级领导干部带头讲形势、作报告。省委书记李源潮，省委常委、常务副省长蒋定之先后为大学生和机关干部讲课，产生了较好的反响。

各地各部门积极创新方式手段和载体，努力提高形势政策教育的水平。目前，全省已形成了覆盖城乡的形势政策教育网络，全省各市、县（市、区）都建立了形势报告会制度。南通连续三年开展形势教育的“十百千”工程（即全市每年举办十场高层论坛、百项专题调研、千场形势报告会），苏州利用民营资本200万元用于形势政策教育，南京市开展了“市民参与十大工程”，即市民论坛、市民学堂、市民参观、市民实践、市民欣赏、市民议事、市民旁听、市民听证、市民监督、市民楷模等。江苏的形势政策教育工作由于措施实、影响大、效果好，经中宣部领导同意，宣教局于5月上旬组织中央主要新闻媒体对我省开展形势政策教育工作的先进经验进行了集中宣传（中央电视台除上新闻联播外，还上了焦点访谈）。

[**认真组织抗战胜利60周年纪念活动**]

纪念中国人民抗日战争和世界反法西斯战争胜利60周年，是全国人民政治生活中的一件大事，也是宣传思想工作的一件大事。省委3月份转发了省委宣传部起草的有关纪念活动的通知。省委宣传部多次召开由各有关部门参加的筹备工作会议。省委宣传部、省委党史工办、省文化厅、南京市委宣传部等分别或联合组织了纪念中国人民抗日战争胜利60周年纪念座谈会，组织收看在北京人民大会堂举行的纪念大会实况，在北京、南京举办了《和平颂——“两岸三地”大型民族音乐晚会》，在北京、沈阳、武汉、广州等地举办了《侵华日军南京大屠杀暴行史实展》，在南京举办了《人民的胜利——纪念中国人民抗日战争胜利60周年大型主题展览》，在全省开展了纪念中国人民抗日战争胜利60周年知识竞赛，组织创作和展映、展播了一批纪念中国人民抗日战争暨世界反法西斯战争胜利60周年，有较高思想和艺术水平的影视文艺作品，如电影《栖霞寺1937》、20集电视连续剧《浦口1945》、系列节目《抗战老英雄》，出版发行了《不忘历史——纪念中国人民抗日战争胜利60周年》、《民族的胜利》、《侵华日军南京大屠杀资料汇编》，组织慰问参加过抗日战争的老战士，开展主题鲜明、内涵丰富、形式多样的群众性纪念活动等等。纪念活动的宣传工作，从5月初开始升温。5月上旬至9月中旬，省各新闻单位逐步加大抗日战争暨世界反法西斯战争胜利60周年的宣传力度，陆续发表纪念文章、社论评论，刊登相关图片、资料，播放有关电视专题片，使纪念活动逐步进入高潮。

通过纪念活动，在全省范围内广泛进行了近现代中国人民反抗日本军国主义侵略斗争史、抗日战争胜利历史经验以及中国人民抗日战争胜利和世界反法西斯战争胜利伟大历史意义的宣传教育，引导广大干部群众明史知耻、明史知理、明史知责。各地各部门把纪念活动与正在全党开展的保持共产党员先进性教育活动结合起来，与我省“弘扬‘三创’精神，推进‘两个率先’，构建和谐社会”主题宣传教育活动结合起来，与加强未成年人思想道德建设和大学生思想政治教育结合起来，做到精心策划、精心安排、精心组织，力求取得实实在在的效果。

[**积极组织和参与各项专项宣传**]

近年来专项宣传工作规格越来越高，任务越来越重，要求越来越严，成为宣传教育工作的有机组成部分。继续大力开展百城万店无假货活动，为中宣部在南京召开全国百城万店无假货活动工作经验交流会做准备；认真开展“三下乡”活动，南大“百名教授兴百村工程”的经验在11月份中宣部召开的全国“三下乡”经验交流会上进行了交流和推广；积极开展“婚育新风进万家”活动，处室被评为全国先进单位。

积极配合有关部门，抓好十运会、环保、绿化、未成年人保护、残疾人保护、防震减灾、禁毒等方面的宣传教育，大力加强普法、科普、国防教育的力度，积极配合省纪委、省委610办公室及政法部门，认真做好党风廉政建设、社会治安综合治理、维护社会稳定、解决和处理法轮功“四纳入”等方面的宣传教育工作，配合省科技厅、省科协组织开展“科普宣传周”活动。

（张永根）

文明创建

2005年，全省精神文明创建工作深入贯彻党的十六大和十六届三中、四中、五中全会精神，全面贯彻落实科学发展观，以弘扬“三创”精神，推进“两个率先”，构建和谐社会为主旋律，进一步围绕中心，服务大局，贴近实际、贴近生活、贴近群众，在改进中加强，在创新中发展，促进了全省经济社会率先发展、科学发展、和谐发展。以爱国主义为核心的民族精神和以创业创新创优为核心的新时期江苏精神日益深入人心，全社会思想道德建设不断加强。以创建文明城市、迎接“十运”盛会为龙头的群众性精神文明创建活动整体推进，城乡文明程度和人的文明素质不断提高。以贯彻省委省政府《加强和改进未成年人思想道德建设行动计划》、加快实施“六大工程”、积极落实50件实事为重点，未成年人思想道德建设持续发展。以各类创建评选表彰活动为动力，推动精神文明创建活动深入发展，创建工作先进单位的示范带动作用不断增强。

［**继续加强思想道德建设**］

全省广泛开展了“弘扬‘三创’精神，推进‘两个率先’，构建和谐社会”主题教育活动，运用多种形式集中宣传了一批体现“三创”精神的先进典型，全力谋发展、全民争率先、全省促和谐的良好社会氛围逐步形成。围绕中国人民抗日战争暨世界反法西斯战争胜利60周年，开展形式多样的系列纪念活动，“南京大屠杀史实展”内容详实、说服力强、社会反响强烈，“熔铸中华魂”青少年爱国主义读书活动吸引力强、参与面广、教育成效明显。各地各部门结合迎接十运会，深入贯彻《公民道德建设实施纲要》，把“公民道德宣传日”拓展为“公民道德宣传周、宣传月”，组织群众性道德实践活动，引导广大群众从自身做起、从小事做起，规范文明言行，提高文明素质，在十运会的大舞台上充分展示江苏人的文明风范。

［**深入做好未成年人思想道德建设工作**］

认真贯彻省委省政府《加强和改进未成年人思想道德建设行动计划》，加快实施“六大工程”，积极落实50件实事。着力推进净化网络、整治网吧和电子游戏场所、流动人口子女入学、优秀少儿精神产品生产、校园文化环境建设、未成年人心理健康教育等重点专项工作，省未成年人社会实践基地建设取得较大进展。举办中学团委书记、小学少先队辅导员培训班，加强德育师资队伍建设。利用假期开设“名师面对面”电视专栏，社会反响良好。举办全省未成年人才艺大赛，开展“七彩的夏日”暑期未成年人系列活动，推动“弘扬‘三创’精神，争做新一代江苏人”主题活动深入开展。实施“未成年人文明关爱”工程，扶持苏北地区100所困难小学完善青少年课外活动设施，构建有利于未成年人健康成长的“第二课堂”。

［**广泛开展群众性精神文明创建活动**］

紧紧围绕省委省政府“办好十运会、展示新江苏、推动新发展”的总体要求，在全省广泛深入开展了“创文明城市，迎十运盛会”主题创建活动，采取切实措施，集中解决文明言行、环境卫生、服务质量、交通秩序等几个方面存在的突出问题，为十运会的成功举办营造了文明、和谐的社会环境。“铸诚信、迎十运，满意在窗口”优质服务竞赛活动蓬勃开展，全省10大优质服务品牌、100个文明服务“窗口”、100个迎十运文明服务先进个人脱颖而出，有效推动了“窗口”单位和服务行业美化服务环境、规范服务程序、改善服务态度、提高服务效率。科教、文体、法律、卫生“四进社区”活动深入推进，各地街道社区围绕迎十运年度主题，广泛开展了以“体育社区行、健康进万家”为主题的群众性文明社区创建活动。第四届全国“四进社区”文艺展演在我省扬州市成功举办，江苏获金奖节目、受表彰的全国文化先进社区、优秀社区文化辅导员数量在全国名列前茅。首届“全国诚信建设论坛”在江苏吴江成功举办，充分展示了江苏诚信建设的成果，推动了以“共铸诚信”为主题的文明行业创建活动深入发展。全省农村以优化卫生环境、养成现代文明生活习惯为突破口，以促进农村生态经济、生态文明、生态环境协调发展为导向，广泛开展了“讲文明，除陋习，树新风”活动；以关爱弱势群体、维护农村稳定为重点，广泛开展了“文明关爱，扶困助弱，扶贫助学”活动；以满足农民不断增长的文化需求为目标，深入开展了文化、科技、卫生“三下乡”活动。

［**评选表彰精神文明创建工作先进单位**］

依据《全国文明城市测评体系》和《操作手册》，委托统计部门采取严谨的考核办法，坚持公正、公平、公开的测评工作原则，评选推荐全国文明城市、文明村镇、文明单位和全国创建文明城市、村镇、行业、单位工作先进单位。江苏在这次全国精神文明建设工作表彰中成绩优异：张家港市获得首批全国文明城市荣誉称号，市委书记曹福龙在会上代表受表彰的全国文明城市（区）作了题为《深化文明城市创建，推进和谐社会建设》的发言。南京市、苏州市、无锡市、常州市获得全国创建文明城市工作先进城市荣誉称号。受到表彰的还有21个全国文明村镇、37个全国文明单位、42个全国创建文明村镇工作先进村镇、71个全国精神文明建设工作先进单位以及5位全国精神文明建设先进工作者，各项创建工作及先进个人受表彰数均居全国前列。同时，依据《江苏省文明城市管理办法》，评选表彰了2002—2004年度江苏省文明城市和创建文明城市工作先进城市，2003—2004年度江苏省文明村镇、行业、单位以及相关的创建工作先进单位。全省各地各部门以评选表彰为动力，推动精神文明创建活动提高水平，丰富内涵，持续健康深入发展。

（**杨力群**）

对外宣传

2005年，江苏各级外宣部门在省委、省政府的领导下，认真贯彻落实中发［2004］10号文件和苏发［2005］20号文件精神，围绕中心、服务大局，发挥优势、着力创新，总体工作目标基本实现。

［**贯彻文件，抓好落实，推动全省外宣工作的整体发展**］

中央下发10号文件后，外宣系统迅速组织传达学习，深入领会中央精神。省委外宣办结合江苏实际，研究和草拟了具体的贯彻措施和工作方案。省委下发了《中共江苏省委关于加强和改进新形势下对外宣传工作的意见》（苏发［2005］20号）。《意见》采用条目式的体例，充分整合和调动全省有关涉外部门的力量和资源，将外宣工作“虚事实做”，以实施江苏外宣“六大工程、四十件实事”为抓手，体现“工作项目化，项目责任化，责任具体化”的要求，初步实现了江苏省全方位、多层次、宽领域大外宣格局的基本框架。文件下发后，全省各地外宣工作普遍受到重视和加强，呈现出积极向上的发展态势。

2004年,省委外宣办制订了《关于在全省设立新闻发言人,规范新闻发布制度的意见》,并由省委、省政府办公厅下发(苏办[2004]77号)。2005年4月,省委外宣办在国务院新闻办的指导下,举办了全省首期新闻发言人培训班,国务院新闻办公室副主任王国庆,省委常委、宣传部长孙志军出席开班仪式并讲话。培训班学员包括江苏省各有关单位的新闻发言人和联络人,各省辖市分管部长、新闻办主任及市政府新闻发言人等约140人。学员普遍反映,这次培训授课内容丰富,形式生动。既传授基本知识,也介绍操作技巧;既分析国外相关情况,也交流地方实践经验;既有理论传输,也有模拟点评,信息量大,互动性强,为大家提供了一次难得的学习机会。

[**围绕大局,服务中心,加强改革开放和经济建设的对外宣传**]

以省政府举办的会展活动为载体,有效组织对外经济宣传。重点组织了第九届东西部投资与贸易洽谈会的新闻宣传工作,以各主要媒体记者随团采访的形式,及时向省内报道江苏省代表团参会、交易动态和访问陕西等情况,共发回40多篇有深度、高质量的稿件,形成了一定的舆论氛围。此外,还组织了第二届苏北投资洽谈会的宣传报道。6月,围绕郑和下西洋600周年纪念活动,开展多元化的报道。省委外宣办组织平面、电视、网络等50多家新闻媒体,以纪念活动为切入口,拓展报道内容,从航海史、宝船遗址、造船技术、中外文化商业来往等多方面进行宣传报道,不仅引起了广大读者对我国航海事业的兴趣,也得到了专家学者对活动的关注。10月,做好第十届全国运动会新闻宣传工作中的境外记者接待工作。针对"十运会"参会媒体来源广、层次高、类别多的情况,根据省领导"善待记者"的要求,首先按照境外记者管理工作的特殊性,专门制订了"境外媒体记者新闻官工作职责",并对新闻协调、住地服务、现场管理等诸多项目进行了分工,对可能出现的各类可预知和不可预知的情况均制订了相应预案。其次,专门组织省内主流媒体,以"外国记者看十运"等角度进行侧面宣传,充分发挥了境外记者的作用,较好地促进了境内外记者的沟通。

[**求真务实,全力投入,高水平完成南京大屠杀史料进京展及全国巡展**]

为纪念中国人民抗日战争暨世界反法西斯战争胜利60周年,江苏省委宣传部历时10个月,耗资数百万元,筹备了全国纪念活动中三个重点展览之一的《12·13——侵华日军南京大屠杀史实展》,于8月中旬在北京举办。其后按照李长春同志的指示,又于9月至10月间,在沈阳、武汉、广州等地举行了全国巡展,实际展期42天。通过对南京大屠杀的历史照片、资料、文物和证人证据等史实的展示,深刻揭露了侵华日军的法西斯暴行,从而教育人民特别是青年一代永远牢记历史,不忘过去,珍惜和平,开创未来。此次展览经受住了中央领导及领导机关的检验,经受住了近60万观众和包括日本国在内的国际社会的审视,世界和国内主流媒体报道时间长、内容深而广,在社会各界引起强烈反响,取得了圆满成功。

[**把握主动,拓展渠道,大力开展对外文化交流**]

经中央外宣办和省委批准,省委外宣办会同省外办于6月上旬组织了42人的文化交流团,赴马来西亚举办"纪念郑和下西洋600周年·江苏文化周",通过郑和事迹图片展览、南京小红花艺术团演出、新闻媒体交流访问等形式,大力宣传郑和下西洋的伟大壮举,传播我国的和平外交政策,增进与周边国家的友谊,引起当地媒体广泛关注,受到马来西亚主流社会和民众的积极评价。

各级外宣部门积极创造条件,本着“走出去”的原则,充分挖掘和利用各自丰富的外宣资源,突出个性,打造品牌,开展丰富多彩的对外文化交流活动,寓宣于文,有效地扩大江苏在海内外的影响。如苏州市在德国“柏林亚太文化周”期间举办了“中国苏州刺绣艺术展”,使柏林市民对苏州的社会发展有了全新了解。南京市在日本名古屋“世博会友城节”期间举办了《博爱之都——南京》摄影图片展、民间艺人艺术绝活表演、小红花艺术团歌舞表演等精彩节目,吸引了众多当地市民。朝日新闻、中日新闻、STARCAT 电视网等媒体都对活动做了报道。扬州市在韩国大田成功举办了“中国·扬州文化周”,玉雕、漆雕技艺,摄影作品和木偶表演艺术,向韩国人民展现了精湛的中国文化。

[**多方联系,寻求合作,扩大江苏在海内外的影响力**]

经与上海、浙江协商,6 月,省委外宣办邀请外国驻沪通讯社及部分媒体,就江苏在长三角地区发展中的产业定位,合资、外资制造业的发展前景,能源开发和利用,民营经济发展等问题来江苏采访,充分发挥了沪苏浙外宣协作关系的作用。经省委同意,省委外宣办再次与美国《中国新闻》合作出版了“江苏沿江开发系列”泰州、苏州、南通和扬州 4 个专辑。同时,与香港《文汇报》合作,编辑出版了 10 期“江苏专刊”,并配合中央《中华儿女》杂志社编撰了江苏专辑。这些专辑,系统地介绍了江苏近年来所取得的建设成就及新时期的发展战略,为塑造经济社会全面协调、持续发展的新江苏形象贡献了力量。

[**创新形式,丰富载体,努力打造外宣品牌**]

江苏卫视国际频道是目前长江全流域各省市中唯一面向北美的外宣频道,继去年在北美落地以后,今年又在亚洲地区落地开播。3 月,省委外宣办举办了沿江流域专题研讨会,旨在整合长江流域各省市的信息资源,通过及时的讯息服务,把该频道办成我国长江流域各地向北美乃至全世界发布信息的重要平台。

精心编制新版江苏外宣画册和更新制作《中国江苏》便携手册。省委外宣办从年初开始着手编辑新版江苏外宣画册,为扩大图片的来源和提高画册的质量,曾多次向省、市有关部门寻求支持,并请专家把关。画册出版后,各方反映良好。此外,对 2005 年《中国江苏》便携手册作了全面更新,比较适合社会需求。

[**规范制度,注重实践,掌握网上新闻信息传播的主动权**]

加强制度建议,规范互联网管理工作。贯彻落实中办[2004]32 号文件精神,结合江苏实际,以省委、省政府办公厅名义下发了《关于进一步加强全省互联网管理工作的意见》。加强了与公安、通讯管理等互联网管理部门的配合和协调,在实践中积极探索规范网上有害信息处理、提高处置效率和水平的有效办法,完成了《江苏省互联网有害信息快速处置程序》(讨论稿)。认真贯彻落实《互联网新闻信息服务管理规定》,依法开展清理整治违规从事互联网新闻信息服务工作。省政府新闻办与省通信管理局联合印发了《江苏省开展清理整治违规从事互联网新闻信息服务工作实施方案》,目前该项工作正在全省开展。

严格管理、加强引导,规范网络舆论环境。加强新闻内容、宣传纪律、信息安全等方面工作的指导和管理。围绕保持共产党员先进性教育、全国及全省“两会”、抗日战争暨世界反法西斯战争胜利 60 周年、国民党亲民党主席来访、节约型社会等重大事件和重大活动，省委外宣办分别制订下发了网上工作意见和工作方案。加强对校园网络和社会网站涉及意识形态内容的管理。建立了南大小百合、水上明珠、希网网络等网站有害信息处理档案，并初步创立了网络管理队伍。重点对各类有害信息进行封堵和查处，组织、协调删除各类有害信息约3500余条，净化了网络舆论环境。

积极开展网上舆论引导工作，抢占网上舆论的主导权。针对涉日问题的舆论引导，省委外宣办以社会稳定为主线，根据发展态势，及时明确工作要求，6次下发网上涉日宣传和舆论管理通知，适时要求省重点新闻网站和新闻网页加大正面报道。成立了网上舆情监管小组，在十运会期间全天候开展工作，对国内外42个网站报道和论坛内容进行查看，组织舆情研判，及时协调处理了新浪、搜狐等20多个网站上登载的严重影响江苏形象的报道40多篇，避免负面信息漫延。以省重点新闻网站为依托，以中国江苏网评论部为主体，成立了由机关、新闻媒体、大学、社科院所等单位15名业务骨干组成的省专、兼职网上评论员队伍；宿迁市、南京市分别建立了26名和60名专、兼结合的网上评论员队伍。

（外宣办）

文艺工作

2005年是实施文化大省建设十年规划纲要中承上启下的重要一年。一年来，根据全省宣传部长会议精神的要求和全年宣传思想工作要点的安排，文艺工作以增强整体实力、活力、竞争力，更好地繁荣江苏文化艺术事业为着力点，在工作思路中求创新，在工作目标上求实效，许多方面都取得了较大进展。

［**组织系列大型活动**］

主要是在文化建设思路上，实现系统联手，加强宏观管理和协调。5月上旬，联合中央和省、市宣传文化部门共同策划组织了大型民族交响乐《和平颂》在北京人民大会堂的演出，拉开了国家文化部“纪念中国人民抗日战争暨世界反法西斯战争胜利60周年优秀剧目展演”的序幕。南京、香港、台北三地民族乐团340多名艺术家联袂演出，开中国民族音乐演奏史先河，整个活动引起社会极大关注，反响热烈。中共中央政治局常委李长春以及刘云山、顾秀莲、陈至立、黄孟复等党和国家领导人出席了音乐会并对作品给予了充分肯定。润扬大桥的建成，是全省的一大盛事，为庆祝大桥通车，省委宣传部联合省广电总台、省交通厅、省总工会、南京电影制片厂等单位，精心组织了“劳动者之歌—江苏省庆祝五一国际劳动节暨润扬大桥通车文艺晚会”，摄制了《超越梦想—润扬长江大桥建设记实》六集电视专题片。通过舞台表演和电视记实呈现，展现了这一世纪工程雄姿，讴歌了大桥建设者团结拼搏和“创业、创新、创优”的精神风貌。9月份，整合省演艺集团和省文联、省广电总台等方面力量，举办了“纪念抗战胜利60周年大型交响合唱音乐会”、“正义·和平”大型交响音乐会和“祖国颂”国庆晚会。组织专家论证、观摩，完善“十运会”开幕式和闭幕式的文艺表演。与中国文联、省文联等合作，共同组织第五届曲艺节南京分会场的评选、展示活动，推动中国曲艺“牡丹奖”永久落户江苏，为江苏文化建设创造了一个新的品牌和平台。实施构筑江苏美术高峰工程，参与策划、组织“2005·百家金陵画展”。

［**改革资助方式，促进精品剧目生产和文化设施建设**］

以补贴的形式，扶持高雅艺术，鼓励舞剧《红河谷》、话剧《平头百姓》、昆剧《牡丹亭》、《长生殿》等优秀剧目在省内外、名城名校多演出。其中舞剧《红河谷》入选

2004—2005年度国家舞台艺术10大精品剧目。以投入的形式，支持电影《栖霞寺1937》，电视剧《如歌的岁月》和《美丽的中国结》、电视专题片《抗日中坚八路军》、《不应忘却的历史》、《1937，南京真相》，昆剧《桃花扇》、话剧《青春万岁》等作品生产，打造精品。以引导的形式，吸引社会资本共同投入乡镇文化站（活动中心）体制创新工程建设（试点），推动形成公有民营、股份合作、目标责任等新型管理体制与运行机制，进一步优化农村文化服务体系，保障群众的公共文化权益和利益，今年已建成17个标准化乡镇文化站。以目标考核形式，资助全省各地（主要面向苏北）配备文艺下基层流动舞台车，在目标管理中突出考核受资助项目单位组织下乡（村）演出的场次，从而综合确定相应的奖惩。

［**实施文艺下基层“四个一”工程**］

年初，在总结前几年文化服务基层工作经验、研究新形势下基层群众文化需求新特点的基础上，研究制订并组织启动了以优秀剧目展演、文艺院团下基层、高雅民族艺术进校园和百部电影送千村为主要内容的文艺下基层“四个一”工程。一年来，全省共有18台优秀剧目在全省展演、巡演596场，省、市、县三级文艺院团深入基层演出7298场，高雅民族艺术进校园355场，免费为基层群众和中小学生放映电影10 501场，演出场次、电影放映场次等大大超过预定目标。在“四个一”工程的实施中，一些特色鲜明的活动特别受到欢迎，成效显著，其中包括：在昆曲发源地——昆山及太仓的86所中小学组织了“昆曲故乡百校行”活动，演出近百场。暑假期间，配合全国、全省正在组织的纪念抗战胜利60周年活动，在苏北五市举办了“暑期中小学生主题电影展映月”活动，在城市社区和农村村镇放映以爱国主义题材为主的电影1000多场，丰富了城乡中小学生暑期文化生活。组织了“南京2005·江苏优秀剧目展演”活动，包括昆剧《长生殿》、木偶剧《三个和尚》在内的8台优秀剧目于“十运会”前后在南京演出了17场，观众达1万多人次，该活动还策划了“万人评戏”这一环节，邀请观众当评委，评选观众最喜欢的剧目，受到观众的一致好评，产生了广泛的社会影响。

另外，还组织了“2005打开艺术之门——暑期艺术夏令营”活动，于7月初至9月中旬的70多天里，在南京文化艺术中心、江南剧院连续上演了“听、说、看、学、玩”五大系列50场音乐会及演出，平均上座率80%，观众人数3万多人次，电视台、电台、报纸、杂志报道、刊登新闻150余次。同时，购买了1100张爱心票，通过媒体赠送给南京社会福利院及贫困、伤残家庭等社会弱势群体的孩子，并给部分孩子代表赠送了音碟等礼品。“四个一”工程的成功实施，得到了省、市、县各级党委政府的支持和赞誉，得到了中央有关领导同志的充分肯定，特别是受到了广大基层群众的热烈欢迎。

［**实行政府采购，引进文化项目**］

元旦、春节、国庆期间，与有资质、信誉度高的文化经纪公司合作，引进并低价位推出了中央歌剧院交响乐，俄罗斯芭蕾舞剧《巴黎圣母院》、《天鹅湖》，中国民乐团《盛装民乐》、“奥地利林茨交响音乐会”等一批经典剧目和演出，丰富了城市节日文化生活。全省宣传思想工作会议期间，采购无锡歌舞团大型民族舞剧《红河谷》来宁演出，给包括参加全省科协大会代表在内的1千多与会人员奉献了一台文化精品大餐。

［**文化新闻报道工作进一步加强**］

年初，《新华日报》用较大版面集中盘点了2004年度江苏的文化大事，6月份，在《新华日报》头版刊发了题为《江苏启动文化服务基层“四个一”工程》的文章，及时将文化服务基层的各项活动告诉广大群众。"百部电影送千村"、"高雅民族艺术进校园"、"昆曲故乡行"、大桥通车晚会、晋京文艺演出、"暑期艺术夏令营"、"南京2005·江苏优秀剧目展演"等活动开展期间，都组织《新华日报》、江苏电视台等省内重要媒体作了一系列跟踪报道，扩大了活动的社会影响。同省广电总台合作，策划了一档宣传江苏戏曲的文化专题栏目《苏韵流芳》，在省电视台综艺频道播出；策划了一档"江苏文化名人"栏目在省电台新闻综合频率播出。这两个媒体专题栏目的开设，是有步骤地宣传江苏的名人名作、培养更多的戏曲受众、力争打造电视文艺宣传品牌的新尝试。

［**组织"诗词歌赋咏江苏"征集活动**］

为了进一步展示江苏文化形象，推出一批描绘江苏山川人物、讴歌江苏改革新貌的优秀诗篇，于年初启动了"诗词歌赋咏江苏"征集活动，在《光明日报》、《中国文化报》、《新华日报》、《扬子晚报》等中央和省级新闻媒体以及《中华诗词》、《人民音乐》等专业刊物刊登了征集启示，给省音乐家协会和古诗词协会的500多位会员作者寄发了征集启事和江苏概况介绍，并两次组织了部分重点作者参加的创作采风活动，在全省乃至全国文艺创作界都产生了广泛的影响。活动共收到来自江苏、安徽、湖北等省、市应征作品3400多件。经过初审、终审和合议等程序，评出获奖作品：诗词14首、歌曲10首、歌词10首、赋10篇，入围作品：诗词21首、歌曲10首、歌词10首、赋8篇，并出版了图书和音像作品集。

（**文化艺术处**）

文化改革

2005年，全省文化改革与发展工作根据省委十届八次全会精神和部务会的要求，坚持改革发展与加强管理并举，重点突破与全面推进同步，积极开展工作，较好地完成了各项任务。

［**激发基层创造活力**］

坚持把思想发动放在突出位置，组织开展形式多样的学习会、研讨会、培训班。重点围绕全省文化体制改革和文化产业发展中存在的突出问题，组织专家进行专题研究，并召开座谈研讨会，形成对策办法。同时，加强对文化主管部门负责人和国有文化企事业单位负责人的培训，进一步增强改革的紧迫感，进一步明确改革的思路和工作重点。

［**发挥典型的示范导向作用**］

一方面继续深化新华发行集团、省演艺集团、新华日报报业集团改革。做好新华发行集团企改股、筹备上市的有关工作，推进演艺集团演艺结构调整，加快全省演艺资源整合工作。加快新华日报报业集团报刊结构调整，培育新的经济增长点。另一方面，参照全国试点工作经验，确立了一批省级改革试点地区和单位。召开全省试点单位改革工作会议，部署试点改革任务，明确改革的目标要求和主要措施。

［**提升文化产业的整体实力**］

一是推动文化与高新技术相结合。研究制订扶持动漫、卡通、电脑游戏等新兴产业发展的政策措施。二是支持鼓励民营文化企业发展。制订投资文化产业指导目录，鼓励民营企业在政策许可的范围内投资文化产业，特别是出版物分销、影视制作、影院改造和电影放映、文艺演出、娱乐等行业。培育一批重点民营文化企业，鼓励他们参与国有文化单位改革，优势互补，共同发展。三是建设江苏文化资源网，及时发布有关政策、文化资源情况、文化企业名录、文化招商招标项目等，建立信息交流平台。

［**增强文化产业的微观活力**］

一是大力推进国有文化事业单位转企

改制。按照分类指导的原则,把公益性事业单位与经营性事业单位分开,加快经营性事业单位转企改制,面向市场,寻求发展。二是实施江苏省文化产业规划,引导产业集聚,推动资源整合,调整产业结构,实行差别竞争,打造一批文化领域的战略投资者,形成以文化产业集团为龙头,一批专、精、特、新的中小企业共同发展的文化产业新格局。三是注重培育文化市场,引导群众消费。研究制订对多种所有制企业所承办的高雅艺术演出实行补贴的办法,繁荣文化市场。

[**推进文化管理体制改革**]

一是进一步推进政事、政企、管办分开,理顺政府与文化企事业单位的关系。抓住广电网络整合契机,加快广电体制改革,推进市、县局台分开。二是借鉴试点地区经验,按照中办 24 号文件精神,做好市、县文化、广电、新闻出版局合并的论证工作,通过试点的办法,逐步在面上推开。同时,积极推动组建城市综合文化市场执法队伍。三是建立新型国有文化管理体制,掌握国有文化资产的配置权,确保党对意识形态领域的领导权,要把党委领导与法人治理结构结合起来,研究建立国有文化资产出资人制度,建立国有资产经营责任制。制订并实施国有文化资产监督管理办法,加强对国有及国有控股文化企业的绩效考核。

（**王明珠　陈清华**）

社 科 规 划

2005 年省社科研究规划工作有两个重要特点:一是贯彻中央和省委《关于进一步繁荣发展哲学社会科学的意见》,努力推进社科规划和项目管理工作的改革创新;二是全面总结“十五”,谋划“十一五”。针对这两个特点,省社科研究规划确立了“两条腿走路”的工作思路:一是紧紧围绕省委省政府工作大局,重点抓好重大研究项目,努力出大成果,大影响;二是紧紧围绕提高结项率、成果精品率,重点抓好“十五”最后一年项目后期管理。

[**组织“全面建设小康社会在江苏的实践及理论思考”课题研究**]

这是配合省委、省政府实施“两个率先”战略目标,在全省推出苏州、昆山全面建成小康社会重大典型而开展的课题研究活动。在省委常委、宣传部长孙志军直接领导下,省哲学社会科学规划办公室集中力量做好课题组的调研、研讨、集中撰稿等各项服务工作。先后组织课题组专家 3 次赴昆山调研,以专家眼光评价苏南部分市县率先实现全面小康社会指标后的经济社会水平,科学总结苏南建成全面小康社会的实践经验,探索江苏推进“两个率先”的新路径。迄止 2006 年 1 月,课题组完成了一篇研究总报告并报送省委、省政府;完成一篇题为《坚持科学发展　促进“两个率先”》理论文章,刊登在《人民日报》;在课题总研究报告和各专题分报告的基础上,撰写了一部专著《以科学发展观统领全面小康社会建设》,由南京大学出版社出版。

[**组织“江苏全面建设小康社会苏州论坛”**]

8 月 7 日,省委宣传部联合苏州市委、市政府在昆山市共同举办了一次高层论坛活动。省委李源潮书记出席论坛并与课题组专家座谈。省委常委、宣传部长孙志军主持论坛活动。省和苏州市各大媒体都浓墨重彩地报道了这次论坛活动,《新华日报》、《苏州日报》还开辟专版刊登专家发言内容,从而为年底推出昆山全面小康重大典型,作了很好的铺垫和舆论准备。

[**组织“昆山经验研讨会”**]

为有力配合昆山建设全面小康社会重大典型宣传,根据省委常委、宣传部长孙志军指示,12 月 25 日省哲学社会科学规划办公室专门组织“全面建设小康社会在江苏的实践及理论思考”课题组专家,在昆山市举办研讨会,交流课题研究成果,进一步理性探讨昆山经验的深刻内涵和时代意义。专家发言和课题研究成果都在此后不久全省昆山全面小康重大典型集中宣传活动中,以专访、理论文章形式刊发,取得良好的社会效果。

[编制“十一五”《规划要点》和 2006 年度《课题指南》]

从 5 月开始,至 9 月底结束,在全省范围内开展了“十五”期间江苏哲学社会科学研究成果调研活动,写出内容涉及 15 个哲学社会科学学科、共计 30 多万字调研报告,全面总结“十五”时期江苏社科研究重要成就和重要特色,梳理存在问题和薄弱环节,分析“十一五”期间社科研究趋势,明确重要研究领域和重点课题。根据调研成果并广泛征求知名专家意见,初步制订出《江苏省哲学社会科学研究“十一五”规划要点》及 2006 年度《课题指南》。

[组织 2005 年度国家社科基金项目的申报]

江苏共有 73 个申报课题被批准立项,其中“经济转轨中城乡互动、工农互促的协调发展道路问题”、“城市化进程中农民工问题”、“构建社会主义和谐社会进程中的思想道德建设与和谐伦理建设的理论与实践”、“国外社会建设理论比较”等,被中宣部全国社科规划办公室批准立项为 2005 年度国家社科基金重大招标项目。此外,重点项目 4 项,一般项目 48 项,青年项目 15 项,后期资助项目 2 项,获得项目资助经费总额 600 多万元,立项总数在全国各省区市中排第三名,列上海(106 项)、湖北(79 项)之后;其中重大项目立项数在全国各省市区中排第二位。这个成绩进一步提升了江苏社科研究在全国的竞争力。

[加强和改进社科基金项目的管理]

一是修改省社科基金项目管理办法,全面接轨目前国家社科基金项目的管理办法,课题评审实行异地匿名通讯初评和会议复评相结合的制度,成果鉴定实行外省同行专家匿名评审制度等。二是切实提高课题结项率。对“十五”期间没有按期结项课题进行督查,限期结项;对成果不符合结项要求的“问题项目”进行清理。经过努力,“十五”期间省社科基金项目结项率达到 86%。三是切实提高成果精品率。对鉴定成果严格把关,对优秀成果实行奖励,在《江苏社会科学》、《江海学刊》等刊物开辟专栏加强宣传,通过这些措施推动项目负责人树立精品意识。据初步统计,2005 年江苏有 10 个项目成果被中宣部全国规划办公室评选为国家社科基金优秀成果;在 2005 年江苏省第九届优秀社科成果评奖中,社科基金项目有 33 个成果获奖,其中,一等奖 8 个;二等奖 16 个;三等奖 23 个。社科基金项目成果获奖数占整个获奖成果数的 20%。

[组织出版《江苏发展道路和发展特色研究》]

省委常委、宣传部长孙志军作序。该著作许多重要观点以论文形式,分别发表在全国性的学术理论刊物,取得重要社会影响。

[与上海、浙江联合开展“长三角区域经济社会协调发展”系列课题研究]

江苏组织了 7 个研究课题,完成 7 份专题研究报告,主要研究长江三角洲区域经济社会发展未来机遇和挑战、跨国公司发展态势、提升产业发展能级、跨界水资源管理等重要问题。12 月底,在上海联合组织“长三角发展论坛”,出版了《大整合 · 大突破——长江三角洲区域协调发展研究》。

(徐之顺)

思想政治工作研究

2005年，全省各级各类思想政治工作研究组织，高举邓小平理论和“三个代表”重要思想伟大旗帜，自觉同以胡锦涛为总书记的党中央保持一致，全面深入学习贯彻党的十六大和十六届三中、四中全会精神，全面深入学习贯彻科学发展观，认真贯彻落实全省宣传部长会议精神和中国思想政治工作研究会第八次会员代表大会精神，坚持解放思想、实事求是、与时俱进，坚持贴近实际、贴近生活、贴近群众，坚持创新理念、创新内容、创新形式、创新手段，大力加强调查研究，认真组织各项活动，切实搞好自身建设，努力为改革发展稳定提供强有力的理论指导、舆论力量、精神支柱和文化条件，充分发挥在思想政治工作方面的“思想库”和“智囊团”、“参谋”和“助手”的作用。

［**开展调查研究**］

年初，省思想政治工作研究会印发了重点调研课题，组织基层单位围绕社会思想政治领域存在的突出问题及干部群众反映强烈的热点问题，广泛开展调研，发挥调查研究在加强和改进思想政治工作中的作用。

调查研究的重点课题包括：马克思主义最新理论成果与思想政治工作创新、用科学发展观统领思想政治工作、建立社会主义思想道德体系、思想政治工作如何做到“三贴近”、弘扬和培育民族精神、干部群众关心的重大理论和现实问题、思想政治工作与加强党的执政能力建设、思想政治工作与构建社会主义和谐社会、群体性事件和重大突发性事件中的思想政治工作、思想政治工作如何应对宗教社会影响逐步增大带来的挑战、进城务工人员及未成年子女思想道德状况和对策、大学生政治思想倾向、高校思想政治教育的改进创新、社区思想政治工作、开发区（工业园区）思想政治工作、非公有制经济组织思想政治工作等。

各市、各行业（系统）思想政治工作研究会和各团体会员单位都结合本地区、本行业（系统）、本单位的实际，确定了相应的研究课题和调研计划，精心组织、周密安排，切实开展课题研究。总结新经验，探索新路子，提出新办法，真正发挥调查研究在加强和改进思想政治工作中的基础性作用，不断增强思想政治工作的针对性、实效性和感召力、渗透力。坚持宏观研究与微观研究相结合，基础理论研究与应用理论研究相结合，总结成功经验与开拓创新相结合，理论研究与指导工作相结合，更好地服务思想政治工作实践。

年底，省思想政治工作研究会组织开展了优秀研究成果评选表彰活动。收到各地推荐的思想政治工作优秀研究成果共110项，为历年来最多。其中有40多篇文章发表在人民日报、求是杂志、红旗文稿等国家级、省级报刊上。经“优秀研究成果评审委员会”评审，一等奖12项、二等奖25项、三等奖45项、优秀奖27项。

［**组织开发区（工业园区）专题政工调研**］

江苏是我国开发区兴办时间早、发展快、规模大的省份之一。1984年，国务院批准南通和连云港两市作为14个沿海港口城市对外开放的同时设立经济技术开发区，由此拉开了江苏开发区建设的帷幕。邓小平同志视察南方讲话发表后，江苏开发区迅速发展，截止2002年底，累计批准设立的各类型开发区87个，其中国家级开发区12个，省级开发区75个，在开发区内还设有8个出口加工区。经过多年建设，特别是“九五”时期的快速发展，全省开发区步入健康发展轨道，成为江苏对外开放的排头兵、利用外资的重要基地、体制创新和科技创新的示范区、经济发展的新增长点,辐射带动作用日益增强。在不到全省2%的土地上,吸纳了全省2/3的外资,创造了1/2的外贸出口额,1/3的工业增加值,1/4的生产总值,1/5的财政收入,1/10的城镇就业岗位。

为了分析开发区(工业园区)思想政治工作遇到的新情况、新问题,探讨开发区(工业园区)思想政治工作采取的新举措、新思路,总结具有普遍意义的新经验、新典型,弘扬创业创新创优精神,推动我省开发区(工业园区)思想政治工作上新台阶,促进工业园区、开发区健康发展,省思想政治工作研究会下发了开展开发区(工业园区)思想政治工作调研活动的通知,组织开展专项调查。共形成了48篇调研报告、经验交流材料。

调研认为,开发区不同于一般意义上的农村或城市,而是同时兼有农村和城市的某些特点。有国家级开发区、省级开发区,有高新技术开发区、经济开发区、农业综合开发区、海洋经济开发区、旅游度假区等,类型复杂。在开发区内,有社区、街道、居委会,有乡镇、村组,有机关、学校、医院、企业、科研院所等,单位复杂;有居民、农民,有工人、干部,有教师、学生,有科研人员,还有外来工等,人员复杂;企业有国有独资企业、国有控股企业、外商独资企业、中外合资企业、民营企业等;开发区党工委是所在地党委派出的党的工作机构,负有一级党组织的职能,但又不是一级党委;开发区管委会是所在地地方政府派出的管理机构,负有一级行政机构管理、服务的职能,但又不是一级政府,是"小政府、大社会"。江苏在开发区建设过程中,继承党的优良传统,发挥党的政治优势,加强党的建设,加强思想政治工作,推动开发区健康发展。取得了一系列成功的经验。

一是党建工作与开发区发展同步。江苏开发区工委普遍成立党建工作领导小组和专门的办事机构,根据新经济组织的不同情况或单独组建或联合组建党的组织,或就近挂靠,坚持做到新经济组织建到哪里,党建工作延伸到哪里,哪里有党员哪里就有党的组织,哪里有群众哪里就有党的工作。

二是科学选配思想政治工作内容。根据开发区思想政治工作的不同对象,实施"自选动作"。对党员,重点加强理想信念、党规党纪、法律法制教育,充分发挥党员的先锋模范作用;对业主,重点进行党的路线方针政策、法律法规教育,引导他们诚实守信、合法经营、依法纳税,回报社会;对民企员工,重点进行爱岗敬业和主人翁教育,遵守厂纪厂规,岗位成才、岗位奉献,争创文明员工;对三资企业员工,突出爱国主义、国格、人格教育,引导员工自觉抵制西方的腐朽思想、殖民文化的侵袭,做一个堂堂正正的中国人;对企业,侧重加强企业文化建设,思想政治工作与企业文化建设相结合,思想政治工作融于企业管理之中,塑造良好的企业形象。

三是注重思想政治工作的方法艺术。针对不同的对象采取不同的方法。对失地的农民,采取各种形式给予帮助,征用土地补偿的标准绝不低于国家的标准,让农民失去了土地,但不失去对党的信赖。对其中特困户,发放生活补助费、低保金、奖学金、救济款等多种形式进行补偿安置和专项救济。并通过招商引资、清岗腾位、劳务输出等各种方法安排就业和再就业。同时,通过制订"文明市民"、"市民守则"等规章,加强由农民变市民的教育;对失房居民,凡属政府的原因造成利益受损的,政府予以及时解决,凡属因对国家政策不了解而造成误解的,尽量予以说服教育,对采取集体上访等偏激行为的,不扣帽子,不打棍子,而是想方设法缓解矛盾、解决问题;在社区,居民既有机关企事业单位的职工、失地农民、外来居民，又有外来投资者、外籍人士，人员的年龄层次、知识结构、文化背景、价值观念等各不相同，思想政治工作不搞"一刀切"，更是生动活泼、有的放矢。①建设各种体育文化设施。一般都有乒乓球室、篮球场、图书室、网吧等。②丰富居民的精神生活。一般都举办民俗文化节、社区艺术节、社区运动会等各种文化活动，在春节、五一节、七一节、国庆节举办报告会、茶话会，在中秋节、圣诞节组织外籍居民联谊会。③举办各种报告会、培训班。组织居民学习党的路线方针政策，了解时事政治，学习现代科学知识，转变观念、开拓思路。举办职业学校，组织下岗职工、待业青年学习技能，提高就业本领，解决区内就业问题。④建立信访制度。在区内设立信访部门，对于居民中出现的困难及时处理，出现的矛盾及时化解，稳定社会秩序，推进依法行政，维护群众利益。

［**组建舆情信息员队伍**］

为贯彻中宣部和省委领导同志关于加强社会舆情信息报送工作的指示精神，深入了解干部群众的思想状况，特别是及时掌握那些党和政府关注、干部群众关心、事关工作大局的思想倾向问题，分析原因，提出对策，使思想政治工作研究更好地为党委和政府部门提供决策参考及为基层有效开展思想政治工作服务，江苏省思想政治工作研究会决定建立舆情信息员队伍。拟订下发了推荐舆情信息员的通知。经各地推荐，组建了遍布全省各地，来自农村乡镇、党政机关、街道社区、各类企业及学校的由72人组成的舆情信息员队伍。

［**办好《思想政治工作动态》**］

省思想政治工作研究会秘书处共编发《思想政治工作动态》21期，反映基层思想政治工作动态，包括最新理论研究成果、加强和改进思想政治工作的新经验及先进典型、基层思想政治工作存在的新情况新问题及对策建议等信息，供领导机关决策参考和基层单位学习借鉴。其中有4篇文章收入中宣部主编的《思想政治工作创新案例》、3篇文章分别被中国政研会主办的《思想政治工作研究》杂志和《思想政治工作研究动态》杂志刊发。

［**办好江苏爱国网《思想政治工作》栏目**］

《江苏爱国网》(http://www.jsag.com.cn/)由中共江苏省委宣传部主办。《思想政治工作》为《江苏爱国网》一级栏目，由江苏省思想政治工作研究会秘书处负责组稿，共设《高层信息》、《理论纵横》、《政工论坛》、《信息动态》、《先进表彰》、《研究会》、《政工职评》和《经验交流》8个二级栏目。八月份开网以后，共上了509篇文章，约220多万字。宣传贯彻中央和省委关于加强和改进宣传思想工作的有关精神、交流基层宣传思想工作的经验、展示基层宣传思想工作先进典型、发布基层宣传思想工作研究成果。

（**邱建中**）

部门工作

省文化厅工作

2005年是全省“文化建设推进年”，是创造文化辉煌的一年。一年来，全省文化系统的广大干部职工坚持以邓小平理论和“三个代表”重要思想为指导，以科学发展观为统领，认真学习贯彻党的十六届四中、五中全会精神，紧紧围绕省委提出的“两个率先”和文化大省建设目标，团结一致，开拓创新，顽强拚搏，奋勇争先，文化事业和文化产业得到强力推进。重大文化活动有新创举、艺术精品创作有新业绩、基层文化建设有新进展、干部队伍作风有新转变，全省上下文化工作大有作为，贡献突出。

［**精心打造品牌活动**］

2005年是全省文化建设史上最令人激动和难忘的一年，也是文化大省建设亮点频现、成果丰硕的一年。以第十届全国运动会开幕式和闭幕式为龙头的一系列文化活动，充分展示江苏的文化底蕴、文化水平、综合实力，全面提升文化部门在全社会的影响和地位。

举世瞩目的十运会开幕、闭幕式取得巨大成功。既突出“和谐、奋进”的主题，又体现中国气派和江苏特色，在全世界特别是华人界引起强烈反响。鉴于文化厅在十运会中的出色表现，省委、省政府给文化厅记集体一等功，给厅长章剑华同志记个人一等功。

纪念抗日战争和世界反法西斯战争胜利60周年大型历史资料展反响强烈。2005年是抗日战争和世界反法西斯战争胜利60周年。为缅怀江苏儿女在抗日战争和世界反法西斯战争中作出的卓越贡献，全省各地开展形式多样的纪念活动。省委宣传部、省文化厅联合主办，南京博物院承办的《人民的胜利——江苏纪念抗日战争胜利60周年大型史料展》，以丰富的内容和翔实的史料，通过现代化的展示手段，全面再现江苏抗战的光辉历史。据不完全统计，展览期间，共接待来自省内外观众逾15万人次，是全省近年来革命史展览中观众最多、反应最好的一次。文化厅与南京大学共同主办的《“和平·繁荣”全国雕塑巡回展》在南京鼓楼广场展出，开幕式热烈而隆重，突出纪念反法西斯战争胜利的主题。省演艺集团、南京市以及苏州等地分别举办“纪念抗日战争胜利60周年大型交响音乐会”、“9·9两岸同歌”、“8·15歌会”、《国魂颂——大型合唱交响音乐会》等文艺演出，营造良好的宣传舆论氛围，收到较好效果。

南通博物苑100年暨中国博物馆事业发展百年庆典、第二届江苏省文物节影响深远。2005年是江苏文物工作史上具有里程碑意义的一年。精心策划的南通博物苑100年暨中国博物馆事业发展百年庆典取得圆满成功。近300名来自海内外文博界的领导和专家集聚南通，共同纪念南通博物苑100年，庆祝100年来中国博物馆事业发展的辉煌成就。庆典活动受到文化部等部委领导以及中外文博专家的广泛好评。第二届江苏省文物节是继 2003 年成功举办省首届文物节后，又一次对全省文物工作成果的展示。文物节期间，举办《江苏国宝展》、《江苏绝技——非物质文化遗产保护成果展》、《海外中国文物回流展》、《传统与现代——意大利建筑遗产保护与复原展》，将物质文化遗产与非物质文化遗产同时展出，堪称本届文物节的创举。本次活动实行省市联动，公众参与，在业内引起轰动，众多媒体作连续性深度报道，被称之为“中国文博界的盛会”。与此同时，全省各市文化、文物局也以广场宣传、陈列展示等多种形式，开展丰富多彩的文物宣传活动，提高市民的文物保护意识。据不完全统计，文物节期间，参观人数达 16 万人(次)。

江苏省第四届少儿艺术节精彩纷呈。本届少儿艺术节着重对办节机制和展示手段进行创新，通过整合网页动漫制作大赛、“红读”征文活动、美术书法作品展和舞台艺术展演，使少儿艺术节内容活泼充实，活动精彩纷呈，受到广泛好评。在各地文化与教育部门密切配合和全面发动的基础上，全省各地共创作演出音乐、舞蹈、戏剧、曲艺等多种形式的少儿文艺节目近 2000 个，选送参加省少儿艺术节的美术书法作品达 500 余件，涌现出一批创意新、有鲜明时代气息和浓郁地方特色的好作品和好节目，为少儿文艺事业的发展，奠定良好基础。

纪念徐悲鸿诞辰 110 周年系列活动规模空前。此项活动是文化厅 2005 年重点艺术活动项目之一。内容包括：大型原作展《大师与大家画展》、摄制 8 集电视纪录片《徐悲鸿》、高层论坛《如何成就大师》、大型精品画册《徐悲鸿》、市民论坛《大师作品回乡大家谈》、以“徐悲鸿”命名 10 月 26 日南京长江路的关键词等六项内容。全国政协副主席丁光训，中国文联副主席、中国美协副主席、中国美术馆馆长冯远，省人大副主任李佩佑，省政协副主席陆军，徐悲鸿先生夫人、徐悲鸿纪念馆馆长廖静文，著名画家、徐悲鸿先生的学生冯法祀、刘勃舒、常沙娜以及徐悲鸿亲属徐伯阳、徐静斐等出席开幕仪式。由于策划严密、组织得力，这项活动不断在区域、时间、形态、目标等方面得到延伸，受到全国美术界的高度关注和广泛好评。此外，《2005 · 中国百家金陵画展》、《扬州、苏州、徐州中国画联展》、《第五届江苏省油画展》、《江苏省花鸟画大展》、《现代金陵水墨画传媒展》、《现代金陵书法传媒展》等活动都具有一定的创新性、实践性，办出了特色和影响。

［**强力推进各项文化建设工程**］

实践证明，文化建设实施工程化、项目化运作，有利于集中力量，统一协调，形成上下一致的合力，对加强文化工作重点领域的建设，提升文化的影响力、辐射力和塑造力，有着强劲的推动作用。2005 年确定的各项文化建设工程，经过全省上下的共同努力，进展顺利，收效明显。

深入推进国家和省舞台艺术精品工程。自 2002 年国家舞台艺术精品工程实施以来，江苏省总体上在全国居于领先地位，连续三年都有两台剧目入围精品工程初选剧目。继 2004 年儿童滑稽戏《一二三，起步走》正式入选国家十大精品剧目后，2005 年舞剧《红河谷》又正式入选国家十大精品剧目，话剧《平头百姓》入选国家舞台艺术精品提名剧目，提前两年完成省委、省政府赋予文化厅的“争取有 1 至 2 台剧目入选国家舞台艺术精品工程第一个五年规划”的任务。话剧《沦陷》被评为 2004—2005 年国家舞台艺术精品工程优秀剧本。省舞台艺术精品工程本年度评比中，上半年入围的十台初选剧目经过反复打磨，都有不同程度的提高，其中好几部被文化部和中国剧协选入参加全国儿童剧优秀剧目展演、纪念抗战胜利

60周年全国优秀剧目展演、中国戏剧节等重大艺术活动，淮剧《太阳花》、锡剧《珍珠塔》、越剧《柳毅传书》、滑稽戏《阿拉美丽苑》和《青春跑道》入选2004—2005年度江苏省舞台艺术精品剧目，全省艺术创作呈现出良好的持续发展态势。滑稽戏《青春跑道》参加第五届全国优秀儿童剧展演，荣获一等奖第一名。省演艺集团昆剧院的柯军、省柳琴剧团的王晓红荣获第22届中国戏剧“梅花奖”，苏州昆剧院的王芳获得“二度梅”荣誉。在积极组织实施国家和省舞台艺术精品工程的同时，加大对全省美术工作的指导力度。本着“以合力求发展、以策划求创新”的工作思路，拓展与省委宣传部、省文联、各大艺术院校和各市文化部门的合作，共同主办或联合主办各种展览23个，召开学术论坛、研讨会近30场，是近年来举办活动最多、影响最大的一年，丰富群众的文化生活，促进全省美术事业的发展。

全面启动乡镇文化站标准化建设试点工程。针对全省基层文化发展过程中出现的新情况、新问题，省委宣传部、省文化厅于2005年4月联合下发《关于开展江苏省乡镇文化站（活动中心）标准化建设工程试点工作的通知》，拉开全省乡镇文化站（活动中心）标准化工程建设和体制机制改革的序幕。乡镇文化站标准化试点，通过以政府投入为主，积极吸纳社会资金，推行公有民营、股份合作等类型的管理体制，实行委托专业管理和风险抵押的运行模式，以巩固和加强农村文化阵地。经过各市宣传文化部门的推荐和省文化厅实地考察，最终研究确定首批17个试点乡镇文化站，其中，实行公有民营制的7个，股份合作制的6个，目标责任制的4个。给予每个文化站扶持建设经费30万元，优秀试点单位还将给予5万元奖励，同时要求市、县、乡也要拨出相应的专项建设资金，目前首批340万元省级扶持资金已经下达。试点工作自2005年5月起至2006年结束。省文化厅和各市文化局签订试点工作责任书，明确责任。举办乡镇文化站标准化建设工程试点单位负责人培训班，加强业务指导。截止目前，试点工作进展顺利，除个别特殊情况外，大部分已建成，春节前对外开放使用。同时，组织起草《江苏省文化馆文化站管理办法》，这是省政府确立的2005年政府规章正式项目，目前已形成送审稿并上报省政府。

延伸拓展民族民间文化保护工程。全省13个省辖市的民族民间文化保护工程组织领导工作机构、专家咨询机构和市级中心均已建立，形成省、市两级工作网络，制订并下发相关政策性文件。由江苏省文化厅和苏州市人民政府承办的“中国非物质文化遗产保护·苏州论坛暨中国（苏州）民族民间文化艺术展示周”获得圆满成功；由江、浙、沪三地文化部门主办的“第二届长三角群众文化论坛”，就民族民间文化保护工作进行专题研究。省非物质文化遗产保护立法工作正式启动，已形成《江苏省非物质文化遗产保护条例（送审稿）》上报省政府，并被省人大列入2006年立法计划正式立法项目。按照文化部关于“先行试点，分步实施”的原则，积极开展试点工作，抢救一批濒危项目。为增强以点带面的工作成效，在项目选定上，以每市一个试点项目来布局，探索经验，推动各市开展保护工作。积极开展非物质文化遗产资源普查，组织省内专家到试点单位辅导，邀请权威专家学者对全省基层文化工作者进行非物质文化遗产保护的业务培训。举办国家级非物质文化遗产代表作申报工作培训班，并组织专家推荐上报国家级非物质文化遗产代表作项目51个，现已有35个被列入。

深入实施文化信息资源共享工程。按照文化部的总体部署和全国文化信息资源共享工程电视电话会议以及中央办公厅、国务院办公厅转发的《文化部、财政部关于进一步加强全国文化信息资源共享工程建设的意见》精神，结合江苏实际，起草《关于进一步加强全省文化信息资源共享工程建设的意见》，就"十一五"期间江苏深入实施"共享工程"提出具体意见。目前"共享工程"省级中心建设已初具规模，《江苏文化网》已成为全省重要的对外文化交流展示窗口；省级中心数字资源加工量达到667.3G，使拥有省内自主知识产权的文化信息资源总量达到一定规模。全省"共享工程"基层服务点已发展至342个，成为全国基层服务点的重要组成部分，超额完成《江苏省文化信息资源共享工程实施方案》规定的"三年建设300个基层服务点"的目标任务。遍布城乡的"共享工程"基层服务点已经成为全省基层群众获取优秀文化信息、提高文化娱乐档次、学习科学文化知识和实用技能的重要平台，为创新基层文化发展手段，提高基层文化建设的科技含量和社会吸引力做出积极的贡献，也为"十一五""共享工程"的深入实施奠定坚实基础。

继续开展文化理论创新工程。2005年是全省文化系统实施文化理论创新工程的第二年。根据年度工作计划安排，年初制订《2005年文化理论创新工程实施要点》。全省文化系统围绕如何牢固树立和落实科学发展观和正确的政绩观，使先进文化在构建和谐社会、服务"两个率先"、弘扬"三创精神"中发挥重要作用；如何进一步巩固党员先进性教育活动成果，将之转化为文化事业发展的精神动力和理论支撑；文化工作如何在法制、管理、观念等方面大力推进改革和创新；如何加强民族民间文化艺术、文化遗存的传承、抢救、保护与利用；文化建设如何实现与经济建设的相互促进和协调发展；在市场经济体制下如何提高公共文化服务和文化市场监管的能力等6个方面进行专题研究，从理论上对工作进行指导，推动全省文化工作的繁荣和发展。此次活动共收到论文346篇，经过专家评委的两轮评审筛选，有79篇论文入围，最终评选出一等奖5篇、二等奖12篇、三等奖20篇。

[加快构建公共文化服务体系]

2005年，文化厅党组在紧紧抓住重点工作的同时，做到统筹兼顾，协调发展。科学地处理好重大项目与全面工作、精品培育与普遍繁荣、继承传统与开拓创新、体制改革与队伍建设的关系，大力提高公共文化的服务质量和水平，进一步满足广大人民群众的文化生活需求，保障公民文化权益的实现。

大力推进文化设施建设。全省各地标志性文化设施建设步入快速发展轨道。南京图书馆新馆主体工程已全部完工，进入内部装修阶段；省美术馆新馆完成选址及方案招投标，已开工建设。南京博物院二期工程项目论证、报批、立项等各项前期准备工作已经完成。各级地方政府也纷纷加大财政投入，加快地方文化设施建设，扬州博物馆与扬州中国雕版印刷博物馆、镇江博物馆新馆、南通博物苑新馆、连云港博物馆新馆、常州金坛博物馆、宿迁市文化艺术中心（含图书馆、文化馆、博物馆等），徐州市图书馆新馆，盐城市图书馆二期工程，洪泽县文化中心（含图书馆、文化馆、博物馆），宝应县文化馆、图书馆等一批公共文化设施相继建成并开放。全省已实现"县县有文化馆、图书馆"的目标，有47个图书馆、31个文化馆达到国家一级馆标准，一级馆数量在全国名列第一。

基层文化活动创新出彩。全省上下坚持文化工作"三贴近"原则，在内容和形式、体制和机制、方式和方法上不断创新，广泛开展群众喜闻乐见和丰富多彩的文化活动，促进基层文化事业的持续繁荣、发展。省演艺集团全年下乡演出1345场,为建设社会主义新农村,丰富农民群众精神文化生活做出重要贡献。由省文化馆精心组织的"构建和谐社会江苏基层演出行"在全省各地巡回演出后,受到当地政府和群众的热烈欢迎。苏州市成功举办全国儿童剧优秀剧目展演、纪念陈云同志诞辰100周年南北曲艺汇演、江浙沪三地评弹演员联袂巡演及名家名书汇演等活动,尽现吴韵风情。无锡市着眼彰显当地文化魅力,展示"活力无锡"风采,以文化活动为载体,举办第三届中国无锡太湖博览会,架起无锡与世界经济合作、文化交流的桥梁。淮安市第四届江苏省园艺博览会暨第四届淮扬菜美食文化节,创新思路,精心安排,在一个月时间里组织"乡亲"书画展、戏曲专场演出、广场文艺汇演、红色经典影片展映和闭幕式文艺晚会等近30项文艺活动。连云港市在每年一度的"先进文化进万家"暨"在海一方"广场文化系列活动期间,参与演出人员16 000多人,举办各类活动120余场次,送书12 600册,放电影1308场次,受众面达190多万人次。宿迁市与有关部门联合举办大型文艺晚会、元宵灯会、书画比赛、纳凉晚会等群众性文化活动20余次,与市教育局联合举办宿迁市第二届少儿艺术节。泰州市举办《相聚在泰州》大型文艺晚会,还与政府有关部门联合举办首届老年艺术节,第二届中学生声乐、器乐、舞蹈大赛和少儿艺术书画室内作品展等活动,取得较好的社会效益和经济效益。徐州市举办中国首届李可染艺术节及一系列相关活动,开展"动感古彭"社区广场文艺演出活动16场。扬州市承办"烟花三月"国际经贸旅游节闭幕式广场文艺晚会《扬州礼赞》以及扬州市第五届少儿艺术节等活动。镇江市与市委保持共产党员先进性学习教育领导小组办公室共同举办《党旗下的誓言》诗歌朗诵演唱会,精心组织15场"欢乐家园"广场文化活动。南京市举办第五届文化艺术节和相聚梅花山,纪念郑和下西洋600周年大型文艺演出等活动。盐城市与市委保持共产党员先进性教育办公室联合举办"先锋颂"电影周,组织大型淮剧《老表的故事》在全市巡回演出,先后两次组织文艺工作者赴盐通高速公路工地慰问演出。南通市组织"三下乡"专场慰问演出暨第二届农民艺术节汇演,还举办"濠滨夏夜"大型广场文艺晚会和《江海风》专场文艺晚会。

文物保护与博物馆事业稳步推进。一是加强不可移动文物维修保护及历史文化名城名镇保护工作。全年论证文物维修方案70多个,南京国民政府外交部旧址、常熟市赵用贤宅、无锡市昭嗣堂等一批重要文物古迹等得到科学保护和合理利用。开展首届江苏省文物保护优秀工程评比活动。木渎镇、沙溪镇、溱潼镇、黄桥镇入选第二批中国历史文化名镇,全省目前已拥有7座中国历史文化名镇。无锡市被公布为省级历史文化名城,全省目前已拥有省级历史文化名城6座。二是文物基础工作再上台阶。制订《江苏省"十一五"文物事业发展专项子规划》。完成世界文化遗产地苏州古典园林和南京明孝陵"十一五"专题保护规划工作。完成全省第一至第五批全国重点文物保护单位和省级文物保护单位档案编制工作,完成全省馆藏一级文物建档备案工作。省文物局被国家文物局评为"全国重点文物保护单位记录档案工作"先进集体和"全国馆藏一级文物建档备案工作"先进集体。认真开展全省文物资源普查,各地调整公布一批文物保护单位名单,全省各级文物保护单位已近2800处。积极做好第六批省级文物保护单位申报评审工作,在各地上报的258份申报材料中,遴选出141个文物保护单位提请省政府予以公布。三是博物馆爱国主义教育基地作用进一步发挥。全省各地博物馆按照“三贴近”的要求，重视未成年人教育，提高展览水平和服务社会功能。在2003—2004年度全国博物馆十大陈列展览精品评选活动中，南京博物院《泗水王陵展》获最佳形式设计奖，苏州中国昆曲博物馆《中国昆曲博物馆陈列》获最佳制作奖。在中宣部公布的第三批全国爱国主义教育示范基地中，泰兴黄桥革命纪念地、赣榆抗日烈士陵园、常州“三杰”纪念地、苏中七战七捷纪念馆、顾炎武纪念馆等榜上有名。目前，全省已拥有国家级爱国主义教育示范基地16处。三是做好基本建设中的文物保护和考古发掘工作。根据国家文物局的统一安排，在全面调查勘探的基础上编制的南水北调工程江苏段文物保护规划，通过国务院南水北调办公室和国家文物局的审核，在国家发改委批准的第一期控制性项目中，全省有10处古遗址保护获得批准。围绕国家文物局“大运河保护与研究”课题，组织开展大运河沿岸文物古迹的调查勘探，制订文物保护规划。完成宁常、镇溧高速公路的抢救性考古发掘和西气东输等工程考古调查勘探工作。宁常、镇溧高速公路的抢救性考古发掘工作开创江苏省考古工作新模式，受到国家文物局有关专家的肯定。其中，有关土墩墓的发掘保护被中国社会科学院评为“2005年全国六项重要考古发现”之一。四是加强文物法制建设。制订《2005—2007年全省文物行政管理和执法人员法制培训规划纲要》，国家文物局对江苏的文物法制培训工作给予充分肯定和高度评价，并在全国文物系统转发《纲要》全文。以查处典型案例为突破口，重点督查泰兴市黄桥镇省级文物保护单位“黄桥战斗指挥部旧址之新四军苏北指挥部旧址——原黄中工字楼”保护范围和建设控制地带内违法建设一案。各市也查处一批文物违法案件，得到社会各界的肯定。

文化市场在规范中求发展。按照“一手抓繁荣，一手抓管理”的方针，积极培育文化市场，逐步完善市场体系。一是巩固拓展“音像管理示范区”建设工程。实施“示范区”苏中拓展工程和苏北沿东陇海线音像净化带建设工程，全省音像市场结构得到进一步优化，“小、滥、散、差”等经营单位继续得到压缩。以“江苏中艺文化产业园（音像批销中心）”为龙头的全省正版音像制品快速流通体系正在形成。省音像制品分销协会在政府主管部门指导下，充分发挥行会作用，依靠法律手段打击盗版，维护自身权益，取得历史性突破。全国文化市场知识产权保护工作会议在江苏召开，省文化厅介绍经验和具体做法，得到文化部的充分肯定。二是对网吧等互联网上网服务营业场所实行总量控制。根据全省各地经济和社会发展情况，省文化厅下达网吧发展规划和总量指标，实行宏观调控和结构升级。“五老”义务监督网吧工作收效明显，全省有400名优秀监督员受到省关心下一代工作委员会和文化厅的联合表彰。三是演出市场健康繁荣。演出市场对社会资本全面开放，民营演出企业已占据行业的90%以上。消费群体进一步扩大，1月至11月，全省演出总场次达10多万场，继续居于全国前列。其中大型演出（演唱会）场次创历史纪录。社会监督网络进一步健全，色情、淫秽及格调低下演出得到有效遏制，全省演出市场呈健康快速发展态势。四是文化市场行政执法取得突破。省文化厅会同省法院、省检察院、省整规办、省公安厅下发《关于进一步打击非法音像制品违法犯罪活动的意见》，在全国率先建立音像市场行政执法与刑事执法相衔接的机制，促进执法资源的合理利用，为进一步加大打击力度、规范音像市场提供法律依据，一批严重盗版分子被移送司法机关追究刑事责任。调配各方执法力量实行集中执法、异地执法机制日臻成熟，执法效率明显提升。“线人”网络和举报机制进一步完善，政府主管部门掌控市场状况的广度、深度和准确度大大提高。通过业务培训和实践磨练，全省文化市场执法队伍实现量的增加和质的提升，执法水平进一步提高。

文化科教产业协调发展。一是加强艺术科研工作。积极组织文化系统和有关高校开展科研课题申报工作，艺术科学研究方面有97个项目申报全国艺术科学规划课题，其中9个课题被立项，申报数和立项数均名列全国前茅。由省艺术研究院申报的“昆曲学”科研课题被文化部立为重点科研项目，苏州文广局申报的昆曲保护项目通过文化部专家评审，荣获首届创新奖中的唯一特等奖。苏州市文物管理委员会办公室申报的《苏南建筑遗产评估体系及应用研究》获国家文物局文物保护科学和技术创新奖二等奖。为进一步规范全省的文化科技和艺术科学管理工作，加强课题研究，强化现有的科研和管理优势，成立江苏省文化科技和艺术科学规划领导小组，并建立专家库。二是加强艺术教育工作。对2005年度要求在江苏省开展社会艺术水平考级活动的有关单位进行备案管理，受理并回复15个机构近200家单位的备案申请。组织召开全省社会艺术水平考级管理会议，表彰2004年度先进考级单位和管理部门。加大督查力度，对违反规定的行为依法进行处理，保证全省社会艺术水平考级活动正常开展。三是加强文化产业规划。参与研究制订全省文化产业“十一五”规划。省文化厅与南京航空航天大学文化产业研究中心、省文化产业集团联合成立了课题组，开展文化产业经济政策的调研，对全省文化产业现状进行调查摸底，依托高等院校研究文化产业基础理论工作。召开首次全省文化产业工作座谈会，协助省发改委、省委宣传部编制《江苏省社会资本投资文化产业指导目录》。四是加强电影管理和改制工作。制订全省电影专项资金使用管理办法，加大对影院改造的扶持力度，积极向国家电影局争取城市影院新建、改造资助资金215万元，加快全省城市影院改造步伐。全省电影市场进一步转好，1月至10月全省城市电影票房已达7231.75万元，比去年同期上升8.26%。2005年，全省城市电影票房接近一亿元大关。

对外文化交流影响扩大。年内全省共有100余批，1100多人次的文化艺术团组和人员前往世界22个国家和港澳台地区交流；有43个国家和港澳台地区的340批团组和个人、3950人次来江苏交流访问及举办各类活动。文化厅先后组织省演艺集团江苏民乐团“锦绣江南”音乐会赴德国杜塞尔多夫等城市演出、京剧赴巴黎参加中国戏剧节比赛、锡剧赴香港、苏州昆剧院连台本戏青春版《牡丹亭》参加第十六届澳门国际艺术节的开幕式演出，扬州市歌舞团赴澳门春节联欢演出，南通少年杂技团赴法国巡演，省文化馆组织的“江苏春节习俗展”赴澳门展览等，均引起轰动；南京、盐城、连云港等主流剧团也纷纷走向海外，进行交流或有偿、商业性演出。苏昆青春版和省昆精华版昆剧《牡丹亭》、主题杂技《太空遐想》、先锋派实验话剧《理想主义三部曲——圣人孔子》、儿童歌舞《七彩童年》、评弹《吴音流韵》、主题民乐《锦绣江苏》、《和平颂》等一大批优秀剧节目，传承经典，创新品格，以其突出的文化个性、鲜明的艺术形象和浓郁的地域特色，在国际社会彰显中华文化的内涵和魅力，展示江苏的现代文明风采。2005年，文化厅会同省中法文化年组委会在南京举办“法国文化年·精彩92省”系列活动暨法国上塞纳省和巴黎歌剧院儿童合唱团演出的大型歌剧《马可波罗与中国公主》,对加深中法人民友谊和交流,促进全面战略伙伴关系的发展产生积极的作用。组织江苏艺术团和江苏省中学生艺术团参加在日本爱知县举行的2005世界博览会"江苏周"专门时段举办的以展示自然和人文风貌为主题的演出和交流活动,得到文化部和省政府领导的充分肯定。

［**切实加强思想政治建设**］

努力加强文化厅系统的自身建设,树立强烈的机遇意识和新的文化发展观,转变思想作风,强化服务意识,塑造良好形象,不断提高建设社会主义先进文化的能力,成为贯穿于2005年加强文化干部队伍思想作风建设的一条主线。

扎实开展党员先进性教育。在全党开展以实践"三个代表"重要思想为主要内容的保持共产党员先进性教育活动,是党的十六大、十六届四中全会作出的重要战略决策,是加强党的执政能力建设的基础性工程。文化厅先进性教育活动从年初开始到6月底结束,历时半年。厅系统39个支部的600多名党员参加学习教育。在教育活动中,始终坚持组织工作准备到位、领导重视责任到位、学习教育工作到位、党性教育效果到位、群众满意目标到位。开展"三走进三服务"活动,制订"先进文化走进千家万户"实施方案,帮基层办10件实事,让先进性教育成果惠及全省广大人民群众。召开座谈会、分发征求意见表、设立意见箱和个别谈心征求意见,共征求意见743条;重点围绕加强基层文化建设、提高文化艺术精品生产能力、进一步强化文化市场管理、改进领导机关作风建设四个方面进行整改。由于问题找得准,措施切合实际,受到广大群众的拥护和支持,在三个阶段的测评中群众满意和基本满意率分别达到99.5%、100%和100%。"七一"期间,对全厅系统10个党支部、62名优秀共产党员和9名优秀党务工作者进行表彰。11月中旬,中央保持共产党员先进性教育巡回检查组对文化厅系统的省国画院、省美术馆和省文化馆等3家单位的教育情况进行检查,对文化厅的先进性教育给予高度评价。为配合党员先进性教育,与省委党员先进性教育办公室联合主办的、以弘扬江苏省6名优秀共产党员先进事迹为题材的大型纪实性文艺演出《你是一面旗帜》,用舞台艺术的形式再现优秀党员的光辉形象。该剧自2005年3月24日公演至今,已演出26场,观众超过三万多人次。中央督导组组长刘是龙和省有关领导观看演出并给予充分肯定。各界人士盛赞该节目感人至深,催人奋进,展示共产党人的光辉形象和时代风采,为全省党员先进性教育活动提供了鲜活的教材。

认真抓好党风廉政建设。厅党组研究制订关于深入学习贯彻《建立健全教育、制度、监督并重的惩治和预防腐败体系实施纲要》的通知,观看中纪委副书记刘峰岩所作的《实施纲要》辅导专题录像片,组织厅机关全体党员和厅直单位科以上干部参加学习《实施纲要》书面知识竞答。以先进性教育活动为契机,认真学习贯彻《实施纲要》,开展党风廉政宣传教育。组织党员干部认真学习"三个条例",进行正、反典型教育,增强广大党员干部的廉洁意识和纪律观念。为做好"两节"期间的党风廉政建设,厅党组制订下发《关于进一步做好元旦、春节期间党风廉政建设工作的通知》,并对贯彻落实情况进行检查。广大党员干部、尤其是领导干部认真学习、严格遵守"四大纪律、八项要求",按照廉洁自律规定要求规范从政行为。认真贯彻落实中央纪委《关于依纪依法规范纪检监察信访举报工作的若干意见》和全省纪检监察信访举报工作会议精神,制订《省文化厅2005—2007年纪检监察信访举报工作目标管理规划》。年内受理的群众来信来访和《政风热线》中反映的问题全部办结。认真调查研究，制订文化厅反腐倡廉制度建设规划。深入推进廉政文化建设，年初下发《关于开展2005年廉政文化创建活动的通知》。在全省文化系统广泛开展廉政歌曲创作、廉政文化研讨征文、廉政文化主题演讲比赛、廉政格言警句有奖征集、廉政文艺作品创作、廉政文化“六进”、廉政文化研讨会等活动，为深入推进全省的廉政文化建设做出积极努力。全省廉政文化建设推进会上，文化厅领导作专题发言。认真贯彻省委、省政府关于对省纪委省监察厅派驻机构实行统一管理的决定，研究制订《中共江苏省文化厅党组、中共江苏省纪委驻省文化厅纪检组关于贯彻落实省纪委、省委组织部、省编办、省人事厅、省监察厅<关于对省纪委省监察厅派驻机构实行统一管理的实施意见>的具体意见》。成立省文化厅党风廉政建设工作领导小组，党风廉政建设和反腐败工作进一步得到加强。

全面加强干部队伍建设。把培训作为人力资源开发的重要途径，全面推行以提高综合素质和创新能力为主要目标的干部继续教育制度，建立有效的培训管理机制。举办全省文化系统人事处长培训班。组织全省30名文化市场管理干部赴港学习培训。为加强机关干部新理论、新知识、新技能的学习，提高执政素质和执政本领，组织厅机关、文物局、市场办52名处级以上干部参加组织部举办的“菜单式选学”培训。积极探索事业单位改革的新途径，对省艺术研究所和省艺术档案馆进行整合，成立省文化艺术研究院；对厅机关职能相近的单位进行整合，成立厅艺术中心、会议中心、报刊中心，形成优势互补、资源共享的新型运作模式，更好地发挥人才资源的作用，为繁荣江苏文化艺术研究事业夯实基础。根据“江苏省文化艺术人才培养和引进工作实施意见”，制订部分项目的人才培养方案，通过考试选拔，最终确定南京图书馆两位高级专业技术人员赴澳大利亚维多利亚州立图书馆进行为期40天的进修。委托南京大学开办全省文化系统编剧、导演研究生进修班，以提高全省编剧、导演专业人员的水平，目前第三学期即将开学。向省委宣传部推荐两名有突出贡献专家和三名“五个一批”专家，为全省宣传文化系统培养高层次专门人才队伍提供有力保证。

（曹　蕾）

省广播电视局工作

2005年，全省广播电视系统进一步贯彻落实“三个代表”重要思想，坚持科学发展观，突出重点、敢于创新，在新闻宣传、艺术创作、事业建设、产业开发、加强管理、队伍建设等各方面工作都取得了显著成绩。广播电视宣传浓墨重彩、高潮迭起；安全播出业绩突出，安全保障能力全面提升；事业产业得到进一步发展，全省广电总收入达55.12亿元，有线电视用户总数突破1000万户大关；管理工作进一步强化。总之，经过全系统一年的共同努力，圆满完成了省委、省政府确定的各项目标任务。总结2005年工作，主要体现在“五个新”上。

［宣传工作上了新水平］

围绕党和政府的一系列大事喜事，认真组织，精心策划，周密部署，认真做好宣传工作。

一是重点宣传突出。各级广电部门切实加大了“三个代表”重要思想、科学发展观、构建和谐社会的宣传，积极开展了十六届四中、五中全会和省委十届九次全会精神的宣传，加强了经济建设、保持共产党员先进性、“三创”精神的宣传，圆满完成了人大政协“两会”、“连战、宋楚瑜南京行”、纪念中国人民抗日战争胜利60周年、郑和下西洋600周年、十运会等重大宣传报道任务，导向正确，主题鲜明，氛围热烈。特别是在“十运会”宣传中，全省广电系统大力营造全民迎十运的浓厚氛围，在全省上下形成了“人人都是东道主、我为十运作贡献”的良好社会氛围；充分展示了江苏改革开放以来的巨大变化，让四海宾朋全面、客观、高兴地看到江苏大地的新变化、新成就、新风貌，感受到江苏的巨大魅力，得到省领导和国家广电总局领导的充分肯定。

二是正面宣传特别是典型宣传有所创新和突破。张云泉、邓建军、殷雪梅的典型报道受到广泛好评。进一步改进会议和领导同志活动的报道，突出实质内容，注重新闻价值。新闻报道贴近生活，信息量不断增加，可听性、可视性大大增强。禽流感、淮安液氯泄漏、抗击台风“麦莎”等突发事件的宣传报道及时准确，正确引导了社会舆论，充分显示了广播电视在应对处置社会突发性公共危机方面特有的作用和使命。省广电局分别就改进县级电视新闻宣传和广播电视宣传为“新农村”建设服务组织了专题研讨和观摩交流。

三是法制宣传得到进一步加强。围绕建设“法治江苏”、“平安江苏”的目标，创新形式，拓展阵地，全省各级广播电视机构开办了众多特色鲜明、群众喜闻乐见的法治宣传节目和栏目，涌现出一批如《法治在线》、《法治现场》、《普法专栏》等法治类有影响的栏目节目。同时，深化《广播电视管理条例》、《广播电视设施保护条例》、《卫星电视广播地面接收设施管理规定》等广播电视法规宣传，优化广播电视发展环境，全面提高了我省广播电视行业的法治化水平和全社会对广播电视有关法律法规的认知度。

四是舆论监督工作得到进一步加强。坚持正确舆论导向，坚持团结稳定鼓劲、正面报道为主的方针，在维护稳定、凝聚人心、化解矛盾、改进工作、弘扬真善美、鞭挞假恶丑等方面发挥了重要作用。省总台和各市台普遍开办了《政风热线》、《行风热线》类舆论监督栏目，普遍受到受众欢迎。

五是名优栏目建设得到进一步加强。评选产生了第四届江苏广播电视“十大名专栏”、“十大优秀专栏”。与前三届相比，本届名优栏目评选进一步强化了导向意识、凸现精品意识、倡导创新意识，更加注重节目质量和社会影响力。

此外，积极开展净化荧屏声频工作，广播电视宣传的针对性、时效性、吸引力和感染力进一步增强，舆论引导水平进一步提高。

［**事业建设上了新台阶**］

全省广播电视系统进一步发挥优势，拓展空间，加大投入，事业建设取得了明显成效。

一是按时完成省政府确定的2005年度广播电视入户率发展目标。2005年初，省政府提出“实施农村有线电视进村入户工程，农村有线电视覆盖比上年提高7个百分点”的目标任务。全省广电系统对此高度重视，加强组织领导，周密制订方案，积极推行试点，分解落实任务，扎实推进该项工作。截止到2005年底，全省农村有线电视用户数为599.7万户，比2004年底净增加113.7万户，比2004年提高7.16个百分点，按时完成了省政府确定的目标任务。

二是有线电视数字化工作得到进一步推进。省广电局在反复调研论证的基础上，制订了《江苏省有线数字电视总体规划》。各地积极开展整体转换小区试验，努力探索符合本地发展实际的转换模式。全省共有12个市开展了有线数字电视业务，共发展有线数字电视用户13.7万户。全省试点城市网络改造的速度在加快,营销策略在调整,服务水平在提高。

三是广播电视安全播出的水平得到进一步提高。在圆满完成了元旦、春节、全国两会、“十一”、“十运会”等重要时期的广播电视安全播出任务的同时,在有效防范“法轮功”破坏广播电视的斗争中,全省广电系统投入了大量人力、物力,建立了一套较为完善、覆盖全省的快速有效的安全播出应急机制。其中,省监测台建成了安全播出预警信息发布(接收)系统和江苏卫视节目卫星传输监测系统。各地积极跟踪最新科技成果,研发防范插播技术,有效提高了抗击和应对“法轮功”破坏干扰的能力。特别是省广播电视卫星地球站研发的“发射机功率增益自动控制系统”,在快速抑制“法轮功”疯狂插播的同时,能够确保我方广播电视正常播出,填补了防插播技术领域中的空白,受到国家广电总局领导和有关部门、专家的充分肯定和高度评价。该项目已被国家广电总局评为2005年度科技创新一等奖,并已申报国家科技进步奖。

四是基础设施建设得到进一步加快。2005年,各地十分重视有线电视网络的升级改造,加大投入,有线电视网络宽带化、光纤化、双向化改造工程成绩显著,城乡网络500户设立一个光节点的目标任务已完成了73.3%,城区网双向化改造覆盖用户212.2万户,占有线电视用户的40%以上。各地继续加大广播电视无线发射设备的技改投入,积极实施无线发射设备的固态化和智能化改造,提高发射设备档次和广播电视节目传输质量,改善了发射效果,巩固了广播电视有效覆盖。截止2005年底,全省1KW(含1KW)以上的无线发射机中,广播中波发射机主机的固态化比例为100%;调频发射机的主机固态化比例为97.83%;电视发射机主机的固态化比例为77.15%。

五是在省委、省政府的领导下,做好全省广播电视网络整合有关工作。宿迁已完成网络整合,南京正在推进之中。

此外,积极开展利用广播电视网络进行农村党员现代远程教育试点工作,拓宽了广播电视传输业务,取得明显成效。

[**产业发展有了新业绩**]

全省广播电视产业得到较大发展,实力进一步提高,活力进一步增强,影响进一步扩大,发展潜力正日益显示出来。

一是内容产业发展得到进一步加快。电视剧继续呈现繁荣局面,全省有91部2231集电视剧经总局批准立项,全年审查国产电视剧33部,我省2004年度生产的《小兵张嘎》、《中国式离婚》、《香樟树》、《对决》等一批思想性、艺术性、观赏性俱佳的优秀作品在2005年全国和省级评比中获得奖项。动画片的生产播映得到高度重视和加强,全省共有22部2244集电视动画片经总局批准立项,一批剧目投入创作,有2部44集已批准发行。我省已有苏、锡、常3个国家级动画产业基地,占全国动画产业基地总数的1/5,为动画产业的进一步发展搭建了良好平台。对苏、锡、常动画产业的运作情况进行调研,形成调研报告,对我省“十一五”动画产业发展提出了建议,并获得2005年度全省宣传文化系统调研报告一等奖。大力扶持发展民营影视制作企业,苏州亚细亚传媒娱乐有限公司等32家民营企业获得了广播电视节目制作发行资格。

二是新兴产业发展得到进一步加快。一些地市广电部门除了继续开展依托广播电视网络的付费电视、视频点播、数据传输等业务外,密切跟踪广播电视科技和市场的最新发展趋势,与移动、联通等电信运营商联合开拓手持电视业务,与地铁、出租、公交行业合作推出移动电视业务,以广电网络为依托,进一步探索网络电视运营模式,积极抢占市场。

三是广播电视收入进一步增长。在产业经营上,各地广泛借鉴先进经验,积极创新,加大内部管理机制的改革力度,突出绩效考核,不断优化经营管理模式,取得了喜人的成绩。2005年全省广播电视总收入为55.12亿元,较2004年增长14.2%。

此外,制订了《江苏省广播电视发展综合评价体系》,促进了全省广播电视业的健康发展。

[**管理有了新成效**]

针对管理工作出现的新情况、新问题,各级广播电视行政管理部门采取了一系列行之有效的管理办法,取得明显成效。

一是宣传管理工作得到进一步加强。继续坚持和深化新闻质量抽查制度、名优节目评比制度等。切实加强了对群众参与的广播电视直播节目的管理,做到严把播出关。成立并运转了省广播电视收听收看中心,同时推动全省切实加大宣传监督管理工作力度。省收听收看中心全年组织集中评议60多次,编发简报97期,对把握导向、净化视听、提升广电传媒品质发挥了积极作用,得到省领导、国家广电总局领导和播出机构的肯定,省委常委、宣传部长孙志军同志9次作出批示,国家广电总局胡占凡副局长2次批示。

二是境外卫星电视传播秩序专项整治工作得到进一步加强。以创建"无小耳朵社区"为抓手,进一步贯彻落实国务院办公厅转发总局与七部委联合提出的《关于开展境外卫星电视传播秩序专项整治工作的意见》精神,积极开展境外卫星电视传播秩序专项整治工作,切实把专项整治工作抓紧抓实抓好,取得良好成效,得到总局肯定。经过省广电局的努力,已将卫星专项治理和创建"无小耳朵社区"纳入省社会治安综合治理考核体系。截止2005年底,南京、苏州、无锡三市"无小耳朵社区"达标率90%以上,常州、镇江、南通、扬州、泰州5市达到95%以上,徐州、淮安、盐城、连云港、宿迁5市达到98%以上。其中,南京市江宁区、张家港市、宜兴市等地被省广电局和省综治办联合授予首批全省创建"无小耳朵社区"先进县(区)。

三是广播电视广告管理工作得到进一步加强。继续贯彻实施总局17号令,加大宣传、监管、查处的力度,积极开展虚假违法广告专项治理工作,广播电视广告的播放秩序明显好转,群众反映强烈的恶心广告、挂角广告以及不良内容的广告得到清理,随意插播广告的现象得到有效遏制,群众投诉量大大减少。

四是信息网络传播视听节目监管工作得到进一步加强。根据中央和省关于进一步加强互联网管理工作的意见精神,在全省范围内及时部署,积极开展传播视听节目网站整治工作。认真做好网络传播视听节目审核工作,全省共有9家单位获得网络传播视听节目业务资格。进一步改进管理手段,加强监看机制建设,对涉嫌违规传播视听节目的27家网站及时进行了处理。

五是广播电视专业技术岗位资格管理得到进一步加强。组织开展了广电工程、播音、新闻、政工等专业的职称评审工作;核发了7619名广播电视记者编辑证,1212名播音员主持人上岗资格证,有力地强化了广播电视专业技术岗位资格管理工作。

[**队伍素质有了新提高**]

以实践"三个代表"重要思想为指导,认真学习贯彻十六届四中、五中全会精神,深入开展三项学习教育,狠抓队伍建设,整个队伍政治素质、业务素质和思想道德素质都有了提高,精神面貌发生了新的变化。着力抓了以下四个方面:

一抓保持共产党员先进性教育。深入

开展了保持共产党员先进性教育活动，并将“三走进、三服务”主题实践活动贯穿先进性教育活动全过程。通过扎实开展先进性教育活动，全省广电系统广大党员干部进一步强化了党性观念、大局意识、宗旨意识、自律意识，思想上有明显提高，工作上有明显进步，作风上有明显转变。

二抓行风评议。各级广电部门对开展行风评议活动高度重视，周密部署，认真实施，圆满完成了各阶段工作任务，达到了预期目的。据统计，全省广电系统2005年制订、修订和整理加强行风建设的规章制度600多个，对39名违规新闻采编人员分别给予诫勉谈话和纪律处分，有力地促进了行风建设。

三抓党风廉政建设。深入学习贯彻中共中央颁发的《建立健全教育、制度、监督并重的惩治和预防腐败体系实施纲要》和江苏省委制订的《关于贯彻落实中共中央<建立健全教育、制度、监督并重的惩治和预防腐败体系实施纲要>的具体意见》。通过共同努力，全系统反腐倡廉工作取得新的成效，一些重点工作如教育、监督和制度建设等成效明显，为广播电视的宣传和发展提供了有力的政治保障。

四抓人员培训。以能力建设为核心，以人才队伍建设为重点，以培训全省市、县广电局长为抓手，加大了全省广电系统人才培训力度。通过培训，全省广电系统各类人才的实践能力得到进一步提高。

此外，与省人事厅在全系统联合开展了全省广播电视系统先进集体、先进工作者评选活动，全省有54个先进集体、47个先进个人受到了表彰；积极开展创建文明单位活动，涌现出省总台等一批先进单位，有力地促进了队伍建设。

（省广电局办公室　李勇华）

省新闻出版局工作

2005年，全省新闻出版系统深入学习贯彻“三个代表”重要思想和党的十六届三中、四中、五中全会精神，紧紧围绕江苏省委、省政府提出的实践“三个代表”、推进“两个率先”、构建和谐社会这个中心，按照年初全国、全省宣传部长和全国、全省新闻出版工作会议的总体部署，坚持正确的新闻出版导向，在强化社会监管、坚持依法行政、推进改革发展、完善管理网络、提高人员素质方面取得了一系列重要的阶段性成果。

［**围绕中心、服务大局**］

根据中央和省委的统一部署，省、市两级新闻出版行政机关和局直属单位扎实开展了保持共产党员先进性教育。省委常委、宣传部长孙志军同志选择省新闻出版局作为先进性教育联系点，先后8次直接听取教育活动情况汇报，5次亲临省局机关及直属单位研究分析现状、检查督导整改。省局机关的整个教育活动认识到位、领导到位、措施到位、工作到位，达到三个100%，即党员参学率100%，《保持共产党员先进性读本》和重要文件研读率100%，群众满意度测试满意率100%。局党组在广泛征求意见、认真分析研究的基础上，针对影响机关建设、制约新闻出版业发展和群众关注的突出问题，明确提出了新闻出版领域共产党员先进性的五项具体要求，制订并落实了八项整改措施。先进性教育活动的扎实开展，进一步提高了各级领导干部坚持社会主义文化前进方向、巩固马克思主义在新闻出版领域指导地位的自觉性，增强了各类新闻出版单位坚持围绕中心、服务大局的责任意识。省新闻出版局切实加强选题、书号管理特别是重大、敏感选题的审核备案制度，坚持关口前移，全程监控，及时制止格调低下、媚俗附庸以及违反宣传纪律的不良倾向；根据新闻出版总署和全国“扫黄”办统一部署，继续对互联网非法出版活动保持高压态势，及时查处相关网站散布不良信息的违规案件；组织出版170余种加强未成年人思想道德建设和130余种服务“三农”的图书。新闻出版单位坚持团结稳定鼓劲、正面宣传为主的方针，积极策划、出版了一批促进发展、深化改革、维护稳定的作品。8月中旬，省新闻出版局会同省委宣传部联合举办纪念中国人民抗日战争胜利60周年精品图书大联展和系列出版物发行及赠书仪式，省委常委、宣传部长孙志军出席并讲话。

[推动改革、促进发展]

全省新闻出版系统坚持全面贯彻落实科学发展观，扎实推进省政府办公厅《关于加快新闻出版业改革与发展意见》的贯彻落实。省新闻出版局积极推进省内全国文化体制改革试点单位和重点集团的体制改革和机制创新，支持江苏出版集团更名为凤凰出版传媒集团后各项工作的开展，协同省有关部门稳步推进江苏新华发行集团改制工作；指导新华报业、江苏广电集团整合报刊资源，力求做出品牌、扩大影响；着力培育多种经济成分、多种经营业态的市场竞争主体。国有发行企业的主体地位进一步巩固，江苏新华发行集团所属917个门店全面实现连锁供应，并相继在上海、浙江、辽宁、贵州等地拓展连锁业务。部分民营企业积极推进跨地区联合经营和设立省内分支机构，境外独资出版物发行企业在我省正式注册成立。省新闻出版局积极加强政策扶持，优化产业发展环境，促进各新闻出版单位加快产业发展步伐。全年完成“十五”国家及省级重点出版规划项目151项，正式启动出版资金扶持精品生产；精心组织纪念抗战胜利60周年、加强未成年人思想道德教育和服务“三农”图书，成功组团参展2005年北京图书订货会、第十五届全国书市和第十二届北京国际图书博览会；省新闻出版局连续6年蝉联全国书刊印制优质产品管理金奖。省新闻出版学校在校人数首次突破1600人，被新闻出版总署确定为全国新闻出版系统重点中等专业学校。省新闻出版局党组在深入调研、科学论证的基础上，研究编制了《江苏省新闻出版（版权）业“十一五”发展规划》。《规划》基于对“十一五”时期国家宏观经济环境和产业发展环境的正确把握，提出了全省新闻出版（版权）业“十一五”时期发展的主要目标、基本原则和实施战略，强调在坚持正确导向、率先发展、改革创新、突出重点、以人为本和强化管理的基础上，在全省初步建成有较大影响力、辐射力的新闻出版基地、印刷和光碟存储生产基地、出版物流通基地和新闻出版人才高地；力争到2010年，全省新闻出版业经济总量由“十五”期末的520亿元增加到920亿元，占全省国内生产总值的比重由2.5%提高到3.5%。

[开展专项整治、强化出版管理]

深入推进“扫黄打非”。认真贯彻落实《2005年全省“扫黄打非”行动方案》，精心组织实施集中行动和专项治理，全年共出动执法检查38 212人次，检查各类出版物销售网点27 139家（次），关闭、取缔出版物非法网点1889个，取缔、关闭非法和违规印刷企业67家，查缴各类非法出版物514.2万件。《中国新闻出版报》在一版头条显著位置报道了我省实施“扫黄打非”“雷霆行动”的相关做法和成果。切实加强出版管理。坚持“关口前移”与事后监管相结合，加强选题和书号管理，全年审批选题5718个，其中重大敏感选题174个，发放并调控书号4210个；全面开展出版社书稿“三审制”检查、评比和研讨工作，及时查处违规出版行为。精心组织实施非法报刊专项治理，全省共停办

50种非法报刊;会同工商等部门集中整治不良和违法广告,查处有关报刊一号多刊、出地方版的违规出版行为;认真受理举报投诉,及时督查、制止少数地区和部门向群众摊派报刊的行为。加强对音像复制单位的检查监督,及时制止问题光盘的复制生产;实施集中打击互联网非法出版专项行动,查处“私服”、“外挂”25起,查封刊载内容反动及淫秽色情网站等25个。依法履行监管职能。组织实施印刷复制业专项整治与督查,检查印刷复制企业10354家(次),捣毁无证照地下印刷复制窝点47个,查处印刷复制违法违规活动164起,收缴各类非法印刷复制品近21万件;切实加大对出版物印刷、印刷业务转发、图书期刊印制委托书、境外出版物及宗教类出版物印刷的管理力度,专项整治和印刷企业制度建设取得明显成效;图书印制质量继续保持全国领先位置,省新闻出版局连续6年蝉联全国书刊印刷优质产品管理金奖;依法加大出版物市场监管力度,及时组织总署公布的68种伪书的下架退货和内容有问题杂志的查缴工作;积极探索运用激励和监督机制加强对出版物经营单位的管理,分级建立出版物单位奖惩档案,修改完善全省“双优诚信书店”评选办法;加大版权执法力度,依法查处涉嫌使用侵权盗版软件的外资企业,保护合法权益;推进全省市级政府机关办公软件正版化,开展软件正版化工作督查督导;加大著作权法律法规宣传力度,组织“4·26保护知识产权宣传周”系列活动;支持省文联、省作协成立江苏省文艺家权益保障委员会和作家权益保障委员会。

［**推进政务公开、完善管理措施**］

加强领导班子建设。党组中心组坚持学习制度,精心制订学习计划,精心选择相关内容,精心安排重点发言,强调学以致用、学用结合;相继制订出台了《党组决策重大事项议事规则》、《局长办公会议议事规则》和政务情况通报等相关规定,完善了民主决策机制;党组和局长办公会议讨论研究重大事项,坚持事前调研论证,充分听取各个方面的意见,集思广益。涉及机构、人事、评比、表彰等重大事项,坚持考察、评议、公示、通报等规定程序。切实规范行政行为。省新闻出版局机关坚持以学习开局,节后上班的第一个工作日结合学习相关法律法规集中讨论行政许可、行政执法责任制相关系列文件,着力通过制订科学合理的量化指标体系,把行政执法责任与考核奖惩、绩效评估有机结合起来,规范行政权力的运行;江苏省新闻出版局《行政许可规程》、《行政执法规程》等系列文件正式印发施行;成立局依法行政工作领导小组(重大行政处罚案件审理委员会),制订相关工作规则和议事规程。积极推进政务公开:根据省委、省政府的统一部署,拟定《江苏省新闻出版局新闻发布暂行规定》;“江苏省新闻出版网”经改建扩容后增加运行功能并正式公布行政许可事项及办事规程,“江苏‘扫黄打非’网”调试开通后正常运行,全年发布各类政务信息1500余条;分别编印并公开陈列涉及图书、报刊、电子、音像、印刷、发行、版权等不同行政许可、行政管理范围的《办事指南》,在机关一楼大厅公开陈列,方便了行政服务对象;机关政务有序运行,网上报送月度工作计划、网上发布重大活动安排和重要政务信息等,开始规范运行。不断完善监管措施。进一步建立健全图书质量监管机制,规范图书出版秩序,会同省委宣传部制订出台《关于加强图书审读工作的实施意见》,建立健全了相对稳定的图书审读员队伍,积极筹组成立“江苏省出版物审读中心”;针对管理工作中存在的薄弱环节,制订下发《江苏省核发连续性内部资料出版物准印证管理办法》、制订《关于加强对报刊刊载广告管理的意见》、《关于重申有关规定、规范报纸出版行为的通知》等规范性文件，制订出台《只读类光盘生产厂驻厂监督员制度》、《复制委托书管理制度》等行业管理制度。

［强化教育培训、提高队伍素质］

机构建设方面：积极争取省编委批准增挂"出版物市场监管处"牌子，正式任命政策法规处、出版物市场监管处干部，进一步推进行政法制建设，强化市场监管职能；行业协会建设取得新进展，经会商有关部门并报省民政厅批准，"江苏省印刷技术协会"更名为"江苏省印刷行业协会"，成功举行第二届会员代表大会。队伍建设方面：相继举办全省新闻出版（版权）政策法规培训班及各类新闻、出版、发行人员培训班，培训各类人员1000余名；组织非国有书店新申报人员及补考人员职业技能鉴定，鉴定人数达2234人次；顺利完成全省出版专业高级专业技术资格评审委员库换届工作，组织出版专业高级专业技术资格评审工作；推荐参评全国新闻出版系统先进集体、劳动模范、先进工作者及"韬奋出版新人奖"。党风廉政建设方面：召开局机关党风廉政建设工作会议和全省新闻出版系统纪检监察工作会议，制订《2005年全省新闻出版系统纪检监察工作要点》，落实建立健全惩防腐败体系实施《纲要》的具体措施，制订相关实施意见、任务分解表及考核考察办法。制订出台《机关处以上干部廉洁自律"十不准"》等相关规定。作风建设方面：党组成员经常带着相关课题深入基层调查研究，及时掌握动态信息；查处重大行政违法案件和初稿出版物市场综合整治，分管局领导和各处室主要负责人坚持在一线指挥作战；深入开展"三走进""三服务"主题实践活动，落实便民利民具体措施。

［事业繁荣和产业发展取得重要成果］

"十五"期间，全省新闻出版业事业规模不断拓展、整体实力不断增强。2005年底，全省新闻出版业经济总量达520亿元，"十五"期间年平均增长11.6%。其中：新闻出版系统销售收入185亿元，印刷工业总产值325亿元，"十五"期间年平均增长9.86%、11.9%。其中：全省图书出版社由16家增加到17家，2005年共出版各类图书11 019种，图书总印数84 520.21万册，总印张数2 426 379.5千印张，年平均增长1.88%、2.18%。全省共有各类报纸143种，销售总收入31.72亿元，年平均增长12.8%。全省共有各类期刊440种，销售总收入2.61亿元，年平均增长9.52%。全省共有电子音像出版单位7家，当年录音、录像制品和电子出版物的出版数量分别为124.3万盒（张）、326.7万盒（张）、212.1万张（盒），年平均增长－7.9%、2.2%和18.4%。全省共有各类印刷企业14230家，印刷工业总产值达325亿元，"十五"期间年平均增长10%。全省共有光盘复制企业7家，光盘年生产能力从"十五"期初的1.09亿片猛增到19.7亿片，年平均增长78.4%，年销售总额由0.92亿元猛增到14.01亿元，年平均增长72.4%。全省共有各种经济成份的出版物发行网点11700处，当年全省出版物发行码洋150亿元，其中国有书店销售码洋118.9亿元，"十五"期间年平均增长14.75%、8.05%。"十五"期间，全省受理各类作品登记11509件，总量居全国第二，年平均增长46%；受理各种计算机软件著作权登记3668件，总量居全国第五，年平均增长18%；版权贸易数年平均增长11%。

"十五"期间，江苏新闻出版业的体制改革、精品生产、资源整合整体推进，取得了一系列重要的阶段性成果。省新闻出版局、省版权局与省出版总社顺利实行局社政事分开、管办分离；江苏凤凰出版传媒集团（原江苏出版集团）着力在深化内部改革、转换经营机制、发展新型载体、促进精品生产、打造产业品牌等方面进行积极探索；江苏新华发行集团列为全国文化体制改革试点单位，积极探索和发展物流配送、连锁经营等新型业态；新华日报报业集团积极整合省内报纸资源，精心打造主流强势媒体的全新形象；各级各类新闻出版单位的内部三项制度改革整体推进，人员能进能出、干部能上能下、收入能增能减的运行机制初步形成。精品图书、期刊方阵、提速强社“三大工程”建设取得集成性收获。全省共有66种图书列入国家重点规划项目，25种图书分获中宣部精神文明建设“五个一工程”奖、国家图书奖和中国图书奖，14种电子音像制品在全国性重大评比中获奖；13种期刊分获国家期刊奖，140种期刊入选江苏期刊方阵，277种期刊被评定为一级期刊；江苏凤凰出版传媒集团、江苏新华发行集团保持持续稳定的增长态势，各高校、城市出版社在较高的起点上推进改革发展，4所高校出版社相继实现销售总额超亿元，其余各社普遍实现“倍增”、“翻番”目标。全省新闻出版系统着力寻求在结构调整的动态进程中整合资源、加快发展。自新华日报组建成立报业集团后，南京、苏州、宿迁、盐城等省辖市也相继组建成立市属报业集团。“江苏高校出版社联合体”在选题开发、编辑制作、市场营销、信息共享等方面，进行了一系列富有成效的合作。南京市率先成立民营图书业联合会，成功举办两届“南京书业论坛暨新书展示会”。

（张辉冠）

省文学艺术界联合会工作

2005年，省文联在围绕中心、服务大局方面，第一次较大规模地组织开展“美在新江苏”主题性系列采风创作活动和成果展示，第一次全省性地开展千名文艺家面向基层“五走进”文化为民服务活动；在精品工程方面，第一次嘉奖全国获奖优秀作品；在人才工程方面，第一次与省人事厅联合举办享受市级劳模待遇的“中青年德艺双馨文艺工作者”评选表彰活动；在品牌工程方面，第一次实现国家级曲艺最高奖项“牡丹奖”永久落户江苏，精心策划、组织实施了具有国展水准的“2005·中国百家金陵画展”；在理论建设上，第一次组织了重点课题研究和调研活动，一批重点课题研究已立项；在加强自身建设优化服务方面，第一次创建了文艺家权益保障委员会，第一次创办了江苏文学艺术网站，省各文艺家协会开展了为会员服务的“五个一”基础工程等。

［上下联动，服务大局］

围绕党和政府的中心，服务全局性的工作，是文联的中心任务。2005年“美在新江苏”系列活动，省文联有近20个分团与有关部门、各市文联组织的当地文艺工作者，深入江苏改革发展一线进行采风创作，得到了全省文艺家的积极响应和热情投入，得到了社会各界的大力支持。为展示采风创作的阶段性成果，在省美术馆举办了“美在新江苏”诗书画摄影综合展览，共展出摄影、中国画、诗词楹联书法作品近400幅；从这次采风创作征集的近4000件作品中遴选了美术、摄影、书法、诗联作品500余幅（首）、歌曲16首、“三创之星”电视专题片18部，及部分文艺家采风创作花絮、感言，汇集成集萃和光盘10张。

［面向基层，为民服务］

开展了江苏千名文艺家面向基层“五走进”文化为民服务系列活动，包括文艺家走进社区的“我爱我家”、走进企业的“欢乐车间”、走进农村的“金色原野”、走进校园的“缤纷校园”、走进军营的“七彩军营”等。省文联和各市文联、省文艺家协会组织书画、摄影、音乐、影视、舞蹈、曲艺、戏剧等艺术门类的文艺家，通过深入基层展演展示，积极为基层培训文艺骨干，设立常年文化服务点等形式，扩大了文艺为基层服务的覆盖面。2005 年首批确定了 40 多个基层服务点，全省投入“五走进”活动的文艺家近千人次。如曲艺名家“走进南大，走进春天”启动了省文联“走进校园”的活动；省摄影名家“走进南钢，美在南钢”拉开了省文联“走进企业”活动的帷幕。各市文联也积极响应，以各种形式奉献社会，服务群众，在当地都产生了较大的影响。

[**创新机制，繁荣创作**]

2005 年，省文联第一次嘉奖了全国性优秀文艺奖项获得者，共有 117 项全国性优秀文艺奖项以及 7 个优秀组织奖；第一次提出了省文联及各文艺家协会组织创作和理论课题研究的申报办法，明确了申报范围、立项过程、项目要求和成果效益评审。新的机制较好地体现了坚持民主决策，分类定位，突出重点，帮助启动，市场运作，奖励成果的特点。新机制启动后，激发了文艺工作者的创作热情，省各文艺家协会组织创作的水平也有所提高。2005 年省文联各文艺家协会组织或推荐参加全国性赛事的作品，有 70 多人(件)次获各种奖项。如在第五届中国音乐金钟奖评比中，获古筝演奏比赛唯一金奖，创作的古筝曲《箜篌引》获得古筝创作作品铜奖；3 人获中国戏剧“梅花奖”，其中 1 人为“二度梅”获得者；摄影作品《浴女》、《舞动的旋律》获 2005 中国第十一届国际摄影艺术展览优秀作品奖等。2005 年，省文联首次启动理论课题研究，经过评审，《新时期文联职能研究》等五项课题获得立项，这对加强文联理论创新具有重要的意义。

[**拓宽视野，打造品牌**]

省文联与中国美协、省委宣传部等创办了具有国展水准的当代美术品牌“中国百家金陵画展”，单年展出中国画 100 幅，双年展出油画 100 幅。“2005 · 中国百家金陵画展”(中国画)收到各地美术家的作品 2600 余幅，由组委会聘请全国的专家组成评委会，在严格的公证程序下，评出入选作品 100 幅，其中 10 幅作品荣获金奖(江苏 3 幅)，全国政协副主席、中央统战部长刘延东同志，省委书记李源潮同志观看了画展，对画展品位、作品水平和组织策划均作了充分肯定。画展同时邀请全国著名美术理论家举办了题为“当代中国画创作中的现实主义”的高层论坛。出版了《作品集》与《论文集》。这次画展对于打造当代美术品牌，使江苏成为具有现实主义风格原创的中国美术精品、理论创新、名家艺术和美术人才推广基地具有重要的意义。省文联与中国曲协签约，中国曲艺“牡丹奖”将落户江苏。2006 第四届国家级曲艺最高奖项“牡丹奖”颁奖活动将在南京举行。省文联与中央美术学院、中国美术家协会联合主办了“靳尚谊艺术回顾展”。这次展览展出的 160 余件艺术精品，是靳先生从艺 50 年来首次个人不同时期代表作的集中展示。为隆重纪念中国电影诞辰 100 周年，与中国影协等单位主办了纪念中国电影百年与江苏暨谢铁骊从影 55 周年活动，成为纪念中国电影百年的一个亮点。中国曲协、省曲协、苏州市文联等联办了“全国曲艺界纪念陈云百年诞辰系列活动”，60 多名全国曲艺界知名人士参加了系列活动，并登台献艺。省书协、泰州市文联等承办了“纪念兰亭论辩 40 周年 · 中国(泰州)高二适书法艺术高层学术论坛”，围绕《兰亭论辩》，阐述这一特定历史文化现象的历史意义和时代价值。2005 年还开展了一系列全国性或地域性的文艺活动，如承办了“第六届中国体育美展”、“第十届全国优秀体育作品展”、“长江流域戏剧发展战略联盟”、“首届长三角青年歌手大赛”、“正义 · 和平"大型音乐会、"世界反法西斯题材影视作品国际论坛"、拍摄了电视剧《金陵子潮》等。

［崇德尚艺，构建人才高地］

为了进一步加强全省文艺队伍建设，弘扬德艺双馨精神，推动文艺界形成崇德尚艺的良好风气，经省政府同意，与省人事厅联合在全省开展德艺双馨文艺工作者评选表彰工作。经过层层评选和推荐，授予王芳等15名同志"江苏省中青年德艺双馨文艺工作者"荣誉称号，被授予荣誉称号的同志享受市级劳动模范和先进工作者待遇。在颁奖大会上请喻继高、陈德林、顾芗同志介绍先进事迹，反响强烈、影响很大。为了提高文艺工作者的综合素质与专业水平，2005年举办了各种培训班、学习班与多种文艺活动。省文联在江阴海澜集团举办了"第九期全省文艺家读书班"；省剧协在徐州市举办了"江苏省第15期知名演员读书班"，省民协在徐州市举办了"江苏省民间文学第六届青年论坛"等。为了提高未成年人的综合素质，关注他们的全面发展，省文联与省文明办等单位联合主办了首届全省未成年人才艺大赛。2005年参加音乐、书画、舞蹈考级和推新人大赛、未成年人才艺大赛的少儿达到10多万人。

［拓展职能，增强服务］

保持共产党员先进性教育开展以来，把改进作风、拓展服务职能，更多更好地为文艺界提供服务作为整改的一项重要内容。为了探索新形势下文联与文艺家协会开展工作的新机制、新途径，召开了创新工作理论研讨会，南京市、苏州市、淮安市文联和省各文艺家协会的负责同志就如何适应新形势、开辟新途径、拓展新职能进行研讨，省社科联、南大、南师大4名社会学专家发表论文，开阔了文联与文艺家协会工作的视野和思路。瞄准艺术发展前沿，关注国内动漫艺术发展的新需求，及时筹备成立江苏省动漫艺术协会。为了加大对文艺家和会员的服务力度，举办了高层论坛，首期邀请著名作家王蒙作了"变化与选择——对当前文艺现象的认识"的演讲。设立专项经费，用于各协会服务文艺家的五个方面基础工作项目，即各协会至少组织一次创作采风、举办一个专题学术讲座，召开一次课题理论研讨，开展一项重点课题调研，落实一项重点服务项目。为适应文联新时期对社会行业管理服务职能延伸要求，根据新一届文联《章程》精神和实际情况，针对市文联和文艺工作者提出的保护文艺家著作权问题，省文联（各文艺家协会）文艺家权益保障委员会于9月正式成立，各项工作随即启动。

［深化改革，加强自身建设］

按照省委的统一部署，省文联的党员先进性教育活动从1月11日正式启动，经过学习动员、分析评议、整改提高三个阶段，于6月17日结束。按照中央确定的"提高党员素质，加强组织建设，服务人民群众，促进各项工作"的总体目标，围绕省委提出的全面实践"三个代表"、全力推进"两个率先"的主题，紧密结合省文联"走在发展先进文化的前列，攀登江苏文艺新高峰"的工作目标，加强领导，周密部署，广泛动员，精心组织，努力提高思想认识，促进各项工作。为了进一步激发内在活力，着眼文联的长远发展和干部队伍的建设，按照省委省政府的要求，以科学发展观为统领，在文联机关机构改革中开展了处级岗位竞争上岗，这在文联历史上是第一次。共拿出16个处级岗位（其中，正处岗12个，副处岗4个）实施竞争上岗。

拓宽对外交往渠道，加强国内外文艺交流。2005年组织出访项目8个，在巩固已有对外文艺交流成果的同时，加大了与欧美国家交流的比重；来访项目2个，通过举办交流演出、儿童画交流展等，搭建了相互交流的平台，深化了彼此之间的友谊。运用现代化传媒手段，依托中国江苏网，与省作协联手创办“江苏文学艺术网”，于 9 月 26 日正式开通。文学艺术网设 240 个栏目，反映工作讯息，关注文艺热点，报道文艺动态。年初创刊了文联工作通讯《繁荣》，2005 年已出 10 期，在文艺界和社会上产生了广泛影响。

（省文联办公室）

省作家协会工作

［贴近生活，为“两个率先”贡献文学力量］

2005 年，省作协坚持以“三个代表”重要思想和科学发展观为指导，服务“两个率先”。出台了《江苏省作家协会关于开展江苏作家“深入江苏”“走进西部”实践行动的决定》，并于 7 月初正式启动。省作协党组副书记、副主席赵本夫同志亲自率队首批赴大西北深入生活。省作协有关部门还多次派专人赴南京、苏州、江阴、海安等地帮助联系作家深入生活和到基层挂职等事宜。2005 年，省作协先后与省文联、省环保厅、中国作协、中国诗歌学会、南通市政府等联合组织了“江苏作家看江苏”，“江苏作家绿色采风行——太湖行”，“中国作家江苏行”，“中国诗歌万里行——南通旅游诗会”等采风活动，创作出了一批反映江苏人民落实科学发展观，构建和谐社会，反映江苏部分城市的历史文化、城市风貌和改革开放的文学作品，以文学的方式为江苏“两个率先”贡献了文学的力量。同时，江苏作家苏童、毕飞宇作为中国作家代表团成员，前往法国执行巴黎图书沙龙任务；诗人赵恺应波兰文学家协会邀请，参加第 34 届“华沙之秋诗歌节”；江苏作家代表团还赴澳、新及北欧四国采风。

2005 年，省作协还举办了江苏省“纪念中国人民抗日战争暨世界反法西斯战争胜利 60 周年诗歌朗诵会”，将一台充满激情、给人启迪和鼓舞、富有震撼力的配乐诗朗诵，奉献给了时代和人民。协办了中国作协儿童文学委员会 2005 年年会，来自全国的著名儿童文学作家、评论家深入到校园与小学生一起开展活动；组织作家参加了新沂马陵山笔会，并在新沂成立了马陵山创作基地。

［努力创新，文学成果丰硕喜人］

2005 年作协会员的文学创作成绩喜人，专业作家、签约作家笔耕不辍，并且涉及文体面较广泛，小说、诗歌、散文、电视剧等各领域都有新品力作。据不完全统计：省作协专业与签约作家创作、出版长篇小说 10 部、中短篇小说 36 篇，散文（集）30 多篇（部），拍摄完成电视剧 3 部，诗歌近 50 首，长篇科幻与童话作品 12 部，单篇童话 140 多篇。其中，毕飞宇的长篇《平原》和范小青的《女同志》以深邃的思想和细腻的笔触深刻反映了特定年代的社会生活，产生了广泛的社会影响；周梅森的《我本英雄》、储福金的《婆娑之舞》、荆歌的《我们的爱情》、罗望子的《梅花弄》以及苏童的《西瓜船》、沈乔生的《球迷皇帝》等长、中、短篇小说也在文学界产生了较好的反响；赵本夫的同名小说被改编为电影《天下无贼》，在读者与观众中引起强烈共鸣，周梅森的电视剧《我主沉浮》和王明皓创作的 28 集电视剧《鸳鸯错》在电视台播出后也受到观众一致好评；由黄蓓佳的同名小说改编的《派克式左轮》已完成拍摄，由叶兆言的系列小说改编的电视剧《夜泊秦淮》正在编创之中。

在第二届签约作家创作中，王一梅的长篇童话《恐龙的宝藏》、校园系列童话“米粒”系列，李志伟的《幻象大冒险》科幻系列等受到了低幼儿童和青少年的广泛欢迎。胡弦、黑陶的诗歌在《诗刊》等国家级刊物反响较好，胡弦被《星星诗刊》作为“首席诗人”隆重推出，黑陶的诗作入选《第二届华文青年诗人获奖作品》等多种诗集。

与此同时，全省广大业余作家的创作态势良好，新人新作不断涌现。

［**重奖重评，加大人才培养力度**］

2005年筹备并召开了江苏省第三次青年文学创作会议。9月26日到27日，会议在南京隆重召开，来自全省的一百多位青年作家代表参加了会议。中国作协党组成员、书记处书记张胜友受中国作协党组书记金炳华委托向大会致辞，江苏省委、省人大、省政府、省政协有关领导出席了开幕式。省委副书记任彦申到会亲切看望了青年作家并发表重要讲话。会议总结了1998年来江苏青年文学创作的成就和特点，并希望广大青年作家继承江苏文学的优秀传统，深入生活，坚持与时代和人民同行，注重提高自身学识修养，勇于开拓创新，坚持科学发展，优化文学生态环境，共同营造民主团结、互敬互重、潜心创作的氛围，同心同德、齐心协力，共同繁荣江苏文学事业，勇攀文学新高峰。

“江苏省第二届紫金山文学奖”的评奖活动从3月份开始启动，历时半年时间，于9月26日在南京隆重举行颁奖仪式。本届紫金山文学奖共授予《中国制造》等16部作品、《钟山》等2个杂志社第二届“紫金山文学奖荣誉奖”，授予《城市表情》等42部作品、黄小初等4人第二届“紫金山文学奖”。本届紫金山文学奖进一步修改、完善了评奖办法，制订了《江苏省作家协会紫金山文学奖评奖条例》，提出了重奖更重评的方针，评委们不仅对参评的每一部作品都作出详尽的评审意见，还对所评类别作出全面的综合评价，并在青创会上逐项进行了评述，从中透视江苏近年来文学创作的特点、趋势与得失，对江苏文学创作提供了具体生动的指导。

年初，在省作协六届二次理事会上，举行了2004年度全国性优秀文学奖获得者嘉奖仪式，对获得中宣部“五个一工程奖”、中国作协第三届鲁迅文学奖和第六届优秀儿童文学奖等全国性文学大奖的6位作家和钟山杂志社予以再奖励。

为了进一步加大文学人才培养力度，省作协主办了各类读书班和研修班，为广大作家朋友提供了更多学习研讨与交流的平台。3月份，在南京举办了第十六期青年作家读书班，6月份，在南京举办了首届“文学驿站——中年作家研修班”，8月份又在江阴的海澜集团与省文联联合举办了文艺家暑期讲习班，请省领导和国内著名的专家讲课。为一批作家提供了一个读书学习、创作交流的机会。4月份启动了省作协第三届签约作家的申报工作，全年接受重点扶持文学创作与评论工程的申报，年底前根据申报情况组织专家进行了评审，并开始酝酿面向全国实施合同制“非驻会签约专业作家”。

［**开展研讨，提升学术水平**］

10月底召开了“赵本夫小说创作研讨会”。来自全国以及江苏文学界、出版界的评论家们，从不同角度对赵本夫的小说创作进行了剖析，并对他的创作风格以及对江苏文学乃至新时期文学的影响作了探讨。

11月中旬，省作协与南通市作协联合召开了“沙白诗歌创作研讨会暨《沙白文集》首发式”和“沙白诗歌朗诵会”，对沙白一生的诗歌创作予以了肯定，并对他一生不张扬，不浮躁，潜心诗歌，平淡人生表示了深深的敬意，沙白诗歌朗诵会设计精美，声情并茂，获得了与会者的好评。

著名作家陆文夫先生逝世后，省作协及时召开了“陆文夫追思会”，对这位中国新时期文学的奠基人进行了深切的缅怀，并对他的为人和为文表示出深深的敬意；诗歌工作委员会和《扬子江》诗刊共同主办了“江苏省诗歌工作座谈会”。

［**探索进取，争创文学名牌**］

《钟山》杂志编发的文学作品取得良好的社会反响，推出了长篇小说增刊专号和女作家号专辑，受到广大读者的好评，今年的转载率达到70%，编发的《松鸦为什么鸣叫》获第三届鲁迅文学奖，小说《米调》和《国家机密》被中国小说协会评为全国最佳中篇小说，华裔女作家於梨华的《寻找老伴》获《小说月报》第十一届百花奖。《雨花》坚持“倡导短文，强化特色，坚持人本、人文”的精神定位，同时继续发扬重视培养新人新作的传统，于7月1日正式创办发行了《雨花》青少刊《逗号》。青少刊的创办是我省文学期刊市场化模式运作管理的一次大胆尝试，是文学期刊改革的一次有益探索，通过改革，以期达到既为江苏文学培养更多的后备力量，又以刊养刊的目的。《扬子江》诗刊在巩固提高现有栏目水准的前提下，开办特色栏目，同时举办一系列的诗歌活动，团结了更多的诗歌作者，取得了良好的社会反响。《评论》作为江苏唯一的以丛刊性质出版的文学评论杂志，获得了批评界同仁的好评。

在中国江苏网的大力支持下，省作协和省文联联合建设的“江苏文学艺术网”于今年9月26日正式开通。开通仅三个月，网站累计访问量已达近10万人次，充分发挥了网络媒体的优势，使之成为江苏文学展示与交流的又一重要窗口和平台。

［**改进作风，不断提高服务水平**］

上半年，根据中央和省委的统一部署，作协在全体党员中开展了为期半年的保持共产党员先进性教育活动，较好地完成了三个阶段、13个环节的先进性教育任务。在学习动员阶段，全体党员分四个专题进行了近50个学时的学习，并辅之以党课、专题报告会、讨论会、交流会，把学习引向深入。还组织党员观看了任长霞、牛玉儒等优秀党员事迹报告录像，参观了常熟市文化馆、蒋巷村等先进单位。分析评议阶段，广大党员认真查找问题、剖析根源，并通过多种形式，广泛听取和征求意见，自觉开展批评和自我批评。整改提高阶段，作协党组认真制订整改方案，明确整改重点，落实责任部门和责任人，并把改进作风，关心群众生活，为文学界和人民群众办实事、解难事、做好事放在重要位置，在解决实际问题上下功夫，务求取得成效。并以此为契机，通过机关党总支的换届，加强机关党组织建设。对需要长期坚持、长抓不懈的问题，通过建立相关规章制度加以整改。通过先进性教育活动，作协党组织的凝聚力进一步加强，机关作风有了新的转变，文学创作和各项业务工作得到有力推进，达到了中央提出的“提高党员素质、加强基层组织、服务人民群众、促进各项工作”的总体目标。

为贯彻落实省第六次作代会精神，实现“两个前列”的工作定位和“高地更求高峰”的建设目标，省作协专门成立了专题调研小组，先后在南京、苏州、淮安等地面向不同对象召开了8个场次的座谈会和讨论会，150余人参加了座谈讨论，发送了200份调研提纲，《调研提纲》共涉及十个方面的42项内容，涵盖了作协工作及江苏文学发展的方方面面。调研之后，调研组提交了《调研报告》，在此基础上，省作协还组织力量起草了省作协“十一五”发展规划。

经积极筹备，在省新闻出版局、版权局、知识产权局的大力支持下，建立了“江苏省作家权益保障委员会”，将在省版权局的指导和监督下，根据相关法律法规，对江苏作家开展著作权保护方面的工作，为作家提供维权服务。

2005年文学创作系列评聘分开的职称评审工作在全省全面推开，并已顺利完成，省作协职称办还受到了省人事厅的表彰。2005年改版了《江苏作家》通讯，使这一联系省作协和广大会员的刊物更具可读性，信息更丰富，内容更全面。江苏老作家文集的出版也取得了新成绩，忆明珠、沙白、杨旭、凤章、梅汝恺、宋词等六位老作家文集计27卷近900万字同时出版。另外还出版了《江苏作家文丛》，解决了一些基层业余作家的出书难问题。8月份进行了作协机关机构改革，实行了中层干部竞争上岗。

（省作协办公室）

省社会科学院工作

2005年，江苏省社会科学院坚持服务中心、服务大局、服务发展，在党员先进性教育与应用对策研究方面成效显著。

［**加强重大理论和实际问题的研究与探索**］

认真组织实施省委、省政府主要领导确定的重点课题。年初，省委书记李源潮、省长梁保华为省社科院确定了12项重点课题。根据省委副书记任彦申同志的意见，增设了江苏文化大省建设研究的课题，这些课题已全部完成。同时，为李源潮书记提供了投资率与消费率、教育现代化等方面的咨询报告和数据资料；承担了张连珍副书记委托的“现代农业发展咨询报告”撰写任务，启动了王湛副省长委托的“江苏人口发展战略”课题研究。部分专家参与了省委、省政府联合课题组关于“上学难、上学贵”与“看病难、看病贵”的专题调研，并撰写了调研报告。

成功举办了两次“江苏经济形势分析会”。省委书记李源潮，省委常委、秘书长赵少麟，省委常委、宣传部长孙志军，副省长李全林、吴瑞林等领导同志到会，听取了省内外专家对当前国际国内经济环境和走势的分析，共同探讨保持江苏经济又快又好发展的对策，省委书记李源潮发表了重要讲话，并对两次经济形势分析会予以充分肯定。一些新闻媒体作了专题报道。

2004年度院重点课题研究成果结项。年初编印成“江苏研究报告”12期，向省领导、省直部门与省辖市主要领导送发123份。省委副书记张连珍在葛守昆研究员等呈送的“泗洪西南岗调研报告”上批示：“写出的研究报告很有意义。”编发《咨询要报》26期，其中徐元明研究员等撰写的“关于加快江苏农业利用外资步伐的建议”一文，受到张卫国副省长的重视与批示；有些建议被新华日报等媒体转载。

加强了与实际工作部门的联系和合作。与省发改委联合举办了“江苏社会发展论坛”，省委常委、宣传部长孙志军同志出席会议并讲话，社会反响良好。与省民政厅、常州市人民政府联合主办的“江苏省社区建设论坛”，取得了较大的反响。与泰州市委、市政府共建了科学发展观研究基地。

积极参与省市政府的咨询活动。部分专家参加了省委、省政府关于“十一五”发展规划建议与纲要的征求意见座谈会；南京、苏州、无锡等市“十一五”发展规划与纲要的征求意见座谈会；省长、南京市市长等主持的《2006年政府工作报告》征求意见座谈会；以及部分市县“十一五”发展规划与战略研讨会。完成了省发改委委托的《江苏省“十一五”社会事业规划纲要》研究和编写任务。完成了省人事厅重大课题《江苏人才国际化研究》，以及省人口和计划生育委员会重大招标课题《江苏省城市化与人口迁移》、《江苏省产业发展与人口变化》。组织实施省委组织部重大课题《江苏经营管理人才研究》总报告的撰写和数据处理工作。完成了淮安市委、市政府委托的“淮安中心城市辐射力研究”课题，以及徐州市政府委托的“徐连产业带研究”课题。参与编制泗洪县“十一五”规划等。

泰州分院贴近当地经济和社会发展实际，出版了《2006泰州发展研究报告》蓝皮书，编印《大众社会科学》12期，召开了课题成果发布会与高层论坛，得到市委、市政府与部门领导的好评。连云港分院全年编印《决策参考》8期，承担和完成中宣部、省委宣传部、市政府课题7项，编撰出版《2006连云港市社会经济发展研究》蓝皮书，积极开拓咨询渠道。

［加强理论研究与创新］

2005年，省社科院出版各类著作28部，其中独著15部、编著8部、合著5部，合计939.7万字。发表核心论文185篇，重要核心期刊论文23篇。

参与省“百千万”党政领导干部培训工程教材的编写工作，主编与出版了《构建和谐社会读本》，省社科院近20位科研人员参与撰写。出版了《2006江苏经济社会形势分析与预测》蓝皮书，省委、省政府主要领导及各厅局领导、“省两会”代表委员共计1880余人于2月初得到该书，成为他们了解省情、参政议政的参考读物。与省委宣传部联合出版了《2005年：江苏文化蓝皮书》。与上海市、浙江省社科院联合主编与出版了《2005年长三角经济社会发展报告》蓝皮书。

承办了一些有影响的学术活动。受省政府的委托，省社科院承担“纪念郑和下西洋600周年国际学术论坛”的论文征集、评审筛选、编辑出版和专家邀请等任务，入选论文作者遍及12个国家与我国22个省、市、自治区和台港澳地区，主编出版了总字数达120万字的《传承文明　走向世界　和平发展——纪念郑和下西洋600周年国际学术论坛论文集》，受到国家与省郑和下西洋600周年纪念活动筹备工作领导小组的表彰。与当代中国研究所、中共无锡市委、中华人民共和国国史学会联合举办了以“当代中国成功发展的历史经验”为主题的第五届国史学术年会，全国政协副主席、中国社会科学院院长、国史学会会长陈奎元应邀出席开幕式并发表了重要讲话。召开“台湾‘三合一’选举与岛内政局及两岸关系研讨会”、海峡两岸“明清小说”研讨会。

国际学术交流比较活跃。举办了“探索和谐发展之路——中韩经验与比较学术研讨会”，来自韩国东亚大学校、全罗北道发展研究院和省社科院专家20多人参加，围绕和谐发展，中韩两国学者进行了比较深入的交流。美国犁铧协会主席罗伯特·伊万斯博士一行来我院进行学术交流；新加坡驻上海领事馆副领事颜呈吉来院访问与座谈；英国驻上海总领事馆经济、文化领事孟加斯来访，就长江三角洲的发展及与省社科院的合作进行交流；韩国全北发展研究院韩泳奏来访，就中韩学术交流和今后双方更广泛范围的合作进行磋商；日本名古屋大学竹内常善教授等与省社科院专家进行合作研究；等等。

6份期刊进一步为院内外专家学者发表学术论文搭建了优化平台。据不完全统计，《江海学刊》全年有80多篇论文被《新华文摘》、《中国社会科学文摘》、人大复印资料等报刊转载或摘要。《学海》全年被《新华文摘》转载11篇，1月至9月被人大复印资料转载31篇。

［加强思想政治教育与管理服务］

省社科院参加省第一批保持共产党员先进性教育活动，历时半年，经历了学习动员、分析评议、整改提高等三个阶段。院党委认真贯彻落实省委与省督导组的部署，全体在职党员积极参加学习与分析评议活动，主动接受党内外同志的批评意见。党委成员带头联系实际，认真查找自身存在的突出问题，剖析思想认识根源，提出整改措施和整改方案。三次全体在职人员与离退休人员代表的测评结果，平均满意率达到97.4%。通过半年多的保持共产党员先进性教育活动的开展，省社科院党员的共产主义思想觉悟进一步提高，党支部的战斗堡垒作用进一步增强。

完成了聘任期及试聘期满干部考核。接受3年聘任期满考核的所(处)长有12人，接受1年试聘期满考核的有15人。在聘任期满考核的基础上，院党委组织实施了部分所(处)级干部公开招聘和竞争上岗工作。经过竞职演讲、民主测评、组织考察等程序，聘任中层干部8人。配合省委组织部开展省管后备干部人选的推荐、考试与考察工作。根据学科建设需要，引进7名应届毕业硕士研究生。强化退出机制，对2名科研人员给予辞退处理。完成了2005年度职称评审工作，省社科院评审通过与聘任了研究员3人、副研究员6人。组织了“333工程”择优资助项目申报工作。一位同志被批准为国务院特殊津贴获得者，一位同志被批准为江苏省有突出贡献的中青年专家。

与浙江省社科院、上海市社科院联合成立“长三角联合研究中心”。与信息工程大学联合申报硕士点，启动了“阅江书院”的建设。图书馆进行了岗位合并、工作优化组合，开展多层次的文献咨询服务，拓宽了为科研服务的渠道。进一步推进网站建设，网站总访问量已逾20多万人次，日均访问量在500人次以上。在省市社科院网站排名第二。从课题管理需要的实际出发，开发并试用了横向课题经费和部分包干经费的查询系统，在提高财务工作效率和透明度方面向前迈了一大步。根据省长办公会议决议，抓紧进行新院区置换方案的落实，同省级机关事务管理局多次协商，取得阶段性的进展。

完成了工会改选工作，选举产生新一届工会领导班子，并组织职工疗养、考察与参观，参加社区和慈善募捐活动。举办了《江苏省社会科学院首届文化节：书画展、摄影展、赏石展》，为全院职工办理了公园游园年卡，受到全院职工普遍好评。

举办了纪念抗日战争胜利60周年座谈会，邀请了参加抗日战争的老战士和研究抗日战争的专家学者，以及近两年来院工作的青年科研人员参加。认真贯彻落实老干部的各项政治待遇和生活待遇，坚持每年为70岁、80岁以上的老同志祝寿，这一活动得到在职同志和老同志的肯定。帮助有一些有特殊情况的老同志解决实际困难。认真做好信访、查案和专项治理工作，根据《信访条例》等有关法规的规定，结合本院实际制订了省社科院信访工作暂行规定。

(省社科院办公室)

省哲学社会科学界联合会工作

2005年，省社科联团结全省广大社科工作者，坚持以邓小平理论和“三个代表”重要思想为指导，以科学发展观为统领，以贯彻落实中央3号文件和省委省政府13号文件精神为主线，以开展保持共产党员先进性教育为契机，在全年工作中明确了“抓住机遇，力度不减，服务大局，扩大影响，发展自身”的总体要求，坚持“大社科、争作为、创品牌、项目化、民本化”的工作理念，有力地推进了省社科联的各项工作。

[立足江苏，服务大局，应用研究取得新成果]

2005年，省社科联坚持把推进应用决策研究作为全年工作的重中之重，在积极引导社科界推进理论创新的同时，努力为社科工作者投身改革开放搭建工作平台。通过进一步规范整合，在应用研究方面初步形成了“四个一”的长效机制。

1. 实施一个工程，即“应用研究精品工程”。该工程通过年初发布指南、年中征集成果、年终组织评奖和成果发布，引导广大社科工作者为江苏“两个率先”贡献才智。2005年，通过这个平台在全省范围征集成果400多项。经专家评审，20项获省政府决策咨询奖，90项获省社科联应用研究优秀成果奖。

2. 设立一批省级规划课题，即“社科应用研究协作课题”。通过协调，建立了由省委省政府领导圈定课题、省规划办立项、省社科联组织管理、省内多学科专家协作研究的制度。2005年，通过邀标，由我省100多位知名学者组成的8个课题组，就“江苏现代服务业发展研究”、“江苏产业结构调整方向与途径研究”、“江苏防范重大社会风险预警研究”等重点课题立项研究，取得一系列成果，为省委省政府的决策发挥了重要的作用。

3. 创办一个杂志，即《社科应用研究》。2005年，省社科联创办了《社科应用研究》杂志，旨在为江苏实现“两个率先”服务，为各级领导的科学决策提供参考，为社科工作者研究江苏、服务江苏提供新的理论窗口。现已出刊6期，受到广泛好评。

4. 办好一个沙龙，即“新视野”理论沙龙。2005年，省社科联继续创办由全省高层专家参与的“新视野”理论沙龙，不定期地围绕全省改革发展中的热点问题和前沿问题，组织专家进行专题研讨，研讨成果以“动态清样”的形式，报送省委省政府领导参阅。其中，《江苏现代服务业研究和建言》、《江苏“十一五”规划重点难点问题聚焦》等研究报告被省委办公厅《快报》全文刊载，受到省委省政府领导的重视。

［完善机制，加强整合，学会建设更上新台阶］

省社科联将2005年确定为全省“学会建设年”，把学会建设作为推动社科联整体工作的“强基工程”和“龙头工程”认真组织实施。

1. 召开了学会工作会议。7月6日，省社科联召开了首次全省学会工作会议。全省性社科类学会会长、秘书长以及各市社科联主席共200余人聚会南京，共商学会繁荣、发展大计。会议在总结新形势下学会工作新鲜经验的基础上，进一步明确了新形势下加强学会建设的发展思路和指导性意见，出台一系列加强学会建设的工作措施。

2. 健全了学会管理和工作制度。“学会建设年”期间，集中力量修订了“江苏省社科联学会管理办法”、“全省性社科类学会筹备组建及注销程序”等四项管理制度，并编制了相应的工作流程图；制订了切合我省实际的学会“达标创优”评估指标；汇编了涵盖各项规章制度及130多个省属学会概览的《学会工作手册》；为进一步加强对省属学会的联系和指导，省社科联还在全国首创了专兼职主席、常务理事分工联系学会的工作制度。

3. 创新了省属学会协作机制。在对学会分类梳理、健全档案的基础上，探索建立了学会协作会制度。将省级138个学会、研究会分成经济、哲社和文史三个协作板块，成立了学会协作会，形成了相关学会、研究会资源整合、优势互补、良性互动的运作机制。

4. 举办了学会学术年会成果展示会。12月29日，由省社科联主办的2005年度江苏省社科界学会学术年会成果展示会在南京举行。南京大学党委书记、省社科联主席洪银兴、省委宣传部副部长周世康等领导应邀出席会议。省级各学会、研究会负责人及特邀知名专家学者共约150人参加了本次会议。展示会上，经过精心挑选的本年度22个省级学会、研究会的优秀学术成果进行了交流。与会代表紧紧围绕“发展、和谐、公正”这一主题，针对社科界和社会共同关注的理论和现实问题，就构建充满活力的和谐社会、建设和谐城市、开放型经济、江苏妇女发展、家庭道德教育等内容展开广泛而深入的探讨。会后对参加本次学术交流的优秀成果进行整理并编辑、出版《2005年度江苏省社科界学会学术年会成果集萃》。

［**创设载体，搭建平台，科普工作有了新举措**］

2005年，省及各市社科联不断增进服务社会、服务公众的意识，积极探索社科普及工作的有效途径，在努力推进社科知识融入社会、走近百姓方面做出新的成绩。

1. 成功组织第二届社科宣传周。2005年5月，省市社科联上下联动，围绕“构建和谐江苏，服务‘两个率先’”这一主线，以同一主题、同一时间在全省10多个主要城市开展第二届社科宣传周暨社科书市。全省共组织了200多个学会近千名专家学者和志愿者，围绕就业保障、法律援助、婚姻家庭、心理咨询、健康生活、成才教育、历史文化、收藏鉴赏等百姓关注的热点问题开展大型公益性广场咨询活动。省市社科联还在宣传周期间组织了社科知识大奖赛、社科知识“进社区”、“下农村”活动，通过媒体和网络制作了专题节目和专家访谈，受到社会各界群众的广泛欢迎。

2. 精心创办“名家讲坛”。为了打造社科普及的工作平台，省社科联凭借江苏社科人才济济的优势，创办了以省内知名专家为主体，以介绍最前沿的学术成果为内容，以媒体和网站为主要阵地的“名家讲坛”，在社科宣传周期间正式启动，先后邀请一批知名专家学者围绕“如何构建和谐社会”、“连战宋楚瑜访问大陆与台海形势展望”、“现代化生活方式与健康”等专题举办了科普讲座。各市社科联、省各有关学会也多方面地探索和创办面向市民的系列讲座，受到各方面的赞誉和好评。

3. 积极加强媒体宣传。2005年省市社科联积极与媒体合作，社科宣传周期间，省市主要媒体聚焦社科普及工作，先后报道社科普及活动及讲坛、讲座等内容300多条（次）。省社科联还联合江苏广播电台，将社科“名家讲坛”办成专题节目。与此同时，省市社科联和相关学会充分利用自己的阵地，扩大社科知识普及的覆盖面，相继创办了“江苏社科网”的社科普及栏目以及《学习与传播》、《大众社会科学》等期刊，成为社科普及的重要窗口。

［**扩充网络，汇聚力量，学术交流有了新拓展**］

2005年，省社科联拓宽工作渠道，搭建学术平台，对外学术交流工作取得新的成效。

1. 3月10日，省社科联、中国伦理学会、江苏省行政学院、南京师范大学联合举办了“道德建设与现代化进程暨第13次中韩伦理学国际学术研讨会”。省人大常委会副主任赵龙出席会议并讲话，省委宣传部副部长、省文明办主任谭跃等有关部门领导以及来自中国、韩国、日本、新加坡等国的近200位道德、伦理研究与教育方面的知名专家学者参加了开幕式暨大会主题发言。中外专家学者围绕“从政治正义到社会和谐”、“宗教伦理与儒家伦理”、“中国行政伦理学的生态环境”、“先进文化与社会合理发展”、“和谐社会的伦理基础”、“构建和谐社会的道德基础”、“实现和谐社会的道德思想”、“青少年思想品德教育”等论题作了研讨与交流。

2. 8月12日,由省社科联联合省历史学会、中共党史学会、中国近现代史学会、新四军与华中抗日根据地史研究会、世界史学会、甲骨文学会、书法艺术研究会共同举办的"纪念中国人民抗日战争胜利60周年书画展暨学术研讨会"在南京举行。王武龙、张桃林、李仁等江苏省领导,向守志、储江、傅奎清、陈焕友、韩培信、郑竹波、彭勃、戴为然、朱泽、顾静等军地老同志,以及亲身经历抗日战争的老战士和省内外有关专家学者近300人出席开幕式与研讨活动。省社科联党组书记、常务副主席孙燕丽代表主办单位致词,南京军区原司令员向守志作了重要讲话。省新四军研究会老战士艺术团在开幕式上演唱了《新四军军歌》等抗日歌曲。开幕式后,举行了纪念抗日战争胜利60周年学术研讨会。

3. 8月8日,由省发改委、省委宣传部、省委统战部、省社科联、省工商联、无锡市人民政府等联合举办的第二届苏商高层论坛在无锡举行。国家、省、市有关领导,国内外著名专家学者,海内外苏商杰出代表及其他商界代表计300余人出席会议。省社科联党组书记、常务副主席孙燕丽主持会议,无锡市市长毛小平致词,省政协副主席、省工商联主席李仁应邀出席论坛并讲话。论坛以诠释苏商理念,弘扬苏商精神,探索苏商未来,凝聚苏商力量为主题,紧紧围绕苏商如何主动融入国际产业链竞争、保持持久发展动力和竞争力、实现新跨越等课题,进行了广泛而深入的研讨。

[**创新举措,强化基础,自身建设有了新提高**]

1. 切实抓好三项学习教育和先进性教育。自8月份开始,省社科联组织了全省社科系统开展"三项学习教育"活动。8月中旬,省社科联就全省社科联系统开展"三项学习教育"活动专门下发了通知。8月下旬,省社科联组织了全省社科联系统开展"三项学习教育"活动培训班。为了推进"三项学习教育"活动的深入开展,省社科联开展了"四个一"活动:即举办一期加强学风、文风建设的专题报告;召开一次省属重点学会、研究会情况交流会和座谈会;开展一次对省属学会理论阵地的交流和检查;制订一套加强马克思主义在社科领域指导地位的相关管理办法,切实把"三项学习教育"活动落到实处。2月到6月,省社科联开展了保持共产党员先进性的教育活动,活动历经学习讨论、分析评议和实施整顿三个阶段,环环扣紧,措施扎实,效果显著。通过教育,社科联党员干部进一步增强了理想信念,提升了理论素养,明确了党员先进性要求,找准了突出问题和整改措施,振奋了精神面貌,推动了各项工作。

2. 大力推动县(市、区)级社科联组织建设。为了促进县(市、区)级社科联组织建设工作,省社科联深入到相关市县调查,组织了全省研讨并力所能及地制订了一定的奖励政策。2005年,我省先后有泰州市海陵区、太仓市、泰兴市成立了县(市、区)级社科联,苏南、苏中和苏北地区有10多个县级社科联的组织建设也进入运作阶段,省、市、县三级联动的工作网络正在逐步形成。

3. 进一步加强阵地建设。一是办好《江苏社会科学》,通过创新办刊思路,完善管理办法,精心策划栏目,积极组织文章,提高了刊物的学术质量和学术地位;二是办好《江苏社联通讯》,使之更好地成为指导和反映社科联工作,团结和联系社科联理事的优秀工作刊物;三是提升了"江苏社科网"的水平,通过改版出新,扩大容量,增强了电子宣传媒介的功能。在实施以建立成果库、课题库、人才库、专家库为主要内容的"社科信息数据工程"中,也取得了阶段性成果。

[组织第九届哲学社会科学优秀成果评奖]

5月下旬,受省政府委托,省社科联组织了第九届哲学社会科学优秀成果评奖工作。在汲取历届评奖成功经验,进一步严格程序、规范细则的同时,注重调动和运用全省社科界的力量参与本届评奖工作,建立了由全省各有关高校、党校、科研单位800多名专家组成的评委库,初评和终评共抽调评委120余人,本次评奖共接受申报成果1889项。12月18日,经终评会议投票表决,共评出获奖项目219项,其中一等奖19项,二等奖51项,三等奖149项。

[承办2005年全国社科联协作会议暨"构建和谐社会"理论研讨会]

9月23日至24日,由江苏省社科联承办的2005年全国社科联协作会议暨"构建和谐社会"理论研讨会在南京隆重召开。来自全国近30个省(市、自治区)社科联领导及有关专家学者200余人参加了本次大会。中共中央党校副校长李君如就构建社会主义和谐社会问题作了专场报告。中共江苏省委副书记任彦申、中共中央宣传部理论局副局长张西明出席开幕式并讲话。出席开幕式的还有江苏省委常委、宣传部长孙志军,省委副秘书长姚晓东及有关方面负责人。在全国社科联协作会议的交流中,10多个省、市、自治区社科联代表作了专题发言交流。省社科联党组书记、常务副主席孙燕丽代表江苏省社科联作了题为《拓宽工作渠道搭建工作平台——构建"大社科"工作的新格局》的发言。本次"构建和谐社会"理论研讨会共收到全国各地交流论文20余篇。与会代表紧紧围绕社会科学在构建社会主义和谐社会中的重要作用、民族和谐是社会和谐的根基、构建和谐社会需要坚持正确导向、构建和谐社会与党群、干群关系、和谐中国的体系构架与县域经济基础、和谐社会与诚信社会等议题进行了深入研讨。

(省社科联办公室)

新华日报报业集团工作

2005年,在报业市场竞争更加激烈、报业发展环境更加困难的情况下,新华日报报业集团广大干部、员工,以保持共产党员先进性教育为动力,开拓创新,团结奋斗,各项工作取得了新的成绩。

[党报新闻宣传领唱主旋律]

2005年,《新华日报》的新闻宣传以省"两会"宣传为开端,以岁末的宣传贯彻省委十届九次全会精神为高潮,其间省委省政府还先后召开了全省宣传思想工作会议,加快苏北振兴、推进区域共同发展工作会议,学习广东经验报告会,加快发展现代服务业工作会议,全省经济工作会议等,伴随这些重要会议的是一系列以科学发展观为统领的重大决策和重要政策的出台。《新华日报》按照省委省政府的要求,以迅速有力的宣传策应来推进落实,始终坚持团结和谐、昂扬向上的宣传基调,大力弘扬以创业、创新、创优为特征的新时期江苏精神,生动展现全省干部群众落实科学发展观、投身"两个率先"的精神风貌和"三个文明"建设的最新成果,圆满完成了中央和省委、省政府下达的各项宣传任务,多次得到省委、省政府领导的肯定和中宣部阅评小组的好评,在兄弟党报和江苏的读者群中,赢得了良好的口碑。

2005年《新华日报》的新闻宣传有五个基本特点:一是服务大局更加到位和有效。对党和政府的中心工作自觉跟进,密切配合,实施了一系列重大宣传战役。比如,上半年刚过,编委会即正确领会省委意图,调集精兵,集中版面,对前六个月全省深入学习贯彻科学发展观,推动江苏经济社会发展的新举措、新思路进行盘点，推出了“龙腾虎跃谋发展”大型组合报道。再比如，在弘扬“三创”精神的宣传中，《新华日报》开辟了《三创之星》专栏，发表了“弘扬三创精神，推进两个率先”系列评论。关于加快发展江苏现代服务业的宣传，除了推出本省典型，还派出由领导带队的特派记者组，走出江苏，以系列报道介绍广东、上海等地发展现代服务业的经验，帮助全省干部群众解放思想、拓宽视野、转换思路。新华日报围绕“十运会”这一体育盛事，抽调专门力量，开辟专版、特刊，运用多种新闻手段，从准备阶段到正式比赛，再到盛会之后的反思，一腔热情贯穿始终，得到了省委省政府的通报表彰。二是典型宣传更加浓墨重彩。去年，新华日报推出了一大批体现时代精神和民族精神、先后在全国全省形成重大反响的典型人物。张云泉是去年推出的全国重大典型人物之一。《新华日报》对这一典型人物的宣传，着眼于贴近百姓感情，精心策划，深入挖掘典型的内涵，做到了浓墨重彩。仅从3月15日省委作出向张云泉同志学习的决定，短短一个月时间之内，《新华日报》就刊登有关的新闻、通讯和评论共计29篇，多侧面、多视角、多形式地对这一重大典型人物进行报道。三是新闻评论做到优势更优。主动策应省委、省政府的工作大局，大力度营造声势，引导舆论，共刊发社论和本报评论员文章各10篇以上，还在不同阶段根据不同任务，推出8组系列评论共39篇。四是原创新闻形成核心竞争力。注重挖掘本报采编团队原创的潜力，突显江苏本土新闻的原创优势。在去年《新华日报》的版面上，原创性报道江苏的本土新闻每天不少于6个整版。新华日报办报质量在国内省级党报中之所以能处于第一方阵，原创新闻是一个重要因素。五是追求创新形成强烈氛围。遵循“三贴近”原则，进一步创新新闻宣传的内容形式、方法手段，有效提高新闻宣传的针对性、实效性。这一年，通过规范评选，共涌现出日评优秀新闻创新作品980多篇，月评好稿12个月共582篇。

[子报新闻宣传展现新风貌]

2005年，《扬子晚报》把压力变动力，正确处理四个关系，在高平台上不断寻求突破。一是处理好导向与特色的关系，进一步凸显晚报优势。该报坚持要闻版的导读功能，通过标题新闻的形式对重要时政新闻浓缩与凸显；同时重点打造“特别关注”和“重要新闻”板块，多从百姓视角报道、透析和追踪重要新闻和热点新闻，提高了宣传效果，既确保导向，又不失晚报特色。二是处理好缩版与质量的关系，确保报纸的市场竞争力。努力做到版面缩水，报纸质量不能缩水。在有限的版面内着力于把新闻做精、做实、做出特色。如十运会、神六升空、地铁通车等重大活动报道，都以其精致和特色发挥了以质取胜的功效。三是处理好南京与外地两个板块的关系，强化资源整合与新闻报道的针对性。四是处理好编与采、质量与效率的关系，增强了内部运行的有效性。以编前会为导向，以首席编辑和责任编辑为龙头，加强编前会的策划组织功能，强化编辑功能，以编带采，以编促采，取得了明显成效。

《南京晨报》注重创新报道形式，如十运会报道，从“两会谋十运”、“十运，你准备好了吗?”到“十运改变南京”、“如何留住十运”等，做到了形式新颖、规模宏大、影响广泛。晨报还积极举办公益性活动，为营造和谐社会作贡献，如大型公益性活动《圆穷孩子一个梦想》，为一大批孩子解决了现实困难。在舆论监督方面，晨报将监督报道的方向与党委政府工作的着力点结合在一起。收到较好监督效果。江苏经济报实施了动态改版，为满足普通老百姓对经济信息的需求,该报有关地方经济的报道由原来的1个版增加到了4个版。江苏法制报狠抓报道内容改革,改进工作报道,加强新闻报道的策划,强化舆论监督的力度,加强法律服务。新闻、专刊和周末三大版块的运作更加成熟。该报与省法制新闻协会、省广电总台联合举行的“1985—2005江苏十大法治新闻人物”评选活动,得到省领导充分肯定和广大读者的赞扬。扬子体育报于2005年8月8日正式创刊,办报理念为“运动、生活、时尚”,充分体现出与传统体育报专注于竞技体育新闻相区别的泛体育办报理念。

《昆山日报》紧紧围绕全市经济和社会发展大局,进一步加强新闻策划,创新报道手段,挖掘报道深度,推出了一系列具有影响力的报道,全年还开设35个生动活泼、富有新意与深度的栏目。《海门日报》让本地新闻唱好“主角”,让开设的专栏有“卖点”,让读者参与形成“互动”,报纸上“百姓之声”常年不断线,读者反映的情况件件有交待。《靖江日报》坚持服务大局,每当中央、省、靖江市举行重大会议,出台重大政策,都准确及时予以报道。坚持服务社会,与十多个部门联合举办了“青少年网上夏令营”、扶助贫困小学生等七八项大型社会活动。《东台日报》精心策划《进位争先英雄谱》宣传战役,连续以十多个整版宣传一批进位争先典型。

2005年,集团报业网站和各刊物均围绕中心、服务大局,作出了积极努力。

[**经营开发迈上新的台阶**]

一年来,集团经营工作进一步转变经营理念,增强市场和效益的观念。全年实现产品销售总额达9.85亿元,与去年同比增长4.34%。

在广告经营方面,面对困难和激烈的竞争,各报刊精心策划、大力开拓,全年广告营业额达到6.187亿元,广告滚动到账收入为6.10亿元。其中:《新华日报》广告滚动到账收入6151万元,超目标任务316万;《扬子晚报》广告滚动到账收入43214万元,滚动到账率102%;南京晨报广告滚动到账收入6653万元;《江苏经济报》广告滚动到账收入1868万元,增长53.62%;《江苏法制报》广告滚动到账收入922万元,增长7.92%;《昆山日报》广告到账收入1788万元,增长9%;《靖江日报》广告到账收入722万元,增长33.7%;《海门日报》广告到账收入830万元,增长15.1%;《东台日报》广告到账收入336万元,增长51.4%。

在印刷业务方面,首先保障集团各报正常出版,为办报作出了积极的贡献。2005年,印务中心进入了全国印刷企业百强,位列第42名。集团大力开拓商务印刷市场。新华柏印务公司充分发挥已有M600商业轮转机的优势,加大对外承印业务,2005年总印量达1.6亿对开张,同比增长45.5%,产值达到6086万元,连续四年跨了四大步,达到利润701.93万元的好成绩,同比增长19.6%。苏州新东印务公司经营工作得到加强,实现了超考核目标13.5%的盈利增幅。

在物资采购方面,集团全年各报刊共用纸达8.5万吨,金额达4.3亿元,在党委领导下,通过科学分析判断形势,采取“一次招标,分段定价”,合理调节库存和用纸结构等方法,在新闻纸价上涨的不利情况下,既保障了集团印刷的正常用纸,又使纸张采购经费增长控制在较低幅度内,节约资金近千万元。物资采购部门开展相关业务的经营,创利120多万元,同比增长15%。此外还回收废纸获利275万元。

在投资经营方面,新华传媒投资公司改进经营方式,探索进行国际贸易,进一步扩大美废、日废进口代理业务,目前已完成美废、日废业务42700吨,贸易额达640万美元。2005年,公司实现利润达到202万元,超额完成目标任务68%;集团扬子信息发展公司各类信息增值服务又有了跨越式的发展,实现利润374万元,同比增长114%。

在发行方面,《新华日报》的发行在党委的直接领导下,经过各方面的共同努力,发行量达到35万余份。江苏九九递送公司加强内部基础性建设,控制成本,完善管理,开拓增值业务,取得了征订6.5万余份扬子晚报,顺利发行南京晨报的新成绩。

在房地产工作方面,2005年,集团报业房地产开发公司等部门共同努力,新华大厦的权益问题取得了重要进展,大厦1—5楼裙楼产权已归属集团。新华大厦有2层楼层完成出售,陆续回笼1700多万元资金。大酒店房屋顺利出租,合同期内每年将受益460万元。

[基础管理得到进一步加强]

2005年,报业集团围绕提升管理质量下功夫,有力地服务和促进了集团的改革发展。

在省委的统一部署和集团党委直接领导下,深入开展了保持共产党员先进性教育活动,各级党组织和广大党员切实认真进行了学习和整改,以保持共产党员先进性教育为动力,推动各项工作发展,党组织的凝聚力和战斗力得到切实加强。

为推进人事制度改革,集团出台了《关于人事分层管理的实施意见(试行)》,为发现、使用、保护和爱惜人才,优化人员结构,由人力资源管理向人力资源开发创造了条件。职称评定、职工培训、各类保险和工资、奖金的管理进一步走向规范轨道。

根据财务工作规范,按照市场化要求,调整了核算框架,搞好分析,协助决策,各单位、各部门成本、效益意识进一步加强。在经营中逐步改变资金结算方式,运用多种方式盘活资金,提高了资金的利用效益。集团定期财务例会制度得到很好的实施,发挥了积极的参谋协调作用。

集团物业管理中心会同有关部门在集团范围内全面推行了全成本核算,取得明显进展。为确保国有资产的保值增值,在对所有资产进行摸底、登记、清产核资的基础上,经过广泛调查研究,反复听取意见,出台实施了《集团固定资产管理规定(试行)》,进一步将固定资产的管理纳入制度化的轨道。

集团上下高度重视安全工作,认真贯彻落实集团《安全工作保障体系》,全年没有发生安全责任事故。

集团法律事务工作得到进一步加强,法律诉讼和纠纷明显下降,发生的各类纠纷大部分得到妥善处理。有关经济或重要合同签署前先送法律事务部审核的做法已形成风气,全年审核合同162份。集团的技术装备及信息系统的建设和管理有序运行,为集团办报、经营、管理提供了保障。特别是广告软件的开发使用,使广告经营资源的信息化、系统化、标准化得到提升。

集团进一步坚持和完善夏冬两季老同志走访制度和重大困难户、病号第一时间到访制度。据不完全统计,一年来,集团有关分管负责同志和工会、老干部中心等走访老同志、困难户以及探望生病的同志430多人次,及时为他们解决困难。

(刘国平)

群众杂志社工作

2005年,群众杂志社紧贴省委中心,围绕省委部署,服务省委工作大局,以此展开自己的全部工作,坚持不断创新,努力提高办刊水平,充分发挥了党刊的应有作用。

[理论宣传突出重点]

在2005年的工作中,《群众》紧紧围绕省委工作中心,紧密结合江苏工作实际和广大干部群众的思想实际，全面深入地宣传党的路线方针政策和省委、省政府的重大部署，主要突出了以下几个方面重点：(1) 突出了“两个率先”的宣传。既有省委领导对“两个率先”的动员、部署，又有各市县、各部门推进“两个率先”的思路和经验，还有对“两个率先”排头兵的典型宣传。先后刊发了李源潮、王荣、杨卫泽、范燕青、丁解民等同志的文章以及本社和昆山市委宣传部联合调查组的《“两个率先”的排头兵——昆山市全面建设小康社会的调查》等重点文章。党的十六届五中全会以后，结合总结“十五”、谋划“十一五”，重点宣传了我省如何把“两个率先”融合到“十一五”的科学发展、率先发展、加快发展、和谐发展中，以“两个率先”的实际成效贯彻落实十六届五中全会精神。全年共刊发对“两个率先”宣传的稿件30余篇，并策划了一期增刊的编辑出版，用文字与图片结合的形式，全面反映和展示我省进入全国综合实力百强县和全国县域经济基本竞争力百强县行列的26个县(市)三大文明建设的最新成果。(2) 突出了对“构建和谐社会”的宣传。从第1期到第12期，每期都有对和谐社会的宣传内容，共刊发稿件48篇。着力宣传构建和谐社会的新任务、新要求，夯实建设和谐社会的思想根基，先后刊发了《科学构建社会主义和谐社会》、《全面推进和谐社会进程》、《城乡统筹构建和谐社会》等；着力宣传构建和谐社会的新思路，引导全省上下根据省委省政府的要求，积极探索建设和谐社会的新途径。如《深化“平安江苏”创建》、《爱心助残共铸和谐》以及构建和谐机关、和谐社区等；着力宣传构建和谐社会的新经验，从理论与实践的结合上总结和推广先进地区、先进单位的经验，进一步推动全省和谐社会的建设。如《和谐出魅力——昆山市构建和谐社会调查》、《社会和谐的旋律——江阴市构建和谐社会的调查与思考》等；着力宣传构建和谐社会理论研究的新成果，如《解读和谐社会的科学内涵》、《重视建立社会利益调整机制》、《注重和谐城市建设》、《注重公平正义》等。(3) 突出了对“三创”精神的宣传。从第4期起，开设了“弘扬‘三创’精神 推进‘两个率先’”专栏，对“创业、创新、创优”的新江苏精神进行重点宣传，既有对“三创”精神内涵的阐发与探索，也有各地用“三创”精神指导工作的经验体会，还有对“三创”典型的宣传，共刊发这方面稿件19篇。(4) 突出了保持共产党员先进性教育的宣传。从第3期开始，就把保持共产党员先进性的宣传作为重点，从“大政方针”、“本刊特稿”到“党的建设”栏目，都突出了对先进性教育的宣传，并开设了“保持共产党员先进性”专栏，全面反映省委的部署，反映各单位开展先进性教育的经验、体会，宣传先进典型，探索保持先进性的长效机制以及先进性教育的实践成果和理论成果等，全年共刊发39篇稿件。除了突出以上几个重点以外，还强化了对“三农”问题的宣传，“聚焦‘三农’”栏目共刊发稿件20篇；加强思想政治工作的宣传，共用稿38篇；加强了对文明创建和建设先进文化的宣传，共用稿57篇；为纪念抗战胜利60周年，刊发了本刊特约评论员文章《民族复兴的伟大开端》和省委党史工办的《华中敌后的铁壁铜墙》等；9月下旬，还专门派出记者赴新疆采访了江苏援疆干部群体，刊发了《天山南北竞风流》，比较全面地反映了江苏援疆干部为维护民族团结和边疆稳定，为促进新疆经济和社会发展所作出的辛勤努力和卓越贡献。

[着力提高办刊水平]

《群众》作为省委的喉舌，传达的是省委、省政府的声音，反映的是人民的意志和要求，代表的是人民群众的根本利益。因此，《群众》在实际工作中，始终坚持党性原则，把握正确导向，全面、及时、准确地宣传党的主张，自觉地服务于省委工作大局，在统一思想、凝聚力量、振奋精神、鼓舞士气上多做工作，把促进改革、推动发展、维护稳定作为自己工作的准则和目标，做到鼓劲而不泄气，帮忙而不添乱。办刊上努力做到“新”、“精”、“特”。新，就是内容新、形式新、作者新，注重多刊发一些新话，多出现一些新人，多宣传一些新观点、新思路、新经验、新信息，以引人入胜，吸引读者；精，就是做到有精品栏目，有精彩文章，有精美编排，精心打造自己的品牌，努力向名牌期刊的目标迈进；特，就是力求把《群众》办成特色刊物，力避重复、雷同。在坚持多年来形成的“就实论虚，以虚带实，虚实结合”的独特风格的基础上，努力把刊物办得“有理、有用、有格、有味”，更好地发挥全省理论宣传主阵地作用。一是广泛征求读者意见。结合先进性教育活动，杂志社在分析评议阶段召开了开门办刊座谈会，邀请省内读者、理论工作者和宣传工作者等，就办刊指导思想、办刊具体要求、宣传内容及宣传形式等方面，听取他们的意见和建议。还组织编辑记者深入基层，征求、了解对刊物的意见及对如何进一步办好党刊的建议。二是加强策划的力度、深度和细化程度，着力提高宣传质量。如，上半年，按照紧紧围绕省委省政府的发展思路、重大决策和重要会议精神，进行及时、有份量的相对集中宣传的要求，对每期刊物都进行了更有针对性的策划，并要求各处室根据策划要求组稿到位。6期刊物重点宣传了坚持科学发展、保证“两个率先”，在推进“两个率先”中建设和谐社会，保持共产党员先进性教育的成效、经验和做法，城乡统筹发展，区域共同发展等重大课题，宣传的时效性和影响力都得到增强。三是减少会议讲话稿的刊用。在充分反映省委、省政府重大决策和重要会议精神的前提下，尽量避免直接刊用会议讲话稿，基本做到副省级以上领导干部的用稿同一期中不超过2篇。四是改进和完善栏目。在办好原有栏目的基础上，对一些栏目进行了调整和完善，增加了一些新的栏目，如“构建和谐社会”、“科学发展在江苏”、“聚焦‘三农’”等，这些新栏目及其新内容，得到了读者的好评。五是继续抓好评刊，全年共评出好文章28篇、好标题28个、好栏目3个、好封面1个。充分利用好评刊结果，发挥评刊对提高刊物质量的积极作用。六是围绕办刊的重大问题，召开了一次业务研讨会。以进一步抓好重大选题策划和提高编校质量为主题，全体编辑人员展开了认真而务实的研讨，提出了许多精辟见解，对促进办刊水平的提高发挥了积极作用。

[**刊物发行稳中有升**]

为了进一步扩大刊物的覆盖面，《群众》在注重刊物质量、提高办刊水平的同时，重视和加强刊物的发行工作。在办刊时，注意把组稿和发行有机结合，经常下基层调研，加强与各市县的联系，尽力为他们提供必要的服务，注意宣传用稿的覆盖面，全省60多个县(市)及部分区都有稿件在《群众》发表。宣传覆盖面的扩大带来了发行覆盖面的扩大。同时，进一步消灭刊物发行的“空白点”，消除发行“死角”。2006年刊物发行量保持了稳中有升的态势，发行量达到了6万份。

[**先进性教育扎实有效**]

按照省委统一部署，杂志社自1月中旬开始，在全社集中开展了保持共产党员先进性教育活动。在近半年的教育活动中，坚持高标准、严要求，认真组织，精心安排，扎实推进学习动员、分析评议、整改提高三个阶段的各项工作，紧紧围绕“提高党员素质，加强基层组织，服务人民群众，促进各项工作”的总体目标，紧密联系本单位实际和党员队伍现状，以实践“三个代表”，推进“两个率先”为主线，着力解决党员和党组织在思想、组织、作风以及办刊工作中存在的突出问题，取得了良好成效。一是党员的思想素质有了进一步提高，对实践“三个代表”，推进“两个率先”等重大理论和实践问题有了更加全面、系统的认识和把握，自身的党员意识、党性意识、党刊意识有了明显增强，更加牢固地树立起为“两个率先”服务、为人民群众服务的意识，更加明确了在推进“两个率先”中自身的责任和办好一流党刊的目标。二是党组织建设有了进一步加强。重视对各党支部、各党小组负责人的培训、指导和工作交流；办公室支部对党小组进行了合理调整，为保证党小组正常活动提供了条件；进一步健全了党的建设的各项制度，如认真履行党总支工作职责的工作责任制，改进学习方式和方法、努力使学习更有吸引力和实际效果的学习制度，适应新形势、新要求的“三会一课”制度等等，不仅为党组织活动正常化、制度化提供了保证，也为党员保持先进性提供了长效机制。三是“三贴近”的要求进一步落到实处。《群众》始终把依靠群众、服务群众作为办刊宗旨，把贴近生活、贴近实际、贴近群众作为办刊要求，在先进性教育活动中，杂志社采取实际措施，引导党员深入基层、深入群众、深入实际，了解群众情绪，把握群众脉搏，在宣传内容和形式上更加充分地体现群众的意愿。四是进一步促进了各项工作。

［内部管理有章可循］

在内部管理上，《群众》注重加强制度建设，靠制度强化内部管理。在先进性教育活动中，结合整改，对原有的21项制度进行了修订和完善，废止了5项已过时或不适当的制度，新建了《网络管理规定》等新的制度。强调杂志社全体人员和各项工作都要严格按制度办事，增强执行制度的自觉性，确保一切工作都在制度中运行，真正做到“制度管人，制度管事，制度管权”，努力形成健康、和谐、充满活力的办刊环境。

（**杭邦华**）

省广播电视总台（集团）工作

2005年，全台员工以高度的政治意识、大局意识和责任意识，始终将把握正确导向和安全播出作为各项工作的灵魂与生命，不断提高新闻宣传和产业经营水平，加强技术和基础设施建设，年初提出的“十个确保”的奋斗目标，均已实现。

［增加主题报道量大质高，重视大型新闻宣传行动］

围绕两会、科学发展观、两个率先、和谐社会、先进性教育、“三创之星”、南京地铁启用、加快发展现代服务业、“十五”回顾、“十一五”规划等主题，推出数十个主题报道。平均每个月有多个重头宣传，已成为总台新闻宣传的新形式和新亮点。主题报道以集束式或连续性新闻的形态出现，多角度多层次展现新闻事件和主要观点，产生规模效应，有力引导社会舆论。

大型新闻行动和媒体宣传行动，不仅是对主题报道的深化和创新，也是树立总台良好社会形象的有效途径。“和谐社会春满江苏”、“新农村之路”反响强烈，几位省领导批示给予肯定；“2005中国红色之旅”足迹遍及江苏及全国；“感动2005”从媒体推广活动变成有全国影响的社会公益行动，受到省领导与社会各界的好评。

［改进新闻报道，提高引导水平］

一是在主旋律报道中注重体现“三贴近”。《1860新闻眼》开设《百姓问政》，走进普通百姓，进行了两会报道“三贴近”的新探索。经济频率《和谐社会的凡人小事》，通过普通百姓的生活点滴，体现社会文明和群体和谐关系。这类从百姓视角出发，反映具体新鲜的生活，映衬社会重大事件的报道形式，是一年来主流宣传的一个新趋势。二是增加新闻直播，张扬广电特性。新闻中心先后进行了润扬大桥通车、"连、宋"南京行、抗战胜利60周年、"神六"先进事迹报告等现场直播。城市频道推出大型直播节目《胜利日》，以卫星直播为平台，50位记者分别从世界各地发回现场报道。在两起有毒物质泄漏、抗击台风、海啸、印巴地震等突发事件的报道上，既突出第一时间第一现场，又把握有度，凸显了主流宣传的舆论引导作用。直播、卫星连线等手段的充分运用，广电特性得到了张扬。

[**实现媒体联动和资源共享**]

一是突破不同媒体的形态界限，成功组织重大宣传战役。圆满完成十运会宣传和转播、纪念抗战胜利60周年、纪念郑和下西洋600周年、"连、宋"南京行等重大报道战役。特别是在十运会报道中，频道与频道，频率与频率，频道、频率与报刊、网站之间，展开形式各异的合作，尝试多种媒体的呼应和联动，实现了十运会报道的超常规、大容量和高质量。共组织1000多人的报道转播队伍，八大频道、六大频率，100多个栏目，共进行了160小时近10 000分钟的新闻报道和500多小时的现场直播。二是实现同种媒体的资源共享。广播传媒中心优化新闻流程，完善OA新闻稿库，搭建共享平台。此外，推出各频率联合制作的贺岁节目和大型系列报道，有选择地对重点宣传进行统筹安排，为全台资源互动进行了必要的准备。三是通过相关资源的差异性互动，壮大重点宣传报道声势。新闻中心牵头，电视新闻部与新闻综合频率在"两会"报道、3·15维权环省行、"和谐发展　春满江苏"和"新农村之路"新闻行动中多次联手，为壮大主流新闻宣传声势进行了探索，也为今后全台新闻资源的共享和统一调度提供了经验。

[**不断创新宣传形式**]

先后录制播出"爱心无限慈善晚会"、"润扬大桥通车庆典晚会"、"全国首届绿博会文艺晚会"等数十台主题晚会，注重思想性和艺术性的统一，受到广泛好评。少儿频道组织"手拉手"柳堡之行联欢会，多方加强少年儿童思想道德建设。影视频道组织选手参加央视《梦想中国》总决赛，获得最高奖项"金蝶奖"，为江苏和总台赢得了荣誉。

[**多向中央台供稿，拓展对外宣传**]

全年在央视《新闻联播》用片500多条，在各省(直辖市)中名列第一，并且头条和提要的用稿量增加较多。在中央电台《新闻和报纸摘要》用稿量位居省级台第二位。2005年，我台成功向CNN传送新闻片，成为全国5家CNN供片台之一。国际频道拓展北美用户，实现在亚洲落地，北美、港澳台收视户分别达到3万和9万户，在中国长城平台17个频道中(含中央台6个频道)名列第六。

[**提高产业经营效益**]

全年实现经营创收11.9亿元，成功突破10亿元大关，比2004年增长32.27%，为总台成立以来增速最快的一年。与此同时，总台继续控制消费性支出，加大对基建项目、重大对外投资项目等资本性支出的投入，全年自筹资金投入广电城建设6011万元，购置专业设备6300万元，投资2200万元组建盛世影视文化公司和蓝海营销公司，并对台内部分困难单位补助928万元。具体体现在以下三个层面：

第一层面：频道、频率到达率和收视收听率持续提升，广告经营增幅显著。江苏卫视在全国336个地、州、市中的落地数由2004年259个增至275个(占82%)，在全国2862个县(市、区)中的落地数由2004年

2289个增至2401个(占84%),在全国覆盖排名由2004年第九名上升到第六名。全国35个中心城市中新增了武汉、深圳、大连,排名仅次于湖南和安徽。华东地区地市覆盖率达95%,华中地区地市覆盖率达99%。收视工作实现重大突破。在南京市场晚间5小时的市场份额从上年的32%增长至33%,增幅为3%,收视率从9.4%升至10.4%,增幅达11%。从全省市场来看,收视率、市场份额分别从2004年的6.5%、18.6%提升至8.5%、23.3%,升幅分别达31%、25%。卫视频道推出《激情60秒》、《新三言二拍》和《探案俱乐部》三档新栏目,频道整体在全省收视率和份额分别达4.4%和12.2%。从全国市场来看,江苏卫视在35城市中收视率达0.2%,在省级卫视排名中由2004年第八位上升到第六位,完成保八争五的年度目标。在省、市两级市场年度前10名电视剧中,我台分别占有8个和7个,在南京市场电视剧的周排名中,我台完成27个第一名,23个第二名和27个第三名。全年广播电视广告实现收入9.73亿元,较上年增长29.87%,在总收入中的比重为82.2%。

第二层面:影视内容产业势头良好,延伸产业形势喜人。内容产业实现创收6289万元,占总收入的5.31%,其中,影视中心创收3295.11万元。(1)市场化观念开始主导内容产业,全年完成和投入50部、近千集电视剧,产量为前两年的总和。由总台全投入、第一次自办发行的电视剧《五妹》,销售26个省市,合同额过千万元,已经播出多个省市,收视势头良好。(2)总台主投的《雾非雾》、《不想回家》、《五妹》等,为卫视的上星播出提供了一种新型采购模式。(3)采用小额资金投入、控制运营权的电视剧《不能没有你》,做到当年投产、当年赢利。(4)专题、纪录片获得丰收。《小平你好》获纪录片最高奖项的电影华表奖。《梅兰芳》、《1405——郑和下西洋》、《血捍长空》等11部专题、纪录片,获16项全国奖。《1937·南京真相》同时在央视和总台8个频道播出;低成本运作的纪录片《血捍长空》收回全成本并略有盈余;人物纪录片《徐光启》完成制作;《百年光影》在中央纪念中国电影诞生100周年大会上首映,并在央视一套黄金档播出。(5)首次涉足动画片填补了空白,26集《东方神娃》为总台介入动画产业进行了初步尝试。延伸产业全年实现创收6191.58万元,占总收入的5.23%。

第三层面:种子业务和相关产业经营稳中有进。数字传媒公司创收303万元,并开播"幼儿教育"、"英语学习"及"财富天下"三个面向全国的付费频道。靓妆频道已经覆盖45个数字电视试点城市及地区,覆盖率达到91.8%,到达率在省级播出机构开办的付费频道中排名第一。

此外,2005年,总台在产业经营中的开放合作力度进一步加大。影视中心与横店集团、香港德基集团共同在南京中心商业区建成一座有9个放映厅的现代化国际影城,已开始试营业。

[**改进技术设备、基础设施**]

为做好十运会公共信号的制作和传输工作,总台先后购置了93台(套)摄录设备;搭建了一套现场制作系统(EFP系统);改造一辆8讯道数字转播车;购置一辆符合国际标准的高清晰度电视转播车,添置一辆广播卫星数字转播车;省干线网扩容了一个2.5G的传输带宽。在十运会的IBC中,搭建了信号调度、收录系统和赛事共享系统,为各广播电视媒体提供了一流的技术服务平台,并提供公共信号2400多小时,创造了历届全运会之最。发射传输台为全国32个卫星地面站安装自主研发的抗干扰功率增益自动控制系统，在全国广电系统抗击“法轮功”干扰破坏中做出重大贡献。该项目获国家广电总局科技进步一等奖。电视技术部除完成十运会相关任务外，还完成了南影厂基地设备、系统的搬迁和搭建工作，整个工作量相当于建设一个中型电视台。广电城工程相继完成主楼桩基、支护桩、深基坑开挖等施工项目，特别是在9月份现场拆迁结束，11月完成主楼底板浇注等工作，今年春节前实现主体建筑“正负零”。

（广电总台总编办供稿）

凤凰出版传媒集团工作

2005年，是国家“十五”计划的完成之年，“十一五”规划的筹划之年，也是凤凰出版传媒集团坚守主业、拓展产业的关键一年。集团以“三个代表”重要思想为指导，深入贯彻党的十六大及十六届三中、四中、五中全会精神，以科学发展观统领全局，以深入开展先进性教育凝聚人心，激励斗志，积极稳妥地推进新闻出版改革，各项事业在健康有序中取得了新的进展。在全国出版业遇到严峻考验出现下滑趋势的大背景下，集团仍然取得了全年销售78.71亿的业绩。

［**扎实开展先进性教育活动**］

凤凰出版传媒集团保持共产党员先进性教育活动历时5个多月，收到了很好的成效，达到了中央和省委提出的目标要求。在先进性教育的学习动员阶段，集团党委坚持高标准、高起点、高质量，达到了上级提出的工作目标和省委督导组提出的要求；在先进性教育活动的分析评议阶段，做到“领导带头好、方向引导好、环节把握好、态度端正好、确保效果好”；在先进性教育活动的整改提高阶段，集团党委和各级党组织研究制订整改方案，提出整改的重点事项，明确领导分工和责任部门、责任人，每个党员认真制订并落实整改措施，圆满完成集团全系统的整改工作。全系统广大党员普遍受到了一次马克思主义再教育，进一步增强了党性观念和共产党员先进性意识，提高了素质，促进了工作；各单位党组织提高了威信，发挥了作用，进一步增强了凝聚力和战斗力；集团党委和各级党组织建立健全了“长期受教育、永葆先进性”的长效机制。

牢牢把握正确导向，坚持出版为人民服务、为社会主义服务、为江苏推进“两个率先”的大局服务。集团和少儿社积极主动地配合先进性教育活动，进行重大典型宣传，出版了《“连心桥”上的贴心人——张云泉》，发行近12万册。人民社在2005年度工作中，坚持为大局服务的方向，始终把政治读物作为图书出版的主要任务，继续实施“大众精品，通俗名牌”的战略，努力形成自己的特色。科技社把党的先进性体现在出书中，时刻想到人民群众的利益。2005年初，国内部分地区发生猪链球菌病，造成人员死亡，养猪业面临严峻考验。为及时推广普及有关科技知识，该社与省重大疾病防治指挥中心密切配合，一周内出版防治猪链球菌病书籍，迅速送达全省各地的4万余册图书为江苏未发生重大疫情做出了贡献。美术社在全社会防治“禽流感”的紧要时刻，迅速策划编辑出版了《禽流感防治知识60问》，用最直接、形象的方式向广大人民群众宣传推广预防和治疗禽流感的有关知识，有力地配合了党委、政府的重点工作。发行集团针对省政府首次对全省义务教育阶段贫困学生免费提供教科书，并进行免费教材招标这一新情况，认真应对，积极应标，取得了免费教材发放权，精心谋划，全程服务，将683万册免费教科书顺利发放到全省57万名贫困学生手中，将党和政府的温暖送进了贫困户家庭，得到了省委、省政府、教育部门及社会各界的一致好评。

集团党风廉政建设常抓不懈，在制度建设、畅通渠道、接受监督等方面取得新进展。集团党委制订了贯彻落实中共中央《建立健全教育、制度、监督并重的惩治和预防腐败体系实施纲要》的实施意见，把标本兼治、综合治理、惩防并举、注重预防的方针落实到集团各项反腐倡廉工作中去。党委与各部门、各直属单位主要负责人签订了党风廉政建设责任书，并就廉洁自律向全系统作出公开承诺，把群众普遍关心的热点问题、生产经营和管理中的重点问题及关键环节作为考核与监督的重点。集团纪委坚持每季度召开各单位分管纪检工作负责人例会制度，通报系统内反腐倡廉情况，交流学习体会、工作经验。党委和各单位领导班子召开专题民主生活会，认真剖析，落实整改，收到了实效。“党委统一领导，党政齐抓共管，纪委组织协调，部门各负其责，群众广泛支持与参与”的反腐败领导机制和工作机制进一步完善。

［**大力推进重点图书建设工程**］

集团各社全年出版图书5608种。《全元文》、《邓小平人生纪实》、《跨越世纪的十三年》、《中国早期文明》、《三千年气象记录总集》、《平原》、《刘海粟》等为代表的一批精品力作，成为集团2005年图书中的亮点。

集团继续推进图书精品建设工程，督促完成十五重点项目。集团对各社承担的国家和省十五出版计划项目进行梳理，加强督促并加大资金扶持力度，充分调动各出版社的积极性，使完成率与九五计划同比均有所增长。科技社年度完成6种国家十五规划重点书，省、集团的7种18册重点书也全部如期完成。

列入国家古籍整理项目的凤凰出版社六十卷巨著《全元文》，获得华东地区古籍图书特等奖；教育社的《中国三千年气象记录总集》历经编辑人员十多年努力终于出版；译林社的《精灵宝钻》、《海底两万里》等5种图书获全国优秀畅销书奖，《卓娅和舒拉的故事》、《人情物理杨振宁》获“全国青少年喜爱的优秀图书”称号；江苏美术社的省十五重点图书《徐悲鸿》获得2005年度“中国最美图书”殊荣，并参加“世界最美图书”评选；文艺社继“扬子鳄丛书”、“男生女生丛书”之后，启动“凤凰长篇小说丛书”，《平原》、《美丽中国结》、《小康之路》等作品受到评论界高度赞誉并得到市场认可；少儿社的《中国童话》、《诚信故事会》等多部图书进入中宣部、新闻出版总署等单位联合向全国青少年推荐的“百部重点图书”。

为配合抗战胜利六十周年宣传，集团各社共推出43种重点图书，人民社出版了共28卷、1500万字的《南京大屠杀史料全集》；电子音像社出版了大型多媒体光盘《铁的新四军》，被列为国家和省纪念活动的重点出版物；凤凰出版社古籍部出版专题教育图书《不忘历史——纪念中国人民抗日战争胜利60周年》，通过“向革命老区赠书”、“学生征文”等活动，在全省中小学生中开展爱国主义教育，发行达40余万册。

在由书业大报《中华读书报》和有较大影响力的都市报《新京报》分别评选的“2005年100种年度好书”中，集团人民社、教育社、少儿社、文艺社、译林社共有15种图书入选，数量居全国同行业前列。文艺社《平原》、译林社《西方正典》、《美国大城市的死与生》还被评为2005年中华读书报年度图书十佳；《美国大城市的死与生》同时还入选《新京报》评选的年度六佳好书。少儿社《青铜葵花》在台湾地区“时报2005开卷好书奖”评选中，获得最佳青少年图书奖。

［**积极实施“走出去”战略**］

集团在核心出版业务上与加拿大灵通传媒集团建立了战略合作关系，拓展英语教育出版领域；与法国最大的出版商阿歇特出版集团建立了合作关系；组织各社负责人和骨干编辑参加了北京 BIBF、英国书展、美国 BEA、德国法兰克福书展、意大利波罗尼亚儿童书展等各类展会，与海外客商建立广泛的联系网络；全年接待海外出版伙伴来访 18 批次；利用会展时机，集团成功举办了第三届“海外同仁嘉宾招待会”，有来自 15 个国家和地区的 40 家出版公司的 80 多位客商与会。

2005 年，集团 9 家出版社实际进行版权贸易总量为 412 项，比上年增长 24%，其中引进版权 334 项，同比增长 16%，涉及到美国、英国、法国、日本、韩国、香港、台湾等 17 个国家和地区；本年度，版权输出有较大幅度增长，全年共输出 78 项，较上年增长 70%，输出地也由过去单纯的新加坡、香港、台湾等华人集中的国家和地区，向法国、西班牙、日本、韩国等外语国家拓展，这是响应“走出去”的号召，集团在版权贸易工作上取得的新成效。科技社加大输出工作力度，积极向外推荐优秀图书。该社的两本医学书籍《中国针灸治疗学》、《中医诊断辨证思路解析》分别是上世纪八十年代的老书和去年出的新书，在他们的主动推荐下，被韩国、日本及台湾地区购去了版权；电子音像社与法国合作的学习汉语游戏类光盘《一游记》制作完成并出版发行，开创两国出版工作者在电子出版领域实质性合作的先例；在一年一度的北京图书博览会上，集团共有 276 项版贸成果，其中有 212 项为意向，目前已有 168 项实现，意向实现率高达 80%。

发行集团建立了比较成熟的连锁经营体系，包括完备的组织体系、信息网络体系、物流配送系统和服务保障系统，连锁门店覆盖全省 13 个地区以及外省的 913 个门店，并利用连锁后品种、速度、配送等优势辐射省外市场。相继在全国几个中心城市，与民营等外部资本合作建立大卖场，继上海万卷书城、义乌万卷书城之后，大连、成都、贵阳等地的卖场已经启动，义乌书城全年销售达 1200 万元，并已实现当年盈利。各出版社也已经在尝试在外地建立分支机构或驻外站点，进行外向拓展。教育社加大省外市场开发力度，与外部资本在北京成立社科图书中心，并完全按照公司化模式建设，按照市场化机制运作。经过初步运作，已见成效，共生产社科学术图书 116 种，销售码洋 1350 万，有六种图书均销售 8000 册(套)以上，最高的《我的减肥日记》达 3.6 万多册；科技社成立了第一个驻外机构——对外联络部徐州办事处，为开拓渗透省外图书市场打基础。

［**致力打造凤凰品牌**］

自 2005 年起，集团正式更名，围绕品牌建设开展了一系列工作。完成了凤凰标识的设计并对凤凰商标进行了全类注册(45 类)，集团及各单位计有 107 件商标提出了注册申请；下发了《集团出版物统一使用“凤凰”标识和名称的暂行规定》，编印了集团外宣资料，拍摄了集团宣传片，在《中国出版报》、《中国出版年鉴》及有关展会上做了多次专版和专题宣传，在 2005 北京国际图书博览会上以“凤凰出版，和鸣锵锵”为主题的设计和宣传反响较大，在 2005 北京图书订货会、第十五届全国书市上也突出了凤凰品牌的宣传，效果较好。

凤凰出版社调整图书结构，使凤凰版古籍图书专业特点和专业优势更加突出，在《文汇读书周报》等有影响力的报刊上刊发书评书讯 20 多篇。译林社继续坚持对外宣传的强势，以全程营销理念为指导，选择适宜媒体，邀请知名作者，保持在省内和同类出版社中较高的见报率，在各类报刊上刊发书评、消息 300 多篇。科技社从年初《建筑艺术世界》参报国家科学技术进步奖，至 9 月的第十二届北京国际图书博览会及 11 月的地科联订货会，始终与《中国新闻出版报》、《扬子晚报》等知名媒体密切合作，发表了30余篇报道，介绍、宣传本社新书。电子音像社致力于培育凤凰牌教育类电子音像产品和社会文化类产品。在中宣部、中央精神文明办、新闻出版总署向未成年人推荐的百种优秀电子出版物和音像制品中，该社独占15种。

［**着力开拓教材市场**］

2005年我省高中教材进入课程标准实验，九年制义务教育教材的版本和市场比例也面临结构调整。集团在统筹兼顾的原则下，经过艰苦努力，稳定了与主流教材出版单位的合作关系，实现了预定的市场占有率；随后又会同相关单位，完成了规模空前的高中、九年义务教育阶段教材的教师培训工作，受训教师达12000余人次。培训工作得到省市教育行政部门、教材出版单位和广大教师的充分肯定，赢得广泛赞誉。集团本部租型教材，连续第26年实现了“课前到书、人手一册”；印制质量省级检测优等品率达到66%，合格品率达97%，在新闻出版总署对全国各省2006年度教材印制质量检测认定中，江苏省出版总社再次荣获金奖。

教育社进一步强化教材教辅品牌建设，已有12门107种教材通过教育部的审定，进入全国各实验区使用，加快了对全国各地的推广。据统计，省外已有27个省的1000多个县（市、区）、2000多万名学生使用苏教版教材，2005年秋季省外教材及课标教辅发行码洋已达到1.9亿，年度发行总码洋可望接近5亿元。科技社以初中物理、初中数学、初中生物等中学理科课标教材为主导，打造苏科版精品教材品牌，并积极拓展创新职业教育新领域，2005年已有教材教辅207种，总码洋达到2.03亿元。译林社完善了牛津中小学英语教育网，为一线教师提供高质量的教学课件与备课资料，成立专门的教材教辅推广营销部门。新课标高中英语教材在省内推广、使用率达90%以上，并向省外进一步推广。

［**认真抓紧重点项目建设**］

江苏国际图书中心工程克服诸多困难，5月完成裙楼结构封顶，11月完成主体结构封顶，均比原定计划提前了一个多月；江苏新华发行集团图书物流配送中心工程项目，制订了物流信息管理子系统、图书配发自动化传输子系统、图书退货自动化分拣子系统等自动化系统实施计划，2005年完成主体工程，装潢、智能化、绿化、物业管理等配套工作正在紧张施工中；省出版印刷物资公司印刷物资配送中心工程项目，年内完成项目规划设计招标并报送可行性研究报告。

集团投资并控股的江苏新广联光盘有限公司历经六年的科学发展，已从当初的1条生产线、光盘月产量不足55万片，发展到16条生产线31个机台，光盘月产量已达到1700万片，成为国内最主要的光盘生产企业。企业注册资金从800万元，增至现在的8461.5万元；总资产也从0.22亿元增长到2.45亿元，除了已收回全部投资外，企业净资产已达到1.2亿元，实现了超常规发展。

凤凰台饭店2005年加快了对外扩张的步伐，向集团化运作、连锁经营方向发展。在承包经营宿迁万源宾馆取得一定经验和效益后，先后租赁或承包经营了南京金陵会馆、明都凤凰台饭店、宿州凤凰大酒店，从而达到了5家酒店连锁经营的规模，扩大了饭店知名度，进一步培养和锻炼了经营管理队伍，形成了酒店集团的雏型。

集团从战略上考虑，发挥资金优势，进行产业拓展，正式成立江苏凤凰置业有限公司，进军房地产业。通过土地出让获得中央路401号“南汽南地块”，开发房地产项目，在该地段建设集商业、办公、高尚住宅及配套服务区为一体的综合社区。集团还与上海一家房地产公司合作，参与投资新街口铁管巷“金陵第一楼”房地产项目。文艺社继续开发延伸产业，与中影集团、常州电视台联合拍摄的电影《我要做个好孩子》荣获第11届中国电影华表奖优秀儿童片奖。

系统内报刊总体发展又有新的起色，全年23种报刊的订价总金额已达8879万元。教育社形成了基本覆盖义务教育及普通高中阶段各主要学科的专业化、系列化的教学辅导类报刊群，共两报四刊、近50个品种，积极开拓省内市场，紧紧瞄准省外市场，到2005年底，两报四刊期发总量突破200万份，比上年增长近45%；译林社的《译林》杂志再次获得国家期刊奖提名奖，并成为央视“城市有影响力杂志”调查中仅有的两家上榜文学刊物之一，年度销售率达98%以上。科技社的《祝您健康》杂志社成立了由国内一流医学专家组成、有8位院士加盟的“本刊专家委员会”，邀请到两院院士、原全国人大常委会副委员长吴阶平担任主任，增强了杂志的权威性和可信度。

集团各社加快开发网络出版，取得一定进展，出版电子版图书约1200种，效益同比增长近40%。译林社加大与北大方正在电子图书出版方面的合作力度，推出电子图书148种；网站建成了为读者提供丰富信息的“外国文学百科全书资料库”网上查询系统，进一步增强了服务功能。

［**稳妥推进出版产业改革**］

按照省国资管理部门的要求，对集团企业85家国有资产产权重新进行登记，理顺产权关系；面对年度经济形势困难，深化财务预算管理，定期召开经济分析会，跟踪检查财务预算执行情况，研究对策。强化对整体改制工作的调研，年内分别到辽宁、四川、浙江、上海、北京等地的兄弟单位进行调研。系统内各单位的改制工作有不同程度的推进。新华发行集团基本完成了上年转企改制的扫尾工作，完成了改制资产的核定，明晰了产权关系，经过评估核销，进一步优化了资产结构，经咨询和论证，制订并提交了《集团股改工作实施方案》；新广联光盘有限公司基本完成了股份制改造工作，落实了增资，增强了公司的进一步发展实力，为进一步发展和深化改革奠定了基础；新图公司做了一系列改制准备工作，进行了广泛调研。针对系统内各出版社同质化竞争日趋激烈，教辅材料相互冲突等问题，集团经过反复调研和征求多方意见，出台了《集团教辅图书建设指导意见》，进行规范管理；同时制订了保护教材教辅核心竞争力品种，促进选题有序、健康竞争的选题管理原则，一年里，先后调整6家社自相缠杂的40余种选题，确立和推动建立集团的核心教辅。为发挥集团优势，整合印刷业务资源，提高整体竞争力，集团出台了《凤凰出版传媒集团印务资源整合实施办法》，对集团系统内的印务资源进行整合，以做强出版产业链上的印刷这一重要环节。新华印刷厂也开展了全厂动员、集中骨干、完善制度、安装调试新设备等八项工作，以贯彻落实党委决定，为阻止生产经营滑坡做了积极努力。新华厂产品质量再上新台阶，在新闻出版总署书刊送评印刷质量评比中，有518种、6957.5印张被评为署优一等奖，有4种获得总署优等品，确保了银牌奖并进入全国书刊印刷同业前六名。印刷物资公司牢牢把握“为出版服务”这个大局，按照集团纸张采购招标工作的要求，强化服务意识和创新意识，采取设置“纸张调拨服务箱”、全流程服务、派出驻纸厂代表等措施，保证了总社和各出版社的出版用纸供应。以转型为现代物流企业为方向，致力于现代服务业的软件和硬件建设，对内部机构和经营格局进行调整和重组，探索产业链的延伸拓展，提升自主创新能力。

发行集团明确了加快发展多元经营的战略，将产业结构调整的重点放在与图书、文化、教育相近相关的经营领域,年内成立了文化用品公司和《七彩语文》杂志社,逐步建立图书销售为主、向八个方面拓展的“1+8”式产业格局,形成一个以书为主、多元经营的新型产业结构。文艺社尝试与发行集团联合投资风险共担利益共享的协作模式,出版发行的《情海星空》半年发行量达8万册,引起多家媒体广泛关注,并多次名列畅销书排行榜;新图公司与省新华书店协作,利用其订货渠道,提高图书订到率,参与高校图书馆外文采购招标、系统内外包装纸招标等项目。

[**加强人才队伍建设**]

集团系统巩固和扩大总署“三项学习教育”活动成果,深入细致地做好职工的思想政治工作,保持了集团系统各单位工作正常有序地进行。深入开展和谐单位、和谐部门建设,推动了全系统的精神文明建设;加强了干部教育培训工作,外请业内5名知名专家授课,对包括各出版社领导班子、骨干编辑和集团本部人员开设了五期专题讲座,培训规模达到1300多人次,取得较好的培训效果。认真组织了中层以上人员参加省级机关干部“菜单式选学”。为了加强高层人才储备,提高企业的核心竞争力,教育社制订特殊政策,鼓励中层管理人员参加各类管理硕士研究生的在职学习。

集团出台了《集团干部选拔聘任工作实施细则》,草拟了《直属单位主要负责人年度及三年任期经营业绩考核暂行办法》,为积极推进人事制度改革,为规范集团人事工作、加强直属单位领导班子目标考核提供基本依据;针对近年来受国家政策影响明显,集团根据具体情况区别对待,经省人事厅核准,对各单位工包基数进行了调整,起到了较好的激励作用。指导各直属企业执行工资增长指导线,较好地解决了新华厂因工资来源不足无法正常调资、省新华书店由于效益基数大导致工资总额增长困难等问题。发行集团着力构建重在实绩、促进发展、能上能下的用人机制,制订了一系列制度,完成了64家子公司领导班子的考核聘任工作,新聘任领导班子成员7名,减少职数15名,使大专以上文化程度占到90%;集团公司19个部门整合为15个,组织了中层管理人员竞聘上岗,新聘人员13人,占干部骨干总数的22.4%;所有员工竞争上岗、双向选择上岗。出版印刷物资公司年内组织实施了7批次竞争上岗,六成在职员工参加了竞聘,70名员工脱颖而出,分别走上了新的工作岗位,工作面貌焕然一新。

抓好重点培养人才和评优推荐工作。先后组织了全国、全省宣传文化系统“四个一批”和“五个一批”人才、中国版协首届“韬奋出版新人奖”评奖等推荐选拔工作。组织各单位推荐“全国新闻出版系统先进集体、劳动模范和先进工作者”的评先工作。认真抓好职称晋升工作,出版专业上报33人中有22人通过评审,上报高级经济师资格确认5人,有4人通过评审。建立健全了出版人才分中心的各项人事代理规章制度和办事流程,使单位在办理人事代理时可以有制度可循,按流程办事。组织各单位出具了书面的人事代理人员在编或非在编材料进行备案,对人事代理人员的在编或非在编身份进行了明确界定,为今后事业单位改制做了基础性工作。推进人力资源网络建设工作,对“凤凰出版传媒网”上“出版人才”主页成功进行了网络升级,使人事信息发布更加及时、畅通、全面,查找信息更加方便快捷。

（**凤凰集团办公室**）

省演艺集团工作

[**概况**]

江苏省演艺集团作为全国文化体制改

革试点单位，于2005年1月1日全面整体转企改制。自此，以建立新型文化企业为发展方向，演艺集团正式以主体身份参与市场竞争。自全面改制以来，集团顺利推进并展开了各项工作。一年的实践与发展，充分显示出文化体制改革激发了集团的整体活力，产业化经营的目标犹如一个强大引擎，将江苏省演艺集团推向发展的高速公路，使艺术生产、演出经营、两个效益实现了大跨步发展。

据统计，2005年集团各院团演出共计3398场（含评弹），新创和排演剧（节）目29台（含各类大型演出活动），复排剧（节）目21台。集团实现自创收入2793万元，其中演出总收入较去年增长62.23%。演职员人均年收入3.2万元，较去年增长12%。演出场次和演出收入以及演职员人均年收入比上年均有较大幅度增长，保持了四年连续增长的良好势头。

对外文化交流项目23批，达249人次，演出73场，遍及13个国家和地区。20多位中青年演员荣获国际、国内各类比赛奖项。

［**改革发展**］

转企改制使演艺集团全体演职员的思想观念经历了前所未有的激荡。集团在认真学习贯彻省委、省政府两办《省演艺集团改革实施意见》（苏办［2004］32号）文件精神，全面实施《江苏省演艺集团深化体制改革实施方案》的过程中，在一年的改革实践中，广大演职员们一边在品尝和分享改革成果中统一思想，一边以更高的角度来认识集团改革与发展。如今的省演艺集团，改革意识已深入人心，凝聚力在增强，创业创新更在各院团蔚然成风。集团上下团结稳定、积极向上的整体氛围已经形成。

党员先进性教育活动也在营造良好氛围中发挥了重要作用。根据中央和省委的部署，集团被列为第一批开展保持共产党员先进性教育活动单位，自2005年1月24日起，开始了为期6个多月的党员先进性教育活动。经过周密部署和有效安排，集团党委除完成中央、省委规定动作外，还结合艺术团体特点和集团改革形势，开展了有集团特色的先进性教育活动；集团还围绕改革和发展充分发挥了党组织的政治核心和监督保证作用，对集团18个方面的整改措施逐条研究，做到认真落实，取信于民；省委督导组对集团的党员先进性教育活动所取得的成果给予了充分的肯定；通过学习整改使集团的各项工作提高到一个新的水平。

在《实施意见》的指导下，集团以建立现代企业制度为目标，制订了《江苏省演艺集团深化体制改革实施方案》、《江苏省演艺集团职工养老保险制度》、《江苏省演艺集团财务管理制度》、《江苏省演艺集团工资分配条例》，出台了《江苏省演艺集团人事管理制度》、《江苏省演艺集团劳动合同管理暂行办法》、《江苏省演艺集团优秀人才管理暂行办法》、《江苏省演艺集团人才交流中心未聘人员管理条例》、《江苏省演艺集团投资管理办法》、《江苏省演艺集团所属企业管理办法》等一系列配套管理办法，并制订了集团今后五年的发展规划和改制后在艺术生产、演出营销及人事、分配、财务等各方面的管理运行方案，为集团发展创造了积极的条件和良好的氛围。

为充分发挥整体优势，集团初步构建了母子公司框架，演艺集团为母公司，所属院团和其他经营单位为子公司。母公司实行总经理负责制，集团所属院团实行院团长负责制，集团下属其他经营单位实行董事会领导下的总经理负责制。各院团集中政策，分权经营，根据集团总体发展目标及规划，从事生产经营，并实行独立核算、自主经营、自负盈亏、自我发展。这一管理机制进一步明确了各部门、各单位的权责利，理顺了内部关系，以实现集团整体两个效益最大化为目标，为集团走上良性发展道路打下了一个坚实的基础。

按照现代企业制度，集团正式转企改制后即实行全员身份置换，并依法全部与集团签订劳动合同，所有演职员自主选择工作岗位，竞争考核上岗，因事设岗，以岗定薪。这一人事制度的改革不仅更加规范了集团作为企业的用人制度，而且打破了艺术院团惯有的职称终身制和论资排辈现象。同时实行分配制度改革，建立按岗位、按任务、按业绩定酬相结合，以岗位工资为主，艺术生产要素参与收益分配的多种分配方式，将演出效益与个人收入直接挂钩，多劳多得，优劳优酬，真正激励演职员工，有效调动了工作积极性。

通过不懈努力，并在省委、省政府和相关部门的关心、支持下，集团顺利处理好人员转制后养老、医疗、工伤、失业等保险的衔接工作，最终被列入省属保障体系，并享受省级最好的保险待遇，为演职员争取了最大利益，也为集团健康发展营造了稳定、和谐的环境。

同时，集团也非常重视离退休人员工作。积极帮助离退休人员解决实际问题，耐心细致地做好离退休人员服务工作，本着为老同志办实事、办好事的原则，把为他们排忧解难作为工作的出发点和落脚点。用细致、周到的工作态度使老同志们感受亲情服务，得到了老同志们的广泛称赞。2005年，集团老干部服务中心荣获全省宣传文化系统唯一的由省委组织部、省委老干部局颁发的“全省老干部工作先进单位”荣誉称号。

［**艺术生产**］

通过体制、机制的改革与创新，艺术生产力获得了极大的解放，演职员工的积极性与创业热情也被有效地调动，逐步变过去的“要我干”为“我要干”、“抢着干”，精神面貌焕然一新，出现了抢排练场、抢剧本、抢演员的好势头，也为各个院团开辟了更加广阔自由的发展空间，艺术生产各要素被充分激活。

集团全体演职员在今年的工作中，情绪饱满，“想演出，闯市场，会创业，创大业”的热情空前高涨。京剧院和锡剧团从今年春节开始送戏下乡，稳抓农村市场，今年集团各院团下乡演出1374场(含评弹)，为建设社会主义新农村，丰富农民群众精神文化生活做出了一定贡献。演艺集团被省委宣传部授予江苏省“三下乡”活动先进集体；京剧院、人民剧场被评为省级“重合同、守信誉”单位。

据统计，京剧院全年演出172场，超过与集团签订演出场次目标72%；锡剧团全年演出91场，超过与集团签订演出场次目标52%；昆剧院今年共完成演出235场，超额完成与集团签订演出场次目标的57%、超签订收入目标191%，人均效益工资翻了一番多。改革下活了古老昆曲传承发展这盘棋，让昆曲的今天注入了活力，让昆曲的未来充满了希望。

改革使集团以放眼世界的合作态度吸引和引进人才，对人才改“为我所有”为“为我所用”，广纳贤才，为集团发展提供优秀人才资源，也为各路精英搭建事业平台。

正在创排中的新版昆剧《桃花扇》汇集了中国乃至世界一流的艺术家和国内一流的制作团队，由国家话剧院著名导演执导，以中、日、韩三国各领域艺术精英的联合阵容，用“金牌班底”来打造一台国际水准的昆剧演出，为昆曲的发展前景探索一种广阔的可能性；话剧《青春万岁》是由集团联合国家话剧院与中央戏剧学院著名导演，集中优势力量创排，已进入紧锣密鼓的排练；引进著名美籍指挥家江浦琦担任交响乐团艺术总监，以其全新的艺术理念，为乐团注入新鲜血液；昆剧院特聘慕名前来的外籍员工石峻山（中文名）为对外演出经理，积极、成功推广"百戏之祖"的国粹艺术，让更多在宁及周边的外籍朋友了解昆曲、喜爱昆曲……在这一开放型人才观的指导下，集团的人才流动和使用出现前所未有的好景象。

在经营模式上，集团积极向产业化靠拢，吸收采用科学运作模式，变"舞台经营"为"经营舞台"，在全国范围内，广泛开拓市场，探寻发展与合作的新出路。

集团积极按照市场操作模式，经过多次洽谈，与北京、上海等十多家演艺单位同时参与竞标，凭借实力一举中标，最终拿下"第九届全国中学生运动会"开幕式的承办权，此间，舞美中心用新颖的设计和舞美装置，营造了舞台磅礴的气势，充分展现了集团改制后的风采；集团更是将眼光投向了发展无限的旅游市场，率先抢滩全国旅游重点城市三亚，为三亚大剧院度身定做一台旅游品牌歌舞秀；还联手著名的民营企业江阴海澜集团、国美电器集团合作策划、制作大型文艺演出；歌剧舞剧院的年轻编导们也在数次大型活动中大显身手，脱颖而出。新的观念、新的模式激发了集团的市场竞争活力。

同时，集团各院团积极抢占市场份额，努力拓展战略区域。时隔十年，锡剧《珍珠塔》重返上海戏曲舞台，得到较高的评价；扬剧《百岁挂帅》以扬剧团第三代、第四代的全新阵容献演上海中国大戏院，出现了一票难求的盛况，上海各媒体及南京的《扬子晚报》都作了详尽的报道；话剧《理想主义三部曲》在南京、北京、上海、重庆等地演出，反响热烈；交响乐团与各院团联合举办"纪念抗日战争胜利60周年大型交响音乐会"，以百人交响乐团、百人合唱团的庞大阵容唱响和平的主旋律；成功完成了与世界三大男高音之一的何塞·卡雷拉斯和指挥家大卫·季蒙尼兹合作的《卡雷拉斯南京独唱音乐会》；而马勒第六交响乐《尘世之歌》中文版成为全球首演。锡剧《红色恋人》、《中秋月》、《酒葫芦》、评弹全新节目"新人、新作、江南巡演"和交响乐《天方夜谭》等一批新创和复排剧（节）目都已正式投入市场运作之中。

为培育潜在观众，普及高雅艺术，丰富校园文化，提高学生整体素质，集团还组织了交响乐团、民族乐团等高雅艺术进校园活动，全年各院团进校园演出234场。其中，昆剧院承办的"弘扬民族文化昆曲故乡行——高雅艺术进百校百场展演"在各校园掀起了一阵"昆曲风"。作为对经典戏文的抢救，又成功打造了《小孙屠》，得到专家、学者的认可；同时，昆剧院还坚持每周六在兰苑小剧场的"专场演出"，实现全年"周周演"达65场次。

集团在狠抓国内演出市场的同时，积极拓宽海外演出市场，出访演出频繁。民乐团、歌剧舞剧院、昆剧院、京剧院、木偶剧团等先后赴德国、法国、美国、丹麦、荷兰、日本、泰国、台湾、香港等13个国家和地区演出，获得极大成功；其他院团也在境外演出市场上有所突破，话剧院首次出访维也纳演出《圣人孔子》，成为第一部走进维也纳艺术节的中国戏剧；锡剧团也首次出境，在香港大会堂上演了荣获"2005年江苏省舞台艺术精品工程"的《珍珠塔》及折子戏专场，场场爆满，不仅如此，"香港行"也圆了几代锡剧人未能如愿的梦。京剧院赴法国参加"中国传统戏曲节"的比赛，不仅演出反响热烈，演员李洁还获得了国际奖项；民族乐团赴德国进行了三场以民族器乐演奏为主的交流演出，精湛的演出激起了德国观众对中国民乐的浓厚兴趣；木偶剧团应国家文化部邀请，作为唯一代表中国的艺术表演团赴泰国参加"东盟10+3艺术节"，受到各国文化部长、文化使节的赞誉。木偶剧团今年四次出访交流，并二度赴德国演出，为传播民族文化做出了贡献。这不仅展示了集团的艺术实力、推广了集团品牌形象，也为拓展对外文化交流领域并逐渐打开国际演出市场奠定了良好的基础。

［**人才培养**］

市场的开拓为集团未来的发展拓宽了更为广阔的平台，而人才队伍的建设与培养更是为集团各项事业的稳步推进打下了坚实的根基。集团以优秀人才为依靠力量，为其创造不断发展的机遇和空间。今年上半年，集团开展了新一轮竞聘上岗，并在8月份举办了全集团30周岁以下演员、演奏员业务大比拼，一大批优秀青年人才纷纷涌现。集团积极为他们搭建舞台，对优秀青年演员重点打造、重点包装、大力推广，加大培养力度，切实保证各院团演员的梯队建设。自改制以来，集团已陆续推出“岚风组合”、“天堂组合”、“江南雨组合”、“女子新丝竹乐队”、“女子弦乐四重奏”等年轻组合，在戏曲院团中，青年演员脱颖而出，给予他们充分的舞台实践，让年轻人才独挡一面，展示集团青年人才的实力。

这些举措，既挖掘了演员自身潜质，使他们看到了更广阔的发展空间，又为集团剧目生产培养了人才，收到了“一举多赢”的效果。很多青年演员都感叹自己是“时代的幸运儿，赶上了改革的好时机”。

同时，作为为社会培养艺术人才的演艺学院，各专业学科建设工作深入开展，逐步完善；教学工作步入正轨，教学实践取得初步成绩，首届毕业生中已有不少人与演艺集团和相关单位签订了用人意向，市场反应良好，为学院更快、更好地发展奠定了坚实的基础，也为集团人才梯队建设、人才流通疏通了良好的渠道。

据统计，今年集团还有二十多位中青年演员荣获国际、国内各类比赛奖项。其中昆剧院柯军荣获第22届中国戏剧“梅花奖”，京剧院李洁荣获法国巴黎“中国地方戏曲节”优秀青年艺术家奖，歌剧舞剧院陈丽娅荣获在美国亚特兰大举办的首届全球华语歌曲大赛总决赛最高金奖、首届长三角青年歌手大赛通俗组金奖，歌剧舞剧院张其萍获全国大学生艺术展演声乐比赛（专业组）一等奖、首届长三角青年歌手大赛民族组金奖，京剧院盛海宁获CCTV第五届青年演员京剧大赛决赛荧屏奖等，这些奖项的取得为集团争得了荣誉、同时也为演员们开拓了视野、积累了经验。

［**中央及省领导视察演艺集团**］

集团深化改革与发展得到了各级领导的重视和肯定。继2004年6月10日中共中央政治局常委李长春同志亲临集团进行调研指导后，中共中央政治局委员、中宣部部长刘云山同志于2005年6月6日视察集团，对广大演职员的积极性和工作热情印象深刻，肯定了集团体制和机制的改革与创新。省委书记李源潮同志对演艺集团的改革不但充分肯定并且提出了新的要求：“演艺集团的改革令人振奋。艺术家的生命在舞台上，艺术的生命在演出中，演出出精品，演出出人才，演出出艺术生产力。希望演艺集团以演出为中心，完善改革，加强创作，进一步出精品，出人才，站在建设文化大省的前列。”2005年11月李书记对集团转企改制后的工作情况汇报又作出批示：“……还是要协调各方支持演艺集团的改革。”而后，任彦申副书记又给予了五点具体指导性批示。12月李书记又在《人民日报内参》报道集团《江苏演艺文化产业链初现轮廓》一文上批示“……江苏演艺队伍改革的经验要认真总结和推广。”中央及省委、省政府领导对集团改革的关心与支持给予集团全体演职员极大的鼓舞，进一步激励了创作热情、解放了艺术生产力，也更加坚定了集团深化改革的信心。

2005 年是“十五”时期的最后一年，在这一年里，各院团、各部门的广大演职人员做了大量卓有成效的工作，使集团的改革发展呈现出良好的势头。集团在“十五”期间的建设与发展过程中，根据省委、省政府关于江苏文化体制改革的重要部署，在省委、省政府正确领导和大力支持下，深化艺术表演团体改革，依据市场经济体制的发展要求和文艺表演团体的特殊发展规律，推进文艺体制、机制创新，不断增强自身活力和竞争力，以改革为动力促进集团文艺创作和演出、激励艺术人才的成长。概括集团“十五”期间的改革发展情况，总体而言：完成了一次较大幅度的资源整合；实施了两项深层次的人事和分配机制改革；构建了母子公司的现代企业框架；形成了新形势下的四条经营理念；进行了整体事转企改制，全员身份置换，被列为全国文化体制改革试点单位。

（**集团办公室**）

省文化产业集团工作

2003 年 2 月 18 日江苏省文化产业发展有限公司正式挂牌，11 月 28 日江苏省文化产业集团正式成立，同时江苏省文化产业发展有限公司更名为江苏省文化产业集团有限公司。至 2005 年底，集团共下辖 8 家公司及机构：江苏省文化产业教育培训中心、江苏省浪淘沙影业有限公司、江苏三江大酒店有限公司、江苏省传世媒体有限公司、江苏省世尊投资管理有限公司、江苏省世尊数字传媒有限公司、江苏省星工场文化传媒有限公司、江苏省浪淘沙网吧连锁有限公司。

2005 年，省文化产业集团的工作指导方针是：集中精力，稳步推进影视剧生产，重点突破数码文化项目。影视剧生产要出精品、出效益、有大制作，数码文化要有实质性项目启动，并以此为基础，积极开拓国内外资本市场，努力建设文化产业创投基金。与此同时，继续推动演艺业、广告业、培训业等产业发展，强势推进多元战略，通过传统文化产业和新兴文化产业的结合、全面拓展文化产业项目和重点发展文化优势项目的结合，不断增强市场拓展能力，起到了国有文化企业在文化产业化过程中的市场主导作用。

［**重点业务取得突破性进展**］

在影视方面，浪淘沙影业公司以“大制作”为指导，分别与中央电视台以及周星驰旗下的香港星辉公司合作，重点打造了 30 集古装电视剧《我爱河东狮》和《功夫状元》等文化精品。荟集了陈好、焦恩俊、梁天等众多大牌明星的《我爱河东狮》，以及由电影《功夫》原班人马黄圣依、吴孟达、元秋等加盟的电视剧《功夫状元》现均已在省内外多家电视台播放，受到业内广泛关注，其中，《功夫状元》还成功通过该剧海外发行商与日本富士电视台签订销售合约，成为今年首部进入日本主流电视台播映的国产电视剧；星工场文化传媒公司也开始涉足影视剧生产，与北京天中映画等公司合作，成功制作了一部阵容强大的古装喜剧《福禄寿三星报喜》，多家电视台将其作为春节期间的贺岁剧播出；同时，该集团与南京军区文工团、北京八一电影制片厂等单位联合摄制了电视剧《上将许世友》，并获得通过国家重大革命和历史题材影视创作领导小组的审查，领导小组认为电视剧《上将许世友》政治导向正确，是重大革命历史题材电视剧的典范；此外，还积极实施“引进来”“走出去”战略，同美国 Viridian 公司合作拍摄南京大屠杀题材影片《南京浩劫》，借助好莱坞品牌影响力，促使其自身的文化产品和服务更多地进入国际市场，以文化产品的“走出去”带动集团文化产业的“走出去”，该剧的筹拍工作也受到了省委领导同志的高度重视和关心。

数码文化方面,省文化产业集团自组建以来便一直坚持关注该产业的发展,通过调查、研究、追踪和实践,在数字传媒产业特别是网络视频业务方面做了大量的前期工作,并取得了突破性进展。一是在内容集成方面与中央电视台展开合作,下属世尊数字传媒公司已成为央视网络电视江苏节目运营中心;二是具备了一定的视听节目采集、编辑、转码、压缩等数字化制作能力,形成了数字视听节目运营的基本规模;三是数字媒体内容运营平台筹建工作正式启动,目前该项目已被省发改委纳入省"十一五"发展规划;四是成功获得了ICP许可证,为下阶段数字媒体运营平台建设奠定了良好基础。

[**传统业务发展稳中有升**]

在演艺方面,星工场文化传媒公司以"大活动"为指导,以十运会在江苏举办为契机,成功承办了"同一首歌特别节目——迎十运·全球华语歌曲排行榜获奖歌手演唱会",陈慧琳、梁咏琪、李克勤、容祖儿、张栋梁、花儿乐队等众多香港、台湾、大陆及新加坡、马来西亚艺人齐聚五台山体育场,成为南京城轰动一时的娱乐盛会。同时,星工场继续承办江苏一年一度的标志性文化活动——2006年新春音乐会,并以中国电影诞生100周年为主题,邀请在国内享有盛誉的中央电影交响乐团担纲演奏,受到了省委、省政府领导同志的关注,也产生了良好的经济效益。

在培训方面,该集团新组建的江苏省文化产业教育培训中心积极发挥原省计划干部培训中心的资源优势,逐步向"打造专业的培训机构品牌"的目标迈进,通过建立各项规章制度做到制度管理,通过明确行业责任和市场目标形成责任管理,通过建立党支部和工会加强组织管理,目前已经初步形成了以政府机关高峰论坛、职业技能证书培训、社会办学学历教育三足鼎立的培训格局,中心的项目合作机构和分支助学单位遍布全省各地。

在酒店经营方面,下属江苏三江大酒店积极实施了装修改造工程,根据现有规模及区位特点,将自身定位为经济型精品酒店,精心策划,巧妙包装,通过"百度迷你火锅"等特色餐饮吸引顾客,培育市场,同时实行重要岗位公开竞聘、特殊人才重点引进,确保酒店出成果,增效益。

[**拓展新型业务成效明显**]

2005来,集团在遵循文化产业发展规律的前提下,充分利用市场这一经济杠杆,以需求为导向进行业务拓展,寻找文化产业新的经济增长点。一方面,各子公司在突出主营业务的同时不断拓展与主业相关联的边缘业务。譬如,浪淘沙影业公司除了重点投资制作影视剧外,开始逐步涉足电视剧代理发行、演员经纪活动等影视关联业务;浪淘沙网吧公司在进行项目论证基础上,积极推进电玩游戏项目的投资建设;星工场文化传媒公司也正在改建公司电子票务网站,寻求更多的票务代理和销售业务,并努力将其建设成为江苏一流、国内领先的品牌票务网络。另一方面,该集团还从实际出发,在文化市场开拓初战告捷、品牌形象塑造初获成功、国家文化产业示范基地建设初出成果之际,切实把握住自身优势,积极寻求同有关方面的合作,致力于集数码动漫、影视演艺、体育培训、广告传媒等为一体的"江苏创意产业园"建设,文化部文化产业司王永章司长获悉后,对该项目给予了极大关心,并亲赴南京考察了园区规划用地情况。

[**坚持发展先进文化的正确方向**]

文化产业是涉及意识形态领域的特殊产业,江苏省文化产业集团作为文化部首批"国家文化产业示范基地",深刻认识到文化产品和文化服务所具有的意识形态和商品经营的双重属性。为此,集团在经营活动过程中时刻将文化产业的发展作为文化事业的一部分,确保发展先进文化的正确方向,并以社会效益为前提,努力实现社会效益与经济效益的有机结合,起到了国有文化企业在文化产业化过程中的示范引领作用。

一是制作影视精品,弘扬历史正气。2005年,省文化产业集团以弘扬历史名人文化为主题,以经济效益和社会效益双丰收为宗旨,投拍了电视连续剧《上将许世友》,同时与有关方面签订了合作拍摄电视连续剧《末代状元张謇》的协议。

二是打造阳光网吧,促进绿色连锁。浪淘沙网吧公司在发展网吧连锁、提供网络服务过程中,坚持以"打造阳光网吧,促进绿色连锁"为己任,并成功组织承办了首届"江苏省网吧连锁发展论坛",受到了江苏卫视、新华日报、扬子晚报等省内主流媒体以及社会各界的广泛关注,起到了良好的社会影响;同时,网吧公司还投入巨资代理了三款绿色网络游戏——"劲乐团"、"劲舞团"和"剑侠情缘2",并通过举办"江苏高校劲乐团、劲舞团巡回赛",倡议在校大学生"拒绝有害游戏,体验绿色网络",为电子竞技爱好者们提供了健康的网络游戏环境。

三是文化产业研究中心建设取得新成绩。在省领导和有关部门的支持下,由省文化产业集团与南京航空航天大学共建的文化产业研究中心,增挂了"江苏省文化产业研究中心"的牌子。中心除配合集团在IPTV等领域开展研究外,还获得国家社科基金"十一五"重大课题一项,主持起草了《江苏省文化产业"十一五"规划》,受到了省委宣传部的关注和支持,在业内也产生了积极的影响。中心现有博士研究生7名,硕士研究生5名。

［**受到各方面关注**］

经过近三年的探索与发展,江苏省文化产业集团实现了历史性跨越,也在全国引起各方面重视。文化部在2005年对该集团"国家文化产业示范基地"予以免检,新华社发表述评文章认为该集团走出了中国文化产业发展的"第三条道路"。2005年,江苏省文化产业集团1名同志荣获国务院颁发的"政府特殊津贴",1名同志入选省宣传文化"五个一批"人才工程。

（顾海亮）

各市工作

南京市宣传工作

2005年,南京市宣传思想战线在市委的正确领导下,牢牢把握"突出重点,抓出亮点,解决难点,形成特点"的要求,注重在整体推进中集中力量抓大事,坚持在把握全局的基础上创新求主动,工作取得了新成效,出现了新气象,为加快实现"两个率先"和建设三个文明协调发展特色区域提供了强有力的精神动力、舆论支持、思想保证和文化条件。

以"创建文明城市、迎接十运盛会"为主线,提升市民文明素质和城市文明程度

把创建文明城市、迎接十运盛会作为提升市民文明素质和城市文明程度的重要契机,在工作中坚持让市民参与、为市民服务、使市民得实惠,取得了明显成效。

一是广泛实施"市民参与十大工程"。全年共举办16期"市民论坛",并进行形式和内容上的创新,让论坛走出演播室,走向社区、农村、企业、广场、体育场馆,进行网络直播,讨论更多老百姓关心的话题。制订《关于进一步加强典型宣传工作的意见》,实施"市民楷模"——十佳系列典型宣传工程,推出了马天民式的好警察袁金良、郑培民式的好干部何承洪、张思德式的好职工刘宏林等100余名各行各业的先进模范人物,营造英雄辈出、争创一流的良好社会氛围。每月开办免费"市民学堂",邀请全国著名专家学者为市民讲课,让市民长知识、受教育、提素质、得实惠。全年共开设市民学堂26场,近3万市民自发前往接受知识的熏陶,更多的市民通过电视录播收看了讲座。每月分类组织百名市民代表参观奥体中心、滨江公园、地铁等城建新景观,开展"让南京更绿、让家园更美"市民绿化活动。组织各种形式的文艺演出和群众文化活动,为外来打工人员、低收入困难群众提供免费观看演出、参与文体活动的机会。推广鼓楼区工人新村"社区议事园"的经验,推动社区居民对社区事务进行民主决策、民主管理、民主监督。这一做法得到曾庆红、刘云山、贺国强等中央领导同志的充分肯定。此外,积极创造条件推动市民旁听、市民听证和市民监督,让市民在参与各项活动中自我教育、自我提高。

二是认真做好创建迎查工作。多次召开创建全国文明城市工作推进会,加强文明城区和窗口地区创建工作,组织模拟实地考察和问卷调查,对暴露出的问题和存在的薄弱环节,加大整改力度,消除创建盲点。由于组织到位、措施有效,南京市在省测评中夺得第一名,并当选全国创建文明城市先进城市,创建经验和成效得到李长春、刘云山等中央领导和中央文明办的充分肯定。虽然由于各种原因,南京市与首批全国文明城市失之交臂,但经受住了十运会这场更全面、更严格的大考,向十运会嘉宾充分展示了文明新南京的风采,赢得社会各界赞誉。

三是倾力做好迎十运会宣传工作和嘉宾、记者接待工作。按照"全市动员,全民参与;全面覆盖,无处不在;突出重点,循序渐进;文明创建,展示风采”的要求,制订实施了有关社会宣传、新闻舆论、组织接待、城市形象、市民参与等24个方案,大张旗鼓地进行社会宣传,为夺取城市面貌、精神风貌、组织接待“三块金牌”做出了贡献。市委宣传部被市委、市政府授予“迎接十运会、建设新南京”突出贡献奖,成为受到省委宣传部、十运会组委会宣传部表彰的全省唯一的十运会宣传有功单位。

四是深化未成年人思想道德建设工作。将加强和改进未成年人思想道德建设工作作为创建全国文明城市的重要内容,确定12项重点工作,建立未成年人思想道德建设领导小组成员单位联络员制度,评选、表彰未成年人思想道德建设创新奖,开展“我们是文明小主人”主题原创短剧大赛、中小学生才艺展示大赛、“文明家园、和谐南京”中小学生电视短片大赛和“我唱一支快乐歌”优秀新儿歌创作演唱活动。宣传、推广建邺区汇聚学校、家庭、社会三方力量加强未成年人思想道德建设的经验。

以把握正确导向、规范新闻管理为职责,营造良好舆论环境

坚持团结稳定鼓劲、正面宣传为主的方针,着力提高党管新闻媒体的能力,通过加强新闻策划,大力宣传市委、市政府的中心工作,大力宣传南京城市的新形象,大力宣传先进典型,努力控制负面报道,在全市形成了积极健康向上的舆论氛围。

一是强化正面宣传。建立新闻单位联席会议制度和新闻通报会制度,及时向中央、省、市新闻媒体通报市委、市政府阶段性的中心工作和重大决策,加强协调沟通。围绕全市重要会议和部署、重点工作和活动、重大成就和典型,采用策划宣传、系列宣传、集中宣传等行之有效的方式,组织“创建文明城市、迎接十运盛会”、“走进河西新城”、“走进重点工程”、“加快城乡统筹发展”、“建设群众满意机关”等系列新闻宣传活动,有力地推动了各项工作的开展。围绕“两会”、十运会、“宁交会”、“绿博会”、“软博会”和台湾国亲新三党主席参访南京等重大活动,组织和协调中央、省属以及兄弟省市媒体对南京进行全方位、多角度宣传,刊播了大量有分量、有深度、有影响的报道。中央、省主要新闻单位全年刊播宣传南京的正面报道5006篇(条),其中中央主要新闻单位刊播重要稿件849篇(条),比去年翻了一番。在媒体开设“先进性教育在南京”、“共产党员风采”等专栏、专题,拍摄专题片,有重点按步骤地做好保持共产党员先进性教育活动宣传工作,在中央媒体刊播报道24篇(条)、省级媒体刊播报道200余篇(条)、市属主要媒体刊播报道近1400篇(条)。

二是控制负面报道。制订《关于进一步加强和改进舆论监督工作的意见》、《新闻单位舆论监督稿件审核办法》,推行批评稿件与当事人见面制度,引导和支持新闻媒体正确开展舆论监督。建立新闻预案制度,完善和落实新闻发言人制度和突发事件新闻报道机制,开设南京新闻发布网站,编发《南京市新闻发布与突发事件报道工作手册》,加强对新闻发言人的培训,对敏感问题和突发事件严格把握宣传口径,积极主动进行应对,全年共举办新闻发布会100多场,进一步畅通信息发布渠道,提高舆论引导水平。制订《关于进一步加强和改进新闻阅评工作的意见》,成立宣传系统新闻阅评工作协调小组,增强阅评力量,扩大阅评范围,及时发现问题、督促整改。下发《关于进一步加强全市互联网管理工作的通知》,制订网上评论工作方案,建立网络评论员队伍,指导和督促网络运营商加强对服务器托管和空间租用者的管理,推进互联网的长效科学管理,增强网络舆论引导能力。

三是完善舆情监控。制订网上舆情监控预案,每天监看国内主要传统媒体、境内外新闻和综合网站有关我市的报道,及时封堵、删除各类有害和不良信息;建立定期社会舆情专项调查机制,围绕市委、市政府的重大决策和广大市民关注的热点、难点问题,联合市城调队开展每月一次的舆情调查工作,了解市民的要求、意见和建议,敏锐把握、超前引导政治性、政策性、倾向性和苗头性的问题。

四是推介城市形象。充分开发和有效利用各方面的外宣资源,把向全世界推介南京形象的外宣意识渗透到旅游、经贸、科技、教育、体育、文化等各类国际交流活动之中。启动国内城际新闻交流活动,本着资源共享、平等合作、信息对称、互惠互利的原则,开展多形式、全方位、互动式的交流合作。按照系列化、精品化、风格一体化、运作社会化的思路,制作丰富多彩的外宣精品,包括双语画册《魅力南京》和《南京》、多语种城市电子名片、城市形象宣传片《金陵节拍》、百集 DVD《金陵文脉》和《古都南京》邮册等,并要求出国出访人员在国外发放。

以打牢共同思想基础为目标,加强理论学习和形势政策教育

深入学习宣传贯彻党的十六大和十六届四中、五中全会精神,弘扬"三创"精神,不断推动思想解放,进一步了夯实全市人民率先发展、科学发展、和谐发展的共同思想基础。

一是突出工作重点。以中心组学习为龙头,以领导干部为重点,以高层理论报告会和农村党员干部冬训为载体,深入学习党的十六大以及十六届四中、五中全会精神,为"十五"计划的圆满收尾和"十一五"规划的顺利开局,打下坚实的思想理论基础。围绕弘扬"三创"精神,广泛开展形势政策教育,进一步增添了全市人民创业的勇气、创新的锐气和创优的志气,让坚持科学发展、谋求争先进位、构建和谐南京的观念深入人心。

二是注重方法创新。在依靠组织发动、媒体鼓动、典型带动的同时,根据时代要求不断改进创新工作方法。会同市委组织部开展"领导干部到高校听讲座"活动,定期在市属媒体发布高校讲座信息,让领导干部根据需求自主选择听讲座的时间、地点和内容。这种"菜单式、学分制"的学习模式,适应了领导干部理论学习内容多样化、培训资源集约化的要求,受到普遍欢迎。建立全市理论宣传工作联席会议制度,制订全市优秀理论编辑(记者)、优秀理论栏(节)目和优秀理论作品评选奖励办法,为整合全市理论宣传资源、增强理论宣传工作的吸引力和感染力奠定了基础。建立自上而下的形势报告会联动协作机制,组织"三创"之旅活动,安排有志于创业的市民代表参观优秀企业和创业园区,增强了形势政策教育的针对性和实效性。

三是加强队伍建设。建立了宣传系统处以上干部集中学习制度,围绕宣传干部必备知识等内容,每月一次邀请国内著名专家学者进行专题授课,进一步提高宣传系统领导干部的政治意识和驾驭传媒的能力。结合开展保持共产党员先进性教育活动和贯彻落实《关于新闻采编人员从业管理的规定(试行)》,进一步深化"三项学习教育"活动,大力推进市属新闻单位思想政治建设、组织建设、作风建设、业务能力建设和群团建设。

以开展重大纪念活动为契机,弘扬民族精神和时代精神

围绕纪念中国人民抗日战争暨世界反法西斯战争胜利60周年和郑和下西洋600周年,开展系列纪念活动,进一步激发了全市干部群众的爱国主义热情和改革创新意识，坚定了不忘国耻、加快发展、开创未来的信念。

纪念抗日战争暨世界反法西斯战争胜利60周年活动高潮迭起。举办侵华日军南京大屠杀史实进京展和赴沈阳、武汉、广州巡展，观众达60万人次，近80家海内外媒体进行了集中报道，社会反响强烈。大型民族交响乐《和平颂》作为全国纪念抗日战争胜利60周年系列演出活动的首场演出剧目，在北京人民大会堂连续演出两场，得到中央、省市领导和社会各界的高度评价。抗战胜利60周年献礼影片《栖霞寺1937》被国家广电总局推荐参加今年上海国际电影节，电视剧《金陵子潮》在央视播出，赢得了较高的收视率。首次与台湾有关方面共同举办"9·9两岸同歌"大型演唱会。联合新浪网、龙虎网开设"永不忘却——南京大屠杀史实"专题网站。稳步推进侵华日军南京大屠杀遇难同胞纪念馆改扩建工程，完成工程拆迁、概念设计和国际招标等工作。

郑和下西洋600周年纪念活动丰富多彩。拍摄大型电视专题片《郑和下西洋》，编辑出版图书《郑和与南京》，编排演出音舞诗《永远的大航海》。以第十届读书节为载体，充分发挥新闻媒体的作用，在全市特别是中小学生中广泛开展"纪念郑和下西洋600周年"征文和知识竞赛活动，举办"伟大的航海家郑和"系列讲座和"市民学堂"专场报告。组织小红花艺术团、南京云锦表演团赴马来西亚参加"纪念郑和下西洋600周年·江苏文化周"活动。

以繁荣演艺市场为重点，推进"文化南京"建设

紧紧围绕建设"文化南京"这一总目标，依托南京丰厚的历史文化资源，发挥市场机制与政府调控的双重作用，大力发展惠及全体市民的文化事业和文化产业。

一是加大扶持演艺市场力度。出台"三个一"措施，即每月召开一次文化市场演出经营单位的联席会议，及时沟通政府与文化市场主体之间的信息和诉求；每月召开一次新闻发布会，发布下月文化市场重要活动信息；每月制作一期《南京演出海报》和《南京演艺导刊》。组织策划省、市主流媒体对南京文化市场进行集中宣传报道。全年市场性演出有2000多场，售票率达80%以上，其中引进各类中外剧(节)目达120余种，"旺季更旺、淡季不淡"的演艺市场格局初步形成。

二是加大文艺精品创作力度。编排演出大型音乐舞蹈诗画《神韵金陵》，组织"四季金陵"系列摄影比赛，编辑出版《魅力南京——山水城林》丛书，启动南京文化名家诗词歌赋专辑《我爱南京》、乡土教材《南京——我的家乡》(市民读本、学生读本)编辑工作，组织"我爱南京"优秀文学、歌曲、摄影作品征集宣传活动，展示南京悠久历史与现代文明交相辉映的风采。《神韵金陵》凭借创新的艺术表现手法、准确的市场定位和新型营销模式，连续演出百余场，平均上座率达90%以上。

三是加大工作规划和政策制订力度。在省辖市中率先成立哲学社会科学规划领导小组和哲学社会科学规划办公室，编制完成《2005年"文化南京"行动纲要》和《南京市"十一五"文化产业发展规划》，制订《南京市"文化名人、文化精品工程"实施方案》和《关于在全市宣传系统实施"五个一批"人才培养工作的意见》，加紧筹建"南京文化发展基金"，完成《建设文化大省文化中心与加快南京城市发展》和《南京市创意产业发展对策研究》等重点课题研究。

(南京市委宣传部)

苏州市宣传工作

2005年,苏州市宣传思想战线坚持以邓小平理论、“三个代表”重要思想和科学发展观为指导,认真学习宣传贯彻党的十六大和十六届四中、五中全会精神,紧紧围绕实现“两个率先”目标,突出构建和谐社会的新任务,切实加强和改进理论、新闻、文化、外宣、精神文明等各项工作,努力为全市的改革创新、科学发展、和谐稳定提供思想保证、精神动力和智力支持。

以树立落实科学发展观和构建和谐社会为重点,不断深化理论的学习、宣传和研究

一是以各级党委中心组学习为载体,不断增强各级领导干部学习的自觉性。组织各级党委中心组认真学习十六届四中、五中全会精神,把“三个代表”重要思想、科学发展观、构建和谐社会等的学习贯彻不断引向深入。加强党委中心组学习的规划、督促和服务,编印学习参考资料和《特供信息》,深入基层旁听中心组学习。市委中心组率先垂范,全年集中学习达20多次。上半年,以“加强执政能力建设、树立和落实科学发展观”为主题,邀请北京、上海高层领导及专家来苏作专题讲座。举办了10多期苏州形势任务系列讲座,听众累计达7000多人次。

二是以开展保持共产党员先进性教育为契机,加强党员干部的思想建设。认真配合全市开展保持共产党员先进性教育工作,较好地完成了各项宣传教育任务。制订了市委中心组学习计划及面上教育活动计划,编印先进性教育活动辅导材料,承办了《时代先锋——保持共产党员先进性教育大型图片展》,主办了“保持共产党员先进性大讨论座谈会”、“为党旗增辉——大型革命历史电影展”、知识竞赛、文艺专场演出等,组织协调2次先进典型事迹报告会,并赴5市(县)巡回演讲。市委讲师团围绕全面小康社会建设和保持共产党员先进性教育活动等主题,为基层开设讲座近100场,直接听众和参训人员达1万余人。

三是紧密联系苏州实际,推动理论研究和学术研讨活动。组织开展开展了“苏州之路——‘两个率先’的实践与思考”以及“和谐社会理论与苏州实践”两大重点课题研究。承办了“江苏全面建设小康社会——苏州论坛”、“以科学发展观统领全面小康社会建设——昆山经验研讨会”、“首届中国·苏州企业文化高峰论坛”。组织开展了苏州市第八次、江苏省第九次哲学社会科学优秀成果评奖工作,对191项优秀成果进行了表彰。

以率先完成江苏省制订的全面建设高水平小康社会目标任务为中心,营造加快发展、协调发展、科学发展的浓厚氛围

一是始终坚持正确的舆论导向,新闻宣传主题鲜明。全市将“三个代表”重要思想和十六届四中、五中全会精神的宣传,始终贯穿在新闻宣传中,切实做好正面引导、热点追踪、舆论监督、解疑释惑、凝心聚力工作,在全市唱响了加快推进“两个率先”和建设生态城市、创建全国文明城市、迎接第28届国际科联大会、人口与发展国际援助研讨会、第四届电子信息博览会、全国十运会等一系列重大宣传报道的主旋律,充分展示了苏州三个文明建设成果和良好的城市形象。

二是紧紧围绕中心、服从服务大局,新闻宣传形成合力。新闻宣传坚持围绕中心,服务大局,努力为苏州“两个率先”提供精神动力和舆论支持。对重点工作、重大任务、重要事件进行集中报道,形成舆论强势。先后开展了“学习贯彻十六届四中五中全会精神”、“创建全国文明城市”、“树立和落实科学发展观”、“加快第三产业发展”和重大节会的新闻宣传战役。各新闻媒体精心策划,深入采访,发挥各自媒体优势,宣传报道精彩纷呈。昆山市全面小康社会建设系列报道、张家港市为期8个月的“走遍村庄”大型新闻行动等,受到社会各界关注和好评。

三是切实加强互联网新闻宣传工作和重点网站建设。旅游节、电博会等全市重大外宣活动都邀请国内外知名网站参加报道,如旅游节的宣传活动,邀请了新浪、龙虎、东方等10多家网站的记者来苏报道;电博会的宣传邀请了23家网络媒体参加现场报道。同时与新浪、人民网、新华网积极联系,提供苏州的城市形象片,在网站上播发。扶持“名城苏州”、“苏州新闻网”、“苏州热线”等重点网站建设,成立了“新浪苏州站”,与中国最大的专业外宣网站“中国网”实现城市门户及多语种链接,加入了“人民网”网络宣传协作体。组织网上阅评队伍,围绕网上有关苏州的热点问题,撰写评论、引导文章和贴子,对有害信息及时处理,坚决删除。

四是按照“三贴近”要求,不断创新新闻管理。对一些热点难点问题,特别是突发事件,注意把好关、把好度,确保舆论导向正确,取得了较好的社会效果。加强建章立规,从制度上加强管理,保证调控及时有效。对我市党政部门所办的报刊进行了有效整治,强化了谈话制度、通气会制度、新闻发布会制度、新闻阅评制度、新闻协调制度等,对小报小刊及网络新闻宣传的管理等得到了进一步加强。

以建设“文化强市”为目标,加快发展文化事业和文化产业

一是文化设施建设稳步推进。全市标志性文化设施建设顺利推进,苏州博物馆新馆按进度进展顺利。总投资15亿元的我市最大文化设施项目苏州科技文化艺术中心5月正式开工。市区公益性基层文化设施建设发展引导资金拉动效应显著,全市建成和在建项目5个,投入引导资金100多万元,配套资金投入825万元。总投资达1亿元的金阊区文化活动中心于年底奠基。各县市文化设施建设力度不断加大,常熟美术馆、古琴馆和评弹博物馆、昆山图书馆新馆、吴江图书馆新馆、张家港河阳山歌馆、沧浪区少年宫等一批大型文化设施已建成开放,张家港文化艺术中心于年底动工。

二是文化遗产保护工作再上新台阶。召开全市文化遗产保护工作会议,出台了《苏州市古村落保护办法》、《苏州市区古建筑抢修贷款贴息和奖励办法》等系列政策法规。7月由文化部、省政府主办的“中国非物质文化遗产保护·苏州论坛”在苏州隆重召开,中国(苏州)民族民间文化艺术展示周和第二届中国(苏州)昆曲国际学术研讨会同时举行。昆曲两个“五位一体”的保护体系不断完善,“昆曲遗产保护、继承、弘扬工程”项目获首届文化部创新奖唯一的特等奖,国家昆曲遗产保护研究中心在苏州昆曲博物馆正式挂牌。先后在北京举办“昆曲艺术圆桌论坛”、“昆曲长生殿国际学术研讨会”和承办“长三角民族文化保护与利用论坛”等高层学术会议,大大推动了我市文化遗产保护尤其是昆曲保护工作向更高层次迈进。

三是文艺精品创作成绩卓著。认真组织参加省第六届“五个一工程”奖评比,共申报了七大类29部优秀作品。昆曲经典名剧《长生殿》和青春版《牡丹亭》“名城名校行”演出活动反响热烈。电视片《烟波太湖》获中国电视文艺星光奖,现代昆剧《行路》(一折)获全国首届少儿戏曲“小梅花”决赛最高奖,小品《面试》荣获第五届央视小品大赛4项大奖,校园喜剧《青春跑道》入选省舞台艺术精品工程初选剧目。新编昆曲《西施》、舞剧《中国昆舞》、图书《苏州艺术史纲》、《谢孝思文论集》等一批重点项目正在创作中。

四是社会文化活动丰富多彩。组织开展了以舞台艺术进社区、进乡镇、进学校、进企业为主要内容的公益文化服务活动，全年组织演出160余场，观众超过20万人次，受到基层群众热烈欢迎，是将优秀舞台艺术资源切实转化为宣传思想教育资源的一次成功尝试，获得“江苏省文艺下基层‘四个一’工程组织工作奖”。群众文化“四十佳”评比大大调动了基层开展群众文化活动的积极性，市区常年活跃的各类群众文化团队有4000多支。纪念中国人民抗日战争胜利60周年大型交响音乐会“国魂颂”汇集了13支合唱队伍、近千名群众演员参加，以多种合唱表演形式深刻表现了纪念主题。围绕纪念陈云同志诞辰100周年，承办了由中国文联、中国曲协和江苏省文联等主办的系列文化活动，陈云同志“出人、出书、走正路”的文艺思想在全市文艺工作者中进一步深入人心。2005“真情苏州”春节晚会暨“与爱同行”大型慈善晚会、张家港市长江文化艺术展示周、首届中国(常熟)尚湖国际文化节、郑和下西洋600周年纪念活动和第三届中国太仓郑和航海节、庆祝相城建区五周年“艰苦创业、激情跨越”系列活动以及春节、“五一”、“十一”等重大节日期间的文化活动提升了苏州文化的知名度，大大丰富了群众的精神文化生活。以全国首批数字电影四个放映点之一吴江市平望镇试点为契机，在全市全面启动数字电影普及工作。

五是文化产业取得新进展。按照“分类定位，分开管理，分别改革”的方式，各事业单位稳妥开展了以工资总额管理和岗位绩效工资制为主要内容的分配制度改革。动漫等新兴文化产业发展迅速，5月底苏州工业园区动漫产业园被批准为国家动画产业基地，吴中区动漫产业园也在加紧建设中。市政府下发了《关于扶持动漫产业发展的政策意见》。我市第一部由苏州人独立完成的22集电视剧《后代》在苏州开机拍摄，将向观众展示一个现代化的新苏州。各文艺院团与多方加强合作，演艺基地不断扩大，经济效益增长较快。以江南音像出版社批准设立为标志，我市多媒体出版物生产体系进一步形成。在抓好文化市场长效管理的同时，组织有关职能单位多次进行联合执法集中行动，重点对出版物市场和娱乐场所、网吧等突击检查整治，有力地规范了文化经营行为，净化了文化市场。

以创建全国文明城市为龙头，扎实开展群众性精神文明建设

一是未成年人思想道德建设深入推进。市文明办与市教育局联合命名了首批18个“苏州市未成年人校外德育教育实践基地”，建成了一批设施健全、管理规范的实践基地。与市教育局、市妇联等单位联合组建“苏州市网上家长学校”，为全市家长开辟了一个不受时间和空间制约的大课堂，并作为创新案例被评为江苏省第九届精神文明建设新人新事。专门设立了市级未成年人思想道德建设专项资金，对未成年人活动项目给予资金保障。表彰首批10个“苏州市未成年人思想道德教育先进社区”，并给予奖金激励。

二是市民道德素质逐步提升。与有关部门联合开展了“同在蓝天下——慈善募捐”系列活动，先后为印度洋强烈地震引发海啸的东南亚和非洲部分国家灾区人民捐款人民币700.2万元，举办了“真情苏州”2005大型慈善捐款晚会，市区近8万名党员、职工、干部慷慨解囊，共募集资金1170.8万元。以“倡导志愿服务，增强社会责任”为主题，组织开展“全国十运会”苏州赛区志愿者服务、文明交通工程志愿者服务以及未成年人暑期社区志愿者服务等多种形式的志愿者活动。大力弘扬爱国主义精神，“神六”成功发射和回收后，由市委宣传部、市文明办、中华航天博物馆等单位举办了“飞向太空——中国载人航天(苏州)展”。苏州籍航天员、“神六”飞船指挥长费俊龙特邀来苏为航天展开幕式致辞并剪彩，举办了“航天精神”专题报告会。为期一个月的展览，全市有20万干部、学生和市民群众接受了教育。组织开展“2005年文明交通工程”各项活动，特别是组织了以文明交通工程协调小组成员单位为核心、24个窗口行业联动的“文明交通劝导岗”活动，实施了文明交通进社区、进村镇、进学校、进机关、进部队“五进工程”，将新交通法规的宣传教育工作推进到基层。以打造“诚信苏州·消费天堂”为目标，以创建全国消费放心城市为载体，加快了诚信苏州建设，并开展了“十个一”(餐饮、蔬菜、粮油、百货、房地产、家具、出租车、机动车维修、旅游、网吧十个行业)先行点的创建达标工作。继续深化“365食品安全行”活动。

三是“三创一建”工作成绩显著。在文明城市创建实践中，较好地融入了文化意识、生态意识、科学意识、现代意识和创新意识，形成了“以经济建设为中心、以城市管理为基础、以文化发展为内涵、以读书育人为根本、以服务人民为宗旨”的工作指导方针和“城乡一体、市县联动、互相促进、共同发展”的创建特色。各市、区和职能部门积极按照全国《文明城市测评体系》的要求，认真排查薄弱环节，在自查自纠工作的基础上，迅速制订改进措施。在全国文明城市迎检前期，省委常委、市委书记王荣亲自对各服务窗口、公共场所和小区街巷进行检查指导督促，各市、区相继召开了创建全国文明城市动员大会。在测评考核期间，各地、各单位积极配合省测评组对市区和五个县级市进行问卷调查、实地考察、整体观察等相关工作。经过全市上下的共同努力，张家港市成为全省唯一当选的全国文明城市，是全国县级市唯一获此殊荣的城市；苏州市跻身“全国创建文明城市工作先进城市”行列。中央文明委表彰了我市全国文明单位8家、全国文明村镇3个、全国创建文明村镇工作先进村镇4个、全国精神文明建设工作先进单位6家。

以全市性重大活动为契机，着力提高对外宣传的有效性

一是围绕中心工作，加强经济外宣。配合市政府招商工作组织德、法近30家新闻媒体报道苏州。把握苏州参加日本爱知世博会的契机，把韩、日招商宣传与之相结合，收到较好效果，日本爱知“世博会·苏州周”活动取得圆满成功。以苏州工业园区、高新区为代表的开发区坚持主题宣传与新闻宣传并重、文化资源挖掘与对外形象建设并举，对外宣传力度加大。抓好华交会与广交会两个宣传时机，大力推进苏州自主出口产品的宣传策划和推荐工作，拓展外经贸宣传。

二是围绕重大活动，做好活动外宣。全年围绕中国苏州电子信息博览会、第28届国际科联大会、苏州国际旅游节、“缘聚苏州——欧洲国际友城日”、“中国苏州刺绣艺术展”、日本爱知世博会等，展开外宣工作。围绕2005年苏州国际旅游节，重点推介“人间新天堂”的旅游新思路；围绕第28届国际科联大会，突出苏州“世界新兴科技城市”的城市名片；围绕电博会，精心打造“中国电子第一展”的舆论氛围。全年共策划大型新闻宣传活动6次，在国务院新闻办新闻发布厅举办新闻发布会1次；举办新闻吹风会9次，邀请、接待外国和港澳台媒体27批360人次，国内主要外宣媒体16批400余人，发稿3200余篇(幅)。

三是加强对外文化交流，做好文化外

宣。大力弘扬昆曲、评弹等苏州传统文化，先后组织苏州昆剧院《长生殿》、青春版《牡丹亭》等剧目参加香港艺术节、澳门艺术节，广泛开展"中法文化交流年"、评弹海外演出等官方和民间各种文化交流。积极发挥主流媒体的信息主渠道作用，精心策划苏州对外招商、国际友城日、电子博览会、外国人才艺大赛等战役性报道。创办了英语周刊《苏州一周》（SuzhouWeekly）。通过《让世界了解你》、《海峡两岸》、《走遍中国》等名牌栏目以及外宣精品对外宣传苏州。以世界速度轮滑锦标赛等国际体育赛事为载体，促进苏州对外交流。加强友城交往和涉外联谊活动，将宣传工作寓于接待、服务工作之中。

以构建和谐社会为主题，加强社会宣传和市民教育

一是开展"弘扬'三创'精神，推进'两个率先'，构建和谐社会"主题教育活动。将主题教育活动与学习贯彻"三个代表"重要思想相结合，与保持共产党员先进性教育相结合，与弘扬"张家港精神"、"昆山之路"和"园区经验"相结合。新闻单位开设专题专栏对整个活动进行大张旗鼓地宣传，文化部门通过丰富多彩的文化活动进行宣传教育，精神文明建设部门结合文明城市创建加强宣传教育，社科理论部门组织专家学者对"三创"精神进行座谈研讨和宣讲。精心组织"三创之星"、"三大法宝"报告会。

二是深入开展爱国主义教育活动，弘扬民族精神。紧紧抓住纪念中国人民抗日战争胜利60周年、载人航天发射成功等契机，充分利用各级各类爱国主义教育基地，积极开展多种形式的爱国主义教育活动。抗日战争胜利60周年纪念活动隆重热烈，既有大型文艺晚会、电影展映，又有报告会、座谈会、图片展览、读书征文、群众歌咏以及参观、凭吊和各种社会实践活动等，吸引了干部群众的广泛参与。为进一步弘扬"自力更生、艰苦创业、团结协作、无私奉献"的红旗渠精神和"特别能吃苦、特别能战斗、特别能攻关、特别能奉献"的航天精神，相继举办了红旗渠精神图片展、弘扬航天精神报告会，专门邀请了英雄航天员费俊龙同志、神舟号系列飞船总设计师戚发轫同志来苏作专场报告。还举办了圆明园回归国宝展览。为配合先进性教育活动，开展了"看改革成果、学'三创'精神，看城乡新貌、学发展经验，看党员风采、学身边典型"的"三看三学"活动。顾炎武纪念馆暨顾炎武故居被中宣部命名为全国爱国主义教育示范基地。

三是加强和改进基层思想政治工作，促进社会和谐。举办"金河—苏州"形势任务系列讲座，广泛开展多种形式的理论宣讲，深入宣传党的十六届四中、五中全会精神，宣传党和政府各项中心工作和重大发展举措，针对国际国内的热点难点问题，做了大量解疑释惑、理顺情绪、鼓舞士气的工作，进一步凝聚了民心民力，维护了社会稳定。继续抓好"三下乡"活动，为广大农民送去了知识和技术、政策和法律，送去了丰富的精神文化产品，也送去了党和政府的关怀和温暖。吴江市注重在服务农民中提高农民素质，开展农村实用技术培训1327期，培训人员17.2万人次，受到群众欢迎。扎实推进"百城万店无假货"活动，加强示范街、示范店的创建与管理，组织开展了第二批市级示范街和示范店的申报工作。"3.15"前后积极协调有关部门开展了集中宣传咨询活动。举办首届"中国·苏州企业文化高峰论坛"，将企业文化与企业发展相结合，本地企业家与外地企业家、专家学者相结合，专家讲坛与报告会相结合，积极探索新形势下加强企业思想政治工作和精神文明建设的有效途径。

四是加强和改进典型宣传，宣传水平进

一步提高。集中宣传了“三创之星”先进典型，苏州滑稽剧团名誉团长顾芗，太仓市国税局党组书记、局长张忠平成为全省的“三创之星”。结合保持共产党员先进性教育活动，宣传了一批在“两个率先”实践中涌现出的先进典型。常德盛、顾芗作为优秀共产党员代表，参加了全省优秀共产党员先进事迹报告团，在全省巡回演讲。优秀社区工作者江祖国同志感人事迹受到中央和省市媒体高度关注。

（苏州市委宣传部）

无锡市宣传工作

2005年，无锡市宣传思想战线坚持以邓小平理论和“三个代表”重要思想为指导，按照科学发展观和构建社会主义和谐社会的要求，按照中央和全省宣传思想工作的总体部署，坚持解放思想、与时俱进、开拓创新，积极唱响主旋律、打好主动仗，大力弘扬“四尊四创”（尊重劳动、尊重知识、尊重人才、尊重创造和创业、创新、创优、创造）和无锡城市精神，努力建设和发展社会主义先进文化，为在省内率先建成全面小康社会提供了有力的理论指导、舆论力量、精神支柱和文化条件。

扎实推进理论武装工程，努力夯实全市人民团结奋斗的共同思想基础

坚持把树立和落实科学发展观作为思想理论建设的重大任务，立足无锡“两个率先”的最新进展，突出各级领导干部这一重点，结合保持共产党员先进性教育活动，坚持党委中心组学习制度，先后举办了5期“无锡改革发展高层论坛”，在全市领导干部中开展了“提高执政能力，构建和谐社会，推进‘两个率先’”专题学习调研活动。全市各新闻单位和基层宣传文化阵地，主动介入、精心策划，持续推出了“树立科学发展观”学习宣传活动。积极创新理论学习宣传的形式和载体，创办了“东林学习讲坛”，定期邀请国内著名专家学者举办专题讲座；精心举办了第三届“学习创新节”和第二届社科普及周活动，通过评选20项“市民最关注的创新成果”、开展“学习·创新”手机短信大赛、举办社科知识讲座等，推动群众性学习与创新活动；举办了无锡工商文化研讨会、长三角民营经济发展论坛，承办了第五届国史学术年会。组建了哲学社会科学专家团队伍，凝聚社会力量开展哲学社会科学重点课题研究攻关。在全市首次推行实施哲学社会科学课题公开招标制度，完成了《构建和谐宜人新无锡战略研究》等16个课题。制订实施《无锡市新经济组织基层党校工作条例》，加快推动新经济组织基层党校建设规范发展，至年底全市已建立非公企业党校35个。以科学发展观为主线的基层党员干部集中轮训、主题教育活动深入城乡各地，基层党员干部的政治意识、大局意识、责任意识和表率意识明显增强。

服务“两个率先”大局，着力提高领唱主旋律的能力

紧紧围绕倡导创新导向、激发发展热情，先后开展了“以创新为动力，建设和谐宜人新无锡”主题宣传、“一把手谈创新”新闻采访报道活动。结合贯彻全省宣传思想工作会议精神，以“创新大讨论”、“四尊四创”学习教育等为载体，精心组织了“激发‘三创’热情，弘扬城市精神，建设和谐宜人新无锡”主题教育活动，印发宣传提纲2万余份，举办各类研讨会、座谈会、报告会3000多个，并在新闻媒体推出系列言论、专访、理论文章和跟踪报道，营造了“率先发展、科学发展、和谐发展”的浓厚氛围。重视发挥先进典型的示范、引导作用，制订实施《无锡市先进典型宣传工作管理办法》，全年相继开展了“创新路上看先进”集中采访报道等4轮较大规模的典型宣传活动,市委市政府隆重授予施正荣“无锡创新先锋”、顾建明“无锡英雄市民”、丁俊晖“无锡青年标兵”荣誉称号,特别在吴仁宝、一汽锡柴党委两个重大先进典型的学习宣传中,市委专门下发学习决定,召开千人报告大会,印发万份先进事迹材料,制作光盘下发,扩大宣传效应,吴仁宝被推荐作为全省首个“三创之星”在省级主要媒体进行了广泛宣传,被中宣部、中央先进性教育办公室确定为全国重大先进典型,接受了中央30多家新闻媒体的专题采访。着眼加强和改进新闻宣传管理,制订了《关于加强和改进新闻舆论管理工作的实施意见》,探索建立了新闻发言人制度并成功举办12场新闻发布会,建立了突发事件新闻报道应急机制,确保了舆论导向正确、引导有力。结合“两会”、第三届太博会、“十运会”等重大活动,精心打好新闻宣传战役,取得了良好社会效果。积极利用重大节会、重大活动、重大时机推进对外宣传工作,在中央、省级主流媒体和有关境外国外媒体推出专访、专题、专版,全方位宣传和展示无锡。精心制作《魅力无锡》、《双赢发展》、《小上海·大摇篮》等外宣精品,其中《双赢发展》专题片先后在央视9套和数家省级电视台播出,并制成光盘发给了第九届《财富》全球论坛与会贵宾。在新华网开设了“无锡频道”,成为全国首个在该网开设频道的地级市,目前日均访问量超万人次。聘请著名台球运动员丁俊晖为无锡城市形象代言人。积极调研论证无锡城市品牌战略规划,提出了城市品牌形象总体设计定位和“五个名城”形象塑造路径,为实施城市品牌战略、提高城市综合竞争力提供了决策参考。

加强统筹推进,促进文化事业和文化产业加快发展

认真贯彻中央和省、市委关于加快文化改革、促进文化发展的精神,积极推进文化“管办分离”和政事、政企分开,组建了市文化艺术管理中心,进一步理顺了政府管文化与社会办文化的关系。加快推动文化事业单位改事转企工作,推进文化资本投入市场向社会化、多元化方向发展,在文化项目招商活动中新签约项目32个,引进社会资金800多万元。无锡广电、报业两大集团管理体系进一步完善,内部人事、分配、考核和人才培养机制进一步改进,在宣传主业和经营产业上均取得新的进步,提高了整体实力和综合竞争力。一批思想精深、艺术精湛的文艺精品相继推出,由无锡市歌舞团创演的大型民族舞剧《红河谷》,顺利入选国家舞台艺术精品工程10大精品剧目,成为全省唯一有剧目入选这一国家舞台艺术顶级奖项的地级市。锡剧《青蛇》入选省10台精品剧目。8集电视记录片《徐悲鸿》成功拍摄并在央视热播。为活跃群众文化生活,精心组织了第二届太湖国际民乐展,世界四大洲7个国家的300余名民乐艺术家聚集锡城,登台献艺;举办了第三届太博会文化艺术节六大系列活动,尤其“活力无锡”狂欢巡游活动,有80支中外特色团队、20辆大型彩车、4500多名演职员激情表演,成为无锡近年来规模最大的群众文化活动,央视等中央、省级媒体和部分国外境外媒体均作了全方位报道。编辑出版共计17册的《无锡文化丛书》,精心举办“三下乡”、“文明之春”文化集市、“激情周末”广场文艺演出、“百场电影进社区(村镇)”等活动。坚持以文化娱乐、文化旅游、传媒业、动漫业等新型文化产业为重点,积极推动新区国家数码娱乐产业中心和滨湖区数码动画影视产业园区建设,无锡广电集团、无锡日报报业集团相继开通了手机电视、手机广播、移动电视、网络电视、手机报纸等新兴业务,提升了区域文化产业综合竞争力。加强文化资源保护、开发和利用，鸿山遗址考古发掘荣获2004年全国10大考古新发现，秦邦宪故居、顾毓琇故居、文渊坊小区等全面修复，薛福成故居西花园建设正式启动，提升了城市人文内涵和文化品位，无锡荣获“江苏省历史文化名城”称号。

突出重点、整体推进，进一步提升精神文明创建工作水平

坚持以争创全国文明城市为龙头，不断兴起精神文明创建活动的热潮。高标准做好全国文明城市达标申报工作，广泛发动、认真组织各地各部门对照全国文明城市测评体系，以交通秩序、市容环境、治安稳定、道德建设为重点，坚持条抓块包、条块联动，建立应急联络、信息沟通、督查整改等迎检工作机制，严格落实属地管理，狠抓薄弱环节整改，促进了市容市貌的改善和市民素质的提升，无锡再次获得“全国创建文明城市工作先进城市”称号，并有14个村镇、单位和个人获得中央文明委表彰。制订了《关于加强全市精神文明创建活动规范管理的意见》，出台了文明行业、文明村镇、文明社区、文明单位、文明城区、文明机关6个创建管理办法，统一各类基础创建活动的标准、管理机构、申报评选程序等，促进精神文明创建工作的制度化、规范化。广泛开展“优质服务竞赛”、学习型创新型社区创建等活动，使文明风尚进一步深入城乡。精心举办“志愿者活动月”、“文明交通”党员志愿活动等，健全完善“劳务奉献”、“智力服务”、“应急援助”三大类型的志愿者队伍体系，全市现有注册志愿者超过22万人，占全市总人数的比例达9.86%。继续推行未成年人思想道德建设目标管理制度，在深入调研、广泛征求意见的基础上，确定了20个未成年人思想道德建设目标管理项目，形成合力加以推进，为青少年健康成长办了件件实事、好事。启动了“社区青少年绿色上网活动中心”建设工程，建成了30个绿色上网中心。重视加强未成年人社会实践基地建设，经过积极规划和争取，无锡中学生综合社会实践基地被中央文明委命名为全国青少年校外活动示范基地，被省文明委确定为全省唯一的省级未成年人社会实践基地，并获得省未成年人思想道德建设专项资金扶持。推行实施“七彩阳光”计划，建立了市与市（县）区和学校联通的心理健康活动中心，实施市级爱国主义教育基地向未成年人免费开放，大力抓好“未来新市民”和特殊青少年群体的德育教育和家庭教育，为青少年健康成长创造了良好的环境条件。

采取多种形式和渠道，不断增强基层思想政治工作的针对性和有效性

坚持把形势政策教育作为基层思想政治工作的重要抓手，做到重大事件及时宣讲，难点问题反复宣讲，引导干部群众统一思想、凝心聚力。先后举办了“中日关系、台海局势”等形势报告会，开展了“百万市民看无锡”活动。围绕市委市政府提出的力争年内建成全面小康社会的目标，在全市组织开展了建设全面小康社会的系列宣传活动，市主要媒体逐个解读我市全面小康社会的指标体系和达标情况，编印下发全面小康建设宣传提纲1万余份，组织市和市（县）区两级10个宣讲团、100名宣讲员，深入城乡基层举办1000余场形势报告会，极大调动和激发了全市人民共建小康社会的饱满热情。据不完全统计，全年各地各部门共举办各类形势政策报告2800余场，受教育群众达30万余人。利用中国人民抗日战争暨世界反法西斯战争胜利60周年，加强以爱国主义为核心的民族精神教育，通过召开主题座谈会、举办大型展览、开展爱国主义教育基地“四个一”（拍摄播出一批基地专题片、制作一个基地专题网页、编制一本基地游览指南、征集公布一批基地形象宣传用语）宣传展示活动等，形成强大的民族凝聚力、向心力。加强基层思想政治工作研究会建设，召开了无锡市思想政治工作研究会第二次会员大会，围绕基层思想政治工作的重点、难点问题，组织广大理论工作者和实际工作者共同探讨，取得了一批研究成果。重视做好宣传信息工作，在2市7区和市直宣传文化系统建立了宣传工作信息员，调整充实了53个社会舆情信息直报点，进一步健全了社会舆情信息制度，紧紧围绕国内外大事、市委市政府中心工作、宣传思想工作的新进展新经验以及干部群众关注的热点难点问题，进一步加大信息收集、整理、分析和报送的力度，一些重要信息被上级刊物采用或受到市领导批示。继续加强干部队伍建设，在宣传文化系统领导班子中开展创建“好班子”活动，在宣传思想战线开展创建“学习型、创新型”机关和干部的活动，认真抓好新闻、出版系统的“三项学习教育”活动，并积极向其它领域拓展，在解决突出问题、树立良好形象、切实推动工作上取得了明显成效。同时积极创新学习培训模式，与上海市委党校和新加坡管理学院合作举办了宣传文化系统“五个一批”人才培训班，提高了参训人员的能力素质。

（无锡市委宣传部）

常州市宣传工作

2005年，常州市宣传思想战线紧紧围绕推进富民强市、实现“两个率先”总体目标，围绕中心，服务大局，重点工作有力度，特色工作有深度，创新工作有亮度，全市宣传思想工作呈现出全面推进、蓬勃发展的生动局面。

坚持解放思想，与时俱进，推进科学发展的作用明显增强

先后举办构建和谐常州等12场市委中心组报告会，通过理论骨干培训班、龙城讲坛、基层党员冬训等形式广泛开展形势政策教育。围绕推进“两个率先”进程等重点课题加强理论研究，产生一批研究成果。召开纪念陈云同志诞辰100周年理论座谈会，纪念恽代英诞辰110周年学术研讨会，组织并完成宣传思想工作重点课题的调研工作。

开展“弘扬‘三创’精神”主题教育。召开全市“弘扬‘三创’精神”千人动员大会，举办百场“三创”报告会、“百名市民话‘三创’”电视系列论坛和百名“三创之星”选拔活动。在各新闻媒体开设“弘扬‘三创’精神，加快‘两个率先’”等专题专栏，组织开展“推进富民强市，全面建成小康”辖市（区）领导系列访谈，以“三创”精神领唱科学发展、加快发展、和谐发展的主旋律。组织开展“三创”理论研究，撰写了一批论文，有两篇入选全省“新时期江苏‘三创’精神理论研讨会”。年底策划组织2005年十大“三创明星”评选活动，首次采用报纸、网络、短信和评审小组四大平台联动的群众性评选投票方式，69名“三创明星”候选人名单和事迹介绍在相关网站和新闻媒体刊登播出，共收到市民投票45万人次，使“三创”典型的先进经验和成功典范成为干部群众学习借鉴的榜样。

开展瞿秋白英勇就义70周年纪念活动。2005年6月11日上午，著名散文家梁衡先生创作的“觅渡文碑”在常州瞿秋白纪念馆落成。6月18日至19日，中央文献研究室科研部、中共江苏省委宣传部、中共常州市委、中共江苏省委党史工办、省瞿秋白研究会在常州市隆重召开瞿秋白英勇就义70周年纪念暨学术研讨会，省内外领导和专家学者100多人云集常州，举办系列活动，交流研究心得，缅怀秋白功绩。

坚持把握导向，服务大局，提高城市知名度的能力有效提升

制订并下发《关于改善优化投资环境的宣传报道意见》，组织开展“推进‘三加工程’实现‘两个率先’”专题新闻行动，推出优化投资环境、加强招商引资、提升服务业发展水平、保持共产党员先进性教育、摩托车整治等重大战役性专题新闻报道。围绕“名牌常州”建设，组织在《经济日报》等媒体上大力宣传常州品牌经济，在2005中国品牌经济城市评比中常州位居第六位。

邓建军成为全国重大典型。实施“典型培育工程”，建立典型库、组织推广宣传，经过10年精心培育，邓建军被中宣部列为全国重大典型。2005年4月4日至10日，中央电视台、《人民日报》等12家中央新闻媒体来常州进行集中采访。4月19日起，中央电视台相继在其三大主要新闻栏目《新闻联播》、《焦点访谈》、《新闻会客厅》节目中播出邓建军先进事迹报道节目。《人民日报》、新华社等中央媒体相继刊发《“领跑”十七年》，《用知识演绎时尚》等40多篇新闻报道，在全国广泛宣传邓建军“以学习增强能力、以创新创造业绩、以奉献体现价值”的先进事迹。举办邓建军先进事迹报告会，组织全市开展各类学习活动，与省委宣传部共同组织编写《本色与超越——邓建军》一书。

浓墨重彩宣传学习人民的好教师殷雪梅的先进事迹。2005年9月3日至4日，由新华社、中央电视台等24家中央及省新闻媒体组成的中央新闻单位采访团来常州金坛集中采访殷雪梅的先进事迹。全国教师节期间，人民的好教师殷雪梅被中宣部、中央先进性教育办公室确定为全国重要典型在全国宣传推广。美国《华人时报》等数十家海内外媒体、网站对殷雪梅老师“舍身忘死，勇救学生”的感人事迹进行大量报道。举办殷雪梅先进事迹报告会和学习座谈会，组织全市开展学习活动。金坛市创作完成儿童剧《殷雪梅》并成功演出，20集电视连续剧《殷雪梅》开机拍摄。2005年12月，殷雪梅入选十大“感动中国”人物候选人。

加强常州城市形象的对外宣传。制作出版了汇集常州市最新经济社会发展情况，体现城市新貌的对外宣传手册——《掘金宝地》，全面介绍常州的历史文化、人居环境、服务水平和经济实力，并免费提供给广大企事业单位。在新华网上开辟“掘金宝地”专题，制作专题片《2005中国常州》，在央视国际频道播放城市形象宣传片，全年在境外报刊发稿450多篇，宣传常州开放的城市形象和良好的投资环境。

坚持统筹发展，创建为民，文明城市创建工作喜获佳绩。市委市政府召开深化文明城市、学习型城市建设工作会议，按照《全国文明城市测评体系》要求，制订创建方案，做好各项准备工作。围绕《公民道德建设实施纲要》，组织开展“三下乡”、诚信常州建设、“百城万店无假货”等宣传教育活动，组织精神文明建设“十佳好事”评选，提升城市文明程度和市民文明素质。

常州市荣获“全国创建文明城市工作先进城市”称号。系统推进文明城市六大环境建设，制订文明创建中长期规划和项目化年度创建目标，强化创建责任体系，构建群众参与和监督的有效渠道。召开动员大会，对争创全国文明城市创建工作先进市进行动员和部署，协调各行业、部门对市容市貌、创建氛围、交通秩序、公共环境进行了综合整治，经全国文明城市创建工作先进城市测评组的综合考评，常州市再次被中央文明委授予“全国创建文明城市工作先进城市”称号。金坛、溧阳再次被评为江苏省文明城市，16个村镇和单位受到中央文明委表彰。

深化学习型城市建设。市委、市政府出台《关于深化学习型城市建设的意见》，召开各类学习型组织的经验交流会和推进会，不断创新、发展和规范创建工作载体，完善“学习日”、“龙城讲坛”、“学习项目化管理”等载体；积极探索和创新“新市民学校”的教育管理模式；围绕新农村建设推进“现代农民教育工程”和“农村科技文化超市”活动，创办“新市民学校”800多所；在民营企业中全面倡导推广“学习宣传员”制度。进一步拓展学习型党组织、学习型干部队伍、学习型民营企业建设工作，完善覆盖全市城乡的学习型组织建设体系，提高各类学习型组织建设的整体水平。举办以“学习，让社会更加和谐”为主题的“第三届全国学习型城区论坛”。编印《常州建设学习型城市典型经验汇编》和《常州建设学习型城市创新成果汇编》。《常州市建设学习型城市》网站点击率达到50万人次，名列全国同类网站之首。

常州市志愿者总会开展彩虹行动。2005年3月5日常州市志愿者总会成立，并组织开展2005年全市志愿者彩虹行动，活动包括八个方面：“志愿服务一日、为民服务一生”党员志愿者行动、“爱心暖百家”结对帮扶行动、“共建美丽龙城”服务市民行动、“我是龙城志愿者”服务大型活动专项行动、“常州——我们共同的家”新市民志愿行动、“社区是我家，志愿为大家”社区志愿行动、“生命与奉献同在”义务献血、捐献骨髓志愿者行动、“我与文明同行”窗口行业志愿者行动。常州市志愿者总会面向广大市民开展大型宣传活动和志愿者的招募和注册工作，目前共有四大类26个团体会员。

坚持贴近群众，开拓创新，满足群众精神文化需求的整体水平切实提高

牢牢抓住加快发展现代服务业的新机遇，通过举办“2005中国国际卡通·数码艺术周”，配合做好常州动画产业基地建设，推动卡通产业发展。开展“卡通文化推广月”、“先进文化进社区”等群众性文化活动，全市共组织各类广场演出1000多场，放映露天电影500多场次，惠及城乡群众100多万人。

组织常州市第四届精神文明建设“五个一工程”评选。电影《我的香格里拉》等八大类30余件作品申报省第六届“五个一工程”。电影《我要做好孩子》荣获中国电影华表奖，创作完成《烟村三月》、《不应忘却的历史》、《殷雪梅》等优秀文艺作品，开拍全市第一部反映民营企业家创业经历的电视剧《如歌的岁月》。

成功举办“2005中国国际卡通·数码艺术周”。以“文化创新，彰显特色，交流发展”为主题，举办“2005中国国际卡通·数码艺术周”博览会、2005中国国际卡通作品比赛、中国国际卡通产业和卡通艺术论坛、中外优秀卡通影片展映四大主体活动，中国民族原创动画作品创意征集展等五大配套活动和卡通专业会刊、网站等六大基础性活动，共有23个国家和地区的1000多名卡通业界人士、18个国家400余家展商参加艺术周各项活动，共签署合作项目12个，35万市民共同分享这一卡通文化盛宴，成为一次国际性、专业性、民族性、群众性兼具的跨国文化交流平台和卡通专业盛会。常州国家动画影视产业基地入驻企业超过20家，开发生产《人鱼国的故事》、《楼兰》等一批原创动画影视作品，新型卡通产业的集聚效应正在形成。

开展2005卡通文化推广月系列活动普及卡通文化。9月5日至10月5日，在市内各大广场、公园、居民小区、大学校园举行卡通文化推广月活动。共举办5场“精品原创卡通剧目文艺会演”和20多场“国际优秀卡通大片”露天展映等，吸引5万市民参加。中华恐龙园与美国暴雪公司联合推出的“恐龙总动员、魔兽嘉年华”系列游园活动，共吸引12万游客参加。把卡通文化作为未成年人思想道德建设的重要载体，为广大青少年学生量身订做儿童卡通文艺节目展演、中外优秀卡通影片校园展映、青少年原创卡通漫画比赛、大学生动画漫画 Flash 设计大赛、“我与卡通”征文比赛、网络游戏挑战赛等活动，全市20万青少年学生踊跃参与。

坚持以人为本，促进和谐，思想道德建设的针对性和影响力日益扩大

全面推进未成年人思想道德建设六大工程和45件实事，组织开展“在阳光下健康成长”主题教育活动、成立常州市中小学生心理健康服务中心，实现中央电视台少儿频道的落地转播，与中央电视台少儿频道《公德行动》栏目组共同举办“天下无双”——中华文化知识千人竞赛。召开全市民营企业建设企业文化经验交流会，下发《关于在全市民营企业中倡导推广“学习宣传员制度”的意见》，推动企业文化建设，促进民营企业加快技术创新和机制创新步伐。“常州三杰纪念地”被中宣部命名为第三批全国爱国主义教育示范基地。

组织开展纪念抗战胜利60周年爱国主义教育系列活动。在全市开展“弘扬民族精神，实现两个率先”八项教育活动，召开全市爱国主义教育基地工作会议，与江苏电视台等联合摄制十大爱国主义教育基地电视专题片，制作完成10部省级爱国主义教育基地虚拟实景。组织召开“常州市纪念中国人民抗日战争胜利60周年各界人士座谈会”，组织知识竞赛等系列纪念活动，与市党史工委共同编写《江苏人民打击日寇英雄事迹·常州卷》、《英雄少年》等书。

组织开展“七彩暑期，健康成长”系列活动。组织开展以“万名少年儿童走进爱国主义教育基地”少先队大型主题队会、“小手拉大手，公德万人行”、全国机器人大赛和科技夏令营等11项活动组成的“七彩暑期，健康成长”系列活动。活动以中小学生为主体，以实践教育、体验教育为载体，通过道德教育、社会实践和环境营造，让孩子们走近社会，融入大自然，在实践中长知识、在参与中学本领。

开通“阳光心港”青少年心理咨询网站。市文明办、市妇联在全省建立了首家“阳光心港”青少年心理咨询网站。网站开设“我要咨询”、“心港聊天室”等栏目，通过网络互动的形式，为未成年人开展网上心理咨询服务。网站聘请著名教育、心理专家“知心女姐姐”卢勤等12位著名专家驻站服务，至2005年底已有2.5万人次通过网站与专家进行交流互动。

坚持遵循规律，科学管理，宣传思想工作的宏观调控更加规范有力。坚持依法管理和科学管理，加强宏观指导，完善制度建设，围绕理论建设、新闻舆论管理、互联网管理等出台一系列文件，进一步规范宣传文化领域的管理。启动新闻发布会制度，和复旦大学新闻学院联合举办常州市首届新闻发言人培训班，全市40多家单位的80多名“新闻发言人”和工作联络员参加培训，使新闻发言人熟悉新闻发布事务、掌握工作技能、正确履行职责。全年共组织召开科技经贸洽谈会、服务业招商会等20次专题新闻发布会。市委办、市政府办出台《关于改进和加强突发事件新闻报道工作的实施办法》，完善对突发事件新闻报道的快速反应和应急协调机制。举办《政府、媒体和舆论》中心组学习报告会，召开宣传舆论工作座谈会，提高领导干部正确应对媒体的意识和能力。深入开展“三项学习”教育活动，完善新闻提示和新闻协调会制度，建立全市互联网信息安全工作联席会议制度，加大网上正面宣传的力度。

（常州市委宣传部）

镇江市宣传工作

2005年,镇江市宣传思想战线坚持以"三个代表"重要思想和科学发展观为指导,紧紧围绕全市工作大局和"全面提升、全力争先"的工作总要求,按照"服务中心、服务社会、服务群众、服务基层"的工作思路,扎实工作,奋力作为,高扬主旋律,打好主动仗,实现了宣传工作与中心工作互动并进、各项工作取得新突破的良好局面。

围绕学习宣传"三个代表"重要思想和科学发展观,扎实推进理论武装工作,进一步巩固了全市人民率先发展的共同思想基础

以各级党委中心组学习为龙头,理论教育扎实有效。坚持用党的理论创新成果武装领导干部头脑,突出加强党的执政能力建设、构建和谐社会、党员先进性教育、科学发展观理论的学习。代市委起草下发了学习贯彻十六届五中全会的意见,制订下发了党委中心组全年学习意见和市委中心组专题学习计划,先后组织8次市委中心组集中学习。创新学习形式,组织市委中心组及县处级领导干部"双月高层讲座",相继邀请国务院发展研究中心原主任陈淮、南京大学党委书记洪银兴等专家学者来镇举办了5期讲座,为全市领导干部提供了一个高层次、新视角、宽领域的学习平台。继续加大中心组学习旁听制度的实施力度,组织了中心组学习秘书培训。精编《中心组学习资料选编》,受到省委宣传部的肯定和基层单位的欢迎。实施中心组理论学习百分考评制度,评选表彰了24家先进党委学习中心组,其中3家单位被推荐到省里接受表彰,推动全市党委学习中心组进一步走上正常化、规范化轨道。在全市县处级以上领导干部中组织开展了"提高执政能力,构建和谐镇江"专题学习调研和"树立和落实科学发展观"主题征文活动,汇编了学习调研文集,促进了对最新理论成果的深刻理解和掌握。认真组织基层党员干部理论教育工作,结合党员先进性教育活动的开展,组织了全市新一轮党员轮训工作。

以拓展阵地为主线,理论宣传影响广泛。召开全市理论宣传工作会议,制订下发理论宣传工作意见。突出重大理论宣传,发挥党报、电视台两大媒体优势,围绕执政能力建设、"大桥效应"等7个专题开展理论宣传。利用《镇江日报》理论专版开辟《中心组论坛》,组织了6期专题专版文章。邀请地方部门领导、党校及高校教师走进直播室,在镇江电视台"星·周刊"栏目举办了"提高执政能力"专题论坛。牵头组织党员先进性教育宣传工作,持续不断、广泛深入地进行宣传,为全市先进性教育营造了良好氛围。举办了社科宣传周系列活动,进一步提高了全市干部群众的社会科学素质。

以指导实践为根本,理论研究深入推进。围绕"两率先、两步走"进程中的重大理论与实践问题以及干部群众关心的现实问题和热点问题,组织社科专家开展课题调研和研讨,形成一批有价值的理论研究成果。其中,加强基层党组织建设研究课题作为全省研究成果结项。组织参加"长三角一体化发展论坛"和"长三角民营经济发展论坛",推动区域一体化发展研究,促进区域合作与共同发展。与扬州市社科联联合举办了"润扬大桥与区域经济发展"理论研讨会,为两市经济社会发展献计献策。高质量完成市第六次哲学社会科学优秀成果评奖工作,评出优秀社科成果61项。

围绕市委市政府中心工作,突出发展第一要务,营造"全面提升、全力争先"的强势氛围

经济宣传高潮迭起。坚持将经济宣传

作为重中之重贯穿全年,围绕市委市政府中心工作和各个阶段的重点工作,组织策划系列经济宣传战役,内聚人心、外树形象,营造了"全面提升、全力争先"的舆论强势。加强科学发展观的宣传,组织开展"落实科学发展观"系列主题采访活动,推出连续报道,深入宣传我市落实科学发展观、推进"两个率先"、构建和谐社会的新进展、新气象。围绕贯彻落实市委一号文件精神,推出"大项目巡礼"专栏,多层次、多方位地反映各地各部门抢抓大项目、加快开放经济和民营经济发展的新举措、新成效。呼应润扬大桥的开通,市属各媒体与中央、省和扬州市媒体联合采访,推出镇扬高端系列访谈和《看大桥特刊》等专题专栏,多角度、大容量报道润扬大桥通车的意义和重要作用。围绕实现全年经济目标,重点组织了"实现双过半"、"奋战四季度"等宣传战役,协调组织各新闻单位全面、准确、及时、深入地报道各地各部门加快发展的做法和经验,为全年各项目标任务的完成营造了良好的舆论环境。围绕贯彻十六届五中全会精神,组织了"回顾十五,展望十一五"新闻宣传战役,两台两报同时推出"新成就、新跨越"大型系列报道,运用系列访谈、专题报道、评论等形式,浓墨重彩地宣传"十五"期间我市经济社会发展取得的巨大成就,宣传"十一五"期间的宏伟目标、发展思路和举措,进一步坚定全市人民率先发展、科学发展、和谐发展的信心和动力。

重大主题宣传形成声势。广泛开展了"弘扬镇江精神,推进'两个率先',构建和谐社会"主题教育活动,举办了践行新时期"镇江精神"市民论坛,推出省"三创之星"朱小坤等一批重大典型,组织了"奋进的历程、辉煌的成就"——"十五"回顾展,在全社会营造了创业创新创优的浓烈发展氛围。扬中、句容等地也广泛开展了城市精神大讨论,为加快发展增添了精神动力。精心策划和组织了胡锦涛总书记视察镇江、纪念抗战胜利60周年、十运会和慈善总会成立、整治三小车等重大活动的宣传工作,取得了良好的宣传效果。配合全市开展先进性教育,各新闻媒体开设各类栏节目12个,共刊播稿件1500多篇,省以上媒体用稿230多篇,其中"党员进万家"的新闻在央视《新闻联播》播出,又先后在《人民日报》、先锋网等媒体刊发。集中开展形势政策教育,通过举办形势报告会、编发宣讲材料、组织群众讨论、举办成就展览、组织干部群众参观建设成就等多种方式,引导全市干部群众把思想和行动统一到"两率先、两步走"的实践中。积极探索基层思想政治工作新机制,完成市政研会换届改选工作,广泛开展积极健康向上的企业、校园、机关等文化建设。加强爱国主义教育,精心组织抗战胜利60周年系列活动,隆重举行了纪念抗日战争胜利60周年暨苏南抗战胜利纪念碑二期工程竣工典礼大会,举办了海峡两岸暨港澳道教界纪念抗战胜利60周年祈祷世界和平法会。积极配合有关部门,做好平安镇江、禁赌、科普、普法、重大节假日、重大社会活动等方面的宣传工作,营造了和谐奋进的社会氛围。"婚育新风进万家"宣传受到中宣部和全国妇联的表彰;十运会宣传和"三下乡"工作受到了省委宣传部等部门的联合表彰。

对外宣传成效明显。抓住润扬大桥通车、金秋经贸洽谈会等重大活动的契机,加强与省、中央及境外新闻媒体的合作,策划城市形象的整体宣传,先后在中央、省及境外知名媒体上刊播新闻稿件和图片近千篇(幅)。其中,镇江代表参加全国"两会"和平安镇江、党务公开的报道在全国产生了较大影响。成功举办"同一首歌——走进镇江"大型文艺演出、江苏国际频道"镇江电视周"、全国省级电台新闻年会等活动,组织摄制了《寻找赛珍珠》、《空中看镇江》和《财富看中国》、《再说长江》镇江辑等专题片，进一步提升了我市在海内外的知名度和美誉度。配合市委市政府组织的重大考察学习和各项招商活动，精心组织开展了一系列经济、文化、旅游外宣推介活动，全方位展示了镇江的良好形象。加强对外文化交流，召开赛珍珠国际学术研讨会，组团赴日韩开展文化交流，扩大了对外宣传的影响力和覆盖面。

热点引导健康有力。加强重大新闻、突发事件和敏感问题的协调宣传，针对拆迁、出租车运价调整等敏感问题，协调各新闻单位采取正面宣传、舆论引导的方法，准确把握了宣传基调，主动引导社会热点，打好维护稳定宣传的主动仗。进一步强化了对外舆论引导和报道工作，制订下发了《关于组织协调市内外突发事件采访报道的工作预案》，通过《重要舆情》形式向市委市政府领导和有关部门及时反映境内外媒体对我市的采访宣传信息，消除和平息了市外媒体对镇江一些负面宣传的不良影响。网上舆论引导积极主动，出台了《关于加强和改进全市互联网新闻宣传管理工作的意见》，定期编发了《网上舆情专报》，确保网络信息传播的健康和谐发展。注重改进宣传质量，镇江电视台推出了《直播镇江》节目，镇江日报调整了版面格局，京江晚报加强了新闻策划，增强了正面宣传的影响力和渗透力。

围绕优化社会发展环境，全面推进精神文明创建和思想道德建设，市民素质和城乡文明程度不断提高

全力组织全国文明城市创建和迎检工作，“三创一建”工作有了新进展。精心组织全国文明城市迎检工作，广泛动员各地各部门和广大市民积极参与文明城市创建活动，促成了一批群众反映强烈的热点、难点问题的解决，有力地促进了文明城市创建工作。高标准地完成对有关城市进行省级文明城市的复查，镇江和丹阳、扬中、句容继续保持了“江苏省文明城市”称号。继续深化文明社区、文明行业、文明村镇和文明单位的创建工作，多次集中开展“四进”社区和“三下乡”活动，组织开展了“迎十运盛会，迎经贸洽谈会”优质服务竞赛和“十佳文明示范窗”、“百名服务明星”评选活动，提升了基层创建工作水平。扬中市新坝镇、丹阳市新桥镇等5个村镇被评为全国文明村镇和创建工作先进村镇、镇江供电公司等10个单位被评为全国文明单位和精神文明建设先进单位、朱九青被评为为全国精神文明建设先进工作者，镇江市图书馆等239个行业、单位、村镇被评为江苏省精神文明建设先进单位。

着力推进落实实事项目，未成年人思想道德建设工作有新突破。召开了全市未成年人思想道德建设工作推进会，出台了《未成年人思想道德建设项目管理办法》，集中力量为未成年人健康成长办了一批好事实事。深入开展了“争做文明青少年”系列教育和实践活动；协调全市爱国主义教育基地和公益性文化设施全部免费向未成年人开放；出台了《镇江市棋牌室整治暂行规定》，加强对校园周边环境的专项整治，赢得了学校、家长和广大学生的好评；免费为全市中小学校发放了34套百部爱国主义教育影片；确定中山中学和六中等学校为进城务工人员子女入学的定点学校，切实解决进城务工人员子女入学难的问题；开展了文明关爱行动，重点资助特困学生家庭；组织开展了“百名教授进百所中小学”活动，密切高校与中小学联系，拓宽中小学生视野；启动了镇江市首届红领巾文化艺术节，集中展示未成年人艺术才华，丰富未成年人文化生活；开展了“七彩的夏日”暑期未成年人思想道德建设实践活动；组织未成年人思想道德建设创新案例评选和新童谣、道德小品征集活动，推出一批富有新意、贴近未成年人实际的创新案例和优秀作品。

切实加强公民道德建设，市民素质有了新提高。全市重点实施了“六个万”系列活动，组织开展了“万名市民看镇江”活动，通过组织市民实地参观润扬大桥等城市重点工程、重点企业和新型农村，对广大市民进行了一次集中性的形势任务教育和生动直观的建设成就的教育；启动了“万束鲜花扬美德”活动，推进争做文明镇江人活动的广泛开展；组织了“万人行动改陋习”活动，引导市民革除陋习和不文明行为；推动“万户千家读好书”活动深入开展，促进学习型城市建设；积极开展“文明关爱万人捐”活动，弘扬乐善好施、济贫帮困的优良传统；组织开展了“万名市民赛规范”知识竞赛，促进市民文明规范的养成。各地各部门也结合实际开展了富有特色的教育实践活动，丹阳市组织开展“十佳孝子孝女”评选活动，扬中市广泛开展弘扬“移风易俗、厚养薄葬”文明新风主题教育，润州区组织“百佳文明润州人”出境学习考察和寿星、福星“双星”评选表彰活动，取得了良好的社会反响。通过集中性活动的开展，进一步强化了市民的家园意识、文明意识、法制意识、诚信意识、环境意识，提升了市民的文明素质。

围绕满足群众精神文化生活需求，着力打造文化特色品牌，促进了文化事业和产业的繁荣发展

节庆文化好戏连台。配合润扬大桥通车庆典，举办“春风又绿江南岸”大型广场文艺演出，编印《春风又绿江南岸》画册，组织“润扬大桥艺术团”赴工地慰问演出，营造了浓厚的喜庆氛围。配合市慈善总会成立，举办了“同在蓝天下”大型慈善文艺晚会，倡导和激发市民更多的义举和善举。围绕纪念抗战胜利60周年，组织了以“丰碑风采”为主题的广场文化活动、以“和平 和谐”为主题的红色经典音乐会和群众性抗战歌曲演唱会。配合金秋经贸洽谈会，举办“同一首歌”演唱会，激起巨大的社会反响。同时组织了“党和国家领导人与镇江”图片展，并编辑成册，成为展示镇江名城形象的又一精品力作。精心组织了新年音乐会和元宵晚会，受到市领导和观众的好评。

群众文化丰富多彩。继续推进和深化“欢乐家园”文化广场活动，在市区主要广场组织的15场示范性广场文化活动。成功组织了“镇江市第二届戏迷票友大赛”。在年底举办的江苏省扬剧、淮剧戏迷票友大赛中，我市选手取得好成绩，4名获得“十佳”，一名获得“十优”，在全省各市中名列前茅。社区文化、企业文化、校园文化、镇村文化等群众性文化活动日趋活跃，专业、业余文艺工作者送文艺下农村、进社区、到厂矿，丰富了人民群众的精神文化生活。各地、各部门也广泛开展了各类群众性文化活动，打造特色文化品牌，如句容与央视合办的《欢乐中国行——魅力句容》大型综艺晚会、扬中市的“江鲜美食文化节”、京口区街头文化节、润州区“家在润州”系列文化活动等，为全市的发展和稳定营造了奋进、欢乐、祥和的社会氛围。

文化产业加快启动。加强文化产业发展规划，研究起草了全市文化产业“十一五”规划纲要，推动影剧中心、体育中心等一批文化设施建设纳入全市“十一五”规划。注重文化与旅游的结合，茅山新四军纪念馆列入全国红色旅游精品线名录和全国红色旅游经典景区名录，扩建项目得到国家发改委和中宣部的立项和重点扶持；镇江博物馆被评为国家AAAA级旅游区。文化基础设施建设不断改善。市博物馆新馆建成开馆，苏南抗战胜利纪念碑二期工程全面竣工，新广电中心正式开工建设。文博事业蓬勃兴旺。焦山碑刻博物馆与陕西汉中博物馆联合举办了“南北二铭展”，与上海博物馆联合举办了《瘗鹤铭》石刻艺术展。考古发掘工作取得重大成果，抢救发掘了39座春秋战国时期江南“土墩墓”，出土文物3000多件，入选“中国2005考古界重要收获”。非物质文化遗产保护工程取得突破，《白蛇传文化遗产及文化空间》申报国家首批非物质文化遗产保护项目获得成功。积极推进辖市区基层文化建设，京口文化馆等一批文化设施投入使用，扬中市油坊镇文化站被省文化厅确定为基层文化站建设示范点。

文化市场管理逐步完善。坚持“一手抓繁荣，一手抓管理”的方针，积极推进和实施网络文明工程、音像管理示范区拓展工程和演出市场净化工程，共查处违规经营网吧57家，收缴盗版音像制品15万张，取缔35个不健康演出场所，取缔无证经营单位107家次，促进了文化市场的规范有序、健康发展。

围绕提高建设先进文化的能力，加强作风建设和素质教育，宣传工作队伍整体素质不断提高

扎实推进机关作风建设。进一步强化服务意识，积极探索并实施“服务中心、服务社会、服务基层、服务群众”的工作思路，并将“四个服务”体现和落实到各项宣传中。切实改进工作作风，在全市宣传系统大力弘扬勇于创新、争创一流、勤于学习、团结协作、求真务实、敬业奉献精神，初步形成了注重实效、虚事实做、狠抓落实的良好风气。日常管理不断规范，建立健全了机关日常管理制度和干部管理制度，健全完善了部长办公会、处长例会、新闻例会等各类工作制度，广泛开展谈心谈话活动，机关干部的工作合力和凝聚力显著增强，呈现出良好的精神风貌。深入开展“学习型、服务型、勤廉型”机关建设，市委宣传部机关荣获市文明机关称号。

加强宣传文化队伍建设。扎实开展宣传思想战线保持共产党员先进性教育活动，市直宣传文化单位制订并落实了一系列整改措施，宣传部机关党委全面启动并高质量完成先进性教育学习培训阶段的各项任务，促进了各项工作水平的提高。进一步深化和拓展“三项学习教育”活动，加强新闻从业人员职业道德教育，制止和打击虚假新闻报道。制订下发了《关于在市委宣传部和市直宣传文化系统实行干部双向挂职的实施意见》，组织第一批共4名年轻干部到新的工作岗位挂职锻炼。举办了第三期全市宣传文化系统干部培训班，全市宣传文化系统的业务骨干及各有关单位党委中心组的理论骨干50余名学员参加了学习培训。组织全市1200多人参加政工干部继续教育培训。坚持原则和标准，进一步规范了政工职称评审工作。

深入开展调查研究。全市宣传文化系统大兴调查研究之风，各辖市区、各部门和机关各处室结合工作实际，深入基层、深入群众，通过座谈、走访、问卷调查等形式，积极探索新时期宣传思想工作新思路、新途径、新方法，形成了一批有分量的调研成果。围绕文化建设、精神文明建设、外宣工作，部领导分别带队考察学习先进地区经验，对做好今后工作提出了新的思路和举措。高度重视社会舆情的收集上报工作，进一步加强了对思想理论动态、社会舆情、网上舆情和宣传思想战线重要工作动态的收集、分析和研究，及时报送了大量有价值的舆情信息和综合分析报告，为上级部门和有关领导同志提供了及时有效的信息参考。

（镇江市委宣传部）

扬州市宣传工作

2005年，全市宣传思想战线高举邓小

平理论和“三个代表”重要思想伟大旗帜，牢固树立和认真落实科学发展观，紧紧围绕经济建设这个中心，服务全市工作大局，以“再干三五年，实现新跨越”为主题，坚持“三贴近”原则，积极弘扬主旋律，打好主动仗，在改进中加强，在创新中发展，在巩固中提高，为全面建设小康社会、建设更加富裕文明秀美的新扬州提供了理论指导、舆论引导、精神支持和文化条件。

围绕巩固马克思主义在意识形态领域的指导地位，深入推进理论武装工作

精心组织理论学习。重点组织了科学发展观、构建社会主义和谐社会、“十一五”规划建议等内容的学习教育活动。市委中心组全年集中学习23次，其中举办了6期高层讲座。对全市103个县级党委（组）中心组理论学习情况进行检查和评比表彰。全市近70万干部群众参加了各类教育培训。切实加强理论宣传。以润扬长江大桥开通为契机，在全市扎实开展“跨越长江，融入苏南，走向世界”为主题的思想解放活动，引导广大干部群众以新一轮思想大解放，推进扬州新一轮大发展。编发宣传提纲、党课教材等宣传材料10万多册。市、县（市、区）宣讲团分赴基层宣讲300多场次。举办“扬州供电杯”形势政策教育书面知识竞赛，2万多群众参加答题。不断拓展理论研究。在全市领导干部中开展“树立和落实科学发展观”、“构建社会主义和谐社会”等系列学习调研活动，形成了一批有价值、有分量的理论研究成果，有10篇理论文章获省调研成果奖，列全省各市之首。在全市重点调研课题中，有2篇调研报告参加交流汇报。召开构建社会主义和谐社会理论研讨会、纪念抗日战争暨世界反法西斯战争胜利60周年理论研讨会，并将论文汇编成册或在报刊发表。积极推进学习型城市建设，先后举办报告会、论坛、科普讲座300多场。举办市首届读书节、“市第二届繁荣哲学社会科学宣传周”。市区11个街道办事处建起9个市民学校，84个居委会成立78个分校。

围绕树立和落实科学发展观，着力营造有利于建设更加富裕文明秀美的新扬州的舆论氛围

突出重点，持续开展经济发展、特别是招商引资的宣传。上半年，结合市招商引资总结表彰大会和“烟花三月”国际经贸旅游节，集中开展利用外资民资、建设人居环境及投资环境的新闻宣传战役。下半年，开展“落实科学发展观”系列主题宣传活动，组织市各新闻媒体集中进行“科学发展在扬州”系列报道，深入系统地反映各地、各部门贯彻落实科学发展观的生动实践和特色经验。抓住机遇，强势开展润扬大桥开通和“十运会”的宣传。大桥开通和承办“十运会”分会场是扬州去年的盛事。围绕大桥开通，设计23项宣传活动，从各个侧面挖掘新闻素材，全方位、多角度地进行宣传。在全国第十届运动会期间，一方面组织本市媒体报道，一方面接待近百家中外媒体来扬采访，形成了浓烈的舆论氛围。紧密配合，认真开展保持共产党员先进性教育和先进典型宣传。从去年元月起，组织市各新闻单位开辟“先进性教育在基层”、“走门串户·走在群众中”等专栏，长时间、多形式、多题材地宣传报道先进性教育活动开展情况。会同市委党员先进性教育办公室组织“先进事迹巡回报告会”、“共产党员先进事迹大型图片展”等活动。集中报道了80多位创业、创新、创优典型。主动造势，积极开展对外宣传。年初，配合市委、市政府的京、沪招商活动召开新闻发布会，邀请中央和境内外驻京、沪媒体100余家进行报道。在“烟花三月”国际经贸旅游节和润扬大桥开通期间，先后邀请境内外记者300多人来扬进行采访报道。赴韩举办“中国扬州文化周”；与日、韩有关组织联合在日举行中、日、韩青少年足球比赛;举办“第二届中韩经济文化交流周”。以《今日扬州》为依托,进一步整合我市网上新闻资源,加强网络对外宣传,日新闻点击率突破15万人次;编印《城市漫步·扬州》中英双语月刊和中、日、韩三个语种的《中国扬州》宣传画册,制作外宣光盘,有力地配合了招商引资活动,加强了扬州对外形象宣传。

围绕构建社会主义和谐社会,扎实推进精神文明创建活动和思想道德建设

深入开展以文明城市创建为龙头的“三创一建”活动。2005年是全国、全省文明城市创建评比年。各地以此为契机,精心策划,全面发动,扎实推进,城乡文明程度和市民素质得到较大提高。一是认真抓好宣传。市区召开全市创建动员大会,组织100多家文明行业、文明单位和相关职能部门负责人集中培训。印发创建宣传提纲3万份、文明知识卡片20万张、宣传挂图4万张,并设置30多块创建全国文明城市大型公益广告牌。同时,在各新闻媒体开辟专题、专栏和知识问答,积极开展创建宣传,营造了浓烈创建氛围。二是认真抓好整治。先后开展交通秩序、环境卫生、流动摊点、违章搭建的综合治理,并以城带乡,开展村容村貌的集中整治,城市的亮化、美化、绿化水平进一步改善,村镇的面貌发生了明显的变化。三是认真抓好督查。聘请50名普通市民,组成“精神文明建设市民观察团”,及时反映创建过程中群众关心的热点难点问题,为群众办了100多件实事,受到市民的广泛好评。

精心组织实施公民道德建设工程。一是认真贯彻《公民道德建设实施纲要》。在全市开展“共铸诚信”、“公民道德宣传日”等道德实践活动,大力倡导基本道德规范,弘扬中华民族传统美德;开展“四进社区”、“告别不文明行为”、“送温暖、献爱心”等活动,更广泛地动员社会各界和广大群众关心、参与道德建设。二是积极开展“讲文明、树新风”活动。开展“百城万店无假货”、“告别陋习、走向文明”、“诚信在扬州”、“价格诚信文昌商圈”、“铸诚信、迎十运,满意在窗口”优质服务竞赛等活动,推动社会信用制度的建立健全,促进经济建设和精神文明建设的协调发展;开展创建“文明家庭”、“文明楼院”评比活动,大力宣传《十不行为规范》和《市民守则》;参加省第九届、组织市第七届“精神文明建设新人新事”评选表彰活动,涌现了一批先进典型。三是不断强化青少年思想道德建设。市区结合文明城市创建,广泛开展“小手牵大手、文明一起走”活动,组织教师进社区,在中小学配备法制副校长,进一步健全学校、家庭、社会“三位一体”的工作机制,充分发挥“五老”作用,加强未成年人思想道德教育。

扎实开展各项主题宣传活动。一是根据省委关于在全省开展“弘扬‘三创’精神,推进‘两个率先’,构建和谐社会”的主题教育活动的部署,开展形势政策教育和扬州精神大讨论,自上而下进行“创业新星”评选,积极引导全民创业、自主创业、艰苦创业。二是围绕纪念抗日战争暨世界反法西斯战争胜利60周年和长征胜利70周年,举办报告会、图片展,组织拍摄扬州中学树人堂、江都水利枢纽工程、许晓轩故居、扬州烈士陵园专题片在省电视台播放,参观教育基地等,强化了爱国主义教育。三是开展以构建社会主义和谐社会为主题的宣传教育活动,编印《构建社会主义和谐社会教育读本》,按照完善机制、拓展内容、扩大范围的要求,把现代农民与现代市民教育工作引向深入。

围绕建设“古代文化与现代文明交相辉映的名城”,积极推进文化大市建设

精品创作成果显著。以“五个一”工程为抓手,集中力量组织实施精品力作生产。

年初召开全市精品创作题材规划会，研究确定选题，设计论证项目，组织精兵强将进行创作。其中包括被列入省作协重点创作项目的《校园三部曲》，理论专著《社会主义与私有制研究》、《党的第三代领导集体与民主政治思想研究》等。作为扬州学派研究的一项重要成果，《新编汪中集》由广陵书社出版，并被列入国家古籍整理出版"十五"规划项目和国家清史编纂委员会文献丛书。《扬州文化通论》、《文化扬州》、《扬州学派人物评传》等重要著作已完成书稿。长篇评话《一代儒将——陈毅》，由江苏文艺出版社出版，并由著名评话大师刘兰芳搬上书坛。校园音乐剧《夕歌》已在中小学巡演了48场，受到师生们的广泛欢迎。联合摄制反腐题材电影《暖秋》和抗日题材电视剧《江塘集中营》，《暖秋》获得国家影片最高奖"华表奖"的提名，并被省纪委、组织部、宣传部列为先进性教育的生动教材。组织开展市第五届"五个一"工程评选，31部作品入选，其中17部作品报省参评。

文化活动丰富多彩。元旦、春节期间，举办3场大型新年音乐会和10多场广场文艺演出活动。"烟花三月"国际经贸旅游节和润扬大桥开通期间，与中央电视台联合举办的大型晚会《跨越长江》、与省电视台联合举办的表现扬州地方特色的大型综艺晚会《扬州礼赞》先后在央视国际频道、综艺频道、江苏卫视等10多家媒体播出；与中国工艺美术协会联合举办"中国扬州漆器文化艺术节"，凸显了扬州漆器在全国的特殊地位；与中国作协联合举办中国作家"烟花三月"扬州笔会活动，邀请10多名知名作家来扬，已有多篇佳作在报刊杂志发表。"五一"期间举办"欢乐扬州"首届市民日活动，吸引了广大市民广泛参与，成为市民自娱自乐的盛大节日。举办第四届"扬州的夏日"暑期青少年综艺活动和市第五届少儿艺术节，组织30多项形式多样、健康活泼的活动，受到广大学生和家长的欢迎。为纪念抗日战争暨世界反法西斯战争胜利60周年，在扬州大剧院隆重举行纪念文艺演出，并举办书画展、诗歌朗诵会等10多项系列活动。成功承办第四届全国"四进社区"文艺展演活动，与中央电视台联合举办颁奖文艺晚会，并在翠岗、文昌、安平、梅香苑小区等分会场举行文艺演出，社区群众自编自演的节目与来自全国各地的参演节目同台演出，展示了社区文化建设成果。在同时召开的全国文化先进社区命名表彰暨经验交流会上，我市的经验交流，得到与会者的充分肯定。广大文艺工作者还积极开展送文艺到农村、到社区活动，活跃了城乡文化生活。市扬剧团开展"周周看扬剧"活动，至今已演出几十个剧目，观众达数万人，促进了扬剧剧目的生产，培养了一批新观众。

文化基础设施不断完善。按照"护其貌、美其颜、扬其韵、铸其魂"的思路，重点抓好历史文化街区的保护和整治，深入推进古城保护与利用、改造与复兴。吴道台宅第等修复开放，卢氏盐商住宅整饬工程开始实施。"双博"馆、新区体育馆建成开放，成为我市标志性建筑。加大文物旅游资源开发、整合、促销力度，利用丰富的古宅名居，开辟民间收藏展览馆、扬派盆景展示馆、扬州中医博物馆等10处博物馆；实施"历史文化名城解读工程"，完成了272处文物保护单位、古遗迹、古街巷、古建筑等解读文稿工作，并配合实施了70处立碑、挂牌展示。

文化管理不断加强。音像市场以提高正版率为重点，对音像制品经营人员进行法规培训，开展"音像经营示范店"活动，提高了经营者依法经营意识。网络市场以查处未成年人违规进入为重点，开展"网络文明"工程，安装"净网先锋"软件，实行网上监控；充分发挥全市1100名"五老"监督员作用,加大社会监督力度。同时,开展"扫黄打非"集中行动,收缴非法报刊1100多张(册),非法音像制品4.3万多张,文化市场群众满意度不断提高。开展特色文化和民间艺术资源普查,40篇特色文化项目稿件已初步定稿。开展市区古建筑普查,从几千处古民居中挑选出最具保护价值的60处古建筑推荐为文保单位。

围绕提高素质、改进作风、增强本领,切实加强宣传思想工作队伍建设

按照充实提高的要求,加强组织建设。部分县(市、区)委宣传部领导班子得到充实加强,一批德才兼备的领导干部走上宣传思想工作岗位。召开市文联、市社科联第四次代表大会,认真组织了换届选举工作。按照党员先进性要求,加强素质建设。在宣传文化系统和高校系统认真开展"保持共产党员先进性教育"和"三项学习教育"活动,通过集中教育、自查自纠、开门整风、接受社会监督等措施,党员干部政治意识、大局意识、廉洁意识、服务意识明显增强,工作态度、工作作风明显好转,工作要求、工作标准明显提高。按照时代发展的要求,加强能力建设。加强宣传思想队伍培训学习,通过举办各种类型的培训班,组织人员参加"五个一批"文化高级人才研修班,提高了宣传思想队伍的理论水平和业务素质。大兴调查研究之风,围绕"构建社会主义和谐社会"、"弘扬'三创'精神"、"发展夜间文化经济"等专题,组织人员深入社区、企业、乡镇调查研究,形成了系列调研报告,一批调研成果在省以上报刊发表。

(徐歌平　吴道根　李存灵)

泰州市宣传工作

2005年,泰州市宣传思想工作以"三个代表"重要思想和科学发展观为统领,以"三创"精神为动力,唱响科学发展、时代先锋、和谐泰州的颂歌,奋发努力,争先进位,积极为建设和谐美好新泰州提供思想保证、精神动力、舆论支持和文化条件。

学习贯彻十六届四中、五中全会精神和科学发展观,牢牢掌握意识形态领域的主动权,理论武装工作深入开展

组织开展"保持共产党员先进性,建设和谐美好新泰州"大讨论、"百姓热议共产党员先进性"征文活动、全市先进性教育电视演讲大赛和10次"先锋论坛"。坚持党委中心组学习制度,市委中心组全年集中学习12次,全市各级党委(组)中心组每月进行一次以上集中学习。加强对基层中心组学习的指导,出台《泰州市县处级党委(组)中心组理论学习考核评比办法》,使中心组学习考核工作进一步规范化、具体化。召开全市弘扬"三创"精神理论研讨会,做好以"三创"精神为重点的理论研究和宣传。组织撰写论文参加新时期江苏"三创"精神理论研讨会、"理论创新"研讨会、"长三角民营经济发展论坛"等研讨活动。出台意见,加强对社科研究机构和哲学社会科学理论研究的引导和管理。成立泰州市形势政策教育宣讲团,开展形势政策教育"十百千"宣讲活动,直接受众达10多万人次。出台《关于进一步加强全市基层党校规范化建设的意见》,举办"第二期全市乡镇宣传委员暨基层党校校长培训班"、"2005年全市农村党员冬训骨干培训班"。在"泰州网"专门开辟"理论频道"加强理论学习和宣传。市社科联完成《加快泰州服务业发展的思考和对策建议》、《关于建设中国(泰州)医药城的对策研究》等课题,召开2005年社科课题成果发布会,编印《2005年泰州发展研究报告》。在全省率先成立海陵、泰兴两家县级社科联,"江苏省社科院科学发展观研究基地"落户泰州。

唱响主旋律、打好主动仗，为建设和谐美好新泰州营造浓厚氛围，新闻舆论引导工作积极主动

市各新闻单位开展一系列新闻行动，推出“科学发展看泰州”、“时代先锋在泰州”、“和谐春风遍泰州”等专题、专栏和重点报道。先进性教育活动、市委全委会、打造中国医药产业城、沿江开发、五城同创等市委市政府重要会议和重要部署的宣传报道形成舆论强势。“回顾十五、展望十一五”系列报道着重宣传了泰州“十五”期间经济社会发展的巨大成就和“十一五”规划的美好前景。张云泉典型宣传、火车站通车、电厂开工、“战舰与城市”论坛、高二适书法论坛、“双洽会”、十运会、纪念抗战胜利60周年等重大活动的宣传报道高潮迭起。建立新闻通气会制度、新闻阅评机制和新闻宣传工作社会评价机制有效实施新闻管理，提高宣传质量和舆论引导水平。各媒体节目、栏目优化整合、创新创优，泰州电视台《珍藏泰州》栏目获第四届江苏广播电视“十大优秀专栏”，《泰州日报》的《品周刊》得到全省副刊编辑协会的高度评价。

紧扣时代脉搏、紧贴泰州实际，努力增强针对性、实效性和吸引力，思想政治教育生动有效

2005年，泰州市典型宣传工作取得突破。泰州市政府副秘书长、信访局长张云泉同志被确定为全国重大典型，中央新闻采访团34家媒体、50多名记者来泰对其先进事迹作集中采访报道。《人民日报》、新华社、中央人民广播电台、中央电视台等34家中央和地方重点媒体同期集中推出报道，共刊发200多篇通讯和评论，在全国产生强烈反响。同时，市内媒体对何建忠、沈正彬、芦玲芳、鲁正凤等全市各行各业的先进典型作了深入宣传，营造了学习模范、争当先进的社会氛围。在全市开展了“弘扬‘三创’精神，推进快速崛起，构建和谐泰州”主题教育活动，组织“三创之星”的申报评选，开辟“三创之星涌泰州”专栏，重点宣传了20名“三创之星”的典型事迹。召开泰州市纪念中国人民抗日战争暨世界反法西斯胜利60周年座谈会，举行专题广场文艺演出，走访、慰问抗战老战士，组织社会各界代表参观《人民的胜利——江苏纪念抗日战争60周年大型史料展》和南京大屠杀纪念馆。策划百场“红色经典”影片进社区、进校园、进村镇活动，推荐爱国主义教育百部影片、百首歌曲、百种图书。加强爱国主义教育基地建设，黄桥革命历史纪念地被命名为“全国爱国主义教育示范基地”。“三下乡”活动坚持贴近农村实际，不断更新形式、充实内容、扩大参与面，为农民群众办了大量好事实事，在促进农村经济社会进步、满足农民精神文化需求、提高农村文明程度方面发挥了积极作用，被省委宣传部授予“组织奖”。

大力推进群众性精神文明创建和未成年人思想道德建设，精神文明建设成效显著

深化文明城市创建工作，与四市上下联动、通力协作，共同推进文明城市群建设。泰州市区和泰兴市顺利通过省级文明城市复查验收，姜堰市、靖江市首次被授予“江苏省文明城市”称号，兴化市被授予“创建省级文明城市工作先进市”称号，文明城市群在苏中崛起。加强对各行业、单位文明创建工作的指导，组织文明行业、文明单位与社区、村镇、学校开展联创共建、结对帮扶活动。开展“铸诚信、迎十运，满意在窗口”优质服务百日竞赛活动。组织五好文明家庭和十星文明户评选表彰，积极探索工业园区和非公经济单位文明创建工作。在公民道德建设月活动中，开展“文明知识进万家”、公民道德建设知识竞赛、“人人奉献一小时”交通文明劝导活动等14项道德实践活动。推进《泰州市加强和改进未成年人思想道德建设行动计划》确立的六大工程、60件实事以及未成年人思想道德建设13项重点专项工作的实施。发动社会力量参与未成年人教育,建立家长学校总校,成立家庭教育工作督导组、专家讲师团、“五老”志愿者服务团、网吧义务监督员。组织2005青少年学生“快乐之夏”暑期活动,开展十大系列教育实践活动。举办“托起明天的太阳”——未成年人思想道德建设漫画巡展、“三创”精神“三进”工程、德育小卡片等活动。开展大学生思想政治状况调研,加强大学生思想政治工作。

大力发展社会主义先进文化,丰富和活跃人民群众的精神生活,文化名城建设稳步推进

推出大型淮剧《信访局长》、《沈正彬》,生活剧《有话跟我说》等一批文艺作品,组织系列短剧《你是一面旗帜》、豫剧《任长霞》、歌舞剧《西柏坡》等市外大型文艺作品来泰演出,兴起了歌颂“时代先锋”的文艺宣传热潮。淮剧《信访局长》演出40多场,被列入省委宣传部、省文化厅确定的15台全省展演剧目,并入选省第五届淮剧节。地方文化品牌的影响不断扩大,姜堰成功举办了“2005中国姜堰·溱潼会船节”,兴化举办了第七届板桥艺术节。泰州市与海军政治部联合举办中国泰州“战舰与城市”论坛,与省委宣传部、省文化厅、省文联共同举办了纪念“兰亭论辨”40周年暨中国(泰州)高二适书法艺术高层论坛。基层群众文化活动丰富多彩,姜堰市开展“激情三水”广场文化活动和“三水行”文化下乡活动,举办首届群众文艺节,泰兴市荣膺“全国文化工作先进市”,靖江市举办第23届文艺节,黄桥和溱潼两个乡镇被评为“第二批中国历史文化名镇”。坚持送文化下乡,泰州淮剧团、泰兴歌剧团等4个文艺团体深入基层演出近400场,广受好评。召开“十一五”文化事业、产业发展规划调研汇报会,拟定《泰州市“十一五”文化事业、产业发展规划调研建议报告》。开展乡镇文化中心标准化建设工程,姜堰市蒋垛镇文化中心初步建成,重点建设了姜堰俞垛等一批先进乡镇文化站。《泰州文化丛书》第一辑完成组稿和编辑工作。配合八一电影制片厂拍摄故事片《情暖万家》,完成“放歌新泰州”音乐作品的创作、征集和评选,并将15首优秀作品制作成VCD专辑。

着力提高泰州知名度、美誉度,拓展对外宣传渠道,对外宣传实现新突破

对张云泉同志的集中宣传在全国形成“泰州宣传周”效应。大型系列报道“经典中国”聚焦泰州,《人民日报》、新华社等多家中央新闻单位联合推出报道,产生广泛影响。泰州市在新华社、《新华日报》等媒体发稿的数量、质量居全省地级市前列。新华社采写的报道《建立民意充分表达的新机制——泰州市做好新时期群众工作的实践》作为内参刊发,省委书记李源潮专门作出批示。《信访局长张云泉》、《“连心桥”上的贴心人》两本书在全国发行,淮剧《信访局长》、《沈正彬》巡回演出,八一电影制片厂拍摄以张云泉为原型的电影《情暖万家》,大大提升了泰州的知名度。“泰州网”升级改版并加入人民网全国网络宣传协作体,与中国江苏网协作开办江苏网泰州频道。在张云泉典型宣传期间,与央视国际网、人民网、新华网联合推出张云泉网上访谈直播。加强在境外媒体的发稿,完成美国《中国新闻》杂志泰州专辑的编辑组稿工作。邀请浙江电视台《对话浙商》栏目来泰制作特别节目,向广大浙商推介泰州的投资环境。制作小开本《中国泰州》画册、邮册、旅游折页等外宣品。

加强宣传部门自身建设,扎实推进“抓基层、打基础”行动,宣传思想战线影响力明

显提升

认真开展保持共产党员先进性教育活动,组织市委宣传部党员先进性具体要求和部风大讨论,召开部领导班子民主生活会和各支部组织生活会,提出整改措施并切实改进提高。在市直宣传文化系统各部门(单位)组织开展科级干部述职述廉活动。制订《泰州市宣传文化系统调研和信息工作考核奖励办法》,编发《泰州宣传工作》97期,中宣部《宣传信息清样》采用1条,省委宣传部《宣传信息专报》采用90多条,《社会舆情动态》采用10多条,《宣传工作动态》采用9条,"双基"行动专题调研产生近百篇调研成果。全市调研信息工作在全省宣传文化系统综合排名列第四位。着力推进宣传教育载体创新行动、宣传文化阵地建设行动、宣传思想工作领域拓展行动、实力壮大行动、品牌选树行动、人才培育行动、机制创新行动"七大行动",全市宣传思想工作不断创新发展。

(泰州市委宣传部)

南通市宣传工作

2005年,南通市宣传思想战线紧紧围绕学习实践"三个代表"重要思想和科学发展观这一主题主线,牢牢把握"构建和谐社会,促进跨越发展"这一大局大势,创造新载体,服务大活动,促进大发展,宣传思想工作在服务中心工作中影响进一步扩大,效应进一步凸显,实力进一步增强,为推进跨越发展提供了强大的精神支持。概括起来,有八个方面的特点。

培育南通城市精神,坚定跨越发展信念

南通市突出"弘扬'三创'精神,推进跨越发展,构建和谐社会"主题,围绕什么是南通精神、跨越发展需要什么样的南通精神、如何弘扬南通精神等重大问题,策划组织了一系列丰富多彩、卓有成效的讨论活动。在新闻媒体开设了"你说,我说,大家说"市民讨论热线;开展了"行业精神"讨论、"创业故事会"演讲和"行业之星"评选活动;举办了大型电视辩论赛、"为南通喝彩"大型文艺演出;在全社会进行了问卷抽样调查和表述用语征集,市民的活动知晓率达94%,征集表述用语书面稿件371件、手机短讯3572条,理论研讨文章120余篇。12月22日上午,市委书记罗一民在第四届南通发展论坛上发表重要讲话,根据群众讨论、社会征集、专家论证的结果,最终确定并公布了以"包容会通,敢为人先"为基本特质的新时期"南通精神"。下午,市委、市政府隆重召开总结大会,对南通精神大讨论活动进行全面总结。"南通精神"大讨论活动的深入开展,极大地推动了全市上下思想解放,为推进南通跨越发展、实现"两个率先"注入了强大的精神力量。

把握大局大势大事,推进"十百千"工程

为了切实解决长期以来理论教育、形势政策教育"上面热、中间温、下面冷"的现象,从2003年开始,南通市全面启动实施了以每年开展十场高层论坛、百项专题调研、千场形势报告会为主要内容的形势任务教育"十百千"工程。2005年,继续把形势任务教育"十百千"工程,作为加强理论宣传的"品牌"工程和"一揽子"计划全面推进。年初,总结表彰了一批"优秀论坛"、"优秀调研报告"和先进集体,下发了《2005年组织实施形势任务教育"十百千"工程的意见》,对活动任务进行细化分解。6月份在通州召开了全市形势任务教育"十百千"工程推进会,扎实推动各项工作全面开展。据统计,全市共举办高层论坛近30场,形势报告会1500多场,课题调研成果170多项。"十百千"工程的实施,有力推动了广大干部群众正确把握住大局大势大事,起到了统一思想，凝聚人心，构筑跨越发展共同思想基础的作用。南通市"十百千"工程的成功实践，引起了中宣部的高度关注，确定为全国开展形势政策教育先进典型。5月和7月，中央媒体先后两次组团来通采访，央视新闻联播、《人民日报》、《经济日报》、《光明日报》等各大媒体，对南通市形势任务教育"十百千"工程进行了集中报道，引起了较大的反响。

办南通发展论坛，推动跨越发展实践

由南通市委宣传部牵头，举办了第四届南通发展论坛。论坛以"弘扬南通精神，推进跨越发展"为主题，邀请省委研究室副主任范朝礼、温州企业家——南通好一佳置业有限公司总经理赖住佳、南通大学美籍专家特利女士、南通籍世界冠军代表葛菲等专家领导和知名人士发表演讲，从不同角度就弘扬和践行南通精神发表见解。市委理论学习中心组全体成员，各县(市)区和市各主要部门、单位的负责同志，在通高校师生代表、全市社科理论界代表及部分获奖论文作者出席了论坛。南通市委书记罗一民出席论坛并作重要讲话，对南通精神大讨论活动及其取得的成果作了全面、准确地总结，对弘扬和践行南通精神，推动南通全面腾飞提出了具体要求。罗一民在讲话中关于南通精神"包容会通、敢为人先"八字概括，集各方意见之大成，简洁、明快、通俗、好记，体现了厚重、独特、引领的特征，代表了全体南通人的心声，成为全市上下进一步传承江海优秀文化传统、会聚780万民众心力、推动区域经济社会跨越发展的强大精神动力。第四届南通发展论坛集中展示了南通精神大讨论成果，对进一步丰富、弘扬和践行新时期南通精神，促进南通全面腾飞产生积极的意义。

大力弘扬先进典型，围绕中心宣传造势

南通市委宣传部围绕市委、市政府工作中心，突出科学发展观主题，发挥典型宣传的导向作用，引导全市上下以科学发展观新理念推进跨越发展新实践。突出"和谐南通"建设主题，集中版面和时段，展开了浓墨重彩的宣传报道，引导全市上下牢固确立科学发展理念，全力推进跨越发展。策划组织了大学、大港、大桥"世纪梦圆"系列报道，全面展示经济社会发展巨大成就，进一步鼓舞人心，激励斗志。精心组织开展了"弘扬'三创'精神，推进跨越发展，建设和谐南通"主题教育活动。组织开展了"三创"典型巡回报告会，"创业故事会"、"创业者的风采"、"说说我的创业路"演讲比赛，创作演唱歌曲《创业者之歌》等活动，发挥典型的示范作用，激发全社会的创业热情。评选推荐了亚萍集团董事长、总裁陆亚萍和江苏综艺集团总裁昝圣达，作为全省"三创之星"进行集中宣传。在各大新闻媒体每月推出一批"三创"十佳，进一步营造了学先进、赶先进的浓烈氛围。据初步统计，全年市县两级新闻媒体宣传基层"三创"先进典型达870多人次。组织评选了南通市第28次文明新风典型，其中有2个典型被评为江苏省第九届精神文明建设新人新事。

举办百年苑庆庆典，做强文博之城品牌

南通博物苑100年暨中国博物馆事业发展百年庆典活动，是南通市推进文化大市建设的标志性工程。在南通市委、市政府的领导下，全市宣传文化系统全力以赴筹办庆典，并以苑庆为龙头，全面推进各项文化事业快速发展。在庆典筹备阶段，通过各驻外使馆、国际友城及国内外各友好博物馆等渠道，向国内外博物馆发出邀请函；完成了新馆工程和新展馆的展览阵列布置，开展了"万名市民进博物馆"主题活动；举行了南通博物馆邮票首发式；在北京举行了百年庆典新闻发布会，举行了"文博之乡——南通"研讨会暨"南通环濠河博物馆群"首发式等，为庆典造势。9 月 24 日、25 日，举办了“百年苑庆纪念大会”、《江海风》专场文艺晚会、“博物馆与城市发展”的中外博物馆馆长高层论坛和中国博物馆学会南通年会暨学术研讨会等大型活动。中央政治局常委李长春向大会发来贺信，来自国内外各著名博物馆馆长参加了庆典活动。央视《探索与发现》栏目作了专题报道。百年苑庆的举办，极大地提升了南通城市文化、人文品牌的竞争力。目前，南通环濠河博物馆达 25 座，南通“文博之城”的美誉蜚声海内外。

围绕重大节庆活动，提升南通对外形象

南通市对外宣传工作围绕市委、市政府工作中心，构建“大外宣”平台，加强协调，强势推进。在年初全国“两会”期间，邀请中央及境外有关媒体，专题采访了丁大卫市长及南通市的全国人大代表，大力宣传南通发展成就及投资环境。配合在上海举办的“2005 南通投资商机推介会”，邀请人民日报、新华社、大公报、香港文汇报、朝日新闻及上海本地媒体，进行了全方位、广覆盖的宣传报道，有效保证了投资推介会的圆满成功。南通市在举办六大活动中，共邀请近百家境内外强势媒体（包括各大门户网站）记者来通采访。《人民日报》、新华社、《光明日报》、《解放日报》等重要媒体均在头版报道了博物苑百年苑庆的盛况。央视《新闻联播》先后对百年苑庆和全国航运会进行了报道。央视国际频道对大城市带高层论坛予以了报道，并播放了长三角协调会有关市长访谈内容。人民网开辟航运会专题栏目，编发图文报道近 200 篇，产生了很大影响。各境外媒体也对六大活动进行了跟踪报道。据统计，全年共接待来国内外记者 25 批、400 多人次，刊发重要稿件 600 多篇。其中，央视《新闻联播》报道南通的新闻共 10 条；《新华日报》头版头条新闻 9 条。大大提升了南通的美誉度。

突出重点开展文明创建，实现省文明城市满堂红

南通市精神文明建设工作以迎接全国文明城市测评和争创全省江北第一文明城市群为中心，以做好各类创建先进评选为抓手，创造性地开展工作，取得了新的进展。一年来，全市扎实推进以创建全国文明城市为龙头的“五城同创”工作，宣传发动面之广、工作力度之大、群众参与程度之高都是前所未有的。6 月上旬，迎接省检查组对我市创建全国文明城市工作的全面检查测评，取得了较好的成绩。我市市民对文明城市创建相关内容的知晓率、创建支持率达 98% 以上。如皋、如东两县（市）被评为江苏省文明城市，全市创建全省江北第一文明城市群的目标顺利实现。与此同时，在全国文明单位、文明村镇评选中，我市荣获全国文明单位的数量在全省名列前茅。在市委直接领导组织下，全市以“民富、村美、风气好”为主题，率先开展了社会主义新农村的示范建设活动，收到了很好的社会效果。

创新科学评估机制，强化基层宣传管理

南通市围绕落实“三个贴近”、提高“四种能力”的目标要求，着眼观念更新和作风转变，创新科学评估机制，大力加强宣传思想战线队伍建设。修订完善了对县（市）区委宣传部进行考核评比的意见，全力推进争先创优活动。制订了《南通市宣传文化系统工作改革创新奖实施细则（试行）》，以促进宣传文化系统加大改革创新力度。进一步加大了新闻舆论管理力度，健全了全市专业新闻阅评队伍，完善了报刊广电审读审看制度。抽调市直新闻单位有关同志组建成立了市新闻中心，进一步加强了对重大活动和重要会议宣传策划组织协调的力度。组织开展了媒体广告集中整治。精心设计了“宣传思想工作社情民意调查问卷”，运用国际通行的抽样调查方式，客观、全面地掌握基层干部群众对宣传思想各项工作的知晓率和满意度，科学评估宣传思想工作绩效。

（王一鸣　张　俊）

盐城市宣传工作

2005年，盐城市宣传思想工作，以“三个代表”重要思想和科学发展观为指导，认真学习贯彻党的十六届三中、四中、五中全会精神，坚持紧贴中心、服务大局，坚持以人为本，坚持“三贴近”，把工作的着力点放在弘扬盐城精神、激发“三创”活力、服务“两个率先”、构建和谐社会上，为全市率先发展、科学发展、和谐发展提供有力的思想保证和精神动力。

大力推进解放思想，切实增强加快发展的内在动力

坚持把推进解放思想放在宣传思想工作的首位，切实抓紧抓好。加强党员干部的理论学习促进思想解放，研究制订了市委中心组、县处级党委（党组）中心组学习计划，建立比较完备的考学、考评、考绩体系，推动以中心组学习为龙头、以科级以上干部为重点的干部队伍素质建设。举办科级干部学习贯彻四中全会精神暨党员先进性教育轮训班、全市学习贯彻五中全会精神理论骨干暨县级党委（党组）中心组学习秘书培训班、基层党校校长培训班等，引导广大党员干部用科学理论武装头脑，提高本领，加快发展。组织理论下基层引导思想解放，组织了“双学双促”百人宣讲团深入基层巡回宣讲100余场，加大科学发展观、党的执政能力建设和全市“十一五”发展目标定位、战略举措的宣传力度，增强加快发展的内生动力。组织开展专题读书活动推动思想解放，组织开展以“三创”精神为主要内容的专题读书学习活动，编印《“三创”知识读本》，普及“三创”基本知识和基本要求，引导广大党员干部解放思想。搭建理论学习平台服务思想解放，认真办好《盐城宣传》、《理论新视野》、《干部理论学习》和网上理论学习园地，服务面上党员干部的理论学习。

大力弘扬盐城精神，进一步激发创业创新创优的活力

深化盐城精神大宣传、大讨论、大学习活动，把弘扬盐城精神与弘扬以“创业创新创优”为核心的新江苏精神结合起来，组织开展“弘扬盐城精神，投身‘三创’实践，推进‘两个率先’，构建和谐社会”主题教育活动，引导人们正确把握新江苏精神和新时期盐城精神的时代意义、深刻内涵和现实要求，积极投身“三创”实践，加快推进“两个率先”，努力构建和谐盐城。精心培育和大力宣传弘扬盐城精神和“三创”精神的先进典型，运用群众推、群众评的办法，开展“三创百星”先进典型的创评和表彰，在全省推出了姚焕平、骆英等“三创”典型、舍己救人的外出务工农民李秀春等重大典型，在全市各行各业树立学习标兵，进一步推动形成全民创业、企业创新、机关创优的浓厚氛围。把弘扬抗战精神与弘扬新时期盐城精神结合起来，以纪念中国人民抗日战争暨世界反法西斯战争胜利60周年为契机，组织开展座谈会、研讨会、书画摄影作品展、征文活动、知识竞赛、文艺演出、革命事迹宣讲等系列活动，着力引导全市干群把爱国热情转化为大力弘扬盐城精神、加快推进“两个率先”、努力构建和谐盐城的强大动力。

大力营造加快发展的主流舆论，充分调动进位争先的积极性

始终坚持团结、稳定、鼓劲和正面宣传为主，组织新闻媒体开设“科学发展在盐城”、“回眸‘十五’、展望‘十一五’”等专题专栏，深入宣传科学发展观和党的十六届四中、五中全会精神，宣传全市各地在科学发展观指导下，加快发展、率先发展、科学发展的新举措、新经验，宣传“十五”以来全市经济社会发展取得的重大成就以及“十一五”发展的宏伟蓝图，着力营造推进“两个率先”、构建和谐盐城的主流舆论。突出宣传重点，着重宣传中央、省委的决策部署和市委四届十次、十一次全体（扩大）会议、全市经济形势分析会、经济工作会议、全省加快苏北振兴工作会议等重要会议精神，精心组织了“四化联动”、全省加快苏北振兴工作会议、创建省文明城市、“十运会”、全市经济形势分析会和经济工作会议、经贸洽谈会、悦达二工厂开工仪式等系列新闻宣传战役，坚持精心策划、精心组织，增强了宣传舆论工作的实际效果，进一步激发了全市广大干群创业的勇气、创新的锐气、创优的志气。加强对新闻舆论的研究、协调和把握，根据上级要求并结合盐城实际，制订了《关于新闻宣传管理的实施意见》等多项制度并抓好落实，保证舆论工作的正确导向。改版中国盐城新闻网，加强互联网新闻管理，积极主动引导网上舆情。坚持一手抓内宣，一手抓外宣，在省级、中央级媒体上组织发稿达600余篇（条），建立健全外宣工作考核奖惩机制，设立外宣电视专栏《新盐城》，组织各县（市、区）和市直有关单位积极对外发稿，外宣电视片播出量在全省实现“三连冠”。积极向上申报外宣项目，国务院新闻办首次立项拍摄、制作大丰麋鹿专题电视片。充分利用中央和省以及海内外强势媒体，组织好“2005走遍江苏”、“和谐发展·春满江苏”等一系列在盐城的大型对外宣传活动。借助经贸洽谈会、十运会等重大活动，运用报刊、广电、网络等载体，充分展示率先盐城、人文盐城、平安盐城、水绿盐城、诚信盐城的良好形象，在国内外产生了良好的反响，有力地服务了全市改革开放和经济国际化进程。

大力加强思想道德建设，着力优化人文环境

切实加大文明城市创建力度，根据省文明城市考评指标体系，结合实际，确立61项创建重点项目，制订《盐城市文明城市创建目标管理、立项推进实施意见》和重点项目任务分解表，明确创建的任务要求、责任单位和考评办法，将创建工作项目化、项目责任化。在市委、市政府的正确领导下和市各部门的积极参与下，具体组织了创建迎评工作，在时间紧、任务重、要求高、难度大的情况下，进一步明确创建迎评工作职责，组织综合整治，抓好督查考评，有效地推动了面上创建迎评各个阶段、各个环节的工作。加强对各县（市、区）创建迎评工作的协调，经过努力，我市被省委、省政府命名表彰为“江苏省文明城市”，东台市、大丰市被省确认继续保持“江苏省文明城市”荣誉称号，建湖县被省命名表彰为“江苏省文明城市”，阜宁县、滨海县、射阳县被评为江苏省文明城市创建工作先进城市。广泛开展系列文明创建活动，围绕优化投资环境、服务基层群众、推动加快发展，深入开展文明机关、文明行业、文明单位、文明村镇等各类群众性精神文明创建活动，加强过程管理，严格动态考评，组织明查暗访，保证创建质量，一大批单位、行业、社区受到国家和省命名表彰。扎实推进204国道盐城段文明带建设，继续开展“十佳文明新事”评比活动，带动全市文明程度的提高。大力推进诚信盐城建设，组织开展“共铸诚信、共创文明”等群众性道德实践活动，继续深入开展“百城万店无假货”活动，不断提高面上的诚信水平和文明程度。加强思想道德教育，突出抓好未成年人思想道德建设，认真贯彻全市未成年人思想道德建设《行动计划》，组织实施30件实事，促进青少年健康成长。组织开展“追寻先辈足迹，争做时代新人”暑期主题教育活动，激发广大青少年的爱国热情。加强爱国主义教育基地建设，新四军纪念馆被列为全国37家重点爱国主义教育基地资助项目之一，并得到中央和省两级的大力资助，更新布展工作正在有计划地推进。进一步加大面上道德教育力度，以第三个“公民道德宣传日”为契机，加大对社会公道、职业道德、家庭美德的宣传引导力度，推动提高公民道德水准。开展“迎十运盛会、树文明形象”等系列活动，营造“迎十运、促发展，人人都当东道主，个个都是服务员”的浓厚氛围，为“十运会”部分赛事在盐举办营造了良好的人文环境。

大力繁荣城乡文化，不断丰富群众精神文化生活

制订发展规划引领文化发展，以市委、市政府名义出台了《盐城市文化发展行动纲要》，提出当前及今后一段时期十项重点工程，强力推进各项重点任务的分解落实，全面启动全市先进文化建设。繁荣精品创作，大力挖掘盐城优势人文资源，开展特色文化和民间艺术资源普查工作，精心打造淮剧、杂技、盐文化、湿地文化、红色文化等特色文化品牌，努力建设人文盐城。加强优秀作品创作，推出了一批精品力作。其中，以抗战题材为主要内容的新版淮剧《太阳花》在纪念抗战60周年之际晋京展演获得圆满成功，受到国家领导人和中宣部、省委宣传部的充分肯定。大力发展群众文化，组织文化部门深入开展第二届先进文化下基层“三百工程”，累计组织“欢乐农家”送文化下乡100场、“激情广场”文艺演出100场、“文化社区”服务100场，共计开展各类文化活动2105场（次），受众面达223.4万人次。深入开展“扫黄打非”活动，开展整治网吧等专项行动，有效净化了文化市场。推进文化体制改革，精心组织文化企事业单位改革，盐阜大众报报业集团正式运作，市广电局（台）内部改革进一步深化，文艺演出团体等单位改革稳步推进，文化体制改革带来的活力正在逐步显现。

大力推进宣传队伍规范化管理，全面提升宣传干部的整体素质

加大教育培训力度，结合保持共产党员先进性教育活动，在宣传部机关扎实开展学习型、服务型、创新型、规范型机关创建活动。认真组织政工干部岗位培训。切实加大调研工作力度，出台了《关于进一步加强宣传思想工作调研活动的意见》，在宣传部机关和全市宣传系统开展“宣传思想工作调研周”活动，形成了一批调研成果，推动了实际工作。加大规范管理力度，严格对照中央和省、市委关于廉洁从政的制度规定，进一步修订完善宣传部规范化管理制度，用严明的制度规范部机关党员干部的言行。加大对全市宣传文化系统队伍的规范化管理力度，完善新闻例会、舆论管理、突发事件报道、新闻发言人、新闻阅评等规范化管理制度并组织实施，增强导向力和控制力。继续深入组织开展“三项学习教育”活动，认真组织贯彻中宣部等部门颁布的《关于新闻采编人员从业管理的规定》（试行），加强教育引导，加强队伍管理。加大工作考评力度，建立健全考评体系，在总结以往经验的基础上，制订出台《全市宣传思想工作创新奖考评办法》，对创新性工作项目的申报、考核、评比、表彰等各个环节都作了明确的规定，用严明的考评机制激发宣传思想工作队伍的群体活力，推动宣传思想工作的创新创优。

（盐城市委宣传部）

淮安市宣传工作

2005年，全市宣传战线按照“坚持一个贯穿、提高两大能力、开展三创教育、加大四个力度、实施五项系列工程”的总体思路，为

富民强市进程营造了良好的舆论环境,提供了有力的思想保证。主要做了以下几方面工作:

紧紧围绕贯彻落实科学发展观,进一步加大了理论武装工作力度

通过编印《理论学习参考专辑》、组织"淮安发展论坛"和"淮安宣传论坛",扎实抓好中心组理论学习。同时会同市委组织部研究制订了关于干部理论学习学分制考核的《意见》,年终对各级党委中心组学习情况进行了检查,评选出2004年度市级先进党委中心组。组织各县(区)宣讲组围绕学习十六届四中全会精神、树立和落实科学发展观、构建社会主义和谐社会等主题,广泛开展理论宣讲工作。同时深入开展理论研究工作,在全市县处级以上领导干部中开展了"弘扬恩来精神,提高执政能力,推进小康进程"专题学习调研活动。在抓好全市干部理论学习的同时,淮安市委宣传部还加大自身队伍建设力度,在全市宣传文化系统探索开展了干部双向挂职的试点。

紧紧围绕鼓劲造势加快发展,进一步加大了新闻外宣工作力度

努力营造加快发展舆论氛围。在新型工业化宣传方面,各大媒体开辟了"加快推进新型工业化"、"突破之年话突破"、"聚焦新型工业化"等专栏、专题;在全民创业宣传方面,开辟了"'双带标兵'谈创业"、"创业之声"等专栏,推出了系列评论;在加快推进服务业、建设社会主义新农村等方面,也组织了全方位、多体裁、系列化的宣传报道。新闻外宣取得新的突破。去年以来,我市在省级以上媒体发表有分量、有质量、有影响的重点稿件2860多篇(条),全方位、宽领域、多层次地展示了淮安"三个文明"建设的新思路、新做法、新亮点、新成就。特别是精心策划了"第四届江苏省园艺博览会暨2005中国淮安·淮扬菜美食文化节"对内对外宣传,先后成功组织了在北京、上海、南京的美食宣传周;组织省及南京市8家主要媒体来淮集中采访;在《新华日报》、《扬子晚报》、《新民晚报》、《北京晚报》等组织了近20个专版,集中展示淮安良好形象。节会期间共有110多批次的媒体、300多人次的记者来淮采访报道,各类媒体共发表反映淮安经济社会发展和美食节稿件近千篇。淮安日报社成功举办了第17届全国地市州盟报新闻摄影学会年会,策划了"全国百家报纸看淮安采访活动",是近年来规模最大的一次全国媒体集中采访淮安活动。市广电局克服困难、创新理念,添置了数字电视转播车,开通了广播电台交通文艺频率,开工建设有线电视网络传输中心。突发事件报道引导正确。在处置"3·29事故"期间,迅速启动突发事件新闻采访报道应急机制工作预案,全力以赴做好外地媒体的组织、协调、服务工作,先后接待了新华社、人民日报、中央电视台等24家媒体80多名记者,并向未能来淮的数十家媒体及时发送通稿。通过中央和省、市主流媒体发布权威、准确、详实的信息,达到了以正视听、引导舆论的目的。省委书记李源潮批示指出:"主动、及时发消息,正确报道、防止炒作,是突发事件报道的一条经验";省委常委、宣传部长孙志军指出:"'3·29'宣传报道很主动,公开透明,及时准确,有效树立了党委政府以民为本、对人民群众高效负责的良好形象"。

紧紧围绕弘扬"三创"精神,进一步加大了思想政治工作力度

广泛开展形势政策教育。向基层发放形势政策宣传资料,全市各地充分利用《时事报告》、《半月谈》等时事教育刊物,进行形势政策教育。大力开展三创主题教育活动。各地、各部门开展了形式多样的宣传教育活动,在新闻媒体开辟了"'双带标兵'谈创业"、"创业政策在身边"、"'三创'精神大讨论”等专题专栏，并在市区一些重要位置制作了一批大型宣传牌，营造了浓烈的活动氛围。向省委宣传部推荐了淮钢的何达平和盱眙县楚东职业技术学校的张红梅两位典型作为全省的“三创之星”，并组织了“三创”先进典型巡回报告会。继续推进文明育农科技富民工程。进一步健全和完善以实事项目为支撑，以文明行业和文明单位为后援，城乡联动、结对帮扶的共建机制，开展“优秀育农富民园丁”和“科技致富标兵”评比活动，鼓励农业科技人员和农村科技大户结对帮扶，结合保持共产党员先进性教育活动，组织开展了“千名干部入万户察民情”、“为民服务月”、“为民答疑、为民增收”等活动。

紧紧围绕建设历史文化名城，进一步加大了文化艺术工作力度

精心组织精品力作创作生产，新创剧作《清江浦上河图》荣获江苏省第三届戏剧文学奖提名奖第一名；淮海戏《豆腐宴》入选省舞台艺术精品工程初选剧目；抗战题材音乐诗剧《石头城的记忆》在全省各地累计演出200多场；电视连续剧《金陵子潮》在中央电视台综合频道黄金时段播出；在全国第21届摄影艺术展上我市选手获得了一金一铜两个优秀奖的好成绩；在首届全国公务员书法大展上，我市2位公务员获优秀奖；市广电局的《走进现场》、《行风热线》荣获全省广播电视优秀栏目奖。举办了宋长荣从艺55周年京剧专场演出，出版画册《荀艺长荣画传》，举办了章农书画展，扩大了宋长荣和章农两位艺术家在全国的知名度和影响力。洪泽县投资3500多万元，建设了集图书、文博、会展等诸多功能于一体的文化中心和洪泽湖博物馆，出版了《洪泽湖文艺丛书》，进一步塑造了大湖文化品牌。积极推进群众文化工作，积极组织开展丰富多彩的群众文化活动，推进先进文化走进千家万户，先后举办了全市农民文艺调演、纪念抗日战争胜利60周年系列文化活动和“百部电影送千村”、“百场电影进社区”，“暑期中小学生主题电影展映月”、“优秀剧目送乡村”等活动，极大地丰富了广大人民群众的文化生活。在第四届江苏省园艺博览会暨淮扬菜美食文化节期间，组织了书画展、戏剧专场演出、广场文艺演出、综艺晚会等30多场（次）文化活动，实现了美食文化节繁荣文化、娱乐百姓的目的。

紧紧围绕创建省级文明城市，进一步加大了文明创建活动的力度

一是精心组织创建省级文明城市迎检工作。制订下发了2005年淮安市创建省文明城市责任分解表，组织人员对全市五个区和38个责任部门的创建工作进行了逐家逐项的督查。以市委、市政府名义成立了全市文明城市迎检工作指挥部，召开了全市文明城市创建工作会议和文明城市档案会、填报工作会、迎检动员会、创建汇报会等一系列会议。印发了《告全体市民一封信》、《创建江苏省文明城市测评调查问卷》、《文明市民应知应会手册》，广泛宣传文明城市创建工作，激发了广大市民参与创建的积极性、主动性。编写印发《迎检现场准备工作手册》，加强对金湖、盱眙两县文明城市创建工作的督促指导，提高了各现场组的工作针对性和实效性。精心撰写全市文明城市汇报材料，认真制作文明城市创建电视专题片。严格对照《江苏省文明城市考核表》，收集整理了档案815卷、87562页、4000多万字、图片2200余张，编印了近2万字的文明城市创建重点资料汇编，使我市创建工作的亮点和特色得到了充分展示。对街道、社区、乡镇、单位、公共场所等五大类近百个现场进行认真准备、反复过堂，对迎检涉及到的每一个层面、每一个环节一着不让、紧抓不舍，积极主动地担负起统揽、协调、督查责任。8月下旬,省文明委考核组对我市创建工作进行了考评,我市过硬的创建实绩和认真的迎检工作赢得了考核组的好评;2005年底,我市被省委、省政府命名表彰为“江苏省文明城市”,实现了我市“四城同创”工作的首战告捷。

二是全面实施四大文明系列工程。认真贯彻落实《公民道德建设实施纲要》,着眼于提高居民生活质量、公民文明素质和城市文明程度,全面实施四大文明系列工程。首先是大力实施“文明关爱、扶弱济困”工程。“3·29”事故期间,全市30多个部门、单位为受灾群众捐资近50万元。涟水县大力实施“文明关爱、结对助学”工程,向社会各界募集了10多万元,在全县结成了213个助学对子。第二是启动实施了“文明家园、和谐社区”工程。以社区家庭及其成员为主体对象,以创建和谐友爱的人际关系、和谐协调的人居环境、和谐向上的人文精神为目标,促进了广大市民文明素质的提升。清河区把“打造和谐社区,共建美好家园”作为全年工作的重中之重,举全区之力大力实施“六大工程”,收到了“各种力量充分调动、各种资源有效整合、各种机制不断健全、各种矛盾妥善处理、执政基础坚强巩固”的良好社会效果。第三是实施“文明示范、典型引导”工程。扎实开展省文明行业、省文明村镇、省文明社区、省文明单位和市级文明行业、文明村镇评选工作,评选出1个全国文明单位、6个全国精神文明创建工作先进单位、1个全国文明村镇、2个全国精神文明创建工作先进村镇和116个全省文明单位、74个全省文明行业、4个全省精神文明创建工作先进行业、18个全省文明乡镇、32个全省文明村、12个全省文明社区。第四是实施“文明联动、诚信服务”工程。在楚州区三年来成功试点的基础上,在全市启动了“文明联动、诚信服务”工程,进一步将全市文明行业、文明单位有机组织起来,形成为民服务的强大合力,为人民群众生产生活提供优质、高效、全方位的诚信服务,充分发挥文明行业、文明单位在服务中心、服务大局、服务群众的示范带动作用。

三是着力加强未成年人思想道德建设。年初召开未成年人思想道德建设工作会议,印发了《2005年淮安市未成年人思想道德建设工作要点》,成立了淮安市加强和改进未成年人思想道德建设工作协调小组,出台了《淮安市2005年未成年人思想道德建设目标管理项目》和《淮安市未成年人思想道德建设目标管理项目管理考核办法》等一系列文件,加强了未成年人思想道德建设工作的组织领导力度。立足于我市100万劳务输出大军、40万留守儿童的现实,把未成年人思想道德建设的重点,放在关护、关爱留守儿童上。春节期间组织开展了关心爱护城乡留守儿童“百千万”行动(新闻记者进百户采访、学校教师进千户家访、基层干部进万户走访);暑假期间组织开展了“四自三远离”(自尊、自立、自律、自强,远离不良嗜好、不法场所、不轨人群)主题教育活动;采取市、县、乡三级联动的方式,举办以“七个一”为内容的留守儿童“红色之旅”夏令营;组织大学生自愿者开展“三下乡”暑期社会实践活动,深入农村中小学开办留守儿童文艺、体育培训班、举办文化知识夏令营;举行留守儿童“给远方父母一封信”征文竞赛,沟通留守儿童与远方父母的情感联络。精心组织第二届“弘扬‘三创’精神、争当‘四有’新人”十项才艺大赛,总结和拓展首届的经验成果,在扩大覆盖面、增强实效性、提高影响力方面取得了新突破。淮阴区着力打造“留守孩子”健康成长的良好环境,建立了“五大关护网络”和未成年人思想道德建设音像资料库,策划组织了“我心目中的好妈妈”征文竞赛、“每月一信一话”、“幸福快车——农村‘留守孩子’亲子同乐夏令营”等形式多样、富有成效的活动。楚州区组织开展了“五类儿童”(留守儿童、单亲儿童、贫困儿童、残疾儿童、问题儿童)关护行动,中央文明办、省妇联等对此予以了肯定和推介。

(淮安市委宣传部)

宿迁市宣传工作

2005年,是宿迁市经济社会发展取得重要进展的一年,也是宿迁宣传思想工作不断加强、不断深入、不断开拓的一年。全市宣传思想战线坚持高举旗帜,紧贴中心,服务大局,有所作为,宣传思想工作的引领作用明显增强,社会影响明显扩大。工作针对性实效性明显提高,工作活力明显激发,呈现出蓬勃向上、全面推进的生动局面,为实现宿迁突破和推进全市经济社会更快更好的发展提供强有力的思想保证、舆论力量、精神动力和文化条件。

围绕中心抓导向,宣传思想工作的引领作用明显增强

紧紧围绕市委、市政府的中心工作和年初全市宣传思想工作会议提出的总体要求,强化舆论引导,推进思想解放,适时推出了“每月一课”和“前沿课堂”学习讲座活动,先后邀请15位专家、学者为机关党员、干部传授最新知识和理论,全年共举办专题讲座活动20次,促进了机关党员干部的学习和理论水平的提高,使其在思想观念紧跟时代步伐。为贯彻党的十六届四中、五中全会精神,结合先进性教育活动,通过在全市各级媒体上开辟“保持共产党员先进性”、“身边的共产党员”专栏,在各级党员干部中开展党委中心组学习活动、组织形势政策报告会、举办轮训、冬训活动以及在县处级以上领导干部中开展“提高执政能力、实现后发快进、构建和谐社会”专题调研活动等方式,推动党员干部的理论学习与工作实践相结合,收到了良好的社会效果。为贯彻落实市委二届五次扩大会议精神,引导和激励全市上下积极投身招商引资和工业突破活动,开展了“弘扬‘三创’精神,推进工业突破”主题教育活动,通过宣传一批外地客商来宿创业典型、本地干群自主创业典型、进行机制体制创新典型和为招商引资做好服务工作的典型,在全社会形成了“创业有功,致富光荣”的价值观念,“勇于创新、敢试敢闯”的时代精神,和“争先创优、发展至上”的鲜明导向。为此,市主要新闻媒体均根据自身特点分别设置了“三创之星”、“三创精神苏北行”等专栏,加大典型宣传力度,推动活动的持续、深入开展。泗阳县还编印了《走近“三创”之星》一书,下发到各基层单位进行学习,深化和拓展了“三创”精神的宣传教育效果。配合市委市政府重大战略的实施和重点工作的推进,新闻宣传快速反应、适时介入、精心策划、系列推出,开展了以解放思想、鼓舞士气、优化环境、促进发展为主要目标,以“三个更加灵活大讨论”、“直通创新创优前沿”、“大干四季度,迎战‘十一五’”等栏目为代表的舆论宣传活动,为全市经济社会快速健康发展发挥了积极的先导性作用。

促进发展抓服务,宣传思想工作的形象地位日渐提升

紧紧把握发展是第一要务这一主题,围绕市委、市政府“攻坚2005,誓夺工业突破”这一中心,策划了一系列重大宣传活动。在市内各级各类新闻媒体上开辟了“加强招商引资,加快工业突破”、“运河五桥建设”、“走近浙商”、“光彩打工路”、“辉煌创业路”等专栏,对全市招商引资、工业突破、重要工程建设、民企发展等重大经济活动进行专题宣传,形成了促进发展的舆论强势。在做好舆论宣传的同时,以积极参与、主动对结的态度和方式投身经济建设,组织策划了“迎中秋在宿客商联谊会”、“第二届中国沭阳·花木节”、“泗阳县首届杨树节”、“泗洪县第四届金秋螃蟹节”,参与配合了苏北国际交流合作会议、城市建设招商会等重大活动,在活动中锻炼了队伍,扩大了影响,提升了地位。

为扩大宿迁的对外知名度,提高美誉度,增强宿迁对外商、外资的吸引力。按照“市外就是外”的方针,以巩固省内主要媒体、主攻国内主流媒体、突破港澳台和国外新闻媒体为总方向,大力实施“走出去”与“请进来”相结合的战略,持续不断地加大对外宣传力度。4月上旬,组织市新闻采访团一行17人赴苏州进行采访,借以推动“南北挂钩”和招商引资工作;6月上旬,在南京召开了“宿迁市荣获浙商最佳投资城市”新闻发布会,邀请省内外媒体40余家参加报道,对我市优越的投资环境作了广泛的宣传;利用首届苏北国际交流合作会议在我市召开的契机,邀请国内外知名记者89名来宿采访,借以宣传宿迁、推介宿迁。据统计,2005年,先后接待市外记者和新闻采访团80多批次400多人,策划重大外宣战役10余次,在省以上主流媒体发稿2130余件,在港澳台和国外新闻媒体发稿140多件,与去年同期相比有显著提高。在外宣品制作方面取得重大突破,10月份,建市以来首部公开发行的大型外宣画册《中国宿迁》正式出版,首次印刷3000册,同时配发《绿海之都》、《空中看宿迁》等外宣光盘,社会反响强烈,成为市委市政府对外交往首选礼品。

为提高市民素质和城市的文明程度,优化经济社会发展环境,于2005年7月份全面启动了“江苏省文明城市”创建工作,明确目标,细化任务,制订方案,健全机构。并于8月底和9月初,分别召开了市文明城市创建工作领导小组暨文明委全体组成人员工作会议和全市文明城市创建暨市区环境综合整治动员大会,专题研究、部署文明城市创建工作,启动市区环境综合整治工作,全力营造整洁优美的城市环境。为塑造对外良好形象,提高窗口单位的服务水平,牵头组织了城管、旅游、外办、质监等部门对市区的宾馆行业开展了环境卫生专项整治,将宾馆酒店纳入文明创建范畴。为营造文明城市创建氛围,在“两报两台一网”开设了“文明创建在宿迁”专栏,对我市创建文明城市进行大力宣传引导;在城市的各大出入口和市内一些建筑物的醒目位置设立文明城市创建广告牌;将20字公民基本道德规范印刷在日常用品上,在机关单位推广使用;广泛散发《宿迁市文明市民教育读本》,使文明创建理念深入人心,使文明礼仪基本知识人人明白,使文明行为成为广大市民的自觉行动。

突出重点抓示范,宣传思想工作的社会影响逐步扩大

围绕纪念抗战胜利60周年,先后举办了纪念抗战胜利60周年座谈会、知识竞赛、抗日歌曲大联唱、影片展播、书画展览等系列活动,各县区也结合自身实际开展了纪念活动,泗阳县整理出版了《泗阳抗战风云录》,作为爱国主义教育的重要教材,泗洪县编排了大型泗洲戏《喻尊霞》,以纪实场景再现了泗洪县人民英勇抗战的历史画卷。充分发挥先进典型的示范引导作用,推出了见义勇为、舍己救人的农村党员胡继化,以及在发展农村经济、推动农村社会进步方面作出重要贡献的先进典型,通过深度报道、举办报告会巡回宣讲等方式宣传他们的先进事迹,来推动第三批党员先进性教育活动的开展。其中胡继化还被省委宣传部列为全省重要典型,安排在今年开展集中宣传活动。此外,还连续、集中地宣传了80余名体现“三创”精神的各类典型。

在文艺工作中，我们通过采取抓重点、抓关键、抓示范的方式，以点带面，推动全局。举办了“百部电影送千村”放映活动，市、县(区)宣传部门上下联动，历时4个月，在80多个乡镇放映电影333场，观众近20万人次，为广大农民群众送去各类宣传资料20余万份。定期推出了周末广场文艺演出，已举行不同主题的广场演出30余场，广场演出已成为全市群众文化活动的品牌。各县区的群众性文化活动也精彩纷呈，亮点频现。宿豫区按照“月有活动、季有大戏”的要求，举办了多场次文艺活动，沭阳县的“欢聚花乡”大型广场文艺演出、泗阳县的“迪可依之夜”、泗洪县与二炮文工团联合举办的“情系泗洪”大型文艺演出、宿城区的“绿海放飞”歌舞晚会等重点演出活动影响广泛，好评如潮。文艺创作精品迭现，成绩斐然。新创作各类剧目作品106个，是前三年的总和，其中有8件作品获省第三届小戏小品大赛作品奖，大型淮海戏《泉水叮咚》已上报文化部参加本年度全国优秀剧目评选，大型泗洲戏《古泗洲遗恨》等4部作品参加省级优秀剧目评选。推荐申报18部(件)优秀文艺作品参加省“五个一工程”评选活动；以反映宿迁改革为题材的27集电视连续剧《美丽的中国结》完成最后制作，即将开播，同名小说也公开出版发行；以介绍我市精湛的民间艺术为主题的电视专题片《云渡桃雕》已摄制完成，即将在省台和中央电视台播出；由我市著名诗人刘家魁创作的《刘家魁叙事诗选》荣获省紫金山文学奖；孙康宁同志创作的戏剧小品《常回家看看》获中国戏剧文学三等奖，剧作家杨鹤高创作的诗词《花开烽火年》被评为纪念抗战胜利60周年全国优秀作品，烙画协会有8幅作品被钓鱼台国宾馆选用。

群众性精神文明创建活动常抓常新，影响深远。在抓好常规工作的同时，市文明办按照市委市政府关于提升城市文化品位的要求，积极开展打造文化楚街活动；结合中央关于建设社会主义新农村的战略部署，提前介入，精心谋划，在宿豫区魏场村开展了试点工作，为全市乃至全省的新农村建设工作探索路子，创造经验。沭阳县开展了“文明车”评选活动，共有56辆文明车受到表彰；泗洪县组织开展了“我诚信，泗洪诚信，我美丽，泗洪美丽，我文明，泗洪文明”主题活动，营造了浓郁的创建氛围；泗阳县大力推广里仁乡幸福村的“能人榜、成才榜、功德榜、模范榜”四榜教育法，用大家摸得着、看得见的人和事，教育、引导广大干群；宿豫区的“文明大家评”、“鲜花献文明”活动，较好地发挥了典型示范作用；宿城区通过宣传一批诚信企业、诚信个人和平安地区，带动“诚信宿城”、“平安宿城”创建活动向纵深拓展。

强化职能抓管理，宣传思想工作的调控能力显著加强

按照守土有责原则，充分发挥职能作用，加大对理论建设、阵地建设、新闻舆论宣传、对外宣传、互联网宣传和文化市场等工作的监督管理力度，制订出台了一系列规范性文件，努力推动宏观管理从经验型向制度型的转变。在党员干部的理论学习方面，健全学习制度，建立学习档案，旁听学习过程，查看学习记录，有效的推动了制度化和规范化建设。召开了全市哲学社会科学界第一次代表大会，健全社科联的组织机构，对今后一段时期内的理论研究工作作了统一的部署和安排，为我市的理论研究工作提供了强有力的组织保障。在舆论阵地建设方面，加强对卫星地面接收设施的管理，去年全市共强行拆除、没收非法安装卫星电视接收设施263套；加强对报刊发行工作的管理，坚决纠正利用职权摊派和变相摊派发行问题，确保了重点党报党刊征订发行工作在不受干扰的情况下顺利进行;建立健全互联网管理机构,指导成立了网上评论员队伍,协助通信协会成立了互联网宿迁分会,全面贯彻《互联网新闻信息服务管理规定》精神,积极开展网上舆论引导,加强网上新闻信息的监督管理,规范全市网络新闻信息发布和传播秩序,及时清除有害信息和不健康内容,促进互联网行业自律,净化网络环境,推动互联网良性发展。在新闻舆论和对外宣传方面,成立了新闻宣传协调小组,建立健全了新闻发布会制度和新闻发言人队伍,泗阳县、宿豫区也结合各自实际分别建立了"新闻安全"、"新闻提醒"等相关监管制度,有效遏制了有偿新闻、虚假报道和低俗之风。加强了对广告宣传的监督管理,通过建章立制和有效整顿,我市新闻媒体上的不良广告基本得到清除,特别是自去年7月份开始,市广电总台在全省率先停播了所有医疗广告,虽然在经济上蒙受了较大损失,但取得了较好的社会效益,受到了工商部门的好评,向中国广告协会推荐其为精神文明先进单位。坚持"一手抓繁荣,一手抓管理",促进文化市场的健康发展,查处网吧违法经营案例240起,进一步规范了网吧经营秩序;收缴赌博型游戏机18台、电路板70块,遏制住了电子游戏室违法经营反弹的势头;查处了一批非法演出案件,规范了城乡演出市场秩序;加强出版物市场监管,开展了"拒绝盗版,从我做起——中小学生版权保护主题教育"活动,收缴非法音像制品20余万张(盒),进一步巩固和完善了音像市场"正版工程",使实施"正版工程"地区的正版率达80%以上。

提高效能抓创新,宣传思想工作的创造活力竞相迸发

适应形势,遵循规律,大胆探索,注重实效,按照市场经济发展的要求,推进机制体制创新,拓展宣传思想工作的舞台和空间,是去年全市宣传思想工作的一个鲜明特色和亮点。通过完善用稿情况通报和动态绩效测评制度,有效地激发了各地各部门和新闻采编人员向省以上主要新闻媒体投稿的积极性。宿迁日报社和广电总台通过实施人事制度和分配制度改革,使一些德才兼备的同志脱颖而出,优化了人才结构,提高了工作效能。泗阳县宣传系统通过建立无纸化办公的工作平台,为宣传专职干部配备了专用电脑,极大的提高了工作效率。宿迁日报社通过对广告部的承包经营方式进行改革,使去年全年纯收入比上年增加200万元左右。市广电局、文化局通过改革,实现了两局合署、两台合并和局台分离、台网分设,成立了广电网络公司,使经营性事业单位真正成为市场主体,理顺了建、管、用的关系,为广播电视事业的发展与先进文化建设构筑了更加高效的平台。通过采取文企挂钩模式,筹集了1328万元文物维修基金,使市区内的十处文物景点维修得以顺利完工。通过政府引导、企业投资、市场运作方式,成功举办了周末广场文艺演出和"沭阳花木节"大型广场文艺演出等活动,在丰富人民群众精神文化生活的同时,实现了政府与企业的双赢。

宿迁宣传文化系统工作的有效开展,主要得益于:一是保持了创新的精神状态。始终坚持创新宣传工作理念,以开放、超前的思维来谋划工作,大胆冲破各种条条框框的限制和传统的思维定势,克服等靠要思想,协调各方来投入,争取支持办事情,创造条件干工作,推进经济欠发达地区宣传思想文化工作适度超前于经济发展,并有力支撑促进经济发展的有益探索。二是保持了务实创业的优良作风。坚持工作扎实、措施落实、作风朴实,体现为虚事实办、虚功实做、虚实结合,把宣传思想工作目标任务化、任务项目化、项目责任化,推行一线工作法和工作成果倒逼法,做到任务要求“实”打“实”,手段措施“硬”碰“硬”,在奖惩制度和工作考核中充分体现务实创新的要求,把务实创新的考核体现为待遇和荣誉,把务实创新的成果转化为影响力和生产力。三是保持了高效的目标追求。高效体现在素质能力上,全市宣传文化系统形成了主动去办、马上就办、办就办好的作风,树立了想干事、会干事、干成事的“三干”精神。按照“三贴近”的要求,高调做事、低调做人,服务发展、服务基层、服务群众,变大而化之为精心精细,变空而论道为务实落实,变敷衍应付为完善到位,力求宣传部门负责的每一项工作快捷、优质、完整。

(宿迁市委宣传部)

徐州市宣传工作

2005年,徐州市宣传思想战线坚持以邓小平理论和“三个代表”重要思想为指导,牢固树立和落实科学发展观,认真贯彻党的十六届四中、五中全会精神,坚持贴近生活、贴近实际、贴近群众,不断创新内容、创新形式、创新手段,以开展“三建一争做”宣传教育活动为主线,唱响弘扬“三创”精神,推进“两个率先”的主旋律,各项工作在改进中加强,在创新中发展,形成新特色,取得新进展,为建设繁荣文明和谐新徐州提供了强有力的精神动力、思想保证、舆论支持和文化条件。

理论武装工作深入扎实,科学发展的思想基础更加巩固

理论学习制度化。围绕学习贯彻党的十六届四中、五中全会精神,策划学习专题,编写学习计划,举办讲座、报告会、座谈会、骨干培训班等系列学习活动50多场(次)。组织开展全市县处级党委中心组学习检查,积极推广学习旁听制度。在全市县处级领导干部中组织开展“提高执政能力、推进‘两个率先’、构建和谐徐州”专题理论调研,推进学习型干部队伍建设。

理论教育系统化。为先进性教育活动提供理论指导,开办网上先进性教育理论园地,加强理想信念和宗旨观念教育。把农村党员干部冬训与第三批先进性教育活动结合起来,围绕建设社会主义新农村的主题,组织先进性教育宣讲团、典型事迹报告团、科技文化服务团“三团下乡”集中宣讲活动,增强冬训工作实效。

理论宣传注重创新。积极加强和改进理论宣传,推出了一批有影响的报刊、广播、电视理论专题节目和栏目,在省以上媒体刊发各类理论研究文章150多篇。大力推广基层理论工作的创造性经验和创新性实践,探索构建区党委、街道党工委、社委会“三位一体”新型理论宣传模式。

主题教育活动贯穿全年,服务大局水平显著提高

按照弘扬“三创”精神,推进“两个率先”,建设繁荣文明和谐新徐州的主题,在全市城乡深入开展“三建一争做”主题教育活动,推进新一轮思想解放。先后开展“双超之后怎么办”大讨论、“干部会招商,群众会创业”大讨论、“学先进、争一流”大讨论,运用各种宣传手段开展思想教育,受教育干部群众20多万人,形成率先发展、科学发展的强大合力。充分发挥新闻媒体的造势引领作用,集中开设挂牌宣传专栏,刊发招商引资、创业创优、精神文明创建、和谐社会建设、先进性教育活动等方面的报道5000篇(条),形成系列宣传品牌。重视发挥先进典型的示范带动作用,集中宣传了市中级人民法院院长胡道才、睢宁县公安干警焦中田、徐州重型机械厂厂长张玉纯、农民的好支书刘传章等全省重大典型的先进事迹,掀起学先进、争先进的热潮。注重创新宣传教育载体，先后开展了以“除陋习、树新风”为主题的群众性精神文明创建活动，以推动创新创优为目标的“三创之星”、“文明市民”、“十佳服务集体，百名服务标兵”、“建设徐州功臣”、“有情有义徐州人”评选活动，以倡导和谐和睦为内容的普法宣传教育活动和以服务发展，服务群众为宗旨的先进性教育实践活动，为“三建一争做”主题教育活动推波助澜，激发干部群众建设繁荣文明和谐新徐州的热情。

舆论宣传引导有力，形成加快发展的浓厚氛围

新闻宣传主题鲜明。紧紧围绕市委、市政府的中心工作，策划组织重大宣传活动，集中力量做好沿东陇海线产业带开发建设、苏台经贸洽谈会、第八届投资洽谈会、亚欧大陆桥区域经济国际研讨会以及深圳、上海、绍兴投资推介会等重大经贸活动的宣传报道，营造了加快发展的强大舆论声势。重点围绕贯彻市委九届七次全会精神，组织“辉煌的十五”和“美好的十一五”大型主题采访活动，深入宣传全市上下树立科学发展观，率先发展、科学发展、和谐发展的经验成果和思路举措，形成强大声势。认真做好新城区起步区建设、小南湖改造、彭城广场改造、和平路东延工程等市政重点工程的宣传报道，展示徐州都市圈建设成果。精心组织市“两会”、“十运会”的宣传报道。

对外宣传亮点突出。立足于展示徐州形象，扩大对外影响，以大型经贸文化交流活动为载体，着力加强对外宣传。全年共邀请台湾东森电视台、TVBS、《远见杂志》、香港凤凰卫视、大公报、香港商报、新华社、中央电视台、人民日报等海内外主流媒体150多批，记者300多人赴徐州采访报道，在省级以上媒体共刊发重要稿件800余篇(条)，其中新华日报头版头条6篇，人民日报华东版头版8篇，中央电视台新闻联播4条，比较好的推介展示了全市经济社会发展面貌。台湾东森电视台推出的“聚焦徐州”专题节目，香港《大公报》推出的“徐州会战重创侵华日军”整版报道，香港商报推出为期一周的《大潮涌动东陇海》系列报道，都产生了重要的对外影响。加强外宣成果制作，与中宣部、国务院新闻办等配合，完成大型图册《中国——江山如此多娇》编纂工作，出版人文地理专刊《中国民族——徐州汉文化》。注重外宣阵地建设，与人民日报网络中心共同开办《人民网·视频徐州》专题网站，与中国国际广播电台华语台联办“今日徐州”、“中国社会——聚焦徐州”宣传专栏，外宣渠道进一步拓宽。

新闻管理科学规范。做好社会热点题材和敏感问题的监督管理和舆论引导工作。建立健全新闻发言人制度，开展新闻发言人队伍建设调研，组织新闻发布会12场。增强新闻阅评力量，扩大阅评范围，有效改进新闻阅评工作。加强互联网信息监督和网络评论员队伍建设。开展媒体不良广告、非法出版物专项整治、有效净化舆论环境。

坚持以文明城市创建为龙头，精神文明建设取得重大突破

实现创建省级文明城市的目标。以创建江苏省文明城市统领精神文明建设，全民动员，城乡联动，强化措施，全面提高城市文明程度，经过检查测评，以总分第一的工作成绩，获得省文明城市的荣誉称号。着力改善市容环境秩序，开展集中整治活动，全市200个居民小区、300条小街小巷得到彻底整治，共清理占道经营摊点近2000个，整治户外广告1600处，拆除违章建筑3000余平方米，粉刷沿街建筑100多万平方米。着力增强创建实效，以“三优三满意”为目标，在全市119个机关单位开展创建文明机关活动，机关作风大为改观；在全市538家单位开展创建文明企事业单位活动，建成一批诚信经营、文明服务的窗口；在全市400个居民社区开展创建文明社区活动，居民生活质量明显改善。在农村开展“清洁田园、清洁水源、清洁家园”为主题的“三清三创”活动，同步提高城乡文明程度。着力培育市民文明素质，把舆论监督与宣传教育相结合，大力宣传普及《公民道德建设实施纲要》、新时期徐州精神、《徐州市市民守则》，编印3万册《创建文明城市知识读本》、《文明市民读本》，2万份创建台历和10万份“告别十大不文明行为”宣传册，制作100块创建宣传展板，开展文明城市知识竞赛活动、“点滴小事看文明”大讨论活动。着力深化巩固创建成果，建立创建工作联席会制度、联合检查督导制度，创建目标分解责任制，群众投诉受理反馈机制，档案台账目标管理制度等一系列创建工作机制。

增强未成年人思想道德建设的成效。认真贯彻《徐州市加强和改进未成年人思想道德建设实施办法》，启动学校、家庭、社会教育工程。开展了“争做新一代徐州人”、“金诺诚信工程”、“争做合格父母、培养合格人才”等主题实践活动。实施“平安校园”创建，集中整治全市中小学、幼儿园安全管理工作。开展“未成年人网络文明行”活动，深化“净网风暴行动”，评比“文明示范网吧”，建设“绿色网吧”，引导未成年人健康上网。出台《徐州市未成年人参观爱国主义教育基地实施办法》，命名丰县“果都大观园”等13个市级青少年校外活动基地，阵地建设水平提高。

群众性精神文明创建有新成果。各项精神文明创建活动的蓬勃开展，取得重要成果。组织全国文明单位、文明行业、文明村镇和全省、全市精神文明创建工作先进单位的评选活动，贾汪区青山泉镇马庄村被中央文明委授予全国文明村镇称号，市政工程养护管理处、徐州卷烟厂获全国文明单位称号，4个村镇被评为全国创建文明村镇工作先进村镇，6家单位获全国精神文明建设工作先进单位。做好文明风景旅游区示范点建设和评比工作。完善徐州市精神文明建设考核评比办法，。

改进创新思想政治工作，形成构建和谐社会的有力支撑

思想政治工作有新加强。加强形势政策宣传教育，制订下发了《全市城乡广泛开展形势政策教育的意见》，举办形势政策报告会、集中宣讲活动200余场，全面解读经济形势、大政方针和社会热点问题。基层思想政治工作创新创优力度加大，推出调研成果300余篇，其中10篇在省级以上刊物发表，3项成果在全国企业政研系统推广。承办全省主题教育现场会，我市开展主题教育的经验做法，受到省委宣传部肯定，在全省加以推广。

爱国主义教育有新突破。围绕纪念抗战胜利60周年，组织图片史料展览、座谈研讨活动、文艺作品展播等系列纪念活动，积累了结合重大纪念日进行爱国主义教育的新经验。以淮海战役纪念馆改扩建工程开工建设为契机，广泛运用现代陈列展览手段，建成徐州会战纪念馆，稳步推进爱国主义教育基地建设。

社会宣传水平有新提高。配合全市第十七届科普宣传周，举办各类科普宣传活动50余场，推进科普知识进社区、进校园、进农村。探索文化、卫生、科技“三下乡”活动的长效工作模式，服务基层更加注重实效。深化评选“百城万店无假货”活动，评选出12家市级示范店。围绕“东进序曲，决战淮海”主题，开发利用全市红色旅游资源。

大力弘扬先进文化，文化事业和文化产业繁荣发展

文化艺术事业繁荣发展。做好文艺精

品生产的规划和扶持工作,《徐州历史文化丛书》、《锦绣徐州》艺术摄影画册、百米书画长卷"徐州颂"等优秀作品产生广泛社会影响。柳琴戏《枣花》入选省舞台艺术精品工程,并参加"十运会"开幕式文艺汇演。省柳琴剧团青年演员王晓红荣获第二十二届中国戏剧"梅花奖"。全市共出版、发表、上演展出各类文艺作品3500余件(次),获省以上奖项204件(次),获国家级奖项90余件(次)。挖掘文化资源,成功举办中国徐州首届柳琴艺术节、中国首届李可染艺术节,打响文化品牌。启动徐州市民族民间文化保护工程,确定了12个市级重点保护项目。在全省率先组织"文化大篷车"下基层巡演活动,以文化大篷车流动舞台为阵地,在全市城乡开展"高雅艺术进校园"、"戏进农家百镇行"、"动感古彭"广场巡演、"电影轻骑兵"免费放映等群众文化活动,活跃基层群众文化生活。承办红色经典电影交响音乐会、江苏省知名演员读书班,促进文化艺术交流。

文化体制改革和文化产业发展步伐加快。积极稳妥推进市属文化团体改革改制工作,市电影公司等7家试点单位改革进展顺利,完成劳动、分配、人事制度等环节的转企改制工作。按照加快发展文化产业的要求,组织文化产业调研,制订《全市文化产业发展意见》,促进我市文化产业健康发展。做大做强新闻传媒产业和民营文化产业,徐州日报社适应报业市场竞争要求,加快建立编采、广告、发行的市场化运行机制,实现全年经营收入8212.39万元,增长11.32%。徐州广播电视台投入130万元推进网络数字化改造,全年完成经营收入1.01亿元。全市民营文化产业继续发展壮大,现已有1400多家。

文化基础设施建设全面展开。淮海战役纪念馆改扩建工程主体工程竣工,顺利转入陈展设计和全景画布展阶段。徐州新闻中心建设完成规划设计方案、土地征用等前期工作,转入施工筹备阶段。李可染旧居三期工程形成艺术展示与园林庭院景观相结合的设计方案,预计明年底全面竣工。汉画像石馆二期工程,崔焘故居整修工程、驮篮山汉墓保护工程、淮海民俗馆、马可艺术馆等一批标志性文化设施,按计划有序推进。

加强宣传部门自身建设,壮大工作实力

提高自身工作水平。以开展先进性教育活动为抓手,加强机关党员干部思想教育,确立以"政治敏锐、纪律严明、作风端正、业绩一流"为内容的宣传思想战线党员先进性具体要求。以"万人评议机关"、"创建文明机关"等活动为动力,转变工作作风,提高工作水平,树立宣传部门崭新形象。开展系列结对帮扶,扶贫助困活动,提高服务基层的水平。

建设高素质队伍。按照建设学习型干部队伍的要求,在全市新闻战线和社科理论界深入开展"三项学习教育"活动。政工干部培训注重改进教育形式,扩大教育覆盖面,全年培训干部10万人。新闻政工专业职称评审工作更加科学化、规范化。积极选拔推荐优秀专业人才,列入省"四个一批"人才培养计划。

回顾一年来的工作,主要体会是:宣传思想工作取得实效的关键在于认真研究和把握新特点、新规律,积极探索建立适应时代条件变化要求的思想观念、体制机制和方法手段,不断用时代的要求来审视宣传思想工作,用发展的眼光来研究宣传思想工作,用改革的精神来推动宣传思想工作,着力增强理论工作的说服力和战斗力,宣传舆论工作的吸引力和感召力,思想政治工作的针对性和实效性,文化产业发展的实力、活力和竞争力,努力使宣传思想工作更好地体现时代性、把握规律性、富于挑战性。

(徐州市委宣传部)

连云港市宣传工作

2005年,连云港市宣传思想战线紧紧围绕全市"跨越发展、崛起腾飞"工作大局,精心谋划,奋力开拓,各项工作取得了突破性的进展。

理论武装紧贴中心,推进了全市新一轮发展战略的顺利实施

紧紧围绕科学发展观、构建和谐社会和十六届五中全会精神等党的创新理论和重大战略部署,坚持以县处级以上领导干部为重点,以各级中心组理论学习为龙头,以巩固发展先进性教育的成果为抓手,深化领导干部的理论武装工作,不断提高运用党的创新理论解决实际问题的本领。组织举办了连云港市发展战略暨规划研讨会,邀请了20余名国内知名专家为港城的城市规划、港口建设、产业布局等把脉定位、出谋划策,为制订并实施连云港市新一轮发展战略提供了决策参考。在全市县处级以上领导干部中开展"提高执政能力、推进'两个率先'、构建和谐社会"专题学习调研活动,共收到调研成果221篇,是历次专题学习活动成果最多的一次。组织了"弘扬'三创'精神、加快崛起振兴"理论研讨会,共收到论文50篇,有5篇文章入选省"三创"理论研讨会,居全省第一。组织了十六届五中全会和市委九届六次、七次全会精神等三个专题学习,举办座谈会、报告会90多场。在全市党员干部中层层开展"弘扬'三创'精神,奋力提速赶超"主题轮训,全市党员轮训面已达到90%,增强了党员干部创业创新创优的本领;精心组织了农村党员干部冬训工作,参训基层党员干部达12万人,参训率95%。在2005年度全省党员冬训工作会议上,东海作为唯一的县级典型作交流发言。建立了连云港市党员干部学习网,为党员教育提供了新的平台,《人民日报》、中宣部《党建》等报刊杂志刊登了经验文章。加强四类学习型组织建设,组织了以"读书,让港城张开腾飞的翅膀"为主题的第三届读书月活动。围绕市委提出的灌河口开发战略,灌南县举办了首届灌河发展论坛。

新闻舆论导向正确,唱响了跨越发展、科学发展、和谐发展的主旋律

围绕李源潮书记提出的"连云港要成为苏北发展的领头羊"的要求,围绕跨越发展、崛起腾飞的目标,围绕建设国际性海滨城市,策划组织了"解放思想"、"加快东部城区建设"、"加快发展看灌南"等系列宣传战役,浓墨重彩地宣传市委市政府"发展战略重心东移"的决策,宣传全市上下创业创新创优的新成效,宣传保持共产党员先进性教育的新进展,为实现跨越发展、科学发展、和谐发展营造了浓烈氛围,得到了市委主要领导的充分肯定。成功组织了十运会连云港分赛区、世界旅游日中国主会场庆祝活动、2005年江苏农洽会和第二届苏北投资贸易洽谈会等重大活动的宣传。连云港市委宣传部、连云港日报社和广电局被授予十运会连云港分赛区组织工作奖。完善新闻发布会、新闻通气会、新闻联席会制度,建立新闻发言人制度,坚持在创新中开展新闻阅评、新闻奖评选工作。加强和改进以"行风热线"和"行风热线110"为主要阵地的舆论监督,牢牢把握新闻舆论的正确导向。《连云港日报》、《苍梧晚报》进行了改版扩版,增强了可读性,两报在2005年省报纸好新闻评选中有24篇作品获奖,在中国地市报好新闻评选中有43篇作品获奖,在全省地市报中名列前茅。有线数字电视的正式开播,进一步增强了广电事业的活力和广电产业的竞争力。

思想政治工作扎实推进,营造了团结和谐、积极向上的社会风尚

在市各新闻媒体上开设"弘扬'三创'

精神，奋力提速赶超”专题专栏，刊播各类新闻、采访、言论、评论等文章350余篇；开展“弘扬‘三创’精神大家谈”、县区精神展播和以“三创”为主题的先进文化进万家系列广场文化活动；举办了“三创”之星先进事迹报告会和“弘扬‘三创’精神，推进崛起腾飞”大型图片展览，营造了“三创”的良好氛围，激发了广大干群创业创新创优的动力。深入开展了抗战胜利60周年纪念活动，组织拍摄了孔望山摩崖石刻、雷锋车荣誉室、徐福祠、李汝珍纪念馆、市博物馆五个省级爱国主义教育基地专题电视片并陆续在媒体上播出。编辑出版《江苏人民打击日寇的英雄事迹·连云港卷》。经多方努力，抗日山烈士陵园被中宣部评为全国第三批爱国主义教育示范基地。加大了典型宣传力度，推出了“雷锋车”全国先进典型，《人民日报》、新华社、中央电视台等13家国内主流媒体采访报道了“雷锋车”的先进事迹。天明机械有限公司董事长卢明立、赣榆县残联理事长瞿世花被推为省“三创之星”先进典型，新华日报、省电视台、中国江苏网等10家新闻媒体进行了集中宣传。配合市保持共产党员先进性教育活动，推出王兴亚、赵勇华、吕继军、张春娥、王正素等一批省市级先进典型，全市共推出了市级“三创之星”19名，县区级“三创之星”156名。“婚育新风进万家”活动被评为全国先进，“三下乡”工作受省委宣传部表彰，东海县获省“三下乡”先进集体。

创建工作扎实深入，提高了群众文明素质和社会文明程度

以创建省级文明城市为龙头，以社区为基础，以行业为支撑，以村镇为延伸，紧紧抓住经济与社会、城市与乡村这两个重点，坚持物质文明、精神文明、政治文明一起抓，深入开展群众性精神文明创建活动，进一步提高市民文明素质和社会文明程度。全力推进文明城市创建工作，把创建省级文明城市与创建国家卫生城市、国家环保模范城市和省园林城市紧密结合起来，进一步强化组织领导，全面发动、全员参与，细化目标、明确责任，挂图作战、强化督查，狠抓落实，完成了既定的目标任务，再次被评为省创建文明城市工作先进市。进一步组织省市县文明行业、文明单位、文明机关与农村中三个文明建设基础较好的行政村结对联姻，深入开展城乡共建文化先进村活动，努力变“送文化”为“种文化”。全市创建文化先进村已达202个，受到中央文明办充分肯定，中央文明办《精神文明建设》简报、《精神文明报》、《党建》杂志大篇幅介绍了我市城乡共建的先进经验。成立连云港市“与雷锋车同行”志愿者总会，开展了“优质服务百日竞赛”等“与雷锋车同行”系列活动。“雷锋车”组被评为省十大优质服务品牌并入选“情动江苏”候选名单，洪培业被评为省精神文明建设十佳新人新事。加强未成年人思想道德建设，组织未成年人才艺大赛，建立家庭、学校、社会三位一体的未成年人思想道德教育体系。深化文明行业、文明村镇、文明单位、文明社区等创评活动，出租汽车行业星级评定在社会上引起了较大的反响；市电信公司荣获全国文明单位称号；赣榆县柘汪镇荣获全国文明乡镇称号；市商业银行等9个单位进入全国精神文明建设先进单位和先进村镇行列，花果山被命名为全国首批文明风景旅游区先进单位。

文化文艺工作繁荣活跃，丰富了港城群众的文化生活

按照文化事业和文化产业分开，宣传和经营分开，办文化和管文化分开的“三个分开”要求，坚持“三个原则”，解放思想、大胆创新的原则，从实际出发、因地制宜的原则，既要积极又要稳妥的原则，稳步推进文化体制改革，公益性文化事业单位内部机制改革基本完成，经营性文化事业单位转企改制有序推进，引进了世界岩画博物馆项目。认真组织文艺精品生产，《文化连云港丛书》获得省史志地情类图书特等奖，《和谐中国》在全国广为传唱，《让时代为我们喝彩》成为十运会会歌，市歌《在海一方》在中央电视台首届“城市之歌”评比中获最高奖“最佳城市形象歌曲奖”；广播小说《一路格桑花》获中国广播电视大奖；中篇小说《换一个地方》获省紫金山文学奖；《东方女孩》栏目再获省广播电视“十大名牌节目”。举办了第六届新剧目调演，淮海戏《老圩门》等深受群众和专家好评；完成了电视剧《戒指》的拍摄。海州“五大宫调”入选全国非物质文化遗产。成功举办了“金鸡报晓、港城春早”春节元宵节文化系列活动，举办了家庭时装展、群众健身、图书展销、王咏梅音乐会等5个专题文化广场活动；组织实施了文艺下基层“四个一工程”，文艺院团下基层演出近200场，送电影下乡1500场；举办了市职工风采艺术节，开展先进文化进万家暨第六届“在海一方”广场文化活动，共举行专题广场文化活动200多场；举办了“春天送你一首诗”诗歌朗诵会，开展了抗战组歌演唱会、知识竞赛等纪念抗战胜利60周年系列文艺活动。成立夏暨东夷文化研究中心和徐福文化研究会，加强了连云港历史文化的研究。确定了首批15位宣传文化系统拔尖人才，选送王咏梅等优秀人才进北大等名校深造，汪其魔当选为中国杂技协会理事。

对外宣传成效突出，增强了连云港的影响力和吸引力

配合市委市政府赴韩国举办的经贸招商活动，邀请《中国经济新闻》、《仁川日报》、《朝鲜日报》、《国民日报》等韩国和国内主流媒体全过程、全方位宣传报道活动情况；组织市女子民乐团赴韩国举办三场文艺演出，举办了连云港城市形象图片展览，开展了“中国连云港与韩国历史文化交往”学术交流等文化活动，提高了连云港的知名度和对外影响力。中央外宣办《外宣工作案例》以《连云港全方位拓展对外宣传渠道，外宣工作参与赴韩招商推介活动成效显著》为题，专刊介绍了我市对外宣传的做法和成效。参照在韩国的做法，相继随市委市政府赴日本、上海等地招商，同样取得了较好成果。成功地组织了连云港之夏、国际旅游节中国主会场等节庆外宣活动；组织徐福研讨会，来自境内外20多位徐福研究的专家学者参加研讨，中新社等媒体做了报道；组织了中央、省和有关地方新闻媒体对我市景区的采访宣传活动，制作了连云港风光宣传片在中央电视台4套播出。中宣部《宣传工作》53期以《江苏连云港市以文化为载体拓宽外宣工作渠道》为题，专题介绍了我市大力实施文化“走出去”工程，增强外宣工作的服务意识、开放意识和品牌意识等经验。继续开展申请吉尼斯纪录系列活动，美联社、《欧洲时报》、《朝日新闻》、《人民日报》、中央电视台等100多家国内外新闻媒体来连对申请吉尼斯纪录进行强势宣传，前所未有地提升了港城的知名度和美誉度。组织由日本《读卖新闻》、俄罗斯新闻社等13家媒体组成的大型记者团对我市发展战略重心东移进行集中宣传；邀请台湾经贸界有较大影响力的非凡电视台为我市制作播出了两个专题片和10个新闻短片。市电台利用“飞越城市”协作体，先后与西安、遵义等市电台进行双向热线节目直播；在凤凰卫视欧洲台、美国斯科拉电视台等播出宣传连云港的专题片28部、460分钟。在《人民日报》发表稿件87篇，同比增长34%；在《新华日报》发稿600篇，位居全省前列。市电视台在中央电视台《新闻联播》用稿9条，在省电视台用稿量列全省第四；市电台在省电台用稿量居全省第二。

（连云港市委宣传部）

典型宣传

“连心桥”上的贴心人——张云泉

张云泉，泰州市人民政府副秘书长、信访局局长。先后荣获全国“人民满意的公务员”、省优秀共产党员等称号。自1983年以来，张云泉坚守信访岗位，把信访部门作为党和政府直接联系群众的“窗口”，面对“怨声、怒声、泣诉声，烦事、难事、窝囊事”，张云泉始终保持一个信念：“群众把我们看作希望，我们不能让群众失望。”作为一名从事信访工作的领导干部，他把自己称为“1号接待员”。爱岗敬业，深入基层，深入群众，深入实际，调查了解，说实话，办实事，从不说大话、假话和空话；廉洁奉公，节俭办事，淡泊名利，无私奉献；鞠躬尽瘁，勤政为民，总是在群众最需要的时间，最需要的地方出现。他平均每年接待上访群众2000余人，处理人民来信2000余封，接听电话来访1000多个，曾先后帮扶过200多个特困家庭和贫困学生，为近百名群众求医购药，先后从自己工资中挤出4万元捐给群众……他甘守清贫、两袖清风，在党和政府与人民群众之间架设了一座“连心桥”。

2005年3月，张云泉被中宣部列为全国重大典型，中央和地方34家重要媒体对张云泉的先进事迹作了集中宣传报道，刘云山等中央领导同志对张云泉的宣传作出重要批示。2005年3月15日江苏省委发出了《关于向张云泉同志学习的决定》，号召全省党员、干部深入开展向张云泉学习的活动，省委书记李源潮亲自撰写《学习张云泉》的文章。4月6日至8日，新华社相继推出了《爱因信仰而璀璨》、《人民呼唤更多的张云泉》等5篇长篇通讯和评论，4月7日至14日的《人民日报》先后刊登了《信访局长的好榜样》、《先进性的生动教材》、《困难群众的贴心人》等14篇报道，中央电视台新闻联播共7篇次播出了《我不能让群众失望》、《做事就要问心无愧》等报道，中央电视台“焦点访谈”、“新闻会客厅”、“面对面”等栏目都对张云泉作了采访报道，新华网、人民网、光明网、央视国际网和中国广播网分别开设专题，通过图像、文字和声音等多种形式展示张云泉的先进事迹。据统计，中央和部分地方重点媒体共刊发200多篇通讯和评论，其中中央媒体发表评论近30篇。

（刘　震　施元凯）

铸就中国桥梁建设丰碑的英雄团队——润扬大桥建设群体

润扬大桥于2000年10月开工建设，2005年4月30日正式通车，是目前中国第一、世界第三的大跨径悬索桥。大桥建设四年多来，润扬人始终坚持以质量和效益为核心，以管理创新和科技创新为突破，以制度建设和源头防腐为保障，打造了一座创新之桥、安全之桥、廉政之桥、拼搏之桥。建设中

"润扬人"攻克多项世界性技术难题，创造出第一大跨径、第一大锚锭等8项全国第一。以无缝隙管理的人本管理模式将一个上万人施工队伍、数千个标段、涉及成百学科和上千专业的集体组成一个和谐团队，提高了建设速度与经济效率，工期比预计提前5个月，工程总投资比计划节约1.8亿元，建设中未出现一起质量、安全事故，没有发生一起违法乱纪事件。大桥自建设以来，得到了党中央、国务院的高度重视。胡锦涛、江泽民等党和国家领导人曾先后多次视察润扬大桥工地，对大桥建设取得的成绩给予了充分肯定。先后获得"全国交通系统先进集体"、"第三届詹天佑土木工程奖"、"全国保护母亲河行动先进集体""全国交通内部审计工作先进单位"等荣誉。

2005年4月中宣部把润扬大桥建设经验列为全国重大典型，进行集中宣传报道。4月5日至7日，江苏省21家媒体近40名记者，在省委宣传部的统一组织下前往润扬大桥建设现场，对"三创之星"先进典型——润扬大桥建设群体进行深入采访。4月24日至27日，由中宣部和交通部组织的人民日报、新华社、中央电视台、中央人民广播电台、光明日报、中新社、新华网等30多家中央及地方新闻媒体对润扬大桥进行了集中采访报道。从4月18日开始，国家及省市多家媒体从经济、科技、社会和文化等角度，以数字、人物、历史、文化、故事和成就等方式，对润扬大桥进行了集中报道，充分颂扬了"润扬人"精神。5月1日，《人民日报》发表《创新铸就"润扬精神"》评论员文章，5月1日和2日《人民日报》发表了长篇通讯《书写时代的惊叹号——润扬长江公路大桥建设纪事(上)》、《收获的不仅仅是一座桥——润扬长江公路大桥建设纪事(下)》。4月29日，《新华日报》以《润扬大桥中国桥梁建设的丰碑》为题，对润扬大桥建设群体作了报道，并配发了《支撑桥梁的是脊梁》的评论员文章。中央广播电台于4月30日和5月1日分别播出通讯《金桥跃起天亦歌——记润扬大桥和大桥的建设者》、《江水奔流桥有情——润扬长江大桥顺利贯通侧记》。4月30日，中央电视台《新闻联播》播出《盛世造桥——润扬大桥精神铸就万里长江上的桥梁丰碑》；5月1日《新闻联播》播出《科技兴桥：润扬大桥书写中国桥梁杰作》；《新闻30分》播出新闻特写《世业洲岛的变迁》。《解放军报》、《科技日报》、《工人日报》、《法制日报》等也分别刊登了通讯《京口瓜洲飞彩虹——写在润扬长江公路大桥通车之际》、《第一座组合型桥梁——世界建桥史上的一个杰作》、《润扬大桥：中国桥梁建设的典范》、《广陵潮头铸丰碑》等。

(刘　震)

知识型职工的杰出代表——邓建军

邓建军，常州市黑牡丹(集团)股份有限公司高级技师，"全国劳模"、"全国五一劳动奖章"获得者，享受政府特殊津贴，两次受到中共中央总书记胡锦涛同志的亲切接见。邓建军参加工作16年来，"以学习增加能力、以创新创造业绩、以奉献体现价值"，实现了从普通型职工向学习型职工转变、从劳动型职工向知识、技术型职工转变，成长为专家型的"蓝领精英"。他善于学习、勇于创新，从小改小革入手，不断破解纺织机械行业的难题，16年来，参与的技改项目达400多个，独立完成145个，特别是攻克了稳定控制牛仔布预缩率的世界技术难题，为中国工人争得了荣誉，多年积累的技术资料成了人人可以翻阅的"宝典"。

2005年4月,邓建军被中宣部列为全国重大典型,《人民日报》、新华社、中央人民广播电台、中央电视台等各大媒体都对邓建军先进事迹进行了集中宣传报道。4月20日,《人民日报》发表了《知识改变命运,学习创造未来》的评论员文章,新华社、《中国青年报》、《工人日报》和新华网分别发表了《邓建军:身怀“中国功夫”的青年技工》、《青春跃动“金银梭”》、《“共和国的脊梁”中国技工邓建军》和《身怀“中国功夫”的青年技工》等文章。4月22日《经济日报》刊登了《一个蓝领技工的“功夫”》的文章。中央电视台于4月20日和21日分别播出《“电脑”邓建军:先进技术我掌握》和《“创新”邓建军:知识储备支撑我》的报道。4月30日江苏省委先进性教育领导小组发出通知,要求全省共产党员向邓建军同志学习,进一步推动正在开展的保持共产党员先进性教育活动,激励和引导全省广大党员弘扬创业创新创优精神,全面实践“三个代表”,全力推进“两个率先”。

(刘　震　施元凯)

师德楷模——殷雪梅

殷雪梅,生前是金坛市城南小学高级教师,先后多次获得金坛市优秀教育工作者、先进教育工作者等称号。自1976年走上教师岗位以来,她三十年如一日,对孩子真情呵护、对同事友爱真诚、对工作尽心尽职、对亲人关心爱护,实践了一个好老师、好公民、好母亲的光辉形象。2005年3月31日,在确认没有车辆的情况下,殷雪梅在护送学生沿校门口的斑马线由南向北穿过时,一辆疾驶的汽车由西向东冲来,当示意停车无效的危急关头,殷雪梅奋不顾身张开双臂冲上前去,奋力将正在马路中间的6名学生推向路边,学生脱险,自己以身殉职。她用鲜血和生命铸就了万人敬仰的师德楷模,10万名金坛各界群众挥泪为她送别,她用一生普通、善良、敬业的言行和生命最后关头的英雄壮举,给社会留下了一笔宝贵的精神财富。为表彰殷雪梅舍身救学生的壮举,中宣部、省政府等单位联合授予她“三八红旗手”、“全国十大见义勇为英雄”荣誉称号,人事部、教育部追授她为全国优秀教师,常州市委追认她为中国共产党党员。

自4月1日《常州日报》第一时间报道金坛市城南小学女教师殷雪梅用爱谱写生命赞歌的感人事迹后,引起了全国各大媒体的广泛关注,5天时间有40多家新闻单位200余名记者先后到金坛采访。中央电视台4月6日的《东方时空》和4月11日的《焦点访谈》分别以《殷雪梅老师留下瞬间的永恒》和《永远的雪梅老师》为题作了报道,4月8日的《人民日报》、《新华日报》、CCTV网、新华网等媒体分别以《殷老师舍身护学生、金坛市清晨送雪梅》、《爱生楷模殷雪梅》、《舍身救学生的教师殷雪梅成为国人心目中新英雄》为题作了宣传报道。国内许多城市也都对殷雪梅的英雄事迹表示了极大关注。凤凰卫视、湖南卫视、山东电视台、沈阳电视台、福建电视台、苏州电视台、南京电视台以及《新京报》、《广州日报》、《东方早报》、《解放日报》、《北京青年报》、《长沙晚报》等上百家媒体对此进行了报道。在常州龙网开设“缅怀殷雪梅事迹”专题之后,新浪、网易、腾讯、人民网、新华网、中国网等国内主要门户网站也都及时和龙网建立了链接,数百家中文网站转载报道。4月8日,省委书记李源潮作出“向殷雪梅同志学习”的长篇批示。9月10日教师节前后,殷雪梅的先进事迹再次在全国各大媒体作了集中宣传报道。《人民日报》和《光明日报》分别以《缅怀“全国模范教师”殷雪梅:下辈子还要当教师》和《殷雪梅、芳驻人间》为题作了宣传报道。9月8日的《新华日报》,9月21日的江苏广播电视网等省内媒体也都作了报道。

（刘震　施元凯）

42年如一日的连云港市新浦汽车站“雷锋车”

江苏省新浦汽车总站是交通部核定的国家一级汽车客运站,车站主要承担连云港市区每天发往全国十四个省、直辖市的400余个公路长途班车的站务服务任务。该站三代八茬人以“宁愿自己千般苦,不让旅客一时难”的永恒诺言,坚持42年立足岗位学雷锋、无私奉献做雷锋,创造性地用“雷锋车”为老弱病残旅客提供热情周到的无偿服务,免费运送老弱病残旅客近20万人次,义务运送行李包20多万件,行程10多万公里。“雷锋车”已经建设成为港城精神文明建设享誉全国的品牌。迄今为止,全国已涌现出2000多辆以连云港“雷锋车”为榜样的“雷锋车”,省内外有120多个大中专院校、军政机关、厂矿企业与“雷锋车”建立了共建关系,把“雷锋车”作为思想政治教育、宗旨教育、道德建设和荣辱观基地。先后荣获“全国五一劳动奖状”“全国三八红旗集体”“全国学雷锋先进集体”等中央、省、市荣誉称号300多项,连续24年荣膺“全国文明站”殊荣,并培育出各类先进人物500多人次。

2005年3月,“雷锋车”被中宣部列为“全国精神文明建设重大典型”向全国推广。在3月5日前夕,中宣部组织人民日报、新华社、经济日报、中央人民广播电台、中央电视台等国内13家主要媒体,对连云港汽车总站“雷锋车”进行了集中采访宣传。3月3日新华网发表了《以“雷锋”的名义——连云港市汽车总站“雷锋车”演绎人间“天方夜谭”》的文章;3月4日,《人民日报》发表了《连云港有辆“雷锋车”》的文章;3月4日,中央人民广播电台在新闻和报纸摘要节目中播出“雷锋车”事迹的报道,3月4日,《光明日报》刊登了《宁愿自己千般苦,不让旅客一时难》的文章。省市有关媒体也都对连云港“雷锋车”作了充分的宣传报道。

（施元凯）

轮椅上的女博士——侯晶晶

侯晶晶,南京师范大学教育科学学院教师。1986年,11岁因误诊导致双下肢瘫痪后,凭着她坚强的毅力,侯晶晶13岁自学英语,18岁学完高中全部课程,22岁通过英语专业本科17门课程的自学考试,1998年,侯晶晶考取南京师范大学外语学院翻译学专业的硕士研究生。三年之后,侯晶晶又以研究方向总分第一考取国家级重点学科南京师大教育学专业的博士研究生,她是中国第一位“坐在轮椅上的女博士”。2004年,完成博士学位的侯晶晶在南京师范大学留校任教。身残志坚,不断汲取新知,挑战自我,并积极关心他人、服务社会。担任讲师后,发挥所长,为学生开设了多门英汉双语专业课程,受到学生们的热烈欢迎。出版专著《关怀德育论》,发表多篇学术论文并被多家报刊转载,负责全国和省级多项教育科学规划课题。1999年以来,侯晶晶先后获得“江苏省十大杰出青年”、“江苏省三八红旗手”和“全国自强模范”等荣誉称号;2004年9月,侯晶晶同志在人民大会堂受到胡锦涛、温家宝等党和国家领导人的亲切接见。

2005年11月,中央先进性教育活动办公室把侯晶晶同志列为全国先进典型,中央14家主要新闻媒体对她的先进事迹进行了集中宣传报道。11月15日,《中国青年报》

《从残缺到完美的人生跨越——记南京师范大学青年女教师侯晶晶》，11月16日，《新华日报》《在残缺中追求完美——南京师大青年教师侯晶晶》，《扬子晚报》《自卑的冰山要靠努力去消融》都刊登了侯晶晶的文章；11月17日，《人民日报》以《轮椅上的女博士侯晶晶》对侯晶晶的先进事迹作了报道；11月17日，《工人日报》刊登了《记南京师范大学青年党员教师侯晶晶》的文章。11月16日晚，中央电视台在《新闻联播》节目的"时代先锋"栏目中，报道了侯晶晶的事迹。新华网、中国江苏网和中国教育在线等网络媒体也从不同的角度对侯晶晶的事迹作了宣传报道。

（施元凯）

追梦蓝天的时代骄子——胡铃心

胡铃心，南京航空航天大学飞行器设计与工程专业2001级学生，全国三好学生、江苏省十佳青年学生、江苏省高校优秀共产党员标兵。曾15次获得全国、省、市科技比赛发明奖，三项国家实用新型专利，以及全国发明创造之星等众多荣誉。大学期间，他刻苦学习，锐意创新，获得首届"中国青少年科技创新奖——邓小平基金奖"、第八届"挑战杯"全国大学生课外学术科技作品竞赛特等奖、第四届"挑战杯"中国大学生创业计划竞赛金奖等重大奖项。2005年7月，在由美国海因莱因基金会和中国宇航协会联合举办的"飞向未来——国际太空探索创新竞赛"中，他的作品《"多面手"太空线缆系统》在来自清华、中科大、北航等知名高校以及中科院等研究机构的众多一流作品中脱颖而出，以绝对优势获得第一名。胡铃心谦和、好学、乐于助人，他的品德、为人和他的科技创新一样出色，他被评为中国"时代先锋"，是唯一中国大学生获此殊荣。2005年10月，胡铃心受到温家宝总理的亲切接见。

2005年12月，根据中央先进性教育活动办公室的要求，胡铃心作为全国先进典型和时代先锋接受了新华社、人民日报、光明日报、经济日报、中央人民广播电台、中央电视台等11家中央新闻媒体的集中采访。12月28日，新华社以《时代先锋：南京航空航天大学硕士生党员胡铃心》为题对胡铃心事迹作了介绍；12月29日，《人民日报》以《胡铃心：年轻的心越飞越高——记南京航空航天大学学生胡铃心》为题作了报道。12月29日，《光明日报》和《中国青年报》分别以《飞腾的航天梦》和《蓝天追梦》为题报道了胡铃心的先进事迹。12月28日晚中央电视台《新闻联播》的《时代先锋》栏目播放了学生党员胡铃心的事迹。

（刘　震　施元凯）

引导学生服务基层——扬州大学开展"三下乡"活动的经验

多年来，扬州大学积极服务地方经济建设和社会发展，特别是坚持常年开展科技、文化、卫生"三下乡"活动，组织专家教授和大学生深入乡村、社区、企业、学校开展文化宣传、科技推广、企业帮扶、医疗服务、法律宣讲、环境保护、社区共建、社会调研等活动，取得了显著的人才培养效益和社会经济效益，赢得了广泛的好评。

2005年是全国文化科技卫生"三下乡"活动开展十周年，为了进一步推动这项工作，中宣部等14个部委在全国范围内推选了6个"三下乡"先进典型，扬州大学荣列其中，并受到表彰。从11月17日起，中央电视台《新闻联播》、中央人民广播电台《新闻和报纸摘要》等节目，新华社、人民日报等媒体对扬州大学“三下乡”经验进行了集中宣传。11月19日，新华社有《扬州大学“三下乡”引导学生服务基层》，11月20日，《人民日报》有《扬州大学：“三下乡”承载高校三大功能》，11月20日，《光明日报》头版载《扬州大学师生热心“三下乡”》，均报道了扬州大学“三下乡”活动的经验。11月30日中央电视台《新闻联联播》播出《扬州大学“三下乡”引导学生服务基层》节目，宣传扬州大学积极组织师生开展“三下乡”活动，让师生在各类社会实践中增长才干，服务基层。人民网、光明网、新华网、中青在线、新浪网等网站也都及时报道了扬州大学“三下乡”活动的经验。

（许　剑　施元凯）

经常为群众提供“知识快餐”——江苏开展形势政策教育的经验

多年来，江苏省认真贯彻落实中央和中宣部关于集中开展形势政策教育的部署和要求，紧密结合形势的发展和重大决策部署的实施，按照贴近实际、贴近生活、贴近群众的要求，切实加大形势政策教育力度，在统一思想、凝聚人心、鼓舞士气、稳定社会方面做了大量深入细致的工作，取得了明显的成效。在开展形势政策教育活动中，江苏建立了形势报告会联动协作机制，由省委宣传部、省委机关工委、省委教育工委、省军区政治部以及南京市委宣传部根据形势发展，负责组织省直机关及南京地区的形势报告会，邀请有关领导和高水平的专家讲课。形势报告会十分注意与听众平等交流，深入沟通，既讲清各方面工作取得的积极成效，又深入分析面临的各种矛盾和问题，产生了较好的反响，已经成了名副其实的“知识快餐”。目前，江苏开展形势报告会这一做法已向市、县以及乡镇、社区、企业、学校等基层延伸、拓展，全省省辖市及60%以上的县（市、区）都建立了形势报告会制度，平均每年举办形势报告会上万场。

为配合在全国城乡集中开展的形势政策宣传教育，中央主要新闻媒体于2005年5月10日开始对江苏省开展形势政策教育工作的先进经验进行集中宣传。5月10日上午，新华社发了题为《江苏：形势报告会成为抢手的“知识快餐”》的消息通稿，并配发了照片。当天晚上，中央人民广播电台、中央电视台分别在《全国新闻联播》和《新闻联播》栏目中播发了消息。5月11日，《人民日报》、《光明日报》、《经济日报》、《工人日报》等各大报都陆续刊发了消息。5月20日中央电视台《焦点访谈》栏目也介绍了江苏省开展形势政策宣传教育的好做法、好经验。在中央主要新闻媒体对江苏形势政策教育先进经验进行宣传的同时，江苏省各新闻媒体也作了相应报道。5月11日晚，江苏卫视在《江苏新时空》中播出了消息，5月12日，《新华日报》摘发了新华社的通稿。

（许　剑　施元凯）

生命不息、创业不止的带头人——吴仁宝

吴仁宝，曾任江阴县委书记、华西村党委书记等职，全国劳动模范、中国十大扶贫状元。中共十届、十一届党代表，第六、七、八届全国人大代表。50多年来，吴仁宝始终把“个人富了不算富，集体富了才算富；一村富了不算富，全国富了才算富”作为自己的人生理想和追求，把一个贫穷的农业村发

展成为工农商并举、年销售收入达 300 亿元的“天下第一村”，实现了从摆脱贫困、解决温饱到实现小康以至率先迈入幸福富裕的新农村的质的飞跃。他坚持立党为公、执政为民，创造性地开展对农民的教育，使村民既“富口袋”，又“富脑袋”。他严以律己，廉洁奉公，不住全村最好的房子，不拿全村最高的工资，把多年来政府奖给他的 5000 多万元奖金全部留给了集体。2005 年 6 月，中共中央政治局委员、书记处书记、中宣部长刘云山到华西视察说，“要看中国特色社会主义到华西；要看实践邓小平理论、‘三个代表’重要思想到华西；要看共产党员先进性到华西!”，“我们都要向华西学习，向吴仁宝老书记学习”。

2005 年 2 月，江苏省委宣传部将吴仁宝列为省重大典型和全省首个“三创之星”先进典型，并于 23 日、24 日组织了《新华日报》、《扬子晚报》、江苏卫视、江苏广播电台、中国江苏网、《现代快报》、《江南时报》等省内主要媒体对吴仁宝进行了集中采访。3 月 2 日《新华日报》发表了《吴仁宝，带出长盛不衰新华西》的文章，并发表评论《一位老党员的英雄本色》，3 月 3 日和 4 日《新华日报》又发表了《江苏省各界人士评说吴仁宝先进事迹》、《省外“华西村”深情赞誉吴仁宝》两篇文章，3 月 2 日《南京晨报》和《现代快报》分别以《新书记眼里的老书记》和《吴仁宝——为人民利益转的“陀螺”》为题作了的报道，3 月 4 日《扬子晚报》发表了《吴仁宝——群众致富的带头人》的文章，《江南晚报》发表了《5000 万奖金，全部留给集体》的文章。4 月份，江苏教育电视台分别以《生命不息，创业不止》、《共同富裕奔小康，科学发展创和谐》和《与时俱进抢发展，小富不安谋新篇》为题对“三创之星”吴仁宝作了系列宣传报道。为配合全省开展的“三创之星”系列宣传活动和无锡市委开展了向吴仁宝同志学习的活动，无锡日报报业集团也组成了由《无锡日报》、《华东信息日报》、《江南晚报》、《江阴日报》、《宜兴日报》、无锡新传媒网记者组成的吴仁宝同志报道组，深入华西村采访。《江阴日报》以“学习华西勇创新，保持党员先进性”为题对吴仁宝的事迹作了五篇系列报道，分别是《开拓创新看华西》、《率先发展看华西》、《造福百姓看华西》、《统筹发展看华西》和《立党为公看华西》。

（施元凯）

不断抢占制高点的企业家——昝圣达

昝圣达，江苏综艺集团、江苏综艺股份有限公司董事长、总经理，“全国十大杰出青年”、“全国劳动模范”，中共十六大代表。江苏综艺集团创立于 1987 年，十多年来，集团在昝圣达董事长的领导下，昔日只有 21 台破旧缝纫机的村办小厂已经发展成为资产存值近 100 亿元的多元化、专业化企业集团，投资领域涉及信息科技、战略投资、木材加工、丝织服装、国际贸易等产业，成功实现了从产品经营向资本经营的转变，实现了从传统产业向以信息产业为代表的高科技企业的转型。目前集团已拥有 22 个分公司，跻身全国 500 强企业。

2005 年 6 月，昝圣达被列为江苏省重要典型和省“三创之星”先进典型在全省范围内进行了宣传报道。省委宣传部组织了《新华日报》、《现代快报》、《南京晨报》、《江南时报》、《扬子晚报》以及江苏教育电视台等近十家省级媒体对昝圣达董事长在“创业、创新、创优”三方面做出的典型事迹进行了专题采访报道。6 月 7 日，《新华日报》《始终抢占制高点》，6 月 7 日，《扬子晚报》《昝圣达打造江苏版“综艺大观”》,6月7日,《江南时报》《咎圣达的奔腾“中国芯”》,6月8日,《南京晨报》《咎圣达:做一个负责任的企业家》都深入报道了咎圣达的先进事迹。中国江苏网、江苏广播电视网等网络媒体也都报道了咎圣达的事迹。（许　剑）

百姓警察——焦中田

焦中田,睢宁县高集镇派出所所长,从警21年来,他参与破获各类案件3400余起,抓获违法犯罪嫌疑人230余人,完成了相当于普通干警30年的工作量。他以出色的工作成绩,得到了群众和领导的认可与称赞。2005年4月25日,他在睢宁高集食品站附近处理一起歹徒持刀劫持人质事件中,奋勇与歹徒搏斗,右胸被刺中,造成右前胸壁重伤。焦中田从警21年,始终心系群众,竭诚为民。他用自己的实际行动,书写了一名普通民警的无悔追求,吟诵了一曲人民卫士的英雄赞歌,实践了党旗下的诤诤誓言!2005年5月被江苏省公安厅记个人一等功。

2005年7月11日,江苏省委宣传部组织了《新华日报》、《现代快报》、《扬子晚报》、《江南时报》、江苏电视台等8家新闻媒体的11名记者组成的采访团,到睢宁采访了勇斗持刀歹徒、成功解救被劫持人质的派出所所长焦中田的先进事迹,并将其作为江苏省重要典型和省“三创之星”先进典型作了宣传报道。7月15日起,《新华日报》分别以《危急关头他总冲在前头》、《一位派出所长的百姓情怀》和《派出所长扑向凶手救人质》为题报道介绍焦中田的事迹。7月15日《现代快报》以《当警察还怕危险,不如不当!》,7月15日《南京晨报》以《面对歹徒尖刀,英雄警察飞身而上》,7月16日《江南时报》以《一个文弱派出所长的壮举》,7月18日中国江苏网以《百姓警察焦中田》,7月21日江苏广播电视网以《人民卫士的风采:危急关头冲在前》等集中宣传报道了焦中田的英勇事迹。

（施元凯）

乡村好法官——沈国民

沈国民,高邮市人民法院法官,2004年8月21日,沈国民同志因病医治无效,不幸去世,年仅42岁。沈国民是高邮市人民法院的一位基层法官,在法院工作了19个年头,他始终以人民法官的职业标准践行司法为民,始终以共产党员的模范作用影响身边同事,始终以人民公仆的普通身份善待他人,他忠于事业、执法为民、钻研业务,审理的509桩疑难案件无一上访、无一举报、无一调解、无一发回重审;他心系群众、忘我工作,曾三天三夜守在偏远的鱼塘边保全财产,患病期间曾带着清创工具和引流袋远赴千里之外完成一件难度非常大的执行案件。2004年10月18日,中共高邮市委、市政府追认沈国民同志为中共高邮市优秀共产党员。

2004年12月,江苏省委宣传部将沈国民列为省立党为公、执政为民先进典型,12月21日上午,新华日报、扬子晚报、省广播电台、江苏卫视及教育频道、中国江苏网等6家省级媒体,集中采访人民的好法官沈国民。2005年初省内各主要媒体集中报道了沈国民的先进事迹。2005年1月4日,《扬子晚报》用《乡村好法官沈国民的故事》,1月5日《新华日报》用《一个乡村法官的百姓心公仆情》作了报道,《扬州日报》以《天平生辉逝者如歌——追记高邮市人民法院法官沈国民》为题,《今日扬州》以《百姓心,公仆情》为题,《今日高邮》以《心香缕缕寄法魂——记人民的好法官沈国民》为题也作了宣传报道。

（许　剑　施元凯）

环卫模范——李伯祥

李伯祥，响水县环卫所所长，江苏省优秀共产党员。李伯祥自1984年到响水县环卫所工作以来，践行“宁愿一人脏，换来万人洁”的环卫精神，为群众营造了一方干净整洁的人居环境，被誉为“新时代的时传祥”。他经过多方调研论证，大胆提出了环卫工作改革整体方案；大力精减办公室人员，管理机构上撤销了三个科室，减少的18个管理人员充实到环卫一线；进行分配制度改革，打破铁饭碗，实行全员档案工资制，对不同人员采用不同的工资报酬制度，激励员工做好本职工作，彻底改变干好干坏一个样；提出并实施街道保洁权与沿街收费权拍卖承包，在盐城市范围内率先推行主要街道昼夜保洁，鸣哨上门收取垃圾和垃圾袋装化等举措，在省内外产生较大影响，曾被《人民日报》、《新华日报》等十多家媒体刊载50多次，改革使城区环境卫生明显改善。

2004年12，李伯祥被江苏省委宣传部列为省立党为公、执政为民先进典型，2005年初省内主要媒体对李伯祥的事迹进行了集中宣传。1月6日《新华日报》以《难忘环卫所长这双手》为题介绍了李伯祥的先进事迹，中国盐城新闻网、响水县人民政府网及盐城电视台等媒体也分别以《环卫模范李伯祥》、《赤诚奉献20载——李伯祥先进事迹介绍》等为题作了宣传报道。

（施元凯）

优秀青年基层干部——马刚

马刚，生前任盐城建湖县沿河镇党委副书记、沿河镇人民政府镇长。2004年10月8日凌晨，马刚因公务从南京返回途中突遇车祸，经全力抢救无效，不幸因公殉职，年仅32岁。马刚参加工作以来，始终牢记党的宗旨，认真学习和实践“三个代表”重要思想，求真务实，开拓进取，积极投身三个文明建设的伟大实践，一心一意为群众谋利益。在抗击非典战役和抗击特大洪涝灾害中，他不畏艰险，坐镇指挥，身先士卒，率先垂范，取得抗击非典和抗洪的最后胜利。他心系经济发展，以为官一任、造福一方、致富一方为己任，为沿河镇经济跨越发展殚精竭虑，鞠躬尽瘁。他心系沿河百姓，听民声，察民情，解民忧，为困难群众送去党和政府的温暖与关怀。马刚在平凡的岗位上做出了不平凡的业绩，多次受到上级党委、政府和有关部门的表彰，赢得了当地群众的广泛赞誉。

2004年12月，马刚被江苏省委宣传部列为省立党为公、执政为民先进典型，2005年初，新华日报、江苏电视台、江苏人民广播电台等6家省级新闻媒体集中宣传报道了马刚。2005年1月10日，《新华日报》用《建湖县沿河镇镇长马刚追记片断——一位年轻镇长的最后岁月》，1月10日《扬子晚报》用《不求轰轰烈烈，但求无愧于民》，《中国青年报》用《马刚：乡亲们心目中永远的好镇长》，中国盐城新闻网用《优秀青年基层干部马刚因公殉职》报道了马刚的先进事迹，人民网、新华网、中国江苏网、盐城宣传等网络媒体也作了报道。

（施元凯）

见义勇为的英雄法官——高炜

高炜，南京市玄武区人民法院民一庭副庭长。2004年9月30日晚7点多钟，高炜乘2路公交车回家途中，发现同车的4名男青年先后无故殴打两名乘客，他便挺身而出劝阻，遭到这伙人的持刀围攻、抢劫。搏斗过程中，高炜身中3刀。等高炜爬起来时，这伙人已下车逃之夭夭。南京电视台得知高炜见义勇为的事迹,前去采访,面对媒体,他只说自己姓高,是南京市的市民。高炜同志见义勇为的先进事迹报道后,引起了各界强烈反响。高炜在玄武区法院工作了16年。无论是当一名审判员,还是当一名副庭长,对百姓始终充满了火一样的热情,最使他关注的是群众的愿望和要求,最使他留心的是社会的安定与团结。2000年以来,高炜审理案件1000多件。这千件案件,件件是铁案,件件铸就了公正司法之魂。

2004年12月,高炜被江苏省委宣传部列为省立党为公、执政为民先进典型,2005年初,新华日报、扬子晚报、南京日报、南京电视台等媒体对高炜的先进事迹进行了集中宣传报道。2005年1月12日,《新华日报》刊登了《一个法官对"正义"的诠释》的文章,《南京日报》以《法庭内外尽显侠骨柔情——记见义勇为的玄武区法院法官高炜》、《扬子晚报》以《调解"高手"高炜》和《好法官勇斗歹徒身中3刀》,《江南时报》以《见义勇为身中三刀,南京玄武区一法官被记二等功》,南京电视台以《法制现场》作了宣传报道。

(施元凯)

淮钢跳跃式发展的领头人——何达平

何达平,南京钢铁集团江苏淮钢集团有限公司董事长,全国劳动模范,全国人大代表。"九五"以来,他带领淮钢人解放思想、大胆创新、苦创苦干、百折不挠,坚持"技术创新"、"管理创新"使淮钢的电炉冶炼电耗、钢铁料比等五项指标中,三项获全国第一,轧钢中五项指标全部获全国第一,有的则达到了国际先进水平,谱写了壮美的诗篇。其中"铁水热装及其相关工艺在超高功率电炉上的应用"获得1999年江苏省科技进步一等奖,2000年国家科技进步二等奖,成为冶金界瞩目的"苏北第一钢"。作为企业领导人,他清正廉洁、艰苦朴素,以自己的模范行动影响带动他人,企业先后获得"全国精神文明建设先进单位"等称号。

2005年3月,何达平作为江苏省"三创之星"先进典型在省内各主要媒体作了宣传报道。3月31日《新华日报》以《何达平:用生命炼好"苏北第一钢"》为题,《江苏经济报》以《创造奇迹的何达平》为题,《江南时报》以《他,把舢板造成了军舰》为题,江苏广电网以《何达平:用锐气、勇气和智慧炼好钢》为题从不同层面对何达平作了宣传报道。3月16日中国江苏网以《三创之星何达平——记江苏淮钢集团的成长之路》为题和《南京晨报》以《何达平:淮钢跳跃式发展的领头人》为题也分别报道了何达平的先进事迹。

(施元凯)

德艺双馨的艺术家——顾芗

顾芗,著名滑稽戏表演艺术家,国家一级演员,苏州市滑稽剧团名誉团长,全国文联中青年"德艺双馨"艺术家、全国先进工作者,获全国"五一"劳动奖章。1992年获国务院政府特殊津贴。1972年从艺,在30多年的艺术生涯中,演过淮剧、歌剧、京剧、沪剧、滑稽戏。戏路宽广,艺术功底深厚,表演含蓄、潇洒、幽默诙谐。由她主演的《快活的黄帽子》、《一二三,起步走》、《青春跑道》相继荣获中宣部全国第一、第六、第九届精神文明建设"五个一工程奖"、文化部文华大奖、第六届中国艺术节大奖。个人先后荣获文化部全国现代戏曲观摩演出优秀表演奖、第九届和第15届戏剧"梅花奖"等荣誉。

2005年5月，江苏省委宣传部将顾芗作为省“三创之星”先进典型在全省范围内进行了集中宣传报道。5月10日江苏教育电视台以《顾芗：“笑”对人生》，5月12日《江南时报》以《“两度梅”得主是半路出家》，5月13日《扬子晚报》以《艺坛奇葩顾芗》，5月16日《新华日报》以《请把我的笑带回你的家——听苏州滑稽剧团演员顾芗讲述戏剧人生》，5月16日《现代快报》以《顾芗：苦寻滑稽戏中的严肃艺术》，《南京晨报》以《梅开二度的笑星——顾芗》均从不同的角度报道了顾芗的先进事迹，为在全省范围内发扬创业创新创优的精神，竞相开展创业创新创优的实践营造了浓厚的氛围。

（施元凯）

小村庄走出的行业巨子——朱小坤

朱小坤，江苏天工集团董事长，丹阳市后巷镇党委副书记。自1981年担任董事长以来，他把共同富裕作为自己的价值追求，把诚信壮大作为企业管理的生命追求，把以人为本作为企业管理的根本追求，带领全体天工人抢抓机遇，锐意进取，使天工集团取得了惊人的业绩，公司高速工具钢产量连续6年位居全国第一位，2004年跃居世界第一位，集团从一个小作坊式的五金厂发展成为现在总资产达17.6亿元的大型企业，成为丹阳市企业的“排头兵”。他先后被评为“全国优秀乡镇企业家”、“中国十佳诚信企业家”。

2005年11月17日，江苏省委宣传部组织新华日报、扬子晚报、江苏电视台等近10家省级新闻媒体来到江苏天工集团对省“三创之星”先进典型朱小坤进行了集体采访。11月21日中国江苏网以《巧夺天工的天工之路》为题作了报道，11月22日《新华日报》对朱小坤的创业、创新、创优事迹作了报道，11月22日的《南京晨报》和《江南时报》分别以《朱小坤：让“村企”走向国际》和《小村庄走出行业巨子，把企业当自己的孩子培育》为题也对朱小坤的事迹作了报道。

（施元凯）

捍卫中国力量尊严的运动健儿——陈艳青

陈艳青，江苏省女子举重队助理教练兼运动员，省十大女杰，省三八红旗手。1994年，陈艳青调入江苏省女子举重队，1995年入选国家队，先后代表中国参加亚洲运动会、亚洲锦标赛、世界举重锦标赛、世界大学生运动会、奥运会等一系列国际比赛，凭着超乎寻常的毅力和永不服输的精神，屡获金牌，取得了辉煌成绩。1997年获得世锦赛冠军、1998年获亚运会冠军、1999年获希腊世锦赛冠军，并且打破了当时的抓举和总成绩两项世界纪录。2004年，在希腊雅典奥运会上，她顽强拼搏，一举夺得女子举重58公斤级金牌，为祖国赢得了荣誉。

2005年3月，陈艳青被列为江苏省“三创之星”先进典型，省主要新闻媒体均对陈艳青的事迹进行了宣传报道。3月24日《新华日报》以《陈艳青：捍卫中国力量的尊严》，3月24日《南京晨报》以《陈艳青：奋力一举为国拼》，3月24日《江南时报》以《假情报让奥运金牌迟到四年》，3月25日《现代快报》以《四年后奥运金牌姗姗来迟》均多角度地报道陈艳青的事迹。4月份，江苏教育电视台分别以《天道最酬勤，梅香苦寒来》、《为伊人憔悴，爱拼才会赢》、《衣宽终不悔，更待潮起时》为题作了系列宣传报道。

（施元凯）

人民满意的税官——张忠平

张忠平，江苏省太仓市国税局局长，全国“税务系统优秀税务工作者”、全国“人民满意的公务员”。张忠平在国税战线上埋头苦干，任劳任怨，忠实地履行崇高职责，不辱肩负神圣使命，尽心尽力地为民服务、为国聚财。他反复教育国税干部要充分认识到，人民是我们的衣食父母，任何时候都要以人民为重。他勤政廉政，无私忘我，让百姓信服。在张忠平的人生轨迹和几十年的税收生涯中，他始终把“立党为公，执政为民，让人民满意”作为自己的人生坐标和毕生追求，在平凡的岗位上干出了不平凡的业绩，2004年8月被中宣部、中组部、中央文明委联合表彰为全国“人民满意的公务员”，受到温家宝总理的亲切接见。

由省委宣传部组织和牵头，2005年5月10日和11日，《新华日报》、江苏人民广播电台、江苏卫视、《扬子晚报》、江苏教育电视台、《现代快报》、《江南时报》等12家媒体的20名记者齐聚太仓市国税局，联合对省“三创之星”先进典型张忠平进行了采访。5月20日，《新华日报》的《人民满意就是最高奖赏》，《扬子晚报》的《一位税官的真挚情怀》，《南京晨报》的《人民满意是我毕生的追求》，《江南时报》的《张忠平：爱记“小账”的税官》，6月2日，《中国税务报》的《张忠平的朴实追求》，6月16日，中国江苏网的《人民满意的公务员张忠平》，江苏卫视5月19日新闻录像《人民满意的公务员——张忠平》等对张忠平的先进事迹进行了宣传报道。

（施元凯）

执著农村教育的园丁——杨瑞清

杨瑞清，南京市浦口区行知小学校长，中国陶行知研究会赏识教育研究所副所长，中国陶行知研究会小学教育专业委员会副会长，全国“五一劳动奖章”获得者。杨瑞清是陶行知教育思想的研究专家，多年来致力于在赏识教育理论方面的研究和提升，运用赏识教育的原理在学校教育实践中取得了突出的成绩。他从事乡村教育20多年，始终以陶行知先生“为一大事来，做一大事去”的精神激励自己，全心实践陶行知先生“生活即教育，社会即学校，教学做合一”的思想，顺应时代潮流，走出学校，服务农民，走出农村，服务社会，形成了富有活力的“村级大教育”办学模式。从而使行知小学由一所只有7名教师、150多位学生、几间透风漏雨的教室和一些破旧课桌板凳、教育质量低下的村小，变成了一所拥有24个班、固定资产达一千多万元的“省级模范学校”。

作为江苏省“三创之星”先进典型，省内主要媒体于2005年5月对杨瑞清的事迹进行了集中宣传报道。5月31日，《新华日报》的《呕心沥血培育农村娃——记全国师德标兵、“五一劳动奖章”获得者杨瑞清》，《扬子晚报》的《人生抉择当“傻瓜”成就乡村教育家》，《南京晨报》的《杨瑞清：24年执著农村教育》，《江南时报》的《只对学生伸大拇指的园丁》，中国江苏网的《走在行知路上，做一个快乐的乡村教师》都作了重点报道。杨瑞清的先进事迹也引起了省外媒体的关注。2005年1月《人民教育》以《坚持、感激、成长》，9月13日，《人民日报》以《杨瑞清“定律”》，10月21日《人物》杂志以《杨瑞清：在现实中崛起》，12月9日，《市场报》以

《24年乡村教育路》也对杨瑞清的先进事迹进行了宣传报道。

（施元凯）

居“危”思“进”的掌门人——张玉纯

徐州工集团重型机械有限公司总经理、省劳动模范张玉纯自2000年任职以来，依托徐工集团的品牌优势和雄厚支撑，带领公司员工艰苦拼搏，把握市场规律，坚持走新型工业化道路，几年来投入近5亿元，完成了整个制造体系从工艺流程到管理方式的整体现代化升级。公司销售收入从1999年的4亿元上升到2004年的40亿元，市场占有率从18%拓展到50%，确立了在国内工程起重机、高空消防车两个领域的绝对领先地位。2005年4月3日，在北京人民大会堂举行的“中国工业经济年度新闻人物”颁奖典礼上，徐工集团重型机械有限公司总经理张玉纯被评为“中国工业经济年度十大风云人物”。

2005年6月1日，在江苏省委宣传部的组织下，由新华日报、扬子晚报、江苏电视台、江苏人民广播电台、江苏新闻网等九家媒体组成的省“三创之星”先进典型采访团，对张玉纯进行了集体采访。6月15日《新华日报》以《永远“居危思进”》，《南京晨报》以《张玉纯：重型机械挺起民族脊梁》，《江南时报》以《居危思进的徐重掌门人》都详细报道了张玉纯的先进事迹，6月20日《扬子晚报》以《“起重巨人”传奇》为题作了报道，《中国工业报》以《领跑的责任》，《中国企业报》以《总有一种人不负重托》和《靠实力赢得机会》等也作了宣传报道。

（施元凯）

“中国花布大王”——陆亚萍

陆亚萍，海门常乐人，省十届人大代表。20年前，从几十元钱摆摊起家，一步一个脚印，发展成横跨江浙两省的著名民营企业——亚萍集团的掌门人。她以女性独有的细腻、敏锐和坚韧，自学了印、纺、染等知识，依据自己在服装市场多年磨练的体验，觉察到花形是布料市场行情的“天气预报”，谁拥有最新的花形，谁就能抢占先机，她高瞻远瞩地确定以花形设计为龙头，目前已成为业界著名的“中国花布大王”。先后荣获全国三八红旗手、江苏省三八红旗手标兵、江苏五一劳动奖章、中国百名杰出女企业家、2004和2005年中国十大经济女性年度人物等荣誉称号。

2005年3月3日，江苏省委宣传部组织了《新华日报》、《扬子晚报》、《现代快报》、江苏卫视等8家媒体采访了省“三创之星”先进典型陆亚萍。3月9日，《扬子晚报》以《江苏农家女陆亚萍创造“东方神话”》，3月10日，《新华日报》以《“中国花布大王”陆亚萍——人生因创业而美丽》报道了陆亚萍的典型事迹，《现代快报》以《陆亚萍：从乡村裁缝到中国花布大王》为题，《江南时报》以《走近“中国花布女王”》为题，《南京晨报》以《从摆摊女到亿万家产的“花布大王”》为题，中国江苏网以《创造奇迹的品牌》为题，江苏广电网以《从地摊商贩到“中国花布大王”》为题从不同的角度宣传报道了陆亚萍。

（许　剑）

荣誉奖励

● 宣传思想工作方面 ●

第三批江苏省文明城市(9个)

（省委、省人民政府表彰）

徐州、盐城、淮安、姜堰、如东、靖江、建湖、宝应、如皋

（同时确认苏州等33个城市继续保持"江苏省文明城市"荣誉称号）

江苏省2003—2004年度文明单位标兵(154个)

（省委、省人民政府表彰）

南京市：南京市公安局交通管理局、南京卷烟厂、侵华日军南京大屠杀遇难同胞纪念馆、南京市国家税务局办税服务厅、南京长途汽车客运总公司南京汽车站、扬子石油化工股份有限公司、南京南瑞集团公司、苏宁电器集团股份有限公司、南京钢铁联合有限公司、南京栖霞建设(集团)公司、南京市琅琊路小学、南京市第二医院、南京市公安局指挥中心110报警服务台、上海铁路局南京列车段T65/66次列车

苏州市：苏州虎丘山风景名胜区管理处、江苏省苏州中学校、苏州市滑稽剧团、张家港市地方税务局、常熟海关、太仓出入境检验检疫局、昆山市国家税务局、亨通集团有限公司、苏州市吴中区人民法院、苏州市相城区人民检察院、苏州乐园发展有限公司、苏州市石路国际商城有限责任公司、苏州市建设工程交易中心、昆山钞票纸厂

无锡市：江苏省南菁高级中学、江苏亨鑫科技股份有限公司、无锡市锡山三建实业有限公司、无锡市惠山区国家税务局第二分局、无锡市崇安区崇安寺街道办事处、无锡市南长区人民法院、无锡市伟达五金交电公司、无锡市雪浪钢铁有限公司、无锡市新区长江路街道办事处、无锡市第一中学、无锡市交通运输管理处、无锡海关

徐州市：徐州师范大学、徐州绿健乳业有限公司、江苏省电信有限公司徐州分公司、江苏升辉装饰材料实业有限公司、徐州市邮政局、济南铁路局徐州火车站、徐州教育学院、中煤第五建设公司第三工程处、江苏省天能集团徐州市龙固煤矿、徐州发电有限公司、中联巨龙淮海水泥有限公司

常州市：黑牡丹(集团)股份有限公司、江苏省电力公司常州供电公司、红星家具集团有限公司、常州市武进圩塘汽车轮渡管理处、江苏省常州高级中学、江苏凌家塘市场发展有限公司、常州电视台、常州市排水管理处、武警常州市消防支队、中国南车集团戚墅堰机车车辆厂、常州市运输管理处

南通市：江苏文峰大世界连锁发展股份有限公司、南通市第三人民医院、江苏省启东中学、通光集团有限公司、南通四建集团有限公司、海安县古贲农村信用合作社、江苏昌昇集团股份有限公司、如东县公路管理站、南通海事局、南通海关、南通博物苑

连云港市：江苏省电信有限公司连云港

分公司、中国船舶重工集团公司第七一六研究所、连云港出入境检验检疫局、上海海事局连云港航标处、连云港市商业银行、连云港市环境监察支队、江苏省国营东辛农场、连云港海事局、东海县地方税务局、连云港市航道管理处

淮安市：江苏淮阴发电有限责任公司、江苏今世缘酒业有限公司、淮安市国家税务局第一分局、淮安市淮阴区地方税务局、中国建设银行股份有限公司淮安清浦支行、淮阴师范学院、淮安市环境监察局、淮安市清河区人民法院、洪泽县地方海事处、盱眙县农村信用合作联社

盐城市：江苏盐阜人民商场有限公司、盐城市第一小学、江苏磊达股份有限公司、盐城市国家税务局第一税务分局、中国建设银行股份有限公司盐城市分行、盐城市工商行政管理局招商场分局人民路市场管理所、江苏射阳港发电有限责任公司、建湖县公安局交通巡逻警察大队上冈中队、江苏移动通信有限责任公司盐城分公司、盐城市盐都区公路管理站、盐城市国土资源局亭湖分局南洋国土所

扬州市：扬州市瘦西湖风景区管理处、江苏省苏北人民医院、江苏省电信有限公司扬州电信分公司、扬州市邗江地方税务局第二税务分局、江苏省电力公司高邮市供电公司、江都市地方税务局第一税务分局、江都市国家税务局第一税务分局、扬州市江都工商行政管理局、扬州出入境检验检疫局、江苏石油勘探局、江苏邗建集团有限公司

镇江市：镇江市图书馆、镇江市地方海事局、镇江市烈士陵园管理处、镇江机电高等职业技术学校、中国农业银行句容市支行、镇江市金山公园、镇江韦岗铁矿有限公司、镇江市第一人民医院、丹阳市新华书店、江苏省扬中高级中学、镇江市丹徒区人民检察院

泰州市：泰州陵光石化集团公司、中国人寿保险股份有限公司泰州市分公司、江苏小天鹅三江电器制造有限公司、泰兴市地方税务局稽查局、江苏省电力公司兴化市供电公司、扬子江药业集团公司、泰州市地方海事局、泰州市人民医院、江苏兴达钢帘线股份有限公司、泰兴市洋思中学、泰州质量技术监督局

宿迁市：江苏省电力公司宿迁供电公司、宿迁市高校招生委员会办公室、江苏省淮北中学、江苏省泗阳船闸管理所、沭阳县东关实验小学、泗阳县地方海事处、宿迁市公安局宿豫分局

省委省级机关工委：江苏省测绘工程院、江苏省秦淮河水利工程管理处、江苏教育报刊社、江苏省锅炉压力容器安全检测中心所、江苏省地方海事局

省委组织部：中国电子科技集团公司第十四研究所、江苏移动通信有限责任公司

省国资委：江苏舜天股份有限公司、江苏扬子大桥股份有限公司

省委教育工委：东南大学

2003—2004年度文明行业、文明村镇、文明单位、文明社区、江苏省创建文明行业工作先进行业名单

（省文明委表彰）

一、江苏省文明行业（139个）

江苏省国家税务系统、江苏省电力系统、江苏省邮政系统、江苏省地方税务系统、江苏省气象系统、江苏出入境检验检疫系统、江苏省质量技术监督系统、江苏省电信有限公司系统、上海铁路局南京铁路系统、江苏省环境保护系统

南京市：南京市工商行政管理系统、南

京市园林绿化系统、南京市交通系统、南京市商贸系统、中国人寿保险股份有限公司南京市分公司系统、江苏省烟草公司南京分公司系统、南京市公安系统、南京市药品监督管理系统、江苏移动通信有限责任公司南京分公司系统

无锡市：无锡工商行政管理系统、无锡市交通系统、无锡市卫生系统、无锡市公安局110报警服务系统、无锡市教育系统、无锡市人民检察院系统、无锡食品药品监督管理系统、江阴市公安系统

徐州市：徐州市市政公用事业管理系统、徐州市交通系统、中国农业发展银行徐州市分行系统、中国人寿保险股份有限公司徐州分公司系统、徐州市园林风景管理系统、徐州市价格系统、丰县农村信用合作社联合社系统、中国人民银行新沂市支行系统、中国农业银行铜山县支行系统、徐州市贾汪工商行政管理系统、徐州工商行政管理局鼓楼分局系统、徐州工商行政管理局泉山分局系统、睢宁县国土资源系统、徐州市鼓楼区文化教育体育系统

常州市：常州市旅游系统、常州市建设系统、常州市交通系统、常州市公安系统、常州工商行政管理系统、中国建设银行股份有限公司常州分行系统、常州市房产管理系统、常州市价格系统

苏州市：苏州市园林和绿化管理系统、苏州市交通系统、苏州海关系统、中国人民银行苏州市中心支行系统、中国农业银行苏州分行系统、苏州市价格系统、中国人寿保险股份有限公司苏州市分公司系统、江苏移动通信有限责任公司苏州分公司系统、张家港市公安系统、常熟工商行政管理系统、吴江工商行政管理系统、张家港食品药品监督管理系统、昆山市卫生系统、张家港市农村商业银行系统、吴江市农村商业银行系统

南通市：南通工商行政管理系统、南通市公安系统、南通市交通系统、江苏省烟草公司南通市分公司系统、南通食品药品监督管理系统、南通市价格系统、南通市金融系统、如皋市国土资源系统、启东市建设系统、海门市建设系统、启东市国土资源系统、通州市文化系统

连云港市：连云港市交通系统、连云港市商业银行系统、中国人寿保险股份有限公司连云港市分公司系统、江苏省烟草公司连云港市分公司系统、中国人民银行连云港市中心支行系统、连云港市价格系统、连云港食品药品监督管理系统、江苏移动通信有限责任公司连云港分公司系统、中国农业银行连云港分行系统

淮安市：淮安市卫生系统、淮安市交通系统、淮安市人民检察院系统、淮安市人民法院系统

盐城市：中国建设银行股份有限公司盐城分行系统、盐城市市直交通系统、盐城市市直建设系统、盐城市审计系统、东台市卫生系统、江苏省烟草公司响水县公司系统、盐城市公安局盐都区分局系统、盐城市盐都区民政系统、盐城市盐都区价格系统、盐城市盐都区食品药品监督管理系统、盐城市亭湖区人民检察院系统、射阳工商行政管理系统

扬州市：扬州市人民检察院系统、扬州工商行政管理系统、中国人寿保险股份有限公司扬州市分公司系统、扬州市价格系统、扬州市交通系统、仪征市农村信用合作社联合社系统、扬州市公安局广陵分局系统、仪征市公安系统、高邮市人民法院系统

镇江市：镇江海事系统、镇江海关系统、镇江市直交通系统、中国人寿保险股份有限公司镇江市分公司系统、镇江食品药品监督管理系统、镇江市市直工商银行系统、镇江市市直建设系统、镇江市市直粮食系统、丹阳市教育系统、句容工商行政管理系统、扬

中工商行政管理系统、扬中市人民法院系统、镇江市丹徒区财政局系统、镇江市京口区人民法院系统、镇江市润州区公安系统

泰州市：中国人寿保险股份有限公司泰州市分公司系统、泰州市地方海事系统、泰州市公安局交通巡逻警察支队系统、泰州食品药品监督管理系统、泰州市财政局系统、泰州工商行政管理系统、中国人民银行泰州市中心支行系统、靖江市人民检察院系统、泰州市海陵区卫生系统、泰州市国土资源局高港分局系统

宿迁市：宿迁食品药品监督管理系统、宿迁价格系统、宿迁市航道管理系统、宿迁市宿城区人民法院系统

二、江苏省文明村镇（文明村469个、文明镇254个）

南京市：南京市玄武区红山街道藤子村、南京市玄武区孝陵卫街道钟灵街村、南京市秦淮区红花街道果园村、南京市鼓楼区江东街道清江村、南京市建邺区沙洲街道双和村、南京市建邺区双闸街道五星村、南京市建邺区江心洲街道永定村、南京市栖霞区栖霞街道石埠桥村、南京市栖霞区靖安镇马渡村、南京市栖霞区八卦洲镇中桥村、南京市雨花台区宁南街道丁墙村、南京市雨花台区铁心桥街道高家库村、南京市雨花台区铁心桥街道马家店村、南京市雨花台区板桥街道落星村、南京市雨花台区板桥街道三山村、南京市雨花台区板桥街道孙家村、南京市雨花台区板桥街道新建村、南京市江宁区麒麟镇锁石村、南京市江宁区禄口镇彭福村、南京市浦口区珠江镇五里村、南京市浦口区石桥镇泉水村、南京市浦口区顶山街道大新村、高淳县阳江镇东湖村、高淳县古柏镇江张村、南京市六合区横梁镇石庙村、南京市六合区雄州镇钱仓村、高淳县古柏镇武家嘴村、溧水县柘塘镇共和村、溧水县永阳镇城郊村

南京市江宁区湖熟镇、南京市江宁区陶吴镇、南京市江宁区禄口镇、南京市江宁区汤山镇、南京市浦口区珠江镇、南京市浦口区汤泉镇、南京市六合区雄州镇、南京市六合区八百桥镇、南京市六合区横梁镇、高淳县漆桥镇、溧水县和风镇、溧水县石湫镇

无锡市：江阴市华士镇华西村、江阴市利港镇陈市村、江阴市周庄镇倪家巷村、江阴市华士镇华士村、江阴市顾山镇氵国东村、江阴市祝塘镇建南村、江阴市周庄镇周庄村、江阴市华士镇向阳村、江阴市周庄镇三房巷村、江阴市周庄镇鸡笼山村、江阴市长泾镇南氵国村、江阴市祝塘镇永昌村、宜兴市宜城镇巷头村、宜兴市官林镇都山村、宜兴市张渚镇兴东村、宜兴市高塍镇高塍村、宜兴市大浦镇施荡村、无锡市崇安区广益街道尤渡村、无锡市滨湖区滨湖镇南泉村、无锡市滨湖区太湖镇蠡东村、无锡市滨湖区华庄镇蠡桥村、无锡市滨湖区马山镇群丰村、无锡市新区旺庄街道新光村、无锡市新区旺庄街道红旗村、无锡市新区旺庄街道群星村、无锡市新区旺庄街道春雷村、无锡市新区南站街道春勤村、无锡市新区南站街道东风村、无锡市锡山区东港镇东升村、无锡市锡山区东港镇勤新村、无锡市锡山区安镇镇先锋村、无锡市锡山区鹅湖镇蔡湾村、无锡市惠山区前洲镇西塘村、无锡市惠山区阳山镇阳山村、无锡市惠山区玉祁镇黄泥坝村、无锡市惠山区钱桥镇西漳村、无锡市新区梅村镇新南村、无锡市惠山区洛社镇万新村

江阴市澄江镇、江阴市周庄镇、江阴市华士镇、江阴市夏港镇、江阴市申港镇、江阴市利港镇、江阴市新桥镇、江阴市霞客镇、江阴市南闸镇、宜兴市宜城镇、宜兴市丁蜀镇、宜兴市官林镇、宜兴市和桥镇、宜兴市新建镇、宜兴市芳桥镇、宜兴市高塍镇、宜兴市大浦镇、无锡市滨湖区华庄镇、无锡市滨湖区

太湖镇、无锡市新区梅村镇、无锡市锡山区东港镇、无锡市锡山区东亭镇、无锡市惠山区洛社镇、无锡市惠山区钱桥镇、无锡市惠山区玉祁镇

徐州市：丰县凤城镇东关村、丰县首羡镇渠阁村、丰县首羡镇便集村、丰县常店镇振兴村、沛县安国镇张双楼村、铜山县三堡镇潘楼村、铜山县柳新镇唐沟村、铜山县柳新镇孙庄村、铜山县利国镇利国村、邳州市八义集镇窑西村、邳州市铁富镇连前村、睢宁县李集镇西圩村、新沂市双唐镇沙沟村、新沂市港头镇新圩村、新沂市新安镇新北村、新沂市新安镇臧圩村、徐州市贾汪区青山泉镇马庄村、徐州市贾汪区大吴镇荒里村、徐州市贾汪区大吴镇程楼村

丰县华山镇、丰县常店镇、丰县凤城镇、沛县沛城镇、沛县张庄镇、沛县敬安镇、铜山县铜山镇、铜山县棠张镇、铜山县大庙镇、铜山县柳新镇、邳州市官湖镇、邳州市铁富镇、邳州市陈楼镇、邳州市港上镇、睢宁县睢城镇、新沂市邵店镇、新沂市双唐镇、新沂市窑湾镇、徐州市贾汪区大吴镇、徐州市贾汪区青山泉镇

常州市：金坛市儒林镇柚山村、金坛市金城镇南戴村、金坛市金城镇冯庄村、金坛市西岗镇西岗村、江苏省金坛经济开发区华胜村、金坛市茅麓镇仙菇村、金坛市薛埠镇薛埠村、溧阳市南渡镇联盟村、溧阳市戴埠镇河西村、溧阳市竹箦镇竹箦村、溧阳市溧城镇湾里村、溧阳市溧城镇三河村、溧阳市社渚镇宜巷村、常州市武进区横山桥镇五一村、常州市武进区横林镇狄坂村、常州市武进区邹区镇戴庄村、常州市武进区湖塘镇周家巷村、常州市武进区湖塘镇湖塘村、常州市武进区湖塘镇老坝村、常州市武进区横林镇卫星村、常州市武进区横山桥镇星辰村、常州市武进区卜弋镇殷村村、常州市武进区湖塘镇何留村、常州市武进区雪堰镇西村、常州市新北区春江镇新华村、常州市新北区春江镇圩塘村、常州市新北区孟河镇街南村、常州市天宁区茶山街道勤丰村、常州市天宁区茶山街道富强村、常州市天宁区茶山街道浦前村、常州市天宁区红梅街道胜利村、常州市天宁区红梅街道竹林村、常州市天宁区红梅街道卫星村、常州市天宁区青龙街道三里村、常州市天宁区雕庄街道团结村、常州市天宁区雕庄街道采菱村、常州市天宁区红梅街道东风村、常州市天宁区青龙街道常青村、常州市天宁区茶山街道群力村、常州市钟楼区永红街道东方村、常州市钟楼区永红街道新华村、常州市钟楼区永红街道荆川村、常州市钟楼区五星街道新农村、常州市钟楼区五星街道新庄村、常州市钟楼区新闸镇唐家村、常州市钟楼区新闸镇庆丰村、常州市钟楼区永红街道为民村、常州市钟楼区五星街道新新村、常州市钟楼区西林街道张家村、常州市戚墅堰区丁堰镇芳渚村

金坛市薛埠镇、金坛市西岗镇、金坛市朱林镇、溧阳市天目湖镇、溧阳市溧城镇、溧阳市埭头镇、溧阳市戴埠镇、溧阳市上黄镇、溧阳市周城镇、常州市武进区遥观镇、常州市武进区湖塘镇、常州市武进区雪堰镇、常州市武进区牛塘镇、常州市武进区洛阳镇、常州市武进区横林镇、常州市武进区奔牛镇、常州市武进区邹区镇、常州市新北区孟河镇、常州市钟楼区新闸镇

苏州市：张家港市杨舍镇城西村、张家港市杨舍镇田垛里村、张家港市杨舍镇农联村、张家港市金港镇长江村、张家港市金港镇长山村、张家港市塘桥镇韩山村、张家港市塘桥镇周巷村、张家港市锦丰镇联兴村、张家港市锦丰镇建设村、张家港市凤凰镇程墩村、张家港市凤凰镇双龙村、张家港市乐余镇乐余村、张家港市南丰镇永联村、张家港市大新镇大新村、张家港市金港镇新塍

村、常熟市虞山镇梦兰村、常熟市虞山镇合丰村、常熟市虞山镇方浜村、常熟市虞山镇甸桥村、常熟市虞山镇和甸村、常熟市虞山镇新建村、常熟市支塘镇蒋巷村、常熟市古里镇康博村、常熟市新港镇李袁村、常熟市辛庄镇常南村、常熟市辛庄镇桃园村、常熟市梅李镇瞿巷村、常熟市练塘镇常兴村、常熟市海虞镇汪桥村、常熟市王庄镇福寿村、昆山市周庄镇云南村、昆山市周庄镇全旺村、昆山市锦溪镇虬泽村、昆山市周市镇市北村、昆山市周市镇新镇村、昆山市玉山镇大同村、昆山市淀山湖镇晟泰村、昆山市淀山湖镇民和村、昆山市千灯镇大唐村、昆山市张浦镇金华村、昆山市陆家镇车塘村、昆山市陆家镇邹家角村、昆山市千灯镇石浦村、太仓市陆渡镇横沥村、太仓市沙溪镇太星村、太仓市沙溪镇香塘村、太仓市沙溪镇印北村、太仓市沙溪镇胜利村、太仓市城厢镇东林村、太仓市璜泾镇长新村、吴江市芦墟镇杨文头村、吴江市松陵镇农创村、吴江市横扇镇叶家港村、吴江市七都镇群幸村、吴江市平望镇顾扇村、吴江市盛泽镇北角村、吴江市黎里镇东方村、苏州市平江区城北街道幸福村、苏州市平江区城北街道新塘村、苏州市平江区城北街道金光村、苏州市沧浪区友新街道三元村、苏州市沧浪区葑门街道联青村、苏州市虎丘街道虎丘村、苏州市虎丘街道路北村、苏州市吴中区横泾街道尧南村、苏州市吴中区角直镇甫里村、苏州市吴中区角直镇淞南村、苏州市吴中区越溪街道旺山村、苏州市吴中区木渎镇西跨塘村、苏州市吴中区木渎镇姑苏村、苏州市吴中区东山镇新潦村、苏州市吴中区东山镇莫厘村、苏州市吴中区浦庄镇界路村、苏州市相城区望亭镇迎湖村、苏州市相城区北桥镇庄基村、苏州市相城区阳澄湖镇枪堂村、苏州市相城区北桥镇灵峰村、苏州市相城区渭塘镇渭西村、苏州市相城区东桥镇胡桥村、苏州高新区通安镇树山村、苏州高新区枫桥街道东浜村、苏州高新区枫桥街道津桥村、苏州工业园区娄葑镇新苏村、苏州工业园区娄葑镇金厍村

张家港市杨舍镇、张家港市金港镇、张家港市塘桥镇、张家港市锦丰镇、张家港市凤凰镇、常熟市海虞镇、常熟市虞山镇、常熟市董浜镇、常熟市梅李镇、常熟市辛庄镇、常熟市练塘镇、常熟市沙家浜镇、昆山市陆家镇、昆山市淀山湖镇、昆山市玉山镇、昆山市周市镇、昆山市周庄镇、太仓市城厢镇、太仓市陆渡镇、太仓市沙溪镇、太仓市璜泾镇、太仓市浏河镇、吴江市七都镇、吴江市黎里镇、吴江市同里镇、苏州市吴中区角直镇、苏州市吴中区胥口镇、苏州市吴中区浦庄镇、苏州市吴中区木渎镇、苏州市相城区黄埭镇、苏州市相城区望亭镇、苏州市相城区渭塘镇、苏州工业园区娄葑镇

南通市：海安县城东镇泰宁村、海安县角斜镇五虎村、海安县曲塘镇刘圩村、海安县老坝港镇川港村、海安县南莫镇沙岗村、海安县城东镇开屏村、如皋市如城镇纪庄村、如皋市如城镇新王庄村、如皋市柴湾镇镇南村、如东县大豫镇东港村、如东县岔河镇银河村、如东县掘港镇港南村、通州市石港镇志田村、通州市兴仁镇李家楼村、通州市骑岸镇渡海亭村、通州市金沙镇花家渡村、通州市兴东镇黄金村、通州市平潮镇云台山村、通州市二甲镇新玻村、通州市刘桥镇凤仙村、通州市三余镇红专村、海门市海门镇中海村、海门市天补镇陶港村、海门市德胜镇瑞祥村、海门市德胜镇贤高村、海门市东灶港镇友谊村、海门市常乐镇中南村、海门市常乐镇培育村、海门市余东镇新宇村、海门市四甲镇头桥村、启东市汇龙镇城北村、启东市汇龙镇城河村、启东市和合镇裕丰村、启东市南阳镇光明村、启东市王鲍镇中施村、启东市北新镇普东村、启东市吕

四港镇东皇山村、启东市东海镇星宏村、启东市惠萍镇拥政村、南通市崇川区钟秀街道城北村、南通市崇川区文峰街道厂南村、南通市崇川区文峰街道五一村、南通市崇川区观音山镇中桥村、南通市崇川区狼山镇狼山村、南通市崇川区文峰街道三里墩村、南通市崇川区任港街道姚港村、南通市崇川区观音山镇新胜村、南通市港闸区永兴街道节制闸村、南通市港闸区永兴街道永兴村、南通市港闸区闸西乡八一村、南通市港闸区闸西乡爱国村、南通经济技术开发区竹行镇神农村、南通经济技术开发区竹行镇洞子港村、南通市崇川区钟秀街道联合村、南通市港闸区幸福乡幸福村、通州市先锋镇花园村、海门市正余镇邢柏村、启东市新安镇云祥村、海安县大公镇噇口村、如皋市如城镇城东村、如东市丰利镇月河村、南通市崇川区文峰街道果园村

海安县海安镇、海安县曲塘镇、海安县城东镇、如皋市如城镇、如皋市丁堰镇、如皋市柴湾镇、如东县掘港镇、如东县双甸镇、如东县岔河镇、通州市石港镇、通州市骑岸镇、通州市川港镇、海门市海门镇、海门市德胜镇、海门市三星镇、海门市常乐镇、启东市汇龙镇、启东市和合镇、启东市寅阳镇、启东市新安镇、如皋市搬经镇、启东市惠丰镇、海门市正余镇、通州市平潮镇、海安县大公镇、如东县马塘镇、南通市港闸区闸西乡、启东市兆民镇、海门市树勋镇

连云港市:连云港市新浦区花果山乡飞泉村、连云港市新浦区云台乡凤凰村、连云港市新浦区宁海乡太平村、连云港市连云区墟沟办事处院前村、连云港市连云区墟沟办事处西墅村、连云港市连云区云山乡平山村、连云港市连云区高公岛乡高公岛村、连云港市海州开发区许庄村、连云港市海州区洪门街道办事处新庄村、连云港市海州区锦屏镇李圩村、赣榆县城头镇王青墩村、赣榆县厉庄镇谢湖村、赣榆县石桥镇东温庄村、赣榆县班庄镇古城村、赣榆县柘汪镇西棘荡村、赣榆县金山镇赵湖村、赣榆县罗阳镇岭灶村、东海县驼峰乡前蔷薇村、东海县石梁河镇胜泉村、东海县山左口乡大贤庄村、东海县石榴镇车庄村、东海县房山镇山前村、灌云县侍庄乡沈庄村、灌云县白蚬乡德兴村、灌云县板浦镇石河村、灌云县伊山镇城北村、江苏省国营东辛农场海北管理区 17 居民村、灌南县花园乡莞渎村、灌南县五队乡头队村、灌南县田楼乡田楼村、灌南县堆沟港镇九队村

连云港经济技术开发区朝阳镇、连云港市连云区连岛镇、赣榆县柘汪镇、赣榆县青口镇、赣榆县海头镇、东海县牛山镇、东海县温泉镇、东海县山左口乡、灌云县伊山镇、灌云县板浦镇、灌云县圩丰镇、灌南县三口镇

淮安市:淮安市清河区水渡口街道办事处果林场村、淮安市清浦区盐河镇甘露村、淮安市清浦区清安街道办事处蔬菜村、淮安市淮阴区袁集镇桂塘村、淮安市楚州区淮城镇华亭村、淮安市楚州区城东乡红桥村、淮安市楚州区席桥镇黄桥村、淮安市楚州区朱桥镇洼圩村、淮安经济开发区东湖办事处机场村、洪泽县西顺河镇张福河村、洪泽县共和镇新集村、涟水县灰墩办事处王嘴村、金湖县黎城镇大兴村、金湖县涂沟镇三河村、金湖县前锋镇淮村村、涟水县高沟镇高东村、涟水县红窑镇黄锅甄村、盱眙县黄花塘镇黄花塘村

淮安经济开发区钵池乡、淮安市清浦区城南乡、淮安市淮阴区王营镇、淮安市楚州区施河镇、淮安市楚州区泾口镇、淮安市楚州区溪河镇、洪泽县高良涧镇、洪泽县岔河镇、洪泽县西顺河镇、金湖县闵桥镇、金湖县涂沟镇、金湖县银集镇、涟水县高沟镇、涟水县涟城镇、涟水县东胡集镇、盱眙县马坝镇、盱眙县观音寺镇、盱眙县黄花塘镇

盐城市：东台市头灶镇徐灶居委会(村)、东台市溱东镇高桥村、东台市新曹镇花舍村、东台市后港镇沙杨村、大丰市大中镇同德村、大丰市大中镇泰西村、大丰市西团镇新中村、射阳县盐东镇东南村、射阳县特庸镇红旗村、射阳县长荡镇港南村、建湖县近湖镇镇南村、建湖县近湖镇镇北村、建湖县庆丰镇朱港村、阜宁县陈集镇停翅港村、滨海县滨淮镇东罾村、滨海县界牌镇竹林村、响水县陈家港镇蟒牛村、盐城市盐都区潘黄镇仰徐村、盐城市盐都区新区娱乐村、盐城市盐都区新区福才村、盐城市亭湖区五星街道五星村、盐城市亭湖区大洋街道大洋村、盐城市亭湖区毓龙街道环城村、东台市梁垛镇梁南村、东台市廉贻镇甘港村、大丰市新丰镇裕北村、大丰市白驹镇狮子口村、盐城市亭湖区青墩镇头灶村、盐城市盐都区潘黄镇宝才村、建湖县颜单镇漕桥村、建湖县蒋营镇五谷村、大丰市裕华镇海防村、盐城市盐都区葛武镇东塘村

东台市头灶镇、东台市东台镇、东台市安丰镇、大丰市南阳镇、大丰市草堰镇、射阳县盐东镇、射阳县海通镇、建湖县蒋营镇、建湖县高作镇、阜宁县益林镇、阜宁县沟墩镇、滨海县五汛镇、响水县陈家港镇、盐城市盐都区潘黄镇、盐城市盐都区龙冈镇、盐城市亭湖区张庄街道、东台市溱东镇、大丰市刘庄镇、盐城市盐都区大纵湖镇、射阳县合德镇、建湖县近湖镇

扬州市：扬州市广陵区文峰街道文峰村、扬州市维扬区平山乡平山村、扬州市维扬区瘦西湖街道堡城村、扬州市邗江区槐泗镇林桥村、扬州市邗江区瓜洲镇建华村、扬州市邗江区瓜洲镇运西村、扬州市开发区裴庄村、扬州市开发区潘桥村、仪征市真州镇五一村、仪征市真州镇永庆村、仪征市真州镇长江村、仪征市新城镇郁桥村、仪征市新集镇新集村、仪征市陈集镇友好村、仪征市马集镇金营村、高邮市菱塘回族乡菱塘村、江都市丁伙镇双华村、江都市小纪镇西贾村、江都市江都镇横沟村、江都市江都镇七闸村、宝应县安宜镇花庄村、宝应县安宜镇渔场(村)、宝应县夏集镇友映村、宝应县柳堡镇建设村、宝应县柳堡镇郑渡村、宝应县山阳镇光辉村、宝应县西安丰镇南舍村

扬州市邗江区瓜洲镇、扬州市邗江区沙头镇、扬州市邗江区公道镇、仪征市真州镇、仪征市青山镇、仪征市新城镇、高邮市菱塘回族乡、江都市丁伙镇、江都市小纪镇、江都市武坚镇、江都市大桥镇、宝应县安宜镇、宝应县范水镇、宝应县夏集镇、宝应县柳堡镇、宝应县山阳镇、宝应县小官庄镇

镇江市：丹阳市司徒镇谭巷村、丹阳市皇塘镇皇塘村、丹阳市皇塘镇大南庄村、丹阳市新桥镇长春村、丹阳市后巷镇前巷村、丹阳市埤城镇常兴村、丹阳市云阳镇城南村、丹阳市吕城镇东村村、丹阳市新桥镇群楼村、丹阳市云阳镇城北村、句容市华阳镇北阳门村、句容市华阳镇新坊村、句容市白兔镇白兔村、句容市后白镇古村村、句容市行香镇行香村、句容市华阳镇下甸村、扬中市新坝镇双新村、扬中市新坝镇治安村、扬中市新坝镇华威村、扬中市新坝镇联合村、扬中市油坊镇邻丰(会龙)村、扬中市新坝镇新坝村、扬中市三茅镇永勤村、镇江市丹徒区黄墟镇龙山村、镇江市丹徒区高资镇勤丰村、镇江市丹徒区高资镇高资村、镇江市丹徒区辛丰镇辛丰村、镇江市丹徒区高桥镇四方桥村、镇江市丹徒区高资镇唐驾庄村、镇江市京口区象山乡红旗村、镇江市京口区象山乡京岘山村、镇江市京口区丹徒镇东风村、镇江市京口区象山乡新生村、镇江市润州区七里甸镇一泉村、镇江市润州区蒋乔镇鲇鱼套村、镇江市润州区和平路街道金江村、镇江新区大港街道赵庄村、镇江新区丁卯街道丁卯村

丹阳市后巷镇、丹阳市新桥镇、丹阳市界牌镇、丹阳市导墅镇、丹阳市吕城镇、句容市华阳镇、句容市下蜀镇、句容市后白镇、句容市茅山镇、句容市边城镇、扬中市新坝镇、扬中市油坊镇、扬中市八桥镇、镇江市丹徒区黄墟镇、镇江市丹徒区高资镇、镇江市丹徒区辛丰镇、镇江市丹徒区宝堰镇、镇江市京口区象山乡、镇江市润州区七里甸镇、镇江市润州区官塘桥镇

泰州市:靖江市马桥镇徐周村、靖江市东兴镇何德村、靖江市城南办事处北六村、靖江市城南办事处前进村、泰兴市蒋华镇六圩村、泰兴市大生镇蒋榨村、泰兴市泰兴镇南殷村、泰兴市刘陈镇东顾村、泰兴市张桥镇西桥村、泰兴市七圩镇八圩村、姜堰市华港镇李家庄村、姜堰市娄庄镇娄庄村、兴化市戴南镇董北村、兴化市张郭镇刘纪村、兴化市合陈镇邓桥村、兴化市戴南镇永丰村、兴化市荻垛镇塾墩村、兴化市张郭镇欧家村、兴化市昭阳镇沙甸村、兴化市昭阳镇城堡村、兴化市沙沟镇水金村、泰州市海陵区西郊乡任景村、泰州市海陵区九龙镇界沟村、泰州市高港区口岸镇口岸村、泰州市高港区刁铺镇大丰村、泰州市高港区永安洲镇福沙村、泰州市高港区口岸镇朱营村、兴化市戴南镇张万村

靖江市季市镇、靖江市新桥镇、靖江市东兴镇、泰兴市黄桥镇、泰兴市七圩镇、姜堰市娄庄镇、姜堰市白米镇、姜堰市俞垛镇、兴化市张郭镇、兴化市戴南镇、兴化市周庄镇、兴化市昭阳镇、泰州市高港区刁铺镇、泰州市高港区口岸镇

宿迁市:宿迁市宿豫区蔡集镇张油坊村、沭阳县沭城镇前巷村、沭阳县桑墟镇桑墟村、泗阳县临河镇大兴村、泗洪县青阳镇大新村、泗洪县半城镇穆墩岛村、泗洪县朱湖镇臧桥村、泗洪县大楼乡周庄村、宿迁市宿城区龙河镇大罗村、宿迁市宿城区耿车镇五星村、泗洪县城头乡城头村、泗洪县双沟镇苗庄村

宿迁市宿豫区井头乡、宿迁市宿城区双庄镇、宿迁市宿豫区陆集镇、沭阳县沭城镇、泗洪县青阳镇、泗阳县众兴镇、泗洪县双沟镇、泗阳县临河镇、宿迁市宿豫区顺河镇、宿迁市宿豫区晓店镇、宿迁市宿城区耿车镇、沭阳县沂涛镇、泗洪县大楼乡、泗洪县城头乡

三、江苏省文明单位(1895个)

南京市:金陵石油化工有限公司、南京晨光集团有限责任公司、金城集团有限公司、南京长江油运公司、南京造币厂、江苏南热发电有限责任公司、大唐南京下关发电厂、南京海事局、南京三五二一特种装备厂、华能国际电力股份有限公司南京分公司、中国人民解放军第三三零四工厂、南京港口集团公司、华东电子集团有限公司、南京汽轮电机(集团)有限责任公司、中国南车集团南京浦镇车辆厂、南京消防器材股份有限公司、南京高精齿轮股份有限公司、南京中萃食品有限公司、南京轻工业机械厂、南京铅锌银矿业有限公司、南京医药股份有限公司、南京长途汽车客运总公司、南京市公路管理处、南京市江宁区交通局、南京市地方海事局、南京市航道管理处、江苏省电信有限公司南京分公司商业客户部、江苏省电力公司溧水县供电公司、南京邮区中心局、南京邮政局南区营业局、中铁大桥局集团第四工程有限公司、中国石化集团第二建设公司、南京市公共交通总公司、南京市自来水总公司、南京市建筑安装工程质量监督站、南京市燃气管理处、南京地下铁道有限责任公司、南京市环境监察支队、南京市环境监测中心站、南京市鼓楼区环境保护局、南京市莫愁湖管理处、南京市住房制度改革办公室、南京市浦口区房产管理局、南京市白下区房产管理局、南京证券有限责任公司、南

京农贸中心股份有限公司、南京市军粮供应部、南京新街口百货商店股份有限公司、南京中央商场股份有限公司、南京商厦股份有限公司、南京玄武饭店有限责任公司、南京大华旅游有限责任公司、江苏省烟草公司南京市浦口区公司、江苏省烟草公司高淳县公司、南京广播电视大学、南京市中华中学、南京市幼儿师范女子中等专业学校、南京市聋人学校、南京市中小学卫生保健所、南京市电化教育馆、南京市龙江体育馆、南京市鼓楼医院、南京市第一医院、南京脑科医院、南京市疾病预防控制中心、南京市卫生监督所、南京市秦淮医院、南京市建邺医院、南京市雨花台区妇幼保健所、南京老山药业股份有限公司、南京奶业(集团)有限公司、南京日报报业集团、南京广播电视集团、南京市金陵图书馆、南京市公安局玄武分局、南京市公安局秦淮分局、南京市公安局建邺分局、南京市公安局江宁分局、南京市殡葬管理处、南京市青龙山精神病院、中国人民解放军 73681 部队、中国人民解放军 94994 部队、中国人民解放军 73097 部队、中国人民解放军国际关系学院、中国人民解放军理工大学工程兵工程学院、中国人民解放军南京政治学院研究生管理一大队、武警江苏省总队第二支队、上海铁路局南京站、上海铁路局南京列车段北京一队、中铁二十四局集团江苏工程有限公司、南京东机务段、南京东车辆段、江苏雷威建设工程有限公司、南京机械五金矿产医药保健品进出口公司、南京市物价局检查分局、南京市国家税务局白下分局、南京市国家税务局车辆购置税征收管理办公室、南京市国家税务局征收分局、南京市国家税务局秦淮分局、南京市地方税务局征收分局、南京市地方税务局鼓楼分局、南京市江宁地方税务局、南京市地方税务局建邺分局、南京市工商行政管理局建邺分局、南京市工商行政管理局鼓楼分局、南京市工商行政管理局栖霞分局、南京市质量技术监督局玄武分局、南京市特种设备监督检验所、南京市技术监督情报所、高淳县气象局、中国人民银行南京分行营业管理部、中国银行南京市玄武支行、中国建设银行股份有限公司南京市汉中路分理处、南京市药品监督管理局江宁分局、南京新华海科技产业集团有限公司、南京国瑞科技有限公司、南京富海装饰工程有限公司、江苏东来信息产业集团有限公司、南京新港汽车维修服务有限公司、南京华德货架制造有限公司、南京一夫建材实业有限公司、南京小金鹰大酒楼有限公司、南京福中信息产业集团有限公司、南京月星国际家居广场有限公司、东方航空江苏有限公司、南京市石油总公司、南京边防检查站、南京市白下区人民检察院、南京市鼓楼区人民法院、南京桂花鸭集团有限公司、南京酿造集团有限公司、南京市中山陵园管理局、南京市雨花台烈士陵园管理局、南京新港高科技股份有限公司、南京第二热电厂、南京 LG 同创彩色显示系统有限责任公司、南京宝日钢丝制品有限公司、南京高新技术经济开发总公司、南京康海药业有限公司、南京市第十三中学、江苏先声药业有限公司、南京万家帮社区服务有限责任公司、南京市农垦产业(集团)有限公司、南京依维柯汽车有限公司、南京市玄武区城市管理行政执法大队、南京市玄武区军队离休退休干部休养一所、南京市城市建设开发(集团)有限责任公司、南京新街口商业步行区管理办公室、南京市游府西街小学、南京航空航天大学附属高级中学、南京市第五中学、南京市第一幼儿园、南京市石鼓路小学、南京湖南路山西路地区管理委员会、江苏教育学院附属高级中学、南京市拉萨路小学、南京市鼓楼区公证处、南京新城市商业置业有限公司、中共南京市鼓楼区委党校、南京市建邺区城镇建设综合开发总公司、南京市建邺区城市管理行政执法大队、南京市建邺区劳动就业管理中心、南京市虹苑中学、江苏金陵装饰城、南京朝中食品有限责任公司、中共南京市秦淮区委党校、南京市第二十七中学、南京市秦淮中医医院、南京市秦淮区房屋拆迁安置办公室、南京市秦淮区社区服务指导中心、南京市秦淮区少年宫、南京市下关城市建设开发(集团)有限公司、南京白云亭市场发展(集团)公司、南京悦家超市有限公司、中储发展股份有限公司南京分公司、南京市下关区天妃宫小学、南京阅江楼管理处、南京金港科技创业中心、南京市栖霞区环境卫生管理所、南京市栖霞区就业管理中心、南京市雨花台中学、南京市雨花台区城市管理行政执法大队、宝钢集团上海梅山有限公司、中兴通讯股份有限公司南京分公司、中共南京市江宁区委党校、南京市江宁区供销合作总社、南京江宁经济技术开发总公司、南京市江宁高级中学、南京金泊集团有限责任公司、南京中脉科技发展有限公司、江苏省江浦高级中学、南京市浦口区扬剧团、南京市浦口区行知小学、南京化学工业园区管理委员会、南京市六合经济开发区管理委员会办公室、南京(大厂)民办育英第二外国语学校、南京市六合区平山林场、南京汇弘(集团)有限公司、溧水县特殊教育学校、溧水县农村信用合作联社、南京飞燕活塞环股份有限公司、南京红宝丽股份有限公司、高淳县广播电视台、南京凯盛建筑安装工程有限公司、江苏移动通信有限责任公司南京分公司

无锡市:无锡市国家税务局第一税务分局、无锡市地方税务局涉外税务分局、无锡市地方海事局、无锡市气象局、无锡出入境检验检疫局、江阴出入境检验检疫局、宜兴出入境检验检疫局、江阴市气象局、无锡市南长区环境保护局、无锡压缩机股份有限公司、一汽解放汽车有限公司无锡柴油机分公司、无锡市惠山泥人厂、江苏省电子产品监督检验所、无锡市第一百货(集团)有限公司、无锡宏源集团有限公司、无锡市客运总公司、无锡威孚集团有限公司、无锡市商业银行梁溪支行、无锡湖滨集团公司、江苏四达动力机械集团公司、无锡山禾药业股份有限公司、无锡市环境监察支队、无锡市环境监测中心站暨研究所、无锡市产品质量监督检验所、无锡市锅炉压力容器检验所、无锡药品检验所、无锡市规划设计院、无锡市机关幼儿园、无锡市技师学院、无锡市路灯管理处、无锡市市政设施管理处、无锡市自来水总公司、无锡市燃气总公司、无锡市市政工程建设管理处、无锡市市政设计研究院有限公司、无锡市环境卫生管理处、无锡市房产管理局房屋产权监理处、无锡市房地产开发集团有限公司、无锡市白蚁防治所、无锡市房屋置换中心、无锡市住房公积金管理中心、无锡市建筑设计研究院有限责任公司、无锡市建设机械施工有限公司、无锡市建设工程管理处、无锡市建筑安装管理处、无锡市锡惠园林文物名胜区管理处、无锡市梅园公园管理处、无锡市太湖鼋头渚风景区管理处、中国康辉无锡旅行社有限责任公司、无锡市第一人民医院(无锡市儿童医院)、无锡市第二人民医院、无锡市妇幼保健院、无锡市精神卫生中心、无锡市疾病预防控制中心、无锡市卫生局卫生监督所、无锡市社会福利中心、无锡市军队离休退休干部清扬休养所、江苏省无锡市辅仁高级中学、无锡师范学校附属小学、无锡市青山高级中学、江苏省梅村高级中学、无锡市实验幼儿园、无锡市市北高级中学、无锡南洋职业技术学院、无锡市人民大会堂、无锡市歌舞团、无锡市图书馆、无锡市公安局公交分局车站地区派出所、无锡邮政局城区营业局、中国工商银行无锡市分行南长支行、中国工商银行无锡市分行河埒支行、中国工商银行无锡市分

行崇安支行、中国太平洋财产保险股份有限公司无锡中心支公司、海鹰企业集团有限责任公司、江苏中贸发进出口股份有限公司、江苏利港电力有限公司、上海铁路局无锡站、中国船舶工业集团公司澄西船舶修造厂、中国船舶重工集团公司第七〇二研究所、江苏省烟草公司无锡分公司、江南大学、江苏省无锡监狱、江阴海事局、武警8724部队、中国人民解放军73036部队67分队、武警8693部队、江苏阳光集团有限公司、长江引航中心、江阴海关、法尔胜集团公司、海澜集团公司、江阴澄星实业集团有限公司、江阴苏龙发电有限公司、申达科技工业园、江苏双良集团有限公司、江苏长电科技股份有限公司、江阴华联商厦有限公司、江阴市人民医院、江阴市疾病预防控制中心、江苏省江阴高级中学、江阴市新华书店、江苏申利实业股份有限公司、中国人民保险股份有限公司江阴市支公司、江阴市中医院、江苏远东集团有限公司、无锡市虎皇漆业有限公司、宜兴市建设工程质量监督站、宜兴市运输管理处、江苏三鑫化纤有限公司、无锡市宜兴工商行政管理局城北分局、宜兴市地方税务局第四税务分局、宜兴市宜城房地产开发有限公司、宜兴市公安局高塍派出所、江苏省烟草公司宜兴市公司、无锡市江南线缆有限公司、江苏伟丰建筑安装集团有限公司、宜兴市工业设备安装有限公司、宜兴市公路管理处、宜兴市丁蜀镇广播电视站、江苏省无锡连元街小学、无锡市崇安人民医院、无锡市崇安区环境卫生管理处、无锡崇宁路实验小学、无锡市崇安区人民法院、无锡市南长区迎龙桥街道办事处、无锡市南长区人民检察院、无锡市侨谊幼儿园、无锡市扬名中心小学、无锡市五爱小学、无锡市黄巷奶牛场、无锡市北塘区疾病预防控制中心、无锡市方圆实业总公司、无锡市公安局北塘分局西新派出所、江苏宝通电子科技股份有限公司、江苏省太湖高级中学、江苏河埒渔工商集团有限公司、无锡市育红小学、无锡市手外科医院、无锡市滨湖区交通运输管理处、无锡市滨湖区房屋产权监理交易所、无锡太湖花园置业有限公司花园大酒店、无锡灵山实业有限责任公司、无锡高新物流中心、无锡市梅里中学、江苏双象集团有限公司、西门子真空开关管(无锡)有限公司、红豆集团有限公司、无锡市锡山地方税务局第二税务分局、无锡市锡山区国家税务局第二税务分局、江苏省天一中学、无锡市锡山区计划生育局、无锡市锡山区交通运输管理处、无锡市锡山地方税务局第一税务分局、无锡市荡口中心小学、江苏太湖锅炉股份有限公司、无锡市惠山区国家税务局第二税务分局、无锡市惠山区交通运输管理处、无锡市惠山地方税务局第二税务分局、无锡市惠山工商行政管理局洛社分局、无锡市惠山地方税务局第一税务分局、无锡市惠山区环境监察大队、无锡市公安局惠山分局西漳派出所、无锡市惠山区玉祁镇卫生院、无锡市南长区沁园小学、无锡卫生学校、无锡市交通技师学院

徐州市:徐州日报社、中共徐州市委党校、中国矿业大学、徐州工程学院、徐州市广播电视大学、徐州建筑职业技术学院、徐州市第三中学、江苏模特艺术学校、江苏省徐州幼儿师范学校、徐州市西苑中学、徐州博物馆、徐州市中医院、徐州市疾病预防控制中心、徐州市公安局交通巡逻警察支队云龙大队、徐州市公安局指挥中心110报警服务台、徐州市军队离退休干部第四休养所、徐州市救助管理站、徐州市社会福利院、徐州市水利局郑集水利工程管理处、徐州市财政局直属征收管理处、徐州市政府采购中心、徐州市白云购物广场有限责任公司、徐州储运有限责任公司、徐州华润电力有限公司、徐州财经高等职业技术学校、徐州市白蚁防

治所、徐州市招投标交易市场管理中心、中国建设银行股份有限公司徐州市分行营业部、中国农业银行徐州市分行营业部、交通银行徐州分行、中国人民财产保险股份有限公司徐州市分公司营业部、中国人民银行徐州市中心支行、徐州工商行政管理局机关、上海能源股份有限公司徐沛铁路管理处、上海能源股份有限公司拓特机械制造厂、上海能源股份有限公司孔庄煤矿、江苏煤电高级技工学校、中煤第五建设公司、徐州矿务集团有限公司、徐州矿务集团有限公司三河尖煤矿、徐州矿务集团有限公司旗山煤矿、徐州矿务集团有限公司夹河煤矿、徐州机电技工学校、中央储备粮徐州直属库、京杭运河江苏省徐州航道管理站、徐州市烟草专卖局、中铁十局集团有限公司第四工程公司、济南铁路局徐州北电务段、济南铁路局徐州北机务段、武警徐州市消防支队鼓楼区大队、江苏省丰县中学、中国人民银行丰县支行、丰县烟草专卖局市场营销部、丰县国土资源局、江苏银龙电力电缆有限公司、丰县规划局、沛县审计局、沛县财政局、沛县工商行政管理局、沛县地方海事处、中国人民银行沛县支行、沛县实验小学、铜山县财政局、铜山县汉王镇卫生院、铜山县人口和计划生育局、铜山张集职业高级中学、铜山县广播电视台、中央储备粮邳州直属库、江苏省刘山船闸管理所、邳州市碾庄镇卫生院、江苏省运河高等师范学校、睢宁县公路管理站、睢宁食品药品监督管理局、江苏省睢宁高级中学、睢宁县实验小学、新沂市烟草专卖局、新沂市机关幼儿园、新沂食品药品监督管理局、205 国道新沂收费站、徐州市鼓楼小学校、徐州市民主路小学校、徐州市鼓楼区疾病预防控制中心、徐州市鼓楼区人民检察院、徐州市云龙区天桥街道办事处、徐州市青年路小学校、徐州市云龙区人民检察院、徐州市云龙区市容与行政执法管理局、徐州市公园巷小学校、徐州市泉山区永安街道办事处、徐州市泉山区翟山街道办事处、徐州市泉山区人民检察院、徐州市西苑小学、徐州市海华机械厂、徐州市九里区人民检察院、徐州市九里区旅游局、徐州市九里区人民武装部、徐州市九里中学、江苏格瑞实业有限责任公司、徐州市金山桥自来水有限公司、徐州市贾汪区人民检察院、贾汪发电有限公司、徐州市贾汪区财政局、徐州市贾汪区英才中学、徐州市公安消防支队特勤大队二中队、徐州市泉山区奎山街道办事处、徐州市鼓楼区牌楼街道办事处、徐州市农业干部中等专业学校、徐州市医疗保险基金管理中心、徐州机械制造职工中等专业学校、徐州市郊农村信用合作联社、徐州市产品质量监督检验所、徐州市计量测试技术研究所、徐州市纤维检验所、徐州市锅炉压力容器检验研究所、徐州市特种设备安全监督检验所、徐州市技术监督情报信息中心、徐州市通利汽车出租有限公司、徐州市连心公用卡有限公司、徐州市经纬建设工程监理公司、徐州市苏徐客运站务有限公司、徐州市交通规划设计研究院、徐州市通达公路有限公司、徐州市彭园管理处、徐州市云龙公园管理处、徐州市淮西公路客运站

常州市：常州市司法局、常州市公安局天宁分局局前街派出所、溧阳市客运有限公司、金坛市自来水公司、金坛市房屋建设开发有限公司、江苏金虹纺织有限公司、江苏苏南面粉有限公司、金坛市职业教育中心、金坛市烟草专卖局机关、金坛市华罗庚实验学校、江苏晨风集团股份有限公司、江苏省华罗庚中学、金坛市人口与计划生育局机关、金坛市国土资源局机关、金坛市航道管理处、溧阳市金燕房地产开发有限公司、溧阳市实验小学、溧阳市烟草专卖局机关、溧阳市人民医院、宁杭公路镇广公路溧阳段收费站、江苏省溧阳中学、常州海关驻溧阳办

事处、溧阳市运输管理处、常州市武进区湖塘桥实验小学、江苏武进房地产开发有限公司、江苏省武进高级中学、常州市武进新华书店、江苏省前黄高级中学、江苏兰陵化工集团有限公司、常州市武进区运输管理处、中国农业银行常州市武进支行、江苏武进农村商业银行股份有限公司横林支行、常州市武进区湖塘桥初级中学、江苏省奔牛高级中学、常州市武进区广播电视局机关、江苏新城房产股份有限公司、常州佳尔科药业集团有限公司、常州华源蕾迪斯有限公司、常州市智通树脂厂、江苏恒利集团有限公司、江苏长帆集团有限公司、常州市博爱路小学、常州市天宁区新丰街道办事处、常州市天宁区局前街街道办事处、常州兰陵电器集团有限公司、常州航月纺织机件有限公司、常州中西医结合医院、江苏大娘水饺餐饮有限公司、常州苏源集团勤丰建筑安装有限公司、常州市北环路小学、常州市天宁区雕庄街道办事处、常州市天宁区茶山街道办事处、常州市天宁区红梅街道办事处、常州科信燃气设备有限公司、常州市天宁区环境卫生管理处、江苏金太阳家电有限公司、常州市天宁区人民检察院、常州市钟楼区荷花池街道办事处、常州市钟楼区西新桥街道办事处、常州市觅渡桥小学、常州市清潭小学、常州市五星中心小学、常州商厦泰富百货有限责任公司、常州市红梅乳业有限公司、常州市钟楼区永红街道办事处、常州市钟楼区五星街道办事处、常州市戚墅堰区人民检察院、常州市戚墅堰区人民医院、常州市机关幼儿园、常州第一热电厂、常州市实验小学、常州市第一中学、常州市刘国钧职业教育中心、常州市局前街小学、常州市清潭中学、常州市公安局钟楼分局南大街派出所、常州市公安局钟楼分局永红派出所、常州市公安局交通巡逻警察支队天宁大队、常州市公安局交通巡逻警察支队钟楼大队、常州市看守所、常州市公安局新北分局百丈派出所、常州市公安局钟楼分局北大街派出所、常州市德安医院、常州市公共交通集团公司、常州市自来水集团公司、常州市燃气热力总公司、常州市交通产业集团有限公司、常州公路运输有限公司常州汽车站、常州市交通技师学院、常州人民广播电台、常州市儿童医院、常州市第二人民医院、常州市广景房地产开发有限公司、常州市白蚁防治研究所、常州市直属房产管理处、常州宾馆有限公司、常州外事旅游汽车集团有限公司、常州船用电缆有限责任公司、梅特勒——托利多(常州)称重设备系统有限公司、常州市亨得利钟表眼镜有限公司、常州常化集团公司、常州三毛纺织集团有限公司、常州百货大楼股份有限公司、常州新世纪商城有限公司、常州糖烟酒股份有限公司、常州工业设备安装公司、常州二建建设有限公司、常州天马集团有限公司、常州华利达服装集团有限公司、常州供销储运有限公司、常柴股份有限公司、江苏技术师范学院、常州工学院、戚墅堰机车车辆工艺研究所、中国民航常州奔牛机场、宝钢集团常州冶金机械厂、江苏苏源电力装备有限公司、中国人民解放军第102医院、中国人民解放军73196部队、常州市钟楼区人民武装部、常州市实验初级中学、常州市革命烈士陵园、上海华源股份常州化纤公司、江苏工业学院、常州建筑工程材料供应有限公司、常州弹簧厂有限公司、溧阳市竹箦小学、常州市天宁区人民法院、常州市钟楼区怀德路街道办事处、常州四药制药有限公司、常林股份有限公司、常州市化工轻工材料总公司、常州市房产产权监理处、刘海粟美术馆、常州市外贸储运实业有限公司、常州市劳动就业管理中心、常州市西林实验学校、常州市天宁区市政绿化养护管理处、常州市新北区龙虎塘初级中学、常州市武进区交通建设工程管理处、溧阳市交

通工程建设管理处、金坛市第一中学

苏州市：张家港海事局、江苏沙钢集团有限公司、江苏国泰国际集团有限公司、江苏华尔润集团有限公司、张家港市港城自来水有限公司、张家港市杨舍镇城东街道办事处、张家港市杨舍镇城西街道办事处、张家港市人民检察院、张家港市人民法院、张家港市文化广播电视管理局、张家港市国际购物中心、张家港市建设局、沙洲职业工学院、长江引航中心张家港引航站、张家港市新华书店、张家港海关、张家港市财政局、张家港市馨苑度假村、张家港市卫生局、江苏梦兰集团有限公司、中国人寿保险股份有限公司常熟支公司、江苏省常熟中学、常熟市图书馆、常熟市第五人民医院、波司登股份有限公司、江苏隆力奇集团有限公司、常熟市实验小学、常熟市第二人民医院、常熟市烈士陵园管理处、常熟市行政审批服务中心、常熟市汽车饰件有限公司、国营常熟市虞山林场、常熟海事处、常熟食品药品监督管理局、常熟开关制造有限公司、苏州工业园区华能发电有限责任公司、江苏香塘(集团)有限公司、江苏新雅鹿集团有限公司、苏州泰利电器照明制造有限公司、太仓市沙溪高级中学、耐克(苏州)体育用品有限公司、美固龙金属制品(中国)有限公司、苏州太海汽车轮渡有限公司、太仓市民政局、江苏五洋集团有限公司、太仓利泰纺织厂有限公司、太仓市人民检察院、太仓海事处、太仓市房地产交易中心、昆山市中医医院、昆山市人民检察院、昆山市第一人民医院、昆山宾馆、昆山商厦股份有限公司、昆山海关、昆山市汽车客运公司、昆山市周市镇财政所、昆山市公安局陆家派出所、昆山中学、中国农业银行昆山周庄支行、昆山市玉山镇亭林街道办事处、昆山市总工会、昆山市留学人员创业园管理处、昆山市房产交易管理中心、昆山市震雄电线电缆有限公司、中国农业发展银行昆山市支行、昆山市农村商业银行石浦支行、丰田工业(昆山)有限公司、昆山市建设工程质量检测中心、昆山市国土资源局、吴江丝绸股份有限公司、吴江海关、标准缝纫机菀坪机械有限公司、永鼎集团有限公司、吴江科林集团有限公司、江苏省震泽中学、吴江市图书馆、吴江市实验小学、吴江祥盛纺织染整有限公司、中国东方丝绸市场管理委员会、吴江市地方海事处、吴江市公安局黎里派出所、苏州人民商场股份有限公司、苏州市平江区观前街道办事处、同济酒楼、安利苏州分公司、苏州长发商厦有限责任公司、苏州函数集团有限责任公司苏州美罗商城、苏州民族乐器一厂有限公司、苏州市平江实验学校、苏州市口腔医院、苏州市平江区卫生防疫站、苏州市公安局平江区分局观前派出所、苏州市平江区人民检察院、苏州市平江区人民法院、苏州市第一百货商店有限责任公司、苏州六六视觉科技股份有限公司、平江区“一家人”慈善互相超市、苏州市沧浪区人民法院、苏州市沧浪区人民检察院、苏州市沧浪区实验小学校、苏州市沧浪区双塔街道办事处、苏州市沧浪区环境卫生管理所、苏州市通天府经贸有限公司、苏州市公安局沧浪区分局葑门派出所、苏州仪元科技有限公司、苏州泰华商城有限公司、苏州第一建筑集团有限公司、苏州第二建筑集团有限公司、苏化集团有限公司、苏州燃料有限公司、苏州市市政工程设计院有限责任公司、苏州纺织机械有限公司、苏州市金阊区人民检察院、苏州市金阊区实验小学、苏州市金阊区彩香二村幼儿园、江苏亚细亚国贸集团有限公司苏州亚细亚商厦、苏州市新庄农贸市场、苏州恒星服饰有限公司、苏州市公安局金阊分局虎丘派出所、苏州市金阊区培智学校、苏州恒祥进出口有限公司、苏州高新技术创业服务中心、苏州新港建设集团有限公司、江苏省苏州实验中学、吴县中学、苏州外国语学校、苏州市新区实验小学、苏州安泰变压器有限公司、苏州新创建设发展有限公司、苏州市苏州高新区第一中学、苏州新区自来水建设发展管理公司、苏州市吴中区委党校、苏州海关驻吴县办事处、苏州市吴中区角直镇财政所、江苏省木渎高级中学、苏州市吴中区苏苑实验小学、苏州市公安局吴中分局治安警察大队、江苏吴中集团有限公司、苏州市吴中质量技术监督局、苏州市相城区国家税务局第一税务分局、江苏省黄埭中学、苏州市相城人民医院、江苏江南高纤股份有限公司、苏州上声电子有限公司、苏州市相城区审计局、苏州工业园区海关、中新苏州工业园区开发有限公司、苏州工业园区科技发展有限公司、苏州工业园区一站式服务中心、苏州市公安局苏州工业园区分局、苏州工业园区公积金管理中心、苏州市拙政园管理处、苏州市留园管理处、苏州市自来水公司、苏州市排水管理处、苏州市胥口水利枢纽工程管理处、江苏联通有限公司苏州分公司、江苏省邮政职工教育培训中心、苏州市评弹团、苏州图书馆、苏州博物馆、苏州市第十六中学校、苏州市南环中学校、苏州市第三十三中学校、江苏省苏州职业教育中心校、江苏省新苏师范学校附属小学、苏州市第五人民医院、苏州市卫生监督所、苏州卫生职业技术学院、苏州市公安局交通巡逻警察支队、苏州市公安局110指挥中心、苏州苏嘉杭高速公路有限公司、苏州市公共交通有限公司、苏州市汽车客运集团有限公司、海关总署苏州外事教育培训基地、江苏常熟发电有限公司、上海铁路局苏州站、张家港港务集团有限公司、苏福马股份有限公司、国营五二六厂、江苏省地质矿产局第四地质大队、苏州非金属矿工业设计研究院、苏州市人才服务中心、苏州市环境监测中心站、苏州市路灯管理处、苏州市国库支付中心、苏州市烈士陵园管理处、苏州市产品质量监督检验所、江苏省太湖渔政监督支队三大队、中国农业发展银行苏州市分行、中国工商银行苏州市吴中支行、中国银行股份有限公司苏州市城中支行、交通银行苏州分行吴中支行、江苏东吴农村商业银行股份有限公司木渎支行、中国太平洋财产保险股份有限公司苏州中心支公司、东吴证券有限责任公司客户服务中心、苏州大学出版社、苏州大学材料工程学院、常熟理工学院化学与材料科学系、苏州工艺美术职业技术学院视觉传达系、苏州市消费者协会、武警苏州市消防支队

南通市:江苏大生集团有限公司、南通中远船务工程有限公司、南通港口集团有限公司、海安县国家税务局第一税务分局、南通苏中建设有限公司、南通市华新建筑工程有限公司、海安县地方税务局第三税务分局、江苏省海安高级中学、海安县曲塘中学、南通双弘纺织有限公司、江苏省海安县新华书店、海安县国家税务局第二税务分局、328国道胡集收费站、海安县社会福利院、海安县地方税务局稽查局、鑫缘茧丝绸集团股份有限公司、江苏南天集团股份有限公司、江苏九鼎集团公司、江苏省如皋中学、如皋市人民检察院、江苏省白蒲高级中学、江苏通用钢球滚子有限公司、江苏江中集团公司、如皋市农村信用合作联社、如皋市人民武装部、如皋市卫生局、如东县栟茶中学、江苏省如东高级中学、江苏省如东县新华书店、如东县国家税务局第一税务分局、南通汽运实业集团有限公司如东汽车总站、如东县地方税务局稽查局、如东县马塘小学、江苏中天科技股份有限公司、南通市燎原针织有限公司、如东县广播电视局、江苏综艺集团公司、江苏大富豪啤酒有限公司、江苏省通州高级中学、通州市人民检察院、江苏省西亭高级中学、通州市计划生育委员会、江苏东源电器集团股份有限公司、江苏中联科技集团有

限公司、江苏省通州市新华书店、江苏省平潮高级中学、江苏家宝集团有限公司、江苏省通州经济开发区管理委员会、江苏省海门中学、海门市财政局、海门市海太汽渡有限公司、江苏叠石桥绣品城、江苏申海集团股份有限公司、南通三轮(景新)时装有限公司、海门市建筑工程管理局、江苏省海门市公路管理站、海门市海门殡仪馆、海门市国家税务局第二税务分局、海门市地方税务局第二税务分局、海门市人民检察院、海门市东洲中学、江苏省启东实验小学、启东市建筑安装工程有限公司、江苏林洋电子有限公司、江苏海四达集团有限公司、中国银行股份有限公司启东支行营业部、启东市国家税务局第三税务分局、启东市地方税务局第一税务分局、启东文峰大世界有限公司、启东市公安局交通巡逻警察大队新港中队、336省道启东收费站、南通海关驻启东办事处、启东市汇龙镇花园路农贸市场、江苏省南通师范学校第二附属小学、南通市崇川区钟秀街道办事处、南通市虹桥小学校、南通狼山风景名胜区景区管理处、南通市少儿书店有限公司、南通崇川经济开发区管理委员会、南通华源染织厂、南通市崇川区和平桥街道办事处、南通市百货大楼股份有限公司、江苏三友集团公司、南通富士通微电子股份有限公司、南通市市区公路管理站、南通柴油机股份有限公司、南通市崇川区虹桥街道办事处、南通市港闸区人民法院、江苏省南通港闸经济开发区管理委员会、南通惟越集团有限公司、南通大通电梯有限公司、南通市幸福建筑安装工程公司、南通九圩港大桥车辆通行费征收站、南通市鹤涛小学、南通市经济技术开发区人民检察院、埃梯梯科能(南通)电子工业有限公司、南通阿尔德服装有限公司、南通昇阳毛纺有限公司、南通市天星湖中学、南通江山农药化工股份有限公司、中国外轮理货总公司南通分公司、南通港口集团姚港港务公司、中国农业银行南通分行、南通市房产管理局产权监理处、南通市房地产开发有限公司、南通市公安局车辆管理所、南通市公安局刑事警察支队、南通日报社、南通市土地市场服务中心、南通市环境监测中心站、南通市环境监察支队、南通市濠河风景名胜区管理处、南通市绿化管理处、南通市自来水公司、南通市公共交通总公司、南通汽运实业集团有限公司、江苏省通沙汽车轮渡管理处、南通市通常汽渡公司、南通大学、江苏省如皋师范学校、江苏省南通中学、江苏省南通第一中学、江苏省南通师范学校、南通市第三中学、南通农业职业技术学院、南通航运职业技术学院、南通职业大学、南通市第二中学、南通市社会劳动保险管理处、南通粮油接运有限公司、南通市公证处、南通市第一人民医院、南通市中医院、南通市卫生监督所、南通市疾病预防控制中心、江苏省电信有限公司南通分公司、武警南通市消防支队、南通烟滤咀实验工厂、南通市商业银行、华能国际电力股份有限公司南通分公司、南通市住房公积金管理中心、南通化工轻工股份有限公司、长江航运公安局南通分局、长江引航中心南通引航站、南通电视台、中国南通外轮代理有限公司、中共南通市委党校、南通市路灯管理处、南通市纤维检验所、南通市退休职工公寓、南通市高校招生委员会办公室、南通市锅炉压力容器检验研究所、南通国际经济技术合作公司、江苏省苏通大桥建设指挥部、江苏省海门师范学校、南通市土地复垦开发整理中心

连云港市:江苏省新浦汽车总站、江苏恒瑞医药股份有限公司、江苏康缘药业股份有限公司、连云港中医药高等职业技术学校、江苏省新海高级中学、连云港市解放路小学、连云港市建国路小学、连云港市六一幼儿园、连云港市中医院、连云港药品检验

所、连云港市环境监测中心站、江苏汾灌高速公路有限公司连云港北收费站、连云港市宜尔杉制衣有限公司、连云港市社会福利院、连云港工商行政管理局新浦分局、武警连云港市消防支队、连云港市财政局机关、连云港市自来水公司、中石化江苏连云港石油分公司、江苏省宁连高速公路北段管理处、连云港市临洪中学、连云港市新浦区人民法院、中国煤炭工业进出口集团连云港分公司、中国人民财产保险股份有限公司连云港市海州支公司、连云港市路灯管理处、江苏省金桥盐业有限公司海精盐厂、连云港市钟声幼儿园、连云港市新华书店、连云港燃料集团公司、连云港市大庆路小学、连云港市职业技术教育中心、连云港师范高等专科学校第一附属小学、连云港市海宁中学、连云港市疾病预防控制中心、江苏省金桥盐业有限公司徐圩盐场、连云港市市政工程总公司、连云港市陇海饭店、连云港振兴实业集团有限公司、江苏中金玛泰医药包装有限公司、连云港市大村中心小学、连云港港口集团东联港务分公司、中国人民解放军73201部队59分队、连云港港口集团公司铁路运输公司、连云港港口股份有限公司、中国连云港外轮代理公司、中国石化集团南京化工有限公司连云港碱厂、连云港边防检查站、连云港神州宾馆、铁道部连云港第一疗养院、连云港市力达实业有限公司、连云港市东港中学、江苏省新海高级中学东方分校、江苏核电有限公司、江苏新海发电有限公司、江苏三得利食品有限公司、连云港市海州锦屏中学、江苏德邦化学工业集团有限公司、连云港市第二人民医院、连云港市海州区人民法院、连云港市海州区人民检察院、江苏省海州高级中学、连云港师范高等专科学校第二附属小学、赣榆县卫生局、连云港市商业银行赣榆支行、赣榆县烟草专卖局、中国人民银行赣榆县支行、赣榆县财政局、赣榆县物价局、江苏省赣榆高级中学、赣榆县地方税务局第十一税务分局、江苏省东海县高级中学、中国人民银行东海县支行、东海县公路管理站、东海县人民检察院、东海县地方税务局第二税务分局、连云港市灌云县板浦中学、灌云县人民医院、灌云县公路管理站、中国人寿保险股份有限公司灌云县支公司、灌云县国家税务局第四税务分局、灌云县新华书店、灌云县地方税务局第一税务分局、灌南县财政局、灌南县建设局、灌南县地方税务局第一税务分局、赣榆县人民检察院

淮安市：淮阴卷烟厂、江苏淮钢集团有限公司、江苏华能淮阴发电有限公司、江苏省淮阴中学、周恩来纪念馆、江苏省清江中学、淮阴师范学院第一附属小学、淮安市外国语实验小学、淮安市实验小学、淮安体育运动学校、淮阴工学院、江苏省淮阴商业学校、淮安市市级机关幼儿园、淮阴师范学院附属中学、江苏食品职业技术学院、淮安市公安局交通巡逻警察支队一大队、淮安市公安局交通巡逻警察支队三大队、武警淮安市消防支队、淮安市公安局水上警察支队、京杭运河江苏省交通厅苏北航务管理处、淮安市高速公路建设指挥部、淮安市路政支队、淮安市公路管理处直属公路管理站、江苏捷达交通工程集团有限公司、淮安市公共交通有限公司、江苏省淮阴船闸管理所、江苏省高良涧船闸管理所、淮安市淮江公路板闸收费站、淮安市产品质量监督检验所、淮安市计量测试所、淮安市特种设备安全监督检验中心、淮安市第一人民医院、淮安市第三人民医院、淮安市第四人民医院、淮安市中心血站、淮安市卫生监督所、淮安市疾病预防控制中心、淮安市妇幼保健院、江苏省淮阴卫生学校、淮安市中医院、中国人民银行淮安市中心支行、中国银监淮安监管分局、中国农业发展银行淮安市分行、淮安市商业银

行淮海支行、中国工商银行淮安市分行城南支行、淮安市高良涧水电站、淮安市中里运河管理处、淮安市入江水道管理处、淮安市水利勘测设计研究院有限公司、淮安市水政监察支队、淮安市社会劳动保险基金管理中心、淮安市社会医疗保险基金管理中心、淮安市军队离休退休干部休养所、淮安市路灯管理处、淮安市自来水有限公司、淮安市四季青污水处理厂、淮安市富丽房地产开发公司、淮安市环境监测中心站、淮安市住房公积金管理中心、淮安市热电公司、江苏省金象减速机有限公司、淮安市物价局检查分局、淮安市新华书店、淮安市公安局开发区分局、江苏省瑞达包装有限公司、江苏淮安盐化学工业园有限公司、淮安市公安局清河分局淮海路派出所、淮安市淮海路小学、淮安市清浦中学、淮安市第一中学、淮安市人民小学、江苏淮海盐化厂、淮安市公安局清浦分局闸口派出所、中国农业发展银行淮安市淮阴区支行、淮安市淮阴区公路管理站、江苏省淮州中学、淮安市淮阴区烟草专卖局、淮安市淮阴区财政局、淮安市楚州区财政局、淮安市楚州区烟草专卖局、淮安市楚州食品药品监督管理局、淮安市楚州中学、淮安市楚州区实验小学、金湖县广播电视局、金湖县实验小学、金湖县运输管理所、金湖县石油机械集团公司、江苏省金湖县中学、金湖县物价局、金湖县烟草专卖局、金湖县河湖管理所、江苏宁连路三河大桥收费站、江苏省三河闸管理处、洪泽县中学、洪泽县航道管理站、涟水县郑梁梅高级中学、涟水县公路管理站、涟水县财政局、中国人民银行涟水县支行、涟水县烟草专卖局、涟水县疾病预防控制中心、涟水食品药品监督管理局、江苏省盱眙中学、江苏省盱眙县马坝中学、盱眙县烟草专卖局、中国建设银行股份有限公司盱眙支行、盱眙县鹏胜采矿（集团）有限公司、盱眙县教育局

盐城市：射阳县地方税务局办税服务厅、盐城市亭湖区大洋街道、中国人民财产保险股份有限公司盐城市分公司、盐城市卫生监督所、盐阜宾馆、盐城工学院、盐城市特种行业安全监督所、盐城市计量测试所、盐城商业大厦股份有限公司、中国银行股份有限公司盐城分行、江苏省新洋农场、江苏省淮海农场、江苏省弓京港农场、盐城市环境监察支队、盐城海关、盐城新华书店、盐城市商业银行文峰支行、盐城市白蚁防治所、盐城市新阜公路有限责任公司、盐城市城东污水处理厂、盐城市对外建筑管理处、江苏八菱集团有限公司、中国农业银行盐城市分行、中国人民银行盐城市中心支行、中国网络通信集团公司盐城市分公司、盐城市水利建筑工程处、盐城市幼儿园、江苏省盐城中学、江苏富安茧丝绸股份有限公司、江苏东强股份有限公司、东台市人民医院、江苏省东台中学、东台市实验小学、东台市人事局、东台市自来水公司、东台市物价局、东台宾馆、大丰市高级中学、银都大酒店、大丰市航道管理站、大丰食品药品监督管理局、大丰市广播电视局、大丰市地方税务局第四分局、大丰市实验小学、射阳县财政局、射阳县物价局、射阳县航道管理站、射阳新华书店、射阳食品药品监督管理局、江苏省烟草公司射阳县公司、江苏森达集团有限公司、建湖县实验小学、建湖县财政局、江苏省烟草公司建湖县公司、中国人民银行建湖县支行、阜宁新华书店、江苏省阜宁中学、阜宁县自来水公司、阜宁县航道管理站、阜宁县地方海事处、阜宁县船闸电站河堤管理处、江苏省华宝纺织有限公司、滨海县人民检察院、江苏省滨海中学、滨海食品药品监督管理局、滨海县自来水有限责任公司、滨海宾馆、江苏省响水中学、江苏移动通信有限责任公司响水分公司、中国人民银行响水县支行、响水县新华书店、响水县公路管理站、盐城

市第三人民医院、盐城市第一中学、盐城市盐都区供电公司郭猛供电所、盐城市盐都区地方税务局第一税务分局、盐城市盐都区第二人民医院、盐城市盐都区航道管理站、盐城市盐都区国家税务局第一分局、盐城市亭湖区物价局、江苏伯乐达集团公司、盐城市亭湖区教育局、盐城市解放路实验学校、盐阜大众报报业集团、阜宁师范学校、盐城市商业银行、盐城市人民政府机关幼儿园、东台工商行政管理局、中国银行股份有限公司建湖支行、建湖县农村信用合作联社、盐城市疾病预防控制中心、江苏江淮动力股份有限公司、盐城市殡仪馆、盐城市住房公积金管理中心、盐城师范学校、瀛洲宾馆、中共盐城市委党校、新四军纪念馆、盐城市妇幼保健院、盐城市纤维检验所、盐城市城建监察支队、大丰市新丰中学、盐城市大冈中学、江苏省射阳中学、滨海县公路管理站、响水县物价局、盐城卫生学校

扬州市:扬州市国家税务局国际税务管理处、中国船舶重工集团公司第七二三研究所、江苏省电力公司扬州供电公司、扬州工商行政管理局萃园分局、扬州海关、扬州市进出口玩具检验所、扬州海事局、江苏省烟草公司扬州分公司、扬州市公安局交通巡逻警察支队、扬州市公安局治安警察支队、扬州市城市建设监察支队、扬州市环境监察支队、扬州市环境监测中心站、扬州市建筑工程公司、扬州市市政养护管理处、扬州市宁通公路蒋王收费站、扬州市个园、扬州市何园、扬州新世纪大酒店、江苏扬安机电设备工程有限公司、江苏省扬州汽车运输总公司七十四分公司、扬州汽车站、扬州市光明眼镜有限公司、扬州市富春饮食服务有限公司富春茶社、扬州市商业职工幼儿园、扬州矿务局王庄煤矿、扬州市新华书店、扬州市锅炉压力容器检验研究所、扬州市计量测试技术研究所、扬州市纤维检验所、扬州市卫生局、扬州市第一人民医院、扬州药品检验所、扬州市红十字中心血站、扬州市妇幼保健院、扬州华源有限公司、江苏联环药业集团公司、江苏群发化工有限公司、国药控股江苏有限公司、扬州第二发电有限责任公司、扬州教育学院、江苏省扬州中学、扬州大学附属中学、扬州市梅岭中学、扬州市翠岗中学、扬州市竹西中学、扬州市纺织职业技术学校、江苏省扬州汽车高级技工学校、华东石油局扬州办事处、江苏省工程勘测研究院有限责任公司、华东石油局测井站、江苏省宁通高速公路管理处、华东石油局规划设计院、华东石油技师学院、江苏油田试采一厂、江苏省水利建设工程有限公司、扬州玉器厂、江苏曙光光电有限责任公司、扬州市钢管总厂、扬州市育才小学、扬州市广陵区人民检察院、扬州市公安局广陵分局汶河派出所、扬州仁林科技有限公司、扬州市公安局广陵分局五里庙派出所、扬州市梅岭小学、扬州久扬渔具有限公司、扬州市第三布厂、扬州市鸿大房地产开发有限公司、江苏省施桥船闸管理所、扬州市公安局开发区分局文汇派出所、扬州市邗江区烟草专卖局、扬州市公安局邗江分局、扬州市邗江区实验学校、扬州市邗江区瓜洲中学、扬州市邗江区国家税务局第三税务分局、扬州市邗江工商行政管理局头桥分局、扬州市邗江地方税务局第九税务分局、扬州市邗江区国家税务局第五税务分局、江苏省邗江中学、扬州市邗江区国家税务局第一税务分局、扬州市邗江区国家税务局第四税务分局、扬州市邗江地方税务局第六税务分局、江苏虎豹集团有限公司、扬州锻压机床有限公司、扬州市邗江区蒋王中学、扬州帝一电气有限公司、江苏省江都中学、江苏亚威机床有限公司、江苏宏信商贸股份有限公司、江都市航道管理站、江都市新华书店、江都公路运输总公司、江都市国土资源局、江都市行政服务中心、

江都市地方税务局第三税务分局、江都工商行政管理局邵伯分局、京杭运河江苏省邵伯航道站、江苏省邵伯船闸管理所、江苏省江都水利工程管理处、江都市自来水公司、高邮市地方税务局第一分局、江苏省电力公司高邮市供电公司龙虬供电所、江苏省运东船闸管理所、高邮市国家税务局第三税务分局、高邮市国家税务局第二税务分局、高邮市国家税务局第四税务分局、中国人民财产保险股份有限公司高邮支公司、高邮市地方税务局第八分局、仪征市新华书店、仪征市国家税务局第一分局、仪征市国家税务局第二分局、仪征市地方税务局第六分局、仪征市人民法院、仪征市人民医院、仪征市中学、中国人民银行扬州市中心支行、仪征市国土资源局、仪征市地方税务局第四分局、仪征双环活塞环有限公司、仪征港仪供水有限公司、中国核工业华兴建设公司、宝应县人口和计划生育委员会、宝应县水利局、宝胜集团有限公司、宝应县拾屯煤矿、京杭运河江苏省宝应县航道管理站、宝应县公安消防大队、宝应县国家税务局第一分局、宝应县国家税务局稽查局、宝应县地方税务局第七分局、宝应县地方税务局第一分局、宝应工商行政管理局安宜分局、宝应县职业教育集团、宝应县自来水公司、宝应县汽车运输总公司、翔宇教育集团宝应县中学、宝应县曹甸镇高级中学、宝应县京杭运河管理处、宝应县亚细亚商城、扬州苏源电线电缆有限公司

镇江市：丹阳市司徒镇卫生院、江苏振宇集团公司、江苏飞达工具集团股份有限公司、江苏省丹阳师范附属小学、丹阳市人民医院、江苏省丹阳高级中学、丹阳市实验小学、丹阳市导墅农村信用合作社、江苏丹化集团公司、大亚科技集团有限公司、丹阳市公安局交通巡逻警察大队、江苏省烟草公司丹阳市公司、丹阳市公安局界牌派出所、江苏超力电器有限公司、丹阳市新桥国土资源所、丹阳市丹凤建筑工程实业有限公司、中国人民银行句容市支行、江苏茅山风景区句容市管理委员会、江苏省句容市公路管理处、句容市五里墩收费站、句容市高级中学、句容市后白中学、句容市实验小学、句容市第二中学、句容市新华书店、江苏农林职业技术学院、句容市实验幼儿园、句容市人民医院、句容市华阳镇中心小学、句容工商行政管理局华阳分局、镇江市句容天王立交桥收费站、句容市农村信用联社白兔信用社、江苏华康医药股份有限公司、江苏省华能电气有限公司、扬中市公安局城西派出所、中电电气集团有限公司、江苏省烟草公司扬中市公司、扬中商城、扬中市通达商业总公司、江苏星河集团公司、江苏环太集团公司、大全集团有限公司、扬中市疾病预防控制中心、江苏省扬中职业教育中心、扬中工商行政管理局城区分局、扬中市新坝镇财政所、扬中市大桥管理局、镇江远东电讯电机公司、江苏省大港中学、镇江恒丰酱醋有限责任公司、镇江市丹徒工商行政管理局宝堰分局、中国农业发展银行镇江市丹徒区支行、镇江市丹徒区公路管理处、镇江市丹徒区城市建设投资公司、江苏省烟草公司镇江市丹徒区公司、镇江市丹徒区实验小学、镇江市丹徒区公安局刑事警察大队、镇江市规划局京口分局、镇江市中山路小学、镇江市京口区人民医院、镇江工商行政管理局京口分局象山工商所、镇江市公安局京口分局健康路派出所、镇江市实验小学、镇江市京口区人民检察院、镇江市第九中学、镇江市京口实验小学、镇江市规划局润州分局、镇江市润州区人民检察院、镇江市实验学校、镇江市中华路小学、镇江市公安局润州分局和平路派出所、镇江市润州区广播电视台、镇江市经济开发区人民检察院、镇江市公安局新区分局兴港西路派出所、镇江市大港中心小

学、江苏恒顺集团有限公司、国电谏壁发电厂、华东石油局第六普查勘探大队、上海铁路局镇江站、镇江江奎集团有限公司、江苏有色金属华东地质勘查局八一四队、镇江液压件厂有限责任公司、江苏省电力建设第三工程公司、江苏船山集团有限责任公司、镇江飞亚轴承有限责任公司、镇江大照集团有限公司、镇江市自来水公司、中港第二航务工程局第三工程公司、镇江市建设工程管理处、镇江市城市建设投资公司、镇江市公共交通总公司、镇江市房屋产权监理处、镇江市城建档案馆、镇江百盛商城有限公司、镇江大酒店股份有限公司、镇江市京江饭店有限公司、镇江市长江乳业有限公司、镇江市万方连锁超市有限责任公司、镇江宴春酒楼有限公司、镇江市焦山公园、镇江市环境卫生管理处、镇江市人才服务中心、江苏大学、江苏科技大学、镇江市高等专科学校、江苏省镇江中学、镇江市第一中学、镇江市少年宫、镇江市外国语学校、镇江市实验高级中学、镇江市新华书店、镇江市体育馆、茅山新四军纪念馆、镇江市文化馆、镇江焦山碑刻博物馆、镇江电视台、江苏大学附属医院、镇江市第四人民医院、镇江市疾病预防控制中心、镇江市卫生监督所、镇江市第三人民医院、镇江药品检验所、镇江边防检查站、长江航道局南京航道分局镇江航道处、江苏捷诚车载电子信息工程有限公司、镇江氧气有限责任公司、江苏省镇扬汽车轮渡管理处、江苏省谏壁船闸管理所、江苏交通高级技工学校、中国银行股份有限公司镇江分行机关、中国农业银行镇江市分行机关、中国农业银行镇江市润州支行、中国工商银行镇江市中山支行、镇江市商业银行营业部、镇江市高级技工学校、镇江市劳动就业管理中心、镇江市社会劳动保险基金管理中心、镇江市公证处、江苏镇江中坚汇律师事务所、江苏镇江江成律师事务所、镇江市军用饮食供应站供水站、镇江市社会福利服务中心、镇江市殡葬管理处、镇江市军队离退休干部第一休养所、镇江市粮食中转库、镇江市粮食收储公司、镇江市水政监察支队、镇江宾馆、镇江市碧榆园宾馆、镇江市市级机关中心幼儿园、镇江市公安局经济犯罪侦查支队、武警镇江市支队、中国人民解放军73016部队、中国人民解放军镇江军分区第二干休所、丹阳市物价局

泰州市：春兰（集团）公司、江苏省泰州中学、泰州师范高等专科学校、江苏梅兰化工集团有限公司、中国农业银行泰州市分行、泰州市公安局机关、泰州市市级机关事务管理局机关、泰州苏源集团有限公司、中国人民财产保险股份有限公司泰州市分公司、泰州市产品质量监督检验所、江苏移动通信有限责任公司泰州分公司、泰州职业技术学院、泰州市中心血站、泰州市新华书店、江苏畜牧兽医职业技术学院、泰州市环境监察局、泰州市国土资源局机关、泰州海事处机关、泰州市烟草专卖局（分公司）、泰州市广播电视局（台）、泰州药品检验所、泰州市疾病预防控制中心、泰州市运输管理处、泰州市公路管理处、中国建设银行股份有限公司泰州市分行、泰州市司法局机关、泰州市劳动和社会保障局机关、泰州市物价局机关、中国银行业监督管理委员会泰州监管分局机关、泰州市锅炉压力容器检验研究所、泰州市计量测试技术研究所、江苏省靖江高级中学、江苏光芒集团公司、靖江自来水公司、江苏恒力制动器制造有限公司、江苏裕纶纺织集团有限公司、江苏皓月汽车锁股份有限公司、靖江市航道管理站、靖江市人民医院、靖江市实验学校、靖江市环境监测站、靖江市烟草专卖局（公司）、靖江市物价局、靖江市广播电视局、靖江日报社、姜八江平公路靖江收费站、江苏永益铸管股份有限公司、江苏华燕集团公司、泰兴市襟江小学、江

苏省泰兴中学、泰兴市常周卫生院、泰兴市国家税务局稽查局、泰兴市广播电视台电视中心、泰兴市地方税务局第二税务分局、江苏省黄桥中学、江苏中丹化工集团公司、中共泰兴市委党校、泰兴市凤灵乐器有限公司、泰兴市环境监测站、泰星减速机股份有限公司、泰兴市黄桥职业高级中学、泰兴中海七圩轮渡设施经营有限公司、泰兴欧格登沿江热电有限公司、泰兴职业高级中学、泰兴市广播电视网络传输有限公司、泰兴市烟草专卖局(公司)、姜堰市新华书店、江苏省姜堰中学、姜堰市中医院、姜堰市国家税务局第一税务分局、姜堰市地方税务局第一税务分局、姜堰市第二中学、姜堰市人民商场有限公司、江苏罡阳股份有限公司、姜堰市娄庄卫生院、姜堰市自来水公司、姜堰市实验小学、江苏飞船股份有限公司、姜堰工商行政管理局城区分局、姜堰市航道管理站、兴化工商行政管理局戴南分局、兴化市航道管理站、兴化城南收费站、江苏省兴化中学、兴化市自来水总公司、兴化市烟草专卖局(公司)、兴化市新华书店、中国人民财产保险股份有限公司兴化支公司、兴化市公安局新城派出所、兴化市园林管理处、兴化市昭阳镇财政所、兴化市国土资源局戴南国土资源所、兴化工商行政管理局城南分局、兴化市地方税务局第九税务分局、兴化市国家税务局第一税务分局、泰州市第四人民医院、泰州市第二中学、泰州市城东中心小学、泰州市塘湾镇卫生院、泰州市少年宫、江苏省口岸中学、泰州市公安局高港分局、泰州市刁铺镇中心小学、泰州市三泰船业有限公司、泰州市高港区物价局、高港职业教育中心校、泰州市口岸镇中心小学、华东石油局试采大队、江苏林海动力机械集团公司、泰州市中医院、泰州市人民检察院、兴化市皮肤病性病防治所、姜堰市第四中学、姜堰市公安消防大队、泰州市电光源材料厂、靖江市卫生局、泰兴市交通局

宿迁市:宿迁市宿豫区财政局、江苏省沭阳高级中学、宿迁市烟草专卖局、江苏省刘老涧船闸管理所、宿迁工商行政管理局宿城区分局、江苏禾友化工有限公司、江苏绿陵润发化工有限公司、宿迁锅炉压力容器检验所、宿迁市环境监察支队、中国人民银行泗洪支行、宿迁市公路管理处、泗洪县实验小学、江苏省宿迁船闸管理所、中国人民财产保险股份有限公司泗洪支公司、宿迁市环境监测中心站、宿迁市产品质量监督检验所、泗洪县建设局、宿迁市运输管理处、宿迁市宿豫工商行政管理局、宿迁市宿豫区交通局、中国工商银行宿迁分行宿豫支行、宿迁市实验学校、徐淮公路宿迁收费站、中国农业发展银行宿迁分行、江苏省皂河船闸管理所、宿迁市公安局宿豫分局交通巡逻警察大队、江苏京沪高速公路有限公司沭阳南收费站、宿迁市地方税务局第一分局、江苏省泗洪中学、宿迁市马陵中学、泗阳县新华书店、中国建设银行股份有限公司泗洪支行、江苏省泗阳中学、徐淮公路泗阳收费站、宿迁市公安局宿城分局幸福路派出所、宿迁市宿城区人民检察院、沭阳县新沂河大桥收费站、江苏箭鹿集团公司、沭阳县疾病控制监测中心、沭阳县新华书店、泗洪县国家税务局第二分局、泗洪县青阳中心小学、泗阳县职业高级中学、宿迁市宿豫区环境监测站、泗阳县地方税务局稽查局、江苏省洪泽湖监狱、宿迁市国土资源局、沭阳县财政局、宿迁市宿豫区人民法院、泗洪县农村信用合作联社、沭阳工商行政管理局、宿迁市宿城区第一初级中学、宿迁市市区公路管理站、324省道宿沭公路收费站

省委省级机关工委:江苏省五台山体育中心、江苏省邮政储汇局、江苏省基础地理信息中心、江苏省计量测试技术研究所、江苏省交通厅公路局、江苏省气象台、江苏省

招标中心、江苏省科学技术情报研究所、江苏省疾病预防控制中心、江苏省地质调查研究院、江苏省公安厅指挥中心、国电环境保护研究院、江苏省交通厅航道局、江苏省国家税务局直属分局、江苏省地方税务局直属分局、江苏省邮政信息技术局、江苏省国画院、江苏省美术馆、南京博物院、江苏省人民医院、江苏省中医院、江苏省环境监测中心、江苏省环境科学研究院、江苏省龙潭监狱、江苏省高淳监狱、江苏省省级机关实验幼儿园、江苏省省级机关第一幼儿园、南京新生圩海关、南京海关驻禄口机场办事处、苏州农业职业技术学院、江苏省交通厅运输管理局、江苏省高等学校招生委员会办公室、江苏省高等教育自学考试委员会办公室、江苏省纤维检验所、江苏省技术监督情报所、江苏省国家税务局进出口分局、江苏省国家税务局张家港保税区分局、江苏苏源律师事务所、江苏省教育装备与勤工俭学中心、苏果超市有限公司、江苏省戏剧学校、江苏省农村经济调查局、江苏省城市规划设计研究院、江苏省文化馆、江苏省卫生监督所、长江南京通信管理局、江苏海事局、江苏省物价局检查分局、江苏省产品质量监督检验中心所、江苏省环境监察总队、江苏省公安厅江阴长江公路大桥公安局、江苏致邦律师事务所、江苏省外事翻译中心、江苏省医疗保险基金管理中心、江苏出入境检验检疫局质量管理体系评审中心、《清风苑》杂志社、江苏省交通厅工程质量监督站、江苏省辐射环境监测管理站、江苏苏农农资连锁集团股份有限公司、江苏建筑科学研究院有限公司、江苏省职业介绍中心、江苏省广电总台、江苏省长江公路大桥建设指挥部

省委组织部:中国电子科技集团公司第二十八研究所、江苏省邮电规划设计院有限责任公司、国电自动化研究院、江苏省电信职工培训中心、中国船舶重工集团公司第七二四研究所、江苏省电力建设第一工程公司、江苏省电力设计院、江苏省电信实业集团物业管理有限公司、国家环境保护总局南京环境科学研究所、南京水利科学研究院、江苏省电信器材工业公司、江苏省电信有限公司电信业务支援中心、江苏省电力试验研究院有限公司、江苏华新泛亚光电缆有限公司、南京玻璃纤维研究设计院、中国电子科技集团公司第五十五研究所、江苏省邮电建设工程有限公司、南京地质矿产研究所、中国石化集团南京化学工业有限公司、中国科学院南京土壤研究所、中国科学院南京地理与湖泊研究所、江苏省电信传输局、江苏省送变电公司、江苏省新世纪大酒店、中国科学院南京地质古生物研究所、中国石化集团华东石油局、江苏邮通建设监理有限公司

省国资委:江苏宁沪高速公路股份有限公司、江苏省高速公路经营管理中心、南京金陵饭店集团有限公司、江苏快鹿汽车运输股份有限公司、江苏连徐高速公路股份有限公司、南京中山大厦、江苏省燃料总公司、江苏汇鸿国际集团针棉织品进出口有限公司、江苏省纺织品进出口集团股份有限公司、江苏广靖锡澄高速公路有限责任公司、南通天生港发电有限公司、江苏汾灌高速公路有限公司、南京中心大酒店、江苏东恒集团国际经贸物业管理有限公司、江苏远洋运输有限公司

省委教育工委:南京大学、东南大学、南京理工大学、南京航空航天大学、河海大学、南京农业大学、中国药科大学、南京林业大学、南京邮电大学、南京师范大学、南京工业大学、南京医科大学、江苏教育学院、南京体育学院、江苏警官学院、南京森林公安专科学校、南京交通职业技术学院、江苏经贸职业技术学院、南京铁道职业技术学院、三江学院、正德学院

武警江苏省总队:武警江苏省总队第一

支队、武警江苏省总队宿迁市支队、武警江苏省总队淮安市支队、武警江苏省总队常州市支队、武警江苏省总队扬州市支队、武警江苏省总队无锡市支队

四、江苏省文明社区（99个）

南京市：南京市玄武区锁金村街道锁四社区、南京市玄武区后宰门街道北安门社区、南京市白下区瑞金路街道南航社区、南京市鼓楼区中央门街道工人新村社区、南京市鼓楼区江东街道聚福园社区、南京市建邺区兴隆街道正达社区、南京市秦淮区双塘街道胭脂巷社区、南京市下关区热河南路街道中山北路社区、南京市栖霞区燕子矶街道燕华花园社区、南京市雨花台区宁南街道康盛花园社区、南京市江宁区东山街道章村社区、南京市浦口区沿江街道冯墙社区、南京市六合区山潘街道扬子第四社区

无锡市：无锡市崇安区崇安寺街道东河花园社区、无锡市南长区清名桥街道沁园第一社区、无锡市南长区迎龙桥街道水车湾社区、无锡市北塘区北大街街道南尖社区、无锡市新区长江路街道太湖花园第一社区、江阴市澄江镇文定社区、宜兴市宜城镇新华社区、无锡市滨湖区河埒街道水秀社区、江阴市澄江镇天鹤社区、无锡市锡山区东亭镇庄桥社区

徐州市：徐州市泉山区翟山街道办事处管道社区、徐州市云龙区彭城街道办事处晓光社区、徐州市彭楼区牌楼街道办事处华夏社区、铜山县铜山镇同昌社区、徐州市九里区苏山街道办事处杉杉社区、徐州市经济开发区刘湾社区

常州市：金坛经济开发区华城社区、溧阳市溧城镇北门社区、常州市新北区河海街道天安社区、常州市天宁区局前街道怡康社区、常州市天宁区北环街道润德半岛社区、常州市天宁区新丰街道新丰街社区、常州市钟楼区西新桥三村社区、常州市钟楼区清潭新村第三社区

苏州市：苏州市平江区娄门街道新湘苑社区、苏州市沧浪区胥江街道胥虹社区、苏州市金阊区石路街道彩香一村南社区、苏州市吴中区苏苑街道嘉宝花园社区、苏州市相城区元和街道蠡口社区、苏州新区狮山街道馨泰社区、苏州工业园区新城花园社区、张家港市杨舍镇城西街道万红社区、张家港市锦丰镇滨江社区、常熟市虞山镇方塔管理区清和坊社区、昆山市玉山镇亭林街道里库社区、太仓市城厢镇河东街道县府社区、吴江市松陵镇松陵镇街道二村社区

南通市：南通市崇川区百花苑社区、启东市汇龙镇东洲新村社区、海门市海门镇茅镇社区、通州经济开发区金南社区、南通市中兴街道星湖社区、如皋市如城镇迎春街道孔庙社区、如东县掘港镇三元社区、海安县海安镇新陵街道曙光社区

连云港市：连云港市新浦区新南街道办事处海宁社区、连云港市新浦区新东街道办事处苍梧社区、连云港市连云区墟沟街道办事处东园社区、连云港市连云区连云街道办事处临海社区、连云港市海州区西大岭社区

淮安市：淮安市清河区北京路街道京南社区、淮安市清河区长西街道上海路社区、淮安市清浦区清安街道运河新村社区、淮安市清浦区清安街道富春花园社区

盐城市：盐城市亭湖区城东街道新唐社区、盐城市亭湖区文峰街道朝阳社区、东台市东台镇望海社区、大丰市大中镇建业社区、射阳县合德镇城东社区、建湖县近湖镇先锋社区

扬州市：扬州市广陵区东关街道琼花观社区、扬州市广陵区汶河街道荷花池社区、扬州市维扬区梅岭街道锦旺社区、扬州市邗江区邗上街道兰庄社区、扬州市开发区文汇街道梅苑社区、仪征市真州镇红叶社区、江都市江都镇禹王宫社区、宝应县安宜镇世纪

园社区

镇江市:镇江市京口区四牌楼街道江滨新村第一社区、镇江市润州区和平路街道三茅宫新村社区、镇江市润州区京儿路街道三元巷社区、句容市崇明街道梅花社区、丹阳市云阳镇街道凤凰新村社区、扬中市三茅镇文化新村社区、镇江新区大港街道港中新村社区、镇江市京口区健康路街道桃花山庄社区

泰州市:靖江市城东街道、泰兴市泰兴镇府前社区、姜堰市姜堰镇南街社区、兴化市昭阳镇沧浪社区、泰州市海陵区城南街道沁莲社区、泰州市海陵区城东街道工人新村社区

宿迁市:宿迁市宿城区河滨街道府苑社区、宿迁市宿城区幸福街道矿山社区、沭阳县沭城镇建陵社区、沭阳县沭城镇健康社区

五、省创建文明行业工作先进行业(71个)

江苏省价格系统、江苏省食品药品监督管理系统

南京市:南京市旅游系统、南京市玄武区卫生系统

无锡市:无锡市市政公用事业系统、无锡市房产管理系统、江苏移动通信有限责任公司无锡分公司系统、无锡市民政系统、中国人寿保险股份公司无锡支公司系统、江阴市国土资源系统、江阴市财政局系统、中国建设银行股份有限公司江阴市支公司系统、宜兴市公安系统、宜兴市信用联社系统

徐州市:徐州市贾汪区国土资源系统

常州市:常州市国土资源系统、常州市卫生系统、常州海关系统、交通银行常州分行系统、中国人民财产保险股份有限公司常州市分公司系统、常州市园林管理系统、常州市规划局系统、江苏移动通信有限责任公司常州分公司系统、中国人民银行常州市中心支行系统

苏州市:苏州市吴中工商行政管理系统、苏州市太仓工商行政管理系统、苏州市昆山工商行政管理系统、苏州市相城工商行政管理系统、苏州市相城区文教系统、苏州市公安局相城分局系统、江苏常熟农村商业银行股份有限公司系统、昆山市人口和计划生育委员会系统、江苏昆山农村商业银行股份有限公司系统、太仓市国土资源系统、太仓市公安系统

南通市:江苏移动通信有限责任公司南通分公司系统、如皋市人民法院系统

连云港市:中国人民财产保险股份有限公司连云港市分公司系统、连云港工商行政管理系统、中国工商银行连云港分行系统、连云港市地方海事系统、赣榆县国土资源系统

淮安市:江苏省烟草公司淮安市分公司系统、淮安市园林管理系统

盐城市:盐城市人民检察院系统、盐城市市直卫生系统、盐城市市直教育系统、盐城工商行政管理系统、江苏省烟草公司大丰市公司系统、中国人民银行大丰市支行系统、射阳县城市管理系统、射阳县劳动和社会保障系统、阜宁县国土资源系统、中国农业银行响水县支行系统、盐城市盐都区文广系统、中国人寿保险股份有限公司盐城市盐都支公司系统、中国人民银行射阳县支行系统

镇江市:镇江市价格系统、镇江市公安局指挥中心系统、镇江市市直劳动和社会保障系统、扬中市农村信用合作联社系统、镇江市丹徒区民政系统、镇江市京口区公安系统、镇江市润州区人民法院系统

泰州市:泰兴市国土资源系统、泰兴市财政局系统、兴化市农村信用合作联社系统、中国农业银行兴化市支行系统、泰州市航道管理系统、兴化市交通系统

宿迁市:江苏省烟草公司宿迁分公司系统

江苏省第九届精神文明建设新人新事当选者名单

（省文明委表彰）

殷雪梅（金坛，舍己救人的英雄教师）、李庆堂（沛县，自办农家书院的好村民）、陆明才（扬中，见义勇为的英雄）、苏州市网上家长学校（50 万家长跨时空沟通的桥梁）、李小龙（江都，见义勇为的小英雄）、南京“市民参与工程”（激发市民踊跃参与“创文明城市，迎十运盛会”的新举措）、钱月宝（常熟，关爱弱势群体的“梦兰妈妈”）、裴昌彩（泗洪，殷雪梅式的优秀教师）、南通市公安局刑警支队（特别能战斗的刑警队）、唐真亚（洪泽，感动国人的水上“鸿雁”）、李秀春（阜宁，舍己救人的楷模）、徐士珍（靖江，倾心帮扶贫困学生的爱心使者）、吕顺芳（宜兴，为百名孤儿找到亲人的“寻亲大姐”）、洪培业（灌南，关爱下一代的好主任）、王伟章（涟水，引领群众致富奔小康的好支书）

2005 年度江苏省文化科技卫生“三下乡”先进集体、先进个人、组织奖、特别贡献奖名单

（省委宣传部等 13 个部门联合表彰）

先进集体（64 名）

南京市卫生局、南京市司法局、南京市文化局、南京市科技局、南京市文联、无锡市文化局、无锡市司法局、锡山区委宣传部、苏州市科技局、苏州市卫生局、苏州市司法局、镇江市委宣传部、镇江市体育局、句容市、常州市委宣传部、常州市卫生局、常州市文化局、淮安市文化局、淮安市卫生局、淮安市科协、盐城市农林局、盐城市文化局、滨海县委宣传部、连云港市人口和计生委、连云港市文化局、东海县委宣传部、徐州市民政局、徐州市文化局、徐州市卫生局、宿迁市科协、沭阳县委宣传部、宿豫区委宣传部、南通市文化局、南通市卫生局、南通市科技局农村科技处、泰州市国土局、泰州市新华书店、姜堰市委宣传部、扬州市农机局、扬州市新华书店、扬州医药集团大德生医药连锁店有限公司、共青团宝应县委、中国药科大学团委省演艺集团、省戏剧学校、省电影公司、省人口和计生委宣教处、南京农业大学科技处、省电大燎原广播电视学校、扬州市档案局、省科协科普部、省司法厅法制宣传处、省律师协会秘书处、江苏新华发行集团、江苏少儿出版社、南京军区政治部文工团、南京军区南京总医院博士后科研工作站、省人民医院、东南大学附属中大医院、省农林厅科教处、省作物栽培技术指导站、省广电局宣传管理处、省广电总台少儿频道、《莫愁》杂志社

先进个人（82 名）

徐东礼、福南、吴宏宁、吴永胜、方佩英、蒋蕴洁、王浩、沈建平、郭世芹、朱皓强、朱益群、许庆、许农、施跃生、张秀华、张淑波、解瑞龙、夏善宏、张黎玫、石平洋、彭军、成守宇、孙凤志、刘江船、杨宗峰、赵永强、徐保卫、张振祥、梁晓、乔震、丁梅、马树青、顾绮、钱进、王涤新、高宇彤、周燕霞、丁民、殷仁荣、刘秀芳、李斐、翁巍、马跃勇、冯绍红、姚军、戴路、王世华、朱昌耀、王永林、顾芗、张克明、吕少明、江建宁、张卓玉、尹根红、裴东根、杨益众、方红华、王首华、汤国辉、钟声、童童、郑杭斌、钱旭东、王维新、王达政、吴守海、王修来、羊杏平、赵莉萍、赵红兵、廖鲁平、苏娜、张宗军、王宝海、王德娟、王培海、陈凌云、董文娟、宫琳、姜艳成、左顺荣

组织奖（7 名）

连云港市委宣传部、徐州市委宣传部、泰州市委宣传部、省司法厅、省文化厅、省卫生厅、省人口和计生委

特别贡献奖（3名）

团省委学校部、省科协、省红十字会

2005年度宣传信息工作先进单位、先进个人名单

（省委宣传部表彰）

先进单位（14个）

南京市委宣传部、苏州市委宣传部、常州市委宣传部、泰州市委宣传部、盐城市委宣传部、连云港市委宣传部、扬州市委宣传部、镇江市委宣传部、无锡市委宣传部、南通市委宣传部、省广电总台、东台市委宣传部、张家港市委宣传部、南京市鼓楼区委宣传部

先进个人（20名）

苏州市委宣传部韦国岭、南京市委宣传部刘妙雄、常州市委宣传部陆炜、淮安市委宣传部陈涌、徐州市委宣传部彭浩、省广电总台陈广寿、理论处张潇文、宣教处许剑、网络处郑琰滢、新闻处傅晴、办公室曹辩泷、文艺处陈辉、干部处夏正元、研究室廖炬先、连云港市委宣传部俞文文、泰州市委宣传部姚巍、东台市委宣传部吴仲勤、张家港市委宣传部何俊、南京市鼓楼区委宣传部吴爱玲、南京图书馆方俊

● 文化艺术方面 ●

2004—2005年度国家舞台艺术精品工程

（国家舞台艺术精品工程领导小组表彰）

精品剧目（1个）

舞剧《红河谷》（无锡市歌舞团）

精品提名剧目（1个）

话剧《平头百姓》（南京市话剧团）

优秀剧本奖（1个）

话剧剧本《沦陷》（南京市话剧团）

第五届全国优秀儿童剧展演

（文化部表彰）

优秀剧目一等奖（1个）

儿童滑稽戏《青春跑道》（苏州滑稽剧团）

优秀剧目三等奖（1个）

儿童淮海戏《临时爸爸》（省淮海剧团）

第二十二届中国戏剧梅花奖（3名）

（中国剧协表彰）

王芳（省苏州昆剧院·二度梅）、柯军（省昆剧院）、王晓红（省柳琴剧团）

第九届中国戏剧节

（中国剧协表彰）

优秀剧目入选奖（1个）

淮海戏《豆腐宴》（省淮海剧团）

第十届全国美术作品展览

（文化部、中国美协表彰）

展区组织奖

省文化厅

第十七届全国版画展

（中国美协表彰）

金奖（1幅）

《出海》（罗凡）

铜奖(3 幅)

《园林印象》(凌君武)、《时尚物语》(顾志军)、《米之格》(王帅)

优秀作品奖(1 幅)

《UP RUSH Ⅲ》(张珂)

2005 年全国中国画作品展

(中国美协、温州市人民政府表彰)

优秀作品(4 幅)

《春山仙居图》(邵连)、《山寨人家》(周林平)、《塬上清秋》(周晓东)、《望》(系列组画之四)(贾俊春)

入选作品(11 幅)

《云岭深处》(吉成方)、《孔圣故里图》(毕可燕)、《秋水》(张剑芳)、《阿杰》(沈宁)、《官山影貌》(杭中吉)、《观云卷云舒,看春去秋来》(胡一龙、陈国龙)、《清风祥音》(骆旭放)、《向晚山初晴》(徐华翔)、《南山金秋》(袁祥声)、《九华雨霁》(顾荣元)、《山居岁月图》(梁士军)

2005·中国百家金陵画展(中国画)

(中国美协、省委宣传部、省文化厅、省文联表彰)

金奖(3 幅)

《岁月如梭》(王野翔)、《慵》(卞雅清)、《江南天阔》(孙宽)

入选作品(32 幅)

《一方水土》(丁德邻)、《塔吉克姑娘》(于静芳)、《疏桐栖禽图》(王法)、《花样年华》(王国斌)、《梦回黄山》(尤无曲)、《翠海烟岚》(尹石、郭荣)、《远去的风景》(方国新)、《烟雨秋山图》(包信源)、《荷塘月色图》(叶烂)、《梨园春秋》(刘红沛)、《秋韵图》(朱道平)、《山韵》(张兴来)、《幽香满涧谷》(李伯庆)、《蕉荫》(李啸东)、《九月》(束新水)、《城市美容师》(杨振廷)、《中国龙》(沈启鹏)、《沃土》(周京新)、《湘情系列》(房汉陆)、《藕塘雪霁》(姚新峰)、《梦之舞》(胡宁娜)、《召唤》(贺成)、《客从远方来》(赵文元)、《四明庄园》(赵晓钟)、《留得枯荷听雨声》(徐华华)、《烟林吟秋图》(袁峰)、《望》(贾俊春)、《清风》(高洪啸)、《苍山静穆图》(曹钧)、《静山秋水图》(梁元)、《靓丽年华》(盖茂森)、《秋风初起》(喻慧)、《盛宴》(雷苗)、《巢》(鲍金荣)、《山野灿烂》(潘高鹏)

第七届全国水彩、粉画展

(中国美协表彰)

优秀作品(4 幅)

《欲雪》(钟志明)、粉画《有树的风景》(戴家峰、罗坚)、粉画《留在西部的脚印》(丁薇)、粉画《财富》(姜竹松)

入选作品(8 幅)

《小客人》(卢卫星)、《国戏系列》(张巍峥)、粉画《苏州水》(常义山)、粉画《傲雪三君子》(尚苏阳)、《伏尔泰》(朱敦俭)、《夏荷鹡鸰》(毕鸣仁)、《园林》(郇烈炎)、粉画《古巷夕照》(金纬)

全国第二届中国美协会员中国画精品展

(中国美协表彰)

优秀作品(3 幅)

《山那边》(丁德邻)、《寂静的夏日》(方国新)、《下午茶》(王野翔)

入选作品(17 幅)

《起舞弄清影》(尹石)、《无题》(王

法）、《无题》（庄道静）、《江流婉转绕山乡》（朱葵）、《似玉年华》（朱新龙）、《春山叠翠》（吴江）、《无题》（宋新江）、《秋红》（张迎春）、《梦回湘西》（张建华）、《池上秋深》（李强）、《清风荷韵》（李晓东）、《一江春水》（金家翔）、《蕊珠如火一时开》（俞振林）、《卓玛》（赵文元）、《蒙山高图》（徐文藻）、《阆苑清颜》（顾青蛟）、《唐人诗意图（天门中断楚江开）》（覃志强）

全国文化工作先进集体(6名)

（人事部、文化部表彰）

南京市话剧团、扬州市文物考古队、南通博物苑、江苏省淮海剧团、南京博物院、大丰市图书馆

全国文化系统先进工作者(13名)

（人事部、文化部表彰）

南京书画院副院长孙晓云（女）、苏州市滑稽剧团名誉团长顾芗（女）、南京文物公司总经理陈卫民、苏州市文化局局长高福民、无锡市文化馆馆长许益民、金坛市文化局局长李留清、镇江市文化局局长姚元龙、镇江市润州区蒋乔镇文化站站长刘朝宽、扬州市宝应县文体局局长刘洁（女）、连云港市歌舞剧院院长刘文中、通州市文化馆研究部主任顾学军、靖江市文化局主任科员金正明、宿迁市宿豫区文化馆副馆长于洪南、江苏省演艺集团有限公司一级演员孔爱萍（女）

全国文化工作先进县(3名)

（文化部表彰）

沛县、泰兴市、南京市雨花台区

全国文物工作先进县(1名)

（文化部、国家文物局表彰）

宜兴市

全国服务农民服务基层文化工作先进集体

（中宣部、文化部表彰）

全国基层文化市场管理先进集体(3名)

仪征市文化体育局、全国先进文化馆、海安县文化馆

全国先进民营文艺表演团体(3名)

扬州市汪琴艺术团、全国先进农民文化户、徐州市贾汪区青山泉镇马庄村孟庆喜家庭

第四届全国“四进社区”文艺展演

（中央文明办、文化部表彰）

金奖(2名)

人偶戏《生旦净丑》（扬州市木偶剧团）、音乐《夕歌朝唱》（扬州市东关小学）

铜奖(2名)

戏剧小品《赖学》（江阴市文化局、江阴市要塞实验小学）、戏剧小品《小区小品》（徐州市文化馆）

组织奖(2名)

扬州市木偶剧团、扬州市东关小学

全国扫黄打非办案有功集体

（全国扫黄办表彰）

省文化厅市场办

2005年度文物保护科学和技术创新奖

（国家文物局表彰）

二等奖（1名）

“吴越青铜技术研究”（南京博物院与上海博物馆合作）

2005年度“全国十大考古新发现”（1处）

（国家文物局表彰）

句容、金坛周代土墩墓群

全国文物科技创新成果奖

（国家文物局表彰）

二等奖（2个）

“苏南建筑遗产评估体系”（苏州市文管委、东南大学）、

“吴越青铜技术研究”（南京博物院、上海博物馆）

2005年中国6项考古新发现（1处）

（中国社会科学院评选）

宁常、镇溧高速公路考古

2005年全国公共文化服务体系建设征文

（文化部社图司、中国文化报社表彰）

一等奖（2篇）

《构建农村文化服务体系是建设和谐社会的重要内容》（王慧芬）、《公民文化权利：关乎政府的文化责任》（嵇亚林）

全国公共文化发展论坛

（文化部社图司、中国文化报社表彰）

一等奖（1篇）

《发展农村文化构建社会主义新农村》（徐循华）

第二批全国文化先进社区（5个）

（中宣部、文化部）

无锡市北塘区北大街街道南尖社区、苏州市沧浪区胥江街道胥虹社区、扬州市经济开发区文汇街道梅苑社区、泰州靖江市靖城镇城东街道办事处、镇江市京口区四牌楼街道江滨新村第一社区

全国社区文化优秀辅导员（3名）

（中宣部、文化部）

钟萍（南京市白下区文化馆）、崔世莹（海安县文化馆）、郭翠红（淮安市文化馆）

全国第三次图书馆评估定级

（文化部表彰）

一级图书馆（47个）

苏州图书馆、镇江市图书馆、常州市图书馆、无锡市图书馆、徐州市图书馆、连云港市图书馆、盐城市图书馆、扬州市图书馆、扬州市少年儿童图书馆、连云港市少年儿童图书馆、张家港市图书馆、常熟市图书馆、南京

市鼓楼区图书馆、太仓市图博中心、丹阳市图书馆、南京市江宁区图书馆、吴江市图书馆、泰兴市图书馆、江阴市图书馆、仪征市图书馆、南京市建邺区图书馆、昆山市图书馆、南京市秦淮区图书馆、南京市浦口区图书馆、扬中市图书馆、南京市六合区第二图书馆、海门市图书馆、苏州市吴中区图书馆、江都市图书馆、启东市图书馆、通州市图书馆、南京市白下区图书馆、溧水县图书馆、高淳县图书馆、如皋市图书馆、宜兴市图书馆、姜堰市图书馆、靖江市图书馆、金坛市图书馆、大丰市图书馆、沛县图书馆、东海县图书馆、海安县图书馆、东台市图书馆、常州市武进区图书馆、溧水县儿童图书馆、南京市玄武区少年儿童图书馆

二级图书馆(18个)

泰州市图书馆、淮安市图书馆、南通市图书馆、扬州市邗江区图书馆、南京市雨花台区图书馆、如东县图书馆、南京市六合区第一图书馆、高邮市图书馆、兴化市图书馆、邳州市图书馆、淮安市楚州区图书馆、新沂市图书馆、射阳县图书馆、溧阳市图书馆、建湖县图书馆、无锡市锡山区图书馆、无锡市北塘区图书馆、泗阳县图书馆

三级图书馆(17个)

南通市少年儿童图书馆、赣榆县图书馆、盐城市盐都区图书馆、淮安市淮阴区图书馆、阜宁县图书馆、无锡市惠山区图书馆、宿迁市宿城区图书馆、无锡市滨湖区图书馆、无锡市崇安区图书馆、响水县图书馆、无锡市南长区图书馆、灌云县图书馆、滨海县图书馆、连云港市连云区图书馆、泗洪县图书馆、沭阳县图书馆、涟水县图书馆

全国维护妇女儿童权益贡献奖

(全国维护妇女儿童权益协调组表彰)

先进集体(1名)

省文化厅社文处

先进个人(1名)

谷峰(省文化厅)

"全国德育科研先进工作者"(1名)

(中央教育科学研究所表彰)

方标军(省戏剧学校)

2004—2005年度江苏省舞台艺术精品工程

(省舞台艺术精品工程领导小组表彰)

精品剧目(5个)

淮剧《太阳花》(江苏省淮剧团)、锡剧《珍珠塔》(省锡剧团)、越剧《柳毅传书》(南京市越剧团)、滑稽戏《阿拉美丽苑》(常州市滑稽剧团)、滑稽戏《青春跑道》(苏州市滑稽剧团)

精品提名剧目(4个)

昆剧《牡丹亭(上、下本)》(省昆剧院)、淮海戏《豆腐宴》(省淮海剧团)、民族交响乐《和平颂》(南京市民乐团)、锡剧《青蛇》(无锡市锡剧院)、京剧《闪闪的红星》(省长荣京剧院)

第三届江苏省戏剧文学奖

(文化厅表彰)

一等奖:空缺

有1个剧目获二等奖、3个剧目获三等奖,6个剧目获提名奖。

江苏省第四届少儿艺术节

（省文化厅、教育厅表彰）

音乐类一等奖(8名)

合唱《一本书》(镇江市索普实验学校)、打击乐《龙腾》(苏州市高新区镇湖中心小学)、合唱《绿色光》(常州市清凉小学)、双二重唱《摇摇歌儿唱不老》(无锡市少年宫、无锡市文化馆)、女声小合唱《大地的衣裳》(南京市九中合唱团)、器乐演奏《快乐的小乐手》(徐州市文化馆、徐州市泉山区文教体局)、独唱《采云朵》(无锡市文化馆)、二胡齐奏《阳光灿烂》(东台市文化局、东台市文化馆)

舞蹈类一等奖(8名)

《黑白键》(扬州市艺蕾小学)、《小小摄影家》(常州市武进区湖塘桥中心小学)、《弈趣》(靖江外国语学校)、《荷乡鼓韵》(淮安市金湖娃艺术团)、《墨扇》(南京市鼓楼区文化馆、少年现代舞蹈团)、《合伞》(张家港市乐余镇少儿艺术团)、《小狗汪汪》(南京军区联勤部小红星艺术团、南京市白下区文化馆)、《金壳儿银宝宝》(溧阳市城北幼儿园)

戏剧、曲艺类一等奖(6名)

小品《赖学》(江阴市要塞实验小学)、儿童剧《猜月亮》(丹阳市文化馆少儿艺术团)、音乐小品《小小逃兵》(扬州市开发区花园小学)、琴书《山里娃》(徐州市文化馆)、小品《生日》(南京市雨花台区文化馆)、杂技《柔术敦煌》(建湖县文化馆冠华少儿、杂技艺术团)

广场方阵类一等奖(1名)

鼓乐与舞蹈《未来之光》(江阴市虹桥小学、镇江实验小学)

美术类儿童组金奖(5名)

《金花三姐妹》(李宁馨,南京市)、《我演小白兔》(刘海鹏,镇江市)、《山居图》(潘翔宇,苏州市)、《我和妈妈》(徐佳音,无锡市)、《会飞的龙》(葛经纬,连云港市)

美术类少年组金奖(5名)

《动物家园》(贾庆镇,南京市)、《家乡的菜市场》(姚莹,镇江市)、《古代建筑》(戚芳蓉,苏州市)、《万事如意》(曹媛,淮安市)、《休渔》(王卫,连云港市)

书法类儿童组金奖(4名)

唐诗(李雪,南京市)、隶书对联(丁钺,南京市)、楷书·振兴中华(徐尔希,苏州市)、王安石诗一首(陈诗寒,常州市)

书法类少年组金奖(5名)

王勃诗李(梦媛,南京市)、书法(吴书春子,镇江市)、赵师秀诗(汪浅,常州市)、篆书(丁立,常州市)、隶书(张蕾,常州市)

“红读”网页、动漫设计展示活动艺术节奖(26名)

（省文化厅、教育厅表彰）

我的未来不是梦(动漫制作,南京市54中学翟见文)、鸟儿的眼泪(动漫制作,南京市五十四中学曹峰)、绿色家园(网页设计,镇江市实验学校胡浩)、放飞希望(动漫制作,镇江市实验学校林步超)、生命之源(动漫制作,扬州市四季园小学钟昊文)、诗风雅韵(网页设计,江都中学朱海舟)、爱清洁讲卫生(动漫制作,邗江职业中专王寅)、文林漫步(网页设计,泰州市第二中学翟秋临)、童话(电脑绘画,泰州市海光中心小学曹一鸣)、家乡(动漫制作,南通中学任杰)、化蝶(动漫制作,南通中学施思)、我给地球洗个澡(动漫制作,昆山市宝带实验小学王绪雅)、铅笔的革命(动漫制作,吴江市八都中心小学卢超轶)、地球呢(动漫制作,张家港市第三中学校柳金娥、包晓悦)、别说我小(动漫制作,无锡市育红实验小学顾焓玥)、中国少年(动漫制作,无锡市育红实验小学吴玄祎)、梦开始的地方(动漫制作,常州市北港中学丁乐恒)、让我们看桥去(网页设计,常州市新桥中心小学万凌霄)、天天环保(网页设计,常州市实验初级中学顾天竹)、德育天地(网页设计,沛县歌风小学崔展源)、小英雄雨来(文稿演示,新沂市城西小学刘大川)、小小魔法师(动漫制作,淮阴师院第一附属小学程逸然)、走进大森林(网页设计,淮阴师院第一附属小学付尔东)、长征魂(动漫制作,盐城中学陶鑫)、爱我中华,勿忘国耻(动漫制作,盐城中学单威)、保护生态环境,共建美好家园(网页设计,连云港市新海实验中学赵国翔)、只有一个地球(网页设计,连云港市新海实验中学王则夫)

优秀组织奖(5 名)

南京市文化局、教育局;扬州市文化局、教育局;常州市文化局、教育局;无锡市文化局、教育局;苏州市文广局、教育局;淮安市文化局、教育局

第五届江苏省淮剧艺术节

(文化厅表彰)

优秀剧目一等奖(5 个)

《一江春水向东流》(江苏省淮剧团)、《信访局长》(泰州市淮剧团)、《剃头匠与理发师》(建湖县淮剧团)、《吴承恩》(淮安市淮剧团)、《秋天的思念》(盐城市淮剧团)

优秀小戏一等奖(1 个)

《红绸舞起来》(宝应县淮剧团)

另有 6 个剧目获优秀剧目二等奖,2 个剧目获优秀小戏二等奖

优秀编剧奖(4 名)

陈明、邓小秋(盐城市淮剧团《秋天的思念》编剧)、卞怀远、袁连成(江苏省淮剧团《一江春水向东流》编剧)、胡永忠(淮安市淮剧团《吴承恩》编剧)、赵海龙、杜学连(建湖县淮剧团《剃头匠与理发师》编剧)

另有 1 名获编剧奖

优秀导演奖(5 名)

王咸俊(江苏省淮剧团《一江春水向东流》导演)、王友理(淮安市淮剧团《吴承恩》导演)、俞克平(兴化市淮剧团《沈正彬》导演)、蒋宏贵(盐城市淮剧团《秋天的思念》导演)、王友理(建湖县淮剧团《剃头匠与理发师》导演)

另有 4 名获导演奖

优秀作曲(音乐设计)奖(2 名)

张维俊(江苏省淮剧团《一江春水向东流》作曲)、赵震方(淮安市淮剧团《吴承恩》作曲)

另有 4 名获作曲(音乐设计)奖

优秀配器奖(2 名)

宋吉华、顾飞(江苏省淮剧团《一江春水向东流》配器)、戈弘(兴化市淮剧团《沈正彬》配器)

优秀伴奏奖(5 名)

江苏省淮剧团乐队(江苏省淮剧团《一江春水向东流》伴奏)、泰州市淮剧团乐队(泰州市淮剧团《信访局长》伴奏)、宝应县淮剧团乐队(宝应县淮剧团《水乡组曲》伴奏)、盐城市淮剧团乐队(盐城市淮剧团《秋天的思念》伴奏)、射阳县淮剧团乐队(射阳县淮剧团《海妈妈》伴奏)

另有 6 名获伴奏奖

优秀伴唱奖(4 名)

施蕾(江苏省淮剧团《一江春水向东流》伴唱)、陈澄(泰州市淮剧团《信访局长》伴唱)、谢正亚(盐城市淮剧团《秋天的思念》伴唱)、王恩华(射阳县淮剧团《海妈妈》伴唱)

优秀舞美设计奖(2 名)

姚骏、陈志虎、蒋富生(江苏省淮剧团《一江春水向东流》舞美设计)、姚骏(淮安

市淮剧团《吴承恩》舞美设计)

另有6名获舞美设计奖

优秀灯光设计奖(3名)

季卫兵、王坚、程春(江苏省淮剧团《一江春水向东流》灯光设计)、陈来庚、刘书国、高军、王会中(淮安市淮剧团《吴承恩》灯光设计)、陈明、王强(盐城市淮剧团《秋天的思念》灯光设计)

另有4名获灯光设计奖

优秀服装、造型设计奖(4名)

徐霞英、陈红玲(江苏省淮剧团《一江春水向东流》服装、造型设计)、徐霞英(滨海县淮剧团《芦花湾》造型、服装设计)、徐霞英、陈华珍(淮安市淮剧团《吴承恩》服装、造型设计)、徐霞英、卞海鸥(盐城市淮剧团《秋天的思念》服装、造型设计)

另有5名获服装、造型设计奖

道具设计奖(2名)

周良成、林成华(射阳县淮剧团《海妈妈》道具设计)、周德安(江苏省淮剧团《八珍汤》道具设计)

优秀表演奖(24名)

陈明矿(江苏省淮剧团《一江春水向东流》中饰张忠良)、陈澄(江苏省淮剧团《一江春水向东流》中饰素芬)、陈芳(江苏省淮剧团《一江春水向东流》中饰王丽珍)、韦锡锋(泰州市淮剧团《信访局长》中饰张局长)、郭乃萍(泰州市淮剧团《信访局长》中饰张妻)、戴建民(建湖县淮剧团《剃头匠与理发师》中饰马老五)、李志芬(建湖县淮剧团《剃头匠与理发师》中饰肖美凤)、曹阳(滨海县淮剧团《芦花湾》中饰吴桐)、蔡娟(滨海县淮剧团《芦花湾》中饰金凤)、倪家凤(宝应县淮剧团《红绸舞起来》中饰大兰)、刘建强(宝应县淮剧团《红绸舞起来》中饰大憨)、刘泽旺(兴化市淮剧团《沈正彬》中饰沈正彬)、汤红英(兴化市淮剧团《沈正彬》中饰赵阿凤)、呼来且(淮安市淮剧团《吴承恩》中饰吴承恩)、李春栋(淮安市淮剧团《吴承恩》中饰吴承恩)、陈丽娜(淮安市淮剧团《吴承恩》中饰叶雨莲)、戴亚海(阜宁县淮剧团《好人马大哥》中饰马如松)、张美华(阜宁县淮剧团《好人马大哥》中饰李大菊)、徐红珠(盐城市淮剧团《秋天的思念》中饰汤稚鸣)、王书龙(盐城市淮剧团《秋天的思念》中饰老陆)、程红(盐城市淮剧团《秋天的思念》中饰黄毛)、李栋林(射阳县淮剧团《海妈妈》中饰海妈妈)、王萍(江苏省淮剧团《八珍汤》中饰孙淑林)、季红梅(涟水县淮剧团《有一朵兰花》中饰刘胡兰)

另有55人获表演奖。

组织奖(2名)

盐城市文化局、建湖县文化局

特别纪念奖

上海淮剧团

2005年江苏文化理论创新工程

(文化厅表彰)

一等奖(5篇)

《论文物资源的矛盾性与同一性》(束有春)、《论图书馆文化休闲功能的发挥》(王京山、王锦贵)、《试论文化建设与城市化》(卞怀远)、《公民文化权利与公共文化服务》(嵇亚林)、《关于加强文化市场宏观调控的思考》(周文全)

另有12篇论文获二等奖、20篇论文获三等奖,5个单位获组织奖。

2005年廉政文化建设研讨征文

(文化厅表彰)

一等奖(2篇)

《廉政文化与文化部门》(徐州市文化

局单运民)、《承接优秀传统道德,促进现代廉政文化》(苏州市图书馆沈秋燕)

另有4篇论文获二等奖、9篇论文获三等奖。

● 新闻媒体方面 ●

第十六届中国新闻奖(江苏)获奖作品目录

(中华全国新闻工作者协会表彰)

一等奖(2种)

评论:警惕"专家观点"成为"利益俘虏"(新华日报李扬)、电视直播:连战大陆行直播特别报道(江苏电视台参与拍摄)

二等奖(3种)

消息:台账压垮"小巷总理"(苏州日报陈秀雅,编辑常新、俞愉)、摄影:"并蒂莲"(新华日报肖勇,编辑周跃敏)、电视消息:奥运冠军孙福明爆出假摔丑闻(南京电视台常征、沈奇哥,编辑唐宁、徐伟)

三等奖(3种)

通讯:相见恨晚(新华日报姚大鋆、顾雷鸣)、广播评论:自主创新,刻不容缓(江苏广播电视总台纪斌斌、王一茗,编辑司浩)、网络评论:"免费"为"反恐"卢总经理在忽悠谁?(新华报业网徐琛,编辑陶达)

第七届长江、韬奋奖获得者(1名)

(中华全国新闻工作者协会表彰)

朱铭佐

(全国共10名)

荣获"全国优秀新闻工作者"称号(3名)

(中宣部、中国记协表彰)

高坡(苏州日报社)、高顺青(江苏广播电视总台新闻中心)、孙巡(新华日报社)

2005年度国家广电科技创新奖获奖名录

(国家广电总局表彰)

一等奖(2名)

卫星数字广播电视地球站抗干扰系统(江苏省广播电视总台)、十运会IBC赛事资料共享系统(江苏省广播电视总台、北京新奥特硅谷视频技术有限公司)

二等奖(1名)

江苏省广播电视光缆干线网维护体系(江苏省广播电视网络中心)

三等奖(7名)

IP网络承载宽带视频流业务的研究与应用(南京广播电视集团、南京广电网络有限责任公司)、综合业务运营支撑平台的设计和建设(南京广播电视集团、南京广电网络有限责任公司)、基于非接触IC卡和数据库技术的电视台制作设备IC卡管理系统(江苏省广播电视总台)、南京广播电视台数字近线媒体节目库(南京广播电视台)、WX—A64音频信号监示仪(江苏省广播电视总台)、无锡广电局域网安全体系建设(无锡广播电视局技术中心)、网络前端安全播出值班系统(南京广电集团南京广电网络有限公司)

广电媒体新闻宣传类作品(节目、栏目)在全国性评奖中获奖名单

一、获一等奖项目(8 项)

《谁都可以说江南》(总台姚加炎等,中国广播影视大赛2004年度广播电视节目奖优秀综艺节目)、《小平你好》(总台、南影厂,中国广播影视政府大奖电影华表奖优秀纪录片奖)、《1860新闻眼》(电视新闻部,入选中国电视艺术家协会主持评选的“中国电视十大名栏目”)、《1860新闻眼》徐浩然(电视新闻部,入选中国电视艺术家协会主持评选的“中国电视十大名主持”)、对台评论《台湾经济命系大陆》(新闻综合频率黄旭曦、李绪元,第十八届对台港澳广播优秀节目一等奖)、《迷情追击——探案俱乐部》(卫视频道,中国广播电视协会“全国十佳法制栏目”奖)、江苏选手吴文璟(影视频道,央视“2005梦想中国”最高奖——金蝶奖)、纪录片《梅兰芳》(专题片部,2004—2005年中国电视纪录片最佳编导奖)

二、获二等奖项目(9 项)

《金秋见证——江苏省管领导干部公推公选演讲答辩现场直播》(新闻中心,全国记协表彰的第十五届中国新闻奖电视直播二等奖)、对台评论《台湾经济命系大陆》(新闻综合频率黄旭曦、李绪元,中国广播学会表彰的对台港澳广播优秀节目二等奖)、《孙中山在南洋·台胞痛斥台湾当局“数典忘祖”》(金陵之声吕云帆、黎萱,第十八届对台港澳广播优秀节目二等奖)、专题节目《南下不如西进》(金陵之声孙杰、陈永泽、董平、侯一华,第十八届对台港澳广播优秀节目二等奖)、《省铁路办主任的人生岔轨(上中下)》(卫视频道《廉政时空》,中广协会十一届中国法制节目二等奖)、《春满华东——2005华东六省一市春节特别节目》(卫视频道张石玲、徐铮、金卫东,中视协电视学术委员会电视学术二等奖)、《1405——郑和下西洋》(总台专题片部,2004—2005年中国电视纪录片十佳作品奖)、《“歌仙”陈歌辛》(2004—2005年中国电视纪录片十佳长片奖)、纪录片《梅兰芳》(专题片部,2004—2005年中国电视纪录片十佳作品系列片奖)

三、获三等奖项目(8 项)

《浪漫之都——尽显江苏风流》(电视新闻部刘承武、姜智庆,文化部“中国文化年”专题三等奖)、《塞纳河畔感受江苏风情》(新闻综合频率郭莉莉,文化部“中国文化年”专题三等奖)、《女大学生宿舍的钟点工》(江苏卫视徐铮,中央电视台第五届CCTV小品大赛非职业组三等奖)、专题节目《台商沈庆京梦圆扬州》(新闻频率吕云帆、孙杰、周晓燕,第十八届对台港澳广播优秀节目三等奖)、江南栏目《“歌仙”陈歌辛》(“2005中国纪录片国际选片会暨2005'云南红杯中国十大纪录片”入围纪录片奖)、江南栏目专题片《水绘园》(“2005中国纪录片国际选片会暨2005'云南红杯中国十大纪录片”入围纪录片奖)、纪录片《梅兰芳》(专题片部,“2005中国纪录片国际选片会暨2005'云南红杯中国十大纪录片”入围纪录片奖)、《血捍长空》(总台公共频道,2004—2005年中国电视纪录片十佳作品系列片奖)

第七届江苏报道奖获奖篇目

(省委宣传部表彰)

一等奖(6 篇)

《“两个率先”竞一流》(《人民日报》采访组)、《苏州工业园区十年“寒窗”》(新华社)、《南京拆迁新政保障群众利益》(新华社)、

《江苏谋划新的发展思路》(《光明日报》)、《风起"桑套杨"》(《农民日报》)、《无锡市善待外来务工人员的调查》(《工人日报》)

另有12篇作品获二等奖、18篇作品获三等奖。

2005年度江苏报纸优秀作品一等奖篇目

(省新闻工作者协会表彰)

一、消息(17篇)

动物起源时间被推迟两千多万年(解悦、王海峰,载2月25日《南京日报》)、13岁女孩撑起一个家(顾和平,载3月21日《泰州晚报》)、三峡移民四年融入盐城社会(周爱群、杨树立,载3月30日《盐阜大众报》)、盐城不再要求基层干部为"形象工程"带头捐款(张艾、杨树立,载4月22日《新华日报》)、1000万!巨资买断"超级稻"(贺晓亮、薛兵,载7月9日《扬子晚报》)、无底船秦淮河上假清淤(李定强,载7月14日《扬子晚报》)、泗洪在全国率先直选乡镇党委班子(朱子斌、潘新民,载7月18日《宿迁日报》)、知识产权"大户"背后的贫富悬殊(陈宗安、苏卫东,载8月23日《无锡日报》)、当年引技术如今"卖"技术(徐晔敏,载9月30日《扬州日报》)、常州创出"节约建设"新模式(陈建共、李昕、陈欢,载10月2日《常州日报》)、今晨"苏州龙"遨游太空(高戬、高岩,载10月12日《姑苏晚报》)、6户居民依法维权打破行业惯例(刘秀玲,载10月19日《徐州日报》)、淮阴:寄宿学校成为3万"留守孩子"温馨之家(严志成、毛宗俊,载1月12日《淮安日报》)、台账压垮"小巷总理"(陈秀雅,载11月14日《苏州日报》)、"农民创造"催生亿元大企业(蔡小俊、严峰、鲍金才,载12月16日《镇江日报》)、"低分高能"照样拿奖学金(徐翎,载12月20日《南京师范大学报》)、东让农民看得起病少生病(顾新元、丁邦华、周建江、杨新明,载12月24日《南通日报》)

二、通讯(17篇)

1.8亿!商用地收回做绿地(陆艳,载2月26日《扬子晚报》)、千灯农民为啥欢迎集中居住(苏菁,载3月19日《苏州日报》)、她把生的希望留给孩子们(周洁、凌维祺,载4月2日《常州晚报》)、"相见恨晚"(姚大鋆、顾雷鸣,载4月27日《新华日报》)、千年跨越(袁文生、徐晔敏,载5月1日《扬州日报》)、万船空"呼"声声急(朱本锐、蒋守伟,钮春来,载5月12日《宿迁日报》)、人性执法让"老赖"送妻子最后一程(李侠、朱道海、帅勇,载6月10日《南京日报》)、8亿元为万余住户降温5摄氏度(许建军、杭春燕、孙巡,载6月27日《新华日报》)、环保:呼唤更多绿色(郑建文、汤晓峰,载7月15日《南通日报》)、只缘百姓在心中(赵云、尤陟、毛宗俊,载8月25日《淮安日报》)、激情作笔写人生(徐勤飞、顾红,载9月2日《连云港日报》)、看南京如何成功经营两座长江大桥(周正荣、俞巧云、孙巡,载10月9日《新华日报》)、出舱一刻,英雄母亲喜极而泣(王晔、晓青,载10月17日《扬子晚报》)、种桃大王生意经里的"三农"(司马珂,载10月27日《镇江日报》)、一分钟的开工典礼(姜圣瑜、黄旭初,载11月28日《新华日报》)、哈尔滨:理智应对考验(刘川、许滨,载11月29日《无锡日报》)、换个位置听民声(常国梁、郜继宣,载12月7日《泰州日报》)、政府"0"奖金 > 100万!(杨树立、侯爱平,载12月23日《东台日报》)

三、言论(3篇)

建我"和谐苏州"(刘文洪,载3月16日《苏州日报》)、学为人师,行为世范(姚庚

荣,载4月12日《常州日报》)、警惕“专家观点”成为“利益俘虏”(李扬,载7月3日《新华日报》)

四、系列报道(6组)

勇救学生献身的英雄女教师殷雪梅(肖蔚、周晓青、薛松云等,载4月《扬子晚报》)、京沪高速淮安段“3.29”特大氯气泄漏事件追踪报道(集体创作,载3月30日—4月3日《淮海晚报》)、“蓝领精英”邓建军先进事迹系列报道(陈建共、谢雪梅、孙宏法、马浩剑、姜玉涛,载4月《常州日报》)、新移民城市浪潮下的苏州反思(王晓宏、张俊启、吴晓红、杨帆、吴秋华,载8月25—30日《苏州日报》)、十运启示录(文体部等集体创作,载10月26日—11月2日《新华日报》)、一个人感动一座城市(袁文生、嵇长青、丁云、胡敏等,载11月19日—30日《扬州日报》)

五、读者来信(1篇)

一主治医师被“安排”去扫地(俞月花、刘孝浦、郑幼明,载3月18日《扬子晚报》)

六、专栏(1个)

根生时评(《南京日报》刘根生编)

另有39篇消息、43通讯、7篇言论、13篇系列报道、3篇读者来信、3个专栏为二等奖;54篇消息、61篇通讯、11篇言论、15组系列报道、4篇读者来信、5个专栏为三等奖。

《泰州日报》采访报道组集体创作的《连心桥上的贴心人——记全国“人民满意的公务员”、泰州市信访局局长张云泉》(载3月19日《泰州日报》)获特别鼓励奖

2005年度江苏省报纸新闻摄影作品一等奖篇目(3幅)

(省新闻工作者协会表彰)

历史性访问的首站行程(组照,于先云,载《新华日报》)、排队买药(程纲,载《淮安日报》)、赛场“并蒂莲”(肖勇,载《新华日报》)

另有6幅为二等奖,9幅为三等奖。

2005年江苏省新闻漫画获奖目录(11幅)

(省新闻工作者协会表彰)

现身说法(王成喜,载《扬子晚报》)、邂逅囹圄——你忘了咱们是一块评上名优的?(张滨,载《扬子晚报》)、手机短信:请往这边走(陶开俭,载《姑苏晚报》)、公私分明(宋亚萍,载《盐阜大众报》)、摘“月亮”(言午,载《盐城晚报》)、最近城里抓的紧(唐春城,载《泰州日报》)、都说一点点(张昌炽,载《关心下一代周刊》)、突击完成任务(陶成鹏,载《江苏法制报》)、学走路(禹天成,载《江苏工人报》)、谁说我们不重教(许丛军,载《南通日报》)、蛀(黄锟,载《扬子晚报》)

2005年度江苏新闻界新闻论文评选一等奖篇目(9篇)

(省新闻工作者协会表彰)

还原“这一个”的个性与真实——从张云泉报道谈典型报道的突破与创新(《新华日报》沈峥嵘,载第6期《传媒观察》)、成就报道:创新的着力点在哪里(《新华日报》刘宏奇,载第12期《传媒观察》)、联姻办报探索中国报业新路径(江苏新闻研究所施爱春,载第12期《传媒观察》)、以构建和谐社会为出发点——区域经济报道的实践定位(《无锡日报》刘川,载第5期《中国记者》)、新闻报道的策划与创新(《连云港日报》颜士友,载第8期《传媒观察》)、追求高度和贴近的精妙融合(《扬州日报》徐向明,载第

8期《新闻战线》)、在转型中发展,于扬弃里升华——江苏省级广播未来五年发展方略(江苏广电总台张苏明,载第6期《视听界》)、以科学发展观为价值取向创新城市广电传媒管理(无锡广电集团严克勤,载第5期《视听界》)、从《震撼一条龙》看电视产业的科学发展观(江苏广电总台张新民、袁力力,载第3期《视听界》)

另有18篇为二等奖,26篇为三等奖。

2005年江苏网络好新闻评选一等奖作品篇目(3篇)

(省新闻工作者协会表彰)

第十届全国运动会新闻及综合资讯发布平台(中国江苏网)、"免费"为"反恐",卢总经理在忽悠谁?(徐琛,新华报业网)、龙虎网文化频道(龙虎网)

另有5篇为二等奖,11篇为三等奖。

江苏广播电视评奖(广播类)一等奖名录

(省广电局表彰)

广播新闻奖·短消息(2名)

赣榆合作医疗"滚动筹资"模式走向全国(连云港人民广播电台)、山西团呼吁赛场公平,邢慧娜金牌得而复失(江苏省广播电视总台)

广播新闻奖·长消息(2名)

温总理与江苏代表话"三农"(江苏省广播电视总台)、跨区域合作使靖江城市垃圾有了新"出路"(泰州广播电视台)

广播新闻奖·连续(系列)报道(1名)

自主创新,支撑经济崛起的脊梁(江苏省广播电视总台)

广播新闻奖·评论(2名)

农民叫好才是好(徐州广播电视台)、自主创新刻不容缓(江苏省广播电视总台)

广播新闻奖·专题(2名)

无锡向"三集中"要土地(无锡广播电视局)、用爱谱写的生命赞歌——人民好教师殷雪梅(常州人民广播电台)

广播新闻奖·优秀栏目(3名)

1161早新闻(无锡广播电视局)、1035早班车(扬州广播电视局)、马青时间(南京广播电视集团)

广播新闻奖·现场直播(1名)

中华人民共和国第十届运动会开幕式现场直播(江苏省广播电视总台)

广播社教节目奖·对象性(2名)

交通事故发生之后(苏州广播电视总台)、"红领巾"化解两村百年冤仇(常州人民广播电台)

广播社教奖·公众性(3名)

不能不去的地方——百年博物院(江苏省广播电视总台)、自来水又停了(常州人民广播电台)、清江电机的三次"加法"(淮安人民广播电台)

广播社教奖·知识性(1名)

成分献血:让无偿献血更加安全有效(无锡广播电视局)

广播社教奖·特别节目(3名)

中流砥柱(江苏省广播电视总台)、镜头在肩无悔向前(连云港人民广播电台)、怀念耕夫(建湖广播电视台)

广播社教奖·优秀栏目(3名)

湘宁体育视点(南京广播电视集团)、汤泓访谈(泰州广播电视台)、交广90热线(常州人民广播电台)

对外广播彩虹奖·新闻节目(1名)

张纯如铜像落成仪式在南京举行(江苏省广播电视总台)

对外广播彩虹奖·专题节目(2名)

龙之旅——寻找郑和,寻找瓦纳(江苏

省广播电视总台)、迷人的常州(常州人民广播电台)

对外广播彩虹奖·文艺节目(1名)

天唱——西藏流行音乐印象(南京广播电视集团)

广播文艺奖(4名)

音乐节目《时代颂歌——介绍青年女作曲家王咏梅的创作之旅》(连云港人民广播电台)、文学节目《想听童话》(江苏省广播电视总台)、综艺节目《唐宋名篇朗诵晚会》(无锡广播电视局)、优秀栏目《戏迷俱乐部》(徐州广播电视台)

广播剧奖(4名)

单本剧《村官刘大龙》(东台广播电视台)、连续剧《我心飞翔》(苏州广播电视总台)、连续剧《吴仁宝和他的乡亲们》(无锡广播电视局)、连续剧《铁骨柔情铸春秋》(常州人民广播电台)

播音与主持作品奖(10名)

播音新闻《午间新闻网》(南京广播电视集团)、播音新闻《永远的追忆》(常州人民广播电台)、播音社教《英雄本色》(无锡广播电视局)、播音社教《母爱》(南通人民广播电台)、播音文艺《军旅诗情——访军旅作家宋继勇》(省广播电视总台)、播音文艺《云龙湖畔"拉魂腔"》(徐州广播电视台)、主持新闻《市民热线》(扬州广播电视局)、主持社教《帮忙》(张家港广播电视台)、主持社教《谁堵了我的路?》(常州人民广播电台)、主持社教《天柱山游记》(南通人民广播电台)

江苏广播电视评奖(电视类)一等奖名录

(省广电局表彰)

电视新闻奖·短消息(2名)

《热盼神六不眠夜,俊龙凯旋乡邻喜》(苏州广播电视总台)、《人大评议会上不该出现的冷清场面》(江苏省广播电视总台)

电视新闻奖·长消息(3名)

《八吨火药惊天一爆,三千群众安全转移》(盐城广播电视台)、《胡锦涛总书记在江苏》(江苏省广播电视总台)、《奥运冠军孙福明爆出假摔丑闻》(南京广播电视集团)

电视新闻奖·连续(系列)报道(2名)

《盐城服装,为何创不出自主品牌》(盐城广播电视台)、《感动中国的时代先锋》(无锡广播电视集团)

电视新闻奖·评论(2名)

《假种案的警示》(盐城广播电视台)、《农民受损谁之过?》(淮安电视台)

电视新闻奖·专题(3名)

《辉煌一跃》(无锡广播电视局)、《百年机车高歌自主创新》(常州电视台)、《和谐社会春满江苏》(江苏省广播电视总台)

电视新闻奖·优秀栏目(3名)

《江苏新时空》(江苏省广播电视总台)、《南京零距离》(江苏广播电视总台)、《时评新语》(扬州广播电视局)

电视新闻奖·现场直播(1名)

《连宋大陆行拜谒中山陵》(江苏省广播电视总台)

电视社教奖·短纪录片(1名)

《观音手》(镇江电视台)

电视社教奖·长纪录片(2名)

《水啊水》(江苏省广播电视总台)、《重塑人生》(镇江电视台)

电视社教奖·专题片(4名)

《陆巷——王氏家族的足迹》(江苏省广播电视总台)、《永远的追求》(连云港电视台)、《百年博物苑》(南通电视台)、《〈新农村之路〉走新型"三农"发展之路》(江苏省广播电视总台)

电视社教奖·系列片(3名)

《血捍长空》(江苏省广播电视总台)、《1405——郑和下西洋》(江苏省广播电视总台、中央电视台)、《郑和下西洋》(南京广播电视集团)

电视社教奖·特别节目(1名)

《纪念中国人民抗日战争暨世界反法西斯战争胜利60周年大型直播节目〈胜利日〉》(江苏省广播电视总台)

电视社教奖·优秀栏目(3名)

《超级调解》(江苏省广播电视总台)、《成长不烦恼》(江苏教育电视台)、《叙说》(泰兴广播电视台)

电视社教奖·科普节目(1名)

《"废弃"变沼气家园变美丽》(铜山广播电视台)

电视社教奖·动画节目(1名)

《东方神娃》(江苏省广播电视总台)

对外电视节目彩虹奖·专题节目(2名)

《寻找赛珍珠》(镇江电视台、中央电视台)、《徐悲鸿》(无锡广播电视局)

对外电视节目彩虹奖·外语节目(1名)

《Vital Light(生命之光)》(无锡广播电视局)

对外电视节目彩虹奖·栏目(1名)

《今日连云港》(连云港电视台)

外电视节目彩虹奖·文艺节目(1名)

《茉莉花》(江苏省广播电视总台)

江苏电视剧奖·长篇电视剧(4名)

《国家机密》(南京广电集团、江苏中天龙投资有限公司)、《江塘集中营》(扬州电视台、上海千午投资管理有限公司、南京军区政治部前线文工团、南京电影制片厂)、《五妹》(江苏盛世影视文化有限公司)、《半路夫妻》(南京紫金山影业有限公司、南京广电集团)

电视综艺晚会奖(2名)

《"感动2005"中华慈善春节晚会》(省广电总台)、《扬帆天下》(太仓广播电视台、省广电总台)

电视纪录片奖(2名)

《1937,南京真相》(省委宣传部、省广电总台)、《不应忘却的历史》(中国人权发展基金会、省委宣传部、省广电总台、常州市委宣传部、常州广电局、江苏亚细亚影视制作有限公司)

电视综艺节目奖(1名)

《非常周末七周年特别颁奖晚会》(省广电总台)

电视戏曲节目奖(2名)

《过把瘾——走进盐城》(盐城广播电视台、中央电视台)、《和平的呼唤——大型民族交响乐"和平颂"诞生记》(南京广电集团)

电视文艺专题奖(1名)

《苏韵流芳之虎妞——黄孝慈》(省广电总台)

电视文学节目奖(1名)

《望乡的牧神》(无锡广电集团)

电视文艺栏目奖(1名)

《非常周末》(省广电总台)

电视广告奖(1名)

《金陵节拍》(南京广电集团)

播音与主持作品奖(12名)

播音新闻《新闻表情》(省广播电视总台)、播音新闻《直播镇江—今日要闻》(镇江电视台)、播音新闻《NTTV新闻》(南通电视台)、播音社教《激流千里——无锡抗日青年流亡服务团追记》(无锡广播电视局)、播音社教《楼宇传情》(南通电视台)、主持新闻《时评新语》(扬州广播电视局)、主持新闻《有一说一》(省广播电视总台)、主持新闻《大刚说新闻》(南京广播电视集团)、主持新闻《城市日历》(南通电视台)、主持社教《语林漫步》（江苏教育电视台）、主持社教《骗局大揭秘》（常州电视台）、主持文艺《非常周末七周年特别节目》（省广播电视总台）

江苏广播电视评奖（报刊类）一等奖名录

（省广电局表彰）

报刊新闻与专稿奖（14 名）

消息《淮剧〈信访局长〉感人至深》（泰州广播电视报）、消息《让 BBC 告诉世界：中国有个华西村》（无锡广播电视报）、消息《东方女孩凭实力首度击落艾美奖》（苏州广播电视报）、通讯《吕继军——大写的人》（连云港广播电视报）、通讯《“名牌”是怎样炼成的——扬州电视台〈关注〉栏目的成长之路》（扬州广播电视报）、通讯《苏州飞俊龙神舟上九天》（苏州广播电视报）、通讯《追踪：蹊跷的交通事故背后……》（江苏广播电视报）、评论《“专家提示”该歇歇了》（连云港广播电视报）、评论《如果真是记者》（盐城广播电视报）、评论《致南京某高校孟老师》（常州广播电视报）、评论《3.15 艺人质检报告之脸皮质检报告》（东方文化周刊）、专访《影迷老瞿》（南通广播电视报）、专访《唐磊：清新淡雅的丁香花》（镇江广播电视报）、专访《一群穿梭于声屏网中的“鱼”》（无锡广播电视报）

大　事　记

一　月

1月初　第16期全省宣传干部培训班在省委党校开班,“十五”期间以来未参训的省辖市委宣传部副部长、县(市、区)委宣传部长和省直宣传文化系统部分处长参加了培训。省委书记李源潮出席开班式,并就推进江苏宣传文化事业的发展作重要讲话。省委副书记任彦申作了动员讲话。

1月初　全国首届希望工程宣传奖评选结果近日在北京揭晓,江苏广电总台广电新闻中心与人民日报群工部、新华社国内部等同时荣获组织奖。

1月6日　上午,省文明办在南京召开全省文明办主任会议,学习贯彻全国文明办主任会议精神,总结2004年工作,研究部署2005年全省精神文明创建工作。省委常委、宣传部长、省文明委副主任孙志军出席并讲话。孙志军在讲话中对做好2005年群众性精神文明创建工作提出了明确要求。

1月6日　下午,省委外宣办在南京召开对外宣传工作会议,交流总结2004年各地外宣工作,传达贯彻省委对外宣传领导小组会议精神,研究部署2005年全省外宣工作。省委常委、宣传部长孙志军出席并讲话。他要求,要充分利用外宣这个平台,加大工作力度,扩大江苏在境外的影响;要按照对外宣传的规律,使外宣工作更加有效;要整合外宣资源,充分发挥我省外宣阵地的作用;要形成合力,尽快形成大外宣的格局。

1月7日　省委宣传部在南京召开全省宣传部长会议。省委常委、宣传部长孙志军出席并作工作报告。孙志军在报告中总结2004年工作,部署2005年全省宣传思想工作,强调做好今年工作要把学习贯彻“三个代表”重要思想,学习贯彻十六大、十六届四中全会精神,学习贯彻以人为本、全面协调可持续的科学发展观作为首要任务,突出弘扬“三创”精神,推进“两个率先”,构建和谐社会这个鲜明主题,围绕提高七个方面的能力整体推进宣传思想工作各项任务的落实。会议还传达学习了中央政治局常委李长春,中央政治局委员、中宣部部长刘云山在全国宣传部长会议上的重要讲话精神和全国文明办主任会议的总体工作要求。5个市、县和省直单位在会上作了交流发言。

1月9日　省委常委、宣传部长孙志军赴基层党建工作联系点江都市小纪镇就加快农村经济发展、加强基层党组织建设和加强精神文明建设,弘扬“三创”精神,构建和谐社会进行调研。孙志军在调研中指出,乡镇党委要高度重视农村精神文明建设,充分利用各种载体,丰富农村文化生活,满足农民群众不断增长的精神文化需求;要弘扬“三创”精神,构建和谐社会,结合自身实际,推动农村经济和社会事业协调发展。

1月10日　下午,江苏省新闻工作者协会在新华大厦举行新闻发布会,公布2004年江苏十大新闻和江苏十大经济新闻。省委常委、宣传部长孙志军出席并点击公布评选结果。

1月11日 下午，省委副书记任彦申在听取省委宣传部关于全省宣传部长会议情况汇报后，对2004年全省宣传思想工作给予充分肯定，对2005年全省宣传思想工作要点表示赞同，并对做好今年宣传思想工作进一步提出明确要求。

1月11日 晚，中央电视台在《新闻联播》中用近1分钟的时间，以《全国"百城万店争创价格诚信活动"全面启动》为题，报道了当天在南京举办的"新街口商业街区诚信服务日活动暨价格诚信联动推进会"与"省暨南京市百城万店争创价格诚信大会"。新华社和人民日报分别在11日、12日也对这一消息作了报道。

1月20日 省委常委、宣传部长孙志军出席省新闻出版局保持共产党员先进性教育活动动员大会并讲话。

1月20日 江苏省"三个代表"重要思想研究会在南京举行一届二次理事会。省委副书记、研究会会长任彦申，省委常委、宣传部长孙志军对会议的召开提出希望和要求。来自全省各地的80多名理事和各省辖市市委宣传部相关负责人参加了会议。

1月21日 下午，2005年全省"扫黄""打非"工作电视电话会议在南京召开，省委常委、宣传部长孙志军出席并讲话。

1月26日—27日 省作协六届二次理事会、省文联七届二次全委会在南京召开。省委常委、宣传部长孙志军出席会议并讲话。他对我省文学艺术界在过去一年的工作和成绩给予充分肯定和高度评价，并为2004年度全国性优秀文艺、文学奖项获得者颁奖。

1月27日 下午，省委宣传部召开互联网管理工作座谈会，省委常委、宣传部长孙志军出席并讲话。会议传达学习了中共中央办公厅、国务院办公厅联合下发的《关于进一步加强互联网管理工作的意见》，并就贯彻落实文件精神，进一步加强互联网管理工作进行了讨论。

1月27日 晚，"感动2004·中国十大真情故事颁奖晚会"在南京文化艺术中心隆重举行。省委常委、宣传部长孙志军，副省长张桃林，省政协副主席陆军等出席并为获奖故事主人公颁奖。

1月28日 下午，省委常委、宣传部长孙志军，副省长张桃林一行到省文化厅调研。在听取文化厅负责同志汇报后，孙志军对全省文化工作提出了明确要求。

1月底 省委常委、宣传部长孙志军在北京看望了正在为中央电视台春节联欢晚会演出而紧张排练的省演艺集团40多名舞蹈演员，代表省委、省委宣传部对演员们表示了亲切慰问和节日问候。

二　月

2月1日 下午，由省委宣传部主办的省"四届"春节联欢会在南京举行，来自我省新闻、出版、理论、文艺界的代表欢聚一堂共迎新春佳节。省委常委、宣传部长孙志军出席并致辞，副省长张桃林出席。

2月3日 下午，省委宣传部召开中央新闻单位驻江苏机构负责同志新春座谈会，省委书记李源潮出席并讲话，省委常委、宣传部长孙志军主持会议。李源潮在讲话中强调，要搞好江苏的报道，一要吃透中央精神，抓江苏贯彻落实中央精神比较早的报道。二要研究省委省政府的工作布置，抓江苏贯彻落实中央精神比较实的报道。三要研究江苏的新情况、新问题、新对策，抓江苏贯彻落实中央精神比较新的报道。

2月6日 上午，省委宣传部召开机关全体人员大会，省委常委、宣传部长孙志军简要总结了部机关一年的工作和近期进行的副处级干部竞争上岗的情况，对围绕机关评议中给省委宣传部提出的意见，有针对性地加强和改进部机关作风建设提出了要求，并代表部领导向到会的离退休老同志和部机关全体同志致以春节问候。

2月7日 下午，省委副书记任彦申，省委常委、宣传部长孙志军，副省长张桃林走访慰问了新华日报报业集团、省广电集团、省出版集团、省演艺集团和省文化产业集团，向坚守在一线的宣传文化战线的同志们表示了亲切慰问和节日祝福。

2月8日 上午，省委书记李源潮，省委常委、秘书长赵少麟一行亲切看望和慰问了省委宣传部干部职工。李源潮充分肯定了宣传部去年的工作，指出去年的工作任务完成得很好，并对今年的工作提出明确要求。省委常委、宣传部长孙志军简要汇报了省委宣传部2004年工作情况和2005年工作打算。

2月18日 省委宣传部和省发改委在南京联合召开江苏省文化产业发展规划咨询会。省委常委、宣传部长孙志军会见了出席会议的专家，并与有关专家就江苏的文化体制改革和文化产业发展问题进行了研讨。

2月23日 上午，我省在南京举行表彰会，对2004年度在国家舞台艺术精品工程和第十届全国美展中的获奖者进行表彰。省委常委、宣传部长孙志军为获奖者颁奖并讲话。

2月24日 省委常委、宣传部长孙志军一行到南京市调研，实地了解侵华日军南京大屠杀遇难同胞纪念馆扩建工程及赴北京办展的筹备事项。孙志军在听取南京市的情况汇报后，对该市宣传思想工作给予了充分肯定，并对做好下一步工作提出明确要求。

2月25日 上午，为落实省委书记李源潮批示精神，认真开展好“江苏率先全面建设小康社会指标体系”的深入研究，省委常委、宣传部长孙志军召集专门会议。会议研究决定，由孙志军和洪银兴总牵头，洪银兴担任首席专家，聘请省内数所高校和实际工作部门的多个学科领域的权威专家，组成“全面建设小康社会在江苏的实践与理论思考”课题组，列入2005年度全省哲学社会科学规划委托研究重大项目课题。

2月26日—27日 省委宣传部有关部门前往泰州作专题调研，就进一步做好学习宣传张云泉工作提出明确要求。此前，中宣部、中组部和中央先进性教育办公室已决定将我省泰州市政府副秘书长、市信访局局长张云泉作为全国重大典型进行集中宣传，中央主要新闻媒体于3月中下旬派记者赴泰州展开采访。

2月27日 由中宣部组织的“落实科学发展观大型系列主题采访活动”东部采访二组一行15人抵宁。省委常委、宣传部长孙志军向采访组简要介绍了我省有关情况。

2月28日 全省宣传思想工作会议在南京举行。省委书记李源潮出席会议并发表重要讲话，省委副书记、省长梁保华主持会议，省委常委、宣传部长孙志军对我省新时期宣传思想工作作出部署。

2月28日 下午，省委书记李源潮在南京会见了美国客人库恩博士。库恩博士是大型传记著作《他改变了中国——江泽民传》的作者，是著名的国际投资银行家、企业战略家、作家、电视节目制作人兼主持人。省委常委、宣传部长孙志军参加了会见。

三　月

3月13日 下午，省委宣传部、省广电局和省广电总台联合召开电视连续剧《金陵子潮》新闻发布会。省委副书记王寿亭，省委常委、宣传部长孙志军，省人大副主任李佩佑，副省长何权，省政协副主席陆军等出席。由我省创作摄制的《金陵子潮》共 19 集,取材于二十世纪 40 年代初南京青年学生反抗日伪统治的清毒运动。

3 月 13 日 省委宣传部会同省建设厅、省民政厅、省文化厅在泰兴召开第三批全国爱国主义教育示范基地申报会议。会议听取了泰兴黄桥革命历史纪念地等 8 家有较大规模和影响的省级爱国主义教育基地有关情况汇报。

3 月 14 日 省委常委、宣传部长孙志军率省委宣传部、省先进性教育活动办公室等单位的有关同志,在泰州检查学习宣传张云泉同志先进事迹的有关工作。孙志军看望了张云泉同志和信访局工作人员,并召开座谈会,了解相关情况,提出明确要求。

3 月 18 日 上午,省委常委、宣传部长孙志军会见了中央电视台大型电视纪录片《再说长江》摄制组的主创人员。孙志军向摄制组的同志介绍了我省沿江地区的有关情况,并表示将大力做好配合工作。《再说长江》是中央电视台继《话说长江》后的又一大制作,将于 2006 年在央视一套黄金时段播出。

3 月 19 日 由 31 家中央和地方重点媒体组成的中央新闻采访团一行 47 人到达泰州,采访泰州市政府副秘书长、信访局局长张云泉同志先进事迹。省委常委、宣传部长孙志军主持见面会并讲话。

3 月 23 日 晚,省委书记李源潮亲切看望了在泰州采访张云泉先进事迹的中央新闻采访团全体同志,感谢大家的辛勤劳动,并高度评价了张云泉同志。省委常委、宣传部长孙志军主持见面会。

3 月 23 日 在十运会倒计时 200 天之际,由十运会筹委会新闻宣传部、南京市委宣传部等单位联合主办的“与十运同行——万人太极吉尼斯广场展演”活动在十运会主会场所在地南京河西新城举行。省委常委、宣传部长孙志军出席并宣布展演开始。

3 月 25 日 下午,省委书记李源潮在南京会见了美国新闻集团董事长兼首席执行官鲁伯特·默多克。省委常委、宣传部长孙志军参加了会见。李源潮书记欢迎默多克先生访问江苏,并向他介绍了我省近年经济社会发展情况。

3 月 25 日—28 日 省委常委、宣传部长孙志军和南京大学党委书记洪银兴带领“全面建设小康社会在江苏的实践及理论思考”课题组成员,赴江阴、张家港、昆山等地调研。孙志军高度肯定各地全面建设小康社会取得的成就和经验,特别是在树立和落实科学发展观、构建和谐社会方面所作的努力和取得的成效,并提出了明确要求。

3 月 31 日 由省委宣传部主办、省昆剧院协办的“高雅民族艺术进校园——昆曲故乡百校行”活动,在昆山市第一中心小学拉开帷幕。这标志着我省今年文艺下基层活动全面展开。

四 月

4 月 6 日 上午,侵华日军南京大屠杀遇难同胞纪念馆扩建工程领导小组召开首次全体人员会议。省领导任彦申,蒋定之,罗志军,孙志军和张桃林,南京市领导蒋宏坤等出席会议。任彦申在会上讲话。蒋定之、罗志军、孙志军也就扩建工程有关问题提出了要求。

4 月上旬 由福布斯和史坦国际联合主办的首届中国最具投资价值媒体评选结果在北京揭晓,江苏广电总台城市频道的《南京零距离》与中央电视台的《同一首歌》、《对话》栏目,成为目前中国最具投资价值的三大电视品牌栏目。

4 月 5 日—6 日 中央文明办、中央电视台《我们的节日》摄制组赴南京雨花台烈士陵园、侵华日军南京大屠杀遇难同胞纪念馆，拍摄我省青少年学生清明时节各种形式的祭扫悼念活动。这将是大型电视专题片《我们的节日——清明》一集中的主要内容。该片预计今年6月至7月在中央电视台播出。

4月8日　省委宣传部、省“三项学习教育活动”领导小组召开新闻界贯彻落实《关于新闻采编人员从业管理的规定（试行）》座谈会。省委常委、宣传部长孙志军出席会议并讲话。

4月10日　下午，受省委书记李源潮的委托，省委常委、宣传部长孙志军到金坛市亲切慰问该市城南小学舍己救人的英雄教师殷雪梅的家属。孙志军在随后举行的学习殷雪梅先进事迹座谈会上要求，要认真收集、挖掘殷雪梅先进事迹的素材，有序稳步推进宣传报道，加强对宣传报道的组织领导，努力把这一典型宣传好。

4月11日　下午，省委宣传部组织召开学习殷雪梅同志先进事迹座谈会。省委常委、宣传部长孙志军主持会议。会议宣读了省委书记李源潮要求全省共产党员向殷雪梅老师学习的批示。孙志军在会上就学习殷雪梅同志先进事迹提出了明确要求。

4月12日　第十届全国运动会组委会新闻宣传部和江苏省委宣传部在宁联合召开第二次媒体负责人暨各市委宣传部分管部长座谈会。会上，传达了十运会组委会成立大会上国家体育总局和省领导的讲话精神，总结了前一阶段的宣传工作，对下一阶段的宣传工作提出了明确要求。

4月13日　我部召开月度新闻通气会，省委常委、宣传部长孙志军到会传达中央有关部门对日问题的报道意见，并就有关问题作了强调。会议总结回顾了3月份以来我省新闻宣传工作的总体情况，部署了润扬大桥、邓建军、殷雪梅等先进典型、“三创”之星、世界反法西斯战争和抗日战争胜利60周年纪念活动、保持共产党员先进性教育活动等方面的报道任务。

4月13日　下午，省委宣传部在南京大学召开“全面建设小康社会在江苏的实践及理论思考”课题组研讨会。省委常委、宣传部长孙志军出席并讲话，南京大学党委书记洪银兴主持会议。课题组专家结合苏南调研情况汇报了下一步研究思路，并就有关重要问题进行了研讨。

4月18日　国务院新闻办、江苏省委宣传部和省政府新闻办在省委党校联合举办我省首届新闻发言人培训班。国务院新闻办副主任王国庆，省委常委、宣传部长孙志军出席开班式并讲话。

4月18日　中宣部《宣传工作》第16期刊用了我部上报的信息材料《江苏切实加强对重大理论和实际问题的研究与宣传》，对我省采取积极有效措施，切实加强重大理论和实际问题研究与宣传的做法做了介绍。省委常委、宣传部长孙志军对此作出批示：深入系统地反映部里某一方面或某一项重要工作很有必要，以反映部里工作的整体思考和工作实效。

4月22日　上午，由省委宣传部、省委农工办、省农林厅、省农民体协主办的“江苏省首届‘农家乐’系列活动”——“农家致富”知识电视大赛在南通海安举行，我省13个市代表队经过了笔试、现场复赛、现场决赛，最终有6个队进入决赛，盐城代表队获冠军。

4月24日　由中宣部、交通部组织的36家中央和部分地方重点媒体开始对国家级重点交通工程润扬大桥建设经验进行集中采访。省委常委、宣传部长孙志军出席了新闻采访团欢迎会并讲话。

4月30日　晚，由省委宣传部和省交通厅主办、省广电总台承办的“劳动者之歌——江苏省庆祝五一国际劳动节暨润扬大桥通车文艺晚会”在南京人民大会堂举行。省委常委、宣传部长孙志军,省人大副主任张艳,副省长张桃林、李全林,省政协副主席闵乃本等与我省部分全国劳动模范、五一奖章获得者、来自各行各业的建设者一起观看了演出。

五　月

5月9日　晚,由国家文化部主办、江苏省委宣传部承办的大型民族交响乐《和平颂》音乐会,在北京人民大会堂隆重献演。中共中央政治局常委李长春出席并在演出前会见了主创人员,对他们的辛勤创作表示感谢。刘云山、顾秀莲、陈至立、黄孟复等领导同志也出席了音乐会。《和平颂》是我国第一部表现“南京大屠杀”历史题材的大型民族交响乐。江苏省领导罗志军、孙志军、李佩佑、张桃林、陆军等观看演出。

5月12日　张家港市隆重举行“弘扬张家港精神,再创张家港辉煌”座谈会。省委书记李源潮出席座谈会并作重要讲话。老领导陈焕友,省委常委、宣传部长孙志军,省委常委、苏州市委书记王荣等出席座谈会。

5月17日　上午,省委常委、宣传部长孙志军主持召开江苏省纪念郑和下西洋600周年协调会。孙志军对纪念活动的组织及新闻宣传工作提出三点要求:要高度重视,突出重点,使纪念活动迅速全面有序地展开;要整合资源,放大效应,使世界更加了解江苏;要加强领导,明确分工,务求实效。省市各有关部门以及主要媒体的分管负责人参加了会议。

5月20日　晚,由省委宣传部、南京大学、省文化厅和省政协昆评室共同主办的昆曲大戏《牡丹亭》(上)在南京人民大会堂上演。省领导孙志军、王湛、陆军和老同志陈焕友到场观看。

5月下旬　省委宣传部正式下发了《江苏省典型宣传工作管理办法》。该办法根据中央和省委的有关要求,结合江苏实际,明确了典型的选择、分级、申报及宣传程序,同时对典型宣传的工作机制和组织领导也作了详细规定。

5月22日　上午,为纪念毛泽东同志《在延安文艺座谈会上的讲话》发表63周年,由江苏省文联、中央美术学院、中国美术家协会共同举办的《靳尚谊艺术回顾展》在江苏省美术馆隆重开幕。省委书记李源潮观看了展览。省领导孙志军、王湛等出席了开幕式。

5月22日—26日　省委副书记任彦申,省委常委、宣传部长孙志军,副省长张桃林率江苏宣传文化考察团,专程赴河南省学习考察。考察团重点围绕文化事业发展、文化体制改革和文化精品生产等问题,与河南省领导和有关方面作了交流,并进行了实地考察。

5月31日　省委宣传部在南京召开全省弘扬“三创”精神理论研讨会。省委书记李源潮高度重视对“三创”精神的理论研究,亲自阅看文章,对研究成果给予了充分肯定。省委常委、宣传部长孙志军出席会议并讲话。

六　月

6月2日　上午,省委常委、宣传部长孙志军召集全省高校社科系统和社科研究系统“三项学习教育”活动领导小组成立后的第一次会议。孙志军对开展这项工作在会上提出明确要求:一是各部门要高度重视;二是要严格按照中央提出的目标要求,突出重点学教对象和重点学习内容;三是各部门要按照分工,各司其职,齐抓共管,抓出实效。会议传达了中宣部等五部委联合举办的全国社科界“三项学习教育”骨干培训班精神,研究讨论了江苏贯彻中宣部、教育部、中国社科院等联合下发的有关《实施意见》等。

6月2日 上午,省委常委、宣传部长孙志军召集会议,研究部署将于近期召开的全省教育工作会议新闻宣传工作。孙志军在会上传达了省委主要领导同志的有关指示精神,要求新闻媒体整体策划,突出重点,有序推进,切实做好宣传工作。

6月5日—8日 中央政治局委员、书记处书记、中宣部部长刘云山在省委书记李源潮,省长梁保华陪同下,在江苏考察指导工作。刘云山在南京先后实地考察了省演艺集团、省广电集团、新华日报报业集团,听取了省属文化产业集团的工作汇报,对我省积极推进文化体制改革试点工作给予了充分肯定。6月8日下午,在南通召开了工作汇报会,省委书记李源潮就全省工作情况作了全面汇报。省委副书记任彦申,省委常委、宣传部长孙志军就宣传思想工作和精神文明建设情况分别作了汇报。省长梁保华主持会议。刘云山在会上发表了重要讲话,对江苏经济社会发展取得的成绩特别是宣传思想工作和精神文明建设给予了充分肯定,并就如何按照中央提出的构建和谐社会的要求,进一步拓展深化宣传思想工作提出了要求。一是按照构建社会主义和谐社会的要求深化对宣传思想工作的认识。二是按照构建社会主义和谐社会的要求拓展宣传思想工作的领域。三是按照构建社会主义和谐社会的要求推动宣传思想工作的改进创新。四是按照构建社会主义和谐社会的要求壮大宣传思想工作的实力。

6月9日 上午,省委宣传部召开副处以上干部会议,省委常委、宣传部长孙志军在会上通报了中央政治局委员、书记处书记、中宣部部长刘云山在江苏考察时的有关情况,传达学习了刘云山同志的重要讲话精神,并提出具体贯彻意见。

6月15日 下午,省中青年德艺双馨文艺工作者表彰大会在南京市钟山宾馆召开。省委常委、宣传部长孙志军出席并讲话。省领导方之焯、张桃林、陆军等出席。省人事厅和省文联在会上联合表彰了朱苏进、朱昌耀、孙晓云、顾芗等15位优秀中青年文艺工作者。

6月16日 全省宣传文化系统领导干部会议在南京召开。省委常委、宣传部长孙志军出席并讲话。孙志军围绕学习贯彻刘云山同志和李源潮同志的重要讲话精神,在会上提出了四点贯彻意见。一是抓住机遇,认清责任,不断开拓宣传思想工作的新境界;二是解放思想,开拓创新,努力实现宣传思想工作的新突破;三是求真务实,重在建设,着力扩大宣传思想工作的新成果;四是提高素质,科学管理,不断增添宣传思想工作的新力量。

6月21日 下午,江苏新华发行集团体制改革领导小组召开会议,听取发行集团前一阶段改制情况汇报,进一步研究解决转企改制中存在的有关问题。省委常委、宣传部长孙志军出席会议并讲话。副省长张桃林主持会议并讲话。

6月27日 省文明委召开第16次全体会议,听取有关部门关于未成年人思想道德建设工作情况汇报,研究部署暑假期间未成年人思想道德建设及其他精神文明创建有关工作。省委常委、宣传部长孙志军,副省长张桃林出席会议并讲话。孙志军在讲话中强调,要进一步总结和推广在实践中产生的新创造、新经验、新成果,突出重点,着力办好作用大、影响大的实事,解决群众反映强烈的突出问题,推动未成年人思想道德建设工作深入发展。

6月27日至28日 为落实苏浙沪"长三角"对外宣传联席会议制度,省政府新闻办公室邀请了华尔街日报、澳大利亚金融评论、俄罗斯国际文传电讯社、香港大公报、香港文汇报、香港经济导报、香港商报、台湾中天电视台、台湾中国时报、台湾年代新闻台和上海日报共11家新闻单位来江苏采访。省委书记李源潮会见了采访团一行,并就我省在"长三角"地区发展中的产业定位、江苏制造业的发展前景以及江苏的能源问题等回答了记者的提问。省委常委、宣传部长孙志军陪同会见。

6月29日 省文明委召开电视电话会议,部署我省暑期未成年人思想道德建设工作,正式启动"七彩的夏日——江苏未成年人暑期系列活动"。省委常委、宣传部长孙志军出席了主会场的会议并讲话。

七　月

7月10日 晚,由省委宣传部、省文明办主办的"七彩的夏日——江苏未成年人暑期系列活动"之"打开艺术之门——2005新世纪暑期艺术夏令营"开营式暨《彼得与狼》童话交响音乐会在南京文化艺术中心举行。省委常委、宣传部长孙志军出席开营式。本次夏令营推出"蓝色、黄色、红色、粉色、绿色"五大系列共50场精彩演出。

7月11日 下午,省委书记李源潮约请中央主要媒体驻苏机构负责同志座谈。省委常委、宣传部长孙志军出席。新华社江苏分社,人民日报、经济日报、中央人民广播电台江苏记者站及现代快报负责同志参加座谈会。

7月11日 省委常委、宣传部长孙志军主持召开省委宣传部副部长、处室主要负责人会议,传达中宣部最近召开的有关做好纪念抗战胜利60周年工作的座谈会精神,总结上半年工作、研究部署下半年工作。在听取各处(室)负责人上半年工作回顾、下半年打算的汇报后,孙志军对各处室上半年工作予以肯定,并对下半年工作提出了明确要求。

7月13日 上午,省委常委、宣传部长孙志军专程到常州考察动画产业发展情况。孙志军先后听取了"2005中国国际卡通·数码艺术周"的总体方案和常州市培育卡通动画产业进展情况的汇报,实地察看了常州影视动画产业有限公司,参观了动画制作的各道程序,并与部分创作及技术人员进行了交流。孙志军希望常州动画企业进一步培养和吸引高层次人才,积极开发更多更好的动画产品和衍生产品,使动画产业成为常州富有活力的新兴产业,发挥较好的示范效应。

7月中旬 中国曲艺家协会党组书记姜昆与江苏省委宣传部副部长、省文联党组书记杨承志在南京签约:中国曲艺界最高奖"牡丹奖"评选活动永久落户江苏。以后,该奖项将由中国文联、中国曲艺家协会、江苏省委宣传部、江苏省文联等单位联合主办,江苏省曲艺家协会承办,每两年评选一次。

7月18日 上午,省委副书记任彦申,省委常委、宣传部长孙志军听取了关于《人民的胜利——江苏纪念抗战胜利60周年大型史料展》陈列内容方案的汇报。任彦申充分肯定了各部门为展览所做的工作。孙志军对史料展工作提出了明确要求。该展由省委宣传部、省委党史工办、省文化厅主办,南京博物院承办。

7月下旬 我部制订下发了《2005年下半年度全省县以上党委中心组专题学习计划》。该计划重点设置6个学习专题,同时提供相应的学习参考书目。

7月25日　省委宣传部召开纪念中国人民抗日战争暨世界反法西斯战争胜利60周年系列活动协调会，对组织开展下一阶段纪念活动进行再动员、再部署。省委常委、宣传部长孙志军出席会议并讲话。孙志军要求各地各部门，要充分认识纪念活动的重大意义，突出中央确定的主题，牢牢把握正确导向，切实加强组织领导。

7月27日—28日　全省宣传部长座谈会在淮安召开，省委常委、宣传部长孙志军出席会议并讲话。会议传达学习了中宣部最近召开的关于进一步做好纪念中国人民抗日战争暨世界反法西斯战争胜利60周年有关工作的座谈会精神和中央外宣工作会议精神，总结交流了上半年工作，研究部署了下半年工作，重点对学习贯彻全省加快现代服务业会议精神，推进全省文化产业发展作出部署。各市委常委、宣传部长和省直宣传文化系统各单位主要负责同志出席。

7月29日　省委宣传部召开省有关部门新闻宣传工作交流会，就如何做好部门新闻宣传工作进行了交流和部署。省委常委、宣传部长孙志军出席会议并讲话。孙志军在讲话中要求各有关部门要确立大宣传意识，真正把新闻宣传作为部门工作的重要组成部分摆上应有位置，把部门新闻宣传工作做得更好，更有成效。

7月30日《南京大屠杀史料集》（1—8册）首发式在南京举行，省委常委、宣传部长孙志军出席了首发式。《南京大屠杀史料集》共25册，其余17册将于2005年12月出版。

八　月

8月5日　晚，现代舞剧《南京1937》在南京人民大会堂首演，省委书记李源潮，省委常委、宣传部长孙志军观看演出。李源潮观看演出后对这部剧的主题、编导、表演等给予了高度评价。该剧以美国华裔女作家张纯如追寻被誉为“南京活菩萨”魏特琳的命运历程为主线，讲述了“南京大屠杀”的残酷以及大屠杀本身对救助者、幸存者心灵的迫害。

8月6日　“江苏全面建设小康社会苏州论坛”在昆山举行。省委书记李源潮出席并作了重要讲话。省委常委、宣传部长孙志军主持论坛，省委常委、秘书长赵少麟，省委常委、苏州市委书记王荣出席。李源潮在讲话中强调：“率先全面建成小康社会、率先基本实现现代化”是江苏当前最重要的任务。我们要在实践的基础上，通过感性和理性结合的方式，对江苏实现全面小康建设的水平，给出一个不带水分的、人民群众认可的、老百姓得实惠的答案。

8月8日　晚，省淮剧团淮剧《太阳花》作为“全国纪念中国人民抗日战争暨世界反法西斯战争胜利60周年”展演剧目在全国政协礼堂隆重上演。全国政协副主席罗豪才、张怀西，省委常委、宣传部长孙志军，以及中央和国家机关的领导同志观看了演出。《太阳花》讲述的是抗日战争年代，主人公方大姑亲手毒死汉奸儿子，拯救全体村民的故事。演出得到了中宣部副部长、中央文明办主任胡振民，文化部副部长赵维绥等领导的高度评价。

8月10日　根据中宣部的总体部署，由省委、省政府主办的《12·13——侵华日军南京大屠杀史实展》在北京中国国家博物馆开幕并正式对外展出。省委副书记任彦申致开幕词，省委常委、南京市委书记罗志军主持，省委常委、宣传部长孙志军出席。南京大屠杀幸存者、国际友人、有关专家学者、抗日老战士、首都各界群众代表数百人参加开幕式并观看了展览。

8月12日　晚，中共中央政治局常委李长春，中共中央政治局委员、书记处书记、中宣部部长刘云山专程来到中国国家博物馆，在江苏省委书记李源潮，中宣部副部长胡振民，江苏省委副书记任彦申，省委常委、宣传部长孙志军等陪同下，参观正在这里展出的"12.13——侵华日军南京大屠杀史实展"，并在参观结束后发表重要讲话。

8月14日 由省文明办、团省委、省教育厅、省卫生厅共同举办的社会公益活动——"江苏省未成年人心理健康大课堂"活动在南京启动。省委常委、宣传部长孙志军出席启动仪式。此项活动是省文明委推出的"七彩的夏日"系列活动之一，旨在进一步加强精神文明建设，提高广大青少年心理素质。

8月15日 上午，省委宣传部、省委党史工办、省文化厅等在南京博物院举行《人民的胜利——江苏纪念抗日战争胜利60周年大型史料展》开幕式。省委书记李源潮出席开幕式并讲话，省长梁保华主持开幕式。李源潮在开幕式上说，我们要以此教育和引导人民群众特别是广大青少年进一步牢记历史，不忘过去，珍爱和平，开创未来。省委、省人大、省政府、省政协、省军区和南京市有关领导出席开幕式并参观了展览。

8月18日 10集文献纪录片《不应该忘却的历史》首映式在宁举行。省委常委、宣传部长孙志军出席首映式并讲话。《不应该忘却的历史》由中国人权发展基金会、江苏省委宣传部、省广播电视总台和常州市委宣传部联合摄制。该片集中揭露了日军在中国屠杀战俘、虐待战俘、强迫战俘做劳工、让战俘充当细菌实验品等一系列史实，控诉了日军犯下的滔天罪行。

8月24日 晚，日本混声合唱组曲《恶魔的饱食》在南京艺术学院音乐厅公演。省委常委、宣传部长孙志军，省对外友协会长吴锡军观看了演出。孙志军和吴锡军在演出前会见了合唱团名誉团长、日本著名作家森村诚一，团长池边晋一郎等主要成员。《恶魔的饱食》揭露了抗日战争时期日本731细菌部队在中国犯下的滔天罪行，表达了富有正义感的日本人民不忘历史、反对侵略战争的心声。

8月27日 省委常委、宣传部长孙志军到先进性教育活动联系点江都市小纪镇检查指导工作。在与基层党组织负责人和党员代表座谈后，孙志军充分肯定了小纪镇的先进性教育活动和三个文明建设取得的成果，同时对如何推动先进性教育活动取得实效，真正成为群众满意工程提出了具体要求。

8月30日 下午，省委宣传部召开全省宣传部长会议，传达学习中宣部最近召开的全国宣传部长座谈会精神，部署贯彻意见。省委常委、宣传部长孙志军出席会议并讲话。孙志军在讲话中要求全省宣传文化系统要认真学习、深刻领会会议精神，特别是刘云山同志重要讲话精神，按照构建社会主义和谐社会对宣传思想工作的要求，排找差距，明确任务和目标，落实具体措施，做到对宣传思想工作的认识要有新提高，拓展宣传思想工作的内容、对象、渠道要有新举措，推动宣传思想工作改进创新要有新进展，壮大宣传思想工作的实力要有新突破。

8月29日—31日 中宣部副秘书长、改革办主任欧阳坚带队来我省专题调研国有文化资产监督管理工作。省委常委、宣传部长孙志军会见了调研组一行。调研组先后考察了南京广电集团和江苏新华发行集团的试点改革工作，召开了由省财政厅、省国资委、省文化厅、省广电局、省新闻出版局等有关部门负责人参加的座谈会，围绕国有文化资产的特殊性、当前国有文化资产授权经营情况和监管问题、国有文化资产出资人制度和监管机构管辖范围等进行了广泛深入地研讨。调研组对我省改革试点工作给予较高评价。

九　月

9月1日　下午，省委常委、宣传部长孙志军主持召开会议，研究协调有关十运会新闻宣传、社会宣传工作。会议议定以下事项：一是围绕大局，统筹协调。二是根据需要，充实力量。三是明确分工，落实责任。四是把握全局，突出重点。五是全面动员，整合资源。

9月3日　上午，省委、省政府在南京举行江苏省中国人民抗日战争胜利60周年纪念章颁发仪式。李源潮、梁保华、王寿亭、任彦申、冯敏刚、张连珍、赵少麟、孙志军、王湛等省领导为22位抗战老战士、老同志、抗日将领颁发纪念章，并代表全省人民向他们致敬。

9月6日　上午，由江苏省委宣传部、辽宁省委宣传部，南京市委、市政府，沈阳市委、市政府主办的《12.13——侵华日军南京大屠杀史实展》沈阳巡展，在沈阳九·一八历史博物馆开幕。江苏省委常委、宣传部长孙志军，辽宁省委常委、宣传部长焦利等出席。沈阳市各界群众代表数百人参加开幕式。

9月12日　《新华日报》在头版头条以《民工李秀春的感人情怀》为题对阜宁来宁务工人员李秀春在5年中救起11条人命的英雄事迹作了报道，并配发了编者按和评论。此前，省委书记李源潮对李秀春奋勇救人的英雄事迹作出批示："李秀春的事迹很感人，是苏北农民进城表现突出的先进典型。"省委副书记张连珍，省委常委、南京市委书记罗志军，省委常委、宣传部长孙志军，省委常委、省委政法委书记林祥国等也分别作了批示。

9月13日—18日　省委常委、宣传部长孙志军率省直宣传文化部门负责人及"十运会"组委会新闻宣传部有关同志赴广东学习考察文化体制改革和文化产业发展经验及"九运会"新闻宣传工作。考察团在广东分组学习考察。"十运会"新闻宣传考察组召开专题座谈会，就有关工作特别是具体环节的工作与广东省有关部门进行了交流探讨。文化体制改革和文化产业发展考察组分别召开了"广东省"及"东莞市"、"深圳市"三个交流座谈会，请广东省有关领导介绍了文化体制改革试点地区的做法、经验及加快文化建设的主要思路、重点举措和相关政策，并就新闻传媒集团化建设、文化市场综合执法机构设置、国有文化资产监管等文化体制改革重点难点问题进行了交流探讨。

9月16日　为纪念中国现代画家、美术教育家徐悲鸿诞辰110周年，推动我省美术事业繁荣发展，由省委宣传部、省文化厅、省文联共同主办的系列纪念活动正式启动。活动主要内容包括：举办《大师与大家——纪念艺术大师徐悲鸿诞辰110周年画展》、举办学术研讨会、拍摄8集电视纪录片《徐悲鸿》、出版大型画册《徐悲鸿》等。

9月19日　上午，由江苏省委宣传部、湖北省委宣传部、南京市委市政府、武汉市委市政府联合主办的《12.13——侵华日军南京大屠杀史实展》武汉巡展在武汉国际会展中心开幕。江苏省委常委、宣传部长孙志军，湖北省委常委、宣传部长张昌尔出席了开幕式。武汉各界群众代表600多人参加开幕式并参观展览。

9月21日　上午，省委常委、宣传部长孙志军主持召开会议，专题研究部署十运会新闻宣传接待工作。孙志军对十运会新闻宣传接待工作提出了明确要求。会议听取了十运会新闻宣传、记者接待、咨讯服务、后勤保障等方面的工作方案及进展情况汇报，梳理了急需解决的问题。

9月22日 十运会"我们万众一心"火炬传递活动火炬汇集仪式在南京奥体中心隆重举行。省委书记李源潮,省长梁保华,国家体育总局副局长冯建中,省委副书记任彦申,省委常委、宣传部长孙志军,省政协副主席陆军,省军区副司令员许尔杰,南京市市长蒋宏坤等出席。副省长何权主持仪式。随后,省委书记李源潮和省长梁保华共同按下封存火种的按钮。封存的火种将在10月12日十运会开幕式上点燃十运会主火炬。

9月23日—24日 由省社科联承办的2005年全国社科联协作会议暨"构建和谐社会"理论研讨会在南京召开。省委副书记任彦申出席并讲话,省委常委、宣传部长孙志军,中宣部有关部门负责同志出席会议。

9月26日 省文联、省作协举行江苏文艺网开通仪式,并宣告江苏省艺术家、作家权益保障委员会成立。

9月28日 十运会新闻中心落成揭牌仪式在南京奥体中心举行。十运会组委会副主任,省委常委、宣传部长孙志军出席并为新闻中心揭牌。中央、省和南京市新闻单位记者数百人参加仪式。十运会新闻中心位于南京奥体中心奥体科技中心内,总建筑面积8800平方米。

9月28日 省文明办举行全省优质服务品牌评选成果发布会,宣布我省首批十大优质服务品牌评选结果。省委常委、宣传部长、省文明委副主任孙志军参加发布会并讲话。

十　月

10月4日 上午,十运会组委会副主任、省委副书记任彦申考察了十运会新闻中心。任彦申听取了新闻中心负责人的情况介绍,肯定了新闻中心各项服务接待准备工作,并对新闻中心的服务职能等提出了要求和希望。

10月5日 下午,十运会组委会召开参加十运会报道的江苏记者动员大会,组委会副主任,省委常委、宣传部长孙志军出席并讲话。他要求,既要扎扎实实做好十运会的新闻报道,又要配合组委会做好采访联络、接待沟通的工作;既要充分展示江苏记者良好的业务素质,又要充分展现江苏记者勤恳敬业、规范守纪、热情好客的良好形象,充分展现江苏新闻界良好的道德风尚。

10月12日 晚,中华人民共和国第十届运动会在南京奥体中心隆重开幕。中共中央总书记、国家主席、中央军委主席胡锦涛出席开幕式并宣布开幕。中共中央政治局候补委员、中央书记处书记、中央办公厅主任王刚出席开幕式,应邀专程前来的国际奥委会主席罗格也参加了开幕式。本届全运会共设32个比赛大项、357个比赛小项,首次实现在项目设置上与奥运会全面接轨。参赛运动员达9985人,为历届全运会之最。本届全运会将于10月23日闭幕。

10月13日 省宣传文化系统"五个一批"人才高级研修班在省委宣传部举行开学典礼,省委常委、宣传部长孙志军出席并讲话。孙志军在讲话中对研修班学员提出了四点要求:一要勤奋学习,刻苦钻研,不断增长才气。二要深入实践,深入群众,富有蓬勃朝气。三要勇于创新,开拓进取,保持昂扬锐气。四要加强修养,严格自律,养成一身正气。

10月17日 上午,省委常委、宣传部长孙志军主持召开部、处长(主任)会议,传达学习十六届五中全会精神和胡锦涛总书记在江苏视察调研时的重要指示精神,强调要充分认识十六届五中全会的重大意义,结合宣传部门的工作实际和工作职能抓好学习宣传、贯彻落实，把思想行动统一到十六届五中全会精神上来。

10月18日　省委常委、宣传部长孙志军深入宿迁农村，就认真学习贯彻十六届五中全会精神，为建设社会主义新农村提供思想和文化支撑进行调研。孙志军在调研中指出，党的十六届五中全会提出了建设社会主义新农村的要求，指明了广大农村今后发展的方向，为我们苏北尤其是宿迁农村提供了难得的历史机遇。建设社会主义新农村，不但经济发展要有新突破，而且精神文明建设要有新推进，农村面貌要有新改变，农民素质要有新提高，社会事业要有新发展，文化生活要进一步丰富。

10月下旬　省政府新闻办、省通信管理局联合下发了《我省开展清理整治违规从事互联网新闻信息服务工作实施方案》，《方案》明确了我省清理整治工作的总体目标、任务和要求，明确了学习、培训、自查自纠、全面清查和检查总结等阶段的时序安排。清理整治工作将在11月底前完成。

10月23日　晚，十运会闭幕式在南京奥林匹克中心体育馆举行。中共中央政治局常委、国务院总理温家宝宣布第十届全运会闭幕。闭幕式由十运会组委会副主任、江苏省副省长何权主持。十运会组委会副主任、国家体育总局副局长肖天宣布了十运会比赛成绩。江苏代表团以56枚金牌雄居榜首。闭幕式后举行了主题为“江河湖海的祝福”的巨型音诗画文艺表演。

10月24日—25日　新华社十运会报道团在扬州进行十运会报道总结和参观考察。省委常委、宣传部长孙志军于24日晚专程赶赴扬州，答谢新华社副总编辑、报道团团长彭树杰和全体成员。在扬州期间，报道团还召开了十运会采访报道总结会议。

10月26日　上午，中央精神文明建设指导委员会在北京人民大会堂召开全国精神文明建设工作表彰大会，中共中央政治局常委、中央文明委主任李长春出席并讲话。江苏省委常委、宣传部长、省文明委副主任孙志军率全省受表彰城市、村镇、单位代表及全国精神文明建设先进工作者出席会议。江苏省在这次表彰中各项创建工作及先进个人受表彰数均居全国前列。张家港市获得全国文明城市荣誉称号，南京市、苏州市、无锡市、常州市获全国创建文明城市工作先进城市荣誉称号。我省同时受到表彰的还有21个全国文明村、37个全国文明单位、42个全国创建文明村镇工作先进村镇、71个全国精神文明建设工作先进单位以及5位全国精神文明建设先进工作者。

10月27日　《12·13——侵华日军南京大屠杀史实展》举行工作总结会，省委常委、宣传部长孙志军出席并讲话。孙志军强调，要充分总结此次展览的成功经验，进一步深化和拓展对外宣传，办好在境内外的巡展，加强对史料的征集和研究，抓好纪念馆的改扩建工程。

10月28日　省委宣传部、省文明办召开省未成年人社会实践基地（无锡）发展规划推进情况汇报会，省委常委、宣传部长、省文明委副主任孙志军听取了汇报。孙志军对无锡市推进基地规划建设的各项工作给予充分肯定，同时指出，大力推进未成年人社会实践基地建设，是贯彻中央8号文件精神，落实我省六大工程、50件实事的重要内容。要进一步加大力度，着力推进，把无锡基地真正建成“全国一流、省内示范、无锡窗口”。

10月28日　省委常委、宣传部长孙志军出席中国都市报研究会第五届总编辑年会并致辞。孙志军对年会的召开表示祝贺，同时向各位来宾介绍了江苏的自然概况、历史文化和经济社会发展情况，以及我省重视发挥都市报作用的有关做法和体会。

10月29日 扬子晚报第四届读者节在南京山西路市民广场隆重开幕。省委副书记任彦申,省委常委、宣传部长孙志军,原南京军区司令员向守志,原省人大常委会主任陈焕友、副主任王霞林等出席了开幕式。孙志军在致辞中代表省委、省政府和省委宣传部向扬子晚报读者节和20周年报庆表示热烈祝贺。

10月30日 晚,苏州市滑稽剧团大型校园喜剧《青春跑道》在南京紫金大戏院上演。这是我省今年文艺下基层“四个一”工程中的“南京·2005优秀剧目展演”的最后一场演出。省委常委、宣传部长孙志军观看了演出,对《青春跑道》以滑稽戏形式关注中学生的青春期情感问题给予了充分肯定,并要求有关方面对苏州市滑稽剧团近年来在出精品、出人才方面的成绩和经验作进一步的总结和研究。

10月31日 十运会新闻宣传工作总结大会在宁举行。省委副书记任彦申出席会议并讲话。省委常委、宣传部长孙志军主持会议。省委副秘书长姚晓东在会上宣读了省委书记李源潮,省长梁保华对十运会新闻宣传工作作出的重要批示。任彦申在讲话中指出,十运会办得圆满成功,很好地实现了“体育的盛会,人民的节日”的主题,达到了“环境优美,设施优良,服务优质,成绩优异”的目标。十运会的成功举办,江苏媒体立了大功。孙志军说,十运盛会,我省新闻宣传工作获得了巨大的成功,充分证明江苏新闻宣传队伍是一支敢打硬仗、能打胜仗的队伍。希望大家以此为新的起点,使十运会精神成为指引我们胜利前进、不断攀登新高峰的强大动力。

十一月

11月6日 十运会广电工作总结表彰大会在南京举行,省委常委、宣传部长孙志军出席会议并讲话。全省广电部门尤其是省广电总台作为十运会的主播台,出色地完成了十运会的转播任务,获得了组委会、国家体育总局、国家广电总局的一致好评。十运会组委会、广电部决定,授予省广电总台“特别贡献奖”,授予南京市广电局并南京市广电集团、苏州市文广局并苏州市广电总台、苏州市有线电视网络公司“杰出贡献奖”,授予盐城市、连云港市、无锡市、常州市、扬州市、徐州市“贡献奖”,授予南通市、镇江市、泰州市、淮安市和宿迁市“优秀奖”。

11月7日 我省举行第六届中国记者节庆祝大会,省委副书记任彦申,省委常委、宣传部长孙志军,副省长张桃林出席。任彦申在讲话中代表省委、省政府向全省新闻战线的同志致以节日的祝贺和诚挚的慰问,对一年来我省新闻战线的工作业绩表示肯定。

11月12日—13日 由中央文明办和文化部召开的全国文化先进社区命名表彰暨经验交流会和由中央文明办、文化部、中央电视台主办的第四届全国“四进社区”文艺展演活动在扬州举行。中央文明办副主任翟卫华主持会议并讲话。江苏省委常委、宣传部长孙志军出席会议并讲话,副省长张桃林等出席会议。会议命名表彰了全国文化先进社区,扬州市经济技术开发区梅苑社区等我省5个社区被中央文明办和文化部命名为“全国文化先进社区”。我省个人钟萍等3人被命名为“全国社区文化优秀辅导员”。

11月中旬 省委宣传部、省文明办召开江苏省南京市未成年人社会实践基地(浦口)建设进展情况汇报会,省委常委、宣传部长、省文明委副主任孙志军听取了汇报并讲话。孙志军在讲话中要求,要进一步把基地建设纳入城市建设和发展规划,纳入教育的总体安排。基地建设要尊重教育规律,在内容设置上充分体现实践性与体验性，注重培养未成年人的创新精神，注重教育资源的整合，切实推进基地的建设和发展。

11月15日—16日　由省委宣传部、省委组织部联合主办的全省2005年度农村党员、干部冬训工作会议暨骨干培训班在苏州举行。培训班邀请有关领导、专家学者作了专题讲座，并对2005年度农村冬训工作作了部署。

11月中旬　由省委宣传部组织的全省宣传文化系统“五个一批”人才高级研修班首批45名学员在北京大学结业。到我国最高学府开设宣传文化系统人才高级研修班，开创了全国宣传文化系统人才培养的新模式，受到了中宣部等有关领导的充分肯定。

11月18日　由省委宣传部、省慈善总会主办，省广电总台承办的江苏省慈善总会揭牌仪式暨《爱心无限》大型文艺晚会在南京举行。省委书记李源潮，省长梁保华为江苏省慈善总会揭牌。省领导许仲林、冯敏刚等和老同志向守志、陈焕友、储江等出席。晚会分为《爱心宣言》、《爱心阳光》和《爱心大道》三个篇章，并穿插现场捐赠活动。

11月18日　下午，省委书记李源潮到扬子晚报考察。李源潮听取了扬子晚报发展情况的汇报，与记者编辑作了亲切交谈。李源潮说，扬子晚报在江苏推进“两个率先”、建设文化大省中功不可没，是江苏各类报刊的一面旗帜。他要求，把扬子晚报进一步办成导向正确的报纸、进一步办成人民群众喜爱的报纸、进一步办成社会效益和经济效益具佳的报纸。

11月下旬　中宣部公布了第三批66个全国爱国主义教育示范基地，其中包括我省的泰兴黄桥革命历史纪念地、赣榆抗日山烈士陵园、常州“三杰”纪念地、苏中七战七捷纪念馆和顾炎武纪念馆（故居）。我省目前共有16个全国爱国主义教育示范基地。

11月23日　江苏省文化艺术研究院在南京成立，副省长张桃林出席成立仪式并揭牌。经省政府批准，原省文化艺术研究所、省文化艺术数据文件馆合并组建江苏省文化艺术研究院。同时，由江苏省文化艺术研究院承担的全国艺术科学“十五”规划文化部重点科研项目《昆曲学》也正式启动。

11月24日　省委宣传部召开建立我省互联网管理联席会议制度会议。会议提出了联席会议的六项工作职责和八项工作制度，对《江苏省互联网管理联席会议工作规则（讨论稿）》和《江苏省互联网有害信息处理程序（讨论稿）》作了说明。

11月25日　由中国美术家协会，江苏省委宣传部、省文联、省文化厅共同主办的2005中国百家金陵画展（中国画）在宁终评揭晓。经评选，共评出参展作品100件，金奖作品10件，其中江苏参展作品38件，金奖作品3件。

11月30日　省委常委、宣传部长孙志军为“南京市中小学学生谈心热线（陶老师热线）——96111”揭牌并讲话。孙志军在讲话中要求，学校老师、教育工作者要切实做好青少年心理疏导工作，做他们的贴心人和引导人。社会各界要营造良好的氛围，大力支持教育事业，为全省推进“两个率先”、构建和谐社会多做贡献。

十二月

12月3日　由中国文联、中国电影家协会、江苏省文联、中国电影集团公司、电影频道节目中心等单位共同主办的中国电影诞生100周年暨著名电影导演谢铁骊从影55周年纪念活动在南京举行。中国文联主席周巍峙、副主席仲呈祥，江苏省领导任彦申、孙志军、李佩佑、冯健亲，中国电影家协会主席吴贻弓、党组书记康健民等出席开幕式。

谢铁骊是江苏淮安人，中国第三代电影导演的杰出代表，第25届中国电影金鸡奖终生成就奖获得者。

12月5日 下午，省委宣传部召开保持共产党员先进性教育动员大会，省委常委、宣传部长孙志军出席并作动员讲话。孙志军在讲话中要求，要从当前党的建设头等大事的高度，把部机关学习实践"三个代表"重要思想进一步引向深入；要集中一段时间和精力，通过强化教育和整改，认真解决部机关及所属事业单位党组织和党员队伍中存在的突出问题；要以中央和省委全会精神为指导，找准宣传思想领域开展教育活动的着力点，把先进性教育活动激发出来的政治热情转化为推进我省"十一五"发展的强大动力；要勇于创新、开拓进取，保持共产党员的昂扬锐气。会议还明确了部机关开展先进性教育活动的基本步骤和方法。部机关、所属事业单位及离退休干部共18个支部170多名党员参加会议。整个教育活动于2006年6月前结束。

12月上旬 由中央电视台影视部、江苏教育电视台联合拍摄的20集电视连续剧《殷雪梅》在常州金坛开机。国务委员陈至立专门作出批示，要求中央电视台以一流的编剧、一流的导演、一流的演员和一流的作品拍摄反映殷雪梅事迹的电视剧。该剧将于2006年6月1日前在中央电视台一套播出。

12月11日 下午，省委宣传部召开部务会议，传达学习全国宣传部长会议、全国外宣办主任会议和全国文明办主任会议精神，研究贯彻落实措施。会议决定，年底前召开全省宣传部长会议，传达全国宣传部长会议精神，对明年全省宣传思想工作进行部署。会议要求，当前重点抓好以下工作：一是抓好会议精神的传达学习。二是结合制订明年及今后五年工作计划抓好会议精神的贯彻落实。三是组织好有关会议和汇报。四是统筹安排好岁末年初的各项工作。

12月12日 由省委宣传部、江苏广电总台联合摄制的6集电视纪录片《1937·南京真相》首映式在侵华日军南京大屠杀遇难同胞纪念馆举行。省委常委、宣传部长孙志军出席并讲话。

12月13日 上午，由省市外宣办联合组织的省暨南京市"悼念侵华日军南京大屠杀30万同胞遇难68周年暨南京国际和平日集会"在江东门纪念馆悼念广场举行。省和南京市领导李源潮、梁保华、许仲林、任彦申、赵少麟、罗志军、吴齐、孙志军、张桃林、蒋宏坤、胡序建、汪正生，中央外宣办副主任钱小芊，南京军区、南京军区空军、省军区、武警江苏省总队领导等出席悼念仪式和3000人的集会。仪式由省委常委、南京市委书记罗志军主持。省委副书记任彦申讲话。

12月13日 上午，侵华日军南京大屠杀遇难同胞纪念馆三期扩建工程开工仪式在南京隆重举行。省委书记李源潮出席并为工程奠基石揭幕，省长梁保华出席并讲话。省领导许仲林、任彦申、赵少麟、罗志军、吴齐、孙志军、张桃林，中央外宣办副主任钱小芊，南京市领导蒋宏坤、胡序建、汪正生，以及部队有关领导等出席。

12月14日 上午，中宣部、解放军总装备部等部门联合组织的神舟六号载人航天飞行先进事迹报告团在南京文化艺术中心举行报告会。省委书记李源潮出席并讲话，省委副书记任彦申主持报告会。周建平、费俊龙、聂海胜等9名载人航天工程领域的功臣在报告会上讲述了参与这项伟大事业的英雄航天员、科技工作者和部队官兵的感人事迹。出席报告会的还有省委、省人大、省政府、省政协、省军区领导梁保华、许仲林、赵少麟、吴齐、孙志军、方之焯，南京军区有关领导张玉玺等也出席会议。

12月14日 下午,省委副书记、省文明委主任任彦申主持召开省文明委第十七次全体会议。省委常委、宣传部长、省文明委副主任孙志军通报了中央文明委有关会议情况,传达了李长春、刘云山同志的重要讲话精神。副省长、省文明委副主任张桃林出席会议并讲话。

12月17日 上午,省委常委、宣传部长孙志军主持召开部务会,专题研究明年重点工作。会议要求,对明年的工作安排,要做到对省委的工作全局有数,对部门的工作职责有数,对重点工作有数。要围绕目标,突出重点,精心策划,明确责任,务求实效,争创佳绩。有关处室汇报了明年重点工作思路。会议确定,12月28日召开全省宣传部长会议。

12月中旬 省广电总台《新农村之路》大型新闻行动正式启动,副省长张桃林为参加新闻行动的报道组授旗。该行动分为9个采访组,以宣传江苏全力推进"两个率先"进程为主要内容,采取典型经验介绍、先进人物对话、高层专家领导访谈等形式,并现场录制。节目将在《江苏新时空》中连续播出。

12月中旬 南京市"秦淮灯会"申报国家首批"非物质文化遗产"获得评委会全票通过。秦淮花灯始于六朝时期,有1700多年的历史,是全国历史传承时间最长的花灯。

12月20日 省委常委、宣传部长孙志军赴华西村调研,并对做好中央新闻媒体集中采访吴仁宝的有关工作提出要求:一是要高度重视,二是要精心组织,三是要明确责任,四是要统筹安排,加强领导。据悉,中宣部已决定将吴仁宝作为第三批先进性教育活动第一个全国重大典型进行集中宣传报道。12月24日至28日,中央新闻媒体采访团将赴华西村对吴仁宝进行集中采访。

12月20日 省委常委、宣传部长孙志军赴无锡参加省出版集团2006年工作务虚会。孙志军在会上就做好我省出版工作提出明确要求。

12月下旬 根据省委《关于开展"学习昆山经验推进'两个率先'"活动的通知》精神和有关部署,我部对昆山经验的集中新闻宣传进行了组织策划。12月12日,我部就集中组织昆山经验宣传向省委作出报告,省委书记李源潮批准了我部的安排意见。12月19日,省委宣传部召开昆山经验新闻通气会,对组织省各新闻单位赴昆山集中采访的时间和内容作了安排。

12月22日 省暨南京市"三下乡"和省"科普志愿者农技服务团"启动仪式在溧水县傅家边农业科技园举行。省委常委、宣传部长孙志军出席仪式并讲话。孙志军在讲话中充分肯定了10年来我省"三下乡"活动取得的成绩,希望省、市各有关部门为农民朋友多办实事,多做好事,为建设社会主义新农村多作贡献。

12月22日 由省委宣传部组织的2006年度"百部电影送千村"活动在洪泽县东双沟镇正式启动,1000多名基层群众参加仪式并观看了影片《太行山上》。该活动计划在苏北5市和里下河地区、黄桥革命老区的3000多个基层村放映电影3500场。

12月25日 由中国美术家协会、省委宣传部、省文化厅、省文联联合举办的"2005·中国百家金陵画展"在南京博物院开幕。全国政协副主席、中央统战部部长刘延东,省委书记李源潮出席开幕式并观看了画展。省委副书记任彦申陪同观看,省委常委、宣传部长孙志军致辞。

12月27日 上午,大型史料汇编《南京大屠杀史料集》首发式在南京隆重举行。省委常委、宣传部长孙志军出席并讲话。孙志军在讲话中指出,《南京大屠杀史料集》的出版是我省社科界、出版界的一件大事,是对南京大屠杀遇难同胞的沉重悼念,是对侵华日军暴行的强烈控诉,同时也提醒世人更好地牢记历史、不忘过去,珍爱和平、开创未来。南京大学、省新闻出版局、南京市委有关负责同志以及笠原十九司教授等日本著名学者参加了首发式。

12 月 17 日—25 日 由文化部主办,江苏省文化厅、苏州市人民政府承办的第五届全国优秀儿童剧展演在苏州举行。此次展演的 20 台剧目是从全国各地申报的 56 台剧目中筛选出来的,我省参加展演的有苏州滑稽剧团的儿童滑稽戏《青春跑道》和江苏淮海剧团的儿童淮海戏《临时爸爸》。

12 月 24 日—27 日 根据中宣部的统一安排,中央新闻采访团赴江阴市华西村,对第三批先进性教育活动全国重大典型吴仁宝进行了为期 4 天的深入采访。省领导冯敏刚、王国生、孙志军、王湛分别赴华西看望新闻采访团一行。据悉,有关报道将于 2006 年 1 月中旬在各大媒体集中推出。

12 月 26 日—28 日 全省图书出版管理工作会议先后在南京、镇江召开。会议主要贯彻上级有关精神,总结交流 2005 年工作经验,重点通报书稿“三审制”检查结果及 2006 年出版计划制订和初审情况,并就如何加强和改进“三审制”及审读工作,做好实施“十一五”规划第一年的出版工作进行研讨和部署。

12 月 30 日 省委宣传部、省委先进性教育活动办公室联合召开全省先进性教育活动第二次宣传工作会议,总结交流第二批先进性教育活动宣传工作经验,部署第三批先进性教育活动宣传工作,表彰第二批先进性教育活动优秀新闻作品。

（双传学　朱　峰）

领导讲话

弘扬“三创”精神 推进“两个率先”
——李源潮同志在全省宣传思想工作会议上的讲话
（2005 年 2 月 28 日）

实现“两个率先”，建设以人为本、全面协调可持续发展的新江苏，是党中央对本世纪头 20 年江苏发展的总定位，是江苏人民在新时期全力追求的共同理想和奋斗目标。“两个率先”，既要有发达的经济、清明的政治、繁荣的科教、和谐的社会、良好的生态，也要有先进的思想文化以及蕴含其中的强大精神动力；建设新江苏，不仅包含建设新江苏物质文明，也包含建设新江苏精神文明。当今社会，文化与经济和政治相互交融，在综合实力竞争中的地位和作用越来越突出；思想精神的力量，深深熔铸在地区的凝聚力、创造力和竞争力之中，是我们实现“两个率先”的动力源泉。最近几年来，我们在过去发展的坚实基础上，围绕“两个率先”的新目标对经济建设的各项方针政策进行了新的部署，一个率先发展、科学发展、和谐发展的格局正在逐步展开，全省上下思发展、谋发展、促发展的劲头如长江春潮势不可挡。早在建国之初，毛泽东同志就曾指出，“随着经济建设的高潮的到来，不可避免地将要出现一个文化建设的高潮。”现在，我省的各类主要经济指标大多位居全国前列，科教、法制、社会安全以及民主政治建设等方面的工作创造出了新的特色，和谐社会建设正在积极推进，“两个率先”的“筋”和“骨”已初显轮廓，迫切需要在思想文化建设上有新的举措，在铸造江苏的“精”、“气”、“神”上有新的作为。我们要正确把握三大文明建设的内在规律，按照“三个代表”重要思想和科学发展观的要求，不失时机地将思想文化建设进一步摆上全省工作的战略位置，努力建设与“两个率先”适应配套、为“两个率先”提供强大精神动力、富有时代特色和江苏特点的思想文化，以服务“两个率先”，推进“两个率先”。这是全省各级党委政府和宣传思想战线的重大任务。

正如胡锦涛同志在全国宣传思想工作会议上指出的，当前宣传思想部门的中心任务，就是用“三个代表”重要思想统领宣传思想工作，引导和激励全党全国人民为实现全面小康社会的宏伟目标而团结奋斗。当前江苏思想文化建设的主题，就是在邓小平理论、“三个代表”重要思想和科学发展观指导下，在坚持爱国主义、集体主义、社会主义思想道德的基础上，大力树立和弘扬创业创新创优精神，为率先全面建成小康社会、率先基本实现现代化，提供生机勃勃的精神动力和思想活力，为建设以人为本、全面协调可持续发展的新江苏提供坚强有力的精神支柱和思想保障。伟大的事业需要并且产生崇高的精神，崇高的精神支撑和推动着伟大的事业。没有坚强精神的民族，是没有前途的；没有创造精神的地区，是无法率先发展的。正是有了自强不息、艰苦奋斗的伟大精神，中华民族才有了5000年生生不息的华夏文明；正是有了井冈山精神、长征精神、延安精神、红岩精神、西柏坡精神，才铸就了我们党开天辟地的建国伟业；也正是有了“四千四万”的精神，才有了江苏乡镇企业的异军突起；正是有了张家港精神、昆山精神、华西精神，才有了苏南地区工业化、城市化、国际化的喜人局面。所有这些精神，都是江苏广大党员干部和人民群众必须继承和发扬的宝贵财富。现在，我们迈上了实现“两个率先”、构建和谐社会的新征程，这既是一个黄金发展期，也是一个矛盾凸显期，还是一个人民群众精神文化需求的旺盛期。新的形势和任务，激励着全省人民昂扬向上、奋发进取，也对树立和弘扬新时期的江苏精神提出了更为紧迫的要求。作为一个发展基础较好、定位较高、速度较快的地区，中央和全国人民对我们的期望和要求很高，国际环境和兄弟省市对我们的竞争压力很大，在发展中更早地遇到新情况、探索新办法、解决新问题给我们带来的挑战很多。面对繁重的发展任务，我们不但要善于运用经济、市场、法律、行政的力量加快发展，还要善于发挥宣传思想工作的优势，依靠全省人民艰苦创业、开拓创新、争先创优的强大精神力量来促进发展。实现“两个率先”的过程，本身就是创业创新创优的实践过程，我们所干的事业都是“三创”的事业。江苏这几年的工作有新起色，发展有新局面，人民群众得到了新利益，正是由于民众的创业意识更强了，企业的创新意识更强了，干部的创优意识更强了。创业创新创优，是江苏当今社会实践的主流，我们要积极顺应这个社会实践主流，把人民群众在社会实践中形成的精神素质特征进一步凝聚起来，提升起来，使之成为江苏新时期的思想文化主流，成为新时期江苏精神的核心内涵。这样的精神文化，既能够把人民最广泛地动员起来，又能够让人民从中得到实际的利益，是符合时代要求、人民要求和发展要求的精神文化。这种新江苏精神，是民族精神和时代精神在江苏的具体体现，是江苏优秀文化传统的延伸发展，是“两个率先”的现实需要，也是江苏发展综合实力极其重要的组成部分。如果所有的江苏人都充满着创业创新创优的精神，都竞相开展创业创新创优的实践，“两个率先”的事业就会活力无穷，江苏的未来就不可限量。

在“两个率先”的进程中，我们弘扬创业精神，就是要使艰苦创业、自主创业、全民创业成为江苏思想文化的显著特征，鼓励、引导和支持百姓创家业、能人创企业、干部创事业，形成家业殷实、企业兴旺、事业发达的生动局面；我们弘扬创新精神，就是要使思想解放、敢干敢变、与时俱进成为江苏思想文化的显著特征，鼓励、引导和支持制度创新、科技创新、管理创新、产品创新，形成用新观念研究新情况、用新思路落实新任务、用新办法解决新问题、用新举措开创新局面的生动景象；我们弘扬创优精神，就是要使争先进位、勇于攀登、争创一流成为江苏思想文化的显著特征，鼓励、引导和支持岗位创优、行业创优、区域创优，形成各个劳动者创优争先、各个单位励精图治、各个地区竞相发展的生动格局。创业创新创优的本质是人民创造新社会的实践。树立和弘扬“三创”精神，就是要使全体江苏人民进一步增添创业的勇气、创新的锐气、创优的志气，把各个社会阶层和全体建设者创造新江苏的积极性充分调动起来，使一切有利于“两个率先”的创造愿望得到尊重，创造活动得到支持，创造才能得到发挥，创造成果得到肯定，为“两个率先”广开活力之源。

弘扬“三创”精神，要努力推动新一轮思想大解放。我们要坚持以人为本的科学发展观，充分发挥包括知识分子在内的工人阶级、广大农民推动经济社会发展根本力量的作用,鼓励和支持其他社会阶层的人们积极贡献力量;正确认识和处理全面协调可持续发展与以经济建设为中心、发展是第一要务的关系,坚持率先发展、科学发展、统筹发展不动摇。要克服在价值观上的陈旧观念,转变守土恋家、安贫乐道的小农意识,转变小成即满、小富即安的小家子意识,转变四平八稳、按部就班的小官僚意识,真正使创业创新创优成为每一个劳动者的自觉追求。要克服利益观上的偏颇思想,正确处理个人利益和集体利益、局部利益和整体利益、当前利益和长远利益的关系,增强主人翁意识和社会责任感,真正树立劳动致富、创业致富的观念。

弘扬"三创"精神,要着力营造良好的舆论环境。现代社会,舆论对人们的观念、心理包括政治立场的影响很大,已经成为人们了解世界、认识形势、判断是非、区别好坏的重要途径。新闻媒体要努力成为和谐社会的建设者,不断提高正确引导舆论的能力,把握好弘扬、支持、激励创业创新创优的宣传主旋律,多做正面引导,少搞负面炒作,全面反映社会现实,歌颂光明,赞美先进,鼓励探索,宽容失误,营造良好的社会风尚,帮助人们树立信心、激发干劲,营造鼓励人们干事业、支持人们干好事业的社会环境。

弘扬"三创"精神,要全面提高人们的精神境界。"三创"精神是当代先进思想、高尚品格和坚定志向的结合,来源于而且推动着全民精神素质的普遍提高。要广泛开展精神文明创建活动,加强公民道德建设尤其是职业道德建设,加强和改进未成年人思想道德建设,加强和改进思想政治工作,认真解决各类人群的思想问题和实际问题,努力改善城乡面貌,改进人们的生活方式,丰富人民的精神世界,在全社会普遍形成追求理想、追求文明、追求成功的精神导向,形成与时俱进、奋发有为、昂扬向上的精神状态。

弘扬"三创"精神,要坚持以优秀的作品鼓舞人。文学艺术是时代精神的火炬、人民奋进的号角。要大力加强优秀文学艺术作品的生产力度,用更多的精神产品滋养人的精神,升华人的思想,陶冶人的情操。作家艺术家和一切文化工作者,要坚持"三贴近"原则,深入到"三创"的火热实践中去,抓住江苏各个领域、各项工作探索早、经验新、措施实的鲜明特点,用自己的作品塑造典型、讴歌创造、鼓舞人民。

弘扬"三创"精神,要在各项政策措施上形成鲜明导向。现实生活中不敢创业、不愿创新、不求创优的现象所以存在,最根本的还是旧观念、旧体制、旧做法仍然在抑制着人民群众的创造活力。我们要通过政策导向、法律保障、制度安排,坚决冲破一切妨碍"三创"的思想束缚,坚决革除影响"三创"的体制障碍,坚决改变一切束缚"三创"的陈规陋习。第一,要全面贯彻尊重劳动、尊重知识、尊重人才、尊重创造的方针,尊重和保护一切有益于人民和社会的创业创新创优成果,使所有合法创造财富的劳动都能获得相应的利益分配。第二,要不失时机地推进改革,坚持和完善现阶段的基本经济制度,继续调整所有制结构,深化农村、国有企业、事业单位改革,加快转变政府职能,大力培育各类新经济组织,发展壮大新的社会阶层,释放全体劳动者的创造潜能。第三,要制定完善配套的创业创新创优政策,加速发展民营经济,鼓励支持农村劳动力转移、职工转岗创业、干部离岗创业、科技人员创办科技企业;设立各种类型的创业创新基金,加大对创新创优的奖励;开展针对不同群体的技能培训,建立终身学习的制度,为人民群众的"三创"实践奠定基础。

树立和弘扬与以人为本、全面协调可持续发展新江苏相适应的新江苏精神,建设适应“两个率先”实践的思想文化，为江苏构建社会主义和谐社会创造和谐一致的思想基础，是全省宣传思想工作服务大局的重要抓手，也是全省宣传文化事业发展提高的难得机遇。这些年来，我们在各个领域取得的成绩，都是与重视运用宣传思想工作来推动思想解放、推动决策落实、动员群众、化解矛盾分不开的。宣传思想战线以建设文化大省为载体，努力提高建设社会主义先进文化的能力，取得了新的成绩，创造了新鲜经验。但也要看到，人民群众对思想文化建设的满意度还不够高，宣传思想工作仍然存在服务中心不够紧的现象。全省宣传思想战线要主动顺应“两个率先”的创业创新创优实践主流，展开理论武装、新闻宣传、文学艺术、文明创建、发展文化事业和文化产业等各项工作，在树立和弘扬“三创”精神中发挥主阵地作用。同时，要身体力行“三创”精神，坚持解放思想、实事求是、与时俱进，创新宣传内容、创新工作形式、创新管理体制和工作机制，不断提高建设社会主义先进文化的能力，不断提高服务大局的能力，努力使江苏的宣传思想工作走在全国的前列。

“三创”精神是面向全省人民、涉及各个领域、贯穿“两个率先”全过程的。各级党委、政府要从全局的高度，充分认识树立和弘扬“三创”精神的重要性和紧迫性，从制定政策、改善服务、营造环境入手，周密部署，全力推动。各级领导干部要带头弘扬“三创”精神，广大党员要把树立和弘扬“三创”精神作为保持先进性的具体实践，充分发挥积极性主动性创造性，努力成为创业的榜样、创新的能手、创优的标兵。全省人民行动起来，紧密地团结在以胡锦涛同志为总书记的党中央周围，高举邓小平理论和“三个代表”重要思想伟大旗帜，坚持不懈地在党的指引下创业创新创优，江苏“两个率先”的共同理想就一定会成为现实。

孙志军同志在全省宣传部长会议上的讲话

（2005年1月7日）

同志们：

我们这次全省宣传部长会议，是经省委同意召开的。日前，省委常委会专题听取了全国宣传部长会议精神的传达和2004年全省宣传思想工作情况、2005年工作安排的汇报，对今年全省宣传思想工作提出了明确要求。省委拟定于春节后召开全省宣传思想工作会议，为了及时传达全国宣传部长会议精神，抓紧部署全年的宣传工作任务，同意先召开宣传部长会议。根据中宣部的统一部署和省委常委会提出的要求，结合工作实际，在省委宣传部部务会讨论的基础上，我讲几点意见。

一、紧贴中心，服务发展，去年宣传思想工作取得新成效

2004年是江苏发展历程中极不寻常的一年。面对困难多、矛盾多、挑战多的复杂形势，全省宣传思想战线更加坚定自觉地高举邓小平理论和“三个代表”重要思想伟大旗帜，更加坚定自觉地服从服务于经济建设中心和全党工作大局，着眼于加强党的执政能力建设，巩固马克思主义在意识形态领域的指导地位；着眼于树立和落实科学发展观，既快又好地推进“两个率先”；着眼于促进社会全面进步和人的全面发展，在整体推进中集中力量抓大事，在“三贴近”中坚持正确导向不动摇，各项工作取得了新的进展。

1. 理论武装不断推进、确有成效，积极推动了“三个代表”重要思想和十六届三中、四中全会精神的学习贯彻。在全省县以上中心组开展了“树立和落实科学发展观”专题学习及课题调研征文。组织开展了学

习型干部队伍建设调研活动，为省委代拟了《关于推进学习型干部队伍建设的意见》。制定下发《关于进一步繁荣发展哲学社会科学的意见》，召开全省哲学社会科学工作大会，提出建设社科强省的目标。举办了“江苏发展道路和发展特色”系列课题招标研讨，完成了23个研究课题。

2. 新闻舆论导向正确、基调昂扬，营造了率先发展、科学发展的浓厚氛围。围绕学习贯彻中央和省委全会精神，组织了系列宣传战役，大力推进科学发展观的宣传，加强和改善宏观调控的宣传以及加强党的执政能力建设的宣传。其中，省委常委廉洁自律承诺、干部人事制度改革和“法治江苏”、“平安江苏”、“新苏商”、南京创建文明城市等宣传形成了规模和声势。对外宣传江苏取得新拓展，一年来在人民日报发稿1170多篇，头版头条11篇，新华社发江苏各类稿件5521篇，在中央电视台发片1977条，《新闻联播》用稿358条，其中头条15条。省广电总台主办的“江苏卫视国际频道”已于10月正式开播，并在北美落地，受到海外各界的关注。

3. 思想道德教育重点突出、求新求实，形成了社会各方面热情关心和积极参与的良好局面。精心组织纪念邓小平同志诞辰100周年“六个一”系列活动，集中展示邓小平理论特别是小康社会思想在江苏成功实践的鲜明特色。实施未成年人思想道德建设“六大工程”，50件实事的“行动计划”，推出了12项作用大、影响大的重点专项工作，在省内外产生较大反响。组织开展“江苏未成年人网络文明行”活动，推动爱国主义教育基地等公共文化设施向未成年人免费开放，在全国省级广电媒体中率先开播少儿频道。与中宣部联合在南通举办首届中国公民道德论坛，以此为平台，较好地宣传了江苏的建设成就和公民道德建设的积极探索。

4. 文化体制改革积极稳妥、重点突破，增强了宣传文化事业的活力、实力和竞争力。积极推进全国文化体制改革试点工作，加快培育文化市场主体，省演艺集团和新华发行集团率先改企转制，受到中央领导及中宣部的肯定。认真落实中央有关经济文化政策，初步形成了《江苏省支持文化体制改革和文化产业发展的若干政策》。召开了全省文化体制改革工作座谈会和全省部分民营文化企业负责人座谈会。精神产品生产取得新成果，在电视金鹰奖和戏曲文华奖等国家大奖评比中，均取得优异成绩。

5. 宣传文化领域的宏观管理立足主动、着眼建设，加强了党对意识形态领域的控制力。充实加强新闻阅评工作，建立新闻舆情分析和阅评通报制度。调整管理理念，注重引导和推动都市类报刊融入主渠道，唱响主旋律。对少数违规违纪新闻单位作出严肃处理。建立了定期向中央驻苏及省属媒体的通报协调制度。出台了违纪违法大要案件和突发性事件报道的有关意见。强化对互联网信息的监管，建立了网上宣传队伍和阅评员队伍。加大了社会舆情的分析研究力度。

6. 宣传文化系统自身建设摆上位置、切实推进，促进了宣传文化干部整体素质的提高。在新闻、出版、文艺战线广泛开展了“三项学习教育”活动，举办新闻、出版、文艺等方面骨干学习培训班。年底组织了全省新闻、出版战线学习贯彻十六届四中全会精神领导干部研修班。胜利召开了省第七次文代会、第六次作代会和省社科界第七次代表大会，省文联、作协及社科联换届顺利圆满。

一年的工作实践，使我们感受较深的，一是宣传思想战线必须坚定不移地坚持党性、高举旗帜，用“三个代表”重要思想统领各项工作，只有这样，宣传思想工作才能始终保持正确的政治方向，才能在全省的工作大局中较好地发挥统一思想、凝心聚力、团结鼓劲的作用。二是宣传思想工作必须紧贴中心，服务大局，在整体工作中明确定位，实现与全局互动，只有这样才能成为党委政府指导和推动工作最重要的一支力量。三是宣传部门必须跳出部门自身，充分发挥在意识形态领域统揽全局、协调各方的作用，把各种社会资源整合起来，把各方面的积极性调动起来，形成大宣传的格局，形成齐抓共管的合力，只有这样，宣传工作才能有大作为。四是宣传思想工作必须始终坚持"三贴近"的原则，在深入调研、因地制宜、尊重规律、把握需求的基础上，创新思路，创新载体，只有这样，才能使宣传思想工作更具针对性、实效性。五是宣传思想工作必须真抓实干，着眼建设，始终坚持把立足现实和着眼发展结合起来，治标和治本结合起来，提出工作要求和解决落实途径结合起来，只有这样，才能使各项工作既有原则要求，又有可操作性，真正做到实处、落到基层、注重效益。

在充分肯定成绩的同时，也应该清醒地看到，我们的工作中还存在一些薄弱环节，与省委的要求和人民的期望还有差距，与迅速发展的新形势还不适应。宣传思想工作的内容、形式、手段、途径需要改进创新；文化事业和文化产业的发展、文化体制的改革需要加大力度，加快步伐；各类宣传文化阵地特别是新闻传媒和互联网还需加强管理；基层的宣传思想工作亟待更多的关心与支持，等等。这些问题，必须引起高度重视，采取有效措施，认真研究解决。

二、突出重点，整体推进，扎实做好2005年宣传思想工作

2005年是贯彻十六届四中全会精神、全面加强党的执政能力建设、全面落实科学发展观、积极构建和谐社会的开局之年，是完成"十五"计划、衔接"十一五"发展的关键一年，也是我省加快"两个率先"进程、苏南部分县市率先实现全面建成小康社会综合指标的攻坚之年。宣传思想工作统一思想、凝聚力量、振奋精神的任务很重，促进改革、加快发展、维护稳定的任务也很重。我们必须按照中央、省委的要求和全国宣传部长会议精神，正确分析和把握宣传思想工作面临的新形势、新任务，科学确定今年工作的指导思想和总体布局，精心安排全年工作。

根据中宣部和省委的部署要求，2005年全省宣传思想工作要的总体要求是：高举邓小平理论和"三个代表"重要思想伟大旗帜，全面宣传贯彻十六大和十六届四中全会精神，

全面落实科学发展观，坚持解放思想、实事求是、与时俱进，坚持贴近实际、贴近生活、贴近群众，坚持创新理念、创新内容、创新形式、创新手段，突出弘扬"三创"精神，推进"两个率先"，构建和谐社会的主题教育，努力为改革发展稳定提供强有力的理论指导、舆论力量、精神支柱和文化条件，动员全省人民为建设以人为本、全面协调可持续发展的新江苏而努力奋斗。

2005年总的工作布局是：贯穿一条主线，突出一个主题，把握六个关键环节，围绕提高七个方面的能力整体推进宣传思想工作各项任务的落实。贯穿一条主线，就是把学习贯彻"三个代表"重要思想，学习贯彻十六大、十六届四中全会精神，学习贯彻以人为本、全面协调可持续的科学发展观作为首要任务，贯穿全年，贯穿各项工作。突出一个主题，就是弘扬"三创"精神，推进"两个率先"，构建和谐社会，形成团结奋进、昂扬向上、开拓创新、安定和谐、求真务实的主旋律。把握六个关键环节，就是抓导向，抓改革，抓创新，抓发展，抓管理，抓队伍，巩固

成果,奋力开拓,不断推动宣传思想工作取得新进展、新成绩。围绕提高七个方面的能力整体推进宣传思想工作,就是抓住关键环节,抓住能带动全局的基础性战略性工程,抓住作用大、影响大的具体实事,扎实推进以下七个方面的重点工作:

1. 提高巩固马克思主义在意识形态领域指导地位的能力,着力把学习贯彻"三个代表"重要思想不断引向深入。今年宣传思想工作的重中之重,就是要把已经兴起的学习贯彻"三个代表"重要思想新高潮向广度拓展、向深度推进。

紧紧围绕江苏"两个率先"的实践,大力推动理论创新。要紧密联系江苏推进"两个率先"、构建和谐社会的实际,对江苏"两个率先"的积极实践作出新概括,对实现"两个率先"进程中战略性、全局性重大问题开拓新思路,对促进又快又好地实现"两个率先"的科学发展确立新对策。注重研究苏南部分县、市率先实现全面小康社会主要指标的历史变化,注重研究江苏构建和谐社会的实践探索,注重研究江苏落实科学发展观促进可持续发展的创新举措,形成一批有社会影响、有理论深度、有创新价值的理论成果。

紧紧抓住县处级以上领导干部这个重点群体,大力加强中心组理论学习。要着眼于把握主题,全面深刻领会胡锦涛总书记视察江苏时的重要讲话精神,把思想统一到中央对江苏发展的最新要求上来,把科学发展观贯穿到发展的整个过程和各个方面的工作中去。要着眼于学以致用,力求在思想认识上达到新的高度,在指导实践上取得新的成效,在推动工作上实现新的突破。今年,全省将在县处级以上领导干部(重点是县以上中心组成员)中开展"提高执政能力,构建和谐社会,推进'两个率先'"专题学习调研活动。

紧紧抓住保持共产党员先进性教育活动的重大契机,扩大理论武装覆盖面。结合中央和省委关于开展党员先进性教育活动的重大部署,认真做好有关宣传教育工作。积极推进基层党员教育和基层党校建设的创新发展,部署开展全省基层干部党员的教育轮训工作。制定《江苏省基层党校建设工作条例》,充分发挥各级各类基层党校的作用。

紧紧围绕建设学习型干部队伍这一目标,力争今年有大的起色和成效。认真贯彻落实省委《关于推进学习型干部队伍建设的意见》,是今年全省宣传思想战线的一项重要任务。在工作推进上,要办好学习成果交流展示的"两级论坛":即省级机关厅局级领导干部学习论坛和县(市)党政领导干部学习论坛。抓好三项重点工作:即创设"江苏干部学习网";开办机关干部系列学习讲座,制定干部学习三化(工业化、城市化、经济国际化)的课程菜单;制定领导干部学习学分制考核办法,建立干部个人学习档案及相关管理制度。

紧紧围绕江苏建设社科强省的奋斗目标,抓紧制订江苏参与实施马克思主义理论研究和建设工程的总体规划,加强研究基地、学科、文库和人才队伍建设。注重应用理论对策研究,重点解答广大群众关心的现实课题。积极推动高校政治思想理论课建设,推进高校"两课"教学改革和"三进"工程。研究制订江苏哲学社会科学事业发展十年规划。

2. 提高引导社会舆论的能力,进一步激发全社会科学发展的创造活力。抓宣传就得抓舆论、抓导向。各级宣传部门要牢牢把握党管媒体的基本原则,始终坚持团结稳定鼓劲、正面宣传为主的方针,充分发挥新闻媒体优势,使全省各类新闻媒体真正成为社会舆论的引导者、社会稳定的维护者与和谐社会的建设者。

要不断提高主旋律的领唱能力，为建设以人为本、全面协调、可持续发展的新江苏鼓与呼。要真正使服务大局的导向成为主导，围绕大局营造的氛围富有实效，关键在于始终保持主调高昂、主题鲜明、主线突出。今年全省宣传思想战线要紧扣“弘扬‘三创’精神，推进‘两个率先’、构建和谐社会”的主题，通过集中宣传、典型推广、成果展示等多种方式，上下呼应，贯穿全年，真正使这一主题成为引领干部群众前进的主导思想，成为促进江苏既快又好发展的时代强音。各级党报党刊、电台、电视台要在弘扬主旋律方面发挥主渠道作用，保证中央和省委的政令畅通。要进一步大力宣传干部群众中涌现的、体现“三创”精神的具体典型，营造良好氛围，展示时代风采；大力宣传基层实现“两个率先”的创新和创造，总结发展特色，提炼新鲜经验；大力宣传各地贯彻落实科学发展观，构建和谐社会的实践探索，通过卓有成效的宣传，形成舆论强势，使“两个率先”的宏伟目标更加深入人心，使建设以人为本、全面协调可持续发展的新江苏更加深入人心，使构建社会主义和谐社会的观念更加深入人心。

要不断增强正面宣传的组织策划能力。各级宣传舆论部门要善于围绕党委政府的中心工作，策划一批重点选题，组织全方位、多体裁、系列性的报道，形成一个时期一个阶段的宣传主题，使党的主张和中心工作真正成为全社会的舆论中心。今年，特别要注重做好先进典型宣传的组织策划工作。要选择那些既体现时代精神，又具有深厚群众基础的先进典型，精心策划、精心采访、精心写作，切实改进典型宣传，增强社会效果，力争推出在全国产生重大影响的典型，展示新时期江苏人的崭新风貌。各地要通过现代传媒持续不断地推出各类正面典型，从3月份起，省里将每周推出一个“三创之星”。同时，还将组织“苏南新跨越建全面小康，苏中新崛起争过江进位，苏北新发展超全省增幅”等大型系列采访活动。

要不断增强把握新闻舆论导向的能力。做到把握适度不能只靠自发性，要靠科学的管理；不能只对一时一事，要靠有效的机制。今年围绕强化对新闻媒体的导向把握，要着重做好四个方面的工作：一是在全省推开新闻发言人制度，规范党委、政府工作的新闻发布行为。二是继续改进会议和领导人活动的报道，坚持“三贴近”原则，注重新闻价值，讲求实际效果。三是加强对重大群体性事件报道的管理和对社会热点问题的引导，完善突发事件新闻报道快速反应和应急协调机制。要慎重对待敏感问题的公开报道，做到慎重处理，妥善引导，把握适度。四是加强和改进舆论监督工作，做到客观公正，事实准确，有利于问题的解决，有利于改进工作，有利于社会稳定。

要不断增强主动出击、抢占网上舆论制高点的能力。要认真贯彻中央有关精神，高度重视互联网、手机等新兴传媒对社会舆论的影响，掌握新兴传媒的宣传主动权。今年省里将建立全省互联网信息安全工作联席会议制度，统一指挥和协调全省互联网信息安全工作。要加强互联网宣传队伍建设，组织一支思想素质好、懂新闻宣传、反映灵敏、熟悉网络语言的网上评论员队伍，加强网上舆论的监控管理。中国江苏网等重点新闻网站要不断提高水平，办成国内一流的综合性网站。

3. 提高构建社会主义和谐社会的能力，深入推进思想道德建设和精神文明创建。以“创业创新创优”为核心的新时期江苏精神，是江苏区域综合竞争力的重要组成部分，是构建和谐社会的重要内容。宣传和培育新时期江苏精神，要密切联系改革开放和现代化建设的实践，与江苏人民的优良传统结合起来，与保持共产党员先进性教育结合起来，与宣传我省各行各业的先进模范人物结合起来，通过推进“两个率先”的生动实践来提炼，通过新时代的先进典型来弘扬，通过党员干部队伍的模范行动来引领，通过优秀文艺作品和艺术形象的创作来展现，通过城市综合环境整治和文明创建来塑造。

努力实现基层思想政治工作的新开拓。构建和谐社会关键在群众，重点在基层。今年主要是两个突破和两大举措。两个突破，一是在基层宣传工作主渠道、主阵地建设上有所突破，针对基层特别是农村阵地建设上存在的薄弱环节，加大扶持力度。二是在探索新群体、新领域思想政治工作新思路上有所突破，切实加强非公有制企业、流动人群、城市社区和新社团等新群体新领域的思想政治工作。两大举措，一是在全省城乡集中开展系统的形势政策教育。各级领导干部要带头做形势政策报告。二是组织评选“思想政治工作创新奖”，集中表彰一批有新意、有成效的思想政治工作好方法、好手段、好经验，切实推动基层思想政治工作。

积极组织实施公民道德建设工程。在全省组织开展“诚信江苏”系列教育，宣传一批诚信企业。抓紧实施未成年人思想道德建设行动计划，抓好50件实事特别是12项重点专项工作的落实。筹建全省青少年校外实践教育基地，推动“弘扬‘三创’精神，争做新一代江苏人”主题活动深入开展。以中央召开加强和改进大学生思想政治教育工作会议为契机，采取切实措施，把思想道德教育融入课堂教学、社会实践、校园文化等各个环节。

今年是抗日战争暨世界反法西斯战争胜利60周年、长征胜利70周年及郑和下西洋600周年，各地要抓住契机，加大爱国主义教育力度。要把加强爱国主义教育基地建设与组织开展红色旅游活动结合起来，寓教于乐，寓教于游。积极建设江苏爱国主义教育网。要围绕纪念抗战胜利60周年，抓紧实施江东门纪念馆改扩建工程。要精心筹办南京大屠杀史料赴京展出和南京博物院抗战胜利60周年史料展览。要推出一批弘扬民族精神的优秀作品，组织民族交响乐《和平颂》晋京演出。

广泛开展群众性精神文明创建活动。要以迎接十运会、迎接首批全国文明城市创建为契机，全面推进精神文明创建工作深入发展。按照“办好十运会、展示新江苏、推动新发展”的总体要求，部署实施“双迎双提升”计划，组织开展“创文明城市，迎十运盛会”主题创建活动。要以全国学习、宣传张家港先进典型十周年为契机，配合中宣部、中央文明办举办“中国首届全国文明创建论坛”，总结经验，探索规律，推动文明城市创建向深入发展。

4. 提高满足人民群众日益增长的精神文化需求的能力，在深化改革中推动文化创新与繁荣。一是要抓好重点精神产品生产，推动多出优秀作品。要以组织实施全国第十届、省第六届精神文明建设“五个一工程”为龙头，继续推进省舞台艺术等六大精品工程的实施。要创新思路，面向市场，改革体制机制，明确扶持政策，逐步建立完善“采购订货”制，把定向创作生产和面向社会公开招标创作生产结合起来，面向社会，推出一批精神文化产品生产招标项目，引导和推动积极健康、群众受益的精神文化需求。二是抓好文化品牌建设。充分利用江苏优势文化资源，借鉴国际国内文化产品生产的新形态，策划、组织在全国领先或具有独创性的江苏文化品牌活动，进一步推进民族民间和特色文化保护工程。三是抓好“文化江苏”的宣传。开设名家讲坛，创办文化宣传品牌栏目，编辑“文化江苏丛书”，宣传一批江苏当代文化名人名作。四是抓好重点文化设施的建设。要进一步加大各级财政对宣传文化事业的投入力度，力争用5年左右的时间使江苏的文化设施建设走在全国各省(市、区)前列。省里集中建好江苏大剧院、江苏广电城、江苏国际图书中心等十大重点文化设施。

全力推进文化体制改革。总的要围绕解放和发展文化生产力，继续坚持事业产业两手抓，宣传经营两分开的思路，一手抓公益性文化事业，一手抓经营性文化产业，“两个轮子”一起转。今年，全省要根据中央文化体制改革的总体部署，研究制订江苏文化体制改革试点工作方案，推出一批省级文化体制改革试点地区和试点单位，以点带面，推动文化体制改革取得新进展、新突破。一是推动经营性国有文化事业单位转企改制，积极塑造新型文化市场主体。按照中央已明确的六类经营性文化事业单位必须转制为企业的要求，制订经营性文化事业单位转制方案，纳入当地事业单位改革总体布局。继续深化省属文化产业集团的改革，加快发展一批国有或国有控股的大型文化企业和企业集团。二是着力培育文化产业新的增长点，提升文化产业的整体实力。全面实施《江苏省文化产业发展规划》，调整文化产业结构，推进文化产业基地和文化产业园区建设。研究制定扶持动漫、卡通、电脑游戏等新兴产业发展的政策措施，推出一批高文化附加值、高自主知识产权、高社会就业率的行业和项目，形成具有核心竞争力的新兴文化产业。制订投资文化产业指导目录，培育一批重点民营文化企业。三是着力创新文化宏观管理体制。进一步推进政事分开、政企分开、管办分开。探索建立新型国有文化资产管理体制，把管人管事和管资产结合起来，掌握国有文化资产配置的控制权，确保党对意识形态工作的领导权。

着力提高基层文化服务的能力和水平。要努力构建覆盖全省、比较完备的公共文化服务体系，保证广大群众共享文化发展的成果。今年的重点是提高基层特别是农村的公共文化服务能力，通过组织“三下乡”、百部电影送千村、送戏下基层等活动，为广大农民提供经常性的文化服务。

5. 提高树立江苏良好国际形象的能力，努力构建大外宣格局。要认真贯彻中央对外宣传工作会议精神，以让世界了解江苏、让江苏走向世界为总体目标，加快实施外宣工作的六大工程，落实对外宣传40件实事，拓展江苏外宣工作新领域。

一是注重外宣产品的制作。要面向国际市场和外国受众的需求，强化精品意识，多用海外受众易于接受的语言和方式，多用海外受众可以理解的节目和产品，以丰富多彩、生动有效的形式来贴近受众、吸引受众。同时要积极探索外宣品市场发行的办法，提高外宣产品在海外的“落地率”。

二是注重外宣活动的开展。进一步加大“走出去、请进来”的力度，精心组织开展各种主题外宣和文化交流活动。今年要着重办好“长江论坛”，使它成为世界大河流域城市企业及其研发机构广泛关注的区域性国际年会。进一步丰富对外文化交流的内容，充分利用我省经济发展优势、人文资源优势、文化品牌优势，大力拓展对外文化交流渠道。

三是注重外宣资源的整合。要充分调动各方面积极因素，整合外联、经贸、教育、科技、文化、旅游、体育等多方资源，把对内宣传和对外宣传结合起来，把专职队伍同社会力量结合起来，各尽所能、各展所长，形成对外宣传的整体合力。用一到二年的时间，建立起由省委对外宣传领导小组统一领导，省委宣传部统一协调，各地区、各部门和社会各方面积极参与、相互配合、运转有效的领导体制和运行机制，构建全方位、多层次、宽领域的大外宣格局。

6. 提高掌握意识形态领域工作主导权的能力，切实加强对宣传文化领域的管理。我们各级宣传部作为党管意识形态工作的重要职能部门，一定要从讲政治的高度，切实认清责任、负起责任，真正把守土有责，加强管理，作为做好工作的基本要求。当前，要进一步把思想和行动统一到中央关于意识形态工作的形势判断和工作部署上来，以积极参与而不是消极防范的姿态，认真分析意识形态领域面临的新情况、新问题、新挑战，研究制订加强意识形态领域管理的办法，逐步形成管队伍、管阵地、管资产相结合的管理制度和机制，切实增强党对意识形态领域的控制力，牢牢掌握主导权。

要进一步明确管理职责，各地各部门要按照中央确定的"谁主管谁负责"和属地管理的原则，切实担负起领导责任、把关责任。既要管好宣传业务，又要管好经营活动；既要看好宣传阵地，又要带好自身队伍，及时发现和处理本地本领域出现的问题，不能把矛盾和问题上交。

要进一步突出管理重点，着力抓好新闻出版、社科研究机构等重点单位，抓好互联网站、手机短信、社会都市类报刊、民办社科研究机构和文化工作室、课堂论坛讲座等重点环节。确保所属舆论阵地坚持正确的舆论导向，所属文化单位提供健康向上的文化产品，所属互联网站和各种媒体成为传播有益信息的渠道，所属高等院校、党校、社科研究单位成为宣传科学理论、先进文化的重要阵地，决不给违反宪法和法律的错误观点提供传播渠道。

要进一步落实管理制度，坚持和完善一些业已形成的行之有效的规章制度，同时，要适应科学管理、依法管理的新形势，建立和健全一整套适应新要求的管理措施。今年，我们将在调研基础上形成一系列加强意识形态领域管理的规范性意见，包括《新闻媒体领导班子和重要部门负责人任职资格的意见》、《加强都市类报刊管理的具体意见》、《加强网络管理的意见》等等，使宣传文化管理在制度化、规范化建设上有质的提高。

要进一步加强舆情信息工作，充分发挥宣传文化系统对各专门领域工作熟悉和境内外信息渠道较多的优势，建立健全社会舆情汇集、分析和预警、反馈机制，真实掌握社会思想动态和各种舆情信息，发现问题，及时上报，妥善处理，切实增强意识形态领域管理的针对性和有效性。

7. 提高宣传思想工作队伍驾驭意识形态工作的能力，切实加强自身建设。一是抓好领导班子建设，确保宣传文化单位的领导权牢牢掌握在忠诚于马克思主义、忠诚于党和人民的人手中。加强领导班子的思想建设重在增强政治意识、大局意识和责任意识，始终服从服务于大局，做到守土有责。加强组织建设重在优化结构、提高素质，加大干部培训和交流的力度，使宣传文化系统的干部真正知全局、把导向、懂业务、管本行。加强作风建设重在落实民主集中制，完善议事和决策机制，做到议而有决、决而有行、行而有果。

二是抓好学习型宣传干部队伍建设。按照学习型、创新型、务实型干部的要求，不断提高宣传干部的综合素质。要在全省新闻出版、文艺理论战线进一步深化和拓展"三项学习教育"活动，在全社会树立宣传干部的良好形象。要把"三项学习教育"活动同保持共产党员先进性教育紧密结合起来，使全省宣传思想工作者在学习贯彻"三个代表"重要思想的自觉性和坚定性上取得新提高，在牢固树立马克思主义观点、把握宣传工作正确导向上取得新进展，在加强职业道德修养、树立良好形象上取得新成效。

三是抓好宣传文化优秀人才培养。要在全省精心组织实施理论、新闻、文艺、出版"四个一批"人才培养工程，着力培养、推出一批在国内外有地位、有影响的拔尖文化人才，构筑江苏宣传文化人才高地。今年要选拔100名左右优秀宣传文化人才，进全国名校专业深造，到国外学习培训提高，在基层一线挂职锻炼，推荐参加有影响的展演、学术交流研讨，千方百计创造条件，使他们成为未来一个时期我省宣传思想战线各个方面的领军人物和学术带头人。同时，要着力培养一批熟悉意识形态工作、懂经营、善管理的文化经营管理人才。

三、团结拼搏，求真务实，确保2005年宣传思想工作落在实处

当前，贯彻党的十六届四中全会精神，落实中央有关文件的总体要求和全国宣传部长会议的总体部署，不断提高党的执政能力、巩固党的执政地位，宣传思想战线承担着极其重大的责任和极为繁重的任务。我们一定要认清形势，充分估计到推动工作的复杂性和艰巨性，按照中央和省委的要求，坚定信心、振奋精神，求真务实，把今年宣传思想战线确定的大事、实事，一件一件，不折不扣地抓好落实。工作中，要重点把握好以下几点：

*1. 保持政治清醒，在把握原则和方向中掌握主动。*胡锦涛总书记指出，意识形态领域历来是敌对势力同我们激烈争夺的重要阵地，如果这个阵地出了问题，就可能导致社会动乱甚至丧失政权。对宣传思想工作来说，最根本的任务就是巩固和发展社会主义意识形态，就是不断巩固马克思主义的指导地位，不断巩固全党全国人民团结奋斗的共同思想基础。这是一项政治性、政策性很强的工作。做好这项工作，必须始终保持政治上的清醒和坚定，始终坚持正确的政治立场、政治方向和政治观点，始终坚守政治原则、政治纪律，不断增强政治敏锐性和政治鉴别力，在思想上、行动上与党中央保持高度一致。要善于见微知著、冷静思考、明辨是非，正确分析意识形态领域的形势，把握意识形态工作的大局，增强预见性和洞察力。要善于从政治上观察和处理问题，以谨慎的态度应对各种风险和挑战，做到大事面前不糊涂、关键时刻不动摇，对存在问题敢抓敢管，努力提高把关水平。全省宣传思想战线都要坚定不移地贯彻中央关于意识形态工作的重大决策和部署，任何时候都不能忘记自己肩负的责任，任何时候都不能放松政治这根弦，任何时候都不能给错误思想提供传播渠道，牢牢把握先进文化的前进方向，不断提高驾驭意识形态工作的能力和水平。

*2. 着力整合资源，在融入中心和大局中形成合力。*宣传思想工作是事关党的事业发展全局的大事，是涉及全社会改革、发展、稳定的重要工作。必须把宣传思想工作放在党和政府的工作中心和大局中去看，放在推动中心任务的落实中去干，善于整合资源、调动全社会的力量共同做好工作。省委强调，从事宣传思想工作一定要有强烈的政治意识、大局意识，善于在全局工作中明确自己的定位，以省委的中心工作为自己的中心工作；宣传部要做的工作很多，但绝不能把宣传工作部门化，宣传工作的作用是在全党全局工作中体现出来的。我们要按照省委的要求，自觉把宣传思想工作融入党委、政府的工作中心和大局中，形成党委统一领导、党政各部门和社会各方面齐抓共管、各负其责的工作体制，形成大宣传的格局。要善于站在全局的角度思考问题，始终把那些关系党委政府工作大局，关系人民群众切身利益，关系宣传文化事业改革发展全局的大

事牢牢抓在手里，重在管好宏观，抓好导向，掌握动态，制定政策，重在宏观指导、策划协调，抓好示范性、引导性的工作，调动社会各方面的积极性，形成宣传思想工作的合力。要把做好做足组织和发动的工作放在突出位置，努力使社会的方方面面积极参与，共同发展，形成宣传工作的大合唱、大循环。

3. 坚持与时俱进，在推进创新和发展中增强活力。我们要按照体现时代性、把握规律性、富于创造性的要求，以“三贴近”为突破口和基本原则，大力推进宣传思想工作的观念、内容、方法、手段和体制机制不断创新。要立足现实、着眼发展，充分认识时代发展对宣传思想工作提出的新要求，适应工作对象的新需求，在继承优良传统的基础上与时俱进，在总结新鲜经验的过程中开拓创新。善于把体现党的意志与反映人民心声统一起来，把丰富的内容和有效的形式统一起来，把传统宣传教育手段与现代科学方法统一起来，善用新闻传媒手段，善用新型文化载体，善用群众性创建和社会实践活动，推动各种现代传播方式和教育手段的融合，更好地适应群众的需要和接受能力，不断增强宣传思想工作的针对性和实效性。要抓住关键、突出重点，用新思路开创新局面。把深入的理论研究与广泛的宣传普及结合起来，整合新的思想理论资源，提高工作的说服力、战斗力；把解决思想问题与解决实际问题结合起来，妥善协调社会各阶层各群体的利益诉求，坚持既鼓励先进又照顾多数，既统一思想又尊重差异，既加快发展又抓好统筹，提高工作的贴近性、实效性；把党报党刊的喉舌功能与都市类报刊、网上舆论的有效引导结合起来，扎实推进“三改进”工作，努力使主流舆论在社会上站住脚，在群众中受欢迎，提高新闻传媒的公信力、亲和力、影响力；把增强宏观控制力与提高微观竞争力结合起来，健全与科学执政、民主执政、依法执政相适应的宣传文化管理体制，探索建立和完善有利于理论创新的社科规划和管理机制、有利于繁荣创作生产的保障和激励机制、有利于打好主动仗的新闻快速反应和应急协调机制、有利于及时掌握思想动态的社会舆情汇集和分析机制，不断提高宣传思想工作的整体效能。要把宣传思想工作的创新与宣传文化事业的发展紧密结合起来，在创新中强化发展意识，坚持用创新的办法解决发展中的难题，不断开阔发展的新思路，开辟发展的新途径，使创新的成效落实到加快宣传文化事业的发展上来，不断增强宣传文化事业的活力、实力和竞争力。

4. 做到勤学善思，在迎接变革和挑战中加强学习。现代社会，宣传思想工作涉及的知识领域不断拓宽，工作对象的信息渠道不断增多、主体意识不断增强、思考能力不断提高。可以说，宣传思想工作每天都要面临许多新情况、新问题，都要面对许多新变革、新挑战。我们从事宣传思想工作的同志，在迎接变革和挑战中，必须高度重视学习，增强学习的危机感和紧迫感，切实解决“知识恐慌”、“本领恐慌”的问题。各级宣传部要带头建设成为学习型的机关，宣传部的干部要自觉成为学习型的干部。宣传部的干部要真正成为宣传文化工作的专门人才，大家对党的方针政策就要多学习一点，对宣传文化工作的知识就要多掌握一点，对宣传思想工作的开拓创新就要多思考一点，只有这样，才能对全局工作多贡献一点，真正通过学习使每一位干部工作有思考，创新有活力，切实在全省宣传文化系统形成创业创新创优的良好氛围。同时，要把学与思、知与行结合起来，使学习思考研究的成果最终落实到指导宣传思想工作的实践上来，通过勤学善思，不断提高驾驭能力、提高工作质量，推动宣传思想工作不断开创新局面，塑造新形象。

同志们，党中央和省委高度重视宣传思想工作，对宣传战线寄予厚望，宣传思想工作者使命光荣、责任重大，我们一定要按照中央和省委的要求，高举邓小平理论和"三个代表"重要思想伟大旗帜，以昂扬向上的精神状态，以开拓创新的实际行动，以求真务实的工作作风，扎实完成宣传思想工作各项任务，为全面推进"两个率先"，建设以人为本、全面协调可持续发展的新江苏作出更大贡献。

孙志军同志在全省宣传思想工作会议上的讲话

（2005年2月28日）

这次会议是在全省上下深入学习贯彻党的十六届三中、四中全会和省委十届八次全会精神，全面贯彻落实科学发展观，加强党的执政能力建设，努力推进"两个率先"、构建和谐社会的新形势下，召开的一次具有全局意义的重要会议，也是我省贯彻落实全国宣传思想工作会议精神，对我省新时期宣传思想工作作出全面安排和部署的一次具有长远指导意义的重要会议。省委对这次会议十分重视，常委会进行了专门研究，有关部门作了精心准备，在充分调研的基础上，出台了一系列加强和改进宣传思想工作的政策文件。今天上午，源潮书记作了重要讲话，对宣传思想工作提出了新的要求，重点对全省上下弘扬"三创"精神、推进"两个率先"、构建和谐社会进行了动员。讲话主题鲜明、阐述深刻、意义重大，具有很强的针对性和指导性，我们要认真学习，坚决贯彻，把弘扬"三创"精神作为我省宣传思想战线服务"两个率先"、构建和谐社会的突破口和重要抓手，主动服务于"创业创新创优"，使"三创"的思想观念深入人心，使"三创"精神成为江苏新的时代精神，努力开创我省宣传思想工作的新局面。

党的十六大以来，我省宣传思想战线在中央和省委的正确领导下，坚持以"三个代表"重要思想和科学发展观为指导，服务中心、服务大局、服务发展，在全省唱响了"两个率先"主旋律，培育和弘扬了以"创业创新创优"为核心内容的新时期江苏精神，宣传思想工作取得了新进展，积累了新经验，展现了新形象。一是兴起学习贯彻"三个代表"重要思想的新高潮并不断引向深入，"三个代表"重要思想进一步深入人心；二是组织实施马克思主义理论研究和建设工程，推进了哲学社会科学的繁荣发展；三是切实改进新闻宣传工作，舆论引导水平不断提高；四是大力弘扬和培育民族精神，扎实推进思想道德建设和群众性精神文明创建；五是进一步加强和改进未成年人思想道德建设，重点实事项目取得有效进展；六是积极推进文化体制改革，文化事业和产业取得了长足的发展；七是一手抓繁荣，一手抓管理，精品生产成果喜人，文化市场健康有序；八是各级党委政府加强领导、加大投入，重大文化项目和重点基础设施建设取得新成果、新进展。总的来看，在我省推进"两个率先"的伟大进程中，江苏文化事业繁荣蓄势待发，文化产业发展不断突破，文化建设高潮即将到来。这样的局面来之不易，这是各级党委、政府正确领导、高度重视的结果，是各有关部门和社会各方面密切配合、大力支持的结果，也是宣传思想战线全体同志团结拼搏、扎实工作的结果。借此机会，我代表省委向大家表示衷心的感谢和诚挚的慰问！

下面，就做好新形势下我省宣传思想工作，着重讲三点意见。

一、正确把握当前宣传思想工作面临的形势，进一步增强责任感使命感

思想领导与政治领导和组织领导一样，

是党的领导不可缺少的组成部分。加强党对宣传思想工作的领导，是我党领导革命和建设事业特别是领导改革开放事业不断取得突破的重要法宝。十六大以来，以胡锦涛同志为总书记的党中央高度重视宣传思想工作，从抓大事、抓实事入手，推出了一系列重大举措。2003 年 12 月，中央召开全国宣传思想工作会议，对新形势下的宣传思想工作进行了全面部署；去年以来，中央多次研究宣传思想领域的工作，先后就繁荣哲学社会科学、实施马克思主义理论研究和建设工程、加强和改进未成年人思想道德建设、加强和改进新形势下对外宣传工作、加强和改进大学生思想政治教育、深化文化体制改革等下发了一系列重要文件，召开了一系列重要会议；党的十六届四中全会从加强执政能力建设的高度，对提高全党建设先进文化的能力进行了新的部署；四中全会闭幕不久，中央政治局常委会又专题研究意识形态工作，并提出了明确意见。中央的这些重大决策和部署，体现了新一届党中央的战略思考和深谋远虑，也为我们在新形势下做好宣传思想工作指明了方向。

切实做好新形势下的宣传思想工作，是正确应对国际国内新形势对宣传思想工作提出的新挑战的需要，是积极呼应“两个率先”伟大实践对宣传思想工作提出的新要求的需要，是科学回答加强党的执政能力建设、构建社会主义和谐社会对宣传思想工作提出的新课题的需要。

第一，国际国内的新形势对宣传思想工作提出了新的挑战。从国际上看，尽管世界多极化和经济全球化趋势仍然在曲折中发展，和平与发展仍然是当今时代主题，但是，这个世界仍很不太平。霸权主义和强权政治有新的表现，各种矛盾和冲突交织在一起，各种思想和文化相互激荡。西方敌对势力正加紧对我国实施西化、分化的战略图谋，通过各种手段千方百计对我国进行思想渗透。江苏作为沿海发达地区，改革开放的桥头堡，也是西方敌对势力和资本主义思想文化争夺和渗透的一个重点地区。从国内来看，随着改革开放的不断深入，人们思想活动的独立性、选择性、多变性和差异性日益增强，社会意识出现多样化的趋势，一些非马克思主义的思想意识也有所滋长，思想理论领域的噪音杂音时有发生。这些情况也必然会反映和影响到江苏来，对此我们不能掉以轻心。如何始终保持政治上的清醒和坚定，增强党在意识形态领域的凝聚力、感召力和控制力，进一步坚持和巩固马克思主义在意识形态领域的指导地位，保持改革开放的社会主义方向，对宣传思想工作提出了前所未有的新挑战。

第二，又快又好地推进“两个率先”对宣传思想工作提出了新的要求。全面实践“三个代表”，全力推进“两个率先”，建设以人为本、全面协调可持续发展的新江苏是 7400 万江苏人民共同的奋斗目标。当前，江苏的改革和发展正处在关键时期。我们推动经济社会发展，既存在着许多有利条件，也存在着各种各样的制约因素，其中主要的是思想观念、体制机制、人才素质、精神状态、环境氛围等因素，这些都与宣传思想工作直接相关，也是宣传思想工作必须思考和解决的紧迫课题。胡锦涛总书记提出要通过广泛深入的宣传思想工作，使全面建设小康社会的宏伟目标深入人心，使推动社会主义物质文明、政治文明和精神文明协调发展的思想深入人心，使全面协调可持续的发展观深入人心，使实现社会全面进步和人的全面发展的观念深入人心，使构建社会主义和谐社会的战略任务深入人心。在江苏“两个率先”进程中，这五个深入人心更是宣传思想战线的重要任务。我们要自觉贯彻科学发展观的要求，统一思想，凝心聚力，引导大家正确把握江苏经济社会发展进入新阶段的客观需要，既紧紧抓住发展机遇，又妥善解决经济发展面临的突出矛盾，实现又快又好的发展。

第三，加强党的执政能力建设对宣传思想工作提出了新的课题。十六届四中全会把提高建设社会主义先进文化的能力作为加强党的执政能力建设的一项重要任务。善于做好新形势下的宣传思想工作是加强党的执政能力建设的重要内容，也是对我们党领导水平和执政水平的一个重要考验。如何自觉地从中国特色社会主义事业长远发展的战略高度来认识意识形态工作，从促进改革发展、维护社会稳定的全局高度来研究意识形态工作，从提高党的领导水平和执政能力、巩固党的执政地位的政治高度来谋划意识形态工作，努力提高做好新形势下意识形态工作的能力，牢牢掌握工作的主导权，进一步提高巩固马克思主义指导地位的能力，提高引导社会舆论的能力，提高推动宣传文化事业发展的能力，提高创新宣传思想工作的能力，对宣传思想工作提出了一系列新的课题，我们要深入思考，认真研究，交出一份合格的答卷。

第四，积极构建社会主义和谐社会对宣传思想工作提出了新的任务。实现社会和谐，建设美好社会，始终是人类孜孜以求的一个社会理想，也是包括中国共产党在内的马克思主义政党不懈追求的一个社会理想。一个国家、一个民族和一个社会，最根本的和谐是人们政治上、精神上的和谐，突出地表现在全体人民有共同的理想和信念，有共同的社会价值观和共同的精神追求，它把全体人民的意志和力量凝聚起来，汇成一股巨大的精神合力，从而成为社会主义物质文明、政治文明、精神文明协调发展的强大精神动力。构建和谐社会，宣传思想战线是一支重要的建设力量，在推进各类经济文化发展的和谐、各类建设力量的和谐、各种思想观念的和谐、各种利益关系的和谐以及人与自然的和谐、社会秩序的和谐中，宣传思想工作有着不可替代的独特作用。宣传思想战线的同志们要认清在构建和谐社会中的职责和使命，充分发挥自身优势，准确把握宣传导向，通过多种形式，把全省人民的积极性、创造性引导到实现“两个率先”、建设和谐社会的共同理想上来。

二、以“三个代表”重要思想为统领，努力开创宣传思想工作新局面

围绕中心，服务大局，是宣传思想工作的根本宗旨和核心任务。今后一个阶段，我省宣传思想工作要以邓小平理论和“三个代表”重要思想为指导，全面贯彻十六大，十六届三中、四中全会和省委十届七次、八次全委会精神，着眼于巩固马克思主义在意识形态领域的指导地位，着眼于服务全省“两个率先”、构建和谐社会的工作大局，着眼于促进社会全面进步和人的全面发展，坚持解放思想、实事求是、与时俱进，坚持以科学的理论武装人、以正确的舆论引导人、以高尚的精神塑造人、以优秀的作品鼓舞人，坚持贴近实际、贴近生活、贴近群众，努力形成体现“三个代表”要求、符合江苏实际的理论指导、舆论力量、精神支柱和文化条件，引导和激励全省人民为建设以人为本、全面协调可持续发展的新江苏而团结奋斗。

第一，高举邓小平理论和“三个代表”重要思想伟大旗帜，推动树立和落实科学发展观，积极构建和谐社会。用邓小平理论和“三个代表”重要思想武装全党、教育人民，是党的事业发展的根本保证，是宣传思想工作的首要任务。要着眼于武装头脑、指导实践、推动工作，紧密联系江苏既快又好地推进“两个率先”的实践，紧密联系加强党的执政能力建设的实践，以党员领导干部为重点，以健全制度为关键，着力提高理论思维和战略思维水平，努力建设学习型政党。积极推动以实践"三个代表"重要思想为主要内容的保持共产党员先进性教育活动，大力促进党员、干部学习。

科学发展观，是在发展问题上对"三个代表"的坚持和实践，也是对能否真正做到"三个代表"的重要检验。科学发展观的提出，标志着我们的发展理念提升到了一个新境界，标志着中国的发展进入了一个新阶段，是发展观念的重大转变，也是发展模式的重大转轨。完成这种思想观念的转变和增长方式的转轨，不是轻而易举的，需要一个教育的过程，一个反思的过程，一个加强学习、统一思想的过程。宣传思想战线要在加强自身学习的基础上，在坚持用科学发展观指导宣传思想工作的同时，向全社会大力宣传、阐释科学发展观，宣传在理解、树立和落实科学发展观上觉醒得比较早、做得比较好的先进地区、先进单位、先进个人，推动全省上下真正把科学发展观作为一种执政理念、工作方针和是非标准，贯穿于"两个率先"、构建和谐社会的全过程。

全面落实科学发展观，加快建设以人为本、全面协调可持续发展的新江苏，必须把构建和谐社会与推进三大文明建设作为"四位一体"的任务，努力建设一个民主法治、公平正义、诚信友爱、充满活力、安定有序、人与自然和谐相处的社会主义和谐社会。围绕这一目标，要在全省广泛开展构建和谐社会群众性教育和实践活动，营造良好的舆论环境，引导人们进一步明确构建和谐社会的目的意义、目标任务、内涵实质和自身责任；引导人们正确认识发展形势，激发构建和谐社会的愿望；引导人们正确把握社会主流，增强建设和谐社会的信心；引导人们正确看待发展中的矛盾和问题，优化建设和谐社会的环境。进一步推动全省上下坚持以促进发展的和谐为基础，以促进利益的和谐为核心，以促进社会关系的和谐为重点，大力推进和谐社会建设。坚持以人为本，全面贯彻落实科学发展观和"五个统筹"的要求，促进三个文明协调发展，促进经济与社会、人与自然的发展和谐；按照省委提出的"五个兼顾"的要求，形成完善的利益协调机制，促进利益关系和谐；大力弘扬民族精神和时代精神，切实加强思想道德建设，广泛开展群众性精神文明创建活动，在全社会倡导民主平等、公平正义、诚信友爱、互助协作、和睦宽容的良好风尚，促进人际关系和谐；加强和改进新形势下的群众工作，正确处理人民内部矛盾，畅通社情民意反映渠道，扎实推进"法治江苏"、"平安江苏"建设，促进社会秩序和谐。

第二，围绕实现"两个率先"、构建和谐社会的总目标，动员和激励全省人民团结奋斗。实现"两个率先"、构建和谐社会是全省人民的共同愿望，是江苏各项工作的总纲。宣传思想工作必须紧紧咬定这个中心不放松，宣传群众、组织群众、动员群众，形成推进"两个率先"、构建和谐社会的强大合力。当前，要根据中央的统一部署，在全省范围广泛开展系统的形势政策教育，围绕干部群众关心的改革和发展的重大问题，通过举办形势报告会、发挥各类基层讲坛作用等多种形式，力求把成就讲够、把经验讲透、把问题讲清、把前景讲明，着力引导全省人民树立实现"两个率先"、构建和谐社会的必胜信念，确保中央和省委的政令畅通。要科学通俗地阐释"两个率先"实践提出的重大理论和现实问题、人民群众关注的热点难点问题，用理论创新的成果指导实际工作。今年要积极组织"全面建设小康社会在江苏的实践及理论思考"的课题研究和宣传教育工作。要充分发挥舆论先导作用，着力改进新闻舆论工作。当今社会，媒体对人们的观念、心理包括政治立场的影响很大，已成为人们了解世界、认识形势、判断是非、区别好坏的重要途径。新闻媒体要牢牢把握正确舆论导向,自觉成为和谐社会的建设者,努力营造解放思想、实事求是、与时俱进的良好氛围。要围绕建设和谐社会的要求,深入细致地做好思想政治工作,坚持以人为本,讲求方式方法,把解决发展问题与解决现实问题结合起来,把解决思想问题与解决具体问题结合起来,把解决大多数人问题与解决特殊困难弱势群体问题结合起来,充分发挥统一思想、凝聚力量、化解矛盾、理顺情绪、激励人们团结奋斗的重要作用。

第三,大力弘扬“三创”精神,使全省人民始终保持昂扬向上的精神状态。省委明确提出,要在全省广泛开展以“创业创新创优”为主要内容的新时期江苏精神宣传教育活动。“三创”精神是江苏改革开放以来各种优秀精神文化的延伸发展,是民族精神和时代精神在江苏的具体体现,是推进“两个率先”的现实需要,也是江苏综合实力的重要组成部分,它集中反映的是新时期江苏精神的核心内涵。“三创”精神体现着江苏人民对未来的不懈追求,对成功的必胜信念,体现着江苏人民开拓创新、敢为天下先的胆识和勤劳务实的传统。全省各地各部门特别是宣传思想战线的同志一定要深刻认识弘扬“三创”精神的极端重要性,深刻理解和把握省委关于宣传思想工作的新定位、新部署和新要求,牢牢把握当前和今后一个时期宣传思想工作的主题和主线,在全社会积极倡导“创业有功、致富光荣”的价值观念,创业才能富民;大力弘扬“勇于创新、勇于开拓”的时代精神,创新才能强省;牢固树立“争先进位、争创一流”的鲜明导向,创优才能率先。广泛宣传表彰“创业创新创优”的典型,努力使“三创”成为新时期干部群众的共同精神追求,成为全体人民为实现自身的经济、政治、文化利益而奋斗的强大精神动力。

弘扬“三创”精神要以创业为基础,创新为动力,创优为目标。要在全社会努力形成鼓励创业、支持创业的良好氛围,逐步培育与社会主义初级阶段基本经济制度相适应的思想观念和创业机制,营造鼓励人们想干事业、支持人们干成事业的社会环境。创业的核心在人,关键是要有一大批具有强烈的创业冲动和创业精神的人。要加强创业精神和创业知识的教育与宣传,使全体民众接受创业精神的洗礼,克服根深蒂固的小富即安、守土恋家等各种保守落后意识,使更多的人把自主创业作为实现人生价值的优先选择;要努力创造条件,使想干事的有机会、能干事的有舞台、干成事的有地位,不干事的有危机,鼓励社会各阶层的创业精神,保护社会各阶层的合法权益,表彰社会各阶层的优秀分子,尊重劳动,尊重知识,尊重人才,尊重创造,放手让一切有利于创业的新鲜思想在江苏大地上充分活跃起来,让民众创造财富的源泉充分涌流出来,使想创业、敢创业、会创业、创大业,成为新时期江苏人的一个特色风貌。

弘扬“三创”精神,要千方百计地鼓励支持人们勇于创新,用新观念研究新情况,用新思路解决新问题,用新办法增创新优势,用新举措开创新局面,切实加大理论创新和实践创新、科技创新和管理创新的力度,加快推进体制机制的改革创新,增强全社会创新的活力。要千方百计地鼓励支持人们自加压力、争先进位,努力树立优良作风、坚持优质标准、创造优异业绩,在不断进取、勇争一流中充分释放创造潜能,搭建争先创优的平台。

培育和弘扬“三创”精神,要引导各级机关和部门努力消除那种长期在计划经济条件下养成的,习惯于自上而下地推行行政命令,对适应市场经济发展、源于基层实践产生的一些不那么规范、不那么成熟的创新举动抱着不关心、不鼓励、不支持甚至怀疑态度的倾向,以积极的“无为”和超前的“有为”为人们的创新实践营造宽松的政策环境和制度环境;要引导各级行政部门坚持不争论、不压制、不动摇,敢冒风险,勇于创新,允许大胆地试,大胆地干,鼓励探索,宽容失误,营造良好的社会氛围。

培育和弘扬“三创”精神,要突出重点,狠抓落实,把这一主题贯穿到宣传思想工作的全过程。要切实加强学习型干部队伍建设,努力使“三创”成为全省干部的自觉行动。要与当前正在开展的党员先进性教育活动紧密结合,采取扎实措施,推动各级干部勤学善学、学以致用,在弘扬“三创”精神中带好头、做表率;要深入开展“弘扬‘三创’精神,推进‘两个率先’,构建和谐社会”主题宣传教育活动,努力使“三创”成为全省人民的共同追求;要充分发挥新闻媒体的主渠道、主阵地作用,努力使“三创”成为全省上下的主旋律和最强音。

第四,坚持“三贴近”的原则,努力推动宣传思想工作的创新。宣传思想工作只有不断创新,才能紧跟时代、保持旺盛的生命活力,才能推动宣传思想工作整体水平的提升。坚持“三贴近”的原则,是宣传思想工作创新的根本途径。“三贴近”是党中央在十六大以后对宣传思想工作提出的重要原则,是新世纪新阶段加强和改进宣传思想工作的重要突破口,也是增强宣传思想工作的针对性和实效性、吸引力和感召力的根本途径。做好宣传思想工作,一定要在深刻领会、切实贯彻“三贴近”上狠下功夫,求得突破。

理论研究工作“三贴近”,就要以改革开放和现代化建设的实际问题、以我们正在做的事情为中心,紧贴干部群众的思想实际,有针对性地回答干部普遍关心的疑难问题、群众普遍关注的热点问题。要适应干部群众的实际需求,深入浅出,鲜明生动,使科学的理论入脑入心,成为广大干部群众改造客观世界和主观世界的有力武器。

新闻宣传工作“三贴近”,就要始终坚持正确的导向,把体现党的意志同反映人民群众的心声统一起来,把思想性、指导性和可读性结合起来。要多用群众的语言,多联系群众身边的事例,多采用群众喜闻乐见的形式,多报道有实在内容、有新闻价值的事情,实行正确的舆论监督,推动实际工作,引导社会舆论。要高度重视和善于运用互联网等新兴媒体引导舆论。抓紧制定和完善互联网宣传工作的有关法规,建立管理体制。要办好重点新闻网站,充实加强网上评论员队伍,主动提供内容服务,积极引导网上舆论,形成网上正面舆论的强势。

文艺出版工作“三贴近”,就要坚持“二为”方向和“双百”方针,把尊重市场规律与尊重精神产品创作规律结合起来,把提高和普及结合起来,推动文化创新。坚持健康向上、社会效益第一的观点,多出群众喜欢的精神产品,塑造典型、讴歌创造、陶冶情操,满足人民群众多方面、多层次、多样性的精神文化需求。

思想政治工作“三贴近”,就要把继承和创新结合起来,把先进性要求和广泛性要求结合起来,把传统方法与现代手段结合起来,根据不同对象提出不同要求,多用疏导的方法、群众参与的方法、发扬民主的方法,关心人、理解人、尊重人,增强思想政治工作的有效性。

“三贴近”原则贯彻得怎么样,不仅是工作水平问题,而且是学风问题,是对人民群众的态度问题,是和人民群众的关系问题,是事关党的执政能力建设的重大问题。我们一定要从这样的高度,深刻认识坚持“三贴近”对于提高创新宣传思想工作能力的极端重要性。全省宣传思想战线都要自觉地把这一原则贯彻到各项工作中去，全面提高创新能力和工作水平。

三、围绕建设文化大省的目标任务，突出重点狠抓各项工作的落实

江苏的文化大省建设已经走过了8年的发展历程，目前正处在一个加快发展、跨越发展的关键时期。全省上下要继续强化抓落实的力度，把既定的各项目标任务做细、做实、做好，力争在未来3年—5年，使江苏的文化发展跃上一个新的台阶，实现由文化大省向文化强省的飞跃。

*第一，抓改革。改革是推动宣传文化事业和产业发展的强大动力。*文化体制改革要有利于加强党对宣传思想工作的领导，有利于解放和发展文化生产力，有利于文化事业全面繁荣和文化产业快速发展，有利于满足人们不断增长的精神文化需求。要以产权制度改革为核心，重塑文化市场主体，优进劣退；引入战略投资者，实行增量改制、股权多元化，努力打造一批有实力、有创造力、有竞争力的国有或国有控股的大型文化企业和企业集团。改制后的国有文化企业和企业集团要开拓市场，加强联合，走跨行业、跨地区和集约化、规模化的发展道路。要按照建立现代企业制度的要求，探索建立国有文化资产出资人制度，把党委领导与法人治理结构结合起来，更好地坚持正确导向和经营方向，更好地保证国有文化资产保值增值。支持鼓励民营文化企业发展，逐步形成以国有文化资本为主导、多种所有制共同发展的文化产业格局。要认真总结文化体制改革试点经验，抓紧研究制订改革的总体方案。要切实加大政策资金扶持力度，贯彻落实中央关于支持文化体制改革的有关文件精神，尽快研究下发《江苏省关于支持文化体制改革和文化产业发展的若干政策》。党委宣传部门要切实担负起管理国有文化资产的责任，加强宣传文化系统国有资产监督管理，确保党委政府对国有文化资产的控制权。

*第二，抓繁荣。繁荣精神产品生产、多出优秀作品，是党和人民赋予宣传文化战线的重大使命。*文化要率先发展，其主要标志就是要有一批贴近群众、贴近实际、贴近生活、能在全国产生重大影响的优秀作品；要有一批视野开阔、功底扎实、充满创造活力的精神产品生产者、经营者；要有一批群众喜爱、雅俗共赏的名牌栏目、节目；要有一批在全国叫得响的一流编辑、记者、主持人等等。一个文化名人、精品佳作不断涌现的省份，才能真正称得上是文化率先发展的省份。繁荣创作，要努力实现思想性、艺术性和观赏性的统一，在坚持社会效益第一的前提下，努力实现社会效益和经济效益的统一。要认真贯彻落实中央关于进一步繁荣文艺创作的有关精神，创新以“五个一工程”为龙头的创作生产激励机制。通过评选表彰，形成新的动员力量，生产出越来越多的既适应市场经济的要求，又坚持正确的方向，热情讴歌党和人民全面建设小康社会伟大实践和奋斗精神，热情讴歌江苏推进“两个率先”、构建和谐社会的崭新成果和时代风貌的精品力作，推动我省文艺创作高潮的不断兴起。要通过加强和改进文艺评论和文艺理论的研究工作，不断活跃创作氛围，及时对重要创作现象和作家作品进行总结研究。要继续加强基层文化建设，不断改善基层文化设施，建立丰富群众文化活动的长效机制。

繁荣和发展哲学社会科学是建设文化大省的题中应有之义。哲学社会科学的研究能力和研究成果是综合国力的重要组成部分，哲学社会科学的发展水平体现着一个国家和民族的思维能力、精神状况和文明素质。要坚持与时俱进，大力弘扬创新精神，立足时代的新发展、社会的新变化、实践的新课题，瞄准学术前沿，打开认识视野，拓展思维空间，努力推进理论观点创新、学科体系创新、科研方法创新和理论应用创新，发展具有鲜明江苏特色、体现“两个率先”战略要求的哲学社会科学，把江苏建设成为与经济、科技、文化大省相匹配的社科强省。

第三，抓落实。各个条线已经确定的大事、实事，要一件一件、不折不扣地抓好落实，让人民看到实实在在的成效。要特别重视加强和改进未成年人思想道德建设，把全社会的各类思想道德教育资源整合起来，广泛开展实践教育、体验教育、养成教育，引导未成年人正确认识民族的历史和传统，认清自身的责任和使命，保持蓬勃的朝气、旺盛的活力和昂扬向上的精神状态。要着力办好50件实事和12项重点专项工作，进一步健全学校、家庭、社会各负其责又密切配合的长效工作机制。要认真贯彻全国加强和改进大学生思想政治教育工作会议精神，采取切实措施，把思想道德建设融入课堂教学、社会实践、校园文化等各个环节。要配合全党开展的先进性教育活动，认真组织好宣传工作，充分反映党员干部队伍的主流，展示我们党立党为公、执政为民的先进本色。要围绕纪念抗战胜利暨世界反法西斯战争胜利60周年、长征胜利70周年、郑和下西洋600周年，组织开展富有特色的纪念活动，加大爱国主义教育力度，弘扬民族精神。要以迎接“十运会”为契机，组织开展“创文明城市，迎十运盛会”主题创建活动，形成举全省之力、办十运盛会的良好社会环境，并以此推动全省文明城市创建不断深化。要进一步加大各级财政对宣传文化事业的投入力度，力争用5年左右时间使江苏的文化设施建设走在全国各省（区、市）前列。省里主要集中建设好中国昆曲博物馆、新华报业大厦、江苏国际图书中心、江苏科学历史文化大厦、江苏社科活动中心、江苏广电城、南京图书馆新馆、奥体中心、现代美术馆、江苏大剧院等十大重点文化设施。省辖市及有条件的县（市）也要从实际出发建设相应的重点文化设施。重点文化设施要成为文化江苏的标志，成为城市空间坐标和人民群众生活中的亮点。

第四，抓队伍。建设文化大省，关键在人才。要坚持以人为本，大力加强宣传文化人才队伍建设，实现人才总量稳步增长，队伍素质明显提高。要在全省精心组织实施理论、新闻、文艺、出版“四个一批”人才培养工程，着力培养、推出一批在国内外有较大影响的拔尖文化人才，构筑江苏宣传文化人才高地。要加强领导班子建设，确保宣传思想工作的领导权牢牢掌握在忠于马克思主义、忠于党、忠于人民的人手中。领导干部要谋全局、想大事、管本行，成为政治立场坚定、业务水平过硬的优秀人才。要坚持正确的用人导向，真正使那些想干事、会干事、能干成事、作风公道正派的人能够脱颖而出。要加强宣传文化干部队伍的制度化、规范化管理，制定《新闻媒体领导班子和重要部门负责人任职资格的意见》等一系列规范性文件。要在宣传文化战线大兴学习之风，使宣传文化系统干部成为领导干部队伍中率先学习、勤于学习、终身学习的榜样。

各级党委要坚持党管宣传、党管意识形态的原则，把宣传思想工作摆在全局工作的重要位置，统筹考虑、统筹规划、统筹安排，纳入决策目标、执行责任、考核监督“三个体系”建设之中，作为考核各级党委领导班子、领导干部水平和政绩的重要依据。宣传思想工作事关全局，需要社会方方面面的参与和支持。不仅各级党委及其宣传部门，各条战线、各个部门都要负起做好宣传思想工作的应尽之责，努力形成党委统一领导，党政各部门和各人民团体齐抓共管、各负其责的工作体制和良好局面。要抓紧构建大宣传的格局，建立和完善党委统一领导、政府加强管理、行业自律、微观主体依法运营的管理体制，加快建立意识形态工作的预警机制、反馈机制和责任机制，把管理的责任落到实处。

孙志军同志在全省宣传文化系统领导干部会上的讲话

（2005年6月16日）

同志们：

刚才，省委召开领导干部会议，传达学习了中共中央政治局委员、书记处书记、中宣部部长刘云山同志视察江苏时的重要讲话精神，省委李源潮书记对学习贯彻云山部长的重要讲话提出了明确要求。云山部长的讲话，充分肯定了江苏宣传思想工作和精神文明建设在弘扬“三创”精神、精神文明创建活动、文化体制改革、重大典型宣传、宣传文化事业建设等方面所取得的重大进展，同时从构建社会主义和谐社会的全局高度，进一步深刻阐明了宣传思想工作的地位作用、方针原则、目标任务和方法途径；深刻阐明了宣传思想工作必须以人为本、重在建设、改进创新、壮大实力以及依法、科学、求实等重要思想。云山部长的讲话，充分体现了对十六大以来党中央一系列战略思想的深刻认识，体现了对新的条件下宣传思想工作规律的深刻把握，体现了对新的历史时期宣传思想工作面临的新形势新任务新要求的深刻理解，为我们做好新形势下的宣传思想工作指明了方向。省委李书记提出的贯彻要求，进一步帮助我们深化了对云山部长重要讲话精神的认识，进一步明确了宣传思想工作在江苏实现“两个率先”、构建和谐社会中的重要作用和目标任务，对全省宣传文化战线提出了更新更高的要求。云山部长的重要讲话和源潮书记的贯彻要求，给我们很大的启发和指导，给我们极大的鼓舞和激励。当前，全省宣传文化战线一定要把学习贯彻云山部长和源潮书记的重要讲话作为首要任务，进一步统一思想，领会精神，贯彻落实，努力开创我省宣传思想工作的新局面。

围绕学习贯彻云山部长和源潮书记的重要讲话精神，我再强调四点意见：

第一，抓住机遇，认清责任，不断开拓宣传思想工作的新境界

宣传思想工作是党和国家事业的重要部分，随着党和国家事业的日益兴旺发达，宣传思想工作的地位和作用进一步提升，范围和领域进一步扩大，责任和使命进一步增强。全省宣传文化战线的同志必须敏锐地把握党和国家事业发展对宣传思想工作展现的新变化、创造的新机遇，提出的新要求，以高度的责任感和使命感，解放思想，拓宽思路，求真务实，不断开拓宣传思想工作的新境界。

党的十六大以来，以胡锦涛同志为总书记的党中央坚持解放思想、实事求是、与时俱进，不断推动理论创新，提出了树立和落实以人为本、全面协调可持续的科学发展观，加强党的执政能力建设，构建社会主义和谐社会等一系列重大战略思想，并转化为执政兴国的重要指导思想和重大决策部署。这一系列战略思想的贯彻落实，既为宣传思想工作抓住根本、发挥作用提供了广阔的舞台，同时也为应对变化、服务大局，提出了新的更高的要求。对此，云山部长在讲话中已经进行了充分的阐述，明确了工作思路和工作重点，我们一定要坚决地贯彻落实。

省委省政府认真贯彻中央的各项决策部署，全面实践“三个代表”，贯彻落实科学发展观，努力实现“两个率先”，扎实推进经济、政治、文化与和谐社会建设，为宣传思想工作提供了很多机遇、创造了有利条件。主要体现在：一是省委高度重视，把宣传思想工作和精神文明建设摆上全局重要位置，坚持一手抓经济建设，一手抓精神文明建设；一手抓解放和发展生产力，一手抓培育和发展先进文化；一手抓人民群众物质生活的殷实，一手抓精神文化生活的充实，大力推进三个文明协调发展。这次省委召开领导干部会议，专题学习贯彻云山部长的重要讲话，对宣传思想工作提出新的要求，就是一个很好的体现。二是树立和落实科学发展观，注重落实“五个统筹”，促进三个文明、经济与社会、人与自然协调发展；注重质量效益，增加文化与科技的含量；注重经济结构调整，加速发展服务业，为文化产业的发展创造了条件。三是以人为本，全面建设小康社会，文化建设成为衡量和考核各级党委政府工作的一项硬指标，为文化发展提供重要保障。四是经济快速发展，去年全省人均GDP超过2500美元，进入了经济发展的黄金期、文化需求的旺盛期，社会消费结构发生变化，物质消费比例降低而非物质消费比例上升，特别是人民群众的精神文化需求日益呈现多样性、多层次、多元化的趋势，文化市场的活力进一步激发。五是科学技术迅速发展，加快了网络化、数字化的进程，为卡通、动漫、电脑游戏等高新文化产业的发展开辟了广阔的空间，同时也为传统文化产业不断提升发展拓展了新的平台。六是十六大提出了深化文化体制改革，大力推进文化事业和产业全面发展的战略任务，经营性文化事业单位逐步转企改制走向市场，文化市场的准入进一步放开，社会资本逐步进入政策许可的文化产业领域，国有一统天下的所有制格局被打破，一些省虽然经济总量不算大，实力不够强，但却把建设文化大省提到了重要的议事日程，很重要的就是看到了刚放开的文化产业发展的机遇，只要善于抢抓机遇，发挥自身优势，就一定有可能迅速做大做强。市场的竞争，一方面激发了活力，另一方面也增加了压力。抓住机遇，应对挑战是我们的重要责任。

我们更要看到，云山部长这次到江苏来考察指导工作，更是推动江苏宣传文化事业更快更好发展的一次极好机遇。10年前，云山部长到江苏总结张家港精神文明建设的经验，之后，中宣部和国务院办公厅在张家港召开现场经验交流会，使张家港成为全国的重大典型，张家港会议、张家港经验、张家港精神在全国产生了广泛影响。5年前，云山部长到南京主持召开全国文明社区创建工作会议，使南京市创建文明社区的经验走向全国。我省认真贯彻这两次重大会议精神，使全省的文明创建工作取得了巨大成果。这次云山部长全面考察了我省的宣传思想工作和精神文明建设，发表了针对性、指导性很强的重要讲话，既充分肯定了江苏的成绩，又进一步指明了发展的方向。我们必须紧紧抓住这个机遇，把云山部长的要求贯彻好落实好，力争使江苏的宣传思想工作在新的更高的起点上，进入一个新境界。

第二，解放思想，开拓创新，努力实现宣传思想工作的新突破

当前，随着经济社会的深刻变化，党的执政方式的重大转变，信息渠道的日益增多，社会的组织形式和人们的生产生活方式不断改变，宣传思想工作传统的思维模式、工作内容、方法和手段、管理体制等，甚至我们的话语体系，都越来越不适应新形势发展的新要求，宣传思想工作的成效越来越难于显现。这就迫切要求我们解放思想、开拓创新，冲破传统思维模式和运作方式的束缚，切实从经验型向科学化，从计划体制向市场法则，从单纯的事业向事业与产业并重，从领导意愿向依法规范，从注重形式向务实为民等转变，努力实现宣传思想工作的新突破。

解放思想，开拓创新，首先要在思想观念上突破，努力形成符合社会主义市场经济规律和体现精神文明建设特点的工作思路。今年以来，我们在文化建设上进行了思路调整，从抓具体项目、抓系统内到利用政策资金引导和调动社会各方面的力量参与文化建设。比如，实行公共文化产品的政府采购制度，在重要节假日引进优秀文艺作品，丰富文化市场，满足群众多样化的文化需求；比如，为推动优秀文艺剧目面向市场、走近群众，我们组织开展文艺下基层"四个一工程"，采取补贴和奖励的办法，鼓励省、市、县文艺院团进社区、到工地、下乡镇演出；再比如，我们正在组织实施的乡镇文化站标准化建设试点，改变了原来政府办文化事业的思路，运用政府资金扶持、引导带动社会资本共同投入，形成公有民营、股份合作、面向市场、服务民众、规范运作、注重实效的新型管理体制和运作机制，按照"谁投资，谁受益"的原则，在满足广大群众公共文化需求，确保社会效益的前提下，力求取得良好的经济效益。思路的创新，可以使我们花较少的财力，办成更大更好的事业。

其次，要在方法手段上突破，努力形成与高科技发展和人们的信息获取方式相适应的宣传途径。云山部长指出，社会的进步、文化的发展始终是同科学技术的进步紧密联系在一起的。文艺舞台需要有高科技的支撑和拓展，文学创作有待于影视荧屏的提升与传播。在高科技迅猛发展的条件下，谁掌握最新的科技手段，谁的信息传播得快，谁的影响力就大。在这方面，我们已经做了大量工作，比如，做大做强自己的新闻网站，加强网上评论员队伍建设，推进全省广电传输网络整合和发展数字电视，加快建设卡通、动漫和电脑游戏生产基地等，但关键是要认真研究网络化、数字化生存群体的需求特点和审美情趣，不断创作和生产体现先进文化要求、符合他们认同心理的文化产品，只有这样才能取得实实在在的效果。

第三，要在管理办法上突破，努力形成运用行政、经济、法律、科技和思想教育等多种手段的综合管理格局。面对当前信息传播渠道的多元化、各种社会文化主体的兴起和文化行业、门类的交融，仅仅依靠在计划经济条件下形成的按行业管理和行政管理的办法，已经无法适应新形势的要求，特别是对体制外的文化机构和人员管理出现缺位。因此，应当从意识形态安全和文化安全的高度，创新管理办法，不仅要管好管住，更要引导各种文化力量共同唱好、唱响主旋律。

第三，求真务实，重在建设，着力扩大宣传思想工作的新成果

求真务实，就是要坚持遵循宣传思想工作的规律，一切从实际出发，确定符合实际的工作目标，因地制宜、因人制宜，增强针对性和实效性；坚持贴近实际、贴近生活、贴近群众，了解基层的需要，把握群众的需求，做到明实情、想实招、办实事、求实效；坚持转变学风、文风，向群众学习、向实践学习，从群众语言中汲取营养，增强宣传工作的亲和力、感染力。

弘扬求真务实精神，关键是抓落实、求实效。当前和今后一个时期全省宣传文化战线的首要任务是贯彻落实好云山部长的重要讲话精神。一是抓好思想落实。按照构建社会主义和谐社会的要求，进一步深化宣传思想工作地位作用、方针原则、目标任务的认识，只有认识到位，思想统一，工作才有积极性、创造性。二是按照云山部长提出的要积极拓展宣传思想工作的内容、对象和渠道的要求，认真研究工作计划和工作措施，不断扩大宣传思想工作的覆盖面和影响力。在内容上，要坚持用马克思主义一元化的指导思想引领、整合多元化的社会思想，牢牢把握正确导向，发展积极向上、团结和谐的主流舆论，大力弘扬以爱国主义为核心的民族精神和以改革创新为核心的时代精神，大力繁荣发展社会主义文化，切实加强思想道德建设，进一步加大民主法制建设和维护社会稳定的宣传力度，加大生态文明的宣传力度；在对象上，要针对社会成员结构多样、多层、多变的特点，更加关注新的社会群体，更加关注知识分子群体特别是青年知识分子，更加关注青少年群体，更加关注困难群体；在渠道上，要开拓新的途径，发挥好政府职能部门的作用，注意调动群众团体、社团组织的积极性，把体制外文化机构和人员纳入我们的工作视野。三是对云山部长充分肯定的几项我们正在抓的工作要抓紧推进和落实，力争取得新成果。(1) 坚持把培育和弘扬"三创"精神，推动全社会的"三创"实践，作为江苏建设先进文化的战略任务，深入开展"弘扬'三创'精神，推进'两个率先'，构建和谐社会"主题宣传教育活动，进一步唱响"三创"主旋律，使"三创"精神真正成为江苏新时期思想文化的主流。(2) 深入开展文明城市创建工作，以争创全国文明城市为目标，不断把工作做细做实。(3) 按照云山部长在考察中提出的"三个分开"、处理好"三个关系"、把握好"三个原则"的要求，积极推进全省文化体制改革。关于文化体制改革的任务和要求，中央已经十分明确，省直各部门一定要增强责任感和紧迫感，从实际出发，制定改革措施，创造性地开展工作。改革的目的是为了促进繁荣与发展，要通过体制机制的创新，不断出作品，出人才，努力满足人民群众日益增长的精神文化需求。

弘扬求真务实精神，要坚持贯彻重在建设的方针，始终保持工作的连续性，注重积累。制度建设要结合科学执政、民主执政、依法执政的要求，逐步完善规范系统的管理办法，阵地建设要应对市场经济的挑战，转变机制增强实力，巩固现有阵地，推进重点项目，激发基层活力，抢占新的领域。精品力作要明确目标、整合资源，突出重点，倾力打造，队伍建设要不拘一格，激励、帮扶，提供舞台，让优秀人才脱颖而出。建设要有目标、有规划、有投入、有奖惩，持之以恒，不断提升、发展。这些年来，宣传思想工作形成了一系列行之有效、被实践证明是成功的做法和经验，要继续坚持和深化，同时随着实践的变化而不断充实和完善，不断扩大宣传思想工作的新成果。

第四，提高素质，科学管理，不断增添宣传思想工作的新力量

现在，社会发展变化的速度不断加快，人们的思想活动、思想矛盾和精神文化需求更加复杂多变，宣传思想工作可以说每天都会面对新情况、新问题。新形势下，我们能不能很好地驾驭和应对复杂局面，能不能正确分析形势、把握规律，提高宣传思想工作的预见性和主动性，关键就在于能不能有一支高素质的宣传思想工作队伍。

要大兴学习之风。学习力是宣传干部应该具备的基本能力。勤于学习，勤于思考，才能思想解放、与时俱进，才能视野开阔、思路开阔、胸襟开阔，才能不断研究新情况、解决新问题、创建新机制、增长新本领。我们要按照建设学习型宣传干部队伍的要求，进一步建立健全学习制度，不断提高宣传干部的学习力。要紧跟时代步伐，认真学习反映当代世界经济、政治、科技、文化等各方面发展的新知识，打牢业务功底。同时，还要学习管理、法律、历史和外语等方面的知识，拓宽世界眼光，培养战略思维。学习应该成为宣传干部的一种自觉选择，一种生活方式和行为习惯。

为了适应实现"两个率先"的发展要

求,建设一支能够担当历史重任的优秀的宣传思想工作队伍,根据中宣部的统一布置和省委、省政府的要求,在前阶段认真调研基础上,宣传部制定了“五个一批”人才培养工作意见。我们计划用5年至7年时间,着力培养一批全面掌握邓小平理论和“三个代表”重要思想、学贯中西、联系实际的理论专家,一批坚持正确导向、体现“三贴近”原则,受到群众喜爱的名记者、名编辑、名主持人,一批熟悉党和国家方针政策、社会责任感强、精通业务知识的出版行家,一批紧跟时代步伐、热爱祖国和人民、艺术水平精湛的作家、艺术家,一批有驾驭市场经济能力、正确处理社会效益与经济效益关系、精通经营和管理的文化经营管理专家。全省宣传文化系统及有关部门要积极把那些政治坚定、业务精湛、品德优良、成就突出的专门人才推荐上来。我们将按照统一目标、统一规划、统一标准、统一学习考察要求的原则,采取集中授课、国外进修、实践锻炼等形式,开展各项培训活动,努力使他们成为全国相关领域有较大影响的优秀人才,在全省宣传文化系统各个方面成为领军人物和拔尖人才,推动形成全省宣传文化系统的人才高地和人才高峰。

要加强宣传文化队伍的管理。学习教育是加强管理的有效手段,制度和机制是加强管理的根本保障。当前和今后一个时期,要在全省新闻、文艺和出版界继续深入开展三项学习教育活动,同时认真组织开展社科理论界的三项学习教育活动,弘扬职业精神,恪守职业道德,增强用“三个代表”重要思想统领理论、新闻、文艺和出版工作的自觉性和坚定性,提高引导舆论的水平,用先进思想占领各种阵地,使宣传文化事业不断发展壮大。要加强选拔、任用、学习教育、考核评优、奖惩激励等方面的制度和机制建设,进一步建立健全各项制度规范,积极为优秀人才脱颖而出创造良好的制度环境。

以上所提出的“四个新”的要求,是我们全省宣传文化系统学习贯彻云山部长和源潮书记重要讲话精神的具体体现,也是我们宣传文化系统领导同志应尽的重大职责,希望大家恪尽职守、各展所长,团结拼搏、真抓实干,为开创全省宣传思想工作新局面作出不懈努力。

最后,就近期的几项主要工作简要通报一下(略)。

文件汇集

中共中央办公厅关于转发《中共中央宣传部2005年宣传思想工作要点》的通知

各省、自治区、直辖市党委，中央各部委，国家机关各部委党组（党委），解放军各总部、各大单位党委，各人民团体党组：

经党中央同意，现将《中共中央宣传部2005年宣传思想工作要点》转发给你们，请结合本地区本部门实际，认真贯彻执行。

中共中央办公厅
2005年1月7日
中办发[2005]2号

中共中央宣传部2005年宣传思想工作要点

2005年是完成"十五"计划、向全面建设小康社会宏伟目标继续迈进的重要一年。按照中央关于今年工作总的要求和对意识形态工作的决策部署，宣传思想工作要高举邓小平理论和"三个代表"重要思想伟大旗帜，自觉同以胡锦涛同志为总书记的党中央保持一致。全面宣传贯彻党的十六大和十六届三中、四中全会精神，全面宣传贯彻落实科学发展观，着眼于巩固马克思主义在意识形态领域的指导地位，着眼于服务经济建设这个中心和全党全国工作大局，着眼于促进社会全面进步和人的全面发展，坚持解放思想、实事求是、与时俱进，坚持贴近实际、贴近生活、贴近群众，坚持创新内容、创新形式、创新手段。不断提高巩固马克思主义在意识形态领域指导地位的能力、正确引导社会舆论的能力、社会主义市场经济条件下思想道德建设的能力、满足人民群众日益增长的精神文化需求的能力、推动中华文化走向世界的能力和创新宣传思想工作的能力，努力为全面建设小康社会、加快推进社会主义现代化提供强有力的理论指导、舆论力量、精神支柱和文化条件。

一、深入推进"三个代表"重要思想的学习贯彻，加强马克思主义理论研究和建设，巩固马克思主义在意识形态领域的指导地位

紧密联系党的执政能力建设实践，紧密联系改革开放和现代化建设实践，把学习贯彻"三个代表"重要思想同学习贯彻党的十六届三中、四中全会精神结合起来，同树立和落实科学发展观结合起来，同大力弘扬求真务实精神结合起来。推进理论武装，深化理论研究，改进理论宣传，促进成果转化，不断巩固全党全国人民团结奋斗的共同思想基础。

坚持以县（处）级以上领导干部为重点，认真抓好邓小平理论和"三个代表"重要思想的学习，着力提高各级领导干部的理论思维和战略思维水平。进一步完善关于加强和改进党委(党组)理论学习中心组学习的意见,健全领导干部学习的考核和激励机制。组织推出一批“三个代表”重要思想专题学习纲要,总结推广学习贯彻“三个代表”重要思想的先进典型和经验。在开展以实践“三个代表”重要思想为主要内容的保持共产党员先进性教育活动中,切实抓好党员干部的学习。加强高校思想政治理论课建设,推动邓小平理论和“三个代表”重要思想进教材、进课堂、进头脑工作。

大力实施马克思主义理论研究和建设工程,内外互动、上下联动,组织专家学者跨学科攻关,深入研究重大理论和实际问题,集中研讨一批重大理论问题,确定各学科教材大纲,着手起草工作,努力推动充分反映当代马克思主义最新理论成果的学科体系和教材体系建设。加强对工程和研究成果的宣传,扩大工程的社会影响。加强和改进社科规划和基金管理工作。加大引导力度,组织力量科学生动地阐释我国的基本政治制度、经济制度、司法制度和新闻出版制度,澄清各种错误观点和模糊认识。组织编写通俗理论读物,制作播出理论文献电视片,增强理论宣传实效。

二、全面准确深入宣传党的十六届四中全会精神,加大党的执政能力建设宣传力度,推进党的建设新的伟大工程

紧密结合党的建设新的伟大实践,紧密联系全面建设小康社会的实际,深化党的十六届四中全会精神的宣传,在全面准确上下功夫,在深入扎实上下功夫,把全党全国人民的思想和行动统一到中央的决策和部署上来。

深入宣传加强党的执政能力建设的重要意义,宣传加强党的执政能力建设的指导思想、总体目标和主要任务,宣传我们党的执政经验,宣传中央推进党的建设新的伟大工程的重大举措。宣传各地区各部门学习贯彻党的十六届四中全会精神、加强党的执政能力建设的实际行动和成功经验。认真组织保持共产党员先进性教育活动的宣传报道,开展“时代先锋”集中报道活动,宣传党员和党员领导干部中的先进典型,多反映基层党组织和广大党员坚定理想信念、坚持党的宗旨、增强党的观念、发扬优良传统、反腐倡廉、保持先进性和纯洁性的生动实践,多报道广大党员干部一心为公、求真务实、与时俱进、开拓创新的时代风采。深入宣传党中央坚持党要管党、从严治党、严惩腐败的坚强决心和重要措施,宣传加强党风廉政建设和开展反腐败工作的成果和经验。

围绕为谁执政、靠谁执政、怎样执政等重大问题,深入开展马克思主义执政理论研究,在党的执政方略、执政体制、执政方式、执政基础等方面形成一批有价值的理论成果,进一步完善党的执政理论体系。会同有关部门召开马克思主义执政理论研讨会,总结交流实践经验和理论研究成果。

三、深入宣传贯彻落实科学发展观,积极引导社会舆论,促进经济社会全面协调可持续发展

以经济建设为中心,围绕党和国家工作大局,坚持团结稳定鼓劲、正面宣传为主,把体现党的主张和反映人民心声统一起来,牢牢把握正确舆论导向,把好关,把好度,努力提高舆论引导水平,增强正面宣传吸引力,巩固和发展万众一心全面建设小康社会的主流社会舆论。

大力宣传以科学发展观统领经济社会发展全局的重要意义,宣传中央加快改革开放和现代化建设的各项决策部署,宣传各地区各部门全面贯彻落实科学发展观的重大进展,宣传社会主义物质文明、政治文明和精神文明协调发展的良好局面。大力宣传抓住机遇、加快发展的战略思想,宣传中央关于经济工作的总体思路和各项政策措施,充分反映各地区各部门加强宏观调控、推进改革开放、调整经济结构、转变增长方式的新举措、新成效，宣传一批好经验、好典型，组织开展贯彻落实科学发展观大型系列采访活动。高度重视“三农”问题的宣传，充分报道东部地区提高自主创新能力、调整经济结构、促进经济社会全面健康协调发展的新成效，及时反映西部大开发、振兴东北地区等老工业基地、促进中部地区崛起的可喜成果，做好国企改革、金融改革、扩大就业、完善社会保障等方面的宣传引导，充分报道各条战线的建设成就，宣传社会主义民主法制建设和社会主义精神文明建设的新进展，宣传我国经济发展、民族团结、社会和谐稳定、人民安居乐业的大好形势。

认真做好和进一步改进党和国家重要会议和重要活动的报道。精心组织好十届全国人大三次会议、全国政协十届三次会议的宣传报道。做好重大事件特别是突发事件的新闻报道和舆论引导工作，加大对社会热点的正面引导，积极促进社会稳定。开展积极有效的舆论监督。

四、突出抓好青少年思想道德建设，加强思想政治工作和群众性精神文明建设，创造文明和谐的社会环境

大力弘扬以爱国主义为核心的民族精神和以改革创新为核心的时代精神，弘扬集体主义、社会主义思想，坚持以人为本，尊重人、理解人、关心人。统一思想，尊重差异，服务群众，引导群众，把先进性要求与广泛性要求结合起来，把解决思想问题与解决实际问题结合起来，使全体人民始终保持昂扬向上的精神状态。

在全国城乡集中开展形势政策教育活动。组织形势政策教育报告会，编写形势政策教育提纲，动员各级领导干部亲自作报告。充分发挥大众传媒、党校、行政学院、讲师团和基层组织的作用，开展多种形式的教育活动，注意做好重大改革举措的宣传解释工作。切实做好基层思想政治工作，统一认识，理顺情绪，化解矛盾，凝聚力量。以理想信念教育为核心，深入开展党的基本理论、基本路线、基本纲领和基本经验的教育，开展中国革命、建设、改革的历史教育和国情教育。加强和改进法制宣传教育。

实施公民道德建设工程，推动建立社会主义思想道德体系，倡导基本道德规范。加强和改进未成年人思想道德建设，建立健全学校、社会、家庭三结合的教育网络，精心设计活动载体，建立长效工作机制，把未成年人思想道德建设纳入各项创建活动。认真落实中央关于加强和改进大学生思想政治教育工作的决策和部署，采取切实措施，把思想道德教育融入课堂教学、社会实践、校园文化等各个环节。

集中宣传一批体现民族精神和时代精神、可亲可信可学的先进典型。围绕纪念中国人民抗日战争暨世界反法西斯战争胜利60周年和长征70周年，举办大型展览和群众性纪念活动，精心组织宣传报道，加大爱国主义教育力度。组织实施全国爱国主义教育示范基地建设工程，积极推动红色旅游。

以提高人的思想道德素质为重点，继续推进群众性精神文明创建活动。认真做好全国文明城市、文明村镇、文明单位和文明风景区评选表彰工作。立足于制度化、规范化、经常化，深入推进科教文体法律卫生“四进社区”、文化科技卫生“三下乡”活动，实施好“百县千乡宣传文化工程”。

五、推动优秀精神文化产品创作生产，提高文化服务质量，不断满足人民群众的精神文化需求

按照发展社会主义先进文化的要求，坚持“二为”方向和“双百”方针，弘扬主旋律，提倡多样化，努力实现思想性、艺术性、观赏性的统一,深入基层、深入生活,面向群众、面向市场,始终把社会效益放在首位,努力实现社会效益和经济效益的统一,多出精品、多出人才。

大力推动优秀精神文化产品的创作生产和传播。精心制订文艺出版“十一五”规划,认真做好重大节庆、纪念日的重点作品创作规划,围绕重要纪念活动,推出一批歌颂党领导人民进行革命斗争光辉业绩的优秀作品。完善鼓励优秀精神文化产品创作生产和传播的政策措施。重点扶持农村题材、少儿题材精神文化产品的创作生产和传播。

规范改进全国性评奖工作,发挥优秀作品的示范引导作用。加强和改进文艺、出版评论工作,壮大中青年评论骨干力量。推动全国文化信息资源共享工程、数字电视广播工程建设。

加强农村和基层文化阵地建设,大力宣传表彰服务农民、服务基层的先进文化单位,着力发展健康向上的群众文化,扶持保护优秀民族民间文化,引导规范大众娱乐文化,认真解决农民看书难、看戏难、看电影难问题,大力推动巩固提高广播电视“村村通”工程,建立健全覆盖农村、基层、边疆的群众性文化工作体系,提高服务水平和质量。

六、努力形成大外宣格局,增强对外宣传的实力和影响力,树立我国在国际上的良好形象

加强和改进新形势下的对外宣传工作,以我为主,以正面宣传为主,用事实说话,内外有别,注重实效,加强协调,打好主动仗,争取主动权,统筹和整合外宣资源,形成外宣合力,全面客观地向世界介绍中国,营造更加有利的国际舆论环境。

积极向世界介绍我国全面建设小康社会的发展进程,宣传我国建设社会主义物质文明、政治文明和精神文明的新进展。准确阐述我对外方针政策和对重大国际、地区事务的主张。做好对外新闻发布和涉及我国的突发事件的宣传报道。配合有关部门做好国际多边活动中的公关宣传。积极做好港澳媒体的团结、争取和舆论引导工作。

大力宣传“一国两制”方针在香港、澳门的成功实践,增强港澳同胞的国家民族观念。针对敌对势力在人权、台湾、宗教、西藏、“东突”、“法轮功”等问题上的歪曲和攻击,针对西方反华势力散布的“中国威胁论”等谬论,积极开展国际舆论斗争,澄清是非,维护国家形象。继续推进“西新工程”,启动“东南工程”,巩固和拓展我宣传文化阵地。

把对外宣传与文化及其他领域的对外交流结合起来,广泛开展多渠道、多形式、多领域的对外宣传活动。选择重点国家组织好大型文化交流活动,充分发挥外联、经贸、教育、科技、文化、旅游、体育、涉港澳台侨等部门和有关群众团体的作用,整合新闻、出版、广播、影视宣传力量,精心打造对外文化交流品牌,吸引外国人广泛参与,扩大国际影响。大力开展对外汉语教学等扩大中华文化影响的活动。实施对外宣传“走出去”工程,抓好主流媒体在境外的落地工作,扩大我广播电视节目在境外的传播,制定扶持政策,促进文化企业的国际交流与合作,积极参与国际市场竞争。鼓励创作和研发健康向上的网络文化产品,努力把网络建设成为中华文化走向世界的新通道。

七、积极推进试点工作,深化文化体制改革,进一步解放和发展文化生产力

根据社会主义精神文明建设的特点和规律,适应社会主义市场经济的要求,以发展为主题,以体制机制创新为重点,一手抓公益性文化事业,一手抓经营性文化产业,增强微观活力。健全市场体系,改善宏观管理,转变政府职能,把改革与结构调整结合起来,以改革促发展,推动我国文化总体实力的进一步提高。

总结试点工作经验,推出一批改革典型,加强分类指导,逐步推开面上改革。推动公益性文化事业单位深化劳动人事、收入分配和社会保障制度改革,加大国家投入,增强发展活力,提高服务质量和水平。推动经营性国有文化事业单位转企改制,搞活微观主体,调整结构,培育一批大型国有或国有控股的文化企业和企业集团。妥善解决改制过程中社会保障和人员分流安置问题。大力发展对外文化产业,推动文化企业进行跨国生产和经营,鼓励文化产品出口,努力改变我国文化产品贸易严重逆差的现象。吸引社会力量参与发展文化产业。发展现代流通组织形式和要素市场,构建统一、开放、竞争、有序的现代文化市场体系。推动政企政事分开、管办分离,完善管理机制,加强依法行政。推进文化市场综合执法工作,改善文化市场秩序。

加强文化发展战略研究,研究制定深化文化体制改革的意见和文化发展纲要。

八、贯彻"三贴近"原则,创新内容、创新形式、创新体制和机制,增强宣传思想工作的针对性、实效性和吸引力、感染力

适应党和国家事业的新发展、人民群众的新需求,在继承传统中开拓,在总结经验中提高,在解决问题中加强,用新观念研究新情况,用新办法解决新问题,用新举措开创新局面,更好地体现时代性、把握规律性、富于创造性。

按照提高建设社会主义先进文化能力的要求,把加强战略性研究与解决当前突出问题结合起来,抓住关键环节,加强调查研究,探索新形势下宣传思想工作的特点和规律。大力推进观念创新,坚持从社会主义初级阶段的国情出发,从宣传思想工作新的实际出发,在继承和发扬优良传统的同时,自觉破除一切不合时宜的落后观念和主观偏见。树立与时代要求相适应、与实践发展相符合、与人民呼声相一致的新观念。推进内容创新,使宣传思想工作的内容随着时代的发展不断更新,随着实践的深化不断丰富。推进方法创新,总结和推广基层创新的新途径新做法,充分运用高科技手段,推动各种传播方式的融合,积极占领新的舆论宣传阵地,更好地适应群众的需要和接受能力。办好重点新闻网站,壮大网上评论队伍。推进体制机制创新,探索和完善新形势下宣传思想工作宏观管理体制和微观运行机制,建立健全理论、新闻、文艺、出版、精神文明建设等方面的工作机制,保持宣传文化事业的蓬勃生机和旺盛活力。

九、做好舆情信息工作,完善宣传文化管理,牢牢掌握意识形态工作的主动权

继续贯彻落实好中办发(2004)29号文件精神,高度重视意识形态领域的工作。牢固树立政治意识、大局意识、责任意识,坚持以管理促繁荣、促发展,坚持守土有责,加强依法管理、科学管理和有效管理,绝不给违反宪法和法律的错误思想观念提供传播渠道。

加强对思想理论动态、新闻舆论、创作倾向、社会舆情、网上舆情和宣传思想战线重要工作动态的收集和分析,及早发现苗头性、倾向性问题,预测趋势,分析影响,提出对策。落实"谁主管谁负责",落实属地管理。进一步加强高校的课堂、论坛、讲坛管理。进一步加强对新闻出版单位的管理,重点管好小报小刊。加强对重大群体性事件报道的管理。加强对互联网上有害信息和手机公共有害短信息的管理,落实互联网监管机构和人员。加强和完善对民间社科研究机构、民办文化工作室、民办图书影视制作机构的管理。进一步规范对外合作。深入开展"扫黄""打非"斗争，坚决查处政治性非法出版物和淫秽色情出版物。深入进行网吧专项整治。开展印刷企业治理整顿，坚决打击盗版盗印活动。巩固和扩大治理党政部门报刊散滥和利用职权摊派发行的成果。

健全管理体制、管理格局和管理网络。完善意识形态工作预警机制、反馈机制和责任追究机制。健全社会舆情汇集和分析机制，形成覆盖面广、灵敏高效的工作网络体系。完善通气会制度、联系会制度、阅评制度、谈话制度、违规违纪警告制度和内部通报制度。推动行业协会转变职能，完善行业自律机制。

十、加强领导班子建设，推进"四个一批"人才培养工程，建设高素质宣传思想工作队伍

坚持党管干部、党管人才原则，进一步树立和落实科学发展观、人才观和正确政绩观，尊重劳动、尊重知识、尊重人才、尊重创造，按照加强党的执政能力建设的要求，努力建设高素质的宣传思想工作队伍，为完成宣传思想工作任务提供有力的组织保证和人才支持。

扎实开展宣传思想战线保持共产党员先进性教育活动，深入开展"三项学习教育"活动，切实加强领导班子和干部队伍建设。充实内容，改进方式，形成制度，深化新闻出版文艺系统"三项学习教育"活动，在哲学社会科学研究领域开展"三个代表"重要思想、马克思主义立场观点方法、职业精神和职业道德的学习教育活动。加强思想政治教育，加强党风廉政建设，促进宣传思想战线党员队伍始终保持先进性、纯洁性，下大力气解决虚假报道、有偿新闻、低俗之风等突出问题，完善制度，接受社会监督，建立长效机制。以思想政治建设为重点，加强宣传文化系统领导班子建设，增强贯彻执行党的路线方针政策的自觉性和坚定性，提高素质，优化结构，加大干部交流力度，抓好后备干部和优秀年轻干部的培养选拔，探索建立体现科学发展观和正确政绩观要求的领导班子和领导干部实绩考核评价体系。

扎实推进"四个一批"人才培养工程，进一步加强干部培训工作。建立和完善高层次专门人才培养管理制度，继续做好"四个一批"人才的推荐选拔工作。认真组织落实各项培养措施，努力培养造就宣传文化领域各方面的领军人物和学术带头人。把增强执政意识、提高执政能力作为干部培训的重点，创新培训内容，改进培训方式，提高培训质量，研究制订"十一五"培训规划。

中共中央办公厅印发《关于进一步加强和改进舆论监督工作的意见》的通知

各省、自治区、直辖市党委，中央各部委，国家机关各部委党组（党委），军委总政治部，各人民团体党组：

《关于进一步加强和改进舆论监督工作的意见》已经党中央同意，现印发给你们，请遵照执行。

中共中央办公厅

2005 年 4 月 5 日

中办发[2005]11 号

关于进一步加强和改进舆论监督工作的意见

（2005 年 3 月 24 日）

为充分发挥新闻媒体舆论监督在统一

思想、凝聚力量，促进改革发展、维护社会稳定中的积极作用，现就进一步加强和改进舆论监督工作提出如下意见。

一、高度重视舆论监督工作的重要作用

舆论监督是社会发展的要求、新闻工作的职责、人民群众的愿望、党和政府改进工作的手段。正确开展舆论监督，有利于发展社会主义民主，健全社会主义法制；有利于反映人民群众的意见和呼声，密切党和政府同人民群众的联系；有利于加强党风廉政建设，维护党和政府的良好形象；有利于弘扬正气，针砭时弊，理顺情绪，化解矛盾，维护社会稳定。各级党委、政府和有关部门要从全面贯彻"三个代表"重要思想和党的十六大精神的高度，从立党为公、执政为民的高度，从坚持科学发展观和构建社会主义和谐社会的高度，进一步加强和改进新形势下的舆论监督工作。

二、坚持舆论监督工作的原则要求

舆论监督工作必须坚持党性原则，坚持实事求是，坚持为人民服务、为社会主义服务、为党和国家工作大局服务，牢牢把握正确的舆论导向。要服务大局，坚持对党负责和对人民负责的一致性，着眼于改进工作，抓住群众关注、政府重视、有普遍意义的问题，促进改革发展，维护社会稳定。要事实准确，深入调查研究，听取各方意见，防止报道失实、以偏概全。要客观公正，坚持以理服人，充分考虑实际情况的复杂性，善于听取不同意见，防止主观臆断、感情用事。要注重社会效果，着眼于解决实际问题，跟踪报道处理结果，向积极的方面引导，不恶意炒作，不报道现阶段没有条件解决的问题。要遵守新闻纪律，恪守新闻职业道德，拿不准的问题要请示，涉及重要、敏感问题的稿件要送审，不宜公开报道的问题可通过内参等途径反映。

三、把握当前舆论监督的重点

加强对违法违规行为的监督，揭露和批评有法不依、执法不严、贪赃枉法等问题，推进依法治国。加强对党和政府的方针政策落实情况的监督，反映人民群众对党和政府工作的希望和建议，揭露和批评有令不行、有禁不止、阳奉阴违、各行其是等行为，维护中央权威，保证政令畅通。加强对党纪政纪执行情况的监督，揭露和批评失职渎职、滥用权力、消极腐败等行为，促进干部队伍廉政建设。加强对侵害群众利益行为的监督，揭露和批评以各种手段和方式侵害群众利益的现象和行为，保护人民群众的合法权益。加强对社会丑恶现象、不道德行为和不良风气的揭露和批评，推进公民道德建设，弘扬社会正气。

四、支持新闻媒体正确开展舆论监督

各级党委和政府、社会团体及其工作人员要重视舆论监督工作，支持新闻媒体特别是省级以上党报党刊、电台、电视台记者的采访活动、为采访报道提供方便。基层单位不得封锁消息、隐瞒事实、干涉舆论监督，不得以行贿、说情等手段对舆论监督进行干预。有关地方和部门应当对舆论监督作出积极反应，对媒体揭露的问题应当及时调查处理，并通过媒体公开处理结果。

五、强化新闻媒体在舆论监督中的社会责任

广大新闻工作者要树立强烈的社会责任感，注重舆论监督的社会效果。对报道的内容，必须进行认真核实，做到真实、准确、可靠，不得编发互联网上的信息，不得刊播未经核实的来稿，不得循私隐匿应报道的新闻事实。要通过合法和正当的途径获取新闻，不得采取非法和不道德的手段进行采访报道。不得利用职务之便谋取私利，严禁借舆论监督进行敲诈勒索。严格遵守法律法

规,不得干扰和妨碍政法机关依法办案。尊重公民、法人及其他组织的合法权益。严格执行有关保密规定,严防在报道中泄露党和国家秘密。涉及军队、武警、民族、宗教、港澳台和外国政府或组织等敏感领域、重大突发事件以及容易引发群体性事件的舆论监督稿件,要送有关部门审定。对领导干部的点名批评要从严控制,确需点名批评的,稿件要送被批评领导干部的上一级党委审阅,并经新闻媒体主要负责同志批准。新闻媒体要向社会公布举报电话,自觉接受社会和群众监督。因报道失实或不当侵犯他人合法权益的,应公开更正,澄清事实,消除不良影响。对违纪违规、造成恶劣影响的,要严肃处理。

六、加强对舆论监督工作的领导

各级党委和政府要高度重视舆论监督工作,正确运用和发挥舆论监督的作用。各级领导干部要正确对待舆论监督,增强接受舆论监督的自觉性,善于通过舆论监督听取人民群众的意见和呼声,发现和解决问题,推动和改进工作。要充分发挥党报党刊、电台、电视台等主流媒体在舆论监督工作中的作用,切实加强对小报小刊和互联网站的管理。要认真总结舆论监督工作的经验,把舆论监督与党内监督、法律监督、群众监督有机结合起来。各地区各部门要认真研究制定加强和改进舆论监督工作的具体方法。党委宣传部门要加强对舆论监督工作的指导。新闻单位要制定和完善舆论监督的各项工作制度,主要负责同志要亲自把关。要加强新闻采编队伍建设,认真落实《中宣部、国家广电总局、新闻出版总署关于新闻采编人员从业管理的规定(试行)》。要加强对编辑记者的培训、教育和管理,提高他们的政治和业务素质。新闻工作者要切实增强政治意识、大局意识、责任意识和纪律意识,正确理解和运用舆论监督的权力,准确把握舆论监督的方法和形式,不断提高舆论监督工作的水平。

中共中央办公厅、国务院办公厅关于印发《全国性文艺新闻出版评奖管理办法》的通知

各省、自治区、直辖市党委和人民政府,中央和国家机关各部委,军委总政治部,各人民团体:

《全国性文艺新闻出版评奖管理办法》已经党中央、国务院领导同志同意,现印发给你们,请遵照执行。

中共中央办公厅
国务院办公厅
2005年3月1日
厅字[2005]6号

全国性文艺新闻出版评奖管理办法

为适应转变政府职能和文化体制改革的新形势,改变目前全国性文艺、新闻、出版评奖(以下简称全国性评奖)过多过滥的状况,更好地发挥全国性评奖在引导和推动优秀精神文化产品创作生产方面的重要作用,制定本办法。

第一条 全国性评奖是指在全国范围内对文艺、新闻、出版领域的人物、作品进行的评奖活动。也括文艺、新闻、出版领域跨省、自治区、直辖市的各类评奖活动,以及冠以"全国"、"中国"、"中华"等名称的评奖

活动。

第二条 全国性评奖必须以邓小平理论和“三个代表”重要思想为指导，坚持为人民服务、为社会主义服务的方向，贯彻百花齐放、百家争鸣的方针，做到贴近实际、贴近生活、贴近群众；坚持正确导向，唱响主旋律，把思想性、艺术性和观赏性有机统一起来；坚持把社会效益放在首位，努力实现社会效益和经济效益的统一；坚持少而精和有利于政府转变职能，有利于推动文化产品面向市场、面向群众的原则，提高公正性、科学性、权威性，引导和激励广大文艺、新闻、出版工作者创作生产更多更好的精神文化产品，满足全面建设小康社会进程中人民群众不断增长的精神文化需求。

第三条 中央宣传部、文化部、国家广电总局、新闻出版总署、国务院新闻办公室等党和国家机关工作部门，以及中国文学艺术界联合会、中国作家协会、中华全国新闻工作者协会、中国出版工作者协会，可举办全国性评奖活动。新闻媒体举办全国性评奖活动，须报上述有举办全国性评奖活动资格的主管部门核准并报中央宣传部审批。

任何互联网站、中介组织、企业以及其他单位和个人不得举办全国性评奖活动，也不得以各类大赛、评比、排行榜等形式变相举办全国性评奖活动。

第四条 具有全国性评奖资格的党和国家机关工作部门如确有必要，只设一个评奖项目，各协会要本着少而精的原则严格控制评奖项目数量。所有评奖活动都要严格控制评奖范围、子项数量和获奖名额。

第五条 除新闻类评奖外，其他全国性评奖每届间隔时间不得少于两年。

第六条 建立文化艺术领域授予荣誉称号的制度。对为繁荣发展我国文化艺术作出卓越贡献的作家、艺术家，授予“人民作家”、“人民艺术家”等荣誉称号，具体办法另行规定。

第七条 举办全国性评奖活动的资格审查和奖项，由中央宣传部负责审批。

第八条 申请举办全国性评奖活动，应当在举办评奖活动前4个月向中央宣传部提交申请书；经审核批准的，可举办评奖活动。中央宣传部应当自收到申请书之日起60日内作出批准或者不批准的决定，并通知申请单位。

申请书应当载明下列内容：

（一）评奖主办单位的名称、地址；

（二）评奖项目名称、评奖间隔时间；

（三）评奖范围、经费来源；

（四）所设子项名称、评奖数量；

（五）评奖章程、评委数量及结构；

（六）评奖活动主要负责人的姓名、住址及联系方式；

（七）其他需要载明的事项。

第九条 评奖项目变更名称、评奖范围、分项设置、评奖间隔时间、评奖数量的，应当按照第八条的规定办理审批手续。评奖主办单位变更地址、评奖章程、评奖活动主要负责人或者终止评奖活动的，应当向中央宣传部办理变更登记或者注销登记手续。

第十条 全国性评奖必须有明确的评奖章程、条例和实施细则。评奖过程中必须严格标准，规范程序，质量第一，宁缺勿滥。

第十一条 全国性评奖应当完善作品或人物申报机制，广泛推荐，择优参评。评奖应当建立科学合理的成果评价体系，将演出场次、收视率、采用率、上座率和发行量等作为评选的重要依据，把经过实践检验和得到群众认可作为最终标准。

第十二条 坚持公开、公正的原则，增加评奖透明度，评委评语、评委身份、评奖程序和评奖结果应当向社会公示，加强社会监督。

第十三条 评委应当具有权威性和代

表性,实行定期轮换。严格执行评奖回避制度,有作品或个人参评的创作生产单位领导不得担任相关奖项的评委。

第十四条 全国性评奖一律不准向参评者收取报名费、参评费和任何形式的赞助。所有评奖工作人员都应当遵守有关规定,保持廉洁公正。

第十五条 主管部门应当设立群众举报监督电话,对评奖活动的经费来源与使用情况进行监督检查,严肃查处违规违纪行为,坚决制止借评奖敛钱和铺张奢华的行为。对少数管理混乱、问题突出、社会影响不好的奖项,由主管部门限期整改,整改无效的予以取消。

第十六条 所有新闻媒体均不得对擅自举办的全国性评奖活动进行宣传报道。违规进行宣传报道的,依照新闻管理的有关规定予以处理。

第十七条 文艺、新闻、出版行政管理部门及其工作人员违反法律法规和有关规定,侵犯参评单位和个人的合法权益或者在评奖活动中循私舞弊,构成犯罪的,依法追究其刑事责任;尚不构成犯罪的,予以党纪政纪处分。侵犯他人著作权的评奖活动,依照《中华人民共和国著作权法》予以处理。

第十八条 本办法施行前经中央宣传部批准设立的全国性评奖项目,应当自本办法施行之日起60天内依照本办法的规定重新办理审批手续。

第十九条 各省、自治区、直辖市对本地区举办的评奖活动,可以参照本办法的规定制定具体管理办法。

第二十条 本办法由中央宣传部负责解释。

第二十一条 本办法自2005年3月1日起施行。

国务院关于加强文化遗产保护的通知

各省、自治区、直辖市人民政府,国务院各部委、各直属机构:

我国是历史悠久的文明古国。在漫长的岁月中,中华民族创造了丰富多彩、弥足珍贵的文化遗产。党中央、国务院历来高度重视文化遗产保护工作,在全社会的共同努力下,我国文化遗产保护取得了明显成效。与此同时,也应清醒地看到,当前我国文化遗产保护面临着许多问题,形势严峻,不容乐观。为了进一步加强我国文化遗产保护,继承和弘扬中华民族优秀传统文化,推动社会主义先进文化建设,国务院决定从2006年起,每年6月的第二个星期六为我国的“文化遗产日”。现就如何加强文化遗产保护有关问题通知如下:

一、充分认识保护文化遗产的重要性和紧迫性

文化遗产包括物质文化遗产和非物质文化遗产。物质文化遗产是具有历史、艺术和科学价值的文物,包括古遗址、古墓葬、古建筑、石窟寺、石刻、壁画、近代现代重要史迹及代表性建筑等不可移动文物,历史上各时代的重要实物、艺术品、文献、手稿、图书资料等可移动文物;以及在建筑式样、分布均匀或与环境景色结合方面具有突出普遍价值的历史文化名城(街区、村镇)。非物质文化遗产是指各种以非物质形态存在的与群众生活密切相关、世代相承的传统文化表现形式,包括口头传承、传统表演艺术、民俗活动和礼仪与节庆、有关自然界和宇宙的民间传统知识和实践、传统手工艺技能等以及与上述传统文化表现形式相关的文化空间。

我国文化遗产蕴含着中华民族特有的

精神价值、思维方式、想象力,体现着中华民族的生命力和创造力,是各民族智慧的结晶,也是全人类文明的瑰宝。保护文化遗产,保持民族文化的传承,是连结民族情感纽带、增进民族团结和维护国家统一及社会稳定的重要文化基础,也是维护世界文化多样性和创造性,促进人类共同发展的前提。加强文化遗产保护,是建设社会主义先进文化,贯彻落实科学发展观和构建社会主义和谐社会的必然要求。

文化遗产是不可再生的珍贵资源。随着经济全球化趋势和现代化进程的加快,我国的文化生态正在发生巨大变化,文化遗产及其生存环境受到严重威胁。不少历史文化名城(街区、村镇)、古建筑、古遗址及风景名胜区整体风貌遭到破坏。文物非法交易、盗窃和盗掘古遗址、古墓葬以及走私文物的违法犯罪活动在一些地区还没有得到有效遏制,大量珍贵文物流失境外。由于过度开发和不合理利用,许多重要文化遗产消亡或失传。在文化遗存相对丰富的少数民族聚居地区,由于人们生活环境和条件的变迁,民族或区域文化特色消失加快。因此,加强文化遗产保护刻不容缓。地方各级人民政府和有关部门要从对国家和历史负责的高度,从维护国家文化安全的高度,充分认识保护文化遗产的重要性,进一步增强责任感和紧迫感,切实做好文化遗产保护工作。

二、加强文化遗产保护的指导思想、基本方针和总体目标

(一)指导思想:坚持以邓小平理论和"三个代表"重要思想为指导,全面贯彻和落实科学发展观,加大文化遗产保护力度,构建科学有效的文化遗产保护体系,提高全社会文化遗产保护意识,充分发挥文化遗产在传承中华文化,提高人民群众思想道德素质和科学文化素质,增强民族凝聚力,促进社会主义先进文化建设和构建社会主义和谐社会中的重要作用。

(二)基本方针:物质文化遗产保护要贯彻"保护为主、抢救第一、合理利用、加强管理"的方针。非物质文化遗产保护要贯彻"保护为主、抢救第一、合理利用、传承发展"的方针。坚持保护文化遗产的真实性和完整性,坚持依法和科学保护,正确处理经济社会发展与文化遗产保护的关系,统筹规划、分类指导、突出重点、分步实施。

(三)总体目标:通过采取有效措施,文化遗产保护得到全面加强。到2010年,初步建立比较完备的文化遗产保护制度,文化遗产保护状况得到明显改善。到2015年,基本形成较为完善的文化遗产保护体系,具有历史、文化和科学价值的文化遗产得到全面有效保护;保护文化遗产深入人心,成为全社会的自觉行动。

三、着力解决物质文化遗产保护面临的突出问题

(一)切实做好文物调查研究和不可移动文物保护规划的制订实施工作。加强文物资源调查研究,并依法登记、建档。在认真摸清底数的基础上,分类制订文物保护规划,认真组织实施。国务院文物行政部门要统筹安排世界文化遗产、全国重点文物保护单位保护规划的编制工作,省级人民政府具体组织编制,报国务院文物行政部门审查批准后公布实施。国务院文物行政部门要对规划实施情况进行跟踪监测,检查落实。要及时依法划定文物保护单位的保护范围和建设控制地带,设立必要的保护管理机构,明确保护责任主体,建立健全保护管理制度。其他不可移动文物也要依据文物保护法的规定制订保护规划,落实保护措施。坚决避免和纠正过度开发利用文化遗产,特别是将文物作为或变相作为企业资产经营的违法行为。

（二）改进和完善重大建设工程中的文物保护工作。严格执行重大建设工程项目审批、核准和备案制度。凡涉及文物保护事项的基本建设项目，必须依法在项目批准前征求文物行政部门的意见，在进行必要的考古勘探、发掘并落实文物保护措施以后方可实施。基本建设项目中的考古发掘要充分考虑文物保护工作的实际需要，加据统一管理，落实审批和监督责任。

（三）切实抓好重点文物维修工程。统筹规划、集中资金，实施一批文物保护重点工程，排除重大文物险情，加强对重要濒危文物的保护。实施保护工程必须确保文物的真实性，坚决禁止借保护文物之名行造假古董之实。要对文物“复建”进行严格限制，把有限的人力、物力切实用到对重要文物、特别是重大濒危文物的保护项目上。严格工程管理，落实文物保护工程队伍资质制度，完善从业人员管理制度，建立健全各类文物保护技术规范，确保工程质量。

（四）加强历史文化名城（街区、村镇）保护。进一步完善历史文化名城（街区、村镇）的申报、评审工作。已确定为历史文化名城（街区、村镇）的，地方人民政府要认真制订保护规划，并严格执行。在城镇化过程中，要切实保护好历史文化环境，把保护优秀的乡土建筑等文化遗产作为城镇化发展战略的重要内容，把历史名城（街区、村镇）保护规划纳入城乡规划。相关重大建设项目，必须建立公示制度，广泛征求社会各界意见。国务院有关部门要对历史文化名城（街区、村镇）的保护状况和规划实施情况进行跟踪监测，及时解决有关问题；历史文化名城（街区、村镇）的布局、环境、历史风貌等遭到严重破坏的，应当依法取消其称号，并追究有关人员的责任。

（五）提高馆藏文物保护和展示水平。高度重视博物馆建设，加强对藏品的登记、建档和安全管理，落实藏品丢失、损毁追究责任制。实施馆藏文物信息化和保存环境达标建设，加大馆藏文物科技保护力度。提高陈列展览质量和水平，充分发挥馆藏文物的教育作用。加强博物馆专业人员培养，提高博物馆队伍素质。坚持向未成年人等特殊社会群体减、免费开放，不断提高服务质量和水平。

（六）清理整顿文物流通市场。加强对文物市场的调控和监督管理，依法严格把握文物流通市场准入条件，规范文物经营和民间文物收藏行为，确保文物市场健康发展。依法加强文物商店销售文物、文物拍卖企业拍卖文物的审核备案工作。坚决取缔非法文物市场，严厉打击盗窃、盗掘、走私、倒卖文物等违法犯罪活动。严格执行文物出入境审核、监管制度，加强鉴定机构队伍建设，严防珍贵文物流失。加强国际合作，对非法流失境外的文物要坚决依法追索。

四、积极推进非物质文化遗产保护

（一）开展非物质文化遗产普查工作。各地区要进一步做好非物质文化遗产的普查、认定和登记工作，全面了解和掌握非物质文化遗产资源的种类、数量、分布状况、生存环境、保护现状及存在的问题，及时向社会公布普查结果。3 年内全国基本完成普查工作。

（二）制订非物质文化遗产保护规划。在科学论证的基础上，抓紧制订国家和地区非物质文化遗产保护规划，明确保护范围，提出长远目标和近期工作任务。

（三）抢救珍贵非物质文化遗产。采取有效措施，抓紧征集具有历史、文化和科学价值的非物质文化遗产实物和资料，完善征集和保管制度。有条件的地方可以建立非物质文化遗产资料库、博物馆或展示中心。

（四）建立非物质文化遗产名录体系。进一步完善评审标准，严格评审工作，逐步建立国家和省、市、县非物质文化遗产名录体系。对列入非物质文化遗产名录的项目，要制订科学的保护计划，明确有关保护的责任主体，进行有效保护。对列入非物质文化遗产名录的代表性传人，要有计划地提供资助，鼓励和支持其开展传习活动，确保优秀非物质文化遗产的传承。

（五）加强少数民族文化遗产和文化生态区的保护。重点扶持少数民族地区的非物质文化遗产保护工作。对文化遗产丰富且传统文化生态保持较完整的区域，要有计划地进行动态的整体性保护。对确属濒危的少数民族文化遗产和文化生态区，要尽快列入保护名录，落实保护措施，抓紧进行抢救和保护。

五、明确责任，切实加强对文化遗产保护工作的领导

（一）加强领导，落实责任。地方各级人民政府和有关部门要将文化遗产保护列入重要议事日程，并纳入经济和社会发展计划以及城乡规划。要建立健全文化遗产保护责任制度和责任追究制度。成立国家文化遗产保护领导小组，定期研究文化遗产保护工作的重大问题，统一协调文化遗产保护工作。地方各级人民政府也要建立相应的文化遗产保护协调机构。要建立文化遗产保护定期通报制度、专家咨询制度以及公众和舆论监督机制，推进文化遗产保护工作的科学化、民主化。要充分发挥有关学术机构、大专院校、企事业单位、社会团体等各方面的作用，共同开展文化遗产保护工作。

（二）加快文化遗产保护法制建设，加大执法力度。加强文化遗产保护法律法规建设，推进文化遗产保护的法制化、制度化和规范化。积极推动《非物质文化遗产保护法》、《历史文化名城和历史文化街区、村镇保护条例》等法律、行政法规的立法进程，争取早日出台。抓紧制定和起草与文物保护法相配套的部门规章和地方性法规。抓紧研究制定保护文化遗产知识产权的有关规定。要严格依照保护文化遗产的法律、行政法规办事，任何单位或者个人都不得作出与法律、行政法规相抵触的决定；各级文物行政部门等行政执法机关有权依法抵制和制止违反有关法律、行政法规的决定和行为。严厉打击破坏文化遗产的各类违法犯罪行为，重点追究因决策失误、玩忽职守，造成文化遗产破坏、被盗或流失的责任人的法律责任。充实文化遗产保护执法力量，加大执法力度，做到执法必严，违法必究。因执法不力造成文化遗产受到破坏的，要追究有关执法机关和有关责任人的责任。

（三）安排专项资金，加强专业人才队伍建设。各级人民政府要将文化遗产保护经费纳入本级财政预算，保障重点文化遗产经费投入。抓紧制定和完善有关社会捐赠和赞助的政策措施，调动社会团体、企业和个人参与文化遗产保护的积极性。加强文化遗产保护管理机构和专业队伍建设，大力培养文化遗产保护和管理所需的各类专门人才。加强文化遗产保护科技的研究、运用和推广工作，努力提高文化遗产保护工作水平。

（四）加大宣传力度，营造保护文化遗产的良好氛围。认真举办“文化遗产日”系列活动，提高人民群众对文化遗产保护重要性的认识，增强全社会的文化遗产保护意识。各级各类文化遗产保护机构要经常举办展示、论坛、讲座等活动，使公众更多地了解文化遗产的丰富内涵。教育部门要将优秀文化遗产内容和文化遗产保护知识纳入教学计划，编入教材，组织参观学习活动，激发青少年热爱祖国优秀传统文化的热情。各类新闻媒体要通过开设专题、专栏等方式，介绍文化遗产和保护知识，大力宣传保护文化遗产的先进典型，及时曝光破坏文化遗产的违法行为及事件，发挥舆论监督作用，在全社会形成保护文化遗产的良好氛围。

与此同时，国务院有关部门也要切实研究解决自然遗产保护中存在的问题，加强自然遗产保护工作。

中华人民共和国国务院
2005 年 12 月 22 日
国发[2005]42 号

中宣部关于保持共产党员先进性教育活动宣传报道的意见

各省、自治区、直辖市党委宣传部，中央各主要新闻单位：

中央决定，从 2005 年 1 月开始，用一年半左右的时间，在全党开展以实践“三个代表”重要思想为主要内容的保持共产党员先进性教育活动。这是根据党的十六大和十六届四中全会精神，进一步加强党的执政能力建设，全面推进党的建设新的伟大工程的重大决策，是坚持用“三个代表”重要思想武装全党的重要举措，是提高党的执政能力、巩固党的执政基础、完成党的执政使命的重要举措，是实现全面建设小康社会宏伟目标、推进中国特色社会主义伟大事业的重要举措。对这项活动，中央高度重视，中发[2004]20 号文件作了专门部署。各级党委宣传部门和各新闻单位要开展好先进性教育活动，认真做好以实践“三个代表”重要思想，保持共产党员先进性教育为主要内容的主题宣传活动。

一、指导思想

以邓小平理论和“三个代表”重要思想为指导，认真贯彻党的十六大和十六届四中全会精神，宣传好中央 20 号文件精神，紧紧围绕保持共产党员先进性这一主题，大力宣传中央关于开展先进性教育活动的重要指示精神和重大意义，大力宣传各地各部门在先进性教育活动中取得的成功经验和实际效果，大力宣传先进性教育活动中的先进典型，为深入开展先进性教育活动、全面推进党的建设营造良好的舆论氛围。

二、宣传重点及栏目

1. 重大活动和动态报道。认真做好中央政治局常委开展先进性教育活动的报道，做好胡锦涛总书记作专题报告的报道，及时、准确地报道中央关于开展先进性教育活动的重要指示精神、重大工作部署；做好中央有关部门举行的系列形势报告会和有关重大活动的宣传报道，积极做好先进性教育活动进展情况、工作安排和工作进度的报道。

2. 典型宣传。宣传一批忠实实践“三个代表”重要思想，保持共产党员先进性的先进人物，展现新时期优秀共产党员的风采。注意根据先进性教育活动的不同阶段，选择不同类型、不同层次的典型。

3. 经验宣传。报道先进性办公室推荐的典型经验；报道各地各部门开展活动的具体措施、明显效果，积极报道各地各部门解决重点、热点、难点和关键问题，所采取的好经验、好做法、好措施，把活动引向深入。

4. 理论宣传。围绕保持共产党员先进性，加强党的执政能力建设，全面推进党的建设新的伟大工程的重大意义，以及这次教育活动的重大意义、指导思想、目标要求、指导原则和方法步骤等，组织撰写一系列社论、评论、理论文章。组织好对《保持共产党员先进性教育读本》和《保持共产党员先进性教育党课参考教材》的宣传。组织电视政论片和专题片的制播工作。

典型宣传统一栏目名称为:《时代先锋》

理论宣传统一栏目名称为,《实践“三个代表”重要思想　保持共产党员先进性》

专栏启动时间:12月27日。

三、参加单位

人民日报、新华社、光明日报、经济日报、中央人民广播电台、中央电视台、科技日报、工人日报、中国青年报、中国妇女报、农民日报、法制日报、中国纪检监察报,求是杂志、党建杂志、党风党纪杂志、党建研究杂志、中直党建杂志,人民网、新华网、央视国际网等。

四、具体方案和发稿计划

根据中央先进性教育办公室制订的《保持共产党员先进性教育活动宣传方案》和《时代先锋》大型主题宣传报道方案进行。

启动阶段发稿计划(2004年12月27日—2005年1月31日)。

1. 工作会议前的宣传

根据中央安排,2005年1月5日至6日将召开保持共产党员先进性教育活动工作会议。从2004年12月27日起,人民日报、光明日报等开始刊发理论文章,具体稿件由中央先进性教育活动办公室安排。

2. 工作会议相关报道

2005年1月6日,新华社播发中央先进性教育活动工作会议消息通稿,转发人民日报社论《加强执政能力建设的基础工程》,中央人民广播电台、中央电视台当日“新闻联播”播发会议消息,摘播人民日报社论,各报次日刊用新华社会议消息和人民日报社论。

2005年1月7日,新华社播发中央先进性教育活动领导小组第一次会议消息通稿,中央人民广播电台、中央电视台当日“新闻联播”摘播,各报次日刊用。

3. 工作会议后至2005年1月底

2005年1月10日左右,待中办批准后,新华社全文刊发《中共中央关于在全党开展以实践“三个代表”重要思想为主要内容的保持共产党员先进性教育活动的意见》(中央[2004]20号文件),中央人民广播电台、中央电视台当日“新闻联播”摘播,人民日报、光明日报、经济日报等中央主要报纸全文刊登,人民网、新华网、央视国际等8家中央重点新闻网站全文转登。

2005年1月8日起,中央主要新闻单位开始报道8家先进性教育活动试点单位经验(挂统一刊头),由中央先进性教育活动办公室提供材料。

2005年1月11日、13日、18日、20日、25日、27日,人民日报开辟专刊,分6次刊发《保持共产党员先进性教育党课参考教材》。

2005年1月12日开始,中央主要新闻单位在《时代先锋》专栏,集中报道北京市海淀法院知识产权庭庭长宋鱼水的先进事迹。新华社播发通稿,中央电视台当晚“新闻联播”节目播出报道,中央电台、各主要新闻媒体次日刊播。

2005年1月16日左右,人民日报刊发第一篇评论员文章。

五、工作要求

1. 高度重视,认真组织。各级党委宣传部门和各新闻单位要按照中央精神做好先进性教育活动宣传报道工作,与各地各部门先进性教育活动办公室密切配合,认真组织,精心安排,以饱满的精神状态和高质量的工作完成好这一政治任务。选用政治素质高、业务能力强、思想作风正的编辑记者专门负责先进性教育活动报道。新闻联络员要与先进性教育活动办公室保持密切联系。具体宣传报道方案,按中央先进性教育活动办公室的布置进行。

2. 突出主题,注重实效。各新闻单位要突出宣传保持共产党员先进性这一主题,重点宣传中央精神，重点宣传保持共产党员先进性的深刻内涵和重大意义；根据自己的特色定位，发挥特长，改进创新，采取多种形式、多种体裁开展宣传，多采用群众喜闻乐见的形式，多报道群众身边的优秀共产党员，多报道各级党组织为群众所做的好事、实事，努力提高宣传效果，探索党建宣传的新路。

3. 全面准确，稳妥把握。先进性教育活动宣传政治性、政策性、理论性很强，宣传工作一定要以正面宣传为主，全面准确地体现中央关于开展先进性教育活动的精神；既要保持一定的声势和力度，又要注意适时、适度、适宜、适量；严格按照教育活动每个批次的进度、阶段开展宣传；坚持正确的舆论导向，在政治上、政策上严格把关，防止出现偏差；理论宣传尤其要谨慎把握，不在媒体上公开搞学术争论；先进性教育活动中的典型人物和典型经验宣传，须经先进性教育活动办公室同意；对先进性教育活动中出现的问题，可直接向中央先进性教育办公室反映，一般不要公开报道；严格规范各种提法，如不要简称“保先办”等。加强对互联网的监控和管理力度，及时掌握舆情，发现并删除有害信息，不给错误言论提供传播渠道，不向网站提供涉密信息。

请各级党委宣传部门和新闻单位会同先进性教育活动办公室，制订定详细宣传方案。

中共中央宣传部
2005 年 1 月 6 日
中宣发[2005]1 号

中组部、中宣部关于做好 2005 年人才工作宣传报道的通知

各省、自治区、直辖市党委组织部、宣传部，中央各主要新闻单位：

根据中央人才工作协调小组的工作要点和工作安排，现就做好 2005 年人才工作宣传报道通知如下：

一、指导思想

以邓小平理论和“三个代表”重要思想为指导，认真贯彻党的十六届三中、四中全会精神和全国人才工作会议精神，牢固树立和落实科学的发展观和人才观，紧紧围绕党和国家中心工作和经济社会发展全局，大力宣传实施人才强国战略，坚持党管人才原则，加强人才资源开发建设，突出重点，创新方式，努力营造人才工作和人才队伍建设的良好舆论氛围。

二、宣传重点

1. 大力宣传党的十六届四中全会对人才工作和人才队伍建设的重大意义。宣传全会通过的《中共中央关于加强党的执政能力建设的决定》，既是加强党的执政能力建设的纲领性文件，也是实施人才强国战略、加强人才队伍建设的指导性文件。宣传《决定》围绕提高党的执政能力，就加强和改进新形势下的人才工作和人才队伍建设提出的一系列任务和举措。宣传树立科学人才观，树立人才资源是第一资源的观念，发挥人才资源在经济社会发展中的基础性、战略性、决定性作用。宣传人才工作要树立以人为本的观念，充分调动各类人才的积极性、主动性和创造性，努力营造鼓励人才干事业、支持人才干成事业、帮助人才干好事业的良好环境。宣传改进创新人才工作和人

才队伍建设，把各方面优秀人才集聚到党和国家的事业中来，把优秀人才的聪明才智和创造活力凝聚到提高党的执政能力上来。

2. 大力宣传人才资源开发的总体规划和重点工作。围绕"十一五"人才规划的编制工作，宣传我国经济社会发展对人才的迫切需求，人才队伍建设的目标和任务，人才资源开发的战略重点和措施。围绕高校毕业生就业，宣传高校毕业生服务基层、服务西部的先进典型，鼓励和引导高校毕业生面向基层就业。围绕《中国人才资源状况白皮书》的编制工作，宣传人才投入、人才资源统计、信息化建设等方面的做法和经验。围绕人才强国战略基础性研究工作，宣传人才工作理论研究的新成果，以及立足中国实际学习借鉴其他国家人才资源开发的成功经验。

3. 大力宣传以高层次人才为重点的人才队伍建设取得的新进展。宣传各地各部门在加强党政人才、国有企业经管管理人才、专业技术人才、高技能人才、农村实用人才、非公有制组织人才培养方面的做法和经验。宣传有关地区和部门适应人才竞争国际化的新形势，吸引海外高层次人才回国工作和为国服务的做法和经验。宣传"四个一批"、"百千万人才工程"、"高层次创造性人才计划"、"百人计划"等高层次人才培养工作的进展情况。宣传有关部门加强国防科技高层次人才队伍建设和发挥高校培养和集聚人才作用的做法和经验。

4. 大力宣传人才工作体制机制创新取得的新突破。宣传各地各部门以建立完善促进人才合理流动的人才资源配置机制为突破口，进一步消除人才流动的体制性、政策性障碍，加强人才市场建设，加快人才资源市场化配置进程的做法和经验。宣传各地各部门进一步推进人才评价、选用、激励、保障机制创新，稳步推进党政领导干部选拔任用机制创新和深化事业单位人事制度改革的做法和经验。

5. 大力宣传为国家实施发展战略提供人才支持工作取得的新成效。继续宣传振兴东北地区等老工业基地人才队伍建设，加大西部地区人才工作的宣传力度。宣传"博士服务团"、"西部之光"和"西部地区千名学科带头人工程"等西部地区重点人才工程。宣传"大学生志愿服务西部计划"、"东西部公务员对口培训"、"西部地区和少数民族地区干部境内外培训"等专项活动。宣传中央、国家机关和东中部地区为西部地区输送紧缺人才，进一步做好援藏、援疆工作，探索建立为西部大开发提供人才支持的长效机制等的做法和经验。

6. 继续做好人才典型宣传。宣传各条战线涌现出的优秀人才的先进事迹。结合开展"保持共产党员先进性教育活动"和"落实科学发展观大型系列主题采访活动"，宣传一批高层次人才、西部人才、海外人才、高技能人才和农村实用人才中做出突出贡献的集体和个人。宣传一批关心重视人才工作、积极实施人才政策、创造良好人才环境的集体和个人。

三、报道安排

中央和各省（区、市）主要新闻单位要结合自身特点，充分发挥各自优势，安排重要版面、节目，开设专门栏目或专门版面，不断创新方式和载体，拓展宣传报道的广度和深度。

1. 人民日报、新华社、光明日报、经济日报、中央电台、中央电视台等中央主要新闻单位和各省（区、市）的主要新闻单位，要根据自身特点，开设人才专刊、专版、专栏或专题节目，每月推出一定数量的人才工作宣传报道稿件。

2. 人民日报、求是杂志、光明日报、经济日报等中央主要新闻单位，要结合人才工作的重要理论和实践问题，约请中央人才工作协调小组部分成员、有关省(区、市)主要负责同志撰写理论文章,适时刊发。

3. 中央电台、中央电视台和有关省(区、市)电台、电视台可就西部地区人才工作、东北地区等老工业基地人才队伍建设等人才专项工作,制作播出专题节目和电视专题片。

4. 人民网、新华网等重点新闻网站,要围绕科学的人才观、西部人才、海外人才、高技能人才等社会关注的人才热点问题,开展网络主题宣传和论坛、访谈活动,全面准确介绍有关人才政策。

5. 中央主要新闻单位和各省(区、市)新闻单位,要围绕中央人才工作协调小组工作重点,大力宣传典型人才的先进事迹。集中推广一个人才团队典型、一个高层次人才的典型和一批工作在普通岗位上的优秀人才典型。

6. 中央主要新闻单位和各省(区、市)新闻单位要围绕西部人才、高层次人才、海外人才、高技能人才、农村实用人才等方面内容,组织记者进行集中采访,集中报道。

7. 通过内参渠道,调查反映人才工作和人才队伍建设中的重点、热点、难点问题。

四、有关要求

1. 精心组织,周密部署。各级党委组织部门、宣传部门及各新闻单位要密切配合,周密安排,结合党和政府的中心工作,结合本地区本部门实际,精心组织人才宣传工作,切实把报道要求落到实处。

2. 建立人才宣传工作组织协调机制。各地党委组织部门、宣传都门要会同同级主要新闻单位,定期召开人才工作宣传会议,研讨人才宣传工作,协调有关部门开展人才工作报道。建立人才工作宣传联络员制度,形成人才工作宣传报道的快速反应机制。加强信息沟通,充分发挥各地人才宣传小组的作用。

3. 加强人才宣传队伍培养工作。各新闻单位要选派政治素质高、业务能力强、熟悉人才工作、有奉献精神的骨干记者参加人才工作的宣传报道,不断提高报道质量。

中共中央组织部
中共中央宣传部
2005 年 3 月 6 日
中宣发[2005]8 号

中共江苏省委转发《省委宣传部关于中国人民抗日战争暨世界反法西斯战争胜利 60 周年纪念活动的请示》的通知

各市、县(市、区)委,省委各部委,省各委办厅局党组(党委),省各直属单位党委,省军区政治部:

省委同意《省委宣传部关于中国人民抗日战争暨世界反法西斯战争胜利 60 周年纪念活动的请示》现转发给你们,请遵照执行。

今年是中国人民抗日战争胜利 60 周年和世界反法西斯战争胜利 60 周年。中国人民抗日战争是世界反法西斯战争的重要组成部分,回顾中国人民和世界人民反抗外来侵略的伟大斗争,铭记中国人民为世界反法西斯战争胜利所做出的重要历史贡献和巨大的民族牺牲,对于弘扬以爱国主义为核心的伟大民族精神,凝聚民族力量,实现中华民族伟大复兴、促进世界的和平与发展,对于激励和动员全省人民又快又好地推进“两个率先”、构建和谐社会,都具有十分重要的现实意义。全省各级党委政府要结合实际,认真组织好各种形式的群众性纪念活动和爱国主义教育活动。

中共江苏省委
2005年3月21日
苏发[2005]9号

省委宣传部关于中国人民抗日战争暨世界反法西斯战争胜利60周年纪念活动的请示

省委：

今年是中国人民抗日战争胜利60周年和世界反法西斯战争胜利60周年。5月9日是欧洲反法西斯战争胜利日，9月3日是中国人民抗日战争胜利日，也是世界反法西斯战争胜利日。

最近，中共中央批转了中央宣传部、中央党史研究室、解放军总政治部《关于中国人民抗日战争暨世界反法西斯战争胜利60周年纪念活动的请示》（中发[2005]4号）。根据4号文件精神，现就我省纪念活动的有关事项，请示如下：

一、指导思想

坚持以马克思列宁主义、毛泽东思想、邓小平理论和“三个代表”重要思想为指导，全面贯彻党的十六大精神，着力宣传中国人民抗日战争胜利的伟大历史意义，着力宣传抗日战争在世界反法西斯战争中的重要地位，着力宣传在中国共产党主张建立的抗日民族统一战线旗帜下全民族打败日本军国主义侵略的历史功绩，着力宣传中国共产党在全民族团结抗战中的中流砥柱作用；通过组织开展一系列体现江苏特色的纪念活动，大力弘扬以爱国主义为核心的民族精神和以改革创新为核心的时代精神，激励和动员全省人民把爱国热情转化为弘扬“三创”精神、推进“两个率先”、构建和谐社会的实际行动，为建设以人为本、全面协调可持续发展的新江苏，为实现中华民族的伟大复兴、促进世界和平与发展而努力奋斗。

二、活动安排

（一）9月2日，由省委宣传部、省委党史工办、省军区政治部联合举办纪念中国人民抗日战争胜利60周年纪念座谈会，邀请省委、省人大、省政府、省政协领导同志和在宁老同志出席，省委主要领导同志发表讲话。9月初，由省委统战部举行与纪念活动有关的统一战线成员座谈会。9月3日，在南京抗日航空烈士纪念碑广场举行纪念活动。

（二）9月3日，组织各界代表收看在北京人民大会堂举行的纪念中国人民抗日战争暨世界反法西斯战争胜利60周年大会实况并做好相应报道；当天晚上，由省委宣传部、南京市委宣传部等在南京联合举办《和平颂——“两岸三地”大型民族音乐晚会》。

（三）8月份，经中宣部同意，由省委宣传部和南京市委宣传部在北京联合举办《侵华日军南京大屠杀暴行史实展》，在这一期间，组织《和平颂——“两岸三地”大型民族音乐晚会》进京演出，展示宣传江苏人民出版社出版的28册共1500多万字的《侵华日军南京大屠杀资料汇编》丛书并组织赠书活动。

（四）由省委宣传部、省文化厅和南京市委宣传部在南京联合举办《人民的胜利——纪念中国人民抗日战争胜利60周年大型主题展览》。展览于8月中旬开幕，由省委宣传部牵头负责筹备，南京博物院承办。

（五）8月15日，举行侵华日军南京大屠杀遇难同胞纪念馆悼念广场落成仪式。仪式由省委宣传部和南京市委宣传部联合主办，侵华日军南京大屠杀遇难同胞纪念馆承办。

（六）组织创作和展映、展播一批纪念中国人民抗日战争暨世界反法西斯战争胜利60周年，有较高思想和艺术水平的影视文艺作品，如电影《栖霞寺1937》和20集电视连续剧《浦口1945》等。省广电总台制作《抗战老英雄》系列节目、抗战胜利60周年电视论坛和有关专题片。编辑出版一批相关题材出版物，如图书《不忘历史——纪念中国人民抗日战争胜利60周年》、《民族的胜利》等。有关工作由省委宣传部、省文化厅、省广电局、省新闻出版局等负责。

（七）组织撰写一批纪念中国人民抗日战争暨世界反法西斯战争胜利60周年的文章。有关工作由省委宣传部、省委党史工办、省社科院等负责。

（八）由省委宣传部、省委党史工办、新华日报社、省广电总台等联合举办纪念中国人民抗日战争胜利60周年知识竞赛。竞赛于5月初开始，组织工作由省委党史工办牵头，赛题内容要求突出江苏特色。

（九）由省民政厅、省财政厅、省卫生厅、省军区政治部共同安排，组织对省内健在的曾参加过抗日战争的老战士和爱国将领的慰问活动。特别是要认真研究解决回乡务农的抗战老战士的生活困难，适当提高他们的生活补助标准。

（十）组织开展主题鲜明、内涵丰富、形式多样的群众性纪念活动。组织干部群众特别是青少年开展红色旅游、瞻仰抗日战争历史遗址、参观反映抗日战争历史的展览。组织推荐爱国主义教育百部影片、百首歌曲、百种图书。围绕弘扬民族精神，开展读书、征文、歌咏等活动，激发人们的爱国热情和报国之志。邀请老干部、老战士、老专家、老教师、老模范出席报告会、参加纪念宣讲和爱国主义歌曲演唱等活动。

纪念活动的宣传工作，从5月初开始升温。5月上旬至9月中旬，省各新闻单位逐步加大抗日战争暨世界反法西斯战争胜利60周年的宣传力度，陆续发表纪念文章、社论评论，刊登相关图片、资料，播放有关电视专题片。具体工作由省委宣传部统筹安排。

三、几点要求

（一）各地区各部门一定要充分认识纪念中国人民抗日战争暨世界反法西斯战争胜利60周年的重大意义，以强烈的历史使命感和高度的政治责任感，加强组织领导，把握正确导向，认真开展好各种形式的纪念活动。各级党委宣传部门要切实担负起协调职能，与有关方面密切配合，共同做好纪念活动的各项工作。

（二）要通过纪念活动，在全省范围内广泛进行近现代中国人民反抗日本军国主义侵略斗争史、抗日战争胜利历史经验以及中国人民抗日战争胜利和世界反法西斯战争胜利伟大历史意义的宣传教育，引导广大干部群众明史知耻、明史知理、明史知责。要以纪念活动为契机，用抗日战争的生动历史推进爱国主义教育，弘扬伟大民族精神，凝聚民族力量，增强民族自尊心、自信心和自豪感，进一步唱响共产党好、社会主义好、改革开放好的主旋律。

（三）要把纪念活动与正在全党开展的保持共产党员先进性教育活动结合起来，与我省"弘扬'三创'精神，推进'两个率先'，构建和谐社会"主题宣传教育活动结合起来，与加强未成年人思想道德建设和大学生思想政治教育结合起来，做到精心策划、精心安排、精心组织，力求取得实实在在的效果。要充分利用社会资源，加强社会合作、军地合作、省市合作，选重点、讲特点、出亮点。纪念活动既要隆重热烈，形成一定的声势，又要务实节俭，防止形式主义和铺张浪费。

（四）各地一般不举行纪念大会，可根据本地实际情况组织开展群众性纪念活动。抗日战争时期发生重大历史事件的地方，可在历史事件发生纪念日前后，采取多种形式，组织适当规模的纪念活动。有条件的可举办学术研讨会。各级各类反映抗日战争的纪念场馆、烈士陵园、陈列展览和历史遗址，要在相关纪念日向全社会免费开放。各市重要活动的安排要事先向省委报告。纪念活动的宣传工作，由省委宣传部统一负责。

以上请示如无不妥，建议批转各地区各部门执行。

中共江苏省委宣传部
2005年3月1日

中共江苏省委
关于加强和改进新形势下
对外宣传工作的意见

对外宣传工作是党和国家一项具有全局性、战略性的工作。对外宣传实力是我国综合国力的重要组成部分。对外宣传产生的国际影响力是我国国际竞争力的重要方面。随着对外开放的不断深化和国际交往的不断扩大，加强和改进我省的对外宣传工作，对于紧紧抓住本世纪头20年这个大有可为的重要战略机遇期，推进经济国际化战略，加速实施“三沿”总体发展战略；对坚持科学发展观，促进全省经济社会率先发展、科学发展、和谐发展，实现“两个率先”宏伟目标的作用越来越重要。为落实《中共中央关于加强和改进新形势下对外宣传工作的意见》（中发[2004]10号文件）精神，结合我省实际，现就进一步加强和改进新形势下我省对外宣传工作提出以下意见。

一、指导思想和总体目标

指导思想：坚持以邓小平理论和“三个代表”重要思想为指导，坚定自觉地与以胡锦涛同志为总书记的党中央保持一致，紧紧围绕党的中心工作和全省工作大局，解放思想、实事求是、与时俱进、开拓创新，贴近江苏发展实际、贴近国外受众对江苏信息的需求、贴近国外受众的思维习惯，以北美、欧洲、东南亚、北非、港澳台等作为工作的重点国家和地区，以来苏投资者、旅游者、回国创业者、留学人员、外籍专家教师、境外记者为主要工作对象，以我为主、以正面宣传为主、用事实说话，内外有别、注重实效，掌握主动权、打好主动仗，为我省改革发展稳定的大局和“两个率先”目标的实现，营造良好的外部舆论环境。

总体目标：全省对外宣传工作以让世界更好地了解江苏，让江苏更快地走向世界，树立江苏良好形象，扩大江苏对外影响为总体目标。按照全国对外宣传“三步走”工作目标的要求，第一步，从现在起，用1年到2年的时间，建立起由省委对外宣传领导小组统一领导，省委宣传部统一协调，省委外宣办具体负责，各地区、各部门和社会各方面积极参与、相互配合、运转有效的领导体制和运行机制，构建全方位、多层次、宽领域的大外宣新格局。第二步，用3年到5年的时间，全面实施“经贸外宣”、“文化交流”、“阵地建设”、“境外落地”、“外宣精品”、“网络管理”六大工程，落实对外宣传40件实事。第三步，再用10年左右的时间，着力加强宣传基础设施建设，扩大境外宣传阵地，增强外宣实力，创新外宣手段，推进外宣事业整体向前发展；加强外宣专业人才的培训，建立一支高素质的外宣干部队伍，力争江苏的主要外宣工作领先于全国，形成同我省经济社会发展水平相匹配的对外宣传舆论力量。

二、实施“六大工程”，扎实推进对外宣传工作

（一）经贸外宣工程

1. 经贸会展活动宣传。配合每年省政府确定的金秋经贸洽谈会、江苏国际服装节、常州国际中小企业博览会、东西部贸易与投资洽谈会、江苏农业国际合作洽谈会、省内中小企业、民营企业对口洽谈会等全省十大会展活动,有重点地开展集中性的对外宣传战役;定期组织日本大阪经贸洽谈会等境外会展活动,把外宣与发展开放型经济有机结合起来。

牵头单位:省外经贸厅、省委外宣办

责任单位:省发改委、省经贸委、省农林厅、省外办

2. "三沿"地区宣传。面向国际资本特别是世界500强企业,通过发送外宣资料、组织媒体采访等手段,在宣传沿沪宁线高新技术产业带的同时,重点推介沿江基础产业带、沿东陇海线加工工业带建设,带动苏中苏北工业化和沿海开发。

牵头单位:省委外宣办

责任单位:省发改委、省经贸委、省外办

3. 省域形象宣传。组织好以"经济魅力的当代江苏"、"历史底蕴深厚的人文江苏"两大主题和"平安江苏"、"诚信江苏"、"生态江苏"三大载体为主要内容的新闻专题采访和专题片制作,全面展示江苏良好的社会环境和投资环境。

牵头单位:省委外宣办

责任单位:省委政法委、省经贸委、省文化厅、省环保厅、省工商局、省广电总台

4. 开发区宣传。通过招商宣传专题电视片和制作宣传资料等,集中宣传一批特色鲜明、产业集聚度高的开发区、工业园区和区内产业园,展示江苏先进制造业基地和重大工程、基础设施建设项目,展示江苏国际现代物流中心的成就和发展前景。

牵头单位:省外经贸厅

责任单位:省经贸委、省外办、省委外宣办

5. 民营经济宣传。通过举办"江苏民营经济新闻周"等活动,邀请境外媒体记者来江苏采访;组织民企外宣工作组赴海外访问;以海外媒体为平台,举办对口经贸洽谈会和江苏民企推介会、新闻发布会,加大对江苏民营经济的对外宣传;策划制作反映新苏商形象的系列宣传活动,把新苏商的形象推向海外。

牵头单位:省经贸委、省外办

责任单位:省委统战部、省外经贸厅、省委外宣办

(二)文化交流工程

6. "走出去",结合国家实施舞台艺术精品工程、民族民间文化保护工程、申报"世界文化遗产"、"人类口述和非物质遗产"等重大文化工程和鼓励参与国际文化竞争的经济政策,扶持和推介一批独具民族风格、地域特色和江苏气派的艺术品类,参与双边、多边的国际性文化艺术交流;利用我国在亚非欧建立的"中国文化中心",组织反映江苏经济、文化等社会发展成就的图片、影像片的展出展映活动。

牵头单位:省文化厅、省新闻出版局

责任单位:省外办、省委外宣办、省出版集团、江苏文化产业集团

7. "请进来",利用江苏境内金陵文化、淮扬文化、楚汉文化、吴文化等丰厚的地域性历史文化积淀和本省体育优势项目,开展跨地区、跨部门的合作,举办大型国际性文化体育活动。重点办好"中国国际卡通数码艺术周"等国际性或区域性文化品牌活动和艺术节。重点扶持我省具有国际一流水平的体育项目,适时承办2005年世界女子重剑A级赛等重大国际体育专项赛事。

牵头单位:省文化厅、省体育局

责任单位:省外办、省委外宣办

8. 加快推进我省教育国际化,进一步推动省内高校、中小学与国(境)外学校在

科研、办学、出国(来江苏)留学、委托培训和联合举办国际学术会议等方面的合作;利用我省在英国、澳大利亚、北美建立的培训基地,推进教师、学生间以见习、实习、研习和夏(冬)令营等不同形式的双向交流;进一步推动对外汉语教学,积极实施“汉语桥工程”;继续做好选派公费留学生的工作,落实“支持留学、鼓励回国、来去自由”方针;通过我省学校“走出去”海外招生、派遣教师出国(境)任教和聘请外籍专家、教师来江苏任教的渠道,继续加大宣传“江苏教育”的品牌优势和国际影响力。

牵头单位:省教育厅

责任单位:省内有关高校

9. 根据我省经济社会发展的实际需要,有针对性地组织实施政府间及有关国际组织间的科技合作;以承办、参加科技方面的国际学术会议、科技展览会、教育投资展示洽谈会和参与科技考察、合作研究与开发等形式,进一步加强我省国际科技合作与学术交流,推动江苏与国外科研机构、教育组织和高校的联系交往,寓对外宣传江苏于科技合作与交流之中。

牵头单位:省科技厅

责任单位:省教育厅、省科协

10. 充分发挥旅游的文化交流和对外宣传功能。策划一批特色鲜明、有江苏文化底蕴的旅游项目和文化演出活动;努力做好旅游外宣推介工作,省内主要旅游地区要认真做好路牌标识、景点介绍、窗口场所的外语规范使用工作。有效组织日本爱知县世界博览会“江苏活动周”、芝加哥会议与奖励旅游展、韩国旅游推介交流会、德国柏林展、俄罗斯莫斯科展、英国伦敦展等活动,让国外旅游者在参与旅游文化活动中了解中国江苏。

责任单位:省旅游局、省文化厅

(三)阵地建设工程

11. 建立“江苏省新闻发布中心”,建立全省新闻发言人体系,不断完善全省新闻发言人及新闻发布会制度,从 2005 年开始建立省政府、省级机关各主要职能部门和各省辖市三个层次的新闻发言人和新闻发布工作体制,形成省政府新闻发言人与部门、地区新闻发言人相结合,定期新闻发布与突发事件新闻发布相结合的工作机制。

责任单位:省委外宣办、省政府新闻办

12. 努力打造外宣平台。紧紧围绕省委、省政府工作大局,抓住国际资本关注长三角、关注江苏沿江开发这个热点,以“世界大河流域经济文化交流”为主要内容,打造外宣平台。首届论坛将在无锡市举办,主题为“世界大河流域产业经济发展与合作”。

牵头单位:省委宣传部

责任单位:省委外宣办,无锡市委、市政府,省外经贸厅

13. 充分利用国内重点涉外媒体。采取编辑专版、制作专栏专题节目和邀请记者专访等多种形式,进一步加强与两社(新华社和中新社)、两台(中央电视台第 4、9 频道和中国国际广播电台)、两报(中国日报和人民日报海外版)等中央主要涉外媒体的联系与合作,利用其覆盖面大、受众面广的优势,积极向海外推介江苏。

牵头单位:省委外宣办

责任单位:省广电总台、各市委外宣办、省内主要媒体

14. 继续推进“灯下亮”工程。建设覆盖全省境外人士的信息服务体系:在南京、苏州两市开展试点,建立国际访问者中心;针对在省内居住的境外居民,积极开展社区对外信息服务;在全省涉外宾馆、旅游景点、外事服务机构以及其他涉外窗口设立外宣品陈列架,每年结合全省重大外经贸活动和重大文化活动,适时摆放各种外宣品;在中国江苏网上开设“网上书店”,为境外人士

浏览、索取和订阅江苏外宣品提供便捷渠道。

牵头单位:省委外宣办

责任单位:省旅游局、省外经贸厅、省教育厅、省科技厅、省广电总台

15. 配合国家整体外交和国际舆论斗争,继续加强南京大屠杀历史事件的对外宣传工作。按照中央和省委有关"爱国主义教育基地、国家开展外交斗争阵地、国际和平友好交流场所、人类历史文化遗产"的定位,全面推进侵华日军南京大屠杀遇难同胞纪念馆扩建工程的各项工作,力争在2007年将该馆建成国际一流的战争类纪念馆。继续做好在海内外抢救性征集南京大屠杀历史资料的工作,做好新馆落成后的陈列布展设计工作,积极筹划并认真组织好2005年世界反法西斯战争和中国人民抗日战争胜利60周年的系列纪念活动,认真组织在北京举办的南京大屠杀史实展。

牵头单位:省扩建工程建设领导小组

责任部门:省委外宣办,南京市委、市政府

16. 加强与友城及友好团体的交流工作。以江苏在国外的友城为主要平台,丰富交流内容,拓展交流层面,形成官方交流与民间交流并重、经贸交流与文化交流结合的交流新格局。充分发挥江苏台胞、侨胞在海外的资源,发挥境外友好团体的积极性,扩大省内单位与境外友好团体的共建成果。

责任单位:省委统战部、省外办、省侨办

(四)境外落地工程

17. 电视:整合全省电视外宣资源,集合江浙沪"长三角"地区城市的信息资源,力争把长江卫视国际频道办成我国长江流域覆盖北美地区的重要信息发布平台。以江苏广电总台的长江卫视国际频道和卫视频道为重要电视外宣平台,办好中文新闻节目《长江播报》、《投资中国》和英语新闻节目《扬子新闻》等栏目,逐步与美国有关电视台扩大节目互换,开展新闻交流。每年进行1—2次落地和进户推广工作,争取在较短时间内完成长江卫视国际频道在欧洲和亚洲的落地工作,把江苏的新闻节目辐射到欧亚两洲。

牵头单位:省广电总台、省委外宣办

责任单位:省辖市委外宣办、电视台

18. 出版:通过对外版权贸易和合作出版等形式积极主动地将反映江苏文化特色的图书推向海外,扩大苏版图书在海外的影响。积极参与在法兰克福、莫斯科、美国、法国、英国等地举办的大型国际书展,继续办好在美国、澳大利亚、西班牙的"江苏书展",力争向其他国家和地区拓展。

牵头单位:省新闻出版局

责任单位:省版权局、省出版集团、省有关出版社

19. 报纸:继续做好美国《侨报》、《欧洲时报》的江苏专版,选择并扩大与加拿大《明报》、《环球日报》,美国《国际日报》等有影响的华文媒体的合作;继续发挥香港文汇报、大公报和商报等香港媒体的优势;不断探索寻找新的合作伙伴,努力打开海外主流媒体的窗口。

牵头单位:省委外宣办

责任单位:省外办、省侨办、新华日报社

20. 电台:指导金陵之声广播电台认真办好对台广播,有效利用台湾报刊电视主流媒体、江苏在台同乡会会刊进行"入岛宣传";进一步加强金陵之声广播电台与美国旅游电台、澳大利亚广播电台、SBS电台、民族之声广播电台、3W中文广播电台以及新加坡丽的呼声有线电台建立的互换节目业务交流关系。

责任单位:省广电总台

21. 网络:做大做强"中国江苏网",使其成为全国乃至世界著名的新闻网站,整合

或发挥报纸、电台、电视台等以自身媒体为依托所建立的新闻网站的作用，使其成为江苏网络新闻发布的主阵地；调动和利用江苏境内有关商业网站的力量，扩大新闻宣传。继续开发“江苏文化网”、“江苏旅游网”“中国文化市场网”、“中国文物网”等的资源；与中央人民广播电台合作办好“台湾，你好”网站，使其成为江苏对台宣传的重要窗口。

牵头单位：省委外宣办

责任单位：省文化厅、省旅游局、省广电总台、新华报业集团

22. 利用苏沪浙三地外宣联动机制，加强驻沪新闻媒体对江苏的报道。通过定期拜访，增进与境外驻沪媒体的沟通与联系；定期通报江苏发展的动态，做好信息服务；开展丰富多彩的主题采访活动，提供快捷便利的采访渠道，调动驻沪新闻机构来江苏采访的积极性。

牵头单位：省委外宣办

责任单位：省外办、省侨办

（五）外宣精品工程

23. 遵循外宣品制作“政府主导、部门联动、市场运作”的原则，建立全省外宣品拍摄、制作、发行的部门联动及市场运作机制，做到全省外宣品制作的统一规划、统一管理。

牵头单位：省委外宣办

责任单位：省教育厅、省科技厅、省外办、省侨办、省旅游局、省广电总台、省新闻出版局等

24. 图书类。统一编辑、制作和出版反映江苏特色的“四个一”（一本大型画册、一本简要手册、一张浓缩折页、一套文化礼品）精品图书；策划、编辑出版一套全面反映江苏深厚历史文化底蕴和经济、社会全面发展的系列丛书；每年由省新闻出版局专项划拨15个书号，出好全省外宣类图书。

牵头单位：省出版集团、省委外宣办

责任单位：省外办、省侨办、省新闻出版局、省旅游局、各市委外宣办、南京出版社

25. 影视类。策划、拍摄一部反映江苏优势和特色的形象宣传片《走进江苏》；拍摄制作境外人士在苏工作、生活的专题片，如《世界500强在江苏》等众多外商、外资在江苏创业、发展的成功实践，展示江苏良好的投资环境和热诚为外商、外资服务的新风貌。

牵头单位：省委外宣办

责任单位：省外经贸厅、省外办、省广电总台

26. 音像类。拍摄制作反映江苏特色文化内涵和独具一格的民间工艺、民俗风情的系列专题片，如《江苏民歌民乐》、《江苏工艺美术精粹》、《江苏民俗风情》光盘等；策划制作一套反映江苏地域、经济、文化、历史、教育、科技、卫生、环境、资源等全面情况，包括英、日、法、德、俄、西等语种的多媒体光盘。

牵头单位：省委外宣办

责任单位：省文化厅、省教育厅、省卫生厅、省科技厅、省外经贸厅、省发改委、省经贸委、省统计局、省广电总台、省文联、省社科院、省社科联等

27. 专题类。结合省政府各部门工作需要和各市外宣需求，制作专业性强的外宣品，如《中国江苏旅游地图》、《投资江苏服务指南》、《江苏专业市场》、《江苏交通海陆空》、《江苏名镇》、《江苏名宅》、《江苏标志性建筑》等等。

牵头单位：省委外宣办

责任单位：省建设厅、省外经贸厅、省交通厅、省新闻出版局、省旅游局

（六）网络管理工程

28. 进一步理顺网络管理体制。建立全省互联网管理联席会议制度，统一管理和协调全省互联网管理工作，省委外宣办作为

联席会议的常设办事机构。

牵头单位:省委宣传部、省委外宣办

责任单位:省政府法制办、省文明办、省教育厅、省公安厅、省安全厅、省通信管理局、省文化厅、省工商局、省广电局、省新闻出版局

29. 建立互联网行业年度审核制度,依据有关法律法规,对基础电信营运商、互联网接入服务提供商、互联网信息服务提供者、域名注册服务机构严格进行年度考核。各具体责任单位负责对各自分管的专项内容进行审核,向行业分管部门提出年度审核意见,实施一票否决制。

牵头单位:省通信管理局

责任单位:省政府新闻办、省信息产业厅、省教育厅、省公安厅、省安全厅、省文化厅、省工商局、省广电局、省新闻出版局、省保密局

30. 根据国家有关法律法规和互联网发展的新情况新特点,制订、完善我省互联网管理的相关法律法规,为互联网健康发展提供可靠的法律保障。做好部门规章的清理、修订工作,对需要延伸的法规适用作出必要的法律解释,对互联网管理有关部门给予必要的法律授权。

责任单位:省政府法制办

31. 加强网络舆论引导。一是加强对网络舆情的收集和引导工作,建立统一协调、反应灵敏、高效畅通的网上舆情收集反馈机制,准确把握网上舆论动向,为有针对性地开展舆论斗争提供依据。二是建立以中国江苏网为龙头的重点新闻网站群体,在全省互联网上形成正面舆论的强势。建立网上阅评制度和网上评论员队伍,积极开展网上评论,引导网上舆论,以“网上来,网上去”的方式,开展网上舆论斗争,及时有效地引导社会热点问题,掌握网上舆论工作的主动权,最大限度地挤压境外网站散布谣言的空间。

牵头单位:省委外宣办

责任单位:省互联网新闻中心

32. 加快技术研发,推进防控体系建设。组织开发防范新技术,突破封堵反动网站和有害信息的技术难关,抓紧有关防控技术工程的后续建设。

牵头单位:省信息化工作领导小组办公室

责任单位:省发改委、省教育厅、省科技厅、省公安厅、省安全厅、省通信管理局、省广电局、省保密局

33. 健全行业组织,强化行业自律。进一步加强对互联网协会的指导,加强行业自律,加快成立网络信息传播、互联网增值服务、网络游戏、网络安全等相关领域的分会组织,充分行使行业组织职能,制订行业规章,完善行业规范,受理社会投诉,普及网络知识,推广安全技术,倡导网络文明。

责任单位:省通信管理局

34. 集中开展互联网站清理整顿、信息内容分类管理、网上有害信息清理整治、违法和不良信息举报受理、打击淫秽色情网站、网吧专项整治、域名和 IP 地址管理等七项基础工作,以优化网络环境。

牵头单位:省委外宣办

责任单位:省互联网新闻中心、省通信管理局、省教育厅、省公安厅、省安全厅、省文化厅、省工商局、省广电局、省新闻出版局、省保密局、各市政府新闻办、有关高校党委宣传部

三、切实加强对外宣工作的领导

35. 建立健全省委对外宣传工作领导小组统一领导,省委宣传部统一协调,省委对外宣传办公室具体负责,涉外部门各尽其责,社会各方面积极参与的对外宣传工作领导体制。各市也应建立相应的领导机构。

牵头单位:省委外宣领导小组

责任单位:省委宣传部、省委外宣办、各

市委外宣领导小组

36. 建立全省对外宣传工作联席会议制度。具体贯彻落实省委对外宣传工作领导小组的决策和部署，对重大外宣项目进行专题研究并组织实施。

牵头单位：省委外宣领导小组

责任单位：省委外宣办

37. 加强省委对外宣传办公室建设，确保省委对外宣传工作的要求和部署落到实处，确保省委外宣办负责全省对外宣传工作的总体规划、组织协调、指导和管理全省外宣工作的重要职责落到实处；确保中办发[2004]32号文件中所指出的“负责互联网上意识形态工作”的重要任务落到实处。

牵头单位：省委外宣领导小组

责任单位：省委宣传部、省编办、省委外宣办

38. 在省委对外宣传工作领导小组统一领导下，建立并不断完善对外新闻发布机制、外宣品制作部门联动机制、应对突发事件和敏感问题的对外报道协调机制和涉外舆情鉴别反应机制。

牵头单位：省委外宣领导小组

责任单位：省委宣传部、省委统战部、省委外宣办、省外办、省台办、省侨办

39. 培养和造就一支高素质的外宣干部队伍。贯彻干部队伍“四化”方针与德才兼备原则，注意选配一些政治立场坚定、思想理论修养好、组织协调能力强、有良好外语基础的优秀人才充实到外宣队伍中来。通过业务研讨、院校深造、出国培训等多种形式，不断加大外宣干部培训力度。在对我省外宣干部队伍调查摸底的基础上，制订一个中长期的培训规划。与高等院校合作建立外宣干部培育基地，开设招收本科和硕士研究生的国际传播和文化交流专业，培养适应外宣规律要求的专业人才。要在政治上、工作上和生活上关心爱护外宣干部，帮助他们解决实际问题，营造拴心留人的外宣工作环境，努力造就一支政治强、业务精、纪律严、作风正的对外宣传干部队伍。

牵头单位：省委组织部、省委宣传部

责任单位：省委外宣办、省人事厅、省教育厅、省外办

40. 加大对外宣事业的投入。各级财政应根据对外宣传事业发展的需要和财力增长情况，逐步增加对外宣事业的投入。省重点对外宣传项目可按规定申报省级宣传文化发展专项资金。同时，积极探索市场化运作的方法，建立多渠道的投资、融资机制。制定优惠政策，扶持对外新闻、出版、文化事业和产业的发展，逐步增强和壮大对外宣传的实力。

牵头单位：省委外宣领导小组

责任单位：省财政厅、省委宣传部、省委外宣办

中共江苏省委
2005年8月21日
苏发[2005]20号

中共江苏省委办公厅关于印发《2005年全省宣传思想工作要点》的通知

各市、县(市、区)委，省委各部委，省各委办厅局党组(党委)，省各直属单位党委：

《2005年全省宣传思想工作要点》已经省委领导同志同意，现印发给你们，请结合实际，认真贯彻执行。

中共江苏省委办公厅
2005年2月6日
苏办发[2005]4号

2005年全省宣传思想工作要点

2005年,是完成"十五"计划的关键一年,是加强党的执政能力建设,又快又好地推进"两个率先",努力构建和谐社会的重要一年。宣传思想工作统一思想、凝聚力量、振奋精神的任务很重,促进改革、加快发展、维护稳定的任务很重。按照中央和省委的部署要求,2005年全省宣传思想工作要高举邓小平理论和"三个代表"重要思想伟大旗帜,自觉同以胡锦涛同志为总书记的党中央保持一致,全面宣传贯彻落实十六大、十六届四中全会精神,全面宣传贯彻落实科学发展观,着眼于巩固马克思主义在意识形态领域的指导地位,着眼于服务经济建设中心和全省工作大局,着眼于促进社会全面进步和人的全面发展,坚持解放思想、实事求是、与时俱进,坚持贴近实际、贴近生活、贴近群众,坚持创新内容、创新形式、创新手段,围绕弘扬"三创"精神、推进"两个率先"、构建和谐社会,不断提高建设社会主义先进文化的能力,为建设以人为本、全面协调可持续发展的新江苏提供强有力的理论指导、舆论力量、精神支柱和文化条件。今年第一季度,省委还要召开全省宣传思想工作会议,对今后一个时期全省宣传思想工作作出部署。

第一,深入推进"三个代表"重要思想和十六届四中全会精神的学习贯彻,进一步巩固马克思主义在意识形态领域的指导地位

紧密联系加强党的执政能力建设、推进"两个率先"的实践,深入学习贯彻"三个代表"重要思想和十六届四中全会精神,不断增强意识形态领域的控制力,进一步巩固全省人民团结奋斗的共同思想基础。

进一步深化理论武装工作。坚持以县(处)级以上领导干部为重点,认真抓好邓小平理论和"三个代表"重要思想的学习。全面准确深入宣传党的十六届四中全会精神,加大党的执政能力建设的宣传力度。组织好省委中心组理论学习,制订全省县以上党委中心组学习专题计划,提供辅导报告。对2003—2004年度全省县以上中心组理论学习情况进行检查评比,探索建立中心组学习效果评估体系。在县(处)级以上领导干部中开展"提高执政能力,推进'两个率先',构建和谐社会"专题学习调研活动。按照中央的统一部署,组织开展以实践"三个代表"重要思想为主要内容的保持共产党员先进性教育活动,切实抓好党员干部的学习,宣传党员和党员领导干部中的先进典型。办好"省级机关厅局领导干部学习论坛"和"县(市)党政领导干部学习论坛"。开办机关干部系列学习讲座,制订干部学习工业化、城市化、经济国际化知识的课程菜单。建立"江苏干部学习网",提供网上学习资料。建立个人学习档案及相关管理制度。部署全省基层干部党员教育与轮训工作,开展学习型党组织和学习型社会创建活动。

繁荣发展哲学社会科学。召开首次社科工作联席会议,制订江苏哲学社会科学事业发展十年规划,制订江苏省参与实施马克思主义理论研究和建设工程,加强研究基地、学科、文库和人才队伍建设。推进高校"两课"教学和"三进"工程,启动相关学科和教材体系建设。深入开展重大理论和实践问题的研究,推出一批研究成果。围绕为谁执政、靠谁执政、怎样执政等重大问题,深入开展马克思主义执政理论研究,并召开党的执政理论问题研讨会。组织力量深入研究江苏经济社会发展的历程、特色、经验以及新的实践探索，总结苏南部分县（市）率先全面建成小康社会的实践经验，开展“贯彻落实科学发展观与推进两个率先”研讨活动。

增强理论宣传的针对性、实效性。选取30个理论热点话题，组织撰写阐释性文章，充分利用报刊、广播、电视等媒体进行广泛的理论宣传。编辑出版理论学习文集。

第二，大力宣传科学发展观，积极引导社会舆论，促进全面协调可持续发展新江苏的建设

围绕中心、服务大局，坚持团结稳定鼓劲、正面宣传为主的方针，把体现党的主张和反映人民的心声统一起来，牢牢把握正确舆论导向，努力提高舆论引导水平，增强正面宣传的吸引力，巩固和发展万众一心又快又好全力推进“两个率先”的主流社会舆论。

深入宣传落实科学发展观的实践。围绕中央和全省经济工作会议精神，做好全年经济建设和社会发展的宣传报道，进一步宣传我省更加注重全面协调可持续发展，在实行“五个统筹”、推进科学发展上的新跨越。组织省主要媒体开展“可持续发展全省行”活动。邀请中央新闻单位记者来我省采访报道落实科学发展观、推进“两个率先”、构建和谐社会的实践和探索。大力营造鼓励、支持非公有制经济发展的舆论氛围。

精心组织策划新世纪头五年现代化建设成就的宣传展示活动。组织开展“回眸‘十五’，展望‘十一五’”和“苏南新跨越建全面小康，苏中新掘起争过江进位，苏北新发展超全省增幅”大型系列采访活动。以全国学习宣传张家港先进典型10周年为契机，推出“文明城市创建10年探索与思考”大型新闻行动。组织我省提出和实施沿江开发和“法治江苏”、“平安江苏”、“诚信江苏”、“绿色江苏”等系列宣传活动。

认真做好重大活动的宣传报道。精心组织好保持共产党员先进性教育、全国“两会”和省“两会”、重要纪念活动等宣传报道。组建全国“十运会”新闻中心，集中宣传这一体育盛会，同时组织江苏优秀精神文化产品集中展示活动。

第三，进一步弘扬民族精神和时代精神，激发全社会的创造活力

大力弘扬以爱国主义为核心的民族精神和以创业创新创优为核心的新时期江苏精神，弘扬集体主义、社会主义思想，进一步凝聚人心、振奋精神，调动一切积极因素，激发人民的创造活力，使全省人民始终保持昂扬向上的精神状态。

组织开展“三创”精神系列宣传教育活动。在全省开展“弘扬‘三创精神’，推进‘两个率先’，构建和谐社会”主题教育活动。组织“三创之星”报告会和系列专题宣传，开展形势政策宣讲活动、城市精神展示活动、“和谐江苏”大讨论活动、“两个率先”成果展示活动等，努力营造全力谋发展、全民争率先、全省促和谐的良好环境氛围。组织开展我省首届“公民道德宣传月”活动。大力开展先进典型宣传工作。

组织开展爱国主义教育系列活动。精心策划和组织纪念中国人民抗日战争暨世界反法西斯战争胜利60周年、长征胜利70周年和郑和下西洋600周年系列纪念活动，推出一批理论文章和文艺作品。在全社会特别是青少年中组织开展“熔铸中华魂”爱国主义读书活动。建设“江苏爱国主义教育网”。进一步推动重点爱国主义教育基地建设，组织开展“红色旅游”活动。

加强和改进基层思想政治工作。召开全省思想政治工作经验交流会。评选首届全省思想政治工作创新奖。继续推进现代农民教育工程。深入开展“三下乡”和“四进社区”活动，评比表彰先进单位和先进工作者。继续抓好社会治安综合治理、党风廉政建设、处理“法轮功”问题“四纳入”等专项宣传教育工作。

第四，努力提高建设先进文化的能力，不断满足人民群众的精神文化需求

按照发展先进文化的要求，坚持“二为”方向和“双百”方针，以攀登文学艺术高峰、走在全国发展先进文化前列为目标，出作品、出人才，繁荣文化事业，建设文化大省。

加大优秀精神产品的创作生产力度。做好全国第十届、省第六届精神文明建设“五个一工程”作品的申报、评选和展映展演展示等工作。改进“五个一工程”评比办法和组织工作。加强精神产品生产规划，发布一批招标项目。围绕重大纪念活动创作一批影视文学作品，推出大型民族交响乐《和平颂》等。精心打造一批江苏舞台艺术精品，组织全省优秀剧目展演活动。组织开展“诗词歌赋咏江苏”作品征集和展示活动。积极承办第四届中国曲艺“牡丹奖”颁奖晚会和优秀曲艺作品展演活动。

组织“文化江苏”系列宣传。重视并加强对优秀传统文化和地域特色文化的保护和弘扬。创办新的文化宣传电视品牌栏目。有计划、有步骤地宣传一批江苏当代文化名人。精心推出新金陵画派品牌。组织编写《文化江苏系列丛书》。

丰富基层文化活动。组织全国、全省文化服务基层、服务群众先进集体推荐、评选、表彰工作。面向苏北贫困乡镇，组织万场电影送千村活动。选调优秀文艺剧目下基层演出。继续组织高雅民族艺术和优秀剧目进校园活动。

第五，以迎接十运会、迎接全国文明城市评选为契机，深入推进思想道德建设和群众性精神文明创建工作

坚持以人为本，尊重人、理解人、关心人，服务群众、引导群众，进一步提高城乡文明程度和公民道德素质。

大力加强公民道德建设。开展“创文明城市，迎十运盛会”主题创建活动和“迎十运盛会，展江苏形象”优质服务百日竞赛活动。把第三个“公民道德宣传日”活动与“迎十运市民文明素质提升计划”结合起来，组织群众性道德实践活动。在各办赛城市的赛区、重要窗口及交通要道等场所，建造迎十运户外专题景点，加强环境宣传。

深入推进未成年人思想道德建设。组织人大代表和政协委员视察未成年人思想道德建设工作，推动50件实事特别是12项重点专项工作的落实。推动青少年校外实践教育活动基地建设，办好少儿电视频道等。召开未成年人思想道德建设经验交流会。举办全省未成年人才艺大赛，深入开展“弘扬三创精神，争做新一代江苏人”主题活动。

扶持苏北地区100所困难小学完善青少年课外活动设施。实施“未成年人文明关爱”工程。

整体推进创建工作深入发展。组织开展“文明城市创建10周年探索与思考”调研活动。做好以文明城市创建为龙头的各类文明创建评选表彰工作。组织开展“诚信江苏”系列教育活动，宣传一批诚信先进典型。召开全省农村精神文明建设工作会议。在农村开展“讲文明，除陋习，树新风”、创建文明生态村活动。在苏中、苏北农村实施“城乡联动共建”计划，在苏南地区实施“城乡一体文明”计划，促进城乡协调发展。

第六，切实增强对外宣传的亲和力和影响力，努力展示江苏的良好形象

坚持以我为主，用事实说话，采用现代传播手段，全面客观地向世界介绍江苏，展示江苏良好形象。

规范新闻发言人制度。省里全面实施新闻发言人制度，定期举办新闻发布会。在全省范围内建立组织健全、职责分明、管理集中、运转高效的新闻发布机制。举办“全省首届新闻发言人培训班”。

扩大对外宣传和对外文化交流。加强对江苏卫视国际频道的指导，提高对外宣传效果。推动平面媒体向海外拓展，积极寻找合作伙伴，努力打开海外主流媒体窗口。制作一批高质量、高水平的外宣品。以“大河流域产业经济发展与合作”为主题举办“长江论坛”，积极开展对话与交流活动。赴马来西亚举办纪念郑和下西洋600周年“江苏文化周”活动。

加强互联网管理和网上舆论引导工作。建立全省互联网管理联席会议制度，加强并完善日常办事机构的职能。建立网上阅评制度和评论员队伍，及时掌握网上舆情及网络舆论动向，主动开展网上评论，有效引导网上舆论。研究制定网络管理的具体办法，强化管理措施。协调、指导、督促有关部门对网上出现的涉及意识形态方面的重大情况进行统一行动，做好应急情况下网上热点敏感问题的处理和舆论引导工作。

继续加强对“南京大屠杀”历史事件的对外宣传。推进侵华日军南京大屠杀遇难同胞纪念馆扩建工程建设，做好新馆布展陈列的总体策划工作。以纪念中国人民抗日战争暨世界反法西斯战争胜利60周年为契机，在南京博物院举办史料展，进京举办“永不忘却——南京大屠杀史料展”，组织好赴境外的展览。加大对南京大屠杀幸存者的关心与援助力度。

第七，加强宣传文化宏观管理和舆情信息工作，牢牢掌握意识形态工作的主动权

牢固树立政治意识、责任意识、阵地意识，强化宏观管理和制度建设，以管理促繁荣、保发展，为依法管理、科学管理和有效管理提供制度保障。

建立健全宏观管理制度。紧扣宣传思想工作领域重点工作，研究制定系列规范性制度。制定或修订《关于加强全省民办社科研究机构和哲学社会科学讲座、论坛、报告会、研讨会管理工作的若干意见》、《关于加强和改进新闻舆论管理工作的实施意见》、《关于组织协调省内重大突发事件采访报道的工作预案》、《关于新闻媒体领导班子和重要部门负责人任职资格的意见》、《关于在全省设立新闻发言人、规范新闻发布制度的意见》、《关于进一步加强互联网管理工作的意见》、《关于加强典型宣传管理的意见》、《关于外宣品统一管理的办法》、《关于激励中青年文化人才争先创优的办法》等管理制度和办法，使宣传思想工作有章可循，做到工作规范化、经常化、制度化，努力提高组织程度和管理水平。

健全管理体制、管理格局和管理网络。完善意识形态工作预警机制、反馈机制和责任追究机制。健全社会舆情汇集和分析机制。规范和完善通气会制度、联系会制度、阅评制度、谈话制度、违规违纪警告制度和内部通报制度等工作形式和制度。推动行业协会转变职能，完善行业自律机制。

加强舆论信息工作。围绕党的工作大局、关注国内外大事、反映经济社会发展大势，加强对思想理论动态、新闻舆论、创作倾向、社会舆情、网上舆情和宣传思想战线工作动态的收集和分析，及早发现苗头性、倾向性问题，及时提出对策建议。省委宣传部成立舆情信息中心，加大投入，充实力量，加强舆情信息工作。充分发挥宣传文化系统信息网的作用，加强对专门领域舆情信息的收集报送。建立社会调查研究机构舆情信息网、互联网舆情信息网，沟通信息调研工作渠道，在省互联网新闻中心建立网上舆情信息直报点。

第八，深化文化体制改革，进一步解放和发展文化生产力

根据社会主义精神文明建设的特点和

规律,适应社会主义市场经济的要求,以发展为主题,以体制机制创新为重点,以搞活微观主体为关键,一手抓公益性文化事业,一手抓经营性文化产业,不断增强文化事业和文化产业的活力、实力和竞争力。

推进试点工作向纵深拓展。总结改革试点经验,巩固完善改革成果,加强分类指导,推动面上改革。召开全省文化体制改革试点工作会议,推出一批省级改革试点地区和单位,完善文化体制改革和文化产业发展政策。推动省新华发行集团、省演艺集团、新华日报报业集团和南京广电集团改革的深化。做好新华发行集团企改股、筹备上市等有关工作;推进演艺集团演艺结构调整,加快全省演艺资源整合工作。

扶持和推动文化产业发展。大力推进经营性国有文化事业单位转企改制,培育一批大型国有或国有控股的文化企业和企业集团。组织实施江苏省文化产业发展规划,引导产业集聚,推动资源整合,建设一批文化产业基地和园区。研究制定扶持动漫、卡通、电脑游戏等新兴产业发展的政策措施和培育文化市场、扶持高雅艺术演出的政策措施。制定投资文化产业指导目录,鼓励民营企业在政策许可的范围内投资文化产业,培育一批重点民营文化企业。建设江苏文化资源网,及时发布有关政策、文化资源情况、文化企业名录、文化招商招标项目等,建立信息交流平台。

加强国有文化资产监督管理。充分发挥宣传文化建设专项资金的调控作用。建立国有文化资产出资人制度,制定并实施国有文化资产监督管理办法和文化企业负责人业绩考核办法。

积极推进文化管理体制改革。进一步推进政事分开、政企分开和管办分离。根据中央的统一部署和要求,积极推进市、县广电局、台分开,鼓励市、县文化、广电、新闻出版三局合并试点探索。组建城市综合文化市场执法队伍。

第九,加强宣传思想战线学习型干部队伍建设,努力提高队伍素质

以强化党对意识形态的领导为目标,以作风建设为主线,以加强理论学习和实践锻炼为手段,以提高宣传文化系统干部的工作能力和素质为主要内容,进一步加强宣传文化队伍建设,为开创我省宣传思想工作新局面提供组织保证和人才支撑。

坚持全面、科学地考察与管理,抓好宣传文化干部队伍建设。加大对宣传文化系统班子拟任干部的考察力度,做好班子的选配工作。做好后备干部的考察选拔、教育培训工作。进一步完善全省宣传文化系统干部的管理机制,明确管理范围和管理职能。

完善干部培训机制,提高培训质量。按照分级分类培训、突出培训重点的原则,坚持抓好县(市、区)委宣传部长、媒体负责人、新闻业务骨干、文艺创作骨干、专业外宣干部、基层宣教干部、爱国主义教育基地骨干的培训工作。在省委党校开设文艺管理课程,培训100名分管文化工作的县(市、区)委常委、副县(市、区)长。继续做好全省政工干部的教育培训工作。完善全省宣传文化系统各级干部培训机制。制订"十一五"期间干部培训规划。

做好"四个一批"人才培养工作,推进人才高地建设。实施我省"四个一批"人才培养工程,分别组织百人进全国名校专业深造、到国外学习培训提高、在基层一线挂职锻炼、参加有影响的艺术展演或学术交流活动等。举办文艺家、作家、知名演员三个读书班。实施"江苏青年社科人才培育工程"。继续在全省新闻、出版、文艺、理论界开展"三项学习教育活动"。组织江苏省十佳记者、编辑、主持人评选,推动新闻人才队伍建设。

省委办公厅转发省委宣传部《关于在全省开展“弘扬‘三创’精神，推进‘两个率先’，构建和谐社会”主题宣传教育活动的意见》的通知

各市、县(市、区)委，省委各部委，省各委办厅局党组(党委)，省各直属单位党委：

省委宣传部《关于在全省开展“弘扬‘三创’精神，推进‘两个率先’，构建和谐社会”主题宣传教育活动的意见》已经省委领导同志同意，现转发给你们，请认真贯彻执行。

中共江苏省委办公厅
2005年3月16日
苏办发[2005]10号

关于在全省开展“弘扬‘三创’精神，推进‘两个率先’，构建和谐社会”主题宣传教育活动的意见

为了深入贯彻党的十六届三中、四中全会和省委十届八次全会精神，进一步推动全省上下大力弘扬以“创业创新创优”为核心的新时期江苏精神，把实现“两个率先”、构建和谐社会的各项任务落到实处，决定在全省集中开展“弘扬‘三创’精神，推进‘两个率先’，构建和谐社会”主题宣传教育活动。

一、指导思想

坚持以邓小平理论和“三个代表”重要思想为指导，以学习贯彻党的十六届三中、四中全会和省委十届八次全会精神为主线，紧紧围绕“弘扬‘三创’精神，推进‘两个率先’，构建和谐社会”的主题，紧密联系思想实际和工作实际，引导全省上下全面落实科学发展观，树立和弘扬“三创”精神，进一步激发创造活力，增强发展动力，提高构建和谐社会能力，确保按时序进度完成“两个率先”的目标任务，努力建设以人为本、全面协调可持续发展的新江苏。

二、主要任务

1. 全面落实科学发展观，推动江苏经济社会又快又好发展。积极引导人们进一步深化对科学发展观的认识，按照“五个统筹”的发展要求和“两个率先”的时序进度，把加快发展、率先发展与全面发展、协调发展有机统一起来，把科学发展观贯穿于“两个率先”全过程。引导人们进一步增强忧患意识和机遇意识，充分认识当前我省面临的发展压力、竞争态势和各种新矛盾新问题的挑战，紧紧围绕“两个率先”的总目标，主动顺应宏观调控的新要求，进一步解放思想、抢抓机遇，着力推进改革开放，着力转变经济增长方式，着力调整经济结构，着力加快富民进程，着力构建和谐社会，协调推进物质文明、政治文明和精神文明建设，实现全面协调可持续发展。

2. 大力弘扬“三创”精神，推动全省人民的创业创新创优实践。树立和弘扬艰苦创业、全民创业、自主创业的创业精神，思想解放、敢干敢变、与时俱进的创新精神，争先进位、勇于攀登、争创一流的创优精神，建设适应“两个率先”实践的思想文化，充分调动各个社会阶层和全体建设者创造新江苏的积极性，为“两个率先”广开活力之源。广泛宣传表彰“创业创新创优”的先进典型，努力使“三创”成为新时期干部群众的共同精神追求，成为全体人民为实现自身的经济、政治、文化利益而奋斗的强大动力。

3. 积极构建和谐社会，努力营造推进

"两个率先"的良好环境。广泛开展构建和谐社会群众性教育和实践活动,努力使和谐社会的理念深入人心,使构建和谐社会成为全省人民的自觉行动,使我省走在全国构建和谐社会的前列。积极引导人们坚持以人为本,全面贯彻落实科学发展观和"五个统筹"的要求,促进经济与社会、人与自然的和谐发展;按照省委提出的"五个兼顾"的要求,形成完善的利益协调机制,促进利益关系和谐;加强思想道德建设,开展群众性精神文明创建活动,在全社会倡导良好风尚,促进人际关系和谐;加强和改进新形势下的群众工作,正确处理人民内部矛盾,扎实推进"法治江苏"、"平安江苏"建设,促进社会秩序和谐。

三、推进措施

这次主题宣传教育活动从3月下旬开始,贯穿全年。各地各部门各单位要联系实际,加强科学发展观教育、形势政策教育和"三创"精神教育,重点组织开展好三个方面的宣传教育活动:

一是以"三创之星"系列报道为主要载体,大力开展舆论宣传和社会宣传活动。省各主要媒体要开辟专题专栏,集中进行"三创之星"系列报道,推出一批有分量、有深度、有说服力的社论、评论、理论文章和专题节目,组织开展系列报道、系列评论和各类访谈、群众讨论。各地各行业各条战线和城乡各类教育阵地要广泛开展主题宣讲活动,充分运用形势报告会、座谈会、知识竞赛、文艺宣传、公益广告等形式,把主题宣传教育的各项内容向干部群众说清楚、说充分。

二是以各地城市精神集中展示、研讨为主要载体,深入开展学习教育活动。开展各地城市精神大展示、大讨论活动,组织各地城市精神电视短片展播,制订实施"双迎双提升"文明城市创建计划,把弘扬"三创"精神与各地城市精神的宣传、展示、讨论有机结合起来,深化和拓展"三创"精神的宣传教育效果。开展领导干部专题学习调研活动,各级中心组分专题进行系统学习,深入基层进行调研,撰写调研报告或研究文章;开展"弘扬'三创'精神大家谈"活动,组织机关干部、企业和乡村干部、劳动模范、高校师生、普通职工和农民群众进行弘扬"三创"精神大讨论;省里举办"弘扬'三创'精神,推进'两个率先',构建和谐社会"大型研讨会,组织各界代表对"三创"精神的时代价值与实践意义进行深入探讨。

三是以"三创之星"系列报告会为主要载体,广泛组织宣传展演活动。各级各部门组织"三创之星"系列报告会并到基层巡回报告,举办"三创之星"专题展览,评选表彰年度十大"三创之星"。在全省城乡广泛开展"读、写、说、唱、画、照、演"等群众性主题读书、征文、演讲、歌咏、书画、摄影和文艺表演活动,以生动活泼、丰富多彩的活动形式,展示基层的创业创新创优实践,展示新时期江苏人的崭新精神风貌。

年底,省里将组织检查各项宣传教育任务的落实情况,开展成果展示活动,集中表彰一批宣传教育活动先进单位和先进工作者。

四、工作要求

1. 高度重视,加强领导。全省上下要把开展好这次主题宣传教育活动,作为凝心聚力、促进发展的重要载体,作为改进工作、提高水平的重要抓手,高度重视,加强领导。各级党政领导要亲自动员部署,职能部门要周密组织,注重成效。此次宣传教育活动由省委宣传部负责协调。各地各部门要健全工作机制,加强督促检查,明确职责,深化措施,认真抓好落实。

2. 精心策划,精心组织。各地各部门要根据全省的统一部署和要求,结合各自实际,精心设计活动载体,制订具体实施方案,力求围绕主题、体现特色，形式多样、生动活泼。要进行广泛的宣传发动，使各级领导干部和领导机关、各行各业各条战线以及广大基层群众都行动起来，参与其中，受到教育。要充分运用各种教育阵地和教育手段，发挥各类先进典型和专家学者的积极作用，调动新闻媒体的积极性和创造性，确保全省上下广泛参与、普遍受益。

3. 联系实际，抓出实效。要按照"三贴近"的要求，坚持从实际出发，紧密结合党委政府的中心工作和重大举措，紧密结合基层干部群众的生产生活，紧密结合全省经济社会发展的火热实践，创新工作内容、工作方法和工作手段，着力解决改革发展稳定中存在的突出矛盾和问题，着力解决基层群众生产生活中的现实困难和问题，着力解决党员干部思想观念和工作作风中存在的问题，切实增强宣传教育活动的针对性、实效性和吸引力、影响力。要把此次宣传教育活动与保持共产党员先进性教育活动有机结合起来，积极促进先进性教育活动的开展。要加强督促检查，狠抓工作落实，坚决防止走过场、搞形式，力求整个教育活动既轰轰烈烈，又扎扎实实，努力为全省实践"三个代表"、推进"两个率先"、构建和谐社会提供强大精神动力。

各地各部门开展活动的方案、情况和经验，请及时报省委宣传部。

中共江苏省委宣传部
2005年3月3日

省委办公厅、省政府办公厅关于加强廉政文化建设的意见

为了深入贯彻党的十六大和十六届三中、四中全会精神，全面落实中央《建立健全教育、制度、监督并重的惩治和预防腐败体系实施纲要》（以下简称《实施纲要》），在全社会倡导"以廉为荣、以贪为耻"的良好风尚，现就加强廉政文化建设提出以下意见。

一、充分认识加强廉政文化建设的重要意义

1. 加强廉政文化建设是实践"三个代表"重要思想的内在要求。廉政文化是以廉政为思想内涵，以文化为表现形式的一种文化形态，是廉政建设与文化建设相结合的产物，反映了当代中国先进文化的价值取向，是当代中国建设社会主义先进文化的重要内容。加强廉政文化建设，有助于全省党员、干部和群众进一步掌握邓小平理论和"三个代表"重要思想，有助于大力弘扬优良传统和作风，有助于抵制各种腐朽落后的思想意识。充分发挥廉政文化"激浊扬清、扶正祛邪"的功能，对于推动全省实践"三个代表"重要思想，实现"两个率先"目标，促进"三个文明"建设，具有十分重要的作用。

2. 加强廉政文化建设是深入推进反腐倡廉工作的迫切需要。加强廉政文化建设，是深入开展党风廉政建设和反腐败斗争的基础性工作。要深入贯彻标本兼治、综合治理、惩防并举、注重预防的方针，以及省委关于坚持教育在先、预防在先、监督在先的要求，就必须大力加强廉政文化建设。通过廉政文化的宣传、引导和熏陶，克服陈旧观念，消除陈规陋习，用健康向上的、先进的廉政文化占领思想阵地，帮助广大党员干部树立正确的世界观、人生观、价值观和权力观、地位观、利益观，筑牢思想道德防线，提高拒腐防变的能力。

3. 加强廉政文化建设是贯彻落实《实施纲要》的重要举措。《实施纲要》是当前和今后一个时期深入开展党风廉政建设和

反腐败工作的指导性文件。廉政文化建设是惩治和预防腐败体系的有机组成部分。《实施纲要》提出要积极推动廉政文化进社区、进家庭、进学校、进企业、进农村,增强全社会的反腐倡廉意识,形成以廉为荣、以贪为耻的良好社会风尚。全面贯彻落实《实施纲要》,就必须建立起具有江苏特色的廉政文化体系,把廉政文化的各项任务要求落到实处。

4. 加强廉政文化建设是建设文化大省的应有之义。省委、省政府根据实现"两个率先"的战略目标和繁荣发展社会主义先进文化的要求,明确提出了建设文化大省的发展战略。加强廉政文化建设,既是建设文化大省的重要组成部分,又是建设文化大省的有力保障,只有把廉政文化建设纳入文化大省建设之中,与丰富广大人民群众的文化生活紧密结合起来,文化大省建设才有更加坚实的群众基础和良好的建设环境,实现文化建设和廉政江苏的良性互动,共同发展,创造出具有时代精神、江苏特色的先进文化。

二、正确把握廉政文化建设的基本指导原则

1. 必须坚持为党的执政能力建设服务的原则

廉政文化是直接为政治建设服务的文化。加强廉政文化建设,必须牢固树立为党的执政能力建设服务的观念,紧紧抓住立党为公、执政为民这个核心问题,对廉政文化建设的发展进行总体设计和具体规划,通过文化的力量,洁净党的执政主体,筑牢党的执政基础,使廉政文化建设在党的执政能力建设中发挥积极作用。

2. 必须坚持面向全党全社会的原则

廉政文化建设的根本目的是倡导"以廉为荣、以贪为耻"的良好社会风尚。要坚持"先进性"与"大众性"的有机统一,面向全党全社会,不断拓展工作领域。要进一步扩大廉政文化教育的覆盖面,既要贴近群众生活,广泛开展群众喜闻乐见的廉政文化创建活动,努力增强廉政文化教育的吸引力和影响力;又要紧紧依靠群众,通过多渠道、多途径、多手段广泛发动群众,动员各方面的力量,开展全方位、多层次的廉政文化创建活动,壮大廉政文化建设的主力军,努力形成党委统一领导,党政齐抓共管,主管部门牵头协调,社会各界和广大群众踊跃参加的生动局面。

3. 必须坚持继承和创新相结合的原则

廉政文化含有深厚的历史渊源、广博的文化知识和丰富的社会实践。建设廉政文化要充分挖掘优秀的历史文化精华,继承优良的历史文化传统,坚持古为今用,洋为中用。要不断赋予新的时代内涵,大力倡导适应现代化建设和社会主义市场经济的公平公正、效率诚信和民主法制等富有时代特征的新观念、新道德、新风尚。在继承中创新,在创新中发展。

4. 必须坚持注重实效的原则

推进廉政文化建设必须大力弘扬求真务实之风,办实事,用实功,求实效,力戒形式主义。要善于发现和利用本地区、本部门的宣传教育资源,充分发扬自身优势,挖掘自身潜力,抓住重点,形成特色,着力在提高廉政文化教育的吸引力、影响力和参与度上下功夫。要深入研究廉政文化教育的规律,进一步改进教育方式方法,切实增强教育的针对性和有效性,使廉政文化教育真正能够入情入理、入脑入心,取得实实在在的效果。

三、进一步明确廉政文化建设的总体目标和具体任务

廉政文化建设的总体目标:

坚持以邓小平理论和"三个代表"重要思想为指导,坚持"二为"和"双百"方针,按照党风廉政建设和反腐败工作的总体要求,求真务实,开拓创新,注重特色,发挥优势,科学规划，整体推进，有重点、全方位、多层次地开展廉政文化建设活动，确保廉政文化进机关、进社区、进家庭、进学校、进企业、进农村。充分发挥廉政文化在党风廉政建设中的教育、示范、熏陶、导向作用，使党员干部更加牢固地树立起正确的世界观、人生观、价值观和立党为公、执政为民的理念，在全社会形成以廉为荣、以贪为耻的良好氛围，逐步建立起与法律法规相协调，与社会主义市场经济发展相适应，与中华民族优良传统相传承的具有江苏特色的廉政文化体系。

廉政文化建设的具体任务：

1. 廉政文化进机关。在县以上党政机关部门大力倡导廉洁奉公、诚实守信、爱岗敬业、公道正派的社会文化，以不断规范机关工作人员的思想和从政行为，增强机关干部拒腐防变的能力。廉政文化进机关要以党风廉政教育和职业道德教育为重点，以培养廉洁高效、公道正派的机关作风为目的，以确立立党为公、执政为民的服务理念为根本。通过组织党员干部学习反腐倡廉理论和法律法规、开展廉文荐读、征集廉政警句格言、发送廉政短信、实行廉政承诺、宣扬廉政典型、开展警示教育、观看廉政影视片等活动，营造机关廉政文化氛围，增强机关工作人员的廉洁从政意识，树立为民、务实、清廉的形象。通过实行政务公开、挂牌上岗、强化监督等形式，确保权力在阳光下运行。

2. 廉政文化进社区。把廉政文化建设纳入社区建设的总体规划之中，与创建文化社区、人文社区、平安社区和和谐社区等工作结合起来，充分发挥社区党组织和党员干部的作用，提高居民群众支持和参与反腐倡廉工作的自觉性。在社区建立以廉政为主题的廉政文化景点，树立廉政警示栏、建廉政宣传橱窗、张贴廉政宣传画；利用社区图书馆设立廉政书报专柜，在社区休闲场所建立廉政文化角，举办廉政书场，放映廉政电影，开展廉政文艺演出，营造浓厚的廉政文化氛围。各市、县（市、区）要在抓好廉政文化进社区试点的基础上，总结经验，逐步推开。

3. 廉政文化进家庭。把廉政文化引入家庭，教育干部家属子女当好廉内助，树立良好家风，共筑家庭廉政防线，促进全体干部廉洁自律。妇联等人民团体要深入开展家庭助廉教育活动，通过创建“廉洁家庭”、签订“廉洁家庭”承诺书、发放争创“廉洁家庭”倡议书、开展“廉洁家庭”评选活动、宣传表彰廉内助、举办征文比赛、开展正反典型教育、征集治家格言、编演文娱节目等活动，净化家庭环境，营造良好家风。要把家庭助廉教育同家庭美德教育结合起来，纳入“五好文明家庭”创建活动之中，统一领导、统一组织、统一部署、统一检查考核。要加强调查研究，努力了解家庭领域出现的新情况，新特点，新问题，积极提出应对策略，增强家庭助廉教育的针对性、实效性和前瞻性。要鼓励创新，大胆探索，及时总结各地、各部门的新鲜经验，推动家庭助廉教育的深入开展。要加强理论研究，探索家庭助廉教育工作规律，建立家庭助廉长效机制。

4. 廉政文化进学校。学校应把“敬廉崇洁”作为一项长期性、基础性的工作来抓，使其成为学校德育工作的重要组成部分。廉洁教育的内容、方式要符合青少年的认知规律，使青少年学生在潜移默化中树立廉洁的意识和观念。要找准廉洁教育与学校教育的结合点和切入点，充分利用学科教学、主题活动、课外阅读、社会实践等途径来实施。在德育课程中增加廉洁教育的内容，借助校报校刊、校园网站、班级板报等阵地，开设符合形势需要和学生心理特点的专栏、专题、网页，广泛传播廉政知识，弘扬廉政精神。南京市作为国家级试点单位要先行一步,其他市也要在试点的基础上逐步推开。试点学校应在各地教育行政部门领导下,制订出切实可行的工作计划。高等院校要开展反腐倡廉课题研究,有条件的要设立廉政教学研究机构。各级教育行政主管部门要切实加强领导,统筹安排,精心指导,重点抓好教材编写、教育方式方法研究和师资队伍培养三个环节,努力提高廉政文化进学校的质量和水平。

5. 廉政文化进企业。把廉政文化融入到企业文化、企业精神建设中去。要将反腐倡廉方面的音像、报纸、书刊送到车间和科室,供员工观看阅读。在企业内部各种宣传媒体上开辟廉政专栏、"廉政之声"专题,组织员工结合企业实际,开展廉洁诚信大讨论,有针对性、有重点地开展廉政文化教育。要开展形式多样、丰富多彩的廉政文化宣传教育活动,增强员工的社会公德意识,把员工的社会责任感转化为企业发展的动力。要突出重点,加强对企业管理人员的教育,积极开展争当"廉领导、廉助手、廉管家"活动,引导企业廉洁诚信、依法经营。国有及国有控股企业要把反腐倡廉方面的规定纳入到企业规章制度之中,规范企业生产经营行为。

6. 廉政文化进农村。坚持把廉政文化建设作为加强农村反腐倡廉教育的一个重要抓手,与创建文明乡镇、文明村、文明户活动紧密结合起来,与普法教育、村务公开、开展农村科技、文化、教育"三下乡"等活动有机结合起来。针对农村实际和特点,利用农村文化阵地,利用元旦春节等传统节日,组织群众广泛开展廉政文化演出、廉政书刊阅读、观看廉政影视片等活动,弘扬正气,倡导新风,鞭挞丑恶,促进农村基层干部廉洁奉公,增强村民崇尚廉洁的意识。

当前,全省廉政文化建设着重抓好"五个一"系列活动:即组织一次廉政文化研讨征文活动、开展一次廉政文化演讲比赛、创作一组反腐倡廉歌曲、编辑一套江苏廉政文化丛书、召开一次廉政文化建设现场会;各市、县(市、区)和省直各单位要积极参加全省统一组织的"五个一"活动,有条件的,还可以根据自己的特点和优势,有重点地开展一些有特色的廉政文化活动。注意培育一批廉政文化建设先进典型。

四、有效整合和利用廉政文化社会资源

1. 充分发挥新闻媒体在廉政文化建设中的作用。要适应社会和经济发展的需要,拓展廉政文化教育的传播渠道。充分利用报刊、广播、电视等大众媒体,以组织采风、开设专栏、发布新闻、刊播廉政公益广告等形式,强化反腐倡廉的舆论宣传;充分利用影视平台,强化反腐倡廉题材的影视作品、文艺节目的宣传;充分利用网络,扩大廉政信息容量,加强网上舆情收集整理工作,正确引导网上舆论。

2. 充分发挥现有宣传阵地在廉政文化建设中的作用。要利用现有的文化场所和设施,办好各类廉政文化活动;利用影剧院、博物馆、美术馆、展览馆、图书馆、文化宫、广场舞台等文化设施以及革命传统教育场所,举办各种活动,扩大廉政文化创建活动的开放度和群众参与度。旅游、文化、城建等部门要根据廉政文化建设的要求,规划建设廉政文化景观,弘扬传统文化精华。

3. 充分发挥人才资源在廉政文化建设中的作用。我省历史文化底蕴深厚、人文荟萃,是开展廉政文化建设的一大优势。要鼓励全省文艺工作者创作更多的廉政题材作品,繁荣廉政文化创作,多出作品,多出精品。鼓励理论工作者,加强廉政文化理论研究,探索廉政文化建设规律,用先进的理论指导廉政文化建设,武装人们的头脑。近期,要组织编写《江苏廉政史话》,整理出版江苏清官故事和革命传统教材,创作具有时代特征的勤廉典型报告文学集，编辑出版江苏廉政文化系列丛书，为开展廉政文化教育提供丰富的精神产品。

五、加强廉政文化建设的组织领导

1. 建立廉政文化组织协调机制。按照《实施纲要》要求，在省委、省政府领导下，动员全党、全社会的力量，共同参与廉政文化建设。省及各市、县(市、区)要建立相应的组织领导协调机制。省级建立廉政文化建设联席会议制度，省纪委、省委宣传部、省级机关工委、省监察厅、省文化厅、省教育厅、省民政厅、省新闻出版局、省总工会、团省委、省妇联、省社科联、省文联等为成员单位。联席会议负责全省廉政文化建设的组织、协调、指导工作，适时召开会议，研究部署廉政文化建设的重要事项。

2. 明确廉政文化建设相关部门的责任。按照《实施纲要》"廉政文化进社区、进家庭、进学校、进企业、进农村"和廉政文化进机关的要求，各相关部门要根据各自的职责切实负起责任。省纪委、省委宣传部、省监察厅、省文化厅负责廉政文化"六进"的具体组织协调工作；省级机关工委牵头负责廉政文化进机关工作；省委宣传部、省民政厅牵头负责廉政文化进社区、进农村工作；省妇联牵头负责廉政文化进家庭工作；省教育厅、团省委牵头负责廉政文化进学校工作；省总工会牵头负责廉政文化进企业工作；省文化厅、省社科联、省文联牵头负责廉政文化理论研究、历史文化发掘、文艺创作的组织工作；省新闻出版局牵头负责廉政文化图书和教辅材料编辑出版工作。

3. 建立廉政文化建设的保障和激励机制。建立以财政支持、企事业单位自筹、社会各方面赞助的廉政文化建设经费保障机制，加大廉政文化建设的投入。建立健全廉政文化建设的目标管理、考核评价和激励机制，对优秀廉政文艺作品和优秀廉政文化项目、活动要进行奖励。建立对企事业单位、社会团体和个人从事文化产业，举办廉政文化项目，开展廉政文化活动的扶持鼓励机制。各级要培育和树立廉政文化建设的先进典型，组织廉政文化建设现场观摩和经验交流，积极探索和总结廉政文化建设的有效途径和方法，推动廉政文化建设深入开展。

省委办公厅
省政府办公厅
2005年5月25日
苏办发[2005]16号

2005年第一季度宣传报道意见

各市委宣传部，省各主要新闻单位：

现对2005年第一季度宣传报道工作提出如下意见，请贯彻执行。

一、指导思想

以邓小平理论和"三个代表"重要思想为指导，学习宣传贯彻党的十六大和十六届三中、四中全会精神，以及省委十届八次全会和全省经济工作会议精神，树立和落实科学发展观，全面贯彻全国和全省宣传部长会议精神，围绕中心、服务大局，坚持团结稳定鼓劲、正面宣传为主，把握正确舆论导向，唱响主旋律、打好主动仗，贴近实际、贴近生活、贴近群众，大力宣传我国和我省经济社会发展的巨大成就，宣传全省人民贯彻落实科学发展观，推进"两个率先"的伟大实践，宣传全党同志加强党的执政能力建设的显著成效，营造与时俱进、奋发向上、欢乐祥和的浓厚氛围，为今年各项工作起好步、开好头提供有力的精神动力和舆论支持。

二、宣传重点

1. 深入宣传“三个代表”重要思想，宣传各地区各部门理论联系实际的成果，把学习贯彻“三个代表”重要思想不断引向深入。着眼武装头脑、指导实践、推动工作，紧密联系全面建设小康社会的实践，紧密联系加强党的执政能力建设的实践，宣传各地各部门用新观念研究新情况，用新办法解决新问题，用新举措开创新局面的好经验、好做法。宣传广大党员特别是领导干部认真实践“三个代表”重要思想的实际行动，报道我省在县处级以上领导干部中开展“推进‘两个率先’，构建和谐社会”专题学习调研活动。报道党员干部深入基层、深入群众，研究解决改革发展稳定的重大问题，研究解决基层生产生活的实际问题，为普通群众办实事、办好事的事迹。报道各地扎实做好“三个代表”重要思想进教材、进课堂、进头脑的工作，推动“三个代表”重要思想的普及。宣传《江泽民论加强和改进执政党建设》的精神实质，宣传马克思主义理论研究和建设工程的进展及其取得的重大成果，扩大工程的社会影响，推动优秀成果不断涌现。有针对性地组织发表文章，准确生动、深入浅出地阐释我国的基本政治制度、经济制度、司法制度和新闻出版制度，努力回答现实生活提出的思想理论问题，澄清模糊认识。

2. 深入贯彻十六届四中全会精神，认真做好保持共产党员先进性教育活动的宣传，为加强党的执政能力建设提供有力支持。全面、准确、深入宣传十六届四中全会《决定》和胡锦涛同志重要讲话精神，深入阐述全会提出的新思想、新观点、新论断，充分反映各地区各部门学习贯彻全会精神加强执政能力建设的新举措，反映各级党委改进领导方式，加强民主法制建设的新进步。注重反映马克思主义执政理论研究的成果，反映各地区各部门加强执政能力建设的实践经验。紧密配合保持共产党员先进性教育活动，深入宣传好中央20号文件精神，宣传开展先进性教育活动的重大意义，充分报道中央和省委领导同志参加先进性教育活动的情况，及时准确报道中央和省委关于开展先进性教育活动的重要指示、重大部署，认真做好省委常委、党员副省长参加先进性教育活动以及指导联系点开展先进性教育活动的报道，做好中央督导组在我省指导、督查先进性教育活动的报道，做好省委有关部门举行的形势报告会和有关重大活动的宣传报道，报道各地区各部门开展活动的具体做法、好的经验和取得的成效；集中开展“时代先锋”、“开展共产党员先进性教育活动，实践‘三个代表’，推进‘两个率先’”、“强化执政之基、永谋先进本色”、“争做时代先锋”等专题和专栏宣传，宣传党员干部和基层党组织中的先进典型，充分展现党员干部队伍的主流，展现我们党立党为公、执政为民的本质。加大党的建设宣传力度，深入宣传党中央坚持党要管党、从严治党的坚强决心，宣传各级党组织加强思想、组织、作风和制度建设的具体措施和实际效果。深入宣传《建立健全教育、制度、监督并重的惩治和预防腐败体系实施纲要》，帮助广大党员干部全面了解、掌握《纲要》的基本精神和主要内容，宣传各地区各部门加强党风廉政建设的成功经验，宣传勤政爱民、廉洁奉公的先进典型，推动反腐败斗争深入开展。引导党员干部进一步坚定理想信念、坚持党的宗旨、发扬优良传统，引导广大干部群众增强对党的热爱和信任，坚定跟党走的决心和信心。

3. 深入宣传以人为本、全面协调可持续的科学发展观，反映各级政府加强行政能力建设的举措，引导全社会把科学发展观贯穿于经济社会发展的各个领域和各个方面。深入宣传发展是党执政兴国的第一要务。

全面系统地宣传科学发展观的深刻内涵和精神实质，宣传“五个统筹”、“五个坚持”的基本要求，宣传用科学发展观统领经济社会发展全局的重大意义。宣传各地各部门以科学发展观为指导深化改革、加快发展的生动实践。配合做好中宣部组织的“落实科学发展观”大型系列主题采访活动。认真做好我省即将推出的“苏南新发展建全面小康，苏中新掘起争过江进位，苏北新跨越超全省增幅”大型采访报道活动。做好我省开展的“弘扬‘三创精神’、推进‘两个率先’、构建‘和谐社会’”主题教育活动的宣传报道工作。推出“三创之星”典型宣传和系列专题报道。宣传各地区各部门转变政府职能，改进和创新经济管理方式方法，切实加强社会管理，建设服务型政府的做法和经验；反映各地区各部门全面推进依法行政，在行政工作中依法保障人民群众合法权益、自觉接受社会监督的情况。报道领导干部树立科学发展观和正确的政绩观，结合本地区本部门实际，求真务实地推动经济社会发展，解决深层次矛盾和问题的成效。对脱离实际、急功近利搞“形象工程”、“政绩工程”，对弄虚作假、虚报浮夸的典型案例要公开批评。报道各地重视可持续发展、做好环境保护工作的情况。

4. 大力宣传中央和省委关于经济工作的重大决策部署，加强形势政策的宣传，营造抓住机遇、深化改革、加快发展的良好氛围。大力宣传今年经济工作的总体要求、指导原则和主要任务。宣传社会主义市场经济条件下加强宏观调控的重要意义，宣传中央加强和改善宏观调控一年来取得的重大成果，宣传今年宏观调控采取的一系列政策措施。宣传中央和省委关于继续加大“三农”支持力度的各项政策措施，宣传我省推行的“一免三补”政策，即今年免征农业税，进一步扩大粮食直补、良种补贴和农机具购置补贴，宣传已经实行的政策不能变，已经给农民的实惠不能减，随着国家财力物力的增强，还要逐步加大支农力度。宣传提高农业综合生产能力，全面增强农业发展后劲。宣传加快发展非农产业，继续推进劳务输出，不断拓宽农民增收渠道。宣传我省坚持不懈推进农村“五件实事”。做好春耕备播的报道。宣传经济增长方式必须实行根本性转变、提高自主创新能力是调整经济结构的中心环节、完成以企业为主体的技术创新体系是重中之重、充分利用对外开放条件增强自主创新能力等重要观点。突出报道我省大力推进产业结构优化升级，重点在“四个提高”上下功夫：一是提高高新技术产业带动力；二是提高传统产业竞争力；三是提高服务业在经济发展中的比重；四是提高集约发展水平。突出报道各地区、各企业转变经济增长方式，在开发自主知识产权、提高核心竞争力等方面的新举措、新经验、新成果，特别要注重宣传打造国产知名品牌、拥有自主知识产权、核心竞争力强的本土企业。宣传节约能源、资源是优化结构的重要目标，报道各地区各部门坚决扭转高消耗、高污染、低产出的状况，发展循环经济的做法和经验。宣传继续深化企业改革，完善国有资产监督管理体制，积极推进国有经济布局和结构调整，防止国有资产流失；宣传财税、金融、投资和行政体制等改革。宣传对外开放的新成果和经贸合作的新进展、继续宣传三峡工程、南水北调、西气东输和润扬大桥，盐通、宿淮高速公路，宁启铁路、南京地铁、田湾核电站等国家和我省重点工程建设。宣传“让百姓买得放心吃得安心”为主题的绿色消费、绿色市场、绿色通道行动，提高我省食品信誉。充分宣传全国和我省经济建设的巨大成就和当前良好的发展势头，振奋精神，鼓舞士气。针对群众关心的政策问题做好解疑释惑、理顺情绪的工作，报道全省城乡开展形势政策教育活动的情况和成效。

5. 积极宣传科教兴国战略，做好科技、教育、卫生、体育等社会事业的报道，为促进社会进步和人的全面发展创造有利条件。宣传我省按照分类定位、分开管理、分别改革的原则，不断加大社会事业改革力度。宣传各地加大社会事业支持力度、加快各项社会事业发展的典型经验，报道社会事业领域和事业单位改革的进展和成果。精心组织好省科协第七次代表大会。大力宣传科教兴国战略和人才强国战略，宣传科学技术是第一生产力，人才是第一资源。进一步加强科普宣传，努力在全社会形成重科学、讲科学、学科学、用科学的良好风尚。宣传全面实施教育振兴行动计划，加快普及农村九年义务教育，宣传我省大力发展职业技术教育，加快培育经济社会发展急需的技能型人才；报道各地规范学校招生和收费制度的情况。宣传各地加强公共卫生体系建设，全面建成疾病预防控制体系，基本建成突发公共卫生事件医疗救治体系的进展情况，改善农村医疗卫生条件，促进城乡广泛开展爱国卫生运动的新进展。宣传体育事业改革和发展的成果，报道基层广泛开展群众性体育运动的情况。报道网络整合和有线电视数字化工程以及文化、科技、卫生“三下乡”工作给群众带来的好处。报道好我国筹备2008年北京奥运会和2010年上海世博会的进展情况。

第十届全国运动会今年10月将在我省举行，这是新中国成立以来我省承办的规模最大的体育赛事。要做好十运会的前期宣传报道工作。大力宣传我省高质量完成建设场馆任务，高标准做好参赛准备工作，高水平抓好竞赛组织工作，同时坚持节约办好十运会的情况。大力宣传我省以迎接十运会为契机，全面推动各项工作，充分展示我省经济发展的新成就、城乡建设的新形象、精神文明的新风貌，确保十运会承办工作圆满成功。

6. 着力宣传精神文明建设的成果，弘扬民族精神和时代精神。加大爱国主义和革命传统精神教育的宣传力度，引导人们不忘革命历史、继承革命传统、珍惜美好生活。宣传公民道德建设的成果，报道各地开展共铸诚信等道德实践活动，推动形成团结互助、扶贫济困的良好风尚。深入宣传《关于进一步加强和改进未成年人思想道德建设的若干意见》精神，报道学校、家庭、社会各负其责又密切配合加强未成年人思想道德建设的情况。宣传《关于进一步加强和改进大学生思想政治教育的意见》，宣传全国大学生思想政治教育工作会议精神，报道各地高校采取切实措施，把思想道德教育融入课堂教学、社会实践、校园文化等各个环节。宣传各地开展的“双拥共建”活动，进一步密切军政军民关系。报道各地广泛开展群众性精神文明创建活动，积极推进红色旅游的情况。宣传基层加强群众文化活动阵地建设的进展，报道一批文化事业和文化企业单位改革发展的典型。报道各地严厉打击黄、赌、毒等社会丑恶现象特别是开展打击赌博违法犯罪专项行动的情况，曝光一批典型案例，同时宣传推广各种有益身心健康的娱乐健身活动。

7. 充分宣传党和政府高度重视人民群众利益，报道各地切实维护社会稳定的情况，为构建社会主义和谐社会创造良好环境。报道各地正确处理人民内部矛盾，维护人民群众利益，积极化解各种社会不稳定因素。宣传各地区各部门采取有效措施，加强就业再就业工作，建立和完善公共就业服务体系，做好下岗失业人员和进城务工农民培训工作。宣传继续巩固“两个确保”，规范和完善城市“低保”工作，扩大基本养老、基本医疗和失业保险覆盖面，努力实现老有所养、贫有所济、病有所医的情况。宣传各级党委和政府支持、扶助贫困地区、灾区和困难群众，千方百计减轻农民负担、清理拖欠农民工工资等取得的成果。宣传各地各部门关心和重视困难群众生产生活问题；保证他们有饭吃、有衣穿、有房住；宣传我省重点做好6件事：一是建立覆盖城乡的低保体系；二是增加困难农户小额扶贫贷款贴息；三是加大下岗职工再就业帮扶力度，增加补助资金；四是切实解决好经济困难家庭子女上学难问题；五是全面建立农村部分计划生育家庭奖励扶助制度；六是完善农村五保户供养制度，提高集中供养率。报道各地区着力解决老复员军人、伤残军人、烈属等重点优抚对象以及农村“五保户”的实际困难，做好转业复员退伍军人的安置工作。进一步加强安全生产的宣传，报道有关方面完善安全生产管理体制和机制，加强对公共场所和供水、供气、供电等关键设施的保卫防护，搞好对事故易发行业的安全生产监督检查，预防和减少重大事故的发生。宣传依法严厉打击严重刑事犯罪活动，维护正常社会秩序，确保人民群众生命财产安全。

8. 精心组织好全国人大十届三次会议、全国政协十届三次会议的宣传报道，做好中央和省委重要会议、活动的宣传报道工作。按照“两会”宣传报道方案，充分反映党和国家领导人与代表委员共商国是、共谋发展的生动气象；突出报道工人、农民等来自基层的代表委员参政议政的情况；全面报道大会进程，深入宣传会议精神，按照要求准确报道《反分裂国家法》等重要立法内容；宣传我国经济、政治、文化建设的巨大成就，宣传各级人大、政协工作，为“两会”的召开营造团结、民主、求实、奋进的良好氛围。做好全省农村工作会议、全省宣传思想工作会议的宣传报道。

三、工作要求

1. 精心策划，突出重点，认真组织好各项宣传报道。做好第一季度宣传报道工作，对于确保完成全年工作任务至关重要。各级党委宣传部门和新闻单位要加强领导，明确责任，围绕党委政府中心工作，精心组织重大宣传报道，统筹安排各项宣传工作，把工作做实、做细、做深，为全年舆论宣传工作打下坚实基础。

2. 把握正确舆论导向，切实维护社会稳定。要着力于统一思想、凝聚力量、坚定信心、振奋精神，加强对社会舆情的分析研究，及时了解和掌握干部群众普遍关心的问题，敏锐捕捉倾向性、苗头性问题，积极有效地进行引导。做好热点难点的引导工作，正确开展舆论监督，着力解疑释惑、化解矛盾、理顺情绪。对一些恶性刑事案件、重大突发事件和群体性事件的报道，要严格按有关规定进行。各种灾害、事故、恶性事件的报道不要过于集中。

3. 按照“三贴近”要求，努力改进创新，增强正面宣传的吸引力、感染力。要用“三项学习教育”活动的成果，增强新闻队伍素质，提高新闻宣传的质量和水平。遵循新闻宣传规律，创新内容、创新形式、创新手段、创新机制，根据各类受众特点，更好地引导社会舆论。要组织记者深入实际、深入生活、深入群众，改进作风，改进文风，多采写生动、鲜活的报道。要统筹安排各类新闻媒体，注重发挥网络媒体的优势，加强策划，相互配合，共同形成正面舆论强势。

4. 严格遵守宣传纪律，把好关，把好度。进一步增强政治意识、大局意识、责任意识，拿不准的问题要及时请示，涉及重要敏感问题的稿件要送审。切实加强对都市类报刊和互联网站的引导和管理，加强对手机短信的管理，防止各种小道消息、谣言和有害信息扰乱人心。要严防少数别有用心的人借题发挥、蓄意曲解、误导社会舆论。各级党委宣传部门和各新闻单位要认真贯彻全国和全省宣传部长会议精神，结合实际，认真组织，确保第一季度各项宣传报道任务圆满完成。

中共江苏省委宣传部
2005年2月21日
苏宣发[2005]4号

关于开展2005年度全省基层党员、干部轮训的实施意见

各市委宣传部，省委省级机关工委、省委教育工委、省国资委：

为深入学习贯彻党的十六届四中全会精神，按照全省宣传思想工作会议和全省宣传部长会议的要求，决定在全省基层党员、干部中进行以"弘扬'三创'精神、推进'两个率先'、构建和谐社会"为主要内容的轮训。为此，特提出如下意见：

一、指导思想和目的要求

以"三个代表"重要思想和科学发展观为指导，深入学习贯彻党的十六届四中全会和省委十届八次全会精神，突出"弘扬'三创'精神、推进'两个率先'、构建和谐社会"这个主题，紧密联系全省经济社会发展的实际和基层党员、干部的思想实际，积极开展针对性的培训教育，引导党员、干部牢固树立科学发展观，树立和弘扬以创业创新创优为核心内容的新时期江苏精神，始终保持共产党员先进性，不断解放思想、开拓创新、求真务实，为推进江苏"两个率先"，建设以人为本、全面协调可持续发展的新江苏作出更大贡献。

二、主要内容和具体要求

根据全省宣传思想工作会议和全省宣传部长会议精神，今年全省基层党员、干部轮训的主要任务是深入学习十六届四中全会和省委十届八次全会精神，并重点围绕七个专题进行轮训。

一是进行加强党的先进性建设、保持共产党员先进性的教育。充分认识加强党的先进性建设的重大战略意义，深刻理解开展以实践"三个代表"重要思想为主要内容的保持共产党员先进性教育活动的指导思想、目标要求和基本原则，结合正在全省各级党政机关开展的先进性教育活动的实际进展，引导广大党员坚定理想信念，坚持党的宗旨，增强党的观念，发扬优良传统，明确自己肩负的政治责任，认真解决党员和党组织在思想、组织、作风以及工作方面存在的突出问题，不断增强党员队伍和党组织的创造力、凝聚力和战斗力。

二是进行坚持发展第一要务、不断提高驾驭社会主义市场经济能力的教育。深刻理解提高党的执政能力首先是提高党领导发展的能力，不断提高驾驭社会主义市场经济新情况的能力，进一步把握建立社会主义市场经济体制的内在要求、基本特点和运行规律，引导广大基层党员、干部始终坚持社会主义市场经济的改革方向，着眼于丰富发展内涵、创新发展观念、开拓发展思路、破解发展难题，积极投身社会主义市场经济的实践之中，自觉用科学发展观作指导，推动经济社会持续快速协调发展。

三是进行把科学发展观贯穿于江苏"两个率先"全过程的教育。引导广大基层党员、干部深刻认识科学发展观是我们党执政理念新的升华，是全面建设小康社会和推进现代化建设必须始终坚持的指导思想，坚持把全面贯彻科学发展观与提高党的执政能力紧密结合起来，在落实科学发展观的实践中不断提高执政能力。特别要结合建设以

人为本、全面协调可持续发展新江苏的实际，自觉地把科学发展观贯穿到“两个率先”的进程中，既快又好地推进江苏经济社会和人的全面发展。

四是进行构建社会主义和谐社会、积极推进和谐江苏建设的教育。引导广大党员、干部深刻认识构建社会主义和谐社会的时代背景、重大意义、基本特征和科学内涵，深刻认识构建社会主义和谐社会是中国特色建设社会主义社会的一项基本任务，是现代化建设总体布局的拓展和深化，从而自觉地在推进三大文明协调发展中推进和谐社会建设。尤其要结合江苏“两个率先”的实际，在构建和谐社会中推进“两个率先”，在推进“两个率先”中构建和谐社会。

五是进行树立和弘扬“三创”精神、全力推进“两个率先”的教育。引导广大党员、干部深刻认识弘扬“三创”精神的极端重要性，深刻理解和把握省委关于弘扬“三创”精神的新定位、新部署和新要求，深刻理解创业创新创优的科学内涵及其相互关系，把树立和弘扬“三创”精神作为保持先进性的具体实践，克服在价值观上的陈旧观念，真正使创业创新创优成为自觉追求；克服利益观上的偏颇思想，正确处理个人利益和集体利益、局部利益和整体利益、当前利益和长远利益的关系，增强主人翁意识和社会责任感，积极投身于创业创新创优的实践之中，充分发挥积极性主动性创造性，进一步增添创业的勇气、创新的锐气、创优的志气，努力成为创业的榜样、创新的能手、创优的标兵。

六是进行学习“三化”知识、推进江苏“三化”进程的教育。引导广大党员、干部用更加宽广的眼光审视当代中国和当代江苏的现代化进程，着重把握工业化、城市化和经济国际化的历史进程、一般规律及其经验启示。重点围绕适应深入推进“两个率先”的战略要求，引导基层广大党员、干部认真学习加快推进江苏工业化和新型工业化、城市化和城市现代化，以及经济国际化必需的知识，努力解决眼界不宽、思路不宽、本领不强等突出问题，进一步解放思想，增强带领群众创业创新创优的能力。

七是进行提高农业综合生产能力、促进农村经济社会全面发展的教育。讲清去年以来全省农村经济社会发展取得的成绩，认真分析“三农”面临的挑战和存在的主要问题，引导基层党员、干部充分认识做好“三农”工作的指导思想和总体要求，明确当前和今后一个时期提高农业综合生产能力的战略任务，理解和把握全省主动实施统筹城乡发展方略，以及深化农村税费改革、金融体制改革、土地征使用制度改革、流通体制改革等各项改革的基本要求，为加快农业结构调整，提高农业综合生产能力，促进农民的多渠道增收，力争全省农业和农村发展登上新的台阶做出更大贡献。

省委宣传部将组织编写轮训教材。

三、实施步骤和时间安排

轮训工作分四个阶段进行，具体步骤和方法是：

第一阶段：轮训准备阶段。时间从3月上旬至中旬。在这个阶段主要做好以下几件事：一是组织准备。各地各部门要认真组织调查研究，摸清本地经济社会发展的实际情况，分析党员、干部的思想现状。二是制订计划。根据本《意见》精神，结合本地区本部门实际，制订具体轮训的实施计划，在此基础上，采取相应措施，认真进行动员部署，尽早使轮训对象、师资、经费等落实到位。三是组织教材。各单位要按照省委宣传部统编教材的基本要求，结合本地实际，组织编写详细的教学教案；有条件的也可自编一些教材。

第二阶段：骨干培训阶段。各地要在精

心准备的基础上，认真抓好骨干培训，着重抓好备课、优选教员、示范辅导等环节，确保骨干培训上质量、上水平。

第三阶段：组织实施阶段。面上轮训时间为3月下旬至2005年度农村党员、干部冬训之前结束。这一阶段要抓好三个环节：一是党委党校组织对全体党员和干部分期分批或分层次地开展集中培训；每期轮训班轮训时间原则上不少于3天，轮训率要达到85%以上。二是各单位积极组织讨论活动，回答党员、干部关心的热点、难点问题，党员、干部对所在单位新一年改革发展目标任务和政策措施的知晓率达到95%以上。三是开展学习宣传优秀党员先进事迹的活动，各单位都要总结1个至2个优秀党员的先进事迹，编入集中培训教案。

第四阶段：检查验收阶段。时间从10月上旬至2005年度农村党员冬训前结束。在这个阶段要完成三项任务：一是各单位要对照本《意见》要求，先进行自查，然后由市、县(市、区)委宣传部统一组织检查和抽查。二是要对集中培训工作中存在明显差距和突出问题的单位提出限期整改的要求。三是通报表彰集中培训工作的先进单位。

四、组织领导和基本要求

1. 加强基层党员、干部的培训教育，不断增强基层党组织和广大党员、干部的执政意识，提高执政能力，是当前党的建设和宣传思想工作十分重要的政治任务。各级基层党组织要从全局和战略的高度，充分认识深入学习贯彻十六届四中全会精神的重大意义，进一步增强政治意识、大局意识、责任意识，切实加强领导，明确职责，周密部署，精心组织，抓好落实。要把这项工作纳入到省委部署的“弘扬‘三创’精神、推进‘两个率先’、构建和谐社会”的主题教育活动之中。各级宣传部门一定要认真筹划，制订好切实可行的培训计划，并对计划的实施做好指导和督促检查工作，确保轮训教育工作取得实实在在的效果。

2. 坚持马克思主义优良学风，是搞好轮训工作的重要保证。要坚持学以致用，自觉把运用十六届四中全会精神指导实践、推动工作，作为轮训的出发点和落脚点，作为衡量轮训成效的重要标准。要坚持理论联系实际，引导基层广大党员、干部进一步解放思想，自觉地把思想认识统一到党中央和省委的重大工作部署上来；紧密联系本地区本部门改革开放和现代化建设的实际，紧密联系党的建设的实际，紧密联系党员、干部的思想实际，针对工作中的难点、社会上的热点、思想中的疑点，在释疑解惑、提高新境界、形成新共识、激发新活力上下功夫，进一步增强轮训的针对性、说服力和感染力。

3. 积极探索有效形式，注重提高轮训质量。轮训工作要突出重点，区分不同层次，分类进行指导。要抓好备课这个关键环节。在抓好主体班次开展轮训的同时，还可以采取专题讲座、理论研讨、主题教育等多种形式开展轮训教育。有条件的也可适当组织参观考察。要坚持把轮训与学习《中共中央关于加强党的执政能力建设的决定》结合起来，与学习《中国共产党章程》结合起来，与学习《江泽民论加强和改进执政党建设(专题摘编)》结合起来，与正在开展的以实践“三个代表”重要思想为主要内容的保持共产党员先进性教育活动结合起来，着力在深入人心上下功夫，在开拓创新上下功夫，在力求实效上下功夫，通过扎实有效的轮训，把学习贯彻十六届四中全会《决定》精神，落实到发展先进生产力、发展先进文化、实现最广大人民的根本利益上来。

各地、各部门轮训工作结束后，要在检查验收的基础上，认真做好总结，并将轮训情况、取得的成效以及轮训体会等以书面形式报省委宣传部。

中共江苏省委宣传部
2005年3月8日
苏宣发[2005]5号

关于进一步加强全省理论宣传工作的意见

为认真贯彻党的十六届四中全会和省委十届八次全会精神,坚持马克思主义在意识形态领域的指导地位,不断增强党的思想理论工作的创造力、说服力、感召力,着力回答重大理论和实际问题,现就进一步加强全省理论宣传工作提出如下意见。

一、高度重视新形势下的理论宣传工作

党的十六大以来,全省各级党报党刊、社科理论期刊、广播电视等舆论和理论媒体,高举邓小平理论和"三个代表"重要思想伟大旗帜,立足江苏"两个率先"生动实践,联系干部群众关注的热点难点问题,积极宣传党的基本理论、路线、方针和政策,宣传中央和省委的重大决策部署,努力解疑释惑、统一思想、凝心聚力,为推进以人为本、全面协调可持续发展新江苏的建设,提供了正确的理论引导和有力的思想支持。

新世纪新阶段,经济社会不断发生深刻变革,意识形态工作面临着更加复杂的形势。在当前的发展关键时期,各种思想文化相互激荡,干部群众思想的独立性、选择性、多变性和差异性日益增强,热点难点问题不断涌现。用一元化的指导思想更好地引领多样化的社会思潮,用发展着的马克思主义指导新的实践,在推进"两个率先"中努力构建社会主义和谐社会,必须着力回答一系列重大的理论和实践问题,进一步夯实全省人民团结奋斗的共同思想基础。理论宣传工作要更加有力地承担起宣传科学理论、回答重大问题、传播先进文化,在解放思想中统一思想,在推进发展中凝聚人心的崇高职责。

二、加强理论宣传工作的指导思想和主要任务

加强理论宣传工作要高举邓小平理论和"三个代表"重要思想旗帜,用马克思主义一元化的指导思想引领多样化的社会思潮,切实巩固马克思主义在意识形态领域的指导地位;切实增强政治责任感和政治敏锐性,在重大原则问题上旗帜鲜明、头脑清醒、立场坚定;牢固树立阵地意识,切实做到守土有责;立足"两个率先"实践,坚持"三贴近"原则,充分发挥媒体的自身优势和整体合力,推动理论宣传工作改革创新,增强说服力、吸引力和感染力。

理论宣传工作的主要任务是:认真宣传党的基本理论、基本路线、基本纲领、基本经验,努力夯实全省人民团结奋斗的共同思想基础;认真宣传中央和省委的重大决策部署,努力促进中央和省委的部署化为全省上下的共同意志和自觉行动;密切关注江苏经济社会发展中的重大理论和实际问题,积极回答全省干部群众关注的热点难点问题,更好地解疑释惑、凝心聚力;弘扬马克思主义科学精神,传播哲学社会科学优秀成果,普及哲学社会科学基础知识,促进江苏哲学社会科学繁荣发展,满足人民群众日益增长的精神文化需求特别是理论需求。

三、进一步加强理论宣传阵地建设

理论宣传阵地是加强理论宣传工作的客观基础和基本载体。各级各类媒体要根据各自特点,随着事业的发展,在增加版面、频率、频道等的同时,不断巩固发展现有理论宣传阵地,积极开拓理论宣传新的领域。

党报党刊是理论宣传的主阵地、主渠道，要及时准确宣传党的理论，积极反映群众的心声，唱响理论宣传的主旋律。省、市两级党报党刊要设有专门负责理论宣传的部门，开设专门的理论版和理论栏目。其中，省级党报每周开设1个专版，市级党报平均每月不少于2个专版。省市两级党刊(含党校理论刊物)，要长年开设理论武装类专栏，并保持一定的出刊频度。要根据中央和省委重大决策部署，精心策划选题，及时有力地组织社论、评论和理论文章。

广播电视要充分发挥自身优势，切实做好理论宣传工作。省级广播电视的主频率、主频道，应设有专门的理论节目，电台理论节目的月累计播出时间不少于3小时，电视不少于2小时。市级广播电台主频率应设有固定的理论节目，每周至少播出一期，每期平均不少于20分钟。有条件的市级电视台主频道，应设置固定的理论节目。

省直社科理论期刊和高校文科学报，是展示哲学社会科学研究成果的学术园地，也是重要的马克思主义理论宣传阵地。国家级核心期刊、省级优秀期刊、省直重点期刊，要努力巩固和加强已有的马克思主义理论研究和宣传专栏，加大组织重点文章的力度；其他各类期刊要结合自身实际，积极开辟相关专栏，组织重点文章。各类社科期刊尤其要着力加强对马克思主义基本理论的研究和宣传，加强对马克思主义中国化三大理论成果特别是邓小平理论和"三个代表"重要思想的研究和宣传，加强对江苏贯彻落实科学发展观、构建社会主义和谐社会的研究和宣传，回答好重大的理论和实际问题。

各种都市生活类报刊和网站，要结合自身特点，积极探索新形势下开展理论宣传的途径和方法。

各级各类舆论媒体的新闻类、谈话类、生活类栏(节)目和文章，要积极贯穿理论宣传的内容和要求，利用具体生动的事实宣传阐释科学理论和先进文化，切实避免低级庸俗，坚决反对传播各种错误言论。

四、努力建设一支高素质的理论宣传队伍

理论宣传采编队伍是党的宣传队伍的重要力量，是加强理论宣传工作的生力军。各级党委宣传部门和媒体要高度重视理论宣传采编人员的选拔培养和使用。

要选调政治坚定、作风过硬、理论和业务水平较高的同志到理论宣传岗位工作，并切实加大理论宣传后备人才的选拔培养。

要根据理论宣传工作发展的需要，不断提高理论宣传专业队伍的思想政治素养和业务能力。党委宣传部门要定期组织学习培训，促进全省理论宣传工作者打牢马克思主义基本理论功底，熟悉党的理论、路线、方针和政策，了解改革开放和现代化建设的最新实践进展，不断开阔眼界、开阔思路、开阔胸襟，努力成为理论宣传的行家和专才。

要采取切实措施，充分调动理论宣传采编人员的积极性。党委宣传部门和媒体领导班子，要经常关心理论宣传采编人员的思想、学习、工作和生活，听取他们的工作意见和建议。对在理论宣传工作中做出突出贡献、获得市级以上业务工作奖励的同志，要给予较高的物质和精神奖励，并在晋升职称时予以优先考虑。

要重点培养一支理论宣传作者队伍。从2005年开始，省委宣传部每年在省直系统和高等院校滚动选拔20名理论宣传骨干，组成一支精干的理论宣传重点文章写作队伍，定期为省级主要媒体撰稿。省委宣传部定期发布重点选题，负责推荐理论文章，并对部分重点文章的写作进行后期资助。省级主要媒体对省委宣传部推荐的重点文章要择优刊发。同时，对于最终发表在《人民日报》、《求是》杂志和《光明日报》等中央级主要媒体的重头文章,给予其作者以较大力度的奖励。各市也要建立理论宣传重点文章写作队伍。

五、积极推动理论宣传工作的创新

要坚持解放思想、实事求是、与时俱进、求真务实,科学地认识和把握新形势下理论宣传工作的特点和规律,不断开辟理论宣传的新载体、新途径,切实把理论宣传贯穿到媒体宣传的各个方面,不断扩展理论宣传工作的影响面。

要坚持贴近实际、贴近生活、贴近群众,以增强针对性、实效性为重点,把理论宣传工作做实、做深、做活,努力提高理论宣传工作的实际成效。

要积极改进宣传方式,创新工作思路,打造新栏(节)目,探索新形式。特别要针对重大内容,善于组织多学科的专家、各领域的人士和广大受众参与理论宣传,善于组织各类媒体间的互动和省市媒体的上下联动,以放大理论宣传效应,增强理论宣传实效。

六、切实加强对理论宣传工作的组织领导

各级党委宣传部门要把加强新形势下的理论宣传工作,作为提高党在意识形态领域执政能力的重要方面,切实抓紧抓好。要把握理论宣传的方针原则,研究理论宣传的工作部署,了解理论宣传的工作动态,培养理论宣传的业务骨干,指导督促理论宣传工作的开展。要及时根据中央和省委重大部署精神,明确理论宣传的重点,发布理论宣传的选题,并与主要媒体特别是党报党刊等共同策划重大理论宣传活动。

各类媒体的领导班子,要切实把理论宣传工作作为整个舆论宣传的重点。要加强政治领导,牢固坚持正确的政治立场和理论方向,严把政治关和导向关,严肃政治纪律和宣传纪律,不给任何错误思潮或言论提供传播途径。要加强思想领导,及时研究和解决理论宣传工作中的新情况、新问题,指导策划重大理论宣传活动。要加强组织领导,健全领导体制和工作机制,配齐配优配强理论宣传采编队伍。

省委宣传部继续实行省直重点社科理论期刊年度评审与资助制度,进一步改善资助管理办法,努力建设几个在全国有较大影响的名期刊、名栏目。

省委宣传部继续会同省新闻工作者协会、省出版工作者协会组织开展两年一度的全省理论宣传优秀栏(节)目和优秀作品评奖活动,并将获奖情况作为考核理论宣传工作成绩的重要依据。各市也要根据实际情况,积极开展相应的评优活动。

中共江苏省委宣传部
2005年4月
苏宣发[2005]7号

关于对省内媒体使用外国新闻信息产品加强管理的意见

各市委宣传部,省各新闻单位:

近年来,随着新闻事业的发展和国际交流的扩大,外国媒体和信息机构的文字、图片、音频、视频等新闻信息产品大量进入我国,增加了省内媒体国际新闻报道的新闻来源,但也出现了一些值得高度关注的问题。一些境外媒体特别是有些西方新闻机构擅自在我境内发展直接新闻信息用户;个别省内媒体违反有关规定,擅自使用外国新闻信息产品,且把关不严,时常造成导向错误;一些单位和个人擅自成立机构或擅自扩大业务范围,非法代销外国新闻信息产品。这严重扰乱了新闻信息管理秩序，干扰了舆论引导工作。为进一步加强对我省媒体使用外国新闻信息产品的管理，现根据中央有关部门要求，提出如下意见：

一、高度重视省内媒体使用外国新闻信息产品的管理工作，切实维护国家安全和利益

1. 增强政治安全意识。加强对省内媒体使用外国新闻信息产品的管理，事关政治安全和信息安全，事关新闻媒体的正确导向，事关我国对外宣传战略。各级党委宣传部门和各类新闻媒体要进一步增强政治安全意识和政治责任意识，增强政治敏锐性和政治鉴别力，从维护国家安全、维护社会稳定，防止国外敌对势力对我进行意识形态渗透的高度，充分认识加强对省内媒体使用外国新闻信息产品管理的极端重要性，坚决杜绝无序引进外国新闻信息产品的现象。

2. 严把国际新闻报道导向。加强对省内媒体使用外国新闻信息产品的管理，对于省内媒体进一步做好国际新闻报道、正确引导社会舆论具有十分重要的意义。各新闻媒体在使用外国新闻信息产品时，必须始终坚持以我为主、于我有利，正确把握政治导向。要防止西方媒体观点的干扰和影响，牢牢掌握国际新闻报道的主动权。

3. 坚决维护国家利益。加强对省内媒体使用外国新闻信息产品的管理，既涉及经济利益，更涉及政治安全，特别是涉及意识形态领域渗透与反渗透的斗争。各级新闻宣传管理部门和新闻媒体必须处理好国家、集体和个人利益的关系，服从大局，坚决维护国家根本和长远利益。

二、进一步明确职责，对媒体使用外国新闻信息产品实行统一归口管理

4. 党中央和国务院有关部门制订了一系列文件规定，对归口管理媒体使用外国新闻信息产品提出明确要求。1992 年，中央宣传部和中央对外宣传小组联合印发了《关于加强对使用外国通讯社电讯管理的通知》；1996 年，国务院办公厅印发了《关于授权新华社对外国通讯社及其所属信息机构在中国境内发布经济信息实行归口管理的通知》；2004 年，国务院 412 号令授权新华社对外国通讯社在中国境内发布新闻信息业务进行审批。上述文件和规定精神，各新闻单位要遵照执行。

5. 由新华社归口管理外国通讯社（含通讯社性质的外国新闻信息机构，下同）向中国境内提供新闻信息产品事宜，并制订有关管理办法。外国通讯社向中国境内提供新闻信息产品由新华社负责审批和监管，并由新华社指定机构代理。未经批准，外国通讯社不得在中国境内直接发展新闻信息产品用户。

省内各级各类新闻媒体订用外国通讯社新闻信息产品须经新华社批准，并与新华社指定的代理机构签订协议，遵守相应的管理规定。未经新华社批准，任何机构、个人不得擅自经营、代理外国通讯社的新闻信息产品。

6. 由国家广播电影电视总局归口管理国内广播电视类媒体使用外国广播电视新闻机构新闻信息产品事宜，并制订有关管理办法。外国广播电视新闻机构向中国境内提供音频、视频类新闻信息产品，由国家广播电影电视总局负责审批和监管。

省内移动电视、手机电视、网络电视等各类信息网络视听节目开办机构，楼宇电视等公共场所广播电视播放装置开办机构等，应遵守国家广播电影电视总局相关管理规定，不得擅自购买、接受、播出外国广播电视新闻机构提供的各类音频、视频新闻信息产品。

7. 由国家新闻出版总署归口管理国内报刊出版单位向外国报社、新闻性期刊社等新闻机构购买或接受新闻信息产品事宜，并制订审批和监管办法。经国家新闻出版总署批准，以版权合作等方式使用外国期刊图文资料的科技、生活服务等类期刊，不得超越办刊宗旨和专业范围使用外国媒体的新闻信息产品。

8. 经批准可使用外国通讯社新闻信息产品的新闻媒体，继续按照有关规定直接选择、使用外国新闻信息，但要按规定办理相关手续，并遵守有关管理规定。

三、进一步严肃纪律，规范省内媒体使用外国新闻信息产品的行为

9. 各级各类报刊出版单位、广播电视类媒体和互联网站等媒体，未经批准不得成为外国新闻机构的直接新闻信息用户，不得与外国新闻机构开展获取新闻信息方面的合作业务，不得直接向外国新闻机构购买或接受其免费赠送的新闻信息产品，不得在报道中直接使用或通过社会中介代理机构使用外国新闻信息产品。

10. 各级各类新闻媒体在使用外国新闻信息产品时，要增强政治意识和责任意识，按照我国外交政策和相关要求严格把关，严格筛选，妥善处理国际新闻报道，把握好舆论导向。

四、认真落实加强外国新闻信息产品管理的各项措施

11. 各市委宣传部和外宣部门、省各新闻单位，要根据本意见精神，认真贯彻执行关于对使用外国新闻信息产品加强管理的各项规定，对本地区、本部门、本单位媒体使用外国新闻信息产品情况进行清理，坚决制止不按上述规定获取和使用外国新闻信息产品的行为。各级广电部门、新闻出版部门也要加强监管工作，发现问题及时上报。

12. 对省内新闻媒体以外的其他部门、单位和个人使用外国媒体的新闻信息产品，各相关管理部门要依照国务院的有关规定，制订相应的管理规定和实施细则，规范有效地进行管理。

13. 省内媒体及互联网站使用香港特别行政区、澳门特别行政区和台湾地区媒体的新闻信息产品时，参照本意见执行。

中共江苏省委宣传部

2005 年 4 月 14 日

苏宣发[2005]8 号

抄送：省委办公厅、省政府办公厅，省广播电视局、省新闻出版局

关于中国人民抗日战争暨世界反法西斯战争胜利60 周年纪念活动的宣传报道意见

各市委宣传部，省各主要新闻单位：

今年是中国人民抗日战争胜利 60 周年和世界反法西斯战争胜利 60 周年。其中，5 月 9 日是欧洲反法西斯战争胜利日，9 月 3 日是中国人民抗日战争胜利日，也是世界反法西斯战争胜利日，中央、省和有关方面将隆重举行纪念活动。根据中宣部有关文件精神和《中共江苏省委转发〈省委宣传部关于中国人民抗日战争暨世界反法西斯战争胜利 60 周年纪念活动的请示〉的通知》（苏发[2005]9 号）精神，现对有关宣传报道工作提出以下意见。

一、指导思想

以马克思列宁主义、毛泽东思想、邓小平理论和“三个代表”重要思想为指导，全面贯彻党的十六大和十六届三中、四中全会精神，认真总结历史经验，大力弘扬以爱国主义为核心的民族精神和以改革创新为核心的时代精神，着力宣传中国人民抗日战争胜利的伟大历史意义，着力宣传抗日战争在

世界反法西斯战争中的重要地位，着力宣传在中国共产党主张建立的抗日民族统一战线旗帜下全民族打败日本帝国主义侵略的历史功绩，着力宣传中国共产党在全民族团结抗战中的中流砥柱作用，通过对一系列体现江苏特色的纪念活动的报道，激励和动员全省人民把爱国热情转化为弘扬“三创”精神、推进“两个率先”、构建和谐社会的实际行动，为建设以人为本、全面协调可持续发展的新江苏，为实现中华民族的伟大复兴、促进世界和平与发展而努力奋斗。

二、宣传重点

1. 广泛宣传近现代中国人民反抗日本帝国主义侵略的斗争史。运用真实、丰富的历史史料，深刻揭露日本帝国主义侵略战争的滔天罪行和给中国人民及亚洲人民带来的深重苦难，歌颂中国人民包括台湾、香港、澳门同胞在日本侵略者的铁蹄下，前仆后继、不屈不挠进行反侵略斗争的英雄事迹，弘扬抗日战争中孕育出的伟大民族精神，进一步凝聚民族力量，增强民族自尊心、自信心和自豪感。

2. 广泛宣传抗日战争胜利的历史经验。宣传中国人民抗日战争是在中国共产党主张建立的抗日民族统一战线旗帜下，全国各族人民、各民主党派、抗日团体、社会各阶层爱国人士和港澳台同胞、海外侨胞广泛参加的一次全民抗战，中国共产党是全民族团结抗战的中流砥柱。用中国共产党领导抗战走向胜利的历史事实说明，中国共产党是中国工人阶级的先锋队，同时是中国人民和中华民族的先锋队；中国共产党的领导是历史的选择、人民的选择，只有中国共产党才能领导中国人民取得民族独立、人民解放和社会主义的胜利，才能开创中国特色社会主义道路，团结带领全国各族人民，实现民族振兴、国家富强和人民幸福。

3. 广泛宣传中国人民抗日战争胜利和世界反法西斯战争胜利的伟大历史意义。宣传介绍欧洲反法西斯战争和亚洲各国人民反抗侵略的情况，宣传中国人民抗日战争是世界反法西斯战争的重要组成部分，中国人民为世界反法西斯胜利作出了巨大的民族牺牲和重要的历史贡献。抗日战争的胜利，为中国共产党团结带领全国各族人民实现民族独立和人民解放、建立新中国奠定了重要基础，也对世界各国人民取得反法西斯战争的胜利、争取民族独立和解放、维护世界和平的伟大事业产生了巨大影响。要大力宣传我国一贯高举和平、发展、合作的旗帜，奉行坚持维护世界和平、促进共同发展的独立自主的和平外交政策。

三、报道安排

整个宣传报道工作大致分为三个阶段：5月初启动，5月上旬为第一阶段；5月中旬至8月中旬为第二阶段；8月下旬至9月4日为第三阶段，9月3日前后形成宣传高潮。

第一阶段(5月初至5月10日)：5月9日是欧洲反法西斯战争胜利纪念日，各国将举行纪念活动，我国领导人将到莫斯科参加俄罗斯纪念卫国战争胜利60周年庆典。这一阶段的新闻报道，主要是宣传反法西斯战争胜利的重大意义，宣传中国人民抗日战争是世界反法西斯战争的重要组成部分和为世界反法西斯战争作出的重大牺牲与贡献，在5月9日前后形成声势。

1. 5月9日前，配合欧洲反法西斯战争胜利日，宣传欧洲反法西斯战争胜利的重大意义，介绍欧洲反法西斯战争的重要史料，播出反映欧洲反法西斯战争全过程的纪录片，宣传中国人民抗日战争对世界各国人民取得反法西斯战争胜利、争取世界和平的伟大事业作出的贡献和产生的巨大影响。

2. 5月9日，新华日报转发人民日报社论，纪念欧洲反法西斯战争胜利60周年。

3. 报道我国领导人参加世界反法西斯战争胜利纪念活动的情况，报道世界各国纪念欧洲反法西斯战争胜利60周年的情况。

4. 5月初开始，省委宣传部、省委党史工办、新华日报、省广电总台联合举办纪念中国人民抗日战争胜利60周年知识竞赛，各媒体要给予关注和反映。

第二阶段(5月中旬至8月中旬)：大型主题展览等纪念活动将在此期间展开，各地也将组织一些纪念活动。这一阶段的新闻报道，主要是深刻揭露日本帝国主义的侵略罪行给中国和亚洲人民带来的深重苦难，宣传中国人民抗日战争的伟大历程、英雄壮举和历史经验，反映亚洲各国人民英勇反抗侵略的历史史实，宣传广大干部群众对抗日战争的深刻认识和对抗日英烈的深切缅怀。

5. 5月9日至10日，省委宣传部和南京市委宣传部将组织大型民族音乐晚会《和平颂》进京演出，省各新闻单位刊播报道。

6. 5月中旬至8月中旬，省各新闻单位有计划地进行中国人民抗日战争暨世界反法西斯战争胜利60周年的宣传，陆续发表纪念文章、评论、抗日英雄报道，刊登相关图片、资料，省广电总台播放有关电视专题片。

7. 5月中旬起，各地可根据本地实际情况开展群众性纪念活动，抗日战争时期发生重大历史事件的地区在历史事件发生纪念日前后可组织适当规模的纪念活动。新闻单位对此进行适度报道。

8. 报道参加抗日战争的老战士和英雄模范人物事迹，宣传中国人民在抗日战争的一系列重要事件和重大战役中的英雄事迹。

9. 报道有关方面纪念“8·15”侵华日军投降的有关活动。

10. 7月7日或8月15日起，中央组织部、中央宣传部、中央统战部、中央文献研究室、中央党史研究室、文化部、解放军总政治部和北京市委联合举办纪念中国人民抗日战争暨世界反法西斯战争胜利60周年大型主题展览。省主要新闻单位对展览要重点报道。

11. 7月下旬，省委宣传部、南京市委宣传部在北京联合举办《侵华日军南京大屠杀暴行史实展》。期间，展示宣传江苏人民出版社出版的28册《侵华日军南京大屠杀史料集》丛书并组织赠书活动。省各媒体刊播报道。

12. 8月中旬，省委宣传部、省文化厅和南京市委宣传部在南京联合举办《人民的胜利——纪念中国人民抗日战争胜利60周年大型主题展览》。省各媒体刊播报道。

13. 8月15日，省委宣传部、南京市委宣传部联合举行侵华日军南京大屠杀遇难同胞纪念馆悼念广场落成仪式。省各媒体刊播报道。

第三阶段(8月中旬至9月4日)：中央、省委举办的纪念会议和有关部门举办的文艺晚会、研讨会等重要活动，将在此期间进行。这一阶段的新闻报道，主要是宣传中央和我省组织的各项重要纪念活动，特别是要宣传好党和国家领导人在纪念大会上的重要讲话精神，宣传中国人民抗日战争和世界反法西斯战争史料发掘、学术研究的最新成果，宣传全国各族人民和全体中华儿女以史为鉴、面向未来，为实现中华民族伟大复兴、促进世界和平发展而努力奋斗的崭新风貌，形成宣传高潮。

14. 9月2日，中央宣传部、文化部、广电总局、解放军总政治部和北京市联合举办纪念中国人民抗日战争暨世界反法西斯战争胜利60周年文艺晚会。各媒体转发新华社通稿。同日，省委宣传部、省委党史工办、省军区政治部联合举办纪念座谈会，省委主要领导发表讲话。各媒体作重点报道。

15. 9月3日，新华日报转发人民日报社论，纪念抗日战争胜利60周年。

16. 9月3日，中共中央、全国人大常委会、国务院、全国政协、中央军委将在人民大会堂举行纪念中国人民抗日战争暨世界反法西斯战争胜利60周年大会。中央领导同志将发表重要讲话。会前，中央领导同志、党政军各部门负责同志、抗战老战士及各界代表将向人民英雄纪念碑敬献花篮。省各媒体在重要版面、重要时段刊发新华社通稿。省各界代表届时将收看北京的纪念大会实况，省各媒体做好相应报道。

17. 9月3日，省有关部门在南京抗日航空烈士纪念碑广场举行纪念活动。当晚，省委宣传部、南京市委宣传部在南京联合举办大型民族音乐晚会《和平颂》。省各新闻媒体刊播消息。

18. 9月2日至4日，中央宣传部、中央党校、中央文献研究室、中央党史研究室、教育部、中国社会科学院、解放军总政治部联合举办纪念中国人民抗日战争胜利60周年学术研讨会。新华社播发通稿，新华日报等省主要媒体次日刊登。

19. 9月初，中央统战部邀请部分海内外爱国人士、抗日将领或其遗属等参加纪念中国人民抗日战争胜利60周年座谈会和有关纪念活动。外交部、中国对外友协协调有关部门邀请曾为抗日战争胜利作出贡献的国际友人或其遗属来我国参加有关纪念活动。省主要新闻单位转发中央主要媒体的重要报道。9月初，省委宣传部、省委统战部举办与纪念活动有关的统一战线成员座谈会，省主要媒体刊播消息。

20. 纪念活动期间，民政部、财政部、卫生部、解放军总政治部共同安排，组织对国内健在的曾参加过抗日战争的老战士和爱国将领的慰问活动，解决回乡务农的抗战老战士的生活困难。省有关部门也将组织相关活动。省主要新闻单位对慰问活动和有关工作进行报道。

21. 纪念活动期间，由文化部、广电总局、新闻出版总署等单位组织创作并展映、展播一批纪念中国人民抗日战争暨世界反法西斯战争胜利60周年，有较高思想和艺术水平的影视文艺作品和出版物。由中央党史研究室会同中央电视台制作播出大型电影纪录片《为了胜利》(暂用名)；由八一电影制片厂摄制故事片《太行山上》；由八一电影制片厂、中央电视台、山西省委宣传部联合摄制大型电视连续剧《八路军》。中央电视台、各大影院回放抗日战争题材的优秀影视节目。中央宣传部组织有关方面向基层单位赠送爱国主义教育百部影片、百首歌曲、百种图书，在中央电视台安排播出电视系列专题片《爱我中华——全国爱国主义教育示范基地巡礼》。我省也组织创作和展映、展播一批影视文艺作品，如电影《栖霞寺1937》和20集电视连续剧《浦口1945》等。省广电总台制作《抗战老英雄》系列节目、抗战胜利60周年电视论坛和有关专题片。各有关方面编辑出版了一批出版物，如图书《不忘历史——纪念中国人民抗日战争胜利60周年》、《民族的胜利》等。省各新闻单位要对有关影视文艺作品和出版物进行介绍和报道。

22. 国家邮政局发行中国人民抗日战争暨世界反法西斯战争胜利60周年纪念邮票，中国人民银行发行中国人民抗日战争暨世界反法西斯战争胜利60周年纪念币。新闻单位对纪念邮票、纪念币发行进行报道。

23. 做好解放军总政治部统一安排的军队系统纪念活动的宣传报道。

24. 做好我省举办的南京大屠杀遇难同胞纪念展、山西举办的八路军抗战史展等重要展览的宣传报道。

25. 报道世界各国对我组织抗日战争胜利60周年纪念活动的反映。

26. 我省各地将根据实际，组织开展主

题鲜明、内涵丰富、形式多样的群众性纪念活动。如组织干部群众特别是青少年开展红色旅游、瞻仰抗日战争历史遗址、参观反映抗日战争历史的展览;组织推荐爱国主义教育百部影片、百首歌曲、百种图书;围绕弘扬民族精神,开展读书、征文、歌咏等活动,激发人们的爱国热情和报国之志;邀请老干部、老战士、老专家、老教师、老模范出席报告会、参加纪念宣讲和爱国主义歌曲演唱等活动。省各新闻单位要开展形式多样的宣传报道。

四、工作要求

1. 高度重视,精心组织。中国人民抗日战争暨世界反法西斯战争胜利60周年纪念活动是今年党和国家政治生活中的一件大事,政治性、政策性很强,全国关注,各国瞩目。各级党委宣传部门和新闻单位一定要增强政治意识、大局意识、责任意识,增强政治敏锐性和政治鉴别力,始终保持清醒头脑,高度重视,加强领导,精心组织,狠抓落实。早准备、早动手,制订工作方案,抓紧时间汇集历史资料和学术研究的新成果,加强督促检查,争取圆满完成各项宣传报道任务。

2. 发挥特色,形成合力。宣传报道要注意联系当前干部群众的思想实际,拉近历史与现实的距离,用事实、史实说话,让当事人回忆,广泛运用历史档案资料、图片,增强宣传报道的吸引力、感染力。要充分发挥报刊、广播、电视和互联网站等各种媒体的优势,创新宣传报道的内容、形式、手段和机制,形成各种媒体的鲜明特色和独特风格,形成整体舆论宣传的合力,做到既有声势,又生动活泼、入脑入心。

3. 把握政策,正面引导。要全面反映中国人民抗日战争的整个历史过程,既要充分宣传1937年“七·七”事变以后在中国共产党主张建立的抗日民族统一战线领导下进行的全民抗战,又要充分宣传1931年“九·一八”事变以后中国共产党独立领导的抗日斗争、特别是东北抗日联军的英勇斗争。要把握好在中国共产党主张建立的抗日民族统一战线旗帜下进行的全民抗战与国民党当局正面战场的关系,着力报道中国共产党及其领导的人民武装英勇抗战的英雄业绩。要处理好中国人民抗日战争胜利和世界反法西斯战争胜利的关系,着重反映中国人民为抗战胜利付出的艰苦努力和巨大牺牲。要正确区分爱国主义和民族主义的界限,大力弘扬以爱国主义为核心的伟大民族精神,防止助长狭隘的民族主义。要把少数日本军国主义战争罪犯和广大日本人民区别开来,把顽固坚持军国主义立场的人和已经悔改并用现身说法控诉日本军国主义的参与者区别开来,既充分揭露日本军国主义的滔天罪行,又充分体现我以史为鉴、面向未来的对日关系指导原则和与邻为善、以邻为伴,坚持睦邻、安邻、富邻的友好外交政策。要妥善处理对日民间索赔、民间“保钓”等敏感问题,正确引导社会舆论,防止干扰整个纪念活动。

4. 联系实际,推动发展。要以纪念活动为契机,用抗日战争的生动历史推进爱国主义教育,弘扬伟大民族精神,凝聚民族力量,增强民族自尊心、自信心和自豪感,进一步唱响共产党好、社会主义好、改革开放好的主旋律。把纪念活动与正在全党开展的保持共产党员先进性教育活动结合起来,与我省“弘扬‘三创’精神,推进‘两个率先’,构建和谐社会”主题宣传教育活动结合起来,与加强未成年人思想道德建设和大学生思想政治教育结合起来,力求取得实实在在的宣传效果。

5. 严格把关,加强管理。要加强舆情信息工作,密切关注并及时反映有关纪念抗日战争的社会动向,认真分析舆情,对人们关心的热点问题要积极引导。对涉及相关内容的出版物、影视剧等要注意审看,重要稿件要送审,拿不准的问题要请示,避免因差错而授人以柄。一些对历史问题有争议的观点、见解可以通过内参反映,公开报道要慎重。要防止有人借"客观评价历史"全盘否定过去的历史结论,防止有人借宣传抗日战争美化国民党、贬损共产党。要重点加强对小报小刊和互联网站的管理,正确引导网上舆论,加强对境外反动网站的封堵,发现有贬损我抗战历史的言论和文章立即删除。各类媒体不得以纪念抗日战争和世界反法西斯战争胜利的旗号拉赞助、搞有偿新闻。对违反规定的,要严肃处理。

中共江苏省委宣传部

2005年4月14日

苏宣发[2005]9号

抄送:省委办公厅、省政府办公厅,省广播电视局、省新闻出版局

2005年第二季度宣传报道意见

各市委宣传部、省各主要新闻单位:

现对2005年第二季度宣传报道工作提出如下意见,请贯彻执行。

一、指导思想

以邓小平理论和"三个代表"重要思想为指导,贯彻落实十六大和十六届三中、四中全会精神,贯彻落实全国和全省"两会"精神,按照全国和全省宣传部长座谈会要求,围绕中心,服务大局,坚持团结稳定鼓劲、正面宣传为主,把握正确舆论导向,贴近实际、贴近生活、贴近群众,进一步转变作风,改进文风,切实提高舆论引导水平,为弘扬"三创"精神、推进"两个率先"伟大实践,加强党的执政能力建设,构建社会主义和谐社会提供精神动力和舆论支持。

二、宣传重点

1、深入宣传"三个代表"重要思想,推进保持共产党员先进性教育活动深入开展。紧密联系全面建设小康社会的实践,紧密联系加强党的执政能力建设的实践,宣传各级领导干部以"三个代表"重要思想统领各项工作,研究解决改革发展稳定中的重大问题,研究解决与群众切身利益相关的重点和难点问题。宣传中央和省委关于开展保持共产党员先进性教育活动的重要部署。报道各级党组织在善始善终抓好分析评议阶段和"回头看"工作的基础上,扎实做好整改提高阶段工作的做法和经验。集中报道基层党组织的先进事迹,推出一批优秀共产党员的模范典型,反映广大党员干部牢记党的宗旨,坚持"两个务必",立党为公、执政为民,始终保持党同人民群众血肉联系,自觉发挥先锋模范作用的精神风貌。宣传各地各部门认真学习贯彻《建立健全教育、制度、监督并重的惩治和预防腐败体系实施纲要》,加强党风廉政建设的措施和经验,引导党员干部进一步提高拒腐防变能力,努力形成清正廉洁的良好风气。宣传马克思主义理论研究和建设工程的进展及其取得的阶段性战果。

2. 宣传构建社会主义和谐社会的理论和实践,为全面建设小康社会营造良好舆论环境。深刻阐述构建社会主义和谐社会是党从全面建设小康社会、开创中国特色社会主义事业新局面的全局出发提出的一项重大任务,体现了广大人民群众的根本利益和共同愿望。宣传构建社会主义和谐社会的重大意义,宣传构建社会主义和谐社会的丰富内涵、指导原则和重点工作。宣传各地各部门在保持经济持续快速协调健康发展,发展社会主义民主,落实依法治国的基本方略,加强思想道德建设等方面的认识和实

践。宣传各地各部门在维护和实现社会公平和正义，增强全社会的创造活力，加强社会建设和管理，处理好新形势下的人民内部矛盾，保持社会稳定，加强生态建设和环境治理工作等方面的成效。构建社会主义和谐社会是一项艰巨复杂长期的系统工程，既要报道各地各部门在构建社会主义和谐社会中解决的问题、取得的效果，又要引导广大干部群众正视前进中的困难和问题，自觉承担起建设和谐社会的历史任务。做好我省开展的“弘扬‘三创’精神、推进‘两个率先’、构建和谐社会”主题教育活动的宣传报道工作。

宣传加大对社会事业的投入，发展科学技术，提高自主创新能力，加快普及农村九年制义务教育，教育部门改进高考招生工作的做法。做好5月份全国和我省科技活动周的宣传。报道各地建立和完善社会保障体系、城市最低生活保障制度，重视解决农村贫困人口生活困难问题，推进新型农村合作医疗改革、提高医疗服务质量的情况。报道税收制度改革、增加公共支出等情况。报道日本爱知县世界博览会中国馆参展情况和北京筹备2008年奥运会的情况。

3. 宣传树立和落实科学发展观，为促进经济社会全面协调可持续发展营造良好舆论环境。宣传科学发展观是我们党总结我国现代化建设的历史经验，从新世纪新阶段党和国家事业发展全局出发提出的重大战略思想和指导方针。充分展示各地各部门以科学发展观为指导，深化改革、加快发展的生动实践，多侧面、多角度反映落实科学发展观的新举措、新成效。积极配合中宣部组织的“东部跨越”报道。认真做好我省推出的“苏南新发展建全面小康，苏中新崛起争过江进位，苏北新跨越超全省增幅”大型采访报道活动。

宣传加强宏观调控，实行稳健的财政政策和货币政策。宣传加强和改善宏观调控的各项政策措施时，要区别对待、有保有压，更加注重发挥市场机制的作用，更加注重运用经济手段和法律手段，着力解决经济社会发展中的突出矛盾，着力解决关系人民群众切身利益的突出问题，推动经济社会全面协调可持续发展。

宣传基本国情和我省省情，引导干部群众充分认识我们面临的资源环境压力。宣传走新型工业化的道路，发展循环经济，建设资源节约型社会，提高干部群众的资源忧患意识，提高全社会节约资源的自觉性。对能源资源开发中违反国家法规滥采乱挖、严重浪费和污染环境的现象要公开批评曝光，做好5月全国城市节水周、6月全国节能宣传周、6月25日全国土地日的宣传报道。

4. 宣传改革开放和经济建设的形势和任务，为经济平稳较快发展提供有力的舆论支持。宣传今年全省经济工作的总体部署、工作思路、预期目标和主要任务。宣传经济体制改革的新进展，宣传加快金融体制改革，推进财税体制和投资体制改革，加强市场体系建设。

宣传深化国有资产管理体制和国有企业改革；加大对国产知名品牌企业的宣传力度，促进国内企业增强自主创新能力；宣传鼓励、支持和引导非公有制经济发展。宣传切实做好对外开放工作的积极举措和新进展。全方位报道润扬大桥通车典礼盛况，展示大桥雄姿，展现大桥建设者先进群体风采。

宣传实行工业反哺农业、城市支持农村的方针。报道稳定增加粮食播种面积，推进农业结构调整，加强农业科技服务，加强农田水利基础建设，搞好春耕生产的情况。宣传加大农业投入，提高农业竞争力。宣传我省推行的“一免三补”政策给农民带来的实惠，农民收入增加的情况。报道整顿农资市场和稳定农资价格采取的措施和取得的成效。报道强化农贸市场监管,公开批评坑农害农行为。宣传加快发展非农产业,继续推进劳务输出,不断拓宽农民增收渠道。宣传我省坚持不懈地推进农村"五件实事"。

5. 宣传人才强国战略,做好全国和我省劳动模范和先进工作者的报道。宣传树立科学人才观,树立人才资源是第一资源的观念。宣传我省一批高层次人才、高技能人才和农村实用人才的突出贡献,在全社会形成尊重劳动、尊重知识、尊重人才、尊重创造的良好风尚。围绕总结回顾"333 工程"和组织实施"555 企业家培养工程",大力宣传人才队伍建设取得的成就。围绕召开江苏人才国际化研讨会,大力宣传我省加快人才国际化进程的重大现实意义。继续做好人才典型的宣传。"五一"前后,做好全国和我省劳动模范和先进工作者表彰大会的宣传报道工作,进一步加大对工人、农民和科研一线的劳模代表和先进工作者的宣传力度,宣传全国和省政府表彰的"青年五四奖章"获得者,展示他们的先进事迹、创造活力和奉献精神,努力营造"学习劳模、尊重劳模、关爱劳模、崇尚劳模、争当劳模"的氛围。集中报道江苏省常州技术工人邓建军等一批优秀工人代表。宣传党和国家以及省委、省政府关于就业和再就业的政策,报道全省各地千方百计解决就业问题,帮助各类下岗失业人员实现再就业,报道自主创业、自谋职业的就业和再就业典型。宣传农民工在城市创业的典型,进一步维护农民工合法权益。围绕高校毕业生就业,宣传高校毕业生服务基层、服务苏北的先进典型,鼓励和引导高校毕业生面向基层、面向苏北就业。

6. 宣传形势和政策,反映思想道德建设和精神文明建设的新成效。加强形势政策宣传,展示我国和我省经济社会的发展形势和建设成就。结合纪念"五四"青年节、"六一"儿童节,宣传各地贯彻落实《关于进一步加强和改进未成年人思想道德建设的若干意见》和《关于进一步加强和改进大学生思想政治教育的意见》的新举措、新经验。宣传全省高校社科系统和社科研究系统的"三项学习教育活动"的开展情况。宣传高校加强和改进思想政治理论课教育教学,搞好学科建设和校园文化建设的情况,报道大学生社会实践活动的经验和成果。报道全省各地各部门改进和创新青少年思想道德建设,建立和完善长效工作机制,积极构建学校、家庭、社会三位一体教育网络的经验和成果。宣传各地各部门以提高公民思想道德素质为重点,把群众性精神文明创建活动引向深入,积极创造文明和谐的社会环境。做好创建文明城市、文明村镇、文明行业的宣传。宣传《2004 年一 2010 年全国红色旅游发展规划纲要》,推介全国 30 条红色旅游精品线和全国百个红色旅游经典景区,大力发展红色旅游。深入宣传文化体制改革取得的积极成效,推出一批文化事业和文化企业单位改革发展的典型,报道广播电视数字化工程取得的进展。报道各地加强文化市场和互联网管理的情况。做好"十运会"的前期宣传工作,要充分报道各承办城市坚持以人为本,突出重点项目建设,努力创造"城市特色鲜明、场馆设施一流、交通便捷通畅、环境优美舒适、服务优质周到"的形象;大力宣传我省将迎接"十运会"与建设社会主义精神文明结合起来,努力营造"人人都是东道主,我为十运作贡献"的浓厚氛围;集中报道我省开展的"创文明城市,迎十运盛会"活动,不断提升城市文明程度、市民文明素质和窗口行业文明水平,以实际行动迎接十运盛会的举行。报道有关方面严厉打击黄、赌、毒等专项行动的进展。

7. 宣传各级政府维护群众切身利益的情况,引导广大干部群众自觉维护社会稳定。宣传我省各地深化政府机构改革，进一步推进政企分开、政资分开、政事分开。报道我省各级政府转变职能、推进依法行政，贯彻落实行政许可法，努力建设服务型政府的做法和经验。全面准确地宣传新修订的《信访条例》，宣传我省各地各部门依法做好信访工作的成效。报道群众要依法信访、自觉维护信访工作秩序。报道各级党政部门和社会各方面关爱城乡特殊困难群众、切实帮助他们解决实际困难的情况。报道各地各部门强化安全生产监管、加强安全工作的做法和成效；对全国和我省治理车辆超限超载、加强煤矿安全生产等工作加大报道力度。做好有关部门打击各种犯罪等工作的报道，增强人民群众的安全感。对制售危害人民群众身体健康和生命安全的食品、药品，从事非法传销、商业欺诈活动等不法行为，公开曝光批评。

8. 宣传党和国家的重要活动，积极稳妥地做好涉外、涉港澳台工作的报道。宣传中国人民抗日战争暨世界反法西斯战争胜利的重大意义，宣传中国人民抗日战争是世界反法西斯战争的重要组成部分和为世界反法西斯战争胜利作出的重大牺牲与贡献；报道5月9日中外纪念欧洲反法西斯战争胜利的情况；报道我省举办的大型主题展览等纪念活动；报道我省大型民族音乐晚会“和平颂”进京演出的盛况；报道我省参加抗日战争的老战士和英雄模范人物事迹等。做好陈云同志诞辰100周年纪念活动的宣传报道。按照统一部署，做好涉及港澳台的宣传，宣传我促进两岸经贸、文化交流的重要举措。积极宣传我对外工作的原则立场，正确引导国内舆论，积极影响国际舆论。

三、工作要求

1. 高度重视，准确把握，切实做好各项新闻宣传工作。二季度各项宣传任务很重，各级宣传部门和新闻单位一定要高度重视，周密安排，精心组织，狠抓落实。对于重大宣传任务要统筹兼顾，突出重点。对涉及重大政策、重要问题的宣传报道，主要领导要亲自审稿把关，切实负起责任，确保各项宣传任务圆满完成。

2. 密切关注社会舆情，积极主动引导，维护社会稳定。二季度敏感问题较多，各级宣传部门和新闻单位一定要关注社会心理动向，把握倾向性、苗头性问题，主动做好解疑释惑、理顺情绪、化解矛盾、稳定人心的工作。涉港澳台的宣传政治性、法律性、政策性很强，要谨慎把握。涉外报道比较敏感，要把握适度，服从服务于我工作大局和外交总体工作，对灾难事故、腐败案件和刑事案件的报道要适当控制数量和规模。不能为追求卖点渲染炒作突发事件。

3. 切实转变作风，改进文风，进一步增强新闻宣传效果。新闻采编人员要切实转变作风，深入实际、深入群众、深入基层生产生活第一线，多从群众可以感触的事情入手，多用生动的事实和客观具体的事例，多用群众语言，反映基层群众的心声。尊重新闻规律，讲究宣传艺术，倡导生动、鲜明、简短、清新的文风，增强新闻报道的准确性、生动性，增强说服力、感染力。

4. 严守纪律，把好关、把好度。进一步增强政治意识、大局意识、责任意识。拿不准的问题要及时请示，涉及重要敏感问题的稿件要送审。加强对小报小刊和互联网站的管理，加强对手机短信的管理，决不给有害信息提供传播渠道。要狠刹低俗之风，制止虚假报道，治理不良广告，反对有偿新闻，对不守纪律、自行其是造成严重后果的，要严肃处理。

中共江苏省委宣传部
2005年4月30日
苏宣发[2005]10号

关于构建社会主义和谐社会的宣传报道意见

各市委宣传部,省各新闻单位:

构建社会主义和谐社会,是党从全面建设小康社会、开创中国特色社会主义事业新局面的全局出发提出的一项重大任务,适应了我国改革发展进入关键时期的客观要求,体现了广大人民群众的根本利益和共同愿望。胡锦涛总书记在省部级主要领导干部提高构建社会主义和谐社会能力专题研讨班上和中央政治局第20次集体学习时发表重要讲话,深刻阐明了构建社会主义和谐社会的重大意义、科学内涵、基本特征、重要原则和主要任务。各级党委宣传部门和新闻单位要认真学习领会中央精神,把构建社会主义和谐社会的宣传报道工作作为今年的一项重要任务,切实抓紧抓好。

一、指导思想

以邓小平理论和"三个代表"重要思想为指导,全面贯彻党的十六大和十六届三中、四中全会精神,坚持团结稳定鼓劲、正面宣传为主的方针,牢牢把握正确舆论导向,大力宣传胡锦涛总书记在省部级主要领导干部提高构建社会主义和谐社会能力专题研讨班和中央政治局第20次集体学习时的重要讲话精神,大力宣传中央提出的构建社会主义和谐社会的重大意义、科学内涵、基本特征、重要原则和主要任务,唱响主旋律,打好主动仗,掌握主动权,把广大党员干部的思想统一到中央和省委的部署和要求上来,为加强党的执政能力建设,树立和落实科学发展观,全面推进改革开放和现代化建设,构建社会主义和谐社会,提供强大的精神动力,营造积极健康向上的舆论氛围。

二、宣传重点

1. 大力宣传构建社会主义和谐社会的重大意义。宣传构建社会主义和谐社会,是抓住和用好战略机遇期,实现全面建设小康社会宏伟目标的必然要求,是把握复杂多变的国际形势、有力应对来自国际环境的各种挑战和风险的必然要求,是巩固党执政的社会基础、实现党执政的历史任务的必然要求。深入阐述党明确提出构建社会主义和谐社会,表明党清醒地把握住了我国社会所处的历史方位,清醒地把握住了人民群众的根本利益和共同愿望,反映了党对中国特色社会主义事业发展规律的新认识,也反映了党对执政规律、执政能力、执政方略、执政方式的新认识。宣传构建社会主义和谐社会关系到最广大人民的根本利益,关系到巩固党执政的社会基础、实现党执政的历史任务,关系到全面建设小康社会全局,关系到党的事业兴旺发达和国家的长治久安。引导广大党员干部从战略高度充分认识构建社会主义和谐社会重大意义,自觉承担起和谐社会建设的历史任务。

2. 深入阐述构建社会主义和谐社会的科学内涵。宣传实现和谐社会,是人类孜孜以求的一个社会理想,是包括中国共产党在内的马克思主义政党不懈追求的一个社会理想。宣传中央提出构建社会主义和谐社会,既是对中国特色社会主义理论的丰富和发展,也是对马克思主义关于社会主义社会建设理论的继承和创新。宣传我们所要建设的社会主义和谐社会,是民主法治、公平正义、诚信友爱、充满活力、安定有序、人与自然和谐相处的社会。引导广大党员干部科学认识和全面把握社会主义和谐社会的基本特征,深刻认识新形势下和谐社会建设的特点和规律,进一步加强社会主义物质文明、政治文明和精神文明建设,切实做好构建社会主义和谐社会的各项工作。

3. 充分宣传构建社会主义和谐社会的

重要原则。宣传构建社会主义和谐社会要始终遵循的六条重要原则,即必须坚持以邓小平理论和“三个代表”重要思想为指导,坚持社会主义的基本制度,坚持走中国特色社会主义道路;必须树立和落实科学发展观,坚持以经济建设为中心,坚持“五个统筹”,促进社会主义物质文明、政治文明、精神文明建设与和谐社会建设全面发展;必须坚持以人为本,始终把最广大人民的根本利益作为党和国家工作的根本出发点和落脚点,在经济发展的基础上不断满足人民群众日益增长的物质文化需要,促进人的全面发展;必须尊重人民群众的创造精神,激发全社会的创造活力;必须注重社会公平,正确反映和兼顾不同方面群众的利益,正确处理人民内部矛盾和其他社会矛盾,妥善协调各方面的利益关系;必须正确处理改革发展稳定的关系,坚持把改革的力度、发展的速度和社会可以承受的程度统一起来,使改革发展稳定相互协调、相互促进,确保人民群众安居乐业,确保社会政治稳定和国家长治久安。宣传这六条重要原则既高屋建瓴,又求真务实,明确提出了构建社会主义和谐社会的指导思想,回答了为谁建、靠谁建、怎样建的问题。引导广大党员干部充分认识在构建社会主义和谐社会进程中认真把握各项原则的重要性,在全面建设小康社会进程中,自觉贯彻和体现这些重要原则,不断丰富和发展中国特色社会主义理论和实践。

4. 广泛宣传构建社会主义和谐社会的主要任务。宣传构建社会主义和谐社会要抓好的十项主要任务:一是切实保持经济持续快速协调健康发展;二是切实发展社会主义民主;三是切实落实依法治国基本方略;四是切实加强思想道德建设;五是切实维护和实现社会公平和正义;六是切实增强全社会的创造活力;七是切实加强社会建设和管理;八是切实处理好新形势下的人民内部矛盾;九是切实加强生态环境建设和治理工作;十是切实做好保持社会稳定的工作。宣传这十项主要任务,内容全面,要求具体,涵盖了社会主义和谐社会建设的方方面面,同党和国家方方面面的工作都有着紧密的内在联系,各级党委和政府一定要按照中央部署,结合各自实际情况,把建设社会主义和谐社会的各项任务完成好。

5. 大力宣传加强和改善党对构建社会主义和谐社会的领导。宣传构建社会主义和谐社会是一项艰巨复杂的系统工程,各级党委、政府要增强使命感和责任感,把构建社会主义和谐社会摆到全局工作的重要位置上来,切实加强和改善对构建社会主义和谐社会各项工作的领导。宣传各级党委、政府和领导干部要不断提高激发社会创造活力的本领、管理社会事务的本领、协调利益关系的本领、处理人民内部矛盾的本领、开展群众工作的本领、维护社会稳定的本领。宣传各级党委加强和改善对构建社会主义和谐社会各项工作的领导,必须着力抓好“七个结合”:一是要把贯彻中央精神同加强调查研究结合起来;二是要把谋划长远同突出抓好当前重点工作结合起来;三是要把抓布局、抓规划同抓基层、打基础结合起来;四是要把构建社会主义和谐社会同做好社会稳定工作结合起来;五是要把解决具体问题同体制机制建设结合起来;六是要把实践探索同理论研究结合起来;七是要把切实加强对构建社会主义和谐社会各项工作的领导同党的自身建设结合起来。要引导党员干部按照中央和省委的部署和要求,带领广大人民群众积极投身构建社会主义和谐社会的伟大实践,把构建和谐社会的各项任务和要求落到实处。

6. 充分报道各地各部门脚踏实地为构建社会主义和谐社会努力奋斗和取得的进展。结合开展形势政策教育,宣传各级党委政府认真贯彻十六大和十六届三中、四中全会精神,深入领会胡锦涛总书记重要讲话精神,着力提高构建社会主义和谐社会的本领的新气象。充分报道我省经济持续快速协调健康发展,整体实力不断增强,和谐社会的物质基础不断巩固。充分报道党的执政能力不断提高,社会主义民主制度逐步完善,人民群众和各方面的积极性和创造性充分发挥,为构建和谐社会提供了重要保证。充分报道社会主义先进文化建设切实加强,共同的理想信念进一步坚定,良好的道德规范逐步建立,人们的精神世界不断丰富。宣传各级党委和政府根据本地本部门实际情况,采取扎扎实实的措施,积极扩大就业、努力完善社会保障体系、逐步理顺分配关系、加快社会事业发展取得的实实在在进展。宣传各地各部门在推进社会建设和管理、健全社会利益协调机制、健全维护社会稳定机制等方面的做法和经验。及时报道各级干部按照为民、务实、清廉要求,倾听群众呼声,了解群众愿望,关心群众疾苦,扎扎实实为群众解决实际困难的感人事迹,广泛宣传构建和谐社区、加强和改进信访工作、人与自然协调发展等方面的先进典型,努力营造推动社会各界广泛参与构建和谐社会的舆论氛围。

三、报道安排

省和各市主要新闻单位,要在前一阶段集中报道的基础上,充分发挥自身优势,持续深入地做好弘扬“三创”精神、推进“两个率先”、构建和谐社会的报道。

1. 新华日报要及时报道省委、省政府构建和谐社会的重大部署和工作要求,配发评论文章;反映省级机关各部门为构建和谐社会推出的重要举措;采用消息、通讯、图片等多种形式,及时报道各地的新举措、新成果、新经验。“思想界”《构建和谐社会,推进“两个率先”》专栏刊发系列文章,对构建和谐社会的有关问题进行深入剖析和论述。

2. 省电台要在“江苏新闻联播”、“新闻大视野”等新闻节目中加大构建和谐社会的报道力度。省电视台在“江苏新时空”、“大写真”等栏目连续播发报道,宣传我省构建和谐社会的进展和成效,报道典型经验,制作播出访谈节目,对构建和谐社会的有关问题进行深入分析,对突出问题进行舆论监督。

3. 在已经安排部署的“三创”之星、“苏南新发展建全面小康,苏中新崛起争过江进位、苏北新跨越超全省增幅”大型系列采访报道活动,创建文明城市、文明村镇、文明行业,“三下乡”、“四进社区”、“百城万店无假货”活动、“西部开发助学工程”、“百县千乡宣传文化工程”以及加强和改进未成年人思想道德建设和大学生思想政治教育等报道中,都要充分体现构建和谐社会的内容。“七一”前后,要对在构建和谐社会实践中涌现出的党员干部先进典型进行报道。

4. 都市类报纸、专业频率和频道要发挥各自优势,加大对构建和谐社会的报道力度。中国江苏网等重点新闻网站,要开设专栏专题,丰富网页内容,利用声频视频等多种途径,加强网上引导。

5. 对人民日报、新华社、求是杂志、光明日报、经济日报、中央人民广播电台、中央电视台刊播的重要稿件、系列文章和系列评论,要及时转载转播,适时反映党中央、国务院关于构建和谐社会的工作部署,深入宣传党中央提出构建社会主义和谐社会的重大意义、科学内涵、基本特征、重要原则和主要任务。

四、工作要求

1. 高度重视,精心组织。宣传部门和新闻单位要把学习宣传贯彻中央和省委关于构建和谐社会的部署和要求,作为今年的重点工作,摆在突出位置认真抓紧抓好。要组织广大编辑记者认真学习、深刻领会胡锦涛总书记在省部级主要领导干部提高构建社会主义和谐社会能力专题研讨班上和中央政治局第20次集体学习时的重要讲话精神，并以讲话精神为指导做好有关宣传报道工作。要制订报道方案，做出专项部署，安排重点文章，在重点版面和时段详细解读胡锦涛总书记重要讲话精神。报纸、电台、电视台、互联网等媒体要充分发挥自身优势和特色，将构建社会主义和谐社会宣传报道贯穿到日常新闻宣传工作当中，做到长流水、不断线。要充分运用消息、通讯、综述、评论、理论文章、专访、特写、图片、专题等多种体裁和方式展开报道，始终保持强大的舆论声势。

2. 全面准确，妥善把握。要全面准确领会构建社会主义和谐社会的内涵，以及中央提出的构建和谐社会的原则、任务和要求，防止简单化和片面性。既要讲清完成各项任务要求已经具备的条件，增强建设和谐社会的信心，又要强调完成各项任务的艰巨性和长期性，激励各级领导干部按照"两个务必"要求深入扎实地做好本职工作。报道各地各部门构建社会主义和谐社会的进展，要坚持实事求是，留有余地，反对做表面文章，反对浮夸之风。要着重反映党员干部脚踏实地、扎扎实实的工作情况，决不能人为拔高，决不能把话说满，决不能把正在做的工作夸大为已经实现的目标。对于专家学者撰写的有关探讨性文章，一般通过内参反映。任何媒体都不得公开刊播与中央精神相悖的文章和报道。

3. 统筹兼顾，周密安排。构建社会主义和谐社会作为一项长期任务和系统工程，同党和国家方方面面的工作都有着紧密的内在联系。要注意把握构建社会主义和谐社会与社会主义物质文明、政治文明、精神文明建设的有机统一，与全面建设小康社会的有机统一，与树立落实科学发展观的有机统一。宣传报道中，要把构建社会主义和谐社会的宣传报道与全面贯彻"三个代表"重要思想、加强党的执政能力建设、树立和落实科学发展观、坚持"四个尊重"、坚持走新型工业化道路、促进社会公平和正义等方面的宣传报道有机结合起来，通过广泛深入宣传构建社会主义和谐社会，推动各项工作不断开创新局面。

4. 改进创新，注重实效。按照"三贴近"要求组织构建社会主义和谐社会的宣传报道，努力增强报道的吸引力、感染力和说服力。用群众喜闻乐见的形式，深入浅出地宣传构建社会主义和谐社会，使构建和谐社会的重大意义、科学内涵、基本特征、重要原则和主要任务入眼入耳、入脑入心。组织编辑记者深入到火热的生活实践中，采访报道构建社会主义和谐社会的感人事迹和先进典型，以鲜活的人物形象和具体生动的事例充分展示物质文明、政治文明和精神文明协调发展的巨大成就，热情讴歌我们民族和人民积极健康向上的精神风貌，激发人们构建社会主义和谐社会的巨大热情。

5. 加强管理，严格纪律。构建社会主义和谐社会的宣传报道要以正面宣传为主。对于改革发展关键时期出现的热点和难点问题要加强正面引导，对敏感和重大问题以内参形式反映。对于涉及农村征地、城镇拆迁、企业改制、工程建设、劳资纠纷等引发的群体性事件，不得擅自报道。严防别有用心的人借改革发展过程中出现的困难和问题，借社会热点难点和敏感事件，以及人民内部不安定隐患、不和谐因素进行炒作，蓄意将个别问题扩大化，将刑事案件和经济问题政治化，把一些具体的工作失误夸大为社会制度的弊端，把群众对一些具体问题的意见引向对党和国家制度的不满。加强对小报小刊、互联网站和手机短信的管理，决不能给危害社会和谐的各种有害信息提供传播渠道。对于严重违反宣传纪律的要严肃处理。

中共江苏省委宣传部
2005 年 5 月 30 日
苏宣发[2005]12 号

抄送:省委办公厅、省政府办公厅,省广播电视局、省新闻出版局

关于在全省高校社科系统和社科研究系统开展“三项学习教育”活动的实施意见

各省属高等院校,省及南京市社科院,省及各省辖市社科联:

根据中宣部、教育部、中国社科院《关于在高校社科系统和社科研究系统开展“三项学习教育”活动的通知》(中宣发[2005]11 号)精神,现就我省开展“三项学习教育”活动提出如下实施意见。

一、充分认识开展“三项学习教育”活动的重要意义

哲学社会科学领域是我国意识形态的重要阵地。建设一支政治坚定、业务精湛、作风优良的高素质哲学社会科学队伍,对于坚持和巩固马克思主义在意识形态领域的指导地位,促进哲学社会科学的繁荣发展具有重要作用。根据中央和省委的要求,在全省新闻、出版、文艺领域深入开展“三个代表”重要思想、马克思主义立场观点方法和职业精神职业道德学习教育活动并取得明显成效的基础上,进一步在全省高校社科系统和社科研究系统开展“三项学习教育”活动,是把“三个代表”重要思想贯穿哲学社会科学教学和研究的需要,是哲学社会科学队伍提高思想政治素质、建设优良学风的需要,是巩固马克思主义在意识形态领域指导地位的重要举措,是繁荣发展江苏哲学社会科学事业、建设江苏社科强省的一项基础性工程。

二、学习教育活动的指导思想和主要任务

在全省高校社科系统和社科研究系统开展“三项学习教育”活动,要坚持以邓小平理论和“三个代表”重要思想为指导,深入学习贯彻党的十六大和十六届三中、四中全会精神和省委十届八次全会精神,全面落实科学发展观,结合加强党的执政能力建设和保持共产党员先进性教育活动,围绕巩固马克思主义在意识形态领域的指导地位,增强学习实践“三个代表”重要思想的自觉性和坚定性,进一步提高政治意识、大局意识和责任意识,提高政治理论素养和业务水平,促进哲学社会科学的繁荣发展。

主要任务是:

1. 深入学习“三个代表”重要思想,增强用“三个代表”重要思想统领哲学社会科学的自觉性和坚定性。在继续深入学习邓小平理论的基础上,认真学习党的十六大报告和十六届三中、四中全会精神,学习江泽民同志的一系列重要著作,学习胡锦涛同志的一系列重要讲话,学习《“三个代表”重要思想学习纲要》,学习省委有关重大部署精神,深入领会“三个代表”重要思想的时代背景、实践基础、科学内涵、精神实质和历史地位,深入领会科学发展观的深刻内涵和指导意义,深入领会加强党的执政能力建设的重要意义和基本要求,努力在武装头脑、指导实践、推动工作上下功夫。

2. 深入学习马克思主义立场观点方法,增强用马克思主义指导教学、科研工作的自觉性和坚定性。深刻认识辩证唯物主义和历史唯物主义是分析社会现象、把握历史规律的根本指南,是开展哲学社会科学研究、回答重大社会问题的强大理论武器,是

指导我国和我省哲学社会科学提高水平、创新发展的根本方法。自觉把辩证唯物主义和历史唯物主义运用于哲学社会科学教学和研究中，使马克思主义的立场观点方法成为哲学社会科学教学研究的有力工具和根本准绳。

3. 深入学习马克思主义关于文风、学风、作风建设的重要思想，增强树立良好学术道德、职业道德的自觉性和坚定性。要深刻认识文风、学风、作风建设是加强哲学社会科学队伍建设的基本要求，是哲学社会科学更好地为党和政府服务、为人民群众服务的根本前提，是江苏哲学社会科学繁荣发展、实现从社科大省向社科强省跨越的重要保证。要认真查找并切实整改社科理论队伍在文风、学风、作风方面存在的突出问题，坚持严谨而不保守、活跃而不轻浮、锐意创新而不哗众取宠、追求真理而不追逐名利，坚持把做人、做事与做学问统一起来，自觉树立和维护江苏哲学社会科学工作者德学双馨的良好形象。

三、学习教育活动的基本要求

“三项学习教育”活动要紧密结合江苏哲学社会科学教学和研究工作实际，以及社科理论队伍的思想实际，把学习教育活动同正在开展的保持共产党员先进性教育活动结合起来，促进社科理论队伍思想上有新提高，作风上有新转变，工作上有新成效。

1. 明确方向，突出重点。要把牢固确立马克思主义在意识形态领域的指导地位，增强学习贯彻“三个代表”重要思想的自觉性、坚定性作为学习教育活动的重点，既掌握“三个代表”重要思想的科学体系和深刻内涵，又掌握马克思主义的立场观点方法，坚定对马克思主义的信仰，提高运用马克思主义研究社会现象、解决思想理论问题、指导教学实践的能力。

2. 联系实际，解决问题。紧密联系社会主义现代化建设特别是又快又好推进江苏“两个率先”的实际，紧密联系江苏哲学社会科学创新发展的实际，紧密联系各部门各单位的工作实际，着重查找影响哲学社会科学教学和研究的突出问题，通过分析原因、认真整改，使开展学习教育活动的过程成为推动哲学社会科学事业发展和促进教学、科研工作的过程。

3. 加强修养，改进作风。把思想作风建设摆在学习教育活动的重要位置。紧密联系社科理论队伍的思想实际，紧密联系近年来社科理论界在文风、学风、作风方面存在的主要问题，通过深入学习和批评与自我批评，认真查找和整改存在的问题，加强思想修养，提高学术道德水平，坚持把学术研究与社会责任统一起来，严肃对待自己所从事的教学和研究工作，认真考虑自己工作的社会效果。

4. 积极稳妥，注重实效。根据社科研究领域的特点，针对社科理论队伍的实际，采取灵活多样的学习教育形式，把集中轮训和自学结合起来，把集体讨论和自我剖析结合起来，既要体现党组织的推动作用，又要充分尊重专家学者的主动性，使学习教育活动切合实际，富有成效。

5. 建章立制，常抓不懈。在全省高校社科系统和社科研究系统开展“三项学习教育”活动是一项长期的任务。要把学习教育活动同建立制度、加强管理结合起来，把集中教育活动中形成的好做法、好经验体现到各项规章制度中，通过制度的约束和激励作用，保证学习教育活动深入持久地开展下去。

四、有计划、分步骤地开展学习教育活动

全省高校社科系统和社科研究系统要根据本意见，紧密结合各自实际，对本部门、本单位的“三项学习教育”活动作出部署安排,制订切实可行的工作方案,确保学习教育活动有计划、分步骤进行。省社科界"三项学习教育"领导小组将在今年底对这项活动进行总结。

这次学习教育活动历时半年,共分三个阶段进行。

1. 学习培训、提高认识阶段(6月下旬—8月上旬)

6月下旬,举办全省"三项学习教育"活动骨干培训班。出席对象为各省属高校分管领导(其中,南京师范大学、苏州大学、扬州大学、徐州师范大学为分管书记和文科副校长),省社科院领导班子成员和南京市社科院主要负责人,省社科联党组成员以及各省辖市社科联主席。

7月—8月间(暑期),按照中组部、中宣部、中央党校、教育部、解放军总政治部联合下发的《关于组织高校哲学社会科学教学科研骨干研修的意见》(教社政[2005]3号文件)文件精神,由教育厅会同有关部门举办两期省属高校哲学社会科学教学科研骨干研修班,同时与高校思想政治理论课骨干教师培训结合起来一并举办。

全省高校社科系统和社科研究系统要根据全省统一部署,制订集中学习培训计划,及时组织轮训。面上培训的对象为:高校社科系统的教学和研究人员,省社科院、省社科联以及各地社科院和社科联的研究(含科研管理)人员。各部门、各单位集中培训研讨时间每期不少于4天。同时,要认真抓好个人自学,根据工作实际确定本阶段的学习书目和学习材料。

全省社科研究系统(省社科院、省社科联)的学习教育活动要与目前正在开展的保持共产党员先进性教育活动结合起来,注意抓好社科研究人员中的非党员同志的学习教育。

全省高校社科系统要将这次学习教育活动和下半年开展的保持共产党员先进性教育活动,以及省属高校哲学社会科学教学科研骨干研修班等工作有机结合起来,统一安排,使之相互补充、相互促进。

通过集中学习培训和个人自学,着重提高两个方面的思想认识:一是要更加深入全面地理解"三个代表"重要思想,更加系统深入地掌握马克思主义立场观点方法;二是要更加自觉地提高学术道德和职业道德水平。

集中学习培训期间,要做好研讨记录和个人学习笔记。

2. 联系实际、查找问题阶段(8月下旬—10月中旬)

在提高思想认识的基础上,各部门、各单位要采取召开座谈会、分析典型事例、举办辅导报告、召开民主生活会等有效方式,深入调查研究,广泛听取意见,认真查找在理想信念方面、在坚持马克思主义立场观点方法方面、在贯彻执行党的路线方针政策方面、在文风学风作风方面和学术道德、职业道德方面存在的突出问题,增强学习教育的针对性和实效性。在此基础上,认真分析原因,总结经验教训,形成书面材料。

在联系实际过程中,尤其要注意紧密结合国内外形势发展和江苏经济社会发展的实际,紧密结合当前意识形态领域存在的突出问题,紧密结合当前社科研究和教学中存在的突出问题,进行深入学习思考;要注重紧密结合自身的思想实际和工作实际,把自己摆进去,把问题摆出来,深入分析思想根源。

各系统各部门领导班子要针对存在问题,召开专门会议,研究整改办法,从制度建设上探讨解决问题的措施办法。对存在问题的个人,要在充分准备的基础上,采取个别谈话、班子成员会议或全体人员会议等方式公布对照检查结果,做到分清是非、修正错误、坚持真理，做到讲党性不讲私情，讲原则不讲关系，讲真理不讲面子；要从团结的愿望出发，采取与人为善的态度，讲究方式方法，达到增进了解、沟通感情、促进团结、共同提高的目的。

3. 改进提高、检查落实阶段（10月中旬—12月中旬）

经过前两个阶段的学习和自查，各部门、各单位领导班子都要组织全体人员从"三个代表"重要思想学习是否深入、马克思主义立场观点方法是否牢固、学术道德职业道德是否提高等方面，对照梳理出的突出问题，制订切实可行的整改方案，提出具体改进措施，并以全体人员大会的形式公布。问题突出的个人也应制订具体的整改方案，在一定范围内征求意见。

领导班子和个人要切实按照整改方案，明确责任，分清轻重缓急，逐项抓好落实。对学习教育活动中反映出来的问题和提出的整改要求，能解决的要尽快解决；应当解决但一时解决不了的，要向上一级领导小组说明情况，并采取措施逐步加以解决；需要上级部门协调解决的，要形成书面材料上报。

五、切实加强对学习教育活动的组织领导

全省的学习教育活动由省委宣传部牵头，省教育厅、省社科院、省社科联参加，共同组成全省高校社科系统和社科研究系统"三项学习教育"活动领导小组，下设办公室负责日常工作。省"三项学习教育"领导小组办公室在学习教育活动的各个阶段，将派督查小组对各部门、各单位的工作部署、工作进度和工作成效进行检查。

各省属高等院校，省及有关市社科院，省、市社科联要把学习教育活动作为当前工作的重中之重，列入议事日程，精心组织，周密安排。各部门、各单位党委（组）要切实担负起领导责任，并视情况成立相应的领导小组及其办公室，抽调专门人员，具体落实责任，以保证"三项学习教育"活动正常有效开展。各级领导小组办公室要采取有效方式，对学习教育活动进行督促检查，及时把各部门、各单位在学习教育活动中发现的问题、取得的成绩、整改的措施、出台的办法形成文字材料，报上一级领导小组，以便总结经验。同时，要把这次学习教育活动同发现、培养和选拔社科系统研究人才结合起来，树立和表彰一批社科研究先进典型。对政治上不合格、学术风气和职业道德不正的人员，要严肃查处，及时调整。

中共江苏省委宣传部
江苏省教育厅
江苏省社会科学院
江苏省哲学社会科学界联合会
2005年6月2日
苏宣发[2005]13号

2005年第三季度宣传报道意见

各市委宣传部，省各新闻单位：

现对2005年第三季度宣传报道工作提出如下意见，请贯彻执行。

一、指导思想

以邓小平理论和"三个代表"重要思想为指导，贯彻十六大和十六届三中、四中全会精神，按照全省宣传部长座谈会要求，围绕中心，服务大局，坚持团结稳定鼓劲、正面宣传为主，把握正确舆论导向，大力宣传树立和落实科学发展观，宣传推进"两个率先"，弘扬"三创"精神，构建和谐社会，宣传全国和我省经济社会发展的良好态势，正确回答现实生活中的热点问题，贴近实际、贴近生活、贴近群众，切实提高舆论引导水平，为各项工作的顺利推进营造良好舆论氛围。

二、宣传重点

1. 认真做好"三个代表"重要思想和保持共产党员先进性教育活动的宣传报道。全面、准确、生动地阐述"三个代表"重要思想的科学内涵和精神实质，帮助广大干部群众掌握这一思想武器。宣传各地各部门以"三个代表"重要思想为统领，立足省情，联系实际，研究和解决改革、发展、稳定中的突出问题，扎扎实实做好各项工作。宣传基层党组织坚持学习实践"三个代表"重要思想，坚持提高党员素质，加强党的基层组织建设，密切党群、干群关系，真正把"三个代表"重要思想体现在党组织的各项工作中，落实在党员的工作岗位上。联系广大干部群众的思想和工作实际，组织撰写重点理论文章，深入阐释我国的基本经济制度和基本政治制度。总结推广理论宣传的新做法、新经验。

宣传中央和省委有关开展第二批保持共产党员先进性教育活动的重要部署，报道各地各部门开展教育活动的好做法、好经验。围绕取得实效和群众满意这两大要求，着力宣传先进性教育活动中解决的群众反映强烈的突出问题，宣传基层党组织和广大党员为群众做好事、办实事、解难事，宣传基层党组织和广大党员干部把先进性教育活动的收获转化为努力工作的动力，促进各项工作，给群众带来新变化、新面貌。认真宣传先进性教育活动中坚持"两不误、两促进"要求及贯彻情况，广泛宣传参加第一批先进性教育活动的单位巩固和扩大成果，建立长效机制的情况。加大典型宣传力度，深入宣传省优秀共产党员十大标兵等先进人物的典型事迹，继续挖掘和宣传在先进教育活动中涌现出来的优秀共产党员。省级新闻媒体继续办好《开展保持共产党员先进性教育活动，全面实践"三个代表"，全力推进"两个率先"》、《当代优秀共产党员风采》、《保持共产党员先进性大家谈》等重点栏目。继续做好"时代先锋"、"永远的丰碑"等中央媒体重点栏目的转载、转播。加强理论宣传的针对性和指导性，充分利用互联网开展先进性教育活动的宣传。做好反腐倡廉工作的宣传报道，宣传勤政廉洁的先进典型，宣传广大人民群众对反腐倡廉工作的积极支持。

2. 认真做好树立和落实科学发展观、构建社会主义和谐社会的宣传报道。宣传胡锦涛同志在省部级主要领导干部提高构建社会主义和谐社会能力专题研讨班上的讲话精神。宣传科学发展观的精神实质、深刻内涵和基本要求，宣传各地各部门坚持以人为本，统筹协调经济、政治、文化、社会各项工作，全面树立和落实科学发展观的举措。宣传8月上旬省委召开的以树立和落实科学发展观，构建和谐社会，研究我省"十一五"发展规划为主题的领导干部学习研讨班。宣传加强宏观调控是落实科学发展观的本质要求，宣传宏观调控仍是当前和今后一个时期经济工作面临的首要任务。国庆前，集中宣传国家和全省重点建设工程，报道三峡工程、南水北调、西气东输和我省苏通大桥、南京长江三桥、沪宁高速扩建工程、城际轨道交通等工程的进展情况，报道工程建设中科技创新、环境保护等各方面的情况。继续组织好我省弘扬"三创精神"、推进"两个率先"、构建"和谐社会"大型系列主题教育活动，充分报道各地经济社会发展情况，特别是要配合好省委、省政府加快发展现代服务业的工作部署，广泛报道全省各地在加速现代服务业发展中涌现出的新思路、新举措，以及创造的新经验和新成就；介绍和报道兄弟省市加快发展的经验和典型。注重报道我省各地发展教育、卫生、文化事业的情况。继续做好"三创之星"报道。

宣传建设节约型社会、加快发展循环经济是缓解资源约束、减轻环境压力、实现可持续发展的必然选择。分析粗放型经济增长方式的弊端,引导人们自觉实现经济增长方式的根本性转变,逐步形成节约型的增长方式和消费模式。宣传我省加快产业结构调整,建立与资源节约型社会相适应的产业体系。宣传各地各部门针对江苏资源利用突出的矛盾,重点抓好节能、节水、节地、资源综合利用以及发展循环经济的做法和经验。宣传加快节约资源的制度建设。开展"资源节约行"活动,报道各级政府部门带头节约的实际行动,大力宣传节约资源的先进典型,揭露和批评浪费资源、严重污染环境的行为和现象,形成"加快发展,更要可持续发展"、"提倡绿色消费,加强环境保护"的良好风尚。

宣传科技进步和创新对于调整经济结构、转变增长方式、提高国家竞争力的重大意义。宣传一批拥有自主知识产权、自主品牌和核心技术的产品,宣传名牌产品企业在生产、开发中提高自主创新能力,拓展国际市场,提高企业竞争力的做法。做好8月份在无锡召开的第二届苏商高层论坛的报道工作,进一步推动苏商创新,提高苏商竞争力,打响苏商品牌。宣传我省有关部门在整顿经济秩序中开展保护知识产权的专项行动,报道我省各地开展打击盗版音像制品夏季专项治理行动。报道严厉打击制假售假、走私贩私、传销、虚开增值税发票、偷漏骗税、洗钱、商业欺诈等违法犯罪行为,报道各地清理整顿食品加工小企业和儿童食品、农村食品市场的情况。宣传各地在开发就业岗位、开展职业培训等方面的做法,推出一批下岗失业人员再就业和企业积极吸纳下岗失业人员就业的典型。

3. 精心组织纪念中国人民抗日战争暨世界反法西斯战争胜利60周年等重大活动的宣传报道。充分展现中国共产党所领导的八路军、新四军、东北抗日联军英勇抗战的光辉业绩,展现各地抗日武装力量开展敌后抗战的情况,体现中国共产党在抗日民族统一战线中的中流砥柱作用。依据史料客观报道国民党正面战场的一些战例,宣传港澳台地区和国际社会支持、支援我抗日斗争的情况。7月份以"七七"事变为重点,充分宣传有关方面组织的大型主题展览活动。8月份以"8·15日本投降"为主组织报道,报道我省举办的"侵华日军南京大屠杀史实展"、侵华日军南京大屠杀遇难同胞纪念馆悼念广场落成仪式、"人民的胜利——江苏纪念抗日战争胜利60周年大型史料展"等纪念活动。采访报道参加抗日战争的老战士或其遗属。9月份以中央和省委举行的纪念大会和纪念活动为重点,形成宣传高潮。报道好我省举办的纪念座谈会、大型民族音乐晚会"和平颂"、纪念抗战胜利60周年统一战线成员座谈会;组织对省内健在的曾参加过抗日战争的老战士和爱国将领的慰问等活动。10月份以纪念台湾光复60周年为重点,继续做好相关宣传。

围绕西藏自治区成立40周年、新疆维吾尔自治区成立50周年,深入宣传党的民族政策和民族区域自治法在西藏、新疆的成功实践,宣传两区各族人民共同繁荣、共同发展的和睦局面,宣传自治区成立以来,中央关心,全国支援,少数民族地区经济繁荣、社会稳定、民族团结、边防巩固,人民群众得到丰厚实惠,社会面貌发生显著变化,报道我省援藏、援疆干部、知识分子、大学生中涌现出来的先进典型。做好中央代表团在西藏、新疆重要活动的报道。做好郑和下西洋600周年纪念活动的宣传工作。报道中央及各地政府、社会各界开展的纪念活动，宣传热爱祖国、睦邻友好、科学航海的主题，充分体现郑和下西洋是和平之旅、友谊之旅、文明之旅。

4. 认真做好抗洪救灾和安全生产的宣传报道。宣传各级党委政府以对人民高度负责的精神，精心部署，科学调度，按照突发事件应急预案，加强查险抢险，切实做好救灾安置工作，确保人民群众生命安全，确保大江大河、重点水库和重点城市的安全；宣传水利工程和水文、预警预报、防汛指挥决策支持系统等措施在防洪减灾中发挥的重要作用；宣传广大干部群众和解放军指战员、武警官兵顽强拼搏、艰苦奋战，夺取抗洪抢险胜利的感人事迹；宣传全国和我省各条战线密切配合，团结协作，共同抗洪救灾的具体行动，展示“一方有难、八方支援”的精神风尚。报道国家和省防总统一发布的重大汛情、受灾情况、经济损失等情况。

宣传各地各部门强化安全生产监管、加强安全专项整治、落实安全防范措施的做法和成效，围绕“关爱生命、关注安全”的主题，反映我国和我省安全生产状况、工作成绩，促进各地各部门认真抓好安全生产工作。报道“首届全国安全生产及技术装备展览会”的情况。对全国和我省治理车辆超限超载工作加大宣传力度，报道有关方面加大执法监管、集中治理超限超载工作的成效。

5. 认真做好社会主义民主法制和精神文明建设的宣传报道。大力宣传支持、保证人大代表依法行使职权、充分发挥作用，宣传加强人民代表大会及其常委会的组织制度和工作制度建设，更好地发挥国家权力机关的作用。宣传《物权法》（草案）的重大意义和基本内容，引导人们正确认识草案涉及的相关财产权益保护内容。宣传《公务员法》的立法意义、基本内容，宣传我国公务员制度的鲜明特色，宣传公务员制度实施以来取得的成就，及时报道《公务员法》实施方案和配套法规出台情况。宣传各地加大政府管理体制改革力度，转变政府职能，建设法治型政府和服务型政府，完善决策机制，加强政风建设的进展情况。

宣传各地各部门开展精神文明创建活动，报道各地各部门加强未成年人思想道德建设以及大学生思想政治教育的经验，报道社区未成年人活动场所建设、管理和使用的经验，报道各地各部门为未成年人办好事实事的做法，报道大学生暑假社会实践活动的成果。宣传老一代知识分子扎根西部、建功立业的典型，宣传近年来我省高校毕业生到基层、到苏北就业的典型，引导和鼓励高校毕业生到西部和苏北地区实现人生价值。宣传有关方面组织的大学生进社区计划，大学生到农村基层支教、支农、支医、扶贫计划，以及“大学生志愿服务西部计划”的实施情况。做好我省创建文明城市、文明村镇、文明行业的宣传。报道首批全国文明风景旅游区。9月20日“公民道德宣传日”前后宣传一批道德建设先进典型。做好全省文化体制改革试点的报道。对我省文艺下基层“四个一”工程给予宣传和报道。

做好迎接十运会的宣传报道工作，进一步形成全省动员、全民发动、迎接十运的强大声势和浓厚氛围。宣传全省上下要进一步动员起来，行动起来，举省一致，全力以赴，精心组织，周密安排，确保十运会圆满成功。宣传我省全面落实筹备工作各项任务，报道十运场馆调试运转和合成演练、开闭幕式等大型活动；宣传我省大力开展市容市貌、环境卫生、交通秩序和社会治安专项整治，以环境整洁优美、交通便捷畅通、社会安定和谐的新形象迎接十运盛会的情况；宣传我省将迎接十运会与推动精神文明建设紧密结合起来，大力提高公民素质，提升社会文明程度。

三、工作要求

1. 增强政治意识，自觉维护稳定。新闻媒体和采编人员要进一步增强政治意识、大局意识、责任意识，密切关注社会舆情，多做化解矛盾、消除疑虑、理顺情绪的工作，谨慎把握群体性事件、突发事件、恶性案件、重大安全事故等报道。对人感染猪链球菌病疫情等公共卫生安全事件由省有关部门统一发布。高度重视涉日舆论引导，特别警惕国内外敌对势力借机制造事端。

2. 准确把握政策，稳妥引导热点。要注意深入阐述继续加强"三农"工作仍然是当前宏观调控的重要任务，报道各方面落实各项稳定粮价的政策措施。涉及国外对我纺织品、皮鞋、自行车等贸易设限的问题，要注意报道我国政府正确认识和处理纺织品等贸易争端问题，采取一系列积极应对措施，取得积极成效。加强房地产市场的舆论引导，要注意把握好"既要解决问题，又要促其健康发展"的政策措施。要严格按照中央、国务院主管部门的要求，准确把握涉及证券市场和人民币汇率问题的报道。

3. 不断改进创新，提高引导水平。形势政策宣传要从大局出发，围绕中心工作，立足于统一思想，凝聚力量，有针对性地解疑释惑。典型宣传要在深入创新上下功夫，倾注真情，挖掘细节，让受众从先进事迹中真正受到教育和启迪。主题宣传要出新出彩，既要报道成绩，进行激励；又要分析问题，引起关注解决。成就宣传要联系群众的切身感受，生动鲜活，真实可信。

4. 坚持深入实际，改进作风文风。要建立激励约束机制，鼓励新闻采编人员深入实际调查研究，多采访报道有实在内容、有新闻价值的事情，提倡生动活泼、简洁清新的文风。对广大受众喜闻乐见的精品佳作要表彰奖励。

5. 严格宣传纪律，做到守土有责。要严格遵守新闻宣传的各项规章制度，严格把关，令行禁止。坚决治理虚假新闻、失实报道，反对有偿新闻、有偿不闻。对不守纪律、自行其是造成严重后果的，要严肃处理。

中共江苏省委宣传部
2005年8月10日
苏宣发[2005]15号

2005年第四季度宣传报道意见

各市委宣传部，省各主要新闻单位：

现对2005年第四季度宣传报道工作提出如下意见，请贯彻执行。

一、指导思想

以邓小平理论和"三个代表"重要思想为指导，全面贯彻落实科学发展观，紧紧围绕党和国家的重点工作，服务大局，坚持团结稳定鼓劲、正面宣传为主，把握正确舆论导向，大力宣传十六届五中全会和省委十届九次全会精神，大力宣传全省各地认真贯彻落实胡锦涛总书记、温家宝总理在江苏视察时的最新要求，贴近实际、贴近生活、贴近群众，正确回答现实生活中的热点问题，切实提高舆论引导水平，为做好全年各项工作营造良好舆论氛围。

二、宣传重点

1. 全面、准确、深入地宣传十六届五中全会精神，把全省人民的思想统一到中央精神上来。党的十六届五中全会是全面建设小康社会关键时刻召开的一次重要会议。新闻宣传单位要积极、全面、准确、深入地宣传胡锦涛总书记重要讲话精神、全会通过的《中共中央关于制定国民经济和社会发展第十一个五年规划的建议》和温家宝总理所作的《说明》，宣传认真贯彻落实胡锦涛总书记重要讲话精神和五中全会精神，对于全党全国人民统一思想、认清形势、坚定信心、开拓进取，扎扎实实做好今后五年经济社会发展工作具有重大意义。宣传改革开放20多年来特别是“十五”时期我国和我省经济建设和社会发展取得的巨大成就，宣传本世纪头二十年是我国发展的重要战略机遇期，“十一五”时期具有承前启后的重要历史地位。宣传科学发展观是指导发展的世界观和方法论的集中体现，是我们推动经济社会发展、加快推进社会主义现代化必须长期坚持的重要指导思想。宣传《建议》提出的“十一五”时期我国经济社会发展的主要任务和必须坚持的指导原则，宣传“十一五”时期需要抓紧解决的关系发展全局的重大问题：建设社会主义新农村，推进产业结构优化升级，促进区域协调发展，建设资源节约型、环境友好型社会，深化体制改革和提高对外开放水平，深入实施科教兴国战略和人才强国战略，推进社会主义和谐社会建设。要组织重点文章、系列报道，系统阐述《建议》内容，通过对《建议》具体内容的解读，帮助广大干部群众深刻领会胡锦涛总书记讲话精神和五中全会精神。及时报道全省上下认真学习贯彻五中全会精神，增强机遇意识、发展意识、大局意识、责任意识、忧患意识，努力提高贯彻科学发展观的能力、驾驭全局的能力、处理利益关系的能力、务实创新的能力，报道各地结合实际贯彻落实的新举措、新经验、新变化。

大力宣传我省努力把学习贯彻十六届五中全会精神与学习贯彻胡锦涛总书记、温家宝总理最近视察江苏工作时的重要指示结合起来，更加自觉地以科学发展观为指导，推进经济社会协调发展，切实把“五个统筹”的要求贯穿于“两个率先”的全过程和各个环节。宣传我省坚持统筹发展、兼顾利益、重在建设的原则，贯彻富民优先、科教优先、环保优先的指导方针和落实构建和谐社会的战略之举。宣传我省咬定“两个率先”的目标定位，注重提高经济增长的质量和效益，注重资源节约和环境保护，注重统筹城乡、区域和经济社会协调发展，努力建设以人为本、全面协调可持续发展的新江苏。宣传进一步解放思想、开阔眼界，研究解决好“十一五”发展中的重大理论和实践问题，探索加快发展、科学发展、和谐发展的新路子。

深入宣传省委召开的十届九次全会精神（报道意见另发）。

2. 深入宣传学习贯彻“三个代表”重要思想，认真组织保持共产党员先进性教育活动的报道。全面、准确、生动地阐述“三个代表”重要思想的科学内涵和精神实质，宣传各地各部门以“三个代表”重要思想为统领，按照立党为公、执政为民的本质要求，加强党的执政能力建设和先进性建设。宣传各级党组织立足国情、省情，联系实际，研究和解决改革、发展、稳定中的突出问题，扎扎实实做好各项工作，进一步提高党领导经济社会发展水平的进展。宣传中央和省委关于开展第二、三批保持共产党员先进性教育活动的重要部署，宣传各地基层党组织按照提高党员素质、加强基层组织、服务人民群众、促进各项工作的要求，真正把“三个代表”重要思想体现在党组织的各项工作中，落实在党员的工作岗位上。着力宣传先进性教育活动中解决群众反映强烈的突出问题，宣传基层党组织和广大党员为群众做好事、办实事、解难事，继续推出一批基层的先进模范，引导广大党员坚定理想信念，坚持党的宗旨，增强党的观念，发扬优良传统，认真解决思想、组织、作风和工作方面同保持先进性要求不适应、不符合的突出问题，使先进性教育真正成为群众满意工程。继续做好各地贯彻落实建立健全教育、制度、监督并重的惩治和预防腐败体系实施纲要的宣传报道，宣传勤政廉洁的先进典型。联系广大干部群众的思想和工作实际，组织撰写重点理论文章，深入阐释科学发展观、构建社会主义和谐社会等重大理论问题。推介一批马克思主义理论研究和建设工程的阶段性成果，充分利用互联网开展理论宣传和先进性教育活动宣传。

3. 宣传树立和落实科学发展观，宣传经济建设和改革开放的重大进展。宣传做好各项工作必须全面贯彻落实科学发展观。宣传坚持发展是硬道理，坚持抓好发展这个党执政兴国的第一要务，坚持以经济建设为中心，坚持用发展的办法和改革的思路解决前进中的问题。宣传我国正处于改革的攻坚阶段，必须以更大的决心加快推进改革，使关系经济社会发展全局的重大体制改革取得突破性进展。宣传发展必须是科学发展，要坚持以人为本，转变发展观念，创新发展模式，提高发展质量，落实“五个统筹”，切实把经济社会发展转入全面协调可持续发展的轨道。宣传各地各部门深化科学发展观基本内涵和精神实质的认识，坚持以人为本，统筹协调经济、政治、文化、社会各项工作，全面树立和落实科学发展观的举措和行动。

宣传加强宏观调控是落实科学发展观的本质要求，宣传调整经济结构、转变增长方式的重大意义，宣传我省坚持一手抓先进制造业、一手抓现代服务业，促进江苏产业结构优化升级。宣传建设节约型社会，报道各地开展多种形式的资源节约活动，报道节能、节水、节材、节地、资源综合利用以及发展循环经济的做法和经验，大力宣传节约资源的先进典型，揭露和批评浪费资源、严重污染环境的行为和现象，使勤俭节约在全社会蔚然成风。

宣传全省各地贯彻落实中央关于建设社会主义新农村的政策措施，加大统筹城乡发展的力度，加快建设社会主义新农村；坚持分类指导，在更高层次上促进区域共同发展；大力促进农民增收，改善农村生产生活条件，加强农村基础设施的情况。宣传加大国有经济布局和结构调整力度，增强国有经济控制力，报道加快国有企业股份制改革，完善公司治理结构的进展。宣传一批具有自主知识产权和知名品牌、国际竞争力较强的优势企业。宣传大力发展非公有制经济的政策措施，鼓励、支持和引导非公有制经济发展，为非公有制企业健康发展创造公平竞争的法治环境、政策环境和市场环境。宣传各地加强商品流通设施和文化设施建设，培育和扩大消费热点，积极发展教育、文化、健身、旅游等消费，拓展社区服务业，扩大消费需求的情况。围绕股权分置改革的主旨做好宣传，加强房地产市场的舆论引导。按照中央要求，认真做好中央经济工作会议、中央农村工作会议的宣传报道。

4. 认真贯彻依法治国基本方略，搞好社会主义民主法制的宣传。宣传依法治国的基本方略，报道各地加大政府管理体制改革力度，转变政府职能，推进政企分开、政资分开、政事分开、政府与市场中介组织分开，减少和规范行政审批，建设法治型政府和服务型政府的情况。报道各地加强和改进依法行政，健全科学民主决策机制和监督机制，加强政风建设的进展。报道各级政府推进政务公开，发展基层民主，保证人民群众行使民主权利的情况。结合《公务员法》的贯彻实施，宣传公务员制度实施以来取得的成绩，宣传公务员制度的实施对贯彻依法治国方略的重要意义，宣传《公务员法》的基本内容、实施方案及配套法规；宣传各地各部门为《公务员法》的正式实施所做的准备工作。报道司法部门开展规范执法、促进执法公正专项整改活动的成效。着眼于促进银行业案件治理工作,维护银行业良好的信誉,客观、审慎、规范地报道一批银行案件,对扰乱金融秩序的违法犯罪行为以警示。宣传《物权法》(草案)的重大意义和基本内容,引导人们正确认识草案涉及的相关财产权益保护内容。报道《个人所得税法》修改、审议工作的进展情况,报道一批新颁布实施的法律法规。

5. 宣传科教兴国战略和人才强国战略,引导全社会增强自主创新能力。宣传自主创新是提升科技水平和经济竞争力的关键。宣传把增强自主创新能力作为国家战略,致力于建设创新型国家。宣传发展科技教育和壮大人才队伍,是提升国家竞争力的决定性因素。宣传科学技术发展,必须坚持自主创新、重点跨越、支撑发展、引领未来,不断增强企业创新能力,加快建设国家创新体系。宣传我省全面提高原始创新、集成创新、引进消化吸收再创新三个能力,加强创新型企业和创新型社会建设,进一步增强全社会创造活力。宣传以人才作为创新创业之本,进一步解放思想、解放人才、解放科技生产力,努力使我省成为创新创业的热土和沃土。宣传一批拥有自主知识产权、自主品牌和核心技术的产品,宣传企业在生产、开发中提高自主创新能力的做法。宣传有关部门在整顿经济秩序中开展保护知识产权的专项行动。宣传加快教育发展,建设学习型社会,是把我国巨大人口压力转化为人力资源优势的根本途径,报道深化教育体制改革,调整教育结构的情况,报道农村普及和巩固义务教育,大力发展职业教育的情况。报道素质教育讨论情况,报道好先进典型和先进事迹,展现当代大学生的时代风貌,在全社会形成推进素质教育的良好环境。

6. 做好精神文明建设的宣传,弘扬民族精神和时代精神。宣传工人阶级在推动社会主义经济建设、政治建设、文化建设与和谐社会建设中的突出贡献,宣传劳动模范的先进事迹和优秀品质。推出一批创建文明城市、文明村镇、文明单位的先进典型。宣传各地各部门加强和谐社区、和谐村镇建设的情况,报道各地开展精神文明创建活动的进展,倡导人与人和睦相处,增强社会和谐基础。报道全国精神文明建设工作表彰大会,做好全国首届思想道德公益广告征集比赛作品联展联播工作。宣传体现民族精神和时代精神的先进典型,报道各地加强未成年人思想道德建设,加强和改进大学生思想政治教育工作的成效。广泛报道农村开展的积极健康、丰富多彩的群众性精神文化生活。报道文化体制改革试点工作的经验,报道"扫黄打非"、净化文化市场的成效。报道2008年北京奥运会和2010年上海世博会的筹备工作。报道中宣部12月份在我省召开的"百城万店无假货"活动开展10周年经验交流会,11月份在扬州市举办的第四届全国"四进社区"文艺展演,11月份在张家港市召开的全国文明城市论坛。报道我省召开的精神文明建设工作表彰大会、第九届精神文明建设新人新事评选和2006年"三下乡"集中活动等。

7. 宣传年终工作和回眸"十五"、规划"十一五"。按照全年部署,积极做好"苏南新发展建全面小康,苏中新崛起争过江进位,苏北新跨越超全省增幅"大型年终回顾报道。集中宣传好昆山率先全面实现小康的成功经验。认真做好"十五"的回顾性宣传,宣传我省高起点、高水平编制"十一五"发展规划,组织动员全省人民通过五年扎实奋斗,顺利完成全面小康,为基本实现现代化的"第二个率先"打好基础。

8. 宣传重视解决关系人民群众切身利益的问题,做好维护社会稳定的报道。宣传积极支持扩大就业的政策,报道各地加强对就业再就业工作的指导,支持国有企业下岗失业人员实现再就业,吸纳城镇新增劳动力就业的行动。宣传各地在开发就业岗位、开展职业培训等方面的做法。宣传高校国家助学贷款工作,倡导全社会关爱贫困家庭学生。宣传各地做好“两个确保”和“三条保障线”的衔接工作,加大对贫困地区的投入,加强社会互助工作,努力帮助贫困群众解决实际困难的做法和成效。宣传各地切实做好各项救灾减灾工作,安排好受灾群众的生产生活。报道农村医疗卫生体制改革试点的做法和经验。宣传《国务院关于预防煤矿生产安全事故的特别规定》,宣传建立健全安全生产监管体制,落实安全生产责任制,切实保障人民群众生命财产安全。围绕“关爱生命、关注安全”的主题,报道有关方面加强煤矿、交通等行业安全生产,遏制重大事故的发生,报道有关方面加大执法监管、集中治理超限超载工作的成效。宣传强化对药品、食品、餐饮卫生等市场监管,保障群众健康安全。报道各地开展平安创建活动,加强社会治安综合治理,依法严厉打击赌博、制毒贩毒、制假售假、走私贩私、传销等各种违法犯罪行为,保证人民群众安居乐业的情况。准确把握基调,适时适度地做好妥善依法处理信访问题的新闻报道。

三、工作要求

1. 增强政治意识,准确把握政策。第四季度宣传任务重,要求高,必须进一步增强政治意识、大局意识、责任意识。各级党委宣传部门和新闻单位要认真学习中央和省委各项重大政策,准确把握精神实质,从大局出发,围绕中心工作,立足于统一思想,凝聚力量,联系实际,结合群众关心的思想和工作问题,将“十五”成就宣传与“十一五”规划宣传结合起来,将新闻报道与理论宣讲结合起来,深入浅出地解读、阐释。

2. 注意统筹兼顾,突出宣传重点。围绕十六届五中全会和省委全会精神的宣传,加强协调,认真策划,精心实施。做好“十一五”规划建议的宣传,要与年终报道和明年“两会”报道做好衔接,确保重点宣传任务的质量和效果。要坚持对内宣传与对外宣传统筹考虑,全面安排。

3. 稳妥引导热点,维护社会稳定。要密切关注社会舆情,多做正面引导、解疑释惑的工作,多做化解矛盾、理顺情绪的工作,谨慎把握群体性事件、突发事件、恶性案件、重大安全事故等报道,警惕国内外敌对势力借机制造事端。要把握好涉及证券市场和人民币汇率问题的报道,重视有关股市问题的报道,自觉维护改革发展稳定大局。

4. 坚持改进创新,提高引导水平。要结合纪念记者节,激励广大新闻工作者发扬职业精神,遵守职业道德,深入实际调查研究,倾注真情,挖掘细节,多采访报道有实在内容、有新闻价值的事例,多撰写、制作群众喜闻乐见的精品佳作。

5. 严格宣传纪律,做到守土有责。要严格遵守新闻宣传的各项规章制度,严格把关,令行禁止。坚决治理虚假新闻、失实报道,反对有偿新闻、有偿不闻。对不守纪律、自行其是造成严重后果的,要严肃处理。

中共江苏省委宣传部
2005年11月7日
苏宣发[2005]19号

抄送:省委办公厅、省政府办公厅,省广播电视局、省新闻出版局

关于开展2005年度农村党员、干部冬训工作的意见

各市、县(市、区)委宣传部、组织部:

认真学习贯彻党的十六届五中全会和

省委十届九次全会精神，结合即将推开的农村保持共产党员先进性教育活动搞好学习教育，是2005年度全省农村党员冬训的中心任务。现就此提出如下意见：

一、指导思想和目的要求

坚持以邓小平理论和“三个代表”重要思想为指导，以科学发展观统领全省农村经济社会发展全局，立足江苏农村发展实际和党员、干部的思想与工作实际，认真学习领会党的十六届五中全会和省委十届九次全会精神，努力把思想和行动统一到中央和省委确定的“十一五”规划的各项目标任务和决策部署上来；紧密结合保持共产党员先进性教育活动，有针对性地解决好当前农村基层党建中存在的突出问题，不断增强农村基层党组织在建设社会主义新农村中的战斗堡垒作用和广大党员的先锋模范作用。

二、学习教育的主要内容

2005年度的冬训，着重围绕以下四个专题开展教育：

1. 深入进行党的十六届五中全会基本精神的学习教育。要着重向农村党员、干部讲清楚党的十六届五中全会召开的时代背景和重大意义；讲清楚“十五”期间我国经济社会发展取得的巨大成就；讲清楚“十一五”是全面建设小康社会的关键时期和江苏完成“第一个率先”的决战阶段；讲清楚中央和省委关于制订“十一五”规划的指导方针、奋斗目标、主要任务和重大举措，从而进一步统一基层党员、干部的思想认识，振奋精神，为更好地制定和实施“十一五”发展规划打下良好的思想基础。

2. 深入进行以科学发展观统领经济社会发展全局的学习教育。要重点向农村党员、干部讲清楚科学发展观提出的历史背景、重大意义、基本内涵和精神实质，讲清楚坚持以科学发展观统领经济社会发展全局的基本要求，引导他们深刻领会科学发展观是指导发展的世界观和方法论的集中体现，是统领经济社会发展全局的根本指导原则，是加快推进社会主义现代化必须长期坚持的重要指导思想，尤其要深刻认识全面贯彻落实科学发展观必须强化对“四个坚持”、“六个必须”的理解，更好地把科学发展观落实到经济社会发展的各个方面。同时，要结合农村发展实际，深刻理解全面贯彻落实科学发展观，必须坚持以人为本，坚持把群众的根本利益作为一切工作的出发点和落脚点，让改革发展的成果惠及全体人民的要求。

3. 进行建设社会主义新农村的学习教育。要着力向农村党员、干部讲清楚建设社会主义新农村面临的新形势，讲清楚建设社会主义新农村的重大战略意义、目标要求、指导方针以及各项战略举措，引导他们深刻理解建设社会主义新农村是我国现代化进程中的重大历史任务，必须按照“生产发展、生活宽裕、乡风文明、村容整洁、管理民主”的基本要求，积极推进城乡统筹发展、推进现代农业建设、全面深化农村改革、大力发展农村公共事业；要紧密结合江苏推进社会主义新农村建设的实际，不断拓宽和创新“十一五”江苏农业和农村经济发展思路，坚持以推动城乡统筹发展为根本，以稳定提高粮食生产能力为基础，以建设现代农业为方向，以调整结构和转变农业增长方式为主线，以增加农民收入为中心任务，以改革开放为动力，以加强基础设施建设为保障，全面提高农业和农村经济发展质量。

4. 进行加强农村基层党组织建设和保持共产党员先进性的教育。要向农村党员、干部讲清楚党的十六届五中全会对党的建设和保持共产党员先进性教育活动提出的新要求，讲清楚在农村开展保持共产党员先进性教育活动的重大意义、目标要求和方法步骤。通过学习教育,进一步激发农村广大党员积极投入先进性教育活动的积极性,切实增强基层党组织的创造力、凝聚力和战斗力,增强农村党员、干部自觉实践“三个代表”、推进“两个率先”、贯彻落实科学发展观的能力和水平,从而在建设社会主义新农村的过程中,更好地履行“双带”职责,发挥好先锋模范作用。

三、时间安排和具体要求

2005年度的冬训,各地于11月下旬动员部署,12月上旬在面上展开,至2006年1月底结束。面上冬训集中培训时间不少于5天。

各地在冬训前要抽调人员深入基层搞好调查研究工作,认真分析当前农村改革发展面临的新情况新矛盾,查找影响基层党组织战斗堡垒作用、党员先锋模范作用发挥等方面的主要问题,在此基础上,确定教育重点,制定好冬训实施意见和具体方案。要以市或县(市、区)为单位,精心组织好冬训骨干的培训。要集中力量抓好冬训试点工作,及时总结推广试点经验。

冬训中,要紧扣主题,突出重点,按照省里统一规定的主要学习内容,结合当地实际,有针对性地开展教育。要注意突出重点对象,认真抓好村组以上党员、干部,乡镇机关、企事业单位党员和入党积极分子,以及当地先富起来的种植、养殖、加工等示范户和民营企业主党员的教育培训;要采取有效措施,切实加强对个体户党员、私营企业中的党员、复员退伍军人党员、离退休党员、失业失地的党员和外出流动党员的教育培训。在教育形式上,要注意统分结合,以乡镇为单位集中辅导或分片集中培训,以支部为单位分组讨论。在开展集中培训的过程中,要注意贴近实际、贴近生活、贴近普通党员,多运用群众的语言,多联系党员群众身边的事例,用数字和事实进行深入浅出、通俗易懂的教育。有条件的乡镇要根据党员结构的不同特点,进行分类培训教育。要充分发挥基层党校及其分校、农民学校、文化培训中心等阵地的作用,也可以采取组织现场参观、专题研讨、观看电化教育片等方式。对漏训、训时不够的要及时做好补训工作。要有效发挥报刊、广播电视、互联网等大众传媒的作用,以拓展冬训的覆盖面。各地要立足实际,积极探索和总结冬训工作的新做法、新途径、新经验。

四、切实加强对冬训工作的组织领导

2005年度的冬训,教育主题重大,内容丰富,任务重,要求高。各地党组织要充分认识搞好这次冬训工作的重要意义,切实加强领导,周密安排,精心组织,务必抓紧抓实抓出成效。县(市、区)委、乡镇党委的“一把手”要切实担负起第一责任人的职责。分管领导具体负责,有关部门各司其职,形成合力,确保“教育主题集中、领导精力集中、教育时间集中”。

要建立领导干部带头宣讲制度。各级党政党员领导干部要根据工作分工,建立冬训工作联系点,带头进行冬训宣讲教育。要深入开展调查研究,加强督促检查、具体指导,做好释疑解惑工作。

在党委的统一领导下,各级党委宣传部门具体负责实施冬训教育工作,要积极会同组织、农业等部门加强对冬训工作的具体指导和检查督促,保质保量地完成冬训任务。各级党委组织部门要积极配合宣传部门做好冬训的组织工作,并注意做好冬训与岁末年初在农村开展的保持共产党员先进性教育活动的有机结合。各乡镇要做好冬训的建档立卷工作,冬训结束后,及时总结,向上级党委主管部门写出书面报告。

由省补贴的冬训经费要严格按照专款专用的原则,及时发放到位。省委宣传部组织编写的冬训参考材料将随后下发。

中共江苏省委宣传部
中共江苏省委组织部
2005年11月10日
苏宣发[2005]20号

抄送:省委办公厅、省政府办公厅,中宣部办公厅,省财政厅

省委宣传部机关、直属事业单位保持共产党员先进性教育活动实施方案

根据中发〔2004〕20号文件和苏发〔2004〕21号文件及先组发[2005]20号文件精神,我部将在机关和直属事业单位全面开展保持共产党员先进性教育活动。为保证教育活动扎实有效地进行,特制订实施方案如下:

一、基本原则

以实践“三个代表”,推进“两个率先”为主线,以提高党的执政能力和执政水平为重点,紧密联系部机关和直属事业单位工作实际及党员队伍现状,把开展先进性教育活动与加强领导班子思想政治建设、廉政教育结合起来,与进一步加强机关作风建设结合起来,与推进“强基工程”结合起来,着力解决党员不符合“三个代表”重要思想,不适应“两个率先”目标要求的突出问题,教育引导全体党员牢固树立和落实科学发展观、正确政绩观,努力增强服务发展、服务基层、服务群众的自觉性,提高素质,转变作风,争做“率先发展的带头人,人民群众的贴心人,党的路线方针政策的模范执行人,廉洁奉公的清白人”。通过先进性教育活动,切实提高我部围绕中心、服务大局、为实现“两个率先”营造良好的社会和舆论环境的能力。

二、参加对象

1. 部机关和直属事业单位全体党员。

2. 离退休党员的先进性教育活动与部机关同步,主要活动一起参加,其他活动相对独立。老干部支部可根据情况自行安排一些学习活动。

三、方法步骤

根据中央和省委统一部署,我部先进性教育活动从2005年11月底开始,到2006年6月份前基本结束。其中集中学习时间从2005年11月底到2006年2月中旬。集中学习教育活动分为三个阶段。

第一阶段:学习动员(11月底至12月20日)。主要内容是动员部署、组织学习和开展讨论。

1. 动员部署。在前一段摸底调查的基础上,针对部机关和事业单位党员队伍中存在的突出问题,根据省委统一部署,制定教育活动计划并组织实施。12月5日召开动员大会,进行动员部署。各支部要安排好工作,确保党员都能参加先进性教育活动。

2. 学习培训。按照部先进性教育领导小组的要求,制定学习计划,组织党员学习,学习时间不少于40个学时。学习培训采取个人自学、专题辅导、上党课、参观访问等形式。主要学习内容:《党章》、《保持共产党员先进性教育读本》、《中共中央关于在全党开展以实践“三个代表”重要思想为主要内容的保持共产党员先进性教育活动的意见》(中发〔2004〕20号)、省委关于开展先进性教育活动的《实施意见》(苏发〔2004〕21号)、省委领导在动员大会上的讲话、省委十届九次全会精神以及先进典型事迹等,深化对邓小平理论和“三个代表”重要思想的理解,深化对党的十六大和十六届三中、四中、五中全会精神的理解,提高对加强党的执政能力建设的认识,明确新时期保持共产党员

先进性的基本要求。为保证落实学习计划，将采取交流学习心得、知识测试等形式检验学习效果。

3. 专题讨论。在广泛动员和深入学习的基础上，组织党员对照党章和中发〔2004〕20 号文件中提出的新时期保持共产党员先进性的基本要求，分专题展开讨论，明确保持共产党员先进性的具体要求和标准。

第二阶段：分析评议（12 月 21 日至 1 月 15 日）。重点抓好以下八个环节：

1. 重温入党誓词。组织全体党员回顾入党宣誓时作出的庄严承诺，提醒自己时刻不忘党员身份，永葆共产党人的先进本色。所有党员原则上能够熟记或背诵入党誓词。

2. 认真查找问题。组织党员对照新时期保持共产党员先进性的具体要求，全面总结近年来思想、工作和作风等方面的情况，重点检查不符合"三个代表"、不适应"两个率先"方面的突出问题，从世界观、人生观、价值观和权力观、地位观、利益观方面进行深刻剖析。

3. 广泛征求意见。利用年底召开全省宣传部长会议的机会，广泛听取各市委宣传部对省委宣传部各项工作的意见和建议；干部处、机关党委到与宣传部工作联系紧密的厅局征求意见和建议；机关党委和各支部采取适当方式征求党员、群众的意见和建议，并将征求到的意见如实向党员反馈；党员个人主动征求群众意见。部机关和处以上党员领导干部要率先垂范，多渠道、多层次征求有关方面的意见。

4. 开展谈心活动。党员之间、党员与群众之间广泛开展谈心活动，诚恳听取意见、沟通思想。党员领导干部要带头与党员、群众谈心，特别要主动与那些对自己有意见的同志交谈、交心、交朋友。

5. 撰写党性分析材料。在深入查找存在问题、深刻剖析思想根源的基础上，根据征求意见的情况，党员个人撰写党性分析材料。

6. 召开组织生活会。党支部召开专题组织生活会，党员自我对照检查，党员之间相互评议，开展批评与自我批评。部务会、各支部召开专题民主生活会，开展批评与自我批评，研究解决存在的突出问题。党员根据组织生活会情况修改党性分析材料。

7. 提出评议意见。党支部召开支委会，根据民主评议情况、征求到的意见和党员的一贯表现，提出对每个党员的评议意见，并报机关党委审查。

8. 反馈评议意见。经机关党委审查后，党支部将评议意见反馈给党员个人，指出存在的问题。对不履行党员义务、不具备党员条件的，认真开展批评教育，帮助他们提高认识，明确努力方向。部务会以一定方式、在一定的范围内通报民主评议情况。

第三阶段：整改提高（1 月 16 日至 2 月 12 日）。重点抓好以下三个环节。

1. 制订整改方案。针对征求到的意见和民主评议中反映的问题，党员个人、各支部和部务会分别制订整改方案，突出重点，确定时限，明确责任。

2. 落实整改措施。围绕党员和党组织存在的问题，群众反映突出的问题以及部机关内部管理方面存在的问题切实进行整改。对迫切需要解决、经过努力能够解决的突出问题，要集中时间和精力整改，确保问题有效解决。

3. 公布整改情况。在一定范围内公布整改措施和进行整改的情况。充分听取群众意见，接受群众监督。

集中学习教育基本结束后，从 2 月下旬到 6 月份，用三个月左右的时间，切实做好巩固和扩大整改成果的工作。一是对应当解决而没有解决的问题，集中力量切实解决；对短期内难以解决的问题，耐心做好解释工作，取得大家的谅解；对整改效果不好、多数群众不满意的，在上级党组织的监督下重新进行整改。二是评比表彰优秀党员、优秀党务干部和先进党支部，同时按照组织发展计划，把符合条件的先进分子吸收到党内来。三是对经教育不改、不符合条件的党员，根据党章和有关规定，把握政策界限，按照正常程序，实事求是地进行处理。对违纪党员，按照《中国共产党纪律处分条例》的规定，给予纪律处分。对问题尚未查清的，待调查清楚后再作处理。四是搞好建章立制，建立健全党员教育常抓不懈的工作机制。

上述工作结束后，部先进性教育领导小组将以适当方式在一定范围内通报先进性教育情况，并配合省督导组，通过召开座谈会、随机抽样调查、请群众代表评议、个别走访、查阅资料等途径对各单位先进性教育活动情况进行检查评估，多数群众不满意的，要及时“补课”。

四、具体要求

这次先进性教育活动政治性强，要求高，任务重，我们要按照“标准更高，要求更严，效果更好，做好工作，当好表率”的要求，用每个阶段、每个环节的扎实工作，保证先进性教育活动取得很好的实际效果，真正成为“群众满意工程”。

第一，领导率先垂范。处以上党员领导干部要结合领导班子思想政治建设，充分发挥带头、示范和指导作用。要以普通党员和领导干部的双重身份积极参加先进性教育活动。同时，要带头剖析，带头开展批评与自我批评，带头整改。在积极参加部中心组集中学习和整改的同时，要积极参加支部的对照检查，以普通党员的身份过好双重组织生活。要认真负责地抓好所在部门与单位的先进性教育活动。

第二，把学习贯穿教育活动始终。党员的先进性根本体现在思想政治素质上。开展先进性教育活动必须把学习贯穿于每一个阶段。要采取多种形式，确保学习效果。全体党员在学习过程中要保证做到学习内容、学习笔记、心得体会和学习记录“四全”，真正动手、动笔、动脑，达到真学、真懂、真用的目的。

第三，扎实开展主题实践活动。按照“为民、务实、清廉”的要求，紧密结合我部工作实际，利用“两节”期间开展形式多样的主题实践活动，为基层党员和群众办好事、办实事，使我们机关的党员干部在服务基层、服务群众的过程中进一步增强宗旨意识和群众观念，使党群干群关系进一步密切。

第四，以转变作风为重点，下功夫解决内部存在的突出问题。要以先进性教育活动为契机，进行深入学习和查摆，发现机关自身作风建设方面存在的突出问题，并进行深入整改，要把能够解决突出问题作为我部先进性教育活动成效的重要标准。

第五，坚持“开门搞教育”，不断提高先进性教育活动水平。在开展先进性教育活动中，要提高认识，创新工作，切实做到“开门搞教育”。要把宣传部的先进性教育活动置于全省工作大局来考虑和安排，从实际出发，不搞“闭门造车”。要善于借鉴和吸收前两批先进性教育活动的宝贵经验，博采众长，为我所用，不断丰富先进性教育活动的内容，提高活动水平。

第六、开展理论研讨，努力探索加强党的先进性建设的规律。围绕先进性教育活动与党的先进性建设等问题开展理论研讨，概括提炼先进性教育活动的成功经验，努力探索加强党的先进性建设的规律，力争取得理论成果。

五、组织领导和指导

开展先进性教育活动，是全党政治生活

中的一件大事。我部各级党组织都要切实增强责任感和使命感，高度重视，精心谋划，认真实施。要把不断提高思想认识贯穿先进性教育活动的始终，把解决思想问题同解决实际问题结合起来，努力做到先进性教育活动向前推进一步，党员的思想认识提高一步，各种措施的落实深入一步。

1. 加强组织领导。部成立先进性教育活动领导小组，下设办公室。部务会对先进性教育全面负责，主要领导为第一责任人；部务会成员按照分工，对联系点的先进性教育负责；各支部负责人为本单位先进性教育活动的直接责任人。部务会认真制定实施意见，切实落实领导和指导责任，一级抓一级，层层抓落实。各支部要按照部务会的总体部署，制定工作计划，切实抓紧抓好抓出成效。

2. 强化督促检查。要坚持高标准、严要求，基本步骤不能少，时间和进度必须服从质量。部先进性教育活动领导小组对各支部的教育活动情况实行全程监督，及时总结经验，督促解决问题，切实把好每个阶段、每个环节的质量关，确保先进性教育活动取得实效，不走过场。办好先进性教育活动《简报》，及时通报活动情况。

3. 坚持群众路线。要把群众路线贯穿先进性教育活动全过程，广泛征求群众意见，充分反映群众意愿。查找问题，要听群众意见；开展评议，要请群众参与；落实整改，要受群众监督。要根据每个阶段的具体任务和要求，组织群众代表参与，自觉接受群众监督和评价。先进性教育活动结束前，要对先进性教育活动进行群众满意度测评。

4. 加强舆论宣传。要紧密联系机关工作实际，在坚持基本要求的前提下，积极探索，勇于实践，大胆创新，运用行之有效的活动方式和载体，丰富活动内容，强化活动效果。要及时总结新鲜经验，使先进性教育活动充分体现时代性和创造性。要重视教育活动的宣传工作，结合先进性教育活动各个阶段的不同要求，充分发挥宣传部门的优势，搞好舆论宣传，充分运用报刊、广播、电视、图书、互联网等媒体，及时发布各种信息，大力宣传党员和党员领导干部中的先进典型，宣传先进性教育活动的做法、经验和成效，为先进性教育活动营造良好氛围，推动先进性教育活动顺利开展。

5. 科学安排工作。现在已到年末岁尾，各项工作很多。各级领导在布置工作时要合理安排，统筹兼顾，避免教育活动与日常工作“撞车”。全体党员要高度重视先进性教育活动，合理安排好自身承担的工作与教育活动两者之间的关系，以极大的热情投身先进性教育活动，确保活动收到实效。

先进性教育活动结束后，各支部要向部先进性教育活动领导小组报送总结报告。

中共江苏省委宣传部
2005年12月29日
苏宣发[2005]24号

关于开展江苏省第六届精神文明建设“五个一工程”评选工作的通知

各市委宣传部，省委党校、省教育厅，省直宣传文化系统各单位：

为做好江苏省第六届精神文明建设“五个一工程”的推荐评选工作，现将有关事宜通知如下：

一、指导思想

坚持以邓小平理论和“三个代表”重要思想为指导，贯彻十六届四中全会精神，坚持先进文化的前进方向，体现“以科学的理论武装人，以正确的舆论引导人，以高尚的精神塑造人，以优秀的作品鼓舞人”的总体要求，坚持“二为”方向、“双百”方针和“三贴近”原则，弘扬主旋律，提倡多样化，发挥优秀精神文化产品的导向示范作用，把最好的精神食粮奉献给广大人民群众。

二、参评单位和参评作品范围

江苏省第六届精神文明建设“五个一工程”评选参评单位为各市委宣传部和省有关单位部门。省有关单位部门主要包括：省委党校、省教育厅、省文联、省作协、省社科联、省社科院、省广电集团、省出版集团、省演艺集团。各市委宣传部对本市所有参评作品扎口申报，省有关参评单位对本系统下属单位或扎口单位创作的作品实行归口申报。鼓励民营文化企业创作生产的作品参加评选。

参评作品门类为：理论文章、图书、戏剧、电影、电视剧（片）、歌曲、广播剧。评选范围为2002年6月1日至2004年12月31日之间各参评单位组织创作生产的作品。

上述类别参评作品均需公开播映、演出、发表或出版，并产生较好的社会影响。其中，理论文章须在省级以上（含省级）报刊或正式出版物上公开发表；图书至少有1本为省内出版社正式出版，并且要有相当印数和发行量；戏剧作品最少要演出50场以上，影视作品要有相当的收视率和票房，广播剧要有一定的收听率，歌曲要有一定的传唱程度。

参评单位要严格按照各类作品的申报要求，做好资格审定和申报工作。

三、参评作品申报数量

各市委宣传部每类参评作品的申报数量不超过3部。省有关参评单位的参评作品申报数量如下：省教育系统的理论文章（包括文艺理论类）由省教育厅统一申报，申报总数不超过20篇；其他省级各单位参评的理论文章，自行直接申报，申报总数不超过5篇。省出版集团参评的图书作品，申报总数不超过18部；南京大学出版社、东南大学出版社、河海大学出版社、南京师范大学出版社、苏州大学出版社、中国矿业大学出版社参评的图书作品，由省新闻出版局会同省教育厅统一申报，总数不超过12部；省文联、省作协参评的图书作品，申报总数均不超过6部。省广电集团参评的电影、电视剧（片）、广播剧、歌曲作品申报总数不超过8部。省演艺集团参评的戏剧、歌曲作品申报总数不超过6部。省文联参评的电影、电视剧（片）、歌曲作品总数不超过6部。在省工商局登记注册的民营文化企业创作生产的作品直接报送省委宣传部，省委宣传部有关业务处室对作品进行评议后确定参评作品。允许两个或两个以上参评单位联合申报合作作品参评，允许合作单位通过协商由一家申报参评作品。联合申报的作品分别列入参评单位的申报作品总数。

四、申报材料要求

各参评单位要按照我部统一印制的申报表推荐作品。申报材料包括：

组织实施“五个一工程”的工作总结（20份）；参评作品“申报表”及说明材料（各15份）。

申报的理论文章，每部作品为10份。

申报的图书，每部作品单本书为5册，套书及价值较高的书为3套。

申报的电影、电视剧（片）、戏剧、歌曲、广播剧类作品，要求提供光盘10套。电影、电视剧（片）、戏剧、广播剧的剧本和歌曲的词谱各10份。光盘上要求粘贴作品类别和作品名标签。合作的作品要求提供版权和申报权证明材料。

五、申报时间

2005年2月1日开始正式申报，2月25日截止。请各参评单位按照通知要求，在申报截止日期之前将上述材料寄（送）我部。其中，理论文章寄（送）理论处，图书寄（送）新闻出版处，电影、电视剧（片）、戏剧、广播剧、歌曲寄(送)文化艺术处。

六、评选办法

对所有申报参评作品,我部将组织专家、学者和群众分门别类进行认真评选。评选分初评、复评、终评三个阶段进行,终评结果由省委宣传部部务会议讨论决定。

七、奖项设置

对"五个一工程"组织工作取得优异成绩的市委宣传部和省有关部门,授予"组织工作奖",颁发获奖证书和奖金。

对入选"五个一工程"的优秀作品,授予"入选作品一等奖"和"入选作品奖",颁发获奖证书和奖金。

组织工作奖的评选,既要考虑参评单位选题方向、入选作品和优秀作品数量,还要考察作品的社会影响及组织领导和人才培养工作情况。基本依据包括:(1)有4个门类以上作品入选;(2)单位领导重视,组织工作周密,有比较具体的年度申报作品和优秀作品创作选题规划(可跨年度)。联合申报的参评作品,作品入选后,平均计算组织工作得分。

八、评选纪律

认真执行《关于在精神文明建设"五个一工程"评选工作中严禁收受馈赠、参加宴请的规定》,保证评选工作廉洁公正。严格执行评选工作的回避制度。副省级以上现职领导个人署名(含担任主编、总策划)的作品,不在评选范围之列。省委宣传部处级以上领导干部署名的作品不参加"五个一工程"的评选。

特此通知。

附件:"五个一工程"作品申报表(略)

中共江苏省委宣传部

2005年1月27日

苏宣通[2005]10号

抄送:省委办公厅、省政府办公厅

关于印发《2005年度省直重点社科理论期刊资助办法》的通知

省直各有关社科理论期刊:

现将《2005年度省直重点社科理论期刊资助办法》印发给你们,请你们根据文件要求,结合自身实际,认真做好有关申报工作。接受申报的工作由我部理论处具体承担,申报截止时间为2005年3月22日。

附:1.《2005年度省直重点社科理论期刊资助办法》

2.《江苏省直重点社科理论期刊资助申报表》(略)

中共江苏省委宣传部

2005年3月8日

苏宣通[2005]12号

2005年度省直重点社科理论期刊资助办法

一、目的要求

为鼓励和支持省直重点社科理论期刊加强对马克思列宁主义、毛泽东思想、邓小平理论特别是"三个代表"重要思想的研究和宣传,加强对建设中国特色社会主义重大理论与实践问题的研究和宣传,培育代表我省社会科学学术形象、具有全国性重大影响并且获得国际学术界关注的精品学术期刊,决定对部分省直重点社科理论期刊的理论阵地建设、理论研究和宣传工作予以经费资助。

二、资助金额

资助金额由省社科发展专项资金拨付。

根据申报和评审情况，评出入选刊物8家—10家，各资助2万元—8万元不等。

三、具体标准

2005年度，受资助社科理论刊物须根据以下重点积极做好理论研究和宣传工作，加强理论阵地建设。

1. 开设有关马克思列宁主义、毛泽东思想、邓小平理论和“三个代表”重要思想的研究与宣传专栏，专栏年出刊次数不少于本刊年出版期数的2/3。同时，每期专栏文章不少于2篇。

2. 关注中国特色社会主义重大理论与实践问题的前沿研究，注重推出具有重要创新价值的专栏。2005年，着重关注科学发展观、加强党的执政能力建设、构建社会主义和谐社会、加强党的先进性建设等重点内容，做好深入的理论研究和宣传阐释工作。

3. 紧密配合省委省政府重大战略部署，积极组织发表“三个代表”重要思想在江苏重大实践课题的研究、咨询与宣传文章。2005年，重点关注江苏推进“两个率先”中全面建设小康社会特别是苏南部分地区率先完成全面小康指标体系的实践与思考。

4. 关注我国我省经济社会发展中的热点难点问题，立足把科学发展观贯穿“两个率先”全过程、在率先发展中积极构建社会主义和谐社会的实践探索，关注江苏工业化中期、城市化加速期和经济国际化提升期的实践发展，积极开辟相关专栏或组织相关重点文章，为党委政府提供科学决策参考，为干部群众解疑释惑。

5. 获重点资助的期刊，二次文献综合排名应进入全国权威排名前5名。

四、评审与资金拨付

1. 年初，由省委宣传部理论处发出资助评选的申报通知和申报表。各省直理论刊物根据年度资助办法要求，结合工作设想，按照年度专栏设置、重大选题策划、相关组织工作计划等内容填写申报表并按时申报。

2. 省委宣传部理论处在收到申报材料后，召开专家评审会对材料进行评审并初步确定资助名单。同时，参考上一年度各刊物理论宣传的实际工作情况和审读员阅刊意见，确定资助名单及金额。省委宣传部部务会议综合这两方面情况，最终确定年度资助名单和金额。

3. 2005年第一季度，省委宣传部按评审结果拨付年度资助资金额的30%。第四季度，根据各刊物申报计划的完成情况、对中央和省委重大工作部署的配合情况、理论宣传与阵地建设的实际工作成绩、第二年度全国权威媒体二次文献综合排名等为依据进行综合考评，在此基础上，决定是否拨付资助金额余款。

本《实施办法》由省委宣传部理论处负责解释。

关于加强和改进新闻舆论管理工作的实施意见

为增强引导舆论的本领，掌握舆论工作的主动权，促进我省新闻宣传工作健康有序发展，根据中宣部、国家广电总局和新闻出版总署的管理规定，结合我省实际，现提出如下实施意见。

一、畅通信息渠道，规范新闻发布

1. 实行新闻发布会审批制度。严格执行《江苏省新闻发布会管理暂行规定》。举办新闻发布会，须按照有关程序履行登记审批手续。原则上不允许以个人名义举办新闻发布会。凡涉及刑事案件、民事纠纷的双方，不得单方面举行新闻发布会。新闻发布会的主办单位须凭省、市委宣传部的批准文件(《新闻发布会登记表》)与新闻单位联系采访报道事宜。对未经登记审核而举办的新闻发布会,各新闻单位不得派记者出席或采访报道,违者视情节给予相应处罚。

2. 建立新闻发言人制度。在全省各有关单位、省辖市政府设立新闻发言人。新闻发言人负责确定本地区、本部门新闻发布内容,经过报批程序组织召开新闻发布会,向新闻媒体通报可公开报道的信息,负责审阅和送审新闻稿件,安排或接受记者采访。党委宣传部门建立的新闻联系人(联络员)制度与新闻发言人制度紧密衔接。

3. 坚持新闻通气例会和重要事项专题通报会制度。省委宣传部每月召开一次新闻通气会,通报情况,部署采访报道任务,提示需要注意把握的问题。涉及全省重大部署、重点工作及社会热点、敏感问题,省委宣传部会同有关部门及时召开专题通报会,发布有关信息,明确报道口径和要求。

二、合理布局报道内容,规范采访报道行为

4. 规范报纸新闻版面和广播电视新闻栏目的设置。报纸、广播、电视要坚持办报(台)宗旨,版面和栏目内容设置要与总体定位相符合。报刊涉及改版、广播电视创办新闻节目以及调整定位及播出时长,须经同级行政管理部门审批,并同时报同级党委宣传部门备案。省和各市广播电台、电视台原则上各开办一档综合性社会新闻类栏目,栏目时长原则上不超过30分钟。

5. 合理掌握一般性社会新闻报道的内容和比例。社会新闻报道必须坚持正面宣传为主,合理掌握内容布局,严格控制负面报道的比例。交通事故、各类灾害、自杀轻生、醉酒斗殴、纠纷冲突等问题类报道不得超过新闻版面、条目及时长总量的20%。不得刊登过于暴露和渲染血腥、暴力的图片,不得展示暴力、凶杀、血腥场面和作案手段等犯罪细节,不得反映媚俗、隐私和低级趣味的内容。

6. 规范重大突发事件、群体性事件及紧急事项的采访报道行为。重大突发事件及紧急事项的采访报道,严格按中宣部和省委的有关通知精神以及省委宣传部《实施办法》(苏宣通[2003]40号)、《应急预案》的要求掌握。对是否派记者以及安排哪些媒体的记者到事发现场,是否发布新闻以及以何种方式发布,均以负责处置事件的主管部门和市级以上宣传部门的意见为准,各新闻单位不得擅自安排记者作采访和报道。凡确定公开报道的重大突发事件和紧急事项,要统一使用由主管部门提供的通稿,不得随意调整和扩充内容;同时,严格执行有关部门对版面和时段以及是否出现现场画面等具体要求。

7. 严格大案要案的报道。根据《关于违纪违法大要案件公开报道的暂行规定》(苏纪发[2004]32号),由纪委组织协调查处的大要案件,如需公开报道,由纪委统一扎口管理,向新闻媒体提供通稿;由政法机关查处的大要案件,如需公开报道,由政法部门向政法委提出报道意见,政法委商纪委后统筹安排。新闻单位采访大要案件,应遵守新闻宣传纪律,并事先向纪委或政法委提交采访计划和提纲,由纪委、政法委统筹安排。新闻单位应按规定送审稿件,由接受采访的职能部门分管领导审核签字,方可进行报道。

8. 稳妥引导社会热点。对社会热点问题的引导,做到着眼全局,选好题目,因势利导,注意方式,把握好“度”。对“三农”、国企改革、就业再就业、社会保障、征地拆迁、城市拆迁等问题的报道,要稳妥把握,提出给人以启发的意见,既让群众看到解决问题的希望,又让有关部门感到是对他们工作的一种帮助。不得因炒作热点或引导不当损害党和政府的形象,引发社会不安定因素。

9. 正确实施舆论监督。本着对党和人民高度负责的精神，着眼于改进工作，对有普遍社会警示教育意义的内容有选择地加以报道，使负面报道产生正面效果；要把握好度，特别是准确度、力度和密度；要注重舆论监督的效果与导向，点名批评要慎重，舆论监督稿件刊播前，应征求有关职能部门意见，确保事实准确；不宜公开报道的问题，可通过内参反映；对宣传管理部门和相关部门已明确不宜公开发布的内容，严禁擅自报道。

三、健全监督网络，完善监督机制

10. 党委宣传部门和行政管理部门加强阅评、评议和审读工作。建立健全报纸阅评、广播电视评议和报刊审读队伍，强化对媒体的动态性监督管理。审读（听、看）报告分送省、市委主要领导和分管领导，所涉媒体及其主管单位领导。对报告中提出的问题，媒体及其主管部门要在一周内提出整改措施，并向党委宣传部门和行政管理部门作出书面报告。

11. 加强行业自律。充分发挥行业组织的监督和自律作用，各级记协是党领导的新闻工作者的人民团体，要加强对新闻从业人员的指导、协调和监督功能。省记协要尽快制定行业自律的综合性意见。要严格按照新闻工作者职业道德建设的要求，规范采编人员行为，提高从业人员素质，对新闻队伍中的不称职人员，要及时教育处理，造成较大影响的要全省通报。

12. 加强社会监督。聘请人大代表、政协委员、专家学者和有关方面人员组成新闻媒体行风监督员队伍。对行风监督员反映的问题，由有关部门转达，各媒体及其主管部门要认真调查，严肃处理，除及时将结果报相关部门外，还要向当事人及时反馈。每年组织行风监督员对媒体的报道情况进行一次综合评议，对问题突出的媒体，下达整改通知书，并视情况建议主管部门调整其领导班子，对有关责任人作出处理。

四、加强队伍建设，提高人员素质

13. 改进对新闻媒体领导班子和重要岗位职务的考核任用管理办法。制定《新闻媒体领导班子和重要部门负责人任职资格的意见》。

14. 改进和加强新闻从业人员的培训和培养工作。实行岗位培训，省委宣传部、省广电局、新闻出版局、省记协举办“总编台长培训班”、“中青年骨干培训班”、“社会文化生活类报刊总（主）编和部分频道频率总监培训班”以及“中青年记者异地锻炼采访活动”。新闻单位每年至少组织一次全员集中培训，以加强新闻队伍的政治建设、业务建设和思想道德建设。

15. 逐步推行新闻从业人员的“准入”、“禁入”制。要强化从业人员资格认定制度，编辑、记者、主持人以及广告、发行人员须经过培训、考试，持证上岗。对违反新闻管理规定，造成恶劣影响的从业人员，要调离新闻采编岗位；被新闻单位开除或解聘的，省内其他新闻媒体一律不得再予聘用。

五、切实加强领导，层层落实责任

16. 强化党委宣传部门宏观管理责任。省委宣传部门负责宏观指导，做好引导工作，及时向各地各部门通报情况和值得注意的问题。坚持和完善新闻阅评制度、新闻调研制度、新闻通气制度、新闻发布制度和谈话制度。对违规违纪的媒体，由省委宣传部联合省广电局或省新闻出版局约请媒体负责同志进行诫勉谈话。谈话内容及整改措施记录在案，作为评比、年检以及对领导班子成员进行考核的重要参考。

17. 强化行政管理部门行政监管责任。严格报刊和电台、电视台年检制度。严格新闻出版广播影视的动态管理制度。严格执行警告制度，一年内被通报批评 2 次者，视为一次警告，一年内被警告 3 次者，经省广电局、省新闻出版局上报行政主管部门批准后，给予停业整顿（停播整顿）或者吊销刊号、许可证的处罚。

18. 强化谁主管谁负责和属地管理相结合的原则。根据中央要求，实行谁主管谁负责和属地管理原则。主管单位对新闻媒体负有指导和管理责任，要明确一位领导分管所属媒体。对媒体的违规行为，除追究相关人责任外，还要追究主管部门主要领导和分管领导的责任。对属地媒体的宣传内容，党委拥有事先终审权、事后处置权。

19. 强化媒体领导班子政治责任和把关责任。报刊、电台、电视台实行社长（总编）和台长负责制，单位内部要建立健全严格的岗位责任制，实行持证上岗制度。媒体领导班子要对宣传的内容负全责。要坚持“三审三校”、“重播重审”“重大选题审批”、“重要稿件报审”等稿件审核制度，对因未审稿产生严重不良后果的，要按规定追究其领导责任。媒体之间发生矛盾，应首先向党委宣传部门、行政管理部门和主管部门反映，不得擅自在媒体上互相诋毁、攻击。对不听招呼、违规报道的媒体，实行首发责任追究制度，对抢先报道的新闻媒体负责人给予严肃处理。严禁以乱降价、乱派送等不正当手段，扰乱广告、发行（收听、收视）市场秩序，对引发混乱局面的，要根据有关规定严肃处理。

中共江苏省委宣传部
2005年4月28日
苏宣通［2005］21号

关于下发《江苏省典型宣传工作管理办法》的通知

各市委宣传部，省各部委办厅局，省各直属单位、人民团体，省各新闻单位：

《江苏省典型宣传工作管理办法》已经省委领导同意，现印发给你们，请结合实际认真贯彻实施。

中共江苏省委宣传部
2005年5月19日
苏宣通［2005］26号

抄报：中宣部，省委、省政府

江苏省典型宣传工作管理办法

为了加强和改进典型宣传工作，进一步用先进典型激励全省人民弘扬以“创业创新创优”为主要内容的新江苏精神，推进“两个率先”，构建和谐社会，建设以人为本、全面协调可持续发展的新江苏，根据中央和省委的有关要求，结合我省实际，特制定本办法。

第一章　典型的选择

第一条　先进典型是时代的先锋、社会的脊梁、群众的楷模。选准典型是典型宣传工作的重要环节。在先进典型的选择中要坚持多样性、层次性和时代性。既要选择具有在全国、全省集中宣传意义的重大典型，也要选择地方、行业和基层的一般典型；既要选择震撼力强的杰出人物，也要选择群众身边的具有丰富内涵的凡人善举；既要选择物质文明建设方面的典型，也要选择政治文明、精神文明建设方面的典型；既要选择模范恪守传统美德和社会公德的典型，也要选择与时俱进、开拓创新和时代感强的典型；既要选择典型个人和典型集体，也要选择典型经验。

第二条　在当前和今后一个时期，要着重选择认真实践“三个代表”重要思想，认真落实科学发展观,努力推进“两个率先”,构建和谐社会,为改革发展稳定做出突出贡献的典型;着重选择坚持立党为公,勤政廉洁,致富百姓,心里时刻装着人民群众的典型;着重选择弘扬“创业创新创优”精神,抢抓机遇、奋勇拼搏,实际效益在本地区、同行业中居领先地位的典型;着重选择坚持“两手抓、两手都要硬”,创建活动蓬勃开展,精神文明建设成效显著的典型;着重选择坚持科学执政、民主执政、依法执政,不断加强党组织建设,充分发挥共产党员先锋模范作用的典型;着重选择扶贫济困、见义勇为,热心公益事业,社会形象良好,具有高尚思想品德和道德情操的典型;着重选择党和政府满意、人民群众充分肯定,对全省乃至全国工作具有指导意义的典型经验。

第二章 典型的分级

第三条 省级先进典型分为重大典型、重要典型和一般典型三个等级。(1)重大典型:事迹非常突出,社会影响巨大,教育意义深远,得到干部群众广泛认可,并由省委或有关部门下发学习决定。(2)重要典型:事迹突出,社会影响较大,具有很强的教育意义,得到干部群众认可,并由省委宣传部或省委宣传部会同有关部门下发学习决定。(3)一般典型:某方面事迹突出,有一定的社会影响和教育意义,在全省组织集中宣传。

第四条 各等级先进典型的宣传规格为:(1)重大典型的宣传由省委宣传部统一组织,省及各市主要新闻媒体首轮大篇幅集中报道3次以上,同时配发评论员文章,并适时进行追踪报道;(2)重要典型的宣传由省委宣传部统一组织,省主要新闻媒体首轮大篇幅集中报道2次以上,并及时报道有关动态,南京地区媒体做好相关宣传;(3)一般典型的宣传由省委宣传部提出意见,省各新闻媒体分别进行报道,通常以较大篇幅报道1次。

第三章 典型的申报及宣传程序

第五条 省级重大典型和重要典型的申报及宣传程序为:(1)各地各部门对重大典型或重要典型认真调查,形成事迹材料,在当地或本部门先期宣传的基础上作出学习安排,深入开展学习教育活动;(2)各市委宣传部、省各有关部门视情况征得同级纪检、组织、人事、工商、税务等部门同意后,向省委宣传部提交书面报告并附事迹材料,申报作为省级重大典型或重要典型;(3)省委宣传部对事迹材料进一步调查核实,并报经省委有关领导同意,确定为省级重大典型或重要典型;(4)省委宣传部制订宣传方案,省各新闻媒体按相应规格开展各具特色的集中宣传报道;(5)省委或省委宣传部会同各有关部门作出学习安排;(6)省委宣传部会同各地各部门在全省开展形式多样的学习教育活动;(7)省委宣传部视情况报请中宣部作为全国重大典型或一般典型进行集中宣传。

第六条 省级一般典型的申报及宣传程序为:各地各部门对先进典型认真调查,形成事迹材料报省委宣传部审核后,省各新闻媒体进行宣传报道。

第四章 典型宣传的工作机制

第七条 各级党委宣传部负责组织、指导和协调各新闻媒体的典型宣传工作,并对其进行考核。要充分调动新闻工作者的积极性,让不同风格、不同受众定位、不同覆盖面的媒体,既相互配合,又各展所长,避免新闻作品的同质化现象。各新闻媒体要围绕大局,突出重点,按照党委宣传部门制订的宣传方案和报道口径,统一、有效地开展新闻报道,不得随意变更典型宣传报道计划。

各级党委宣传部要十分注意从新闻报道的线索中发现典型。各新闻单位新发现的具有在全省乃至全国集中宣传意义的先进典型,若要先期进行大分量的报道,应当事先征求党委宣传部的意见。

第八条 完善典型的表彰、奖励机制。根据典型所做贡献,由各级党委、政府或相关部门授予相应的荣誉称号。要坚持精神鼓励和物质鼓励相结合的原则,通过对典型的表彰和奖励,努力在全社会形成崇尚先进、学习先进、争当先进、赶超先进的良好风尚。

第九条 完善典型宣传的评价、反馈机制。要建构科学的信息反馈和评价系统,采取问卷调查、开座谈会、网上调查、社会调查公司评估等方式,获取群众对典型宣传工作的真实反应。典型推出后,要及时汇集、分析宣传学习动态,并作为调整和改进的重要依据。要善于进行前瞻性和战略性思考,经常听取新闻单位、大专院校、社科研究机构从事典型宣传研究的专业人士的意见和建议,提高决策的科学化和民主化水平,把典型宣传工作建立在科学、规范的基础之上。

第五章 典型宣传的组织领导

第十条 各级党委宣传部作为典型宣传工作的牵头部门,要认真担负起组织、指导和协调的职责,认真抓好典型的发现、申报、宣传等工作环节。要建立工作制度,制订规划,明确任务,抓好落实。要协同各方力量,努力形成互相配合、齐抓共管的工作格局。

第十一条 各地区、各部门、各单位要高度重视典型宣传,要围绕党委、政府的中心工作,定期分析典型宣传的形势和任务,加强调查研究,深入群众及时发现典型,立足实际积极培育典型。各地各部门都要建立先进典型数据库,对典型进行经常性的培育指导,使先进典型不断得到提高和发展。新发现的先进典型要及时向党委宣传部门推荐和申报。

第六章 附 则

第十二条 本办法由省委宣传部负责解释。

第十三条 本办法自发布之日起施行。

关于开展全省宣传文化系统“五个一批”人才培养工作的通知

省直各有关单位,各市委宣传部:

为贯彻落实《全国宣传文化系统“四个一批”人才培养工作意见》(中宣发〔2003〕26号),进一步加强全省宣传文化队伍建设和人才培养工作,结合新形势下宣传文化系统人才队伍建设的特点及我省实际,省委宣传部计划用7年时间在全省宣传文化系统开展“五个一批”人才培养工作。“五个一批”人才培养工作是指着力培养一批全面掌握邓小平理论和“三个代表”重要思想、学贯中西、联系实际的理论家,一批坚持正确导向、深入反映生活、受到群众喜爱的名记者、名编辑、名主持人,一批熟悉党和国家方针政策、社会责任感强、精通业务知识的出版家,一批紧跟时代步伐、热爱祖国和人民、艺术水平精湛的作家、艺术家,一批有驾驭市场经济能力、正确处理社会效益与经济效益关系、精通经营和管理的文化经营管理专家。现将开展全省宣传文化系统“五个一批”优秀人才培养工作的有关事项通知如下。

一、指导思想和工作原则

1. 以马列主义、毛泽东思想、邓小平理

论和“三个代表”重要思想为指导，牢牢把握先进文化的前进方向，紧紧围绕我省“两个率先”战略目标，牢固树立人才资源是第一资源的观念，坚持党管人才的原则和尊重劳动、尊重知识、尊重人才、尊重创造的方针，遵循宣传文化人才成长规律，围绕宣传思想工作大局，把培养和造就一批社科理论、新闻出版、文学艺术、经营管理领域的优秀人才摆在突出位置，努力建设一支政治强、业务精、纪律严、作风正，贴近实际、贴近生活、贴近群众的高层次专门人才队伍，为促进“两个率先”和全省宣传文化事业的发展提供强有力的人才保证。

2. 坚持德才兼备、实绩突出，培养与使用并重，能上能下、能进能出的原则。建立健全全省宣传文化系统专门人才的培养、选拔和管理机制，创新观念、创新体制、创新政策，扩大识人选人用人渠道，努力营造有利于优秀人才脱颖而出的工作机制和环境。注意在实践中发现和培养人才，真正把忠诚于马克思主义，热爱党的宣传文化事业，政治上靠得住、工作上有能力、学术上有创新、发展上有潜力的优秀人才选拔出来。尤其要高度重视德才素质好、发展潜力大的中青年专家的培养，形成年龄结构合理、专业门类齐全的高素质人才队伍。

二、目标、范围和基本条件

1. 培养目标。

计划用7年时间，在全省宣传文化系统及有关部门推荐的专门人才中，培养200名理论、新闻、出版、文学艺术、经营管理优秀人才（其中，理论界36名，新闻界56名，出版界16名，文学艺术界72名，文化产业界20名）。通过培训，使他们成为在全国相关领域有较大影响的优秀人才，并在全省宣传文化系统各个方面成为领军人物和学术带头人。

2. 选拔范围。

全省宣传文化系统，省直有关部门及相关社会团体（原则上公务员不在此列）。

3. 基本条件。

政治坚定。热爱祖国，热爱人民，热爱社会主义，认真学习马列主义、毛泽东思想、邓小平理论和“三个代表”重要思想，拥护党的路线、方针、政策，坚持“二为”方向和“双百”方针，坚持正确导向，自觉在政治上、思想上和行动上与以胡锦涛同志为总书记的党中央保持一致。

业务精湛。长期在一线工作，学风严谨，学识渊博，技艺精湛，勇于创新，经营管理经验丰富，具有较高的学术造诣、专业技术水平或创作表演水平以及经营管理水平。

品德优良。有强烈的事业心和高度的社会责任感，模范遵守国家的法律法规，遵守党的宣传纪律，具有良好的思想品德和职业道德，坚持“三贴近”，积极参与社会公益文化事业，团结协作，弘扬正气，自觉抵制不良风气。

成就突出。本职工作成绩显著，对我省宣传文化事业的繁荣和发展作出一定贡献，获得国内或省内重大奖项，在本专业领域为同行所公认，有较高知名度，在社会上有较大影响。

一般应具有大学本科以上文化程度；年龄一般在40周岁以下（含40周岁），部分专业如理论、出版、文学创作、书画艺术、经营管理等人才，其年龄可适当放宽，但不超过45周岁；身体健康。

4. 选拔方法。

从2005年至2009年，每年选拔一次，每次选拔40名左右。选拔工作按照个人申报、组织推荐、专家评审的方法，并按以下程序进行：

（1）省直各有关单位、各市委宣传部，在个人申报的基础上，按照“公开、平等、择优”的原则，负责推荐本地区、本部门候选人选，报省委宣传部干部处初审。

（2）省委宣传部干部处按照专业分类，组织专家组对初审通过的人选进行评审，评审结果报省委宣传部部务会审定。

（3）发文公布"五个一批"人才培养对象名单。

三、培养措施

1. 开展多种培训活动。举办政治理论和综合知识培训班，组织培养对象系统学习马列主义、毛泽东思想、邓小平理论和"三个代表"重要思想，学习党的路线、方针、政策，广泛涉猎现代政治、经济、科技、文化等各领域知识，树立正确的世界观、人生观和价值观，拓宽视野，开阔思路，增强政治敏锐性和政治鉴别力。安排参观考察、体验生活和基层锻炼等活动，组织培养对象进行社会考察，深入基层，体验生活，围绕人民群众关心的热点、难点问题调查研究，在实践中经受锻炼、增长才干。

2. 完善培训机制。制订全省"五个一批"人才培训计划，完善培训机制。与有关高校联合举办研修班，选调"五个一批"培养对象脱产深造。鼓励和支持培养对象自行到高校进修。与国外相关专业的高校及科研机构联系，组织培养对象出国进修考察。推荐培养对象承担重要研究项目或重大创作（演出）活动，支持他们参与国内外各种重要学术交流活动、作品研讨活动等。

3. 提供经费资助。设立"'五个一批'人才专项资金"。该资金主要用于四个方面：（1）一次性给予培养对象书报资料费3000元；（2）对培养对象承担的省级以上重点研究课题和重点项目按3:1（课题经费为3，资助经费为1）给予资助；（3）对培养对象个人创作的成果，或培养对象作为前三名主创人员参加集体创作的成果，获得国家级二等奖以上或省级一等奖以上者，给予一定数额的配套奖励。（4）对培养对象创作（或演出）所需启动经费以及召开作品研讨会等所需经费给予适当资助。其他方面，如培养对象参加重要国际学术会议、文化活动、到高校进修及深入基层体验生活等，由本人申请，经省委宣传部干部处组织有关专家评审后，可酌情给予一定的经费补助。各地区、各有关部门和用人单位也要多渠道筹措资金，对培养对象给予资助，重点支持。

"五个一批"人才专项资金"仅用于培养对象在培训期间获得的课题、成果及创作研究活动的资助。

4. 建立各项制度。建立"五个一批"人才通气会制度，定期或不定期通报党和国家重大方针政策和宣传思想战线的重点工作。建立"五个一批"人才来信来访制度，对他们反映的问题，包括生活中的困难，积极协调，妥善处理。建立跟踪考察制度，对培养对象跟踪考察，每年考评一次，每次集中培训结束时写出学习小结。建立"五个一批"人才档案，所有"五个一批"人才均列入专家库管理。

为保证培训计划的圆满完成及充分发挥培养对象的骨干作用，进入"五个一批"人才培养计划的培养对象，在培训期间不能随意缺席，完成培训计划后，除组织安排工作调动外，须在原单位工作3年以上。

5. 加大宣传力度。利用各类传媒，积极宣传"五个一批"人才的事迹及其优秀成果，尤其要加强对"五个一批"重点人物和先进典型的宣传，扩大他们的社会影响，提高其知名度。

四、培训方法

每批培养对象的培训时间为3年，按照统一目标，统一规划，统一标准，统一学习考察要求的原则，采用集中与分散相结合的方法，开展各项培训活动。

1. 集中授课。组织培养对象到国内知名高校培训。培训内容主要为公共政治理论和综合业务理论，目的是提高基础理论水平，增强综合素质。集中授课拟分两次进行（安排在第一年和第二年），每次1个月左右。

2. 国外进修。按业务类别分别组织培养对象到国外对口知名高校、重点研究机构考察、培训。内容主要为各相关专业业务，目的是提高业务水平，时间为1个月左右（安排在第二年）。

3. 实践锻炼。安排培养对象到国内权威媒体或社科机构、省内城市、农村或其他基层单位挂职锻炼，体验生活。目的是增强对现实状况的了解，增加生活积累，提高实践能力。时间6个月左右（安排在第三年）。

4. 其他方法。培养对象所在部门或单位根据自身发展需要，结合培养对象的现实状况和发展方向，可在省委宣传部规定的培训内容以外，自行增补培训内容，强化针对性培训，以增强培养对象从事本职工作的能力，促进培养对象早出成果，早日成才。

五、组织领导

全省"五个一批"人才选拔培养工作，由省委宣传部统一领导。省委宣传部干部处负责实施选拔培养工作的规划组织、督促检查和协调服务等工作。同时，组建专家评审小组，负责业务评审工作。

省直各有关单位、各市委宣传部要根据统一安排，结合本地区、本部门实际，认真做好"五个一批"人才的推荐、选拔和培养工作，并协助省委宣传部做好对培养对象的管理督促和各项培训任务的检查落实工作，以及培养对象业务进修时的各项联络工作。

从全省高校系统选拔的"五个一批"人才培养对象，由省委宣传部会同省教育厅共同协商，共同培养。

全省宣传文化系统"五个一批"人才培养工作意义重大，各级领导特别是宣传文化系统的各级领导干部要高度重视，切实把这项工作摆上重要议事日程，加强组织领导。各单位要根据统一部署和要求，结合本单位实际，努力做好"五个一批"人才的推荐、选拔和培养工作。

六、工作安排

全省"五个一批"人才的选拔培养工作从本通知下达之日起开始实施。请各有关单位接本通知后，对照选拔条件和要求，认真开展2005年"五个一批"人才候选人的选拔工作，并将候选人推荐表（一式6份）及两件代表作品于7月30日前报省委宣传部干部处。（"全省宣传文化系统'五个一批'人才推荐表"请在"人民网"上下载。人民网网址：http://www.people.com.cn，在人民网邮箱输入用户名 gbc2005，再输入密码 1234，点击"登录"，打开"收件箱"即可）。

今后各年度的选拔培养工作，将在各年度作出安排后另行通知。

中共江苏省委宣传部

2005年6月20日

苏宣通［2005］32号

抄送：省委办公厅、省政府办公厅，省委组织部、省人事厅

关于在全省大中小学生中开展爱国主义读书活动的通知

各市委宣传部、教育局：

根据省委总体工作要求和全省宣传思想工作会议精神，为了进一步加大爱国主义教育力度，省委宣传部、省教育厅决定在全省大中小学生中组织开展爱国主义读书活动。现将有关事项通知如下：

一、指导思想

以邓小平理论和"三个代表"重要思想

为指导，全面落实中共中央、国务院关于进一步加强和改进未成年人思想道德建设和大学生思想政治教育的有关意见，紧密结合江苏推进“两个率先”、构建和谐社会的实际，大力弘扬以爱国主义为核心的民族精神和以改革创新为核心的时代精神，弘扬集体主义、社会主义思想和以“创业创新创优”为核心内容的新江苏精神。通过读书活动，引导全省广大青少年树立中国特色社会主义的共同理想和正确的世界观、人生观、价值观，不断增强民族自尊心、自信心和自豪感，努力培养和造就有理想、有道德、有文化、有纪律的中国特色社会主义事业接班人。

二、活动用书

凡优秀的爱国主义书籍，都可以作为本次读书活动的用书。这里推荐由中宣部宣教局、省委宣传部和时事报告杂志社编辑出版的《镕铸中华魂》小学生版（含小学低年级版、小学高年级版）、中学生版和成人版（即大学生版）。

三、活动内容

省读书活动办公室将在全省青少年中组织开展爱国主义读书征文比赛，并将获奖作品分年龄组结集出版（力争每个省辖市出一个系列）；同时还将评选表彰爱国主义读书活动先进单位和个人，并组织其出席全省读书活动研讨会（以上两项活动的方案另发）。

各省辖市也要至少组织一项全市性的配合活动，如夏令营、知识竞赛、读书演讲等活动。各部门各学校还可通过组织参观、红色旅游、社会调查等实践活动进一步丰富爱国主义读书活动的内容。

四、时间安排

1. 2005年8月—10月，学习和开展各项活动阶段；

2. 2005年11月—12月，总结表彰阶段。

五、有关要求

一是提高认识，加强领导。在全省大中小学生中广泛开展爱国主义读书活动，是加强青少年思想道德建设和大学生思想政治教育的具体举措，是动员社会各界关心、支持、参与青少年工作，为青少年健康成长创造良好环境的有效形式。各地要充分认识其重大意义，增强责任感和使命感，精心策划，严密组织。要建立健全此次读书活动的组织协调机构，切实加强指导力度，通过组织开展丰富多彩的活动，在青少年中形成读好书用好书的良好风尚。各地党委宣传部、教育局是此次读书活动的主管部门，也可用读书活动指导委员会办公室名义来协调和组织此次读书活动。

二是开拓创新，务求实效。各地要在总结以往开展读书活动经验的基础上，进一步创新思路、创新内容、创新形式，坚持贴近实际、贴近生活、贴近青少年，不断增强读书活动的针对性和实效性。要抓住知行统一这个关键环节，按照实践育人的要求，组织开展一系列内容鲜活、形式新颖、吸引力强的活动，使青少年在自觉参与中思想情感得到熏陶，精神生活得到充实，道德境界得到升华。要把此次读书活动纳入加强和改进青少年思想道德建设之中，与“三创”精神主题教育活动结合起来，与形势政策教育结合起来，与抗日战争胜利60周年纪念活动结合起来，认真组织、精心安排，力求取得实实在在的效果。

三是大力宣传，营造氛围。各地要注意总结读书活动的典型经验，引导、带动面上工作的开展。要充分发挥各类新闻媒体的作用，大力宣传爱国主义读书活动。各学校要利用墙报、板报、橱窗、校园广播等多种形式，加强对读书教育活动的宣传引导，着力营造浓厚的读书氛围。

选择读书活动用书要本着自愿原则。严格执行“一费制”的规定，不得以开展读书活动的名义向中小学生推销、摊派、指定各种图书资料，不得由学校为学生统一征订、购买图书资料。提倡学校图书馆配备爱国主义教育方面的图书，鼓励有条件的企事业单位向贫困地区或贫困学生赠书。各地要及时将本地开展读书活动的情况向省读书活动办公室反馈（联系地址：省委宣传部宣教处。联系人：于永林，电话：025—83392601转6415，手机：13951632003）。

特此通知。

中共江苏省委宣传部

江苏省教育厅

2005年6月20日

苏宣通［2005］34号

关于实施文艺下基层“四个一”工程的通知

各市委宣传部、各市文化局、省演艺集团：

实施以组织一批优秀舞台剧目展演、省市县文艺院团下基层、高雅民族艺术进百校和百部电影送千村为主要内容的文艺下基层“四个一”工程，是服务基层、服务群众，不断满足人民群众日益增长的精神文化需求的重要举措，是推动文艺院团面向市场、走近群众，在多演出中打磨作品、培养人才的重要途径，是推进文化大省建设，为实现“两个率先”、构建和谐社会创造良好的文化条件的重要步骤。希望各市各有关部门高度重视、精心组织、务求实效。实施文艺下基层“四个一”工程的具体办法如下。

一、主要内容

1. 组织一批优秀舞台剧目在全省展演。根据各市申报和我部与省文化厅、省剧协评选，选出15台参加全省展演。这些剧目主要包括，获全国及省近两届“五个一工程”奖的作品，近年省各戏剧节获一等奖作品，入选省舞台艺术精品工程的作品，以及符合“三贴近”和“三性”统一的要求、有市场潜力的新创剧目。展演活动将集中在2005年7月至10月进行，在十运会前后形成热潮，充分展示江苏文化建设成果。展演剧目必须走出本市、面向全省，必须市场运作、争取效益。省委宣传部将根据参加展演院团的要求，做好展演工作的统筹协调工作。

2. 组织省、市、县文艺院团下基层、进社区、到工地演出1000场。各级文艺院团要牢固树立服务基层、服务群众的思想，深入到实践中去，深入到群众中去，把最好、最受老百姓欢迎的优秀文艺节目送到基层，让演员在实践中得到锻炼，让群众享受到优秀的文化成果。

3. 组织高雅民族艺术进校园演出100场。省及各市民族专业院团要长年坚持到各大高校、中小学演出，普及高雅民族艺术，努力提高广大青少年的艺术素养和艺术鉴赏力，为弘扬和传承高雅民族艺术奠定基础。

4. 继续开展百部电影送千村活动。组织一批经典老电影、爱国主义影片、抗战题材影片及有关科普影片，在苏北5市及苏南苏中革命老区的乡村免费放映。

二、组织方式

文艺下基层“四个一”工程由中共江苏省委宣传部主办，各市委宣传部和有关文艺院团具体承办。分工如下：

1. 优秀剧目展演：由省委宣传部文艺处、各市委宣传部、新世纪演出公司负责实施。新世纪演出公司负责外地剧目在南京的演出，各市委宣传部负责配合协调外地剧目在本地的演出。

2. 省、市、县文艺院团下基层：由各市委宣传部具体组织落实，并将下基层演出的剧目、地点等上报省委宣传部文艺处。

3. 民族高雅艺术进校园：由省委宣传部文艺处、省文化艺术活动中心负责实施。

4. 百部电影送千村：由省委宣传部文艺处制订总体工作方案，相关各市市委宣传部文艺处负责组织落实。

三、鼓励措施

为确保文艺下基层“四个一”工程顺利实施并取得实效，省委宣传部将采取补贴和奖励的办法，对演好戏、多演出的院团给予资助，各市也要相应给予一定的配套资金。

1. 对列入展演的剧目，将根据展演剧目的实际演出成本每场给予补贴。

2. 对各市组织院团下基层演出超过60场的奖励10万元，演出场次超过100场的奖励20万元，奖励费用由各市委宣传部根据各院团的演出绩效拨付。

3. 对开展百部电影送千村活动的有关市，放映场次超过600场的，给予10万元资助。

4. 参加展演的剧目同时又下基层或进高校的，分别计算场次补贴。

5. 今年年底省委宣传部将对在组织实施“四个一”工程中表现突出的单位和个人给予表彰。

四、检查考核

各市和有关单位对“四个一”工程所涉及的演出场次和放映场次要有记录，如演出（放映）地点、时间、联系人及电话，在活动结束时由各市委宣传部汇总审核，然后统一报省委宣传部。省委宣传部将组织抽查验收，待核定后兑现补贴和奖励费用。一旦发现弄虚作假、虚报多报的，以后不许申请任何资助。

活动期间，省委宣传部将组织省市有关媒体开展多层次、多角度、多样式的宣传、推介活动，对展演剧目的内容及艺术创新、对主创人员勇攀艺术高峰的创优精神、对我省舞台艺术创作的丰硕成果进行宣传报道。

附件：优秀剧目展演目录（略）

中共江苏省委宣传部

江苏省文化厅

2005年6月24日

苏宣通［2005］36号

关于公布江苏省宣传文化系统“五个一批”人才评审结果的通知

各市委宣传部、省直各有关单位、各有关高校：

中共中央宣传部下发《全国宣传文化系统“四个一批”人才培养工作意见》（中宣发［2003］26号）后，我省采取有力措施积极贯彻落实。前不久，中共中央政治局委员、书记处书记、中宣部部长刘云山同志到江苏考察期间，提出了宣传文化系统的人才培养要包含文化经营管理人才的意见。为贯彻中宣部文件和刘云山部长指示精神，结合新形势下江苏宣传文化队伍建设和人才培养工作实际，省委宣传部决定在全省宣传文化系统实施“五个一批”人才培养计划，即着力培养一批全面掌握邓小平理论和“三个代表”重要思想、学贯中西、联系实际的理论家，一批坚持正确导向、深入反映生活、受到群众喜爱的名记者、名编辑、名主持人，一批熟悉党和国家方针政策、社会责任感强、精通业务知识的出版家，一批紧跟时代步伐、热爱祖国和人民、艺术水平精湛的作家、艺术家，一批有驾驭市场经济能力、正确处理社会效益与经济效益关系、精通经营和管理的文化经营管理专家(以下简称“五个一批”人才)。

计划用7年时间,在全省宣传文化系统及有关部门推荐的专门人才中,培养200名理论、新闻、出版、文学艺术、经营管理等“五个一批”人才。通过培训,使他们成为在全国相关领域有较大影响的优秀人才,并在全省宣传文化系统各个方面成为领军人物和学术带头人。今年,经过个人申报、组织推荐、专家评审等程序,从全省理论、新闻、出版、文艺、文化产业领域,公开、平等、择优筛选出孙学玉等45位同志,作为首批“五个一批”人才培养对象,名单如下:

一、理论界8人

孙学玉(省委党校)、叶南客(南京社科联、南京社科院)、章寿荣(省社科院)、李克海(《群众》杂志社)、唐正东(南京大学)、刘旺洪(南京师范大学)、董德福(江苏大学)、钱学平(扬州市委党校)

二、新闻界11人

顾雷鸣(新华日报社)、陆峰(新华日报社)、李扬(新华日报社)、高顺青(省广电总台)、李响(省广电总台)、周万安(省广电总台)、刘福瀛(省广电总台)、赵文荟(南京报业集团)、周长城(南京广电集团)、高坡(苏州日报社)、凌晨(南通电台)

三、出版界3人

佘江涛(省出版集团)、王熙俊(省出版集团)、顾爱彬(省出版集团)

四、文学艺术界17人

石迎晓(省文化厅)、李洁(省演艺集团)、柯军(省演艺集团)、周东亮(省演艺集团)、召唤(省演艺集团)、管俊(省国画院)、吴为山(南京大学)、姚建萍(苏州木渎姚建萍刺绣艺术馆)、盛小芸(苏州市评弹团)、陈澄(盐城市淮剧团)、苏童(省作协)、毕飞宇(省作协)、王一梅(苏州大学)、庄道静(镇江国画院)、李政成(扬州扬剧团)、王咏梅(灌南县文联)、仇高驰(徐州教育学院)

五、文化产业界6人

李向民(省文化产业集团)、黄秉生(新华日报社)、蒋晓平(省广电总台)、陈炜(南京广电集团)、沈波(常州旅游集团)、张小雪(新世纪演出公司)

中共江苏省委宣传部
2005年10月24日
苏宣通[2005]63号

关于申报2005年度扶持苏北重点文化项目的通知

徐州、连云港、淮安、宿迁、盐城市委宣传部,市财政局:

为推动苏北文化建设,充分利用文化资源优势,大力繁荣文化事业,发展文化产业,促进苏北5市三个文明协调发展,按照《江苏省2001年—2010年文化大省建设规划纲要》的要求,省宣传文化发展专项资金在“十五”期间每年安排专项资助苏北重点文化项目建设。现将2005年度扶持苏北重点文化建设项目有关申报事项通知如下:

一、项目类别

1. 优秀作品。主要指优秀文学艺术作品的创作生产,特别是能体现城乡现代生活、反映城乡物质文明、精神文明和政治文明协调发展,深受群众喜爱的重点精神产品。

2. 特色文化。主要是地方文化资源在全国、全省具有代表性、具有地方特色(包括传统的、民间的)、具有辐射力和影响力的文化项目。

3. 优秀人才培养。培养造就服务基层、服务群众的文化业务人才、管理人才、经营人才和科技人才。

4. 先进文化载体。科技含量高的文化载体和文化信息网络建设。不包括部门和单位的楼、堂、馆、所等基本建设。

5. 其他有利于本地文化发展的项目。

二、资助

1. 对重点文化建设项目的贷款贴息。

2. 对重点文化建设项目的资助补贴。

三、要求

1. 申报截止时间为 12 月 15 日。

2. 每市项目不超过 5 个。

请各地及时做好项目论证及申报工作。

附:重点文化项目申报表(略)

中共江苏省委宣传部

江苏省财政厅

2005 年 11 月 1 日

苏宣通[2005]64 号

报刊文录

在推进“两个率先”中建设和谐社会
——在省政协九届三次会议上的讲话“摘登”

中共江苏省委书记　李源潮

刚刚过去的一年，是江苏发展历程中很不寻常的一年。全省上下在邓小平理论和“三个代表”重要思想指引下，认真落实科学发展观和宏观调控的政策措施，按照“两个率先”的要求，建设以人为本、全面协调可持续发展的新江苏，各项主要经济指标创近十年来最好水平，突出表现为“六升四降”：一是经济总量和效益同步提升，GDP增长14.5%，人均突破2万元，工业效益、地方财政均保持较高增幅。二是产业结构提升，电子信息产业首次成为江苏制造业第一产业。三是进出口占全国份额提升1.5个百分点，突破1700亿美元，实际到账注册外资保持全国第一。四是民营经济占全省GDP的比重上升到32%，注册资本比年初净增1844亿元，占全国的1/5。五是城乡居民收入上升较快，农民人均收入增加了601元，攀历史新高。六是苏中苏北工业化明显提速，民资和外资增幅已接近或超过苏南水平。七是城乡居民收入差距由上年的2.18∶1下降为2.15∶1，保持在全国最低水平。八是城镇登记失业率在前年下降0.1个百分点的基础上，进一步降至3.9%。九是排污量在近5年下降40%的基础上又下降了3.5个百分点。十是主要刑事案件发案率在连续3年下降基础上又降低2个百分点，在东部沿海省份最低。与此相应，全面小康四大类18项综合指标大多数达到时序进度，整个社会呈现政通人和、积极向上的喜人局面。

在客观总结江苏经济又快又好发展的同时，我们清醒地认识到，江苏发展中还存在不协调、不全面的问题，社会生活中还存在不公平、不稳定的现象，尤其还存在一些影响社会和谐的突出矛盾。江苏在推进“两个率先”中加快构建和谐社会，既十分必要，又非常紧迫。

实现“两个率先”是党中央对江苏本世纪头20年的发展定位，是全省人民的共同理想。省委、省政府提出今年工作要“坚持五个不动摇”，关键是坚持“两个率先”不动摇。构建社会主义和谐社会是十六届四中全会提出的重大任务，是全面建设小康社会内涵的进一步丰富，是“两个率先”目标的进一步拓展。全面落实科学发展观，加快建设以人为本、全面协调可持续发展的新江苏，必须把构建和谐社会与推进三大文明建设作为“四位一体”的任务，贯穿于“两个率先”的始终，努力建设一个经济发达、政治清明、文化繁荣、法制健全、社会安定，生态良好的和谐社会，建设一个充满活力、公平正义、团结共处、谅解宽容、各尽其能、各得其所的和谐社会。

发展的和谐是社会和谐的根本之道和物质之基。“穷生斗，富生安”。不发展、慢发展无以安居乐业，不全面、不协调难有社会和谐。我们要牢牢把握发展的战略机遇期，坚持率先发展、科学发展不动摇，在“五个统筹”上下功夫，逐步使城乡发展良性互动，区域之间携手共进，以外促内相得益彰，经济社会趋于协调，人与自然交融共生。统筹各方面发展，应突出“三个优先”，即坚持富民优先，把推动创业和扩大就业紧密结合起来，不断提高人民群众的收入水平和生活质量；坚持科教优先，大力实施科教兴省、人才强省战略，不断提高自主创新能力，培育江苏的人才优势；坚持环保优先，把积极的环境建设贯穿于发展的所有领域，确保经济持续增长、污染持续下降。统筹各方面发展，各级领导的重视固然重要，但体制机制的创新更为重要。要不断开辟解放思想的新空间，向改革开放要先进生产力，用创新的思路破解发展中的难题，唯有如此，才能保持经济社会持续快速协调健康发展的好势头，把“矛盾凸显期”变为“黄金发展期”。

利益的和谐是社会和谐的核心和要害。马克思说，“人们奋斗所争取的一切，无不同他们的利益有关。”江苏构建和谐社会，必须把维护最广大人民的根本利益放在首位，将以人为本的理念和人的全面发展追求体现到各方面工作中去，使每一个公民在履行社会义务和责任的同时，享有法定的权利、合理的收益、均等的机会和司法的正义，不因地域差异遭受歧视，不因教育差异受到压抑，不因收入差异被社会冷漠。要妥善协调和处理各种利益关系，理顺群众情绪，调解社会矛盾，形成良好的人际环境。利益的分配要实行“五个兼顾”，即兼顾国家、企业、群众的利益，努力实现“三方共赢”；兼顾发展进程中能力强的群体与能力弱的群体的利益，激励能者创大业，帮扶弱者有活干；兼顾改革中得益较多群体与得益较少群体的利益，让改革发展带来的利益增量为多数群众所共享；兼顾社会中先富群体与后富群体的利益，使全省沿着共同富裕的方向前进；兼顾不同行业群体之间的利益，合理调控收入差距，使各行各业的劳动者都能通过诚实劳动、守法经营得到实惠。要坚持发展经济、造福百姓的统一，守住江苏居民有饭吃、有衣穿、有房住的“三有”底线，逐步解决看病难，子女上学难的“两难”问题，保证江苏每个贫困家庭的子女都有接受义务教育的机会，保证江苏每个能考上大学的学生不因贫失学，努力让所有江苏人不失温饱、安居乐业。

实现社会和谐，重在建设。建设“四大江苏”是构建和谐社会的重要载体和内容。要坚持依法治省，全面建设法治江苏，用法律规范人们的行为，维护理性的社会秩序，开创良好的法制环境。要深入创建平安江苏，营造安定、安全、安宁的社会环境。要积极打造诚信江苏，把法治和德治紧密结合起来，树立讲信用、守信誉、重责任的良好风气，构建互信互利的市场环境。要加快建设绿色江苏，让人民群众拥有一个青山常在、碧水长流、清新宜人的人居环境。

和谐社会是先驱先哲们孜孜以求的理想境界，如今中共中央向我们提出了建设社会主义和谐社会的历史性任务。构建社会主义和谐社会，既不是陶渊明笔下的“桃花源”，也不是空想主义的“乌托邦”，需要激发一切创造活力，调动一切积极因素，汇聚一切发展资源，团结全省人民为之艰苦奋斗。过去的一年，省政协和广大政协委员为江苏“两个率先”付出了大量心血，作出了重要贡献。新的一年里，希望全省各级政协组织牢牢把握团结和民主两大主题，围绕“两个率先”的工作大局，更好履行三大职能，积极建言献策，为构建和谐社会作出新的更大贡献！

（原载《群众》2005年第二期）

把握意识形态工作的主动权

中共江苏省委常委、宣传部部长　孙志军

2005年是我省加快"两个率先"进程的攻坚之年，宣传思想工作统一思想、凝聚力量、振奋精神的任务很重，促进改革、加快发展、维护稳定的任务很重。我们必须正确分析和把握宣传思想工作面临的新形势、新任务，精心安排全年工作。2005年全省宣传思想工作的总体要求是：高举邓小平理论和"三个代表"重要思想伟大旗帜，全面宣传贯彻十六大和十六届四中全会精神，树立和落实科学发展观，坚持解放思想、实事求是、与时俱进，坚持贴近实际、贴近生活、贴近群众，坚持创新理念、创新内容、创新形式、创新手段，弘扬"三创"精神，推进"两个率先"，构建和谐社会，努力为改革发展稳定提供强有力的理论指导、舆论力量、精神支柱和文化条件，动员全省人民为建设以人为本、全面协调、可持续发展的新江苏而努力奋斗。2005年总的工作布局是：贯穿一条主线，突出一个主题，把握六个关键环节，围绕提高七个方面的能力整体推进宣传思想工作各项任务的落实。贯穿一条主线，就是把学习贯彻"三个代表"重要思想，学习贯彻十六大、十六届四中全会精神，学习贯彻以人为本、全面协调可持续的科学发展观作为首要任务，贯穿全年，贯穿各项工作。突出一个主题，就是弘扬"三创"精神，推进"两个率先"，构建和谐社会，形成团结奋进、昂扬向上、开拓创新、安定和谐、求真务实的主旋律。把握六个关键环节，就是抓导向，抓改革，抓创新，抓发展，抓管理，抓队伍，巩固成果，奋力开拓，不断推动宣传思想工作取得新进展、新成绩。围绕提高七个方面的能力整体推进宣传思想工作，就是抓住关键环节，抓住能带动全局的基础性、战略性工程，抓住作用大、影响大的具体实事，扎实推进以下七个方面的重点工作：

一、提高巩固马克思主义在意识形态领域指导地位的能力，着力把学习贯彻"三个代表"重要思想不断引向深入

紧紧围绕江苏"两个率先"的实践，大力推动理论创新。要坚持理论研究的针对性、应用性、前瞻性，善于从实践中推动新的理论创新，善于把实践经验进行理论提升，善于用理论创新的成果指导新的实践。要紧密联系江苏推进"两个率先"、构建和谐社会的实际，对江苏"两个率先"的积极实践作出新概括，对实现"两个率先"进程中战略性、全局性重大问题开拓新思路，对促进又快又好地实现"两个率先"的科学发展确立新对策。

紧紧抓住县处级以上领导干部这个重点群体，大力加强中心组理论学习。要着眼于把握主题，全面深刻领会胡锦涛总书记视察江苏时的重要讲话精神，把思想统一到中央对江苏发展的最新要求上来，把科学发展观贯穿到发展的整个过程和各个方面的工作中去。要着眼于学以致用，力求在思想认识上达到新的高度，在指导实践上取得新的成效，在推动工作上实现新的突破。

紧紧抓住保持共产党员先进性教育活动的重大契机，扩大理论武装覆盖面。结合中央和省委关于开展党员先进性教育活动的重大部署，认真做好有关宣传教育工作。积极推进基层党员教育和基层党校建设的创新发展，部署开展全省基层干部党员的教育轮训工作。制定《江苏省基层党校建设工作条例》，充分发挥各级各类基层党校的作用。

二、提高引导社会舆论的能力，进一步激发全社会科学发展的创造活力

要不断提高主旋律的领唱能力，为建设以人为本，全面协调、可持续发展的新江苏鼓与呼。要真正使服务大局的导向成为主导,围绕大局营造的氛围富有实效,关键在于始终保持主调高昂、主题鲜明、主线突出。今年全省宣传思想战线要紧扣"弘扬'三创'精神,推进'两个率先'、构建和谐社会"的主题,通过集中宣传、典型推广、成果展示等多种方式,上下呼应,贯穿全年,真正使这一主题成为引领干部群众前进的主导思想,成为促进江苏既快又好发展的时代强音。

要不断增强正面宣传的组织策划能力。各级宣传舆论部门要善于围绕党委政府的中心工作,策划一批重点选题,组织全方位、多体裁、系列性的报道,形成一个时期一个阶段的宣传主题,使党的主张和中心工作真正成为全社会的舆论中心。今年,特别要注重做好先进典型宣传的组织策划工作,把典型宣传当作"精品"工程来做,力争推出1个—2个在全国产生重大影响的典型,展示新时期江苏人的崭新风貌。

要不断增强把握新闻舆论导向的能力。把握正确导向,要靠有效的机制。今年围绕强化对新闻媒体的导向把握,要着重做好四个方面的工作:一是在全省推开新闻发言人制度,规范党委、政府工作的新闻发布行为。二是继续改进会议和领导人活动的报道,坚持"三贴近"原则,注重新闻价值,讲求实际效果。三是加强对重大群体性事件报道的管理和对社会热点问题的引导,完善突发事件新闻报道快速反应和应急协调机制。四是加强和改进舆论监督工作,做到客观公正,事实准确,有利于问题的解决,有利于改进工作,有利于社会稳定。

要不断增强主动出击、抢占网上舆论制高点的能力。要认真贯彻中央有关精神,高度重视互联网、手机短信等新兴传媒对社会舆论的影响,掌握新兴传媒的宣传主动权。今年省里将建立全省互联网信息安全工作联席会议制度,统一指挥和协调全省互联网信息安全工作。要加强互联网宣传队伍建设,组织一支思想素质好、懂新闻宣传、反应灵敏、熟悉网络语言的网上评论员队伍,持续不断地引导网络舆论。

三、提高构建社会主义和谐社会的能力,深入推进思想道德建设和精神文明创建

要大力弘扬和培育新时期江苏精神。以"创业创新创优"为核心的新时期江苏精神,是江苏区域综合竞争力的重要组成部分,是构建和谐社会的重要内容。宣传和培育新时期江苏精神,要密切联系改革开放和现代化建设的实践,与江苏人民的优良传统结合起来,与保持共产党员先进性教育结合起来,与宣传我省各行各业的先进模范人物结合起来,通过实现"两个率先"的生动实践来提炼,通过新时代的先进典型来弘扬,通过党员干部队伍的模范行动来引领,通过优秀文艺作品和艺术形象的创作来展现,通过城市综合环境整治和文明创建来塑造。

努力实现基层思想政治工作的新开拓。构建和谐社会关键在群众,重点在基层。今年主要是实施两个突破和两大举措。两个突破,一是在基层宣传工作主渠道、主阵地建设上有所突破,针对基层特别是农村阵地建设上存在的薄弱环节,加大扶持力度。二是在探索新群体、新领域思想政治工作新思路上有所突破,切实加强非公有制企业、流动人群、城市社区和新社团等新群体新领域的思想政治工作。两大举措,一是在全省城乡集中开展系统的形势政策教育。对干部群众关心的热点、难点问题,要加大宣传教育力度,做好解疑释惑、理顺情绪、鼓舞士气的工作。二是组织评选"思想政治工作创新奖",集中表彰一批富有新意、富有特色、富有成效的思想政治工作好方法、好手段、好经验,切实推动基层思想政治工作。

积极组织实施公民道德建设工程。在全省组织开展"诚信江苏"系列教育,宣传一批诚信企业和诚信个人。抓紧实施未成年人思想道德建设行动计划，抓好50件实事特别是12项重点专项工作的落实。以举办全省青少年才艺大赛为重点，推动“弘扬‘三创’精神，争做新一代江苏人”主题活动深入开展。以中央召开加强和改进大学生思想政治教育工作会议为契机，采取切实措施，把思想道德教育融入课堂教学、社会实践、校园文化等各个环节。今年是抗日战争暨世界反法西斯战争胜利60周年、长征胜利70周年及郑和下西洋600周年，各地要抓住契机，加大爱国主义教育力度。

广泛开展群众性精神文明创建活动。要以迎接十运会、迎接首批全国文明城市创建为契机，全面推进精神文明创建工作深入发展。按照“办好十运会、展示新江苏、推动新发展”的总体要求，部署实施“双迎双提升”计划，组织开展“创文明城市，迎十运盛会”主题创建活动。要以全国学习、宣传张家港先进典型10周年为契机，配合中宣部、中央文明办举办“中国首届全国文明创建论坛”，总结经验，探索规律，推动文明城市创建向深入发展。

四、提高满足人民群众日益增长的精神文化需求的能力，在深化改革中推动文化创新与繁荣

大力繁荣发展文化事业。一是要抓好重点精神产品生产，推动多出优秀作品。加强重大节庆纪念日的重点作品创作，要以组织实施全国第十届、省第六届精神文明建设“五个一工程”为龙头，继续推进省舞台艺术等六大精品工程的实施。要创新思路，面向市场，改革体制机制，明确扶持政策，逐步建立完善“采购订货”制，把定向创作生产和面向社会公开招标创作生产结合起来，面向社会，推出一批精神文化产品生产招标项目，引导和推动积极健康、群众受益的文化消费。二是抓好文化品牌建设。充分利用江苏优势文化资源，借鉴国际国内文化产品生产的新形态，策划、组织在全国领先或具有独创性的江苏文化品牌活动，进一步推进民族民间和特色文化保护工程。三是抓好“文化江苏”的宣传。开设名家讲坛，创办文化宣传品牌栏目，编辑“文化江苏丛书”，宣传一批江苏当代文化名人名作。四是抓好重点文化设施的建设。要进一步加大对宣传文化事业的投入力度，力争用5年左右的时间使江苏的文化设施建设走在全国前列。

全力推进文化体制改革。围绕解放和发展文化生产力，继续坚持事业产业两手抓，宣传经营两分开的思路，一手抓公益性文化事业，一手抓经营性文化产业，“两个轮子”一起转。今年，要研究制订江苏文化体制改革试点工作方案，推出一批省级文化体制改革试点地区和试点单位，以点带面，推动文化体制改革取得新进展、新突破。

着力提高基层文化服务的能力和水平。要努力构建覆盖全省、比较完备的公共文化服务体系，保证广大群众共享文化发展的成果。今年的重点是提高基层特别是农村的公共文化服务能力，通过组织“三下乡”、百部电影送千村、送戏下基层等活动，为广大农民提供经常性的文化服务。

五、提高树立江苏良好国际形象的能力，努力构建大外宣格局

要认真贯彻中央对外宣传工作会议精神，以让世界了解江苏、让江苏走向世界为总体目标，加快实施外宣工作的六大工程，落实对外宣传40件实事，拓展江苏外宣工作新领域，使江苏的主要外宣工作领先于全国，形成同我省经济社会发展水平相适应的对外宣传舆论力量。

一是注重外宣产品的制作。要面向国际市场和外国受众的需求，强化精品意识，多用海外受众易于接受的语言和方式，多用海外受众可以理解的节目和产品，以丰富多彩、生动有效的形式来贴近受众、吸引受众。同时要积极探索外宣品市场发行的办法，提高外宣产品在海外的“落地率”。

二是注重外宣活动的开展。进一步加大“走出去、请进来”的力度，精心组织开展各种主题外宣和文化交流活动。今年要着重办好“长江论坛”，使它成为世界大河流域城市企业及其研发机构广泛关注的区域性国际年会。进一步丰富对外文化交流的内容，充分利用我省经济发展优势、人文资源优势、文化品牌优势，大力拓展对外文化交流渠道，全面展示江苏悠久的文化传统，多彩的文化样式，增强对外宣传的吸引力和感染力。

三是注重外宣资源的整合。要充分调动各方面积极因素，整合外联、经贸、教育、科技、文化、旅游、体育等多方资源，把对内宣传和对外宣传结合起来，把专职队伍同社会力量结合起来，各尽所能、各展所长，形成对外宣传的整体合力。

六、提高掌握意识形态领域工作主导权的能力，切实加强对宣传文化领域的管理

要进一步明确管理职责，各地各部门要按照中央确定的“谁主管谁负责”和属地管理的原则，切实担负起领导责任、把关责任。既要管好宣传业务，又要管好经营活动；既要看好宣传阵地，又要带好自身队伍，及时发现和处理本地本领域出现的问题，不能把矛盾和问题上交。

要进一步突出管理重点，着力抓好新闻出版、社科研究机构等重点单位，抓好互联网站、手机短信、社会都市类报刊、民办社科研究机构和文化工作室、课堂论坛讲座等重点环节。确保所属舆论阵地坚持正确的舆论导向，所属文化单位提供健康向上的文化产品，所属互联网站和各种媒体成为传播有益信息的渠道，所属高等院校、党校、社科研究单位成为宣传科学理论、先进文化的重要阵地，决不给违反宪法和法律的错误观点提供传播渠道。对错误的东西要旗帜鲜明，敢抓敢管，确保先进思想文化牢牢占据主流地位，确保马克思主义在意识形态领域的指导地位不动摇。

要进一步落实管理制度，坚持和完善一些业已形成的行之有效的规章制度，如新闻通气会制度、阅评制度、违规违纪警告制度和内部通报制度，哲学社会科学讲座、论坛、报告会、研讨会管理制度等等，同时，要适应科学管理、依法管理的新形势，建立和健全一整套适应新要求的管理措施。

要进一步加强舆情信息工作，充分发挥宣传文化系统对各专门领域工作熟悉和境内外信息渠道较多的优势，建立健全社会舆情汇集、分析和预警、反馈机制，把社会舆情的触角深入到社会各个层面对各种社会现象、社会问题的深层次思考上，真实掌握社会思想动态和各种舆情信息，发现问题，及时上报，妥善处理，切实增强意识形态领域管理的针对性和有效性。

七、提高宣传思想工作队伍驾驭意识形态工作的能力，切实加强自身建设

一是抓好领导班子建设，确保宣传文化单位的领导权牢牢掌握在忠诚于马克思主义、忠诚于党和人民的人手中。要切实加强领导班子的思想建设、组织建设和作风建设。思想建设重在增强政治意识、大局意识和责任意识。组织建设重在优化结构、提高素质，加大干部培训和交流的力度，使宣传文化系统的干部真正知全局、把导向、懂业务、管本行。作风建设重在落实民主集中制，完善议事和决策机制，做到议而有决、决而有行、行而有果。

二是抓好学习型宣传干部队伍建设。按照学习型、创新型、务实型干部的要求，不断提高宣传干部的综合素质。要在全省新闻出版、文艺理论战线进一步深化和拓展“三项学习教育”活动,在全社会树立宣传干部的良好形象。要把“三项学习教育”活动同保持共产党员先进性教育紧密结合起来,使全省宣传思想工作者在学习贯彻“三个代表”重要思想的自觉性和坚定性上取得新提高,在牢固树立马克思主义唯物史观、把握宣传工作正确导向上取得新进展,在加强职业道德修养、树立良好形象上取得新成效。

三是抓好宣传文化优秀人才培养。要在全省精心组织实施理论、新闻、文艺、出版、文化产业“五个一批”人才培养工程,着力培养、推出一批在国内外有地位、有影响的拔尖文化人才,构筑江苏宣传文化人才高地。

宣传思想工作是事关党的事业发展全局的大事,是涉及全社会改革、发展、稳定的重要工作。必须把宣传思想工作放在党和政府的工作中心和大局中去看,放在推动中心任务的落实中去干,善于整合资源、调动全社会的力量共同做好工作。我们要按照省委的要求,自觉把宣传思想工作融入党委、政府的工作中心和大局中,形成党委统一领导、党政各部门和社会各方面齐抓共管、各负其责的工作体制。要按照体现时代性、把握规律性、富于创造性的要求,以“三贴近”为突破口和基本原则,大力推进宣传思想工作的观念、内容、方法、手段和体制机制不断创新。要立足现实、着眼长远,充分认识时代发展对宣传思想工作提出的新要求,适应工作对象的新需求,站在科技发展的前沿,在继承优良传统的基础上与时俱进,在总结新鲜经验的过程中开拓创新,善于把体现党的意志与反映人民心声统一起来,把丰富的内容和有效的形式统一起来,把传统宣传教育手段与现代社会动员方式统一起来,善用现代传媒手段,善用新型文化载体,善用群众性创建和社会实践活动,推动各种现代传播方式和教育手段的融合,更好地适应群众的需要和接受能力,不断增强宣传思想工作的针对性和实效性。要抓住关键、突出重点,用新思路开创新局面。着眼于巩固马克思主义指导地位,把深入的理论研究与广泛的宣传普及结合起来,及时整合新的思想理论资源,提高工作的说服力、战斗力;着眼于构建和谐社会,把解决思想问题与解决实际问题结合起来,努力整合社会各阶层各群体的利益诉求,坚持既鼓励先进又照顾多数,既统一思想又尊重差异,提高工作的贴近性、实效性;着眼于提高引导舆论的能力,扎实推进“三改进”工作,努力使主流舆论在市场上站住脚,在群众中扎下根,提高工作的公信力、亲和力;着眼于优化体制机制,把增强宏观控制力与提高微观竞争力结合起来,健全与科学执政、民主执政、依法执政相适应的宣传文化管理体制,探索建立和完善有利于理论创新的社科规划和管理机制、有利于繁荣创作生产的保障和激励机制、有利于打好主动仗的新闻快速反应和应急协调机制、有利于及时掌握思想动态的社会舆情汇集和分析机制,不断提高宣传思想工作的整体效能。要把宣传思想工作的创新与宣传文化事业的发展紧密结合起来,使创新的成效落实到加快宣传文化事业的发展上来,不断增强宣传文化事业的活力、实力和竞争力。

(原载《群众》2005年第二期)

拓展宣传思想工作新领域

周　琪

今年6月,刘云山同志在视察江苏工作时强调,要按照构建社会主义和谐社会的要求积极拓展宣传思想工作的内容、对象和渠道。近年来,泰州市在创新宣传思想工作形式、拓展宣传思想工作渠道方面进行了有益的探索,增强了宣传思想工作在构建和谐社会中的影响力。

发挥人民群众的主体作用,变被动为主动

最好的教育莫过于人民群众的自主教育。泰州市主动突破传统的单向性灌输式宣传教育的老路子,发动和引导群众开展各类形式的自主教育活动。

深入开展群众性大讨论活动。近年来,泰州市紧紧抓住广大干部群众共同关注的"兴奋点",紧扣牵动全局、事关长远的"聚焦点",先后组织开展了"新世纪泰州精神泰州人"、"富民为先,创业为本"等6次群众性大讨论活动,发动群众,直面难题,进行举全市之力、集全民之智的思想总动员,引导广大人民群众在参与中接受教育,形成共识,迸发出知我泰州、爱我泰州、兴我泰州的持久活力。

切实推进群众性民主议事活动。泰州市把基层思想政治工作与基层民主政治建设有机结合起来,创新和推广了"基层民主议事日"、"村情发言人"、"民主恳谈会"、"民情日记"、"社区论坛"等群众工作的新途径。这些创新举措用疏导的办法、群众参与的办法、民主讨论的办法,让群众由被动变为主动,由客体变为主体,由单向灌输变为双向互动,让基层群众以平等的身份和民主的渠道,对共同关心的话题充分表述自己的看法和意见,切实增强了宣传思想工作的感召力和说服力。

大力实施群众性精神文明创建活动。在创建文明城市、卫生城市等创建工作中,泰州市充分发挥人民群众的主体地位,积极组织"百姓看城建"、"百姓议创建"、"百姓评陋习"、"百姓共管理"等活动,通过让群众切身感受改革发展的成果、切身感受发生在自己身边的不文明行为,使群众受到教育,激发创建激情,自觉规范言行,以实际行动理解创建、支持创建、投身创建,共建美好家园。

发挥社会传媒的引导作用,变单向为双向

随着高科技的不断发展,社会传媒对现代社会生活的影响越来越大。泰州市主动抢占高科技领域,广泛运用现代传媒积极开展互动式宣传思想工作。

增强新闻媒体主阵地和主渠道作用。新闻媒体先后开设了"公民道德故事"、"行风热线"、"百姓议事园"、"市民论坛"等栏(节)目。"公民道德故事"栏目,用百姓身边的人和事教育引导人民群众积极投身公民道德建设,已连续举办5年,推出近500期节目,人民群众反响热烈,成为收视(听)率很高的节目之一。"百姓议事园"、"市民论坛"等栏目,围绕群众关心的热点话题,组织市民进行座谈对话,用老百姓自己的声音说身边人、议身边事,推动群众思想认识的提高。

切实加强网上宣传工作。泰州市建立起网络宣传中心,积极推进网上正面宣传与舆论引导。今年,《泰州网》、《泰州热线》等网站相继开设张云泉典型宣传专题栏目,并举办网上对话与评议活动,吸引了众多网民的参与。配合文明城市、卫生城市创建等重大活动,各网站先后开设"创建论坛"、"市民论坛"等栏目,广泛开展宣传教育活动。

重视手机短信的宣传效应。泰州市常年运用手机业务定期向党员干部发送加强思想道德建设、加强廉政建设等方面的短信。今年,泰州市又针对青少年喜爱自编自创手机短信的实际,在全市举办以"感悟张云泉、青年感动"为主要内容的青少年原创短信作品大赛,全市9300多名青少年通过手机和互联网创作、发送参赛作品,6万多人点击大赛专题网站关注大赛动态。

发挥社会组织的桥梁作用,变空白点为增长点

泰州市努力扩大宣传思想工作在社会中介组织中的覆盖面,变“空白点”为“增长点”,引导中介组织完备功能、规范运作,使其成为党委、政府联系各类社会人群的重要桥梁和纽带,协助党委、政府做好组织群众、宣传群众、管理社会的工作。

发挥律师协会的作用。在全市建立律师义务参与信访接待值班制度,定期安排律师到信访部门坐堂值班,直接面对人民群众开展法律法规和形势政策宣传教育,在提供法律咨询、法律服务、法律援助的同时,提高基层群众的法律意识、大局观念。

发挥泰州浙江商会的作用。浙商占泰州人口的比例已经超过了百分之一,泰州市大力支持浙江商会发挥自我管理的功能,发动大家主动参与扶贫济困、捐资助学、结对共建等社会公益事业,引导广大浙商争做泰州新市民,争当“和谐泰州”的建设者、奉献者。今年,浙江商会代表在泰浙商率先在全市发出“构建和谐劳动关系,建设和谐新泰州”的行动宣言,高举“和谐创业”的旗帜,产生了良好的社会反响。

充分发挥“五老”志愿者的作用。2004年,泰州市建立起“五老”志愿者服务团及5个分团,吸纳全市10 000多名老劳模、老教师等担当志愿者。众多“五老”志愿者进学校、进爱国主义教育基地、进未成年人校外活动场所,深入开展爱国主义、革命传统和民族精神教育活动,同时进网吧、进娱乐场所、进文化市场,协助政府部门加强监管工作,成为构建学校、社会、家庭“三位一体”教育网络中的重要一环,成为促进未成年人健康成长、发展成才的一支重要力量。

(原载《群众》2005年第十一期)

如何认识中国新社会结构

宋林飞

近二十年来,中国经济持续快速增长,取得了巨大的成就,有人称之为“中国经济奇迹”。这一奇迹是怎么取得的? 一是政府的力量,政府确定了现代化的目标,引导人们努力奋斗,并转变政府职能,为经济发展创造了必要的制度环境;二是市场的力量,改革计划经济体制,实行对外开放,探索市场经济的路子,通过利益机制与竞争机制调动了人们的积极性。这两种观点都有一定的解释力,但还应有新的视角、新的观点。

我提出第三种解释:是社会结构的力量,是中国社会结构的变化激活了微观经济主体,形成了经济发展的强大动力。社会结构也是“一只看不见的手”,而且是一只隐藏在市场背后推动经济发展、更深层次的“看不见的手”。过去,中国社会结构缺乏活力。封闭的户籍制度,将城乡社会结构变成为僵化的二元结构,农民、市民是两个难于融合的阶层。经过二十多年的改革开放,大批农民进入城市工作与生活,城乡居民普遍得到实惠,物质与服务消费水平大幅提高。社会结构的改善,对经济产生了巨大的活力。但目前活力仍然不够,13亿人的中国没有13亿人的市场,一些城市居民特别是一部分农村居民收入低,缺乏购买力。投资者阶层还需要扩大,中等收入者比重应该进一步扩大,同时要缩小低收入者群体。只有社会结构发生这样的变化,才能形成投资与消费双推动,中国经济才能持续快速发展。

中国经济主体多元化与生机勃勃的基础,体现了社会结构的开放与变化。其中,新兴社会群体的兴起,不仅导致微观经济主体的空前活跃,也是宏观经济活力增强的源泉。

新社会结构的发展趋势

1. 新的社会结构正在形成

如何认识当代中国社会的主体结构?我主张“五阶层说”,即工人阶层、农民阶层、知识阶层、私有阶层与管理阶层。相对于过去的二元社会结构,这种日趋多元化的社会结构可称之为“新社会结构”。其中,知识阶层、私有阶层、管理阶层都是新兴社会阶层,他们和工人阶层一样都呈扩张态势,只有农民阶层的规模在不断缩小。

中国社会科学院社会学研究所“中国社会结构变迁研究”课题组提出,阶层划分以职业分类为基础,以组织资本、经济资本和文化资本的占有状况来进行划分,我国有十个社会阶层:(1) 国家与社会管理者阶层(拥有组织资本);(2) 经理人员阶层(拥有部分组织资本和经济资本);(3) 私营企业主阶层(拥有经济资本);(4) 专业技术人员阶层(拥有文化资本);(5) 办事人员阶层(拥有少量组织资本和文化资本);(6) 个体工商户阶层(拥有少量经济资本);(7) 商业服务业员工阶层(基本没有三种资本,以下8、9、10 同此);(8) 产业工人阶层;(9) 农业劳动者阶层;(10) 城市无业、失业、半失业人员阶层。我认为,这种以职业划分的阶层,1、2 属于管理阶层;3、6 属于私有阶层;4 属于知识分子阶层;5、7、8 属于工人阶层;9 属于农民阶层。

改革开放以来,从传统的工人、农民阶层中分离出来了一些新兴的社会群体:(1) 民营科技企业的创业人员和技术人员;(2) 受聘于外资企业的管理技术人员;(3) 私营企业主;(4) 个体劳动者;(5) 自由职业者(律师、医生、软件设计师、自由撰稿人、影视明星、各类经纪人、企业形象策划师等)。其中,民营科技企业的创业人员、私营企业主、个体劳动者属于私有阶层;民营科技企业的技术人员,受聘于外资企业的技术人员、自由职业者,属于知识阶层;受聘于外资企业的管理人员,属于管理阶层。

2. 新兴社会群体的阶层化趋势

在计划经济条件下,工人和农民是我国社会的基本阶层,知识阶层是边缘阶层,干部是主导阶层。在社会生产力发展、改革开放的过程中,新兴阶层包括从农民、工人、知识分子与干部阶层中分化出来的乡镇企业职工、进城“农民工”、个体工商户、私营企业主、经理、律师等。新兴社会群体分布在各个社会阶层中,正在发展成为新社会结构的成长带。

私有阶层的成长——私有阶层的核心是私营企业主群体。农民、公有制企业经营者是私营企业主群体成员的主要来源,工人、干部是私营企业主群体成员的次要来源。私营企业发展主要依靠以下五个途径:个人技能、社会关系、贷款、公有制企业改制、违规。这五个途径都有一定的解释力。它们不同程度地对私营企业主的“第一桶金”和“原始积累”,具有重要的意义。私营企业主群体致富,主要得益于政策“红利”、劳动收入、要素分配等,但也包含通过违规途径得到的财富。违规有三种:一是违规借贷、假公济私,利用社会关系从公有制企业转移客户资源、供销渠道;二是偷税漏税、制假造假;三是走私、官商勾结转移公有资产。只因为违规致富现象比较普遍,有的地方为了解除这些私营企业主的“后顾之忧”,发出红头文件宣布不追究“原罪”。新修订的宪法规定,国家保护“合法的私有财产”,显然对于增强私营企业主的投资信心比不追究“原罪”之说更有意义。

知识阶层的成长——知识阶层是由脑力劳动者构成的,但相对独立性较低。有部分知识精英依附于私有阶层与管理阶层,也有部分知识精英的思想观念倾向于工人阶层、农民阶层。在私营经济发展的过程中,一些知名学者纷纷被聘为顾问、独立董事,拿着优厚的兼职薪金,拿谁的钱就得为谁说话。毛泽东曾经论述过中国知识分子的依附性,并形象地说:“皮之不存,毛将焉附?”现在,对于新兴的知识群体来说,“皮已生成,毛必附之。”

工人阶层的成长——工人阶层是一个不断扩大的阶层。一是从农村转移出来的劳动力不断加入传统的产业工人队伍,“农民工”成为新的工人阶层。据最近农业部提供的数据显示,每3个产业工人中就有2个来自农村。改革开放二十多年来,已经有1.3亿农民转变成乡镇企业工人,还有约1亿多农民工及其家属进入城市。进城务工人员的经济社会地位,高于家乡的农民而低于城市的市民。同时,中等专业学校和高等院校的毕业生不断加入技术工人队伍。从而,正在形成由技术工人、一般工人与“农民工”组成的工人阶层。其中,最有发展前景的新兴社会群体是知识型的技术工人。

管理阶层的成长——传统的干部队伍的变化。一是知识化,大批大学生进入各级公务员队伍;二是企业管理者群体扩大化,经理市场正在逐步形成;三是社会管理者群体扩大化,许多政府的职能转变为行业协会、社区管理等组织的职能。

新兴社会群体的成长,不仅仅表现为他们从各个社会阶层中分化出来而不断扩大规模,还突出地表现为快速形成先富起来的强势群体。

3. 基本阶层的局部弱势化趋势

在计划经济向市场经济过渡的过程中,工人和农民是社会的基本阶层。这两个基本阶层中,传统的产业工人、传统的农民是社会经济地位相对下降的群体。基本阶层局部弱势化,导致新社会结构出现某些“层沟现象”。大体有以下三种“层沟现象”存在与滋生:

第一,市民与农民。这是传统社会结构遗留下来的、尚未消除的“层沟”。改革开放以来,市民与农民在社会流动方面已经趋向平等,当然现在还没有完全平等,但市民与农民在收入方面的差距却进一步拉大。1978—2003年,城镇居民人均可支配收入从343元增加到8500元,农民人均纯收入从133元增加到2622元,城乡居民的人均收入差距,从2.58倍扩大到3.24倍。世界上多数国家城乡收入比小于1.6倍。近年来,城乡居民之间的收入差距呈现继续扩大的趋势。如果考虑城镇居民的一些隐性收入与福利补贴,实际差距则比上述统计数字更大。根据国家统计部门的计算,农村贫困人口已经从1978年的2亿多减少到2003年的3000多万,农村贫困发生率从1978年的33%下降到2003年的3%。这是一个巨大的进步,但绝对数仍有较大规模,不可忽视。

城乡收入差距的进一步扩大化,带来了城乡关系的某些紧张因素与某些城乡矛盾的加剧。中国最大的问题,可能就在这里。

第二,私营企业主与雇佣劳动者。一些私营企业主为了加快资本原始积累,在员工的工资水平、劳动保护、社会保障等方面,具有绝对剩余价值生产和相对剩余价值生产以及获得利润最大化的自发倾向。国家劳动和社会保障部于2004年年初颁布了《集体合同规定》,当年5月1日起正式实施。目前,在私营企业推行工资集体协商制度,难度比较大,但必须推开。实行这一规定,对于协调劳资关系与缓解劳资矛盾具有重要的意义。

第三,干部与群众。脱离群众就会直接影响政治与社会稳定。大量的干群关系与干群矛盾发生在基层,显然只有社会上层的警醒是不够的，还需要广大基层、中层干部增强危机意识，及时化解干群矛盾，密切干群关系。

4. 先富群体的政治化趋势。

新兴社会阶层是新时期的压力集团。其中，先富起来的工商界人士从仅关注财富迅速转向同时关注财富与权力，热情参政、议政。非公有制人士正日趋活跃在我国的政治舞台上，新兴阶层开始发挥重要作用。十届全国政协非公有制经济代表人士也远远超过了九届全国政协，全国政协委员中非公有制经济代表人士有65人，集中在工商联界。这些人不是雇工，而是大私营企业主、大企业的股东。2004年宪法修改，一个重要的动因是私营企业主关于“私有财产神圣不可侵犯”的呼声。

先富群体参政有两种形式：其一，显性参政。通过合法与正当的途径参政，主要是通过选举或委任、兼任基层干部、政府官员（红顶商人）、民意代表（各级政协委员、人大代表）。这三条途径，第一、第三条是行得通的，第二条是行不通的。现在，“红顶商人”在一些地区受到了查处，正在纷纷脱去官帽。其二，隐性参政。通过不正当或非法的途径，主要是通过贿赂基层干部、政府官员（红顶商人）。同时，通过金钱收买官员作为自己的代言人。如有些农村的先富者，在村民直选中贿选村长。

先富群体具有巨大的社会活力。让他们参政议政，有利于政治和社会发展。他们参政议政的显功能，是提高他们的社会地位；潜功能则是多方面的，包括加强社会阶层之间的融合、增加赢利的机会、引起低地位社会集团的相对剥夺感。

5. 中等收入者群体的扩大化趋势。

中等收入者群体，在某种意义上是社会中间阶层。主要由两部分人构成：一是中小私营企业主、个体工商户等“老社会中间阶层”；二是专业技术人员、经理人员、一般行政管理人员等“新社会中间阶层”。1978年以来，中等收入者群体是扩张最快的新兴社会群体。

关于中等收入者的比重，有多种估计：有人说，大中城市的中等收入者人数约占总人口的10%左右，农村比重更小。国外有媒体估计只有约5%的人口。显然，这是低估了。首先，应该找到一个标准，究竟什么样的人是中等收入者？我认为，目前还是使用收入标准，不要急于使用财产标准，不要等同于西方流行的“中产阶层”，应根据中国各地城乡居民的实际收入与生活水平来确定中等收入线为宜。中等收入的起点是小康生活水平的低标准，而不是达到小康生活水平的高标准。有人认为，年稳定收入达到人民币10万元左右，才能算中等收入者，这个标准过高。以江苏为例，如果将城乡调查队统计的“中等偏上收入”、“高收入”列为中等收入线，则中等收入者占30%。这部分人的恩格尔系数已经达到30%以下，将他们列入中等收入者群体也不是没有道理的。我认为，我国大陆的中等收入者群体大约占总人口的25%左右。具体测算如下：据2003年全国城乡居民收入调查，城镇居民人均可支配收入为8472.2元；中等偏上收入为9763.4元，人数占20.02%；高收入为13123.1元，人数占9.92%。这两种收入群体占城镇总人口的29.94%。同时，农民人均纯收入为3582元；人均纯收入为3500元—5000元的农民占13.2%；5000元以上的农民占11.85%，其中农民高收入者的比重低于城镇高收入者的比重，假定为一半，则农村高收入者比重为5.93%。农村中等收入者比重＝13.2%＋5.93%＝19.13%。全国城乡中等收入者比重＝城镇中等收入者比重×城镇人口比重＋农村中等收入者比重×农村人口比重＝29.94%×

40% +19.13% ×60% =11.98% +11.48% =23.46%。

形成中等收入者为主的社会结构大约还需要30年左右的时间。中等收入者群体不是一个独立的阶层。其中一些新兴的社会群体,独立的阶层意识并不强烈。"新中产阶级并未组成一个紧凑单纯的阶层",这是C·赖特·米尔斯对西方社会新中产阶级结构特征的一个认识。这种认识也适用于目前我国社会的中等收入者群体。

中等收入者比重较低,使得社会紧张在一段时期内还难以消除。农民,是中国最有社会结构指标意义的群体。中等收入者为主体的社会,是城市化超过50%的社会,必然是第三产业的比重超过50%的社会。中等收入者比重的扩大,将是城市化、工业化的结果。

新社会结构的运行机制

1. 双重分层机制

国内外的社会学者大多认为,在计划经济条件下,再分配机制对社会分层体系发生作用,拥有再分配权力的干部可得到更多的经济回报;在市场经济条件下,市场机制对社会分层体系发生作用,拥有知识与能力就能得到更多的经济回报。美国的社会学者提出了两个假设:一是权力贬值,二是人力资本升值(倪志伟,1989)。我们看到的实际情况表明,在计划经济向市场经济转型的过程中,不仅人力资本升值,权力也在升值,人力与权力共同成为社会分层的作用机制。

人力资本是显性升值,是日趋制度化的升值。这种制度化升值,是对知识阶层的"社会地位非一贯性"弊病的克服与纠正。所谓"社会地位非一贯性"问题,是指学历、社会地位较高而收入较低,或学历、社会地位较低但收入较高的现象。欧美、日本等一些学者对此早有论述,如美国格尔哈特·伦斯基、日本的今田高俊等。在20世纪80年代中期,"脑体倒挂"的社会分配不公现象非常普遍。有的学者认为,这很容易使知识阶层、官员阶层灰心丧气,也容易使"先富起来的人"小富即安。20世纪90年代后期,这种现象发生了明显的转变,高校实行岗位津贴制,企业专业技术人员的工资有了较大的提高。

权力升值是部分权力"资本化"与隐性升值,是少数官员通过权力寻租造成的,因此是非制度化的升值。有些学者把"组织资本"称为国家再分配权力。国家再分配权力,在计划经济体制下是经济分配的最重要机制。随着市场经济的发展,国家再分配权力在经济分配中的作用弱化,国家与社会管理者(领导干部)的经济地位相对下降。市场化和工业化加快的进程,导致的经济资本作用力增强、组织资本作用力弱化的变化轨迹,并不是直线型的。强政府与市场经济的结合,是现阶段中国市场经济的特色。这对于加快经济发展是十分重要的,有阶段性的意义,但这也是过渡性的。政府直接推动市场经济的负面影响,是"权力溢出"。有些领导干部利用手中的权力营私舞弊,主要形式是官商勾结、权钱交易。这是制度外行为,是党纪国法严厉打击的对象。2003年,共判处犯罪的县处级国家工作人员458人,地厅级73人,省部级6人。然而,权力部分"资本化"与隐性升值的腐败案例,仍然在不断发生,屡禁不止。

2. "金字塔型"向"橄榄型"的转变

当前,中国社会仍然是一种底层最大、中层与高层较小的"金字塔型"结构,而不是一种中层大、底层与高层较小的"橄榄型"结构。当中等收入阶层成为社会主体时,高收入者阶层与低收入者阶层之间的冲突就会受到阻止,社会矛盾和社会紧张程度就会大大缓和,极端思想和冲突观念就很难有市场;当中等收入者人数占社会多数时,其生活方式就会推动与稳定消费市场。因此,使“金字塔型”社会结构转变为“橄榄型”社会结构,具有重大的社会经济意义。

党的十六大报告提出:“以共同富裕为目标,扩大中等收入者比重,提高低收入者收入水平。”扩大中等收入者比重、提高低收入者收入水平,是实现共同富裕的双重推进机制。目前,政府工作的重点之一,是增强低收入群体的社会保障。2003年底,全国城市低保对象总人数已达到2235万人,比2002年底增加170万人。2003年全国累计支出低保金153亿元,其中中央财政92亿元,地方财政61亿元。全国平均城市低保标准为155元,全国平均补差水平为月人均59元。从低保对象的构成看,特困职工、失业人员及其家属约占96%,仍是城市贫困人群的主体,中西部地区、老工业基地和资源枯竭矿山集中地区低保人数相对较多。

目前,低保对象人数仍有可能增加,政府救济的压力仍然很大。在国有企业下岗职工基本生活保障向失业保险并轨过程中,一些出“再就业服务中心”不能重新就业的人员将直接进入最低保障系统。随着户籍制度改革的推进,相当多的农村人口将转为城镇人口,其中部分生活困难的需要享受最低保障。在低保人数继续增加的情况下,如果适当提高低保标准和补差水平,则全年低保资金支出将需要200亿元以上。根据2002年下半年民政部组织的“百城万户”低保抽样调查结果,城市低保对象中有63%的家庭都至少有1名重病人或慢性病患者。因此,需要建立医疗救助制度。

提高最低工资标准,也是今后一项重要任务。现在的问题是各地的最低工资标准偏低。按照国际惯例,最低工资标准应相当于职工平均工资的40%—60%左右,我国《最低工资规定》也将这一比例作为制定最低工资标准的依据之一。但近年来一些地区最低工资标准的调整速度明显低于社会平均工资的增长速度,造成标准偏低的现状。1996年—2002年,最低工资的增长速度低于平均工资增长速度1倍以上的省(市、区)有9个,占30%。2002年全国有北京、天津、上海、广东、浙江、青海等18个省份最低工资标准不到当地社会平均工资的40%。工资偏低,是近年来在广东首先出现的“民工荒”的主要经济原因。

3. *从差序格局向差距格局的转变*

费孝通先生在《乡土中国》一书中指出:“我们传统的社会结构里最基本的概念,这个人和人往来所构成的网络中的纲纪,就是一个差序,也就是伦。”“这个社会结构和架格是不能变的,变的只是利用这架格所做的事。”他还指出:“中国乡土社会的基层结构是一种我所谓‘差序格局’,是一个‘一根根私人联系所构成的网络’。这种格局和现代西洋的‘团体格局’是不同的。在团体格局里个人间的联系靠着一个共同的架子;先有了这架子,每个人结上这架子,而互相发生关联。”

新社会结构不再是原来意义上的“差序格局”了,而是正在向“差距格局”转变的一种新的混合结构。阶层之间、人与人之间还有没有“序”? 局部是存在的,但不再是制度化的了。“差序格局”的合法性危机已经发展到尽头,正在走向解体。阶层之间还是有差别的,并且有些差别有扩大的趋势。

中国社科院社会学所陆学艺等认为,按照其拥有组织、经济、文化资源的多少和有无,中国可划分为“五大社会经济等级”:社会上层、中上层、中中层、中下层、底层。什么是社会等级? 伦斯基指出:“当一个阶级的存在,权利和特权达到由法律确认的程度,这个阶级就是一个等级。”我国社会各阶层之间,有收入等重要差别,但法律规定的权利与义务区分并不显著。因而,不宜使用"社会等级"概念分析我国现阶段的社会结构。

社会结构的刚性弱化,弹性扩大,社会阶层的"换位机制"明显增强。健全的社会应当构建一个合理的阶层"换位机制"。德国社会学家卢曼从以下三个方面谈到这种机制:(1)按上、中、下等级划分的分层结构处在合理状态,其核心内容是人力资源配置高低有序,能够在总体上保证"能者"居社会等级中的"上层",其他依次居"中上、中中、中下和底层"。(2)以职业分类为基础的社会分层体系,能够把不同特长和兴趣的成员配置在适合自己的位置上,以此保证人力资源在横向上的优化配置,并使这种配置与个人价值的实现相吻合。(3)分层的合理状态必须是一种动态平衡,其游戏规则能够对社会成员起到促进和激励作用,给每一个成员合理地获得自己渴望的新的社会地位的机会。

4. 社会稳定机制

我国社会阶层的换位机制,首先是通过劳动力、技术、资本的流动实现的。要素流动创造了换位空间,政府改革举措为人们提供了换位"入场券"。农民最有热情换位,但往往拿不到换位"入场券"。拿不到就地换位"入场券"的农民,跟随亲友与邻里连锁迁移而进城务工。传统产业工人也往往拿不到换位"入场券",但他们往往有"农民工"垫底。掌握知识与资本的人们,容易拿到换位"入场券",他们也具有更大的换位空间。

国外有些社会学家对中国社会现状大惑不解:城乡居民实际收入差距已居世界前列,为什么中国还能保持基本的社会稳定?这可以有以下多种解释:第一,社会流动论。社会结构渐趋中高层化并逐步开放,人们可以通过自身努力实现向上流动。第二,发展受益论。大多数城乡居民家庭在改革发展过程中得到了实惠,纵向比较生活条件不同程度有所改善。第三,普遍温饱论。贫困人口大幅减少,基本解决了温饱问题。同时也应看到,近年来城市居民拆迁与农民失地补偿不足、失业平均时间较长等问题引发的社会矛盾在加剧。因此,应从优化社会结构这一长期行为入手,合理分配经济增长带来的财富,统筹城乡发展,加强社会风险预警与防范,积极构建和谐社会。

(原载《江海学刊》2005年第一期)

履行构建和谐社会新使命

廖 进

党的十六届四中全会审议并通过的《中共中央关于加强党的执政能力建设的决定》,立足于时代和战略的高度,面对新世纪新阶段国际国内形势的深刻变化和我们党担负的重大历史使命,阐述了加强党的执政能力建设的重要性紧迫性及其目标和任务。其中,最广泛、最充分地调动一切积极因素,不断提高构建社会主义和谐社会的能力,是加强党的执政能力建设的一项重要内容,也是我们党担当治国理政的艰巨任务、实现国家和社会长治久安所面临的重大课题。

社会主义的核心价值目标

什么是社会主义、怎样建设社会主义,是邓小平理论首要的基本理论问题。其中既包括对社会主义的价值目标的认定,也包括实现这一价值目标的路径设计与实践要求。进入新时期以来,我国的改革、发展之所以取得如此举世瞩目的成绩,就是因为对这个根本问题的认识和实践,不断取得新的突破和新的进展。进入新世纪新阶段,在全党、全国人民为实现"全面建设小康社会"

这一宏伟目标而不懈奋斗的新形势下，深刻认识并把握构建社会主义和谐社会这一核心价值目标，其重要性是不言而喻的。

和谐社会是人们共同认可并追求的人类社会的理想状态。而如今的社会主义社会作为人类历史上一切人剥削人、人压迫人的社会形态的扬弃者和替代物，势所必然地应当把构建和谐社会作为自己始终追求的价值取向与核心目标。

在人类思想发展史上，空想社会主义思想家们率先探讨了"社会主义和谐社会"的相关问题。从莫尔的"乌托邦"，到圣西门的"实业制度"和傅立叶的"法郎吉"，再到欧文的"合作公社"，都可以算作是对未来的"和谐社会"的天才猜测、良好设想和可贵实验。它们总体上虽然带有明显的空想成分，但都是马克思主义创始人创立科学社会主义的重要思想来源。我们固然不能像空想社会主义思想家那样，仅仅从表征上去谴责和批判资本主义社会的种种不公正、不和谐现象，也不应主要从道义上认识和阐述社会主义的价值目标，但这丝毫也不意味着我们可以漠视社会所内在要求的"和谐"的价值取向。

应当看到，努力追求并力争实现"和谐社会"的目标，对于社会主义社会的当前的发展乃至逐步走向未来的"大同社会"，都是至为重要的。众所周知，努力促进人的全面而自由的发展，是马克思主义关于建设社会主义新社会的本质要求。而要真正实现人的全面发展，就必须努力做到人与人和谐、人与自然和谐以及人与自我的和谐，而这"三大和谐"，又是构成社会主义"和谐社会"的基本要素。从这个意义上，我们完全可以认为，构建"和谐社会"同样是马克思主义关于建设社会主义新社会的内在要求。要真正体现上述的"全面、和谐"等基本要求，就必须认定并努力追求"五求"的具体目标，即：发展中求均衡；互动中求协调；多元中求有序；竞合中求多赢；对立中求统一。

党的神圣使命

十六届四中全会《决定》明确提出加强党的执政能力建设的新任务、新要求。党的执政能力建设作为一个总体任务，涵盖着经济、政治、文化、社会、外交以及国家主权和安全等各个方面，关系我国社会主义现代化建设的总体布局，贯通中国特色社会主义"伟大事业"和党的建设新的"伟大工程"。这一点在构建社会主义和谐社会的相关要求中，也得到充分的体现。从推进"伟大事业"的角度看，只有不断提高构建和谐社会的能力，才能不断创设有利的环境和条件，推动经济社会的全面协调和可持续发展；只有不断提高构建和谐社会的能力，才能进一步加强社会建设、管理与服务的水平，不断满足人民群众日益增长的物质文化需求；只有不断提高构建和谐社会的能力，才能正确应对并化解发生于改革发展关键时期的各种社会矛盾，维护社会的团结和稳定；只有不断提高构建和谐社会的能力，才能最广泛最充分地调动起一切积极因素，不断增强整个社会的创造活力。而从推进"伟大工程"的角度看，不断提高构建社会主义和谐社会的能力，既是巩固党执政的阶级基础，保持党的先进性、凝聚力的必然要求；也是扩大党执政的群众基础和社会基础、提高党的社会影响力和社会动员力的必然要求；更是充分认识、把握并遵循执政规律，完成党执政的历史任务的必然要求。由此我们完全有理由认定，构建社会主义和谐社会，是一项具有全局性、根本性，事关党和国家长治久安的重大战略课题。

提高构建和谐社会能力的突出重要意义，还可以从我们党对执政能力建设的全方位思考和部署中得到进一步论证。构建社会主义和谐社会的能力，是党的总体执政能力（五大能力）中不可或缺的构成要素之一，在与另外四种能力的相互作用、相互关联上，其重要性则更加充分地凸显出来。党驾驭社会主义市场经济的能力，突出地体现为遵循科学发展观的要求，推动经济持续快速协调健康发展。党发展社会主义民主政治的能力，突出地体现为坚持党的领导、人民当家作主和依法治国的有机统一。党建设先进文化的能力，突出地体现为发展民族的科学的大众的社会主义文化，不断巩固全党全国人民团结奋斗的共同的思想基础。党应对国际局势和处理国际事务的能力，则突出地体现在坚持独立自主的和平外交政策，致力维护世界和平、促进共同发展。上述党的四种执政能力的提高，无一不包涵与“和谐”相关的“协调”、“均衡”、“有序”、“统一”等内在要求。由此也充分说明，不断提高构建社会主义和谐社会的能力，是我们党在新形势下面临的一项十分艰巨、繁重的任务，更是对我们党执政地位和执政能力的严峻考验。

构建和谐社会的主要着力点

如何经受严峻考验，切实提高我们党构建社会主义和谐社会的能力？对此，党的十六届四中全会《决定》已经明晰了总体思路，并且提出了针对性、操作性都很强的5个实际举措。我们应当把它们统一起来加以领会、贯通起来加以贯彻。我国当前“发展黄金期”与“矛盾凸显期”两相交会，构建社会主义和谐社会，尤须着力把握好以下三个关键点：

统筹经济建设与社会建设。和谐的对立面是失调，构建和谐社会的根本要求，就是有效地防止经济与社会发展的失调。在经济快速发展的同时各种社会矛盾也会不断显露，倘若把握失当，就会激化矛盾甚至引发社会动荡和倒退，这是“拉美陷阱”给我们的重要警示。改革开放，尤其是确立以社会主义市场经济为目标的体制转型，使我国经济保持着快速增长的势头。但必须看到，我国某些地区和行业，片面追求政绩和GDP增长，经济运行背离了全面、协调、可持续发展的要求，社会承受力不足，各种矛盾比较突出。尤其值得重视的是，在经济增长和经济结构调整日益加快的同时，我国的社会建设和社会结构调整的步伐明显滞后，远远不能适应社会主义市场经济进一步发展的需要。因此，当前贯彻“以人为本、全面协调可持续”的科学发展观，就应当致力于统筹并协调经济建设与社会建设。在消解经济发展中不稳定因素，促进国民经济健康有序、既快又好发展的同时，更应采取切实有效的对策措施，大力推进教科文卫、环保等社会事业发展，加快健全、完善社会保障体系和机制的步伐，促进“公民社会”包括社会中介组织尽快发育、成长。

正确处理效率与公平的关系。处理好效率与公平的关系，几乎是任何社会共同面临的难题，对于构建社会主义和谐社会而言，更是一门繁复高难的“艺术”。长期以来，因受“左”的指导思想影响和计划经济体制的束缚，我们在经济政策尤其是收入分配等相关社会政策上，忽视甚至从根本上排斥效率，导致从上到下层层搞平均主义、“吃大锅饭”，严重窒息了经济发展的活力，极大地影响社会主义制度优越性的发挥。在实现体制转轨的过程中，我们党确立起“效率优先、兼顾公平”这一经济、社会政策的基本原则，应当说是完全正确并切中时弊的。然而将这一原则引渡到现实领域并使之发挥正向效应则是有条件的，即必须建立健全一整套论功行赏、奖优罚劣的规则，以确保不同的市场主体站在同一条起跑线上展开平等竞争。然而我们实际面对的却是功能不完善、体系不健全的市场条件,这就难免出现收入分配不公的负效应:社会分配中出现的差距,在很大程度上并不是由于某些社会成员自身努力的结果,而是来源于明显的机会不均等。对公平原则的破坏一旦突破临界点,就会造成公平与效率的同时丧失。因此,从构建和谐社会的要求出发,应当考虑将"效率优先、兼顾公平"的政策导向转换为"效率与公平并重"。坚持二者并重,并不排斥在实际经济生活中"效率"的优先地位,但同时必须突出"公平"在社会生活领域的优先地位。惟有坚持这样的政策导向,才能真正落实党的十六大提出的"初次分配注重效率"、"再分配注重公平"。

协调各方面利益关系。和谐社会的核心要义是利益和谐。面对我国社会生活的多样化和社会阶层不断出现的分化趋势,平衡各方面的利益关系,形成合理的社会利益格局,是构建社会主义和谐社会不容回避的新课题。和谐社会所认定的"利益观",是着眼于全社会全民族的全新利益观。它的基本要义是:在人民根本利益一致的前提下存在着不同群体不同的利益诉求;而各种具体的利益关系,包括个人利益与集体利益、局部利益与整体利益、当前利益与长远利益等,又可以在根本利益一致的基础上进行调节。由此,我们党制定并贯彻落实重大方针政策,必须既体现最大多数人的根本利益,又反映不同阶层、不同群体的特殊利益。我们既要保护发达地区、优势产业和通过辛勤劳动与合法经营先富者的发展活力,鼓励他们积极创造社会财富,更要高度重视和关心欠发达地区以及比较困难的行业和群众,特别要使困难群众的基本生活得到保障,使他们切实感受到社会主义社会的温暖,共享改革和发展的成果。这样,才能真正形成全体人民各尽所能、各得其所而又和谐相处的局面,不断巩固和扩大党执政的社会基础。

(原载《群众》2005年第一期)

关于建设社会主义新农村的思考

张颢瀚　郭玉燕

现阶段,我国全面建设小康社会已进入关键时期,为实现经济社会又快又好发展,党的十六届五中全会重新提出了建设社会主义新农村,其内涵更加丰富,对繁荣农村经济,增加农民收入,改善农村环境,缩小城乡差别,构建和谐社会,都具有十分重大的意义。

建设社会主义新农村是农村综合改革的新起点

党的十六届五中全会提出的建设社会主义新农村,是一个全新的战略思路和战略目标,是我国农村综合改革的新起点。20世纪50年代我国也曾经提出过社会主义新农村的概念,但是在当时的历史条件下,主要是和旧社会农村相对立、与社会主义新制度相适应的一个概念;改革开放以后又提出这一概念,一方面是我国工作重点转向以经济建设为中心的需要,另一方面是为了适应建设社会主义现代化的总目标。十五大以来党中央特别重视"三农"问题,把统筹城乡发展作为经济社会发展战略的重点,着力解决"三农"中间存在的问题。从经济社会发展阶段和我国城乡发展的现实状况来看,在工业化初级阶段,农业支持工业的发展,使农业发展滞后,但是当经济社会发展到一定阶段,工业就应该反哺农业,促进农村的发展,使城乡共同繁荣。从我国城乡发展的现实来看,改革开放以来,虽然城市和乡村都获得了共同的发展,但是在多数地区,城乡差距特别是相对差距却有扩大的趋势。在社会的不和谐中，城乡发展的不和谐是最大的不和谐，而这一不和谐既有经济发展阶段规律的客观作用，同时又有经济社会政策向城镇倾斜的影响，而市场经济竞争规律的作用又强化了城乡之间的差距。

在中央提出坚持以人为本，树立全面、协调、可持续的发展观，促进经济社会和人的全面发展以后，把建设社会主义新农村提上战略议程，是我国经济社会发展现阶段解决我国城乡差距、城乡发展不平衡提出的必然要求，这一新的战略任务的提出昭示着我国将对整个农村经济社会的全面发展进行总体推进，从而成为农村经济社会综合改革、全面发展的新起点。

中央在新的历史条件下提出建设社会主义新农村，是一个新的战略目标，并有着新的丰富的科学的内涵。首先，我们必须认清中央提出的这一目标的正确方向，不能偏离以免失误。其次，推进社会主义新农村建设是一个较长期的过程，必须明确阶段目标，分阶段推进。第三，社会主义新农村的推进与我国城市化进程是并行推进的，必须处理好两者相辅相成的关系。

对社会主义新农村基本内涵的理解

对于社会主义新农村的基本内容，中央明确提出"生产发展、生活宽裕、乡风文明、村落整洁、管理民主"等20字的要求，这一要求内容全面、清晰。我们认为以中央提出的20字方针为依据，结合农村现阶段的特点以及社会主义农村现代化的目标和要求，在建设社会主义新农村的过程中，应当突出"新规划、新建设、新产业、新生活、新素质"这五个方面的基本内涵，具体地讲，应从这样几个方面进行推进。

规划的科学化。在农村发展过程中，存在着较多需要解决的问题。出现诸多问题的重要原因之一是缺少科学的规划。有些村镇建设虽然有一些简单的规划，但是不科学、不系统，由此造成农村村镇建设、基础设施、产业发展的不协调或者混乱的局面。因此建设社会主义新农村的规划应是一个包括经济社会、农村产业、村镇建设、基础设施等全方位的，同时与城乡统筹协调一体的规划，这是建设社会主义新农村的应有之义，也是其前提条件。

农村的社区化。社会主义新农村由于新的内涵，即具有现代化的基本内容而有别于传统的农村，其中重要的一点就是村落的建设和管理的社区化。村落建设和管理的社区化不仅有利于节约土地、节约能源，而且有利于生活服务的社会化以及基层管理的民主化。

基础设施现代化。基础设施的现代化是社会主义新农村的基础，应当从交通、电信、信息、水利等方面综合考虑，并进行城乡统筹。基础设施现代化是推进产业化的基础，特别是信息网络化的构建为农民获取科技信息提供了及时的通道，由此会加速农民素质的快速提升。

在村落的社区化和设施现代化方面应当处理好改造、调整与新建的关系。对于那些村舍质量较好、相对集中，但是规划不科学、生活不方便的农村主要进行调整和改造；对于基础比较差的村落应当以新区建设为主，但是应当处理好新区和老区的关系。

公共服务的社会化。改革开放以来，城市公共服务的社会化迅速发展，实现了质的飞跃，而农村的公共服务变化较小，实现文化、教育、医疗、养老、社保的社会化是社会主义新农村的重要目标。

农业的产业化与市场化。社会主义新农村在经济上区别于传统农业的主要内容就是农业产业化与市场化，通过农业产业化推进产业结构的转换与提升，通过农业市场化促进龙头企业与新型合作组织的快速发展。在农村产业化中农业循环经济的潜力尤其巨大。目前大量的农业资源未能转化为农业和农村亟需的能源和建材。在建设社会主义新农村过程中循环经济的推进是重要的、不可忽视的内容,在推进农业产业化与市场化的过程中有两大观念必须注重:一是政府推动,二是中介联动。政府的推动是重要动力,而中介的联动则是解决农业产业化、市场化与国际化的中心要素。

生活方式的城镇化。社会主义新农村的重要内涵之一就是农民要有新的生活方式,而这种新的生活方式就是城镇化的生活方式,这也是农村城镇化的重要内容之一。解决生活方式的城镇化应当以水、气、电、信以及文化、医疗、卫生、生态、环境等方面作为重要目标。

推进社会主义新农村建设需要解决的问题

推进社会主义新农村的建设会有很多问题需要解决,许多重点需要突破,许多思路需要理清。我们认为,当前尤其要注重解决以下三个问题:

一是现存的体制性障碍。目前城市和乡村在许多方面仍然具有不同的体制和政策,不可能在短期内完全解决这些差别,而这些问题又必须解决。因此,哪些制度和政策必须尽快解决,哪些需要分阶段逐步解决,应当作为一个重要的问题,尽快研究或进行试点。

二是规模经营与新农村的推进。新农村推进的重要内容是农业产业化的推进,而农业产业化的推进,无论是在种植、养殖还是在生产加工上都必须推进规模经营,培育龙头企业。规模经营有利于村镇规划和农田规划,而规模经营涉及土地制度等一系列问题,因此应当注意协调与规模经营和土地制度等相关的制度、政策。

三是关于"三个集中"的问题。改革开放以来,为推进农村的发展提出了居住向城镇集中、工业向园区集中、种田向规模经营集中。这三个集中还有其他方面的集中涉及社会主义新农村的总体规划、发展目标和推进方式。而在已经进行集中的过程中出现了许多问题,如中心村的有些地区由于过度集中,出现了农村的儿童上学很不方便等,因此"三个集中"应当从村镇的空间布局、社会服务的便利、中小学教育的方便、土地规模经营等多个方面进行统筹规划、统一协调。通过对这几个方面的统筹规划使得居住、生产、生活、上学、社会服务、医疗卫生等能够协调起来。

建设社会主义新农村的有关举措

建设社会主义新农村既是一个综合改革、全面发展的新思路,同时又是中央城乡统筹战略的新发展。城乡统筹仍是建设社会主义新农村的重要内容,建设社会主义新农村也必须考虑已经实施的城乡统筹的相关内容和做法,根据这一思路,推进社会主义新农村建设,在动力机制方面,应当包括如下几个方面的工作:

1. *发挥政府的主导作用*。政府的主导是方向,涉及全局。一方面,如果忽略政府的宏观调控将会导致严重的后果,甚至可能导致我国的经济建设和社会发展偏离航向;另一方面,由于政府其自身的优势,也可以充分利用社会资源,调动社会方方面面的能动性,高质高效地进行各项建设。因此,建设社会主义新农村,一定要充分发挥政府的主导作用。

2. *发挥市场机制的作用*。建设社会主义新农村仍然是以市场机制体制改革作为基本的方向,仍需充分发挥市场机制的作用。因为只有发挥市场机制的作用才能激发农民的活力,发掘方方面面的潜力,激活国内与国际可以利用的所有资源。

3. 推动中介合作组织。中介合作组织包括商贸中介合作组织和科技中介合作组织等。中介合作组织由于其自身的特点,在分工日益细化和职能化成为趋势的今天,起着沟通社会和政府的桥梁的作用。因此,建设社会主义新农村必须大力推动中介合作组织的成长与发展。

4. 大力实施统筹城乡发展战略。包括统筹城乡基础设施、统筹城乡社会事业、统筹城乡财政支出等。城乡差距的一个重要方面就是城乡基础设施差距大,必须加大力度,从水、气、电、信、文化、医疗、卫生等方面入手,加强农村的基础设施建设。另一个最显著的差距在于城乡社会事业的差距,城乡社会事业存在典型的二元结构,这是建设社会主义新农村的重点之一。同时,改革开放以来,农业支持工业,财政主要向城市倾斜,今后应逐渐向农村倾斜。一方面我国有了这方面的财政条件;另一方面这也是所有发达国家推进农村现代化的普遍做法。

5. 创新农业发展思路。创新农业发展思路包括农业的产业化、工业化、园区化、社会化、市场化和国际化,从农业产业本身的规律和特点来看,创新农业发展思路必须注重农业、副业、养殖业、加工业之间的产业链关系,这是决定农业产业升级的关键要素。总之,建设社会主义新农村是一项全新事业,必须用创新的思路谋求发展。

(原载《群众》2005 年第十二期)

科学构建社会主义和谐社会

钱伯华

建设和谐社会、共沐社会和谐,是古今中外许多人梦寐以求的美好理想。然而,理想能否实现,关键不在于它是否美好,而在于它是否科学——科学地构想、科学地实践。中外历史上出现过的"理想国"、"桃花源"、"乌托邦"等,虽是美好之至,然却源于空想、归于乌有,盖因缺少现实性、特别是科学性而致。今天,我们构建社会主义和谐社会,最关键的是,要创造性地运用马克思主义去科学构想社会主义和谐社会,创造性地运用科学发展观去科学创建社会主义和谐社会。

创造性地运用马克思主义,科学构想社会主义和谐社会

一、创造性地运用马克思主义哲学,科学揭示、正确把握社会主义和谐社会的本质规定和历史法则,只有正确的哲学才能为人们提供正确认识和改造世界的世界观和方法论。我们构建社会主义和谐社会,务必依据最正确的哲学——马克思主义哲学

由于马克思主义哲学诞生和首次鼎盛于革命时期,着重突出了斗争性的一面,以至于马克思主义哲学被称为"斗争哲学"。这在当时无疑是正确的!问题是,在进入以和平建设为主要任务的社会主义时期,马克思主义哲学在革命斗争特殊时期凸显的斗争性的一面,一度被错误地曲解和扩大,而在社会主义国家包括我国出现了严重的"左"的错误,造成了极大的破坏。

今天,我们当然决不能奉行被"左"的思想曲解的"斗争哲学",但也不能在思想上继续把马克思主义哲学完全等同于"斗争哲学",而对以往被突出斗争性的"对立统一"等哲学理论讳言忌论,退避三舍。正确的态度应当是,与时俱进地发展马克思主义哲学,根据中国特色社会主义推进和平建设、构建和谐社会的历史使命和实践需要,把马克思主义哲学从阶级斗争时期及对抗状态下的"斗争哲学",创造性地发展为和平建设、和谐社会时期及非对抗状态下的

"发展哲学"、"竞合哲学"、"和谐哲学"。其中,最根本的是要将对立统一规律中的同一性的作用,上升到它在事物发展、特别是在和谐社会建设中应有的重要地位。

关于同一性,列宁和毛泽东都使用过许多不同的术语,从不同侧面揭示了矛盾同一性内容的丰富性和形式的多样性,主要是讲,矛盾的同一性或统一性是指矛盾着的对立面之间内在的、有机的、不可分割的联系,这种联系使对立双方不仅有一个共同的基础、而且还包含有某些共同之点,在未解体之前双方处于既相互排斥、又相互吸引的平衡之中。同一性的具体作用主要表现在三个方面:一是使矛盾双方联为一体,互为条件,相互依存。矛盾双方的同一是发展中的同一,既可能是双方的此消彼长,也可能是双方的共生相长。二是矛盾双方互相利用,互相促进,互相吸取有利于自身的因素,相辅相成,共同发展。三是矛盾双方互相贯通,或在贯通中互相转化,并由此规定或影响事物发展的基本趋势。总之,矛盾的同一性在促进事物发展、特别是在构建和谐社会中,具有独特的重要作用。

当然,我们知道物极必反的道理,切不可把"同一性"的作用推向极端。亦不可把"同一"错误理解为"相同"或"一律",务必充分认识到中国古代思想家早已阐明的"和而不同,同则不继"的深刻道理。

另一方面,必须防止对马克思主义哲学意义的"斗争性",以及其他科学正确的"斗争"范畴,一概加以否定和摒弃,而走向另一个极端。正确的态度应该是,基于建设中国特色社会主义的实际,科学认识、正确把握和发挥马克思主义哲学意义上的"斗争性"本来应有的作用。同时,赋予"斗争"以"竞争、奋斗、比拼、较量、交锋"等新的含义,赋予非对抗性矛盾尽可能温和、适宜、适度的"斗争"途径、手段、形式、方式和方法,打开"斗争"的多种"通道",给"斗争"各方以最佳出路和共赢结局,使之达到对各方面都最有利的效果。对于对抗性矛盾,则坚决采取克敌制胜的斗争原则与手段。

此外,还必须紧紧抓住普遍联系和运动发展这一唯物辩证法的特质和主线,动态地理清和处理好社会内部外部的各种联系及其辩证关系,这是建设和谐社会的根本要求。在注重运用好对立统一规律的同时,还应充分运用质量互变规律,既定性又定量地做好社会和谐的各项工作,既从质的规定性上把握好大局和主流,又把量的积累作为抓手,从每个人做起,从点滴抓起;充分运用否定之否定规律,动态地而不是静态地不断推进和谐社会的建设,使之从初级阶段、较低层次的和谐,向更高阶段、更高层次的和谐提升和迈进,从而既防止好高骛远、不切实际,又防止一劳永逸、不思进取;充分运用历史唯物主义的基本原理,科学研究、正确指导社会主义和谐社会的基本矛盾运动。

总之,我们要创造性地运用马克思主义哲学,科学揭示、正确把握社会主义和谐社会的本质规定和历史法则,这就是——在一个由马克思主义为指导的先进政党执政、由广大人民掌握最高权力并充分享有各种权益的社会主义社会,按照客观规律,适应世界大势,不断提高社会素质、优化社会结构、完善社会系统,全面辩证地正确处理不断运动变化的普遍联系和基本矛盾,使之遵循"对立统一"、"质量互变"、"否定之否定"等基本规律,在不断解决各种矛盾、调适各种关系、协调各个方面、衔接各个过程中,使整个社会系统处于良性运行、健康发展的正常秩序和上升态势。

二、创造性地运用科学社会主义理论,科学确立、正确把握社会主义和谐社会的时代内涵和历史课题

与以往中外历史上的"和谐社会"理想

最大的不同是，我们要创建的和谐社会是社会主义的和谐社会，是基于科学社会主义、特别是当代中国的科学社会主义——中国特色社会主义的理论和实践。

首先，要创造性地运用马克思主义将社会主义由空想变成科学的成功经验，把和谐社会的理想完完全全地置于当代中国的现实基础上。为此，必须从深层次科学认识、正确把握和谐社会发展的主体、客体及其构成，整个系统及其体系和普遍联系，各相关方面运动、变化及其相互作用的过程，进而从中研究探索出构建社会主义和谐社会的科学体系、客观规律、发展道路，以及具体方案、任务、目标、途径、手段、方式、方法，并且正确确立构建社会主义和谐社会的历史主体与领导力量、社会客体及工作对象，充分形成构建社会主义和谐社会的内在动力、外部压力和整体活力。其中，最重要的是，既要防止过于理想化地空想、虚构和谐社会，又要防止简单化、庸俗化地图解和谐社会；既要放眼长远总体谋划“千里之行”的总历程，又要立足当前具体迈好“始于足下”的每一步。

进而，要创造性地运用当代中国的马克思主义——邓小平理论和“三个代表”重要思想，科学确立社会主义和谐社会的时代内涵和历史课题。在当代中国，建设社会主义和谐社会的时代内涵和历史课题应是——全党和全国人民基于社会主义初级阶段的基本国情，共同探索和遵循共产党执政规律、社会主义建设规律和人类社会发展规律，共同致力解决广大人民日益增长的物质文化需要同落后的社会生产之间的社会主要矛盾，共同致力推进经济建设、政治建设、文化建设、社会建设“四位一体”的社会主义建设，正确处理、不断调适生产力和生产关系、经济基础和上层建筑之间的社会基本矛盾，以及新时期不断出现的各种社会矛盾和人民内部矛盾，不断理顺和妥善处理社会内部与外部、人与人、人与社会、人与自然等各方面关系，高度重视、及早预防和切实解决各种可能导致关系紧张、矛盾加剧、发展失衡、比例失调的经济社会问题，在深化改革、加快发展和扩大开放中树立起经济、政治、文化、社会的“擎天柱”，支撑和架构社会主义和谐社会的“时代大厦”。

三、创造性地运用马克思主义政治经济学，科学探索、正确把握社会主义和谐社会的发展动因和历史进程

我们所要建立的和谐社会，不是那种自给自足、维持简单再生产，人人安贫乐道、小富即安，整个历史在一个断层或平面内封闭循环、没有螺旋式上升和跨越式前进的平庸社会，而是充满强大的发展动力、竞争压力和创新活力的社会，是使人们不断产生新的物质文化需要、社会和人们自身不断为满足这种需要而共同努力的社会，是因此不断产生随即又不断解决新的矛盾和新的不平衡、在协调有序地发展中达到新的平衡、实现螺旋式上升或跨越式前进的和谐社会。核心和关键是解决好发展动因，把握好历史进程，基于成为我国新的发展动因的社会主义市场经济，科学正确地构建与这一发展阶段和历史进程相适应的“和谐社会”。其中最重要的是，正确理解、科学运用马克思主义物质利益原则，正确对待、积极发挥社会主义市场经济及其价值规律和“竞合”原则的作用，正确处理效率优先与兼顾公平的关系，适应市场经济不同发展阶段物质文明、政治文明、精神文明、社会文明的不同水平，相应提出构建和谐社会的阶段性目标、任务和举措。

创造性地运用科学发展观，
科学创建社会主义和谐社会

一、创造性地运用科学发展观，科学构

筑社会主义和谐社会的总体架构

一方面，创造性地运用科学发展观，从理论体系上科学构筑社会主义和谐社会的总体架构，形成全面系统、科学完善的理论体系。最重要的是，将“以人为本、全面辩证、科学先进，总揽全局、统筹兼顾、正确处理各种关系，推动经济、社会、人和自然全面协调、科学高效、长期持续发展”等科学发展观的精髓要义，作为根本指针和主要红线，基以界定社会主义和谐社会的基本内涵，确立社会主义和谐社会的基本理论，处理构建社会主义和谐社会过程中的各种辩证关系，拿出正确处理这些辩证关系的总体方略和基本主张。挈要而论，我国社会主义和谐社会的总体目标和架构大体应是——与全面小康和社会主义现代化建设的目标、进程和路径相适应，建设民主法治、公平正义、诚信友爱、充满活力、安定有序、人与自然和谐相处的社会。为此，必须“四位一体”地大力推进经济建设、政治建设、文化建设和社会建设，由此加快推进经济、社会、人和自然的科学发展、全面发展、协调发展，努力达到“人—地—天”参合有序、自然和生，实现人与人、人与社会、国人与世人和谐相处、互促共进。

另一方面，创造性地运用科学发展观，从实践层面上科学构筑社会主义和谐社会的总体架构。科学构建整个经济、社会、人和自然全面、协调、可持续发展的战略性“和谐体系”、探索性“和谐模型”、实施性“和谐工程”，并将其直接间接地体现、渗透和实施于各种法律法规、方针政策，以及社会道德体系和价值体系之中，进而具体体现和落实到经济社会发展计划和规划，以及各行各业的具体指标体系和工作标准之中。

再一方面，创造性地运用科学发展观，在切实解决矛盾和问题中科学构筑社会主义和谐社会的总体架构。当前，就宏观层面和施政角度而论，亟需全面辩证地处理和解决好以下一些重大关系、突出问题和主要矛盾：① 社会各阶层、各方面的利益关系及其存在的矛盾；② 各种所有制、各地区、各部门、各产业、各行业改革发展不平衡引发的问题和矛盾；③ 部分社会成员收入和生活水平差距拉大的问题和矛盾；④ 效率优先与兼顾公平的关系和矛盾；⑤ 劳动关系、劳资关系及其矛盾；⑥ 政绩行为主体的价值取向、行为指向与发展的客观规律及民情民心的关系和矛盾；⑦ 改革发展的全局、长远需要与部分群体当前利益的关系和矛盾；⑧ 腐败问题及党风政风行风问题导致的政民矛盾；⑨短期行为与可持续发展的关系和矛盾；⑩ 义与利、德与法的关系和矛盾，如此等等。

二、创造性地运用科学发展观，科学指导社会主义和谐社会的主体建设

一是以人为本，抓好和谐社会的“元素建设”。社会的主体是人，人是社会的基本元素。构建和谐社会，关键是把人培养成为和谐社会的合格建设者，并实现人际和谐。途径是在发展中“以人为本”，主要包括两个方面：一是为了人——将人的健康生存和全面发展，人的物质、文化、政治、社会需求及其满足，人的权益和幸福，作为发展的目标和宗旨、中心和主线、出发点和落脚点。二是依靠人——将以广大人民为主体的人作为发展的主体力量和根本动力，充分激发人的主动性、积极性和创造性，形成巨大的发展创造力和前进推动力，推动经济社会既快又好地发展。将二者结合起来付诸实施，就是要造就人——把人培养造就成合格的、优秀的社会建设者和历史创造者；善用人——在发展中努力使每个人、特别是人才都能各得其位、各尽所能，都有“用武之地”，都能各展所长；造福人——提高人的生存水平、生命质量和幸福程度；教育人——

特别要围绕建设和谐社会，教育人们树立正确的世界观、人生观和价值观，正确解决好怎样做人、怎样与人相处的问题，注重解决人们因自私、嫉妒、勾心斗角等产生各种人际矛盾和社会摩擦的问题，从法治和道德两方面促使人们时时处处多做有利于社会和谐的事。

二是以家庭为“细胞”，抓好和谐社会的“单元建设”。家庭是社会的细胞，是世界上最充满亲情的社会载体，务必把家庭作为和谐社会的重要主体和基本单元重点建设好，充分利用家庭占据人们近2/3的时间、对人们亲情和感情的拥有“得天独厚”的优势，充分发掘家庭在人的心灵最需要的培养、陶冶、抒发、交流、疏导、劝解、舒缓、呵护、慰藉、校正、转化等方面所具有的独特功能与亲和作用，充分发挥家庭培养人、疏导人、帮助人正确面对社会、做人处世、处理好各种关系和矛盾的特殊引导作用。

三是以我党为灵魂，抓好和谐社会的“中枢建设”。党和政府如同社会的灵魂和神经中枢，党和政府是否做到政通人和，对国泰民安、社会和谐至关重要。首先必须使党政干部真正践行“三个代表”，做到执政为民，根本解决权力腐败及其引发社会矛盾、危害社会和谐的问题。同时，增强党的执政能力，提高政府的施政水平，使党和政府真正具备治国安民的本领，能够把国家和社会导入正确的历史轨道，使之朝着和谐社会的方向和目标既快又好地发展前进。

四是以国家为主体，抓好和谐社会的“机体建设”。中国古代思想家有云：“圣人能以天下为一家，以中国为一人。”又云：“和乐如一”，“和之至也”。柏拉图在他的“理想国”中构想，国家是放大的个人，个人是缩小的国家，各个阶层的人如同人的各部分器官，各司其职，协调和谐。这种“以国为人”、使万民和谐安乐如一家人而达到和谐顶点的思想，应为我们构建社会主义和谐社会所吸收和运用。我们必须充分发挥社会主义国家这一重要主体的特殊作用，“以国为人”，“以和为魂”，以“人民共和”凝聚国人、弘扬国魂，实现国人“亲和”、国家“共和”、两岸“和解”、民族“和合”、社会“和谐”、天人“和生”。

五是以社会为共同体，抓好和谐社会的“经络建设”。社会架构如同人体经络，和谐的关键是“经络”健康通畅。为此，必须从狭义和广义上明确构成社会“经络”的责任主体及其责任，做到各方履职、人人尽责。首先从狭义上，对当前直接关系社会稳定与和谐的领域、部位及其主体明确职能和责任。其次从广义上，对长远地间接地关系社会稳定与和谐的领域、部位和部门，强调做好宏观全局性、长期根本性的工作，从大的方面处理好各种关系，为社会和谐与稳定创造宏观条件，提供长远根本保证。再次从中观层面上，充分发挥各种社会组织开展社会工作的重要作用，积极而又适度地发展社会组织，着力提高其素质和能力，充分赋予和发挥其构建和谐社会的职能、责任和义务。

三、创造性地运用科学发展观，科学统筹社会主义和谐社会的客体建设

充分认识物质基础是人的生存和发展的先决条件，高度重视、全力抓好发展这个执政兴国的第一要务，大力推进物质文明建设，同时着力推进政治文明、精神文明、社会文明建设，不断提高人们的物质、文化生活水平，为社会的稳定与和谐提供尽可能好的客观条件。

充分认识客观环境对于人的生存发展及社会和谐的重大作用和影响，努力改善、不断优化人们生存、发展的各种环境。一方面，靠人和各种社会主体建设、改善、优化环境，进而用好的环境促成社会和谐；另一方面，靠好的环境培养人、用好人、成就人，提

高各种社会主体的素质，促成人际和谐和整个社会和谐。

（原载《群众》2005年第六期）

跨越历史的伟大工程
——试论构建社会主义和谐社会的理论和实践创新

游新华

胡锦涛总书记《在省部级主要领导干部提高构建社会主义和谐社会能力专题研讨班上的讲话》（以下简称《讲话》），紧紧围绕"什么是社会主义和谐社会、怎样构建社会主义和谐社会"这个重大的历史课题，作了深刻的阐述，这是进一步动员全党和全国各族人民团结一致，开拓创新，努力构建社会主义和谐社会的纲领性文献。从中共十六大、十六届四中全会相继提出构建社会主义和谐社会这一伟大历史任务，到胡锦涛总书记这次重要讲话，我们党在构建社会主义和谐社会这个问题上，已经形成了比较系统的理论、方针、原则和具体措施。党中央提出构建社会主义和谐社会，不仅具有划时代的重大意义，而且是又一次伟大的理论和实践创新。

人类优秀历史文化的新升华

建设和谐社会，自古以来就是人类孜孜以求的一个社会理想，而且这是一个东西贯通的发展理念。《说文解字》对"和"的解释是"相应也"，而"谐"的意思是"配合得当"。在我国古代，和谐社会就是一种理想的大同社会。有关"和谐"的思想在中国传统文化中一直占据着十分突出的位置。早在两千多年前，孔子就提出了"和为贵"的思想，墨子提出了"兼相爱"、"爱无差"的理想社会方案。后来，洪秀全提出的"有田同耕，有饭同食，有衣同穿，有钱同使，无处不均匀，无人不温饱"、康有为提出的"人人相亲，人人平等，天下为公"的理想社会，都是对传统优秀文化的传承和升华。在西方，早在古希腊，就有人把和谐作为美的重要特征。柏拉图在《理想国》里提出，各阶层的人应该如同人的各部分器官，各司其职，协调和谐。19世纪德国哲学家黑格尔对"和谐"作了进一步阐述，他说，各因素的协调一致就是和谐。当年欧洲的三大空想社会主义者对建立和谐社会的想象更是发挥得淋漓尽致，其中英国的欧文还在美国印第安纳州进行命名为"新和谐"的共产主义试验。可见，关于和谐的思想，是已经传承了几千年的人类历史文化的精华，而建立和谐社会，则是人类已经做了几千年的一个美梦。

但是，由于历史条件的限制和历届统治者的阶级局限，这个美梦终究难以成真。古今中外的历史教训告诉我们，一个国家只有在社会发展到一定程度，具备了必须的经济、政治、文化条件，构建和谐社会的理想才能真正付诸实践。我们党正是在深刻总结人类社会发展规律、社会主义建设规律、共产党执政规律的基础上，在科学把握我国社会所处的历史方位和党的历史方位的基础上，提出构建社会主义和谐社会的。我们党现在提出并积极推进构建社会主义和谐社会，已经具备许多有利条件。这些有利条件概括起来说就是"四大基础"：一是制度基础。我国经过几十年的新民主主义革命，推翻了统治中国人民几千年的剥削制度，建立了人民当家作主的社会主义制度，实现了中国历史上最伟大的社会变革，这是构建和谐社会必须具备的制度基础。因为在私有制条件下，在存在阶级压迫和阶级剥削的社会里，构建和谐社会是根本不可能的。目前，在我国，各阶层、各党派、各民族、各团体政治上享有平等地位,根本利益是一致的。二是政治基础。中国共产党作为我们国家的执政党,从成立的那一天起,就是中国工人阶级的先锋队和中华民族的先锋队,经过革命战争、社会主义建设、改革开放的长期考验,实践已经证明,中国共产党是始终代表中国先进生产力的发展要求,代表中国先进文化的前进方向,代表中国最广大人民的根本利益的马克思主义政党。在我国,实行共产党领导的多党合作的政治体制,长期以来,中国共产党与各民主党派肝胆相照、荣辱与共、携手合作。这为构建社会主义和谐社会提供了可靠的政治基础。三是经济基础。经过新中国成立以来特别是改革开放以来的不断发展,我国的社会生产力水平明显提高,人民生活总体上实现了由温饱到小康的历史性跨越,这为构建和谐社会奠定了较为坚实的经济基础。目前,我国已经胜利实现了现代化建设"三步走"战略的第一步、第二步目标,人均国内生产总值突破1000美元,经济总量居世界第六位,综合国力显著增强。这不仅使人民的生活水平有了极大的提高,而且为缩小社会差距、促进社会公平、完善社会保障、发展社会事业、加强社会建设和管理等提供了更加充分的物质保证。四是思想文化基础。经过长期革命和建设实践的检验,马克思主义在我国意识形态中的指导地位已经确立并不断得到巩固,毛泽东思想、邓小平理论以及"三个代表"重要思想深入人心,以建设中国特色社会主义这一共同理想为基础,民族向心力和凝聚力显著增强。同时,随着社会主义精神文明建设的深入开展,我国的教育科技文化事业不断发展,人民的思想道德素质和科学文化素质不断提高,这为构建和谐社会打下了较为深厚的思想文化基础。

总之,我们国家处在这样一个历史方位下,党中央提出构建社会主义和谐社会是非常适时和非常必要的,它反映了历史发展的客观规律,顺应了滚滚向前的社会潮流,它使人类几千年的梦想终于成了现实追求,成了全国人民可以为之奋斗的伟大实践。需要指出的是,我们所要构建的和谐社会是社会主义和谐社会,社会主义社会是到目前为止人类最美好的社会,所以说社会主义和谐社会源于传统,又高于传统,既是对历史文化精华的传承,又是历史优秀文化在新的历史条件下的新的升华。

中国特色社会主义事业的新发展

建设中国特色社会主义理论是马克思主义与中国实际相结合第二次历史性飞跃的理论成果。实践证明,这一理论是指导中国人民在改革开放中胜利实现社会主义现代化的正确理论。因为建设中国特色社会主义是一项前无古人的伟大事业,所以这一理论也必定会随着时代、实践和科学的发展而不断发展。当中国的经济和社会进入新的发展阶段,党中央提出构建社会主义和谐社会,正是对这一理论的丰富和发展。

首先,使建设中国特色社会主义的目标体系更加完善。党的十六大报告在阐述全面建设小康社会的宏伟目标时明确提出:"全面建设惠及十几亿人口的更高水平的小康社会,使经济更加发展、民主更加健全、科教更加进步、文化更加繁荣、社会更加和谐、人民生活更加殷实。"把"社会更加和谐"作为全党和全国各族人民为之奋斗的一个重要目标明确提出来,这在我们党历次代表大会的报告中是第一次,反映了我们党对中国特色社会主义事业发展规律的新认识。因为国家的稳定、社会的和谐,历来都是执政治国的一个重要目标。中国古代社会被称为"文景之治"、"贞观之治"、"康乾盛世"的几个历史时期,不但是因为国家的强盛,而且也是"政通人和"、"内和外睦"的时期。

尽管“和谐”的内涵因历史条件的不同而有着质的区别，但是衡量一个“盛世”，社会的和谐都是一个极其重要的标准。全面建设更高水平的小康社会，没有社会和谐这一条，也就不可能达到“全面”和“更高水平”的要求。同时，我们还应看到，全面建设小康社会只是建设中国特色社会主义历史进程中的一个发展阶段，我们的最高理想是要实现人的全面自由发展的共产主义，而社会的和谐是人的自由发展的基本条件。所以，从全面建设小康社会这个历史阶段开始，我们就提出构建社会主义和谐社会，不仅使建设中国特色社会主义的目标体系更加完善，也完全符合社会主义发展的前进方向。

其次，使建设中国特色社会主义的战略布局更加合理。如何建设中国特色的社会主义？我们党在认识上，尤其是在总体布局的认识上经历了一个不断深化的过程。上世纪70年代末，我们党果断地把工作重心从“以阶级斗争为纲”转到以经济建设为中心上来，这是一次伟大的历史转折。但是由于刚刚从“左”的思想束缚中解放出来，刚刚从“文革”的悲剧中走出来，人们在以前所未有的热情一心一意抓经济建设的同时，不同程度地忽视了精神文明建设，忽视了政治思想教育。我们党及时提出了“两手抓、两手都要硬”的战略方针，使社会主义现代化建设走上了物质文明和精神文明建设协调发展的轨道。随着经济建设不断发展，特别是经济体制改革的不断深化，我们党又提出了加强政治文明建设的历史任务，从而使建设中国特色社会主义的伟大事业出现了三大文明协调发展、齐头并进的崭新局面。现在，党中央又提出构建社会主义和谐社会，从经济建设、政治建设、文化建设三位一体发展为经济建设、政治建设、文化建设、社会建设四位一体，使建设中国特色社会主义事业的总体布局更加科学合理。

第三，为跨越发展的关键时期找到了有效途径。目前，我国的改革和发展正处在一个关键时期。一些国家和地区的发展历程表明，在人均国内生产总值突破1000美元之后，经济和社会就进入了一个关键阶段，许多深层次的矛盾都会显露出来。在这个阶段，既有因为举措得当从而促进经济快速发展和社会平稳进步的经验，也有因为应对失误从而导致经济徘徊不前和社会长期动荡的失败教训。更何况，由于我国逾越了资本主义发展阶段，我们要在社会主义初级阶段100年走完西方发达国家二三百年才走完的工业化、城市化路程，因而我们在这个过程中面临的矛盾和问题会更复杂、更突出。如何顺利地跨越这个发展的关键时期，平稳地渡过这个矛盾凸现时期，并抓住和利用好重要的战略机遇期，这是我们面临的又一次严峻考验。构建社会主义和谐社会，妥善协调各方面的利益关系，正确化解各种社会矛盾，无疑是我们最正确的选择和最有效的途径。

马克思主义中国化的新成果

关于社会主义社会建设的理论，是马克思主义理论的重要组成部分，是关于未来社会的科学设想以及如何实现这一美好社会理想的理论。按照马克思、恩格斯当年的设想，未来社会将在打碎旧的国家机器、消灭私有制的基础上，消除阶级之间、城乡之间、脑力劳动和体力劳动之间的对立和差别，极大地调动全体劳动者的积极性，使社会物质财富极大丰富、人民精神境界极大提高，实行各尽所能、各取所需，实现每个人自由而全面的发展，在人与人之间、人与自然之间形成和谐的关系。列宁在领导俄国十月革命和社会主义建设的过程中，对建设社会主义社会也提出了一系列重要思想，概括起来就是：社会主义要致力于建设和谐社会，也只有社会主义才可能建设和谐社会。马克思、恩格斯、列宁关于社会主义社会建设的理论，为我们指明了构建社会主义和谐社会的前进方向。

但是，马克思、恩格斯设想的未来社会是建立在资本主义发达国家同时取得革命胜利的基础上的，而我们党则是在生产力很不发达、经济文化十分落后的半殖民地半封建社会的基础上领导人民建设社会主义的。我们不可能从马克思、恩格斯那里找到我国社会主义建设的全部现成答案。列宁逝世后，苏联共产党在领导人民抗击法西斯侵略战争以及经济建设上取得了令人瞩目的成绩，但是恰恰没有构建社会主义和谐社会的成功实践。也正是由于没有处理好执政党与人民之间、各民族之间的关系以及经济和社会协调发展等一系列重大问题，从而最终导致了苏联解体。因此，我们也不可能从曾经是“老大哥”的苏联那里学到构建社会主义和谐社会的成功经验，而只能从中借鉴不注重构建社会主义和谐社会的沉痛教训。

总之，如何从中国的国情出发，从建设具有中国特色的社会主义出发，构建社会主义和谐社会，对我们来说，是一个全新的课题。以毛泽东、邓小平、江泽民同志为核心的党的三代中央领导集体对这个重大课题都进行了积极的探索和实践，特别是从党的十六大开始，以胡锦涛为总书记的党中央对这个重大课题的探索有了巨大的进展，形成了较为完整的理论体系和实践举措，从而使构建社会主义和谐社会这一跨越历史的伟大工程在神州大地上成为亿万人民的生动实践。这是马克思主义中国化的又一重大成果。从一定意义上说，我们党不仅继承了马克思主义关于社会主义社会建设的理论，而且是一次全方位的创新。其中尤为重要的有以下几点：

明确了社会主义和谐社会的基本特征。在人类社会的发展史上，有过各种各样关于和谐社会的构想和实践，那么我们所要构建的社会主义和谐社会是一种什么样的社会呢？胡锦涛同志在《讲话》中深刻指出：“根据马克思主义基本原理和我国社会主义建设的实践经验，根据新世纪新阶段我国经济社会发展的新要求和我国社会出现的新趋势新特点，我们所要建设的社会主义和谐社会，应该是民主法治、公平正义、诚信友爱、充满活力、安定有序、人与自然和谐相处的社会。”这六条基本特征既包括社会关系的和谐，也包括人与自然关系的和谐，体现了民主与法治的统一、效率与公平的统一、活力与秩序的统一、科学与人文的统一、人与自然的统一。这是人类历史上任何一种关于和谐社会的构想所不可比拟的，是对马克思主义关于社会主义社会建设理论的重大发展。

明确了构建社会主义和谐社会必须遵循的重要原则。这就是胡锦涛同志在《讲话》中提出的“六个必须”。这“六个必须”在强调构建社会主义和谐社会所必须遵循的指导思想的同时，强调必须用科学发展观统领和谐社会建设、必须把以人为本作为贯穿始终的一条红线、必须以改革和发展为根本动力、必须坚持公平公正的价值取向、必须始终坚持稳定压倒一切的方针。这六条重要原则，既高屋建瓴，又求真务实，回答了社会主义和谐社会以什么指导思想来建、为谁建、靠谁建、怎样建等一系列重大原则问题，为我们在实践中积极稳妥地推进社会主义和谐社会建设指明了方向。

明确了构建社会主义和谐社会是一项艰巨复杂的系统工程。胡锦涛同志关于社会主义和谐社会基本特征的论述，回答了什么是社会主义和谐社会问题，关于“六个必须”的论述，回答了构建社会主义和谐社会所要贯彻的一系列大政方针问题，而他在讲话中提出的十项主要任务，则回答了怎样构建社会主义和谐社会问题。这十项主要任务,内容全面,要求具体,涵盖了社会主义和谐社会建设的方方面面,其中包括经济建设、政治建设、文化和思想道德建设、社会建设以及生态环境建设。这十项任务既有很强的可操作性,又说明构建社会主义和谐社会是一项艰巨复杂的系统工程,需要全党和全社会长期坚持不懈的努力。

明确了和谐社会建设与党的执政能力建设的关系。十六届四中全会把构建社会主义和谐社会的能力作为党的执政能力建设的一个重要方面。胡锦涛同志在《讲话》中再一次强调,能否建设和谐社会是对我们党执政能力的重大考验。这就充分说明:构建社会主义和谐社会关键在党。而要提高构建社会主义和谐社会的能力,则关键在于切实提高我们党科学执政、民主执政、依法执政的能力。因为只有坚持科学执政,才能使构建社会主义和谐社会的实践建立在更加科学的基础上;只有坚持民主执政,才能充分调动人民群众的积极性、创造性,使整个社会充满生机和活力;只有坚持依法执政,才能不断推进国家经济、政治、文化、社会生活的法制化、规范化,使构建社会主义和谐社会的实践建立在法治的基础上。因此,我们在构建社会主义和谐社会的过程中,必须始终把加强党的自身建设特别是执政能力建设放在首位。各级党委、政府和领导干部要像胡锦涛同志在《讲话》中要求的那样,"不断提高激发社会创造活力的本领、管理社会事务的本领、协调利益关系的本领、处理人民内部矛盾的本领、开展群众工作的本领、维护社会稳定的本领,把构建社会主义和谐社会的要求落到实处。"

(原载《群众》2005年第八期)

倾力办好十运会 全面展示新南京

中共南京市委宣传部

十运会开幕在即,南京作为十运会主赛区、主会场城市,肩负着光荣而又艰巨的使命。省委李源潮书记指出,这次全运会江苏南京要夺得精神风貌、城市面貌和组织接待三块金牌。因此,举办十运会既是南京提升城市发展水平、构建和谐社会的难得机遇,也是向全国人民展示南京三个文明协调发展的最新成果的重要平台。对于宣传工作而言,十运会同样既是大考验,也是大机遇。

日前南京已被评选为全国创建文明城市先进城市,但遗憾的是没有能够进入首批十个全国文明城市的行列。南京推进创建工作,既重视结果,更注重过程;既把创建工作作为阶段性目标,更把创建文明城市视为工作的永恒主题。而十运会的召开,给了南京一个展示创建成果、接受新一轮考试的重要契机。现在,检验我们最后成效的时刻已经来到。我们将做到人不卸甲、马不卸鞍,咬紧牙关不放松,团结一致迎大考,将推进文明城市创建的各项举措,落实到迎接十运盛会的过程中去,高标准、高质量、高水平地做好各项准备工作,力争夺取三块金牌。具体将抓好四个方面的工作。

一、通过大张旗鼓的社会宣传,动员全市以喜悦热烈的气氛迎接十运盛会

为迎接十运会,四年来南京市举全市之力推进城市建设和社会动员工作,引导全市人民支持十运、参与十运、奉献十运。宣传系统更是把营造氛围、凝聚人心作为工作的重中之重。在迎十运的冲刺阶段,我们专门召开了全市迎接十运会宣传工作会议,要求全市宣传系统把宣传十运会作为当前的头等大事来抓。我们提出了"全市动员,全民参与；全面覆盖，无处不在；突出重点，循序渐进；文明创建，展示风采”的迎十运宣传工作总体要求，制订和部署了围绕环境氛围、新闻舆论、行业文明、城市形象和市民素质五大重点的具体宣传方案，并逐一分解到各个区县、部门和单位。具体包括户外公益广告、过街彩旗、媒体公益广告、致市民的一封信、标语口号、招贴画、橱窗和黑板报、市民论坛与市民学堂、“迎十运、我运动、我快乐”系列群众文体竞赛展演活动、手机短信、万人看南京、对外宣传、新闻舆论宣传共13个方面。同时，我们提出要保持和发扬创建文明城市的精神状态，严格按照创建的标准，认真逐一对照创建测评体系，扎实做好迎十运的社会宣传工作，让全市上下真正动员起来，把热烈喜庆的氛围营造起来。

二、全力推进窗口行业创建工作，激发窗口行业广大干部职工以良好的精神面貌服务十运

窗口行业是十运嘉宾和运动员感受南京、了解南京最重要的环节。为此我们专门召开了全市窗口行业“迎十运”动员大会，要求全市各窗口行业必须以举办十运会作为提升服务水平的重大机遇，在思想上高度重视，在工作中凝心聚力，最大限度地调动各方面的力量与能量，进一步动员广大从业人员从我做起，从现在做起，从细微处做起，苦练服务技能，以最优质高效的服务迎接参加十运盛会的国内外嘉宾。特别是要从细微处入手，在文化修养、知识水平、语言表达、仪表仪态、操作技能等方面，注重用职业化的标准来规范和要求，注重在提高全体员工的综合素质上狠下功夫，通过行业创建提高服务水平。目前，商贸、旅游、交通等各窗口行业单位已逐家进行了誓师和集中整治行动，可以说是一切就绪，整装待发，全部进入临战状态。同时，我们还集中力量大力开展行业创建、十佳服务品牌创建和专项整治活动，针对出租车、公交站台秩序和行人交通等三个影响窗口行业形象的突出问题进行集中治理。

为了让十运嘉宾了解南京、熟悉南京，对南京留下一个美好的印象，我们专门编辑出版了“十运嘉宾手册”、“十运会记者手册”，使得一册在手，对南京的基本概况、生活出行的线路、行业服务等一目了然。同时，协调相关行业系统，让十运会期间所有嘉宾在宁消费享受优惠。我们还将精心选择参观线路，组织十运嘉宾南京一日游，组织协调记者免费参观南京的旅游景点。十运会期间文艺演出的密度将进一步加大。前一阶段我们举办了“同一首歌”特别节目——全球华语歌曲排行榜获奖歌手“迎十运”大型演唱会，目前正在筹备南京市第五届文化艺术节——“迎十运”中外优秀剧（节）目展演，其中包括中外优秀剧目20余种、电影13部、文博书画展览20多个。

三、切实提高市民素质，展现东道主的精神风貌和文明水平

倡导“人人都是东道主，个个代表新南京”，大力提高市民素质。我们发挥市民在社会宣传、窗口行业创建中的主体和监督作用，发动老百姓积极主动投身到迎十运工作中来。开展“千场论坛迎十运，百万市民作贡献”活动，围绕当好东道主，分社区、校园、青年、服务行业、工人、执法者等不同阶层开展千场论坛活动；组织市民对窗口地区行业的不文明行为进行公开讨论，在公交、出租车内外以及站台设置文明行为提示用语；组织志愿者在早晚高峰期间维护交通秩序，提醒市民排队上车；继续开展文明交通劝导活动；以“让市民微笑起来，让城市亲切起来”为口号，通过广泛征集和宣传推广各行各业市民的微笑形象，举办征文、朗诵等活动，展现南京博爱之都的城市形象和市民自信友善的精神面貌。同时，我们大力倡导广大市民做文明观众，为来自五湖四海的运动员加油助威，不起哄，不无故提前退场，杜绝不文明举动，让运动员和嘉宾感受到南京的热情，向他们展示南京市民的文明素质。

四、抢抓十运会契机，向全国人民展示南京文明城市的形象

这次全国首批文明城市测评期间，南京为迎接十运会进行了大规模的城市建设和综合整治，在一定程度上影响了文明城市的评比。但十运会的召开又给我们提供了一个非常及时和重要的机遇。现在，南京的城市面貌焕然一新，奥体中心、地铁一号线、长江三桥、铁路新客站、快速内环线等项目均已完成，干道街巷市容市貌进一步美化，窗口行业全力以赴、翘首以待，老百姓的满意度更是有了新的提高，整个城市深化创建、迎接十运会的精神状态越发饱满，创建氛围进一步浓郁。我们将充分利用十运会这个舞台，把创建文明城市矢志不渝的追求和迎接十运盛会时不我待的责任感汇聚起来，把创建工作中取得的扎实成效展示出来，以更加饱满的精神面貌、更加严谨的工作作风、更加昂扬的精神意志、更加扎实的工作成效，在办好十运会、深化创建的过程中，让十运嘉宾来检验我们的创建成效，让南京的文明城市形象通过他们带到全国、推向世界。

（原载《群众》2005年第十期）

提高建设社会主义先进文化的能力

王立人

党的十六届四中全会明确把提高建设社会主义先进文化的能力作为加强党的执政能力建设的一项重要任务。宣传思想战线作为先进文化建设的主体力量，肩负着极其重大的历史使命，亟须在提高建设社会主义先进文化的"六种能力"上下功夫。

坚持理论武装、守土有责，努力提高巩固马克思主义在意识形态领域指导地位的能力。马克思主义科学揭示了人类社会及其发展的客观规律，是我们党的根本指导思想，是全国各族人民团结奋斗的共同思想基础。实践证明，坚持正确的指导思想，是我们党带领全国人民不断取得胜利的关键，是通过实践增强党的执政能力、提高党在人民群众中的威望的根本保证。坚持什么样的文化方向，推动建设什么样的文化，是一个政党在思想上精神上举什么旗帜的大问题。在新的历史条件下，能不能继续坚持马克思主义的指导地位，用马克思主义指导实践，不仅仅是一个理论问题，更重要的是一个党的执政能力的问题。当前，最重要的是继续坚持用马克思主义中国化的最新成果武装群众，教育人民，把学习贯彻"三个代表"重要思想不断引向深入。引导人们把学习科学理论与运用科学理论紧密结合起来，运用马克思主义的立场、观点和方法认识问题，解决问题，指导推动改革发展的实践。坚持党管干部的原则，加强宣传文化单位的领导班子建设，加强宣传思想干部队伍的培养和管理，确保党对意识形态工作的领导。

坚持围绕中心、服务大局，努力提高服务改革发展大局的能力。十六届四中全会强调，加强党的执政能力建设，必须坚持抓好发展这个党执政兴国的第一要务，把发展作为解决中国一切问题的关键。对我们宣传思想战线来说，抓好发展就是坚持宣传思想工作围绕中心和服务大局，努力为经济社会发展提供思想保障、精神动力和智力支持。围绕中心，服务大局，作为宣传思想工作的一条基本原则，也是检验党的执政能力的重要标准。当前，我们正在奋力推进"两个率先"进程，面对发展目标的变化、发展进程的加快、发展难度的加大，宣传思想战线必须深入研究发展环境的新变化，把握科学发展的新要求，进一步提高服务发展、推动发展的能力，为实现无锡争创“两个率先”先导区示范区的目标作出新贡献。

坚持唱响主旋律、打好主动仗，努力提高引导社会舆论的能力。当今时代，主流意识形态已不仅仅靠组织和行政力量去推行，更多地要通过新闻媒体来传播，新闻媒体已成为影响社会舆论和群众情绪的重要因素。要始终坚持团结鼓劲和正面宣传为主的方针，围绕党和政府重视、群众普遍关心的问题，加强正面宣传、热点引导和舆论监督，通过深入宣传党的基本理论、基本路线、基本方针，大力弘扬时代主旋律，大力弘扬爱国主义、集体主义、社会主义，大力弘扬新时期城市精神和“两个率先”的先进典型经验，倡导正确的世界观、人生观、价值观，努力反映时代的要求和本国的民族精神、优秀品质与精神风貌，形成积极健康向上的主流舆论，最大限度地在全社会形成思想共识，最大限度地统一不同行业、不同阶层人们的意志和行动，最大限度地凝聚力量、激励斗志，奋力推进“两个率先”。提高引导社会舆论的能力，必须始终坚持党管媒体的原则，在任何时候、任何情况下，新闻媒体作为党和人民喉舌的性质不能变，党管干部的原则不能变，党管新闻媒体的原则不能变。同时，始终坚持“三贴近”原则，不断加强和改进新闻宣传。

坚持抓住机遇、深化改革，努力提高推动宣传文化事业发展的能力。随着人们精神文化需求的日益增长，文化建设越来越受到人们的关注和重视。文化与经济相互交融，成为社会生产力的重要因素和社会发展的重要推动力量。我们要按照十六届四中全会关于提高建设社会主义先进文化能力的要求，把增强发展社会主义先进文化的能力作为宣传思想战线的一项紧迫任务，准确把握社会主义先进文化的发展方向，把握文化领域改革开放和人民群众文化消费变化的趋势，以扎实有力的措施推进文化事业的繁荣和文化产业的发展。首先要解放思想，树立新的文化发展观，积极稳妥地推进文化体制改革，解放发展文化生产力。坚持以马克思列宁主义、毛泽东思想、邓小平理论和“三个代表”重要思想为指导，以发展为主题，以体制机制创新为重点，以繁荣社会主义先进文化、满足人民群众日益增长的精神文化需求为目的，通过深化改革，建立有利于加强和改善党的领导、充分调动文化工作者的积极性、推动文化创新、多出精品、多出人才的文化管理体制和运行机制，为推动文化事业和文化产业的更大发展创造体制环境。

坚持讲究方法、注重实效，努力提高做好新形势下群众工作的能力。十六届四中全会提出要构建社会主义和谐社会，这是我们党执政的重要责任。建立社会主义和谐社会，很重要的一个方面就是要发扬党的优良传统，认真做好群众工作。当前，改革开放已进入关键阶段。这一阶段既是经济社会发展的黄金期，也是各种社会矛盾的凸现期。面对社会矛盾，如果处置不当，就会影响社会的稳定与和谐，甚至连已有的改革成果也会被葬送。解决这些矛盾，既要靠坚强的党的领导，靠经济的长足发展，靠完备的法律制度，也要靠过细的群众工作。我们宣传思想战线一定要站在时代的最前列，主动担当重任，增强做好新形势下群众工作的责任意识和使命意识。切实加强社会舆论工作，高度重视对社会热点问题的引导，引导人们正确对待利益关系调整，正确对待困难和矛盾，自觉维护社会稳定，为维护安定团结的大好局面、构建和谐发展的现代文明社会奠定坚实的思想基础和群众基础。

坚持积极探索、与时俱进，努力提高创新宣传思想工作的能力。宣传思想工作要始终保持蓬勃生机和旺盛活力，就必须不断改进创新。我们要按照加强党的执政能力建设的新要求，深入研究和查找宣传思想工作体制机制及方式方法上存在的问题与弊端，努力探索改进的途径和措施。把建立科学合理、运转高效、富有活力的宣传思想工作管理体制和运行机制，作为加强和改进宣传思想工作的一项突出任务来抓。积极探索发动社会力量来推进宣传思想工作，坚持区域联动、部门联动、城乡联动，充分挖掘各方面的资源优势，形成大宣传的工作格局。积极探索运用现代科技成果来改进宣传思想工作，推动各种文化传播方式互动融合，进一步扩大宣传思想工作的覆盖面和影响力，增强宣传思想工作的时代感。积极探索运用法律手段来加强宣传思想工作，逐步把完善的政策、规章上升为法规、制度，推动宣传文化事业管理走上规范化、法制化的轨道。尊重市场规律，积极探索运用市场化的办法来发展宣传文化事业，面向社会、依靠社会办文化，开辟繁荣文化事业的新渠道。

（原载《群众》2005 年第一期）

造就学习型干部队伍

中共常州市委宣传部

建设一支高素质的学习型干部队伍，是深入贯彻中共十六届四中全会精神，切实加强各级党组织和广大党员干部执政能力建设的先导性和基础性工作，是建设学习型政党的关键环节。我们常州市从 2001 年起，以建设学习型干部队伍为重点，进行了创建学习型城市的实践探索。我们坚持从加快“两个率先”、实现富民强市的实际出发，着力提升广大党员干部的学习力和创新力。

一是开设中心组学习高层论坛，致力于提升领导干部的理论思维和战略思维能力。在建设学习型干部队伍过程中，我们努力提高党委中心组学习的质量，严格按照中央和省委的有关规定，切实把握主体学习内容，健全各项规章制度，积极采用集中学习研讨、专题辅导讲座、主题学习教育等各种有效方式，深化和拓展中心组学习。由此，各级领导班子成员对“三个代表”重要思想和科学发展观的理解更加深刻，对中央和省委重大决策部署的把握更加到位，对常州经济社会发展全局和未来发展走向的把握更加清晰。据不完全统计，3 年来，全市共举办各类专题讲座、报告会和培训班 7000 多场次，150 多万人次参加了学习培训。同时我们还开设了中心组学习高层论坛这一新的学习载体，邀请国内外专家学者参加，为领导干部开阔思路和眼界提供平台，为全市各项重大的决策提供科学论证。论坛主要以报告会、研讨会、咨询会等形式进行，去年共举办高层论坛 100 多场次。在建设学习型干部队伍的过程中，我们还开展了课题大调研活动。市委中心组成员带头示范，每位成员都确立了工作联系点，根据自己的分工，事先确立一个调研课题，并坚持每人每年用不少于工作日 1/3 的时间蹲点基层开展调研。在调研的基础上，召开中心组学习研讨会，交流调研成果，以此为基础形成工作决策。

二是组织“学习日”主题大讨论，致力于提高党员干部实现率先发展的能力。在创建学习型城市过程中，我们在全国首创了“学习日”制度，每逢双月的第一个周六全天为全体市民的“学习日”。3 年来，我们已组织安排了 17 次“学习日”活动，分别以“在学习中创新，在创新中学习”、“学习贯彻‘三个代表’重要思想”、“抢抓新机遇，推进新跨越”、“读书——走向现代文明”、“树立和落实科学发展观”等为主题,开展了丰富多彩的系列学习活动。每个“学习日”,对普通群众主要是提倡学习新知识和新技能,而对领导干部则是有的放矢,精心设计主题,开展学习大讨论活动,引导广大干部突破旧的思维瓶颈,确立新的发展理念。2004年我们把弘扬和实践“勤学习、重诚信、敢拼搏、勇创业“的新时期常州市民精神作为学习型城市创建的重要内容,鼓励广大干部群众通过学习开阔眼界、开拓思路,实现自身价值,开创美好未来。学习型城市建设以来,我们先后组织了5次学习大讨论活动,通过学习讨论,进一步增强了广大干部推进“两个率先”、实现富民强市的自觉意识和发展能力。

三是实施目标项目管理制度,致力于增强党员干部的工作创新能力。我们围绕“建设务实高效廉洁的服务型机关”的共同愿景,根据工作岗位职责和自我发展需要,明确各部门、处室以及个人的愿景目标,进行目标项目管理。年初,针对工作中存在的不足和问题,努力改善“心智模式”,列出需要解决的课题项目进行立项,在全年的工作中不断从理论和实践等方面探讨解决这些问题;年终,进行优秀项目成果的评选。许多单位围绕市委、市政府中心工作,根据各自工作的实际实施项目管理,在工作中不断创新创优,增强了服务意识,转变了工作职能,提高了工作效率,提升了工作水平。例如,常州市质检局通过建设学习型干部队伍,练就了过硬的技术攻关能力,2003年“非典”期间,在较短的时间内,为国家质检总局负责起草了《过氧乙酸包装要求》等三项国家标准,取得了国家级的优秀成果;常州市地税局针对工作中出现的难题,制订学习计划,确立项目管理,年底在工作中出了一大批优秀的成果。

四是建设学习型党组织,致力于加强基层党组织的凝聚力和战斗力。2003年4月,我们全面推开了学习型党组织的创建工作,在健全体系、营造氛围、完善制度、提高实效等方面进行了探索。一是把建设学习型党组织与在农村开展保持共产党员先进性教育活动试点工作相结合,探索实行了一系列行之有效的学习制度与机制,并为机关、城市基层党组织所借鉴运用。各级党组织普遍建立了“导学”、“助学”和“督学”机制,为全市创建学习型党组织提供了制度保证。二是把学习型党组织与党员干部的分类培训相结合,各级党组织加强了多渠道的干部针对性培训工作,区别不同对象、不同层次,突出不同培训重点,实施分类教育。通过建设学习型党组织工作,使全体党员能够经常开展团队学习,促进信息共享、坦诚交流、取长补短,实现全体成员在学习中共同提高;使基层党组织能够不断吸纳新营养,激活组织中各个要素和环节,真正做到与时俱进。

五是开辟“网上学习城”,致力于增强党员干部掌握新知识的能力。在推进学习型干部队伍建设过程中,我们发现每个干部的学习基础不一样,学习的需求不一样,学习的时间也不完全一样。为更好地贴近广大干部的学习要求,我们探索建设了“网上学习城”,全市县处级领导干部通过这一网络平台学习政治理论、专业知识,接受在职培训。在“网上学习城”中,每个县处级领导干部都拥有独立的账号和密码,可直接登录。“网上学习城”开辟了“在线学习”、“学习论坛”和“网际考场”等富有特色的栏目。领导干部只要点击进入“在线学习”栏目,就可以根据自己的学习需要和学习兴趣,自主选择学习理论知识或者业务知识;进入“学习论坛”,就可以把自己学习的心得体会在网上进行交流;进入“网际考场”,就可以选择包括理论、法律和常识等不同类型的题目进行自我考评。应该说,“网上学习城”有效地拓展了领导干部积蓄新知识、增长新才干的空间。

六是完善学习激励机制，致力于激活党员干部学习的原动力。在推进学习型干部队伍建设中，我们在全市县处级领导干部中逐步探索建立了学习积分制——通过建立领导干部学习积分档案，对领导干部的学历学位教育、政治理论学习、组织培训、业务技能、自学自考、学习成果等进行合理分类和分值量化，对担任不同职务（职级）的领导干部设置最低学习积分，就是规定每个领导干部必须达到的基本分；对于获得高分的予以奖励，并采取每年按实积分考核的办法，学分记入干部学习档案，作为考核学习绩效的重要依据，综合评价领导干部的学习创新能力，形成促进领导干部终身学习的绩效量化、奖学任优的激励机制。同时，实施领导干部政治理论水平任职资格制度。市委组织部和宣传部联合下发了《关于试行县处级领导干部政治理论水平任职资格考试制度的意见》，重点对新拟任县处级党政领导职务的干部，进行政治理论水平任职资格考试；未能获得资格证书的，不能任新职。逐步建立健全投入机制，每年各级财政和各部门都安排必要的经费，设立学习奖励专项资金，并逐年加大对干部学习培训经费的投入。除了认真落实各级中心组学习专门资金外，市委发文明确规定党政机关干部学习教育经费按每年工资总额的 2.5% 提取，用于机关干部的学习培训。

建设学习型干部队伍是一项重大而崭新的战略任务，我们只是作了初步的探索和尝试。我们将认真落实十六届四中全会的战略部署，贯彻省委即将下发的《关于推进学习型干部队伍建设的意见》和全省宣传部长会议精神，把导入先进学习理念作为切入点，把创新多元学习载体作为着力点，把提高干部队伍执政能力作为落脚点，把建立长效学习机制作为关键点，进一步开阔思路、开拓创新，提升学习型干部队伍建设水平，为常州在未来发展中永葆生命力、创造力打好基础。

（原载《群众》2005 年第二期）

让“凡人善举”遍地开花

张小平

近年来，南通市在公民道德建设实践中着眼全局走势，把握时代脉搏，发现、培养和树立了一批具有时代精神的先进典型，并充分运用这些先进典型的动人事迹感染人、教育人和鼓舞人，形成了“党委主导、舆论开道、典型引路、社会参与、持续发展”的公民道德建设机制，出现了“一个人带出一批人，一支队伍带出一支大军”的滚雪球效应，先进典型如雨后春笋般不断涌现，“凡人善举”遍地开花，被誉为精神文明“南通现象”。精神文明“南通现象”的出现，有力推动了南通社会风气的明显好转，推动了公民道德建设水平的大幅提高。

用典型引路推进公民道德建设的主要做法

南通市涌现的先进典型有这样几个特点：一是涉及面广；二是时代性强；三是影响广泛，南通的典型不仅在本地妇孺皆知，而且在全省、全国都产生了一定的影响；四是带动作用大，南通挑选树立的典型可敬可亲可信，对全社会的示范带动作用非常大。其选择、培养、树立典型的具体做法是：

着眼大局，选树引领主流的先进典型。公民道德建设必须服务于中国特色社会主义伟大事业，必须着眼于全党全国工作的大局。为此，南通市在道德建设中，注重选树那些代表时代前进方向、适应全市改革开放和现代化建设需要的先进典型，大力引导广大干部群众见贤思齐，推动经济跨越式发展和社会全面进步。1997年，在大批人才外流、出国留学不归的大背景下，南通医学院选派出国留学的数十名学子却在学业有成后，战胜种种诱惑，一批批毅然归来报效祖国，并取得突出科研成果。市委发现这一典型后，迅速作出学习南通医学院优秀青年知识分子群体的决定，大力弘扬其"爱国奉献，勇攀高峰"的精神，对全社会特别是青年知识分子产生了震撼性的巨大影响。1999年，为了引导人们在改革开放和社会主义市场经济条件下锐意进取、自立自强、勇于创新，市委又推出了以"全国十大杰出青年"昝圣达为首的江苏综艺优秀青年企业家群体；2002年，为深入贯彻落实"三个代表"重要思想，市委推出了丢下个人企业、掏尽多年积蓄、带领村民脱贫致富的村支部书记叶剑生。这些重大典型的不断推出，唱响了时代主旋律，发挥了巨大的引领作用，为全市的改革开放和现代化建设提供了强大的精神动力和思想保证。

舆论聚焦，营造崇尚典型的社会氛围。南通市在选树先进典型的过程中，非常看重社会舆论的力量，采用党委牵头、媒体联动的模式，形成典型宣传的集聚效应，尽可能地扩大其社会影响，使先进典型所体现的高尚道德精神家喻户晓、深入人心。例如在对"莫文隋"的宣传过程中，就动用了包括各种报纸、电视和电台等大众媒体。同时，在全市范围内组织了学习"莫文隋"的理论研讨会，还将"莫文隋"的故事搬上了舞台。可以说，对"莫文隋"的宣传，经历了从个体到群体、从现象到本质、从实践到理论交叉发展的过程，不断深化和扩大了典型的社会影响。

虚实结合，强化道德典型的扩展效应。发挥典型的示范和辐射作用，需要由虚到实，虚实结合，通过讨论、总结、教育等，促进人民群众把从典型身上感悟到的高尚道德情操和道德观念，逐步升华为相对稳定的信念，再转化为道德行为，以切实推进全社会公民道德建设。南通市在推进典型引路的道德建设实践中，坚持每年举办一次声势较大的主题教育活动，如近几年来先后举办了"新世纪南通人新形象大讨论"、"精神文明南通现象大讨论"、"弘扬先贤伟业、续写时代辉煌"大讨论以及"南通发展论坛"和"南通市情"宣传教育活动等，高扬民族精神和时代精神旗帜，不断提升广大群众对新时期道德典型精神内涵的认知度，使人们在自觉参与中思想感情得到熏陶，精神生活得到充实，道德境界得到升华，最终形成了道德建设典型由个体到群体的"滚雪球效应"。南通江海志愿者服务站1998年成立时只有38人，目前已发展到1个总站、9个分站、400多支服务队、涵盖到各个社区多达13万人的庞大志愿者队伍，占市区人口总量的16%，他们中年龄最大的76岁，最小的只有14岁。如今，南通市民均以能成为一名江海志愿者而自豪。

立足长远，形成典型引领的长效机制。良好的道德习惯和社会风气的养成需经历潜移默化、长期渐进的过程，公民道德建设是一项长久的工作。基于这一认识，南通市在开展道德建设先进典型的选树、宣传、推广活动中，立足长远，逐步形成了一整套行之有效的工作机制，保证了典型引领公民道德建设工作的制度化、规范化、持久化。一是公正公平的选树机制，典型评选采取社会推荐、组织评议、媒体公示、党委审定、激励表彰、宣传推广等规范步骤进行，以保证典型选树的广泛性、群众性和权威性。二是义利结合的激励机制，对已经树立起来的典型，除给予物质和精神奖励外，党委及宣传部门定期进行回访跟踪，发现困难及时协调解决，使典型长盛不衰。各级党政部门在对海门常乐镇培育村“草莓书记”叶剑生的定期回访中，还带着银行、农业局、保险公司等部门到村里，帮助解决贷款、技术和保险等问题，受到了叶剑生本人和村民的欢迎。三是持续发展的配套机制，南通市着眼公民道德建设的持续发展，坚持把公民道德建设跟经济工作一起部署、一起考核，强化了公民道德建设的目标管理机制，优化了队伍建设机制，建立了多渠道、多层次、多元化的投入机制，形成了独具风格的精神文明活动管理和共建机制，全社会公民道德建设的合力不断增强，形成了良性循环发展的工作格局。在全市开展的文明新风典型评比活动，至今坚持19年共27次，推出近300个具有时代精神的先进典型。这些典型均来自基层、来自群众，90%的先进人物都是普通劳动者，可亲、可信、可敬、可学，给广大人民群众树立了一个个看得见、摸得着、学得到的道德标杆，一经推出，就赢得群众的欢迎和好评，并产生群起学习的效应。

南通市充分运用身边先进典型引领公民道德建设的实践，有力地提升了南通市民的文明素质和道德水平，提升了南通城市综合竞争力，极大地促进了经济社会持续快速协调发展。公民道德水平的提高带动了整个社会风气的根本好转，南通市连续6年被评为江苏省社会治安综合治理先进集体，公众安全感居全省第一，成为全国社会治安综合治理优秀单位。2002年，被授予全国创建文明城市工作先进城市。公民道德水平的提高促进了生产力发展，2003年，南通市实现国内生产总值超过1000亿元，财政收入超过100亿元，在全国最具综合竞争力城市排名中列第32位，其中有13项分类指标列前10位，政府服务质量列第一位。如今，南通市作为首批沿海对外开放城市，社会环境、人力资源优势明显，成为许多跨国公司在华投资点中盈利回报最高的城市。著名台塑企业南亚公司要求所有在中国的投资项目，都要到南通招收骨干员工。

“凡人善举”遍地开花的主要原因

几年来，南通各类典型不断涌现，既有客观因素，也是主观努力的结果；既有历史的积淀，也是时代的催生促成。

先进典型“滚雪球”式的出现，是深厚的历史文化积淀的传承和发展。自古以来，依江傍海的南通人民在长期征服自然、改造自然的过程中逐渐形成了融开拓性与开放性于一体的人文精神。上个世纪初，南通人的杰出代表张謇先生，开近代开放风气之先，提出了“父实业、母教育”的口号，在南通兴实业、办教育，成为倡导中国近代文明的先驱。新中国建立初期，南通又涌现出享誉全国的劳动模范马富、朱骅和南通二棉等一批先进典型。南通人讲究礼教，崇尚文明，尊老爱幼，尊师重教。这些深厚的历史文化优良传统的积淀，是先进典型产生的根基；层出不穷的先进典型，是这种文化积淀的延续、传承和发展。

先进典型“滚雪球”式的出现，是经济、社会发展到一定阶段的必然结果。社会存在决定社会意识。先进典型是社会实践的产物，又是社会意识的集中体现。思想道德作为社会意识形态的组成部分，归根结底是由经济基础决定的。温饱解决以后，才有可能思考人生价值、精神追求。我们建设的是社会主义市场经济，必然会产生一批与社会主义基本经济制度、政治制度相一致的先进典型。“莫文隋”群体、江海志愿者服务站等典型的产生，是在社会主义市场经济条件下思想道德建设的必然产物，是时代发展的客观要求，也是人民群众对社会主义道德的期盼和呼唤，是精神文明建设水平不断提高的必然趋势。

先进典型“滚雪球式”的出现，是南通各级党委政府长期重视和加强社会主义精神文明建设的必然结果。近年来,南通市各级党委和政府认真贯彻落实中央关于加强宣传思想工作和精神文明建设的一系列文件精神,把典型宣传作为加强公民道德建设的一个重要抓手,立足百年树人,长期努力,坚持不懈。“莫文隋”和江海志愿者等典型出现之初,并不引人注目,而南通市委却能敏锐地发现其重要价值,主要领导亲自带队调研,总结挖掘,广泛征求各界意见,召开常委会专门研究,郑重作出学习决定。从1996年开始,市委每年都要推出重大典型,作为公民道德建设的活教材,作出在全市范围内开展学习先进典型的决定,组织大规模的学习先进典型活动。因此,南通市树立的先进典型,个个都站得住、叫得响、过得硬。

公民道德建设的几点启示

启示之一:加强公民道德建设,各级党委尤其是“一把手”的思想认识要到位。认识的到位才能带来行动的自觉。加强公民道德建设是落实科学发展观的内在要求。实现全面小康社会目标、促进人的全面发展,既是社会主义社会的本质要求,也是公民道德建设的最高价值导向。各级党委特别是“一把手”只有深刻认识加强公民道德建设、发展社会主义先进文化的极端重要性,把树立和宣传先进典型,带动公民道德水平的提高,作为优化发展环境、促进改革发展稳定的有力抓手和有效途径,视为事关全局的大事,才能坚持不懈地抓,才能出现公民道德建设大丰收的喜人现象,也才能做到“两手”相互促进的良性循环。

启示之二:加强公民道德建设,必须认真研究、准确把握其内在规律。与让一部分人、一部分地区先富起来,再由先富带动、帮助后富,最终达到全社会共同富裕一样,公民道德建设也应是一部分人先行,由先进带动、帮助一般群众,最终达到社会整体道德水平的提高。把道德建设的先进性与群众性有机统一起来,是道德建设的内在规律之一。南通市正是因为较早认识和自觉遵循这一规律,坚持以发现、树立和宣传先进典型带动广大公民道德建设,才形成了一个典型带动一群先进的“滚雪球效应”。

启示之三:加强公民道德建设,必须坚持与时俱进。公民道德建设要把弘扬中华民族的优良道德传统与适应改革开放要求、融合时代精神紧密结合起来。只有继承才有基础,只有适应才有活力,只有开放才能进步,只有协调才可持续。近几年来,南通市坚持按传统美德与时代精神相结合的标准,根据社会发展和人民群众的需要,发现、树立和宣传先进典型,在公民道德建设中坚持与时俱进,对传统美德进行扬弃,赋予其新的时代精神。因而所推出的先进典型都闪耀着时代的光辉,激起强烈的反响,受到人民的欢迎和尊重,具有强大的生命力,并产生群起仿效的效应。

启示之四:加强公民道德建设,必须贴近生活、注重实效。道德行为不是什么高不可攀的事情,而是发生在我们身边的日常生活中,随时都有,随处可见。关键是我们宣传工作者要深入基层、贴近群众,把工作着眼点更多地放在关注普通人身上,并以高度的政治责任感,敏锐的洞察力,善于发现和捕捉先进典型的闪光点,准确把握典型所具有的思想高度,避免随意定调、任意拔高的现象,使得树立的道德品牌让人们看得见,摸得着,学得到,用得上。选树的典型根植于群众,具有广泛的群众公认度,才可亲、可敬、可信、可学,才能引导人们自觉地将榜样的高尚品质化为自己的思想和行动。南通公民道德建设就是抓住日常生活中人们司空见惯的“凡人善举”,使人们从中领悟到什么是真善美,什么是假恶丑,在日积月累中增长道德知识,明辨道德是非,养成道德习惯,形成道德理想。

启示之五：加强公民道德建设，必须持之以恒。“十年树木，百年树人”，道德建设不可能立竿见影、一蹴而就。南通市精神文明建设先进典型之所以如雨后春笋，层出不穷，是长期辛勤播种、培育、浇灌的结果。实践告诉我们，只有克服和杜绝急功近利、形式主义、运动式等做法，坚持春雨润物般地滋润人的心田、水滴石穿般地提高人的素质，道德建设才会取得显著成效。

（原载《群众》2005 年第十一期）

按“三贴近”要求搞好典型宣传

李　驰

典型宣传是组织动员群众、推动经济和社会发展、展示文明形象的重要手段。近几年来，盐城市准确把握时代脉搏，集中力量广泛宣传了一批重大典型，如：“人民满意的好法官”罗学文、“农技铁人”姜德明、著名企业家朱相桂、全国交巡警战线的一面旗帜——上冈交巡警中队等，在全省乃至全国产生了广泛的影响，在推进全市“两个率先”进程中发挥了凝心聚力的积极作用。总结盐城市近几年来典型宣传的实践，我们认为，宣传典型必须按照“三贴近”的要求，体现先进性、时代性、群众性，提高针对性、导向性和实效性。

增强典型宣传的针对性

树立和落实科学发展观，是加快盐城振兴、实现“两个率先”的根本保证。科学发展观是发展观念的重大转变，是发展模式和增长方式的重大转轨，需要有一个教育的过程，一个引导的过程。近年来，盐城市始终按照时代的要求，针对盐城区域经济发展的实际，坚持以科学发展为灵魂，紧扣实现“两个率先”的大局，精心选树、广泛宣传在树立和落实科学发展观上认识深、行动快、措施实、成效好的先进典型，用先进典型的生动事迹，进一步深化全市广大干群对科学发展观的理解，增强落实科学发展观的自觉性和坚定性，全力推进盐城经济社会既快又好地发展。

胡友林创办的悦达集团，坚持科学发展，敢于率先发展，从 55 元起步，经过 20 多年的艰苦创业、顽强拼搏，成长为资产超百亿元、年销售额超百亿元、年利税超 10 亿元的特大型企业，成为盐城市工业战线的一面旗帜。朱相桂创办的森达集团，从牛棚起家，以“视今天为落后”为企业精神，以振兴民族工业为己任，经过 20 多年的发展，成为我国制鞋行业的龙头老大。这两大集团是盐城改革开放和经济发展中涌现出来的率先发展之星。2003 年，市委、市政府作出了《关于在全市深入开展向悦达集团、森达集团学习的决定》，组织全市企业开展“学习悦达、森达，为跨越发展作贡献”活动，并通过新闻媒体、先进事迹报告会、出版报告文学集等形式，大张旗鼓地宣传悦达集团、森达集团敢闯敢干、勇于创新、顽强拼搏、不断进取的精神。这两个典型为以工兴市、创新创业、富民强市、跨越发展、实现“两个率先”树立了标杆，提供了榜样，充分调动了社会各个层面科学发展、率先发展的积极性和创造性，取得了明显的社会经济效益。近两年来，盐城正以每年 17% 左右的工业增长率快速推进工业化，2004 年全市财政收入比 2001 年翻了一番多。

增强典型宣传的导向性

创业、创新、创优，是时代的要求，是新江苏精神的核心。加快盐城振兴、实现“两个率先”的过程，就是创业创新创优的过程。为此，我们在精心选树、广泛宣传弘扬“三创”精神的先进典型上下功夫，努力推进形成全民创业、企业创新、机关创优的浓厚氛围,在全市上下进一步增添创业的勇气、创新的锐气、创优的志气,使一切有利于创业的行动得到支持、创新的才能得到发挥、创优的成果得到肯定。

精心选树全民创业的典型。注重培植一批自主创家业的群众典型、勇于创新业的职工典型、敢于创企业的能人典型、乐于创事业的干部典型,使全民创业的各类典型覆盖到全社会的各个领域。江苏磊达股份有限公司董事长汤广宏,勇于开拓,锐意进取,负重创大业,先后盘活 3 个资不抵债企业,带领企业实现跨越发展,仅用 8 年时间,将一个年亏损 2800 万元的水泥厂建成苏北最大的水泥企业,年产水泥达 318 万吨。汤广宏先后被评为全国乡镇企业家、全国建材行业优秀企业家,并获得江苏省劳动模范、优秀共产党员、优秀乡镇企业家等称号。我们利用这一典型,着力在全市上下推动形成"劳动为本、创业立身","追求卓越、永不满足"的先进文化理念,推动全社会形成艰苦创业、自主创业、全民创业、勇创大业的生动局面。

精心选树企业创新的典型。注重培植一批制度创新、科技创新、管理创新、产品创新、营销创新等各方面的创新典型,在全市企业推动形成用新观念研究新情况、用新思路落实新任务、用新办法解决新问题、用新技术开创新局面的生动景象。江苏中大集团董事长徐连国,注重成本管理,向管理要效益、向制度要业绩,运用先进管理理念,不断提高企业生产效益。我们通过这一典型的宣传,引导广大民营企业主弘扬艰苦创业精神,自觉运用先进理念和管理方式推动企业发展。

精心选树机关创优的典型。注重培植一批岗位创优、行业创优、部门创优的先进典型,推动全市各级各类机关确立全新的服务理念,优化服务环境,提高服务效率。建湖县人民法院法官罗学文克己奉公,长期带病工作,最终病倒在工作途中,2002 年,被授予"人民满意的好法官"光荣称号。在发现这一典型后,我们在全市大力宣传了罗学文全心全意为人民服务的先进事迹,并运用这一典型推进机关干部身体力行地实践"三个代表"重要思想。2004 年,建湖县沿河镇镇长马刚因公不幸牺牲,我们立即组织力量进行调研挖掘,整理出马刚一心一意为地方谋发展、为群众谋利益的先进事迹材料,在全市组织开展了向他学习的活动。这些典型的宣传在机关引起了强烈反响,促进了机关作风的转变。

增强典型宣传的实效性

社会和谐,是广大干部群众的共同心愿。人是构建和谐社会的主体,人的优秀品质和先进事迹是构建社会和谐的助推器。我们通过精心选树一批具有远大理想和高尚道德情操的先进典型,在全市上下推动形成爱岗敬业、诚实守信、办事公道、服务群众、奉献社会、和谐相处的良好风尚。

滨海县滨淮镇东罾村党总支书记薛正红自己致富后,发挥自己的优势和专长,带动全村形成了高效植棉和农机作业两个主导产业,村民人均收入 3 年翻了一番,村集体由负债 62 万元变为积累 65 万元,实现从贫困村向经济排头村的跨越。我们在全市广泛开展向薛正红等一批"带头富、带民富"村支书学习的活动,将他们的事迹拍摄成电教片,刻录成光盘,发至全市 2242 个村级党组织。通过宣传,使"不会带头富不能当干部、不能带民富不是好干部"的观念深入人心,融洽了干群关系,深得广大群众的好评。我们抓住社会上最关注、与群众生活最密切的行业,加大了文明行业创建和评比力度,在全市选树宣传了市国税系统、市建设系统、市交通系统、市供电系统等一批“文明行业”、“文明单位”，有力推动了行路难、用电难、城市管理差、纳税服务差等群众普遍关心的问题的解决，及时化解群众的怨气，得到了广大群众的好评。我们每年还在全市群众中开展“十佳文明新事”评选活动，并通过举行隆重的电视表彰会，为当选人披红戴花，让做出成绩的普通群众得到地位、受到尊重，为推动和谐社会的建设作出了贡献。

实践使我们深深地体会到，只有在宣传的主题上贴近实际、贴近生活、贴近群众，典型宣传才有较强的吸引力和感染力；只有充分发挥新闻媒体的作用，通过新闻媒体的强势宣传和深度报道，使典型宣传的声势高潮迭起，典型宣传才有较强的影响力；只有加强典型宣传工作的制度建设，建立健全典型宣传的工作机制和运行机制，探索和创新典型宣传工作的方式方法，典型宣传才能走上正常化的轨道。

（原载《群众》2005年第七期）

在改革发展中弘扬“三创”精神

李荣启

推进“创业”、“创新”、“创优”活动，实质上是要把“做活”与“做精”统一起来，只有把握了这种统一性，才能使“三创”获得实效。我们徐州市委、市政府开展的“全民创业奔小康，全面创新促发展，全市创优争一流”的“三创”主题教育活动正是紧紧抓住了“做活”与“做精”的内在统一性，把活动一步步引向深入，收到了良好的效果。

激活人民群众的创造精神

在改革开放进一步深化的新形势下，要使徐州在经济发展上始终走在前列，最根本的就是要把人民群众的创造性和积极性充分调动起来，这是“三创”主题教育活动的关键所在。

充分吸取人民群众的意见，不断提高决策的可行性和群众的满意度。“从群众中来，到群众中去”，这是我们党的优良传统。在“三创”主题教育活动中，我们首先围绕这个传统形成了共识，即“如果你做的事老百姓不赞成、不理解，那你的工作就开展不下去；如果你做的事对老百姓没有利，那就做得没意义。”在这一思想指导下，徐州的领导干部从市委书记到各部门、各地区的负责人，都非常注重听取群众的意见，市委书记徐鸣同志还要求领导者都要带着责任、带着感情、带着问题经常深入基层、深入实际、深入群众，倾听人民的诉求。这些措施不但密切了干群关系，而且提高了决策水平，更主要的是有利于把领导的思路变成群众的自觉行动。

营造浓烈的创业氛围，让群众自己教育自己。“两个率先”要求具有广泛的群众基础，而要充分调动和发挥人民群众的创造性，最有效的方法就是由群众内在地自我催生奋发向上的动力。为此，我们在“三创”主题教育活动中很注意从群众中发现“闪光点”，然后再通过各种手段进行推广，从而形成放大效应。如派记者和民营企业家到温州、台州观摩学习，采撷创业者的动人故事，然后通过报纸、电视台等媒体同步传播；让在徐州创业成功的浙江人来谈创业的苦与乐，用现身说法感化想创业但又有畏难情绪的徐州人；大力宣传创业有成的徐州人，通过多种形式报道他们的先进事迹，使他们的创业精神在群众中生根开花。由于宣传工作既注重广度，又注重深度，且贴近现实，所以很快在徐州大地上形成了一种“谁创业，谁光荣”的价值取向和社会氛围，并且日益深入人心。

坚持以民为本，培育良好的社会风尚。发展经济的目的是为了人的发展。反过来说，只有不断提高人的素质，才能使经济的发展获得内在的动力。这就要求党和政府的一切经济工作都要和人的发展谐和协调起来。在这种谐和协调中，首先要求领导者权为民所用、情为民所系、利为民所谋。为此，市领导明确提出，要贯彻“安民为先、亲民为要、富民为本”的工作方针。在这种方针的指引下，徐州一方面对机关实行“开门整风”；另一方面也注意提高全民的道德水准。徐州市委发动广大干部群众一起来提炼“徐州精神”，经过上上下下、反反复复的斟酌，最后定为：“有情有义，诚实诚信，开明开放，创业创新”。这实际上把公民道德的完善和事业的开创内在地联结起来了，有效地克服了一些人身上存在的不适应改革开放和“三创”的道德意识，从而使徐州的诚信度不断提高，为新一轮大发展打下了坚实的基础。

变历史包袱为开创契机

马克思主义认为，每一代人都是在继承现有生产力的基础上再向前发展的。但后人对前人留下的摊子往往有两种不同的态度。一是面对现实，以积极的姿态理顺各种关系，脚踏实地地开拓前进；二是只受其惠，推诿其过，对于前人留下的“死结”更是讳莫如深。显然，后一种态度是不能求得真正的发展的。

徐州在2000年春被台湾对大陆投资环境与风险调查评估的权威机构列为三个“绝不推荐的地区”之一。原因就是上个世纪90年代一些台商来徐投资后，经济纠纷不断，有的血本无归。这些经济纠纷涉及面广，时间长，原因也很复杂，形成了“死结”，使一些台商为讨回公道而疲于奔波，给徐州的发展带来了极为不利的影响。面对这种情况，“三创”主题教育活动力求使大家认识到，要挽救徐州的信誉就必须敢啃“硬骨头”。为此，市委书记、市长多次批示要从大局出发，认真处理，妥善解决，抓紧落实。有关部门积极响应，使一些涉台经济纠纷得到了圆满的解决。如台商王广生与徐州慧海制药有限公司的经济纠纷，历时10年，涉案金额200万元，起因是当时公司的主管部门置《企业法》于不顾而强行接管，独家经营后又每况愈下，最后全面亏损，直至垮台。对于这宗典型的因失信而导致的经济纠纷，有关部门在市领导的支持下全力攻坚，多次召集有关方面负责人统一思想，筹措资金，最后终于让台商如数赎回了投资，并由原公司所在地的党政领导上门向台商赔礼道歉。“死结”解开了，全盘皆活。现在徐州被台商称为“维权先锋，投资热土”，形成了新一轮的台商考察投资热潮。

在历史上形成的“死结”是由多种矛盾缠生的。要解开这些“死结”，往往有很大的难度。“三创”主题教育活动的开展使有关领导深深认识到，只有把“向前看”和“向后转”有机地接合起来，相互推进，才能形成一种齐心协力谋发展的态势。贾汪区在历史上是以小煤窑为经济支柱的，但由于大多数小煤窑在管理、技术上都不过关，事故频出，人心惶惶。为了改变这种被动的局面，区党委和区政府下决心改变产业结构，把小煤窑全部关闭，集中人力、财力，引进外资，大力发展以电力、钢铁、水泥、纺织为支柱的工业经济。这种转型困难很大，人民群众疑虑重重。很多人联想起以前响应政府号召发展股份制经济结果却打了水漂的事。正是在这种举步维艰的时刻，区党委意识到更要解决好历史积案以取信于民。区领导一致认为：“你欠老百姓的账都不还，老百姓就不会买你的账”。于是公开向全区老百姓承诺，一定要偿还历史旧债，并制订了分年度还款的计划。老百姓由此看到了党和政府的责任感,也看到了希望,于是都积极行动起来。由此我们不难看到,对于矛盾聚集的问题,只有想方设法解开“死结”,才能在人民的心田迸发出“源头活水”,从而获得令广大人民满意的效果。

既要“放得开”又要“收得拢”

放开必然搞活;但活而有序才是真正的“活”。“三创”主题教育活动力求让人们明白,群众中蕴藏着极大的潜能。领导者既要创造条件让这种能量释放出来,同时又要予以正确的引导。这就必须在放开的同时搞好管理,科学的管理正是搞活的内在要求。这样,如何从实际出发,走出一条“放”与“拢”相得益彰的新路子,也就成了搞好“三创”主题教育活动的关节点。

首先,汇集多方智力,确定科学的发展思路,并转化为创造者的内生动力。城市的发展首先要定位准确。在“三创”主题教育活动中,市委、市政府从省内外请了一批又一批的专家学者来徐州考察把脉。经过扎实、科学的论证,大家逐步明确了发展徐州的大致框架,这就是——“围绕本地资源转化,加速资本聚集,加快构建徐州特色制造业基地;依托骨干企业,引进先进技术,加快培育壮大医药、电子信息、新材料三大新兴产业;围绕淮海经济区中心城市建设,错位构建现代商贸物流中心和区域性旅游中心;利用农产品和劳动力资源优势,依托国家重点优质农副产品生产基地和特色创汇基地,加速农业利用外资步伐和围绕徐州都市圈建设,确立经营城市理念,坚持新老城区建设和改造并举,产业集聚与生态保护同步,铸就徐州新区的城市品牌。”正是在这种构思中,既让群众看到美好的希望,并为之而激发出创造的热情;同时也让群众知道如何从大局出发,确定自己的发展方向,从而把个体的发展和整体的发展一致起来。

其二,既鼓励干部群众奋发有为,又教育大家按规律办事。在大力招商引资的同时,我们在主题教育活动中还适时提出“招商选资”的理念。市委书记徐鸣同志说:招商引资活动应该是双向的,投资方与引资方是平等的,都需借对方之力,目的都是为了要效益、求发展。你要人家来投资,人家也要看你这个地方合适不合适,能不能投资,投资后的见效期是多长,回报率有多高。他们自始至终都着眼于一个“选”字,且认认真真、反反复复地考察论证。而作为招商引资一方,不能捡到篮子里就是菜。引资方更要注重“选”字,应该比投资方“选”得更认真、更慎重。项目进来了,污染也带来了,环境受到影响;土地圈占了,投资强度不高,引资方得不到实惠;科技含量低、重复建设、能耗大、效益低、接纳不了劳动力……这些项目就不能引,事先就要“选”掉。投资方和引资方只有优势互补,扬长补短,才能共同发展。显然,上述道理是很有说服力的,因而内化到招商者的价值观中,大大提高了我市招商引资的质量。

其三,构筑自下而上的评估激励机制,使自律和他律相互结合。放开搞活的实质是给每一个人都有施展才能的平台。为了让每个人都有用武之地,同时又要促使他干得更好,这就要建立一种上下通畅的科学评估机制。邳州市的“千名干部下基层”活动是很有借鉴意义的。为了加快农村尤其是落后地区的小康进程,邳州市委、市政府在2004年初从各镇和市直机关抽出1025名工作人员,组成26个“富民工作组”,奔赴488个行政村(居委会),与基层干部群众同吃同住同创业。一年来,由工作队员独自或参与引进的工业和种植项目已开工的达1635个,利用资金27.9亿元。为什么会出现如此喜人的局面?这就是有效地释放人才能量的结果。这些下乡的机关工作人员,都是积极要求上进的青年人,市委适时给他们提供了体现自身价值的平台,同时也要求每个工作队员在帮扶结束后都要面对三份答卷:一是由老百姓打分的“民心卷”,二是由镇村干部打分的“作风卷”,三是由项目打分的“实绩卷”。这三份卷子和他们的发展前途密切相关。这就使队员们在他律的背景下十分注意自律。事实表明,他们绝大多数人都交了让市委满意和让人民满意的答卷。

(参加本文撰写的还有:高成富、宗坤明,原载《群众》2005 年第五期)

提高党报宣传水平

新华日报社

当今社会,新闻媒体已成为影响国家生活、社会舆论和群众情绪的重要因素。一项社会调查显示,现在人民群众了解党的方针政策,有 78.8% 靠新闻媒体,说明我们新闻工作者责任重大。中共十六届四中全会指出,提高党的执政能力,包括坚持党管媒体的原则,增强引导舆论的本领,保证掌握舆论工作的主动权。新华日报作为省委机关报,应坚持服务党的工作大局,不断提高党报的宣传水平。

明确责任,准确定位,服从服务于党的工作大局

我们新华日报编委会提出,要把省委、省政府的中心工作作为我们的宣传中心。准确及时、鲜明生动地宣传党的方针政策,把党和政府的意志变成干部群众的共同意志和实际行动,这是党报的主要功能。在服务于党的中心工作上,我们坚持两条。第一条是要到位。所谓到位,就是对党和政府的重大决策,要报深报活报到位。我们强调,宣传党和政府的重大决策,首先要准确理解党的决策,不能误读党的声音。比如对科学发展观的宣传,去年上半年召开编辑部部主任会议,要求大家准确理解省委的决策,强调实践科学发展观,不是不要发展,而是要更快更好地发展。我们江苏一方面要走在实践科学发展观的前列,同时要咬定“两个率先”不放松。但在宏观环境偏紧,我们的发展面临土地、能源、资金和环境等约束的情况下,如何又快又好地发展呢?我们派出记者组,到苏州、江阴等地总结各地经验。刊登了《高平台上快速发展的苏州:回眸与前瞻》、《发展不停步,思路要调整》等报道,在报纸上较早地介绍了各地盘活土地存量,集约化使用土地,提高单位面积的投资强度,以及加强用电管理等经验。同时还发表了大量市、县(市、区)报道,反映全省各地创新思维,破解难题,保持全省经济持续快速发展的好势头。党报是社会稳定和社会健康发展的重要力量,党报的宣传要保持常态,不能刮风。去年有个时期,国内有的媒体刮起一阵风,纷纷批判 GDP,把 GDP 的增长跟实践科学发展观对立起来。新华日报编委会在部主任会议上明确提出,不能简单地批判 GDP。GDP 是一个衡量经济发展的指标,本身没有什么对错,关键是要用科学的眼光看待。如果简单地批判 GDP,就会打击基层干部群众发展的积极性,造成一种印象,经济发展比较快,GDP 增长比较快的地方,不但不是成绩,还是一种过错。我们的记者写过不止一条质疑 GDP 的文章,编委值班时都慎重对待,合理处理。作为省委的舆论机构,我们新华日报有责任保护江苏干部群众发展的积极性。

第二条是不能越位。党报不能把自己凌驾于党和政府之上,以民意代表自居,对党和政府的重要决策指手划脚。我们的责任是充当党和政府联系人民群众的桥梁,化解矛盾,疏理群众情绪。我们新华日报在实施舆论监督的过程中,坚持从解决实际问题出发,强调舆论监督要有明确的目标,坚持把握好度,掌握好时机,注意从总体上策应党和政府的决策,不能给党和政府的工作增加难度,要有利于社会稳定。这两年在城市化过程中的拆迁问题,农民失地问题,矛盾比较突出。我们新华日报接到全省各地基层群众的投拆比较多。遇到矛盾,我们不是火上浇油,而是冷静分析,多作沟通,化解矛盾。我们先后介绍了南京市等地调整完善城市拆迁的新政策。去年南京为了迎接"十运会",优化市民居住环境,大规模拆除违章建筑,矛盾多,难度大,舆论引导稍不注意就可能激化群众情绪。我们采访南京市领导和有关部门,发表了《从拆违看南京如何善待市民》,详细介绍南京市在拆违中善待市民的有关政策和做法。我们还宣传全省各地以人为本对困难群众提供生活保障的经验,比如《驻村归来话民情》,反映淮安市党政机关干部深入群众,化解矛盾,实施"八大工程",将关爱百姓的实事落到实处。我们按照省委领导同志要求,采写刊登了《用制度切实维护农民长远利益》,宣传无锡市探索土地换社保的经验;刊登《值得关注的土地银行》,宣传常州一些地方保障失地农民利益的做法。这一系列报道社会反响很大,一位县委书记反映,新华日报介绍的经验很好,很及时,对他们启发帮助很大。对一些敏感的问题,我们报社接到读者的投拆以后,就把读者的意见反映给有关部门,请他们解决问题,然后再把结果反馈给向报社投拆的读者,这样双方都满意。我们着眼于解决问题,问题解决了就不再登报。

不断提高党报的宣传水平,增强新闻宣传的实效

目前党报的读者,已经不再满足于简单化地传达党和政府的决策,而是希望报纸能主动地诠释、发挥和解读,不但要报道政策,还要报道制定政策的背景,报道政策出台将产生什么样的影响,对干部群众的工作和生活带来什么样的变化。目前,社会处于转型期,各种矛盾错综复杂,各种新的问题、新的现象迎面而来,需要我们作出判断和选择。处于这样的社会环境中办报,我们光加大信息量,告诉别人你周围发生了什么,是远远不够的,还要告诉人们为什么会发生这样的事情,发生这样的事有什么后果,给人怎样的启迪。因此,党报要提高宣传水平,党报工作者要提高政治洞察力、政治判断力,还要提高阐述力。我们新华日报编委会提出要加强学习,不能"以其昏昏,使人昭昭"。记者要做学习型记者,部主任要做学习型部主任,总编辑要做学习型总编辑。要学习邓小平理论和"三个代表"重要思想,学习党和国家领导人、省委领导同志的重要讲话,阅读反映我们这个时代、反映社会生活主流的精彩言论,阅读新书、好书、畅销书。通过学习和持续不断的观察思考,提高政治判断力,把握时代的变化,把握大局,引领舆论。

我们提高报纸宣传水平的第二个措施是做好扎实的基础工作。去年,新华日报编辑部成立了两个研究小组,一个是政策研究小组,研究中央和省委、省政府的重大决策和最新精神,研究省委、省政府领导同志的战略意图,来确定我们的宣传重点。第二个是社会舆论、社会热点研究小组,研究省会南京和全省干部群众关心的热点问题和热点事件。这两个小组向编委会提供动态信息和研究报告,这样,编委会就能及时把握省委、省政府的意图和干部群众关注的热点,积极主动地进行策划,调集记者完成重头和组合报道,把握宣传的主动性。

第三个措施是转变作风,通过记者的"三深入",实现新闻报道的"三贴近"。过去,新华日报大量的记者活动范围局限在省级机关和省会南京,驻外记者很少。2002

年以来,我们把大批记者派往改革发展第一线,编辑部所有中青年记者都要到13个省辖市工作,半年一轮换。同时招聘了30多名青年记者,常驻各省辖市。现在,我们在市、县(市)采访的记者最多达70多人,这在全国省级党报中是最多的,超过在编辑部本部的人数。新华日报编委会决定把大批中青年记者派往全省各地,有两个具体目标。首先是让大批中青年记者走上改革发展第一线,真切具体地感受全省加快发展、实现"两个率先"的强烈氛围,感受基层干部群众创业的激情,从深层次上理解省委"两个率先"的重大决策,和基层干部群众同呼吸共命运。第二个目标,通过记者的"三深入",带动新华日报的新闻报道更加贴近实际、贴近生活、贴近群众。到目前为止,新华日报编辑部所有中青年记者100多人轮流到过基层。派往13个省辖市的特派记者,每天向编辑部发回大量贴近实际、贴近生活、贴近群众的鲜活新闻。这些新闻,及时生动地反映全省各地改革发展的新突破、新进展、新经验,反映了全省干部群众贯彻省委、省政府的决策,力争"两个率先"的精神面貌,为新华日报每天四个版的江苏地方新闻提供了丰富的稿源。现在,江苏地方新闻已经形成新华日报的核心竞争力。

(原载《群众》2005年第二期)

创中国一流书业集团

江苏新华发行集团

江苏新华发行集团是省出版集团子集团,于1999年4月成立,所属81家全资子公司,分布在全省各市、县。2003年6月,我们发行集团自被列入全国文化体制改革试点单位以来,积极推进体制改革,在创新体制机制、改革传统业态、调整产业结构等方面取得了明显进展。

快速推进转企改制工作,整体转制基本到位。从去年8月底开始,在短短的2个多月时间里,我们基本完成了所属43家事业子公司转企工作,完成了全部81家子公司的人员分流安置和劳动关系转换。集团有2146名离退休人员、642名提前退休人员,提取2.8亿元改制费用后移交当地社保机构,实行养老金社会化发放。有476人提取0.24亿元费用后实行企业内部退养。1626人提取0.78亿元经济补偿金或安置费后,与企业解除劳动关系,进入社会自主择业。企事业单位共分流安置人员2744人,占在职职工的34.95%。进入转制后企业的4977名员工全面转换劳动关系,摘掉了"固定工"的帽子,砸掉了"铁饭碗"。同时,对集团所有成员单位进行清产核资,对资产、土地使用权等进行全面审计,确定权属,基本摸清了集团资产状况,并处理核销了不良资产,剥离了非经营性资产。目前,资产评估、三产剥离等工作基本结束,为集团下一步"企改股"打下了扎实的基础。

创新内部机制,激发集团发展活力。转制改制后,我们开始实行新型的用工制度和分配制度。在干部人事管理方面,集团采取先试点后推广的办法,对子公司领导班子成员实行定编、定岗、定责和竞聘上岗的考核聘任制度;对子公司中层重要岗位,实行委派聘任管理;对各单位劳动用工实行总量控制、效益优先、自主招聘,单位内部实行竞争上岗、双向选择的用工制度。在收入分配上,集团对子公司工资总额和经营者年薪实行统一的工效挂钩和目标管理。同时鼓励子公司试行联销计酬、项目工资、协商工资、计时计件工资和年薪制等。通过转企改制,初步建立了干部能上能下,员工能进能出,分配能高能低的管理机制,打破国有企事业单位传统的用工分配制度,降低了成本,提高了效率，集团人均创利和人均劳动生产率提高了20%左右。

构建现代营销体系，全面实现连锁经营。集团借鉴国内外流通企业的成功经验，创新经营业态，构建了以连锁经营为特征的现代营销体系。一是建立比较规范的连锁经营组织机构和运行机制。集团对原有的组织机构进行了整合再造，建立起包括“三大经营公司、七大运作中心”在内的连锁经营组织体系。二是建立与连锁经营相适应的信息网络系统，包括总部核心系统、门店销售管理系统、网上数据交换中心、电子商务平台等。三是建立与连锁经营相匹配的物流配送系统。目前正在加快建设近10万平方米的现代化、自动化、开放式、全国一流的物流配送中心，预计今年10月竣工使用。四是建立了“以客户为中心”的服务保障系统。目前，已成立客户服务中心，建立了服务质量监督考核体系、客户满意度评价体系，门店信息收集、分析和反馈机制，客户资料管理制度等。五是积极探索跨地区、跨所有制的连锁经营。与民营上海英特颂公司组建了上海万卷新华图书公司；与浙江民营超市合作，建立了控股直营连锁店——义乌万卷新华书城。同时，还购并了一家杂志社，开始涉足期刊出版发行业务。

推进文化体制改革，是当前各项改革中的重点，我们集团作为试点单位先行一步，为推进面上的工作积累了一定的经验，我们的做法是：

一、统一思想，精心组织。集团通过形式多样、十分有效的宣传教育和思想发动，最大程度地统一广大干部员工的思想，提高大家对改革必要性和紧迫性的认识，为改革迅速推进奠定了坚实的思想基础。集团公司制订了《体制改革实施方案》、《实施细则》和《工作计划》，使集团各成员单位改制工作有章可循，按计划实施，做到了“三个落实”：一是组织落实。从集团到各子公司，均成立了由党、政、工领导组成的体制改革领导小组和由人事、财务、职工代表等参加的实施小组。二是时间安排落实。集团公司印发了《集团转制改制工作计划安排》，将体制改革的具体实施工作细化到日，使各单位能够按进度高效操作。三是责任落实。各单位主要负责人为转制改制工作第一责任人，党政工齐抓共管，各司其职，形成合力。

二、政策支持，透明公开。根据国办发[2003]105号文件精神，省委、省政府制订了《江苏新华发行集团体制改革实施意见》，由省委办公厅和省政府办公厅联合下发至各市（县）委和集团所属各单位，使集团体制改革工作有法可依、有章可循。集团结合自身实际，制订了《集团体制改革实施方案》、《集团体制改革纪律》等文件下发各单位执行，还把与员工切身利益相关的《转制改制工作问答》发至员工人手一册，做到政策公开。同时，在改革过程中，充分发挥党支部和工会组织的监督保证作用，制订的《改革方案》和《实施办法》都提交职工代表会讨论审议；改制政策、改革方案、人员分流安置情况做到了“三公开”。由于既有中央、省、市三级政府制定的改制政策，又有集团制定的具有可操作性的实施办法，体制改革工作依法按章办事，政策透明公开，员工可对照监督和自主选择，使改革工作得以稳步快速地推进。

三、以人为本，有情操作。我们在试点改革过程中始终贯彻“以人为本，有情操作，方法得当”的原则，努力做好维护职工合法权益、化解矛盾、安定团结工作。对少数有特殊困难的员工，坚持区别对待，妥善安置，不把矛盾推向社会。在改制期间接待来电、来访约500多人次，一一做好宣传解释工作，尽量使每一个人都能得到满意的答复。

由于思想工作深入细致，广大干部职工能够理解改革、支持改革和积极参与改革，基本上做到了员工“走的满意、留的安心”，企业改革顺利推进，平稳过渡。

（原载《群众》2005 年第二期）

在构建和谐社会中体现先进性

——学习优秀共产党员张云泉先进事迹的启示

江苏省“三个代表”重要思想研究会

共产党员应当是社会主义和谐社会的辛勤建设者和忠诚维护者，以自己的先锋模范作用推进社会的和谐进步，把共产党员的先进性体现在维护人民利益、构建社会主义和谐社会之中。这是学习江苏省泰州市信访局局长、优秀共产党员张云泉同志先进事迹后得到的深刻启示。张云泉在信访工作岗位上数十年如一日，坚持公正，化解难题，赤诚负重，无私奉献，想的是为民解难、为党分忧，求的是社会的公平正义、安定和谐。他的事迹令人感动、使人敬佩，充分体现了当代共产党员的先进性，成为构建社会主义和谐社会的一笔精神财富。

做和谐社会的辛勤建设者和忠诚维护者

当前，我国正处于改革发展的关键时期，各种深层次矛盾日益凸显。在这样一个时期，努力构建社会主义和谐社会，是马克思主义执政党的政治重任和时代使命。张云泉的先进事迹深刻启示我们，每一个共产党员都应当做社会主义和谐社会的辛勤建设者和忠诚维护者。

张云泉所在的信访岗位，坐的是“清水衙门”的位，当的是“无权无职”的官，干的是“机关第一难”的事。在这样的岗位上，所见的常是“烦事、难事、窝囊事”，所听的常是“怨声、怒声、诉泣声”，所面对的常是困难群众。但张云泉认为，“上访的人愁眉苦脸来，怀着满意去，我就心安了”；“我最大的满足，就是让群众从我们身上看到共产党好”；“为群众解难，就是为党分忧”。人民群众从张云泉身上看到的是党和政府可亲、可敬、可信、可靠；张云泉给社会奉献的是公平、诚信、安定、有序与和谐。

构建社会主义和谐社会，要靠马克思主义执政党的执政能力、执政智慧，也需要广大党员特别是领导干部对于构建和谐社会具有强烈的政治责任心和时代使命感。这种政治责任心和时代使命感，首先来自于共产党人对于文明、和谐、进步的社会理想的美好追求。共产党人以实现人类社会的和谐美好作为自己的追求，并为之不懈奋斗。张云泉的一言一行、一举一动，展现了对美好社会理想的执着追求，对社会文明进步的倾心呵护。无论在怎样的困难和矛盾面前，他总是充满信心，充满追求社会和谐的热情。这种政治责任心和时代使命感，也来自于胸怀大局、为党分忧的执政意识。执政党的党员都在各自的岗位上具体地履行着党的执政使命。张云泉这样理解自己的岗位：“爱的是为党分忧之岗，敬的是为民解难之业。”为民解难，就是为党分忧；社会和谐安定，国家长治久安，人民就“看到共产党好”。这种胸怀大局、为党分忧的政治责任感，是构建和谐社会的强大力量源泉。说到底，共产党员构建和谐社会的政治责任心和时代使命感，来自于始终坚持党的宗旨、始终实现好、维护好、发展好最广大人民根本利益的坚定信念。“共产党的干部都应是人民的儿子”——张云泉的这种境界，正是他一言一行最深层次的精神源头。

以共产党员的先锋模范作用推进社会的和谐进步

构建社会主义和谐社会，是中国特色社会主义事业总体格局的新拓展，是适应经济社会发展变化在社会建设方面的新探索，也是必须付出艰苦努力的一项系统工程。这一伟大事业要求共产党员深刻理解党员先进性的时代内涵，以自己的先锋模范作用推进社会的和谐进步，以党员的先进性引领社会走向民主法治、公平正义、诚信友爱、充满活力、安定有序以及人与自然和谐相处的境界。张云泉在这方面为广大党员干部树立了榜样。

展现民主法治的威力。张云泉并不把信访工作看成是批条子、发指示或找领导解决问题的简单工作，而是理解为发展社会主义民主，维护、实现和保障人民合法权益的过程。他特别注重引导群众用法律武器维护自身权益，努力向上访群众宣传法律知识，提供法律服务。尤其是他首创的律师参与信访工作制度，不仅为上访者提供了依法解决问题的途径，而且促进了政府的依法行政，充分体现了社会主义民主法治的要求。

追求公平正义的境界。上访群众在社会利益关系格局中常常是处于弱势的一方。张云泉每天接触的大部分是社会基层最为普通的群众。面对群众的泪水、苦衷和难题，他时常提醒自己："信访工作，接待的是不满意的群众，处理的是不满意的事情，感受的是不满意的情绪。"他把信访部门比作党和政府与人民群众的"连心桥"，倾心倾听群众的利益诉求，尽心关爱群众的生活困难，努力保护群众的正当权益，以春风化雨、润物无声的方式化解基层的矛盾冲突。在帮助一个个群众、化解一件件冲突中，他维护了社会公平，主持了社会公道，弘扬了社会正气，彰显了社会正义。

创造诚信友爱的氛围。信访工作面对的是矛盾，信访群众需要的是帮助。信访工作做得好，实际上是在推进全社会互帮互助，促进社会各方诚实守信、平等友爱、融洽相处。张云泉在信访工作中，把诚信友爱化作一句句温暖人心、滋润心田的话语，化为处理一个个繁杂矛盾和突出难题的具体行动。他经常对来访的群众讲："有话跟我说"、"我来帮助你"；他对困难群众表示："请你们放心，只要共产党在一天，就保证你们有饭吃、有衣穿，让你们享受人世间的温暖。"这些言行举动，无不深刻折射出我们党的干部对人民群众的挚爱与真情，群众也由此感受到了党和政府的可亲、可敬、可信、可靠。

保护社会的创造活力。对于群众的上访如果处理不好，就会成为消极因素，甚至损害社会的活力。张云泉深深理解信访工作对于保护人民群众积极性、创造性的重要性。他常说："人不伤心不落泪，人无难事不上访。"信访工作就是要使"不满意的群众满意、不满意的事情解决、不满意的矛盾化解"。把这些困难群众反映的突出问题解决了，就是化解了最难化解的消极因素，就能最广泛地保护和调动一切积极因素，使我们的社会始终充满活力。张云泉的事迹充分说明，共产党员在自己的岗位上尽心竭力地帮助困难群众，既能化解社会矛盾，又能激发社会的创造活力。

珍惜安定有序的社会环境。信访工作所面对的问题，常常事关社会安定、人民安生，事关改革发展所必需的稳定秩序。所以，张云泉把自己的工作看作是维护社会安定团结的重要岗位，并立了一个规矩：对群众的信访问题，凡是能够解决的，尽快解决；暂时没有条件解决的，耐心地向群众讲清情况，多说暖人心、得人心、稳人心的话，争取群众的谅解；即使个别群众的要求过高或者要求不尽合理，也应不厌其烦地给他们讲政策、讲道理，尽最大努力化解矛盾。张云泉在工作中始终坚持这一原则，使一个个困难群众得到关怀，一桩桩突发事件得到化解，一起起群体性矛盾得到缓和，被人民群众称为安定团结的忠实卫士。

实现好、维护好、发展好最广大人民的根本利益

实现好、维护好、发展好最广大人民的根本利益，是构建社会主义和谐社会的根本目的，也是构建社会主义和谐社会的根本途径。张云泉是全国“人民满意的公务员”。他说：“是人民公务员，心里就必须装着群众；是共产党人，就必须始终代表人民群众的根本利益。”正因为如此，他理直气壮地伸张正义、主持公平、展示诚信、维护安定，春风化雨般地消解矛盾、建立友爱、解人忧愁、唤人奋进。构建社会主义和谐社会，需要每一个共产党员有甘做“人民的儿子”的境界，努力实现好、维护好、发展好最广大人民的根本利益。

牢记宗旨、心系群众。在张云泉的人生天平上，人民群众始终是最重的砝码。他认为，人民群众是我们的衣食父母，如果我们吃了人民的饭却不为人民做事，就是对人民的背叛。他常说，“不怕自己苦，就怕百姓苦，群众高兴我就高兴。”正是有了这样的公仆情怀，张云泉深怀爱民之心，恪守为民之责，视人民群众如父母，视信访对象胜亲人，尽力帮扶困难群众家庭，千方百计为群众排忧解难。他平均每年接待上访群众2000多人次，处理人民来信2000多封，接听来访电话几千次，把党和政府的温暖送到了人民群众的心坎上。共产党员心系人民群众，人民群众在心灵深处称颂共产党好，这是社会和谐、文明、进步最重要的政治保障。

勤勉务实、善解民忧。在社会主义市场经济加速发展、社会结构不断变化的历史条件下，各种矛盾错综复杂。这就要求共产党员既要有维护人民利益的诚心，又要有维护人民利益的智慧。人们说，张云泉对困难群众是“仁者”，处理人民内部矛盾、化解利益冲突是“智者”。他在工作中不断总结经验，创造了“五心五力”工作法：接待群众要有热心，对待问题要有责任心，对待群众反映的问题要有同情心，对待有阻力的问题要有决心，对待疑难问题要有恒心；信访工作者要有良好的语言表达能力，有与来访者迅速拉近距离的能力，有用辩证法观察问题、分析问题的能力，有依靠政策、法律和有关部门处理问题的能力，有驾驭复杂局面、现场平息事态的能力。正是有了这样的精神风貌和实际本领，张云泉把号称“机关第一难”的信访工作做得有声有色，赢得了人民群众的信赖和尊敬。

严于律己、一身正气。张云泉说过：“做人必须像人，当官不可像官”。面对上访群众，面对各种矛盾和难题，只有“必须像人”，才能真正服人；只有“不可像官”，才能使群众信“官”。张云泉一身正气，两袖清风，时刻把人民群众的安危冷暖挂在心上，但对自己的亲属子女则显得有点“不近情理”。他为许多上访群众联系解决了就业问题，而自己的亲属中却有八九个人下了岗。他对家里人表露心迹：“你们跟着我受苦了，但我工作的底气更足了。”这样的干部，自然敢秉公办事；这样的干部，自然能一身正气。

（执笔人：游新华、蒋宏宾、杭邦华，
原载4月29日《人民日报》、
原载《群众》2005年第五期）

在率先发展中
抓好人的全面发展

省委宣传部研究室
苏州市委宣传部研究室

以“两手抓，两手硬”、两个文明协调发展而闻名全国的张家港市，近几年来，认真贯彻落实省委“两个率先”的战略部署，坚持以人为本、执政为民，在全面建设小康社会的实践中大力促进人的全面发展，不断提高市民素质，努力满足人的多方面需求，使人的潜能和创造力得到充分释放，走出了一条经济社会发展与人的全面发展良性互动的新路子，创造了新的历史条件下精神文明建设的新经验，从而有力地推动了全市物质文明、政治文明、精神文明建设的协调发展，为新形势下的张家港经验注入了新的内涵与活力。

张家港在经济和社会高速发展的过程中大力推进人的全面发展，主要是从人的全面发展的基本需求着手，在较高平台上推进人的全面发展。

提高城乡居民的收入。张家港始终把富民强市作为一切工作的立足点，突出以人为本、民富为先，夯实人的全面发展的物质基础。围绕发展民本经济，不断调整优化产业结构，规模经济做强做大，沿江板块经济独领风骚，特色企业集群不断崛起，个私民营经济迅猛发展。1995 年以来，张家港市经济总量每年保持了高速增长，尤其是近 3 年增幅都在 30% 以上，10 年间 GDP 增长了 2.5 倍、财政收入增长了 9 倍，城乡人均收入增长了近两倍。近年来，他们致力于做好“加减乘除”四则混合运算，注重解决居民收入与经济高速增长之间的落差，解决城市与农村居民收入的落差，努力在强市中富民。加法，就是在经济发展中拓展就业空间，增加收入渠道。全市 45 万劳动力，包括 14 万外来劳动力，实现了充分就业；减法，就是靠减负来保护农民利益，调动农民的增收积极性。他们于 2003 年在全国最早实现免征农业税等农村税费，实现农民“零负担”；乘法，就是推进农业产业化，促进全民创业，加快传统农业向现代农业、产量农业向效益农业的转变，促进农民的增收致富；除法，就是加快转移农村剩余劳动力，逐渐减少农村人口数量。他们在充分发挥乡镇工业和特色产业的优势，大量吸纳农村劳动力就业的同时，大力实施民营经济腾飞计划，3 年内新增个体工商户 23 294 户、私营企业 5631 家，部分居民实现了由就业向创业的转变。全市农村劳动力中从事非农产业的占 75.5%，农村人口与非农人口的比重由建县时的 95∶5 变为 57∶43。同时，张家港建立了面向全体城乡居民的保障体系，率先实现“养老、医疗、生育、工伤、失业”五保合一。全市 5 万余名农民职工转入“城保”，8 万余名纯农民纳入“社保”，并全面实施农村新型合作医疗和大病风险基金制度，与城镇职工医疗保险逐步接轨。

提高城乡居民的生活质量。提高城乡居民的生活质量既是人的全面发展所追求的一个目标，也是一个地区的外在表现。张家港在经济高速发展的同时，着意统筹城乡建设，优化空间布局，改善生态环境，全方位提高城乡居民的生活质量。

优化生态环境。张家港人十分重视人居环境和生态建设，从卫生城市到环保模范城市，再到园林城市、生态城市，10 多年来他们作出了不懈的努力。近 10 年来在经济总量迅猛增长的情况下，张家港人把“生态”看成“有生命的基础设施”，融入到城市的发展和经营理念中，每年投入 10 亿元用于环境设施建设。市区以及各镇都建有污水处理厂，生活污水处理率达 70% 以上。大力推行社区绿化、家庭绿化、小区绿化、街头绿化、道路绿化、河滨绿化，努力营造良好的绿色居住环境。近两年，全市城乡新增绿地 1000 多公顷，超过建县 40 年来的总和，绿化覆盖率超过 40%。

满足精神需求。精神需求是生活质量的一个极其重要的方面，也是人的素质提高的内在动力。张家港在经济高速发展、居民物质生活水平大幅提高的同时，致力于满足群众日益增长的精神文化需求和保障文化产品的供给。投入数亿元新建和改造了图书馆、博物馆、广电中心、电影广场等文化设施。全市8个镇都建立了文化服务中心，市镇两级公益性文化设施面积达6.76万平方米。依托这些阵地，全市农村每年有各类文体活动2000多场，参与群众超过40万人次。全市建立了上百支特色文体活动团队，引导群众自娱自乐，丰富城乡居民的精神文化生活。

完善生活服务体系。近年来，张家港围绕市民的衣食住行等生活需求，投入巨资，改善全市尤其是农村的服务体系。自上世纪末开始，张家港市把城市社区建设的成功经验逐步推广到农村，全市8个镇都建有中心社区，186个行政村都建有村级社区，全市形成了市、镇、村、企业四级社区一体联动的良好格局。引进全市统一的“1890(一拨就灵)社区服务网”，集聚社区服务资源，实现资源共享，农村和城市接轨，享有管理、文化娱乐、休闲活动、商贸服务、医疗卫生“五项公共服务设施”。家政服务、医疗保健、农事咨询、农机维修、肥药供应、种植养殖培训等十大系列60多个服务项目基本满足了农村居民生活、生产的需求，“小事不出村，服务引进门”的生活目标逐步实现。

提高城乡居民的综合素质。提高人的内在素质是促进人的全面发展的本质要求。具有远见的张家港人在提高人的综合素质方面同样做了大量的、持之以恒的工作。

培植城市精神。多年来，张家港人大力弘扬“团结拼搏，负重奋进，自加压力，敢于争先”的张家港精神，并在实践中赋予它“争先、创新、求实、富民”新的时代内涵，使这一城市精神成为全市人民奋发进取的强大动力。他们以无功即过的意识抢抓发展机遇，以超越自我的追求提升发展定位，以激励竞争的机制营造发展氛围，在加快物质文明建设中强化市民精神。他们每年都要组织干部群众学习先进，登高望远，攀高比强，争先立新，每年都要大张旗鼓表彰一批创业典型，使张家港精神渗透到每一个工作岗位和每一项具体工作之中，成为广大市民奉献岗位、创造美好家园的不竭动力。

强化基础教育。教育是提高人的素质的基础工程。张家港舍得在教育上投入，1995年以来，先后投资数十亿元用于改善办学条件和扩大教育资源，进入全国首批教育现代化先进市行列。小学入学率、巩固率和毕业率均达100%，初中升高中比例每年都在95%以上。2004年，全市高考录取率达到93%，适龄人口接受高等教育的比例达到50%以上。在城市化的历史性进程中，张家港坚持以市民的理念教育提高农民内在素质，依托全市城乡500多所职业学校、成教中心、市民学校开展农民尤其是青年农民的思想道德、文化科技、职业技能教育，努力造就具有较高文化素质和专业技能的新型农民。仅2003年，全市办各类短训班100多期，4万余人根据自身需求接受了培训。

提高城乡居民的自治能力。使城乡居民广泛享有民主自治权利和依法办事能力，是促进人的全面发展的题中应有之义。张家港从完善基层民主、健全规章制度、引导群众正确行使民主权利和增强参与意识入手，努力提高城乡居民的法制观念和自治能力。规范农村政务，实行民主选举、民主决策、民主管理、民主监督。全市186个村全部建立了固定的村务公开栏，建立公开点500多个，村村建立了村务公开监督小组、民主理财小组等监督机构。积极开展社区管理的体制创新，建立由村干部和村民代表组成的社区管理委员会，把村务管理向社区和村民小组延伸，开辟更微观、更具体的村民自治单元，提高群众的参与度和自治能力，被民政部授予“全国村民自治模范市”称号。运用各种形式，广泛深入地开展民主法制教育，不断提高全民学法、知法、懂法、守法、用法水平，增强市民的公民意识、法制意识和依法办事能力。依托社区、企业、学校等载体，充分运用集中培训、法制电影、法制文艺、宣传画廊、板报展评等形式，全方位开展城乡居民的法制宣传教育。

张家港在全面建设小康社会中促进人的全面发展的成功实践，是张家港这个全国先进典型在新形势下创造的又一新经验，是张家港经验的新发展，对于我们今天全面建设小康社会乃至基本实现现代化具有示范性和导向性。

一、促进人的全面发展是“两手抓、两手硬”经验的新发展。“两手抓、两手硬”的经验就是要在物质文明建设的同时，不放松精神文明建设，而张家港经验的新发展在于，他们把促进人的全面发展的理念和原则实实在在地体现和贯穿到经济社会发展的具体实践之中，坚持以人为本，把尊重人、关心人、发展人、提高人作为经济社会发展的出发点和最终目标，以提高城乡居民的生活水平、生活质量、整体素质和自身能力为重点，全面满足城乡居民多方面的需求，切实解决城乡居民生产、生活中的困难，使每一个人都享有全面发展的机会和条件，在人的全面发展中推动经济社会全面协调可持续发展。正如10年前张家港人创造的“两手抓、两手硬”经验保证了两个文明协调发展一样，促进人的全面发展的新经验必将为我们今天的经济社会协调发展，率先全面建成小康社会、率先基本实现现代化提供宝贵的经验借鉴，树立实践的榜样。

二、促进人的全面发展是全面建设小康社会和实现“两个率先”的新实践。张家港的实践经验充分体现了全面建设小康社会的新要求，较好地避免了片面追求经济增长而忽视社会进步，片面追求物质需要的满足而忽视人的素质提高和精神文化需求等局限性，使人们看到了全面小康社会的景象，提供了全面建设小康社会的路径，鼓舞了人们对全面建设小康社会的向往和追求。张家港促进人的全面发展的新经验也体现了“两个率先”的内在要求。在经济全球化的条件下，经济、科技特别是人才的竞争更加激烈，没有人的全面发展，没有大批高素质的人才，就无法参与和赢得国际竞争。张家港先人一步、快人一拍，促进人的全面发展，既是在国际竞争中立于不败之地的明智之举，也抓住了奋力实现“两个率先”、全面建设小康社会的根本和关键。

三、促进人的全面发展是三个文明协调发展的新尝试。张家港人努力把三个文明统筹发展的现代执政理念贯穿到各项工作之中，在加快物质文明建设中富民强市，在深化精神文明建设中提升素质，在推进政治文明建设中增强动力，与时俱进、推陈出新，寻找在更高水平上的协调发展。特别是精神文明建设不断发展创新，形成了“以经济为中心、以卫生为基础、以文明为内涵、以育人为根本、以服务群众为宗旨”的创建思路，使精神文明建设不断出素质、出形象、出效益。他们还根据城镇化快速推进的形势，坚持用城市的标准建农村，用市民的理念育农民，努力构建城乡一体文明。在当前创建全国文明城市的背景下，他们又把促进人的全面发展作为总目标，推动三个文明的协调发展，集中营造有利于人的全面发展和经济社会全面进步的政策环境、市场环境、人文环境、生活环境和生态环境，努力把张家港建设成为省内领头、国内领先、国际一流的文明城市，使人民群众在创建中得到实惠、得到陶冶、得到提高。张家港坚持以人为中心，促进人的全面发展的实践，较好地把物质文明、政治文明和精神文明建设有机地统

还特别重视培育一镇(街道)一品的特色文化活动,建立了诸如象棋、围棋、风筝、武术、乒乓球、二胡等上百支特色文体团队,丰富了农民的精神文化生活。

(执笔:王同来、杨仪、陈世海,原载2005年10月14日《人民日报》、《群众》2005年第十期)

解读和谐社会的科学内涵

蒋宏宾

构建社会主义和谐社会,是我们党顺应时代发展要求和社会发展规律,积极推进中国特色社会主义事业作出的重大战略构想,标志着我们党对现代化建设总体布局的拓展和深化,是对什么是社会主义、怎样建设社会主义的理论升华。深刻理解构建社会主义和谐社会的丰富内涵,对我们全面落实科学发展观,促进经济社会全面协调发展,推进江苏"两个率先",具有深远意义。

源于马克思主义的社会价值追求

在古今中外众多思想家中,真正把"和谐社会"建立在科学思想方法基础之上,并提到理论高度的是马克思主义创始人。马克思主义认为,社会是人与人之间相互联系而成的集合体,是人类在经济、政治、文化等方面的活动及其相互关系。只有社会的经济、政治、文化、生活的各方面紧密联系并互相协调,整个社会才能保持有序和谐。人类社会的和谐主要体现在三方面:人与自然的和谐、人与人的和谐、人自身的和谐。而其中,最关键的是人与人的和谐,即人与社会的和谐。

针对人类社会的现实存在不和谐,马克思一方面深刻批判了资本主义私有制度,批判了资本与雇佣劳动的根本对立,指出"资本来到世间,从头到脚,每个毛孔都流着血和肮脏的东西";另一方面又科学批判了空想社会主义的不合理成分,尤其是针对空想社会主义者傅立叶"和谐制度"中鼓吹阶级融合、保存私有制度、调和敌对阶级的冲突等错误观点,阐述了科学社会主义的社会价值目标。《共产党宣言》明确指出,"代替那存在阶级和阶级对立的资产阶级旧社会的,将是这样一个联合体,在那里,每个人的自由发展是一切人自由发展的条件"。在另一个场合,马克思和恩格斯这样描写,共产主义社会是"由社会全体成员组成的共同联合体来有计划地尽量利用生产力;把生产发展到能够满足全体成员需要的规模;消灭牺牲一些人的利益来满足另一些人的需要的情况;彻底消灭阶级和阶级对立;通过消除旧的分工,进行生产教育、变换工种、共同享受大家创造出来的福利,以及城乡的融合,使社会全体成员的才能得到全面的发展"。马克思主义创始人不但肯定了共产主义社会是一个和谐社会,而且将实现和谐社会的手段建立在科学和现实的基础之上。恩格斯晚年在《社会主义从空想到科学的发展》中,进一步深刻地论述了共产主义社会的和谐社会性质。他认为共产主义社会,人类社会的和谐将达到人类历史发展的最高境界,实现"从必然王国进入自由王国的飞跃"。在马克思主义的社会价值目标中,人与自然的和谐、人与社会的和谐、人自身所面临的客观条件制约和主观自由行动的和谐等,不仅可以实现,而且是一种历史发展的必然。

我们党最新实践的总结与思考

一方面,我们党今天所讲的和谐社会,其基本的、科学的内涵来自于马克思;提出"构建社会主义和谐社会",就是为了把马克思的科学论断逐步变成现实。另一方面,根据马克思主义基本原理,立足社会主义初级阶段的国情,结合中国特色社会主义的创新实践,总结我国社会主义现代化建设的实践经验,我们党提出了建设社会主义和谐社会的科学论断。当前,社会主义现代化建设和改革发展进入了战略关键期和社会转型期,社会冲突增多,人民群众对社会和谐的愿望尤其迫切,构建和谐社会正合时机。

具体来讲,以人均国内生产总值超过1000美元为标志,我国目前已处于国际公认的人均GDP1000美元—3000美元的社会转型关键时期。社会转型期通常伴随着社会的不稳定、不和谐,这也是现代化起飞阶段的风险增长期。从世界经验看,这一阶段往往表现为产业结构快速转型,社会利益格局剧烈变化。从工业化、市场化、城市化、经济国际化等重要方面情况看,同样可验证这一点。如,目前我国已进入工业化中期,工业在国民经济中的比重接近50%。工业化中期,是加快完成工业化的时期。在我国,则经历着从轻化工业向重化工业的深刻转型,将对产业结构、资源环境、增长方式、居民消费结构以及由此形成的生活方式、价值观念与精神文化、政治文明等多方面产生深远影响。与工业化相适应,城市化也进入了加速发展时期。目前,我国城市化率为37%,处于城市化率30%—70%的城市化加速期,这是城市化发展进程中最关键的阶段,对整个经济社会生活必将产生深刻影响。基于以上这些背景,我们党鲜明地提出了构建社会主义和谐社会的课题。作为执政党,我们党必须按照构建社会主义和谐社会的目标,从社会整体利益和人民长远利益出发,正确引导和处理各种社会矛盾,使整个社会结构协调和谐,顺利度过社会发展的阵痛期。胡锦涛深刻指出,我们所要建设的社会主义和谐社会,应该是民主法治、公平正义、诚信友爱、充满活力、安定有序、人与自然和谐相处的社会。构建社会主义和谐社会,同建设社会主义物质文明、政治文明、精神文明是有机统一的。要通过发展社会主义社会的生产力来不断增强和谐社会建设的物质基础,通过发展社会主义民主政治来不断加强和谐社会建设的政治保障,通过发展社会主义先进文化来不断巩固和谐社会建设的精神支撑,同时又通过和谐社会建设来为社会主义物质文明、政治文明、精神文明建设创造有利的社会条件。

建立在科学发展观的基础之上

换言之,正是因为有了建设全面小康社会的战略构想,特别是有了科学发展观的理论创新,我们党才深刻提出构建和谐社会的战略任务。十六大指出,“我们要在本世纪头二十年,集中力量,全面建设惠及十几亿人口的更高水平的小康社会,使经济更加发展、民主更加健全、科教更加进步、文化更加繁荣、社会更加和谐、人民生活更加殷实。”同时指出,要“努力形成全体人民各尽其能、各得其所而又和谐相处的局面”。全面建设小康社会,不仅要加快经济、政治、文化等各方面的发展,而且要在此基础上,建设一个和谐社会,促进人的全面发展。可见,十六大把“社会更加和谐”作为全面建设小康社会的目标之一,鲜明地提了出来。中共十六届三中全会明确提出科学发展观,强调要坚持发展第一要务,实现以人为本、全面协调可持续发展,努力做到“五个统筹”。而贯穿在其中的核心思想,实际上就是实现整个社会各个方面的和谐,是建设和谐社会。在此基础上,十六届四中全会概括形成了“和谐社会”的概念,提出“要适应我国社会的深刻变化,把和谐社会建设摆在重要位置”,并要求不断提高构建社会主义和谐社会的能力。接着,中央经济工作会议提出,要以科学发展观统领经济社会发展全局,并首次把构建和谐社会列为经济工作的一项主要任务。这样来看,构建和谐社会就是基于科学发展观的一种理论创新和理论深化,和谐社会与科学发展观同出一脉。科学发展观是全面建设小康社会必须始终坚持的指导思想,构建和谐社会是全面建设小康社会的重要内容,在构建和谐社会的进程中,必须全面贯彻科学发展观的要求,将二者有机地统一起来。第一,加快发展是科学发展观的重要内容,也是构建社会主义和谐社会的物质基础。第二,以人为本是科学发展观的本质规定,也是构建社会主义和谐社会的内在要求。第三,全面协调可持续发展是科学发展观的基本主线,也是构建社会主义和谐社会的核心内容。第四,"五个统筹"是科学发展观的总体思路,也是构建社会主义和谐社会的具体内容。因此,认真贯彻科学发展观,实现全面协调可持续发展,才能实现和谐创业、和谐安邦、和谐兴国,才能真正建成和谐社会。

江苏具有良好的发展平台

当前,我国经济社会发展进入了近几十年来最好的历史时期,经济社会资源也正朝着有利于全面、协调、可持续发展的目标配置,构建社会主义和谐社会可谓正当其时。改革开放20多年,我国经济社会的快速发展给建设社会主义和谐社会提供了一个很好的基础和平台。截止2003年,我国的国内生产总值已经达116694亿元,人均GDP超过了1000美元。刚刚过去的2004年,我国的国内生产总值增长9.5%左右,经济发展又上了一个台阶。目前,我国构建社会主义和谐社会具有以下良好的基础和条件:宏观经济一直保持平稳健康快速增长,现在又进入新一轮高速成长期;人口增长势头得到了有效控制,生育率维持在低水平,为提高人口素质和调整人口结构提供了契机;就业度过了最困难时期,从业人员规模从1990年的6.5亿人扩大到2004年的7.5亿人,失业率保持在较低水平;社会主义市场经济体制基本建立,经济增长方式正在发生转变,消费对经济的拉动力加大,2004年以来消费增长率开始超过人均国内生产总值增长幅度;社会保障和生活保障覆盖面不断扩大,越来越多的城乡低收入和贫困人群的生活得到保障。

在推进"两个率先"中努力建设和谐社会,江苏具有良好的发展基础和优势条件。一是多年来的率先发展,创造了构建和谐社会的较强物质基础。改革开放以来,江苏经济快速发展,连续13年保持两位数增长,2004年GDP总量突破15000亿元大关,人均超过2万元。二是注重全面协调的发展特色,积累了构建和谐社会的有益经验。在多年的发展中,江苏并不是经济发展一条腿畸长,也不只是GDP数字独大,而是经济社会各方面呈现比较全面协调发展的良好态势。省委提出的"两个率先",特别是其中的率先全面建设小康社会指标体系,是认真按照十六大"六个更加"、一个"惠及"的基本构架设计的,既有人均经济指标,也有教育指标、环境指标,还有安全指标等。在推进"两个率先"中努力构建和谐社会,就是要把构建和谐社会与推进三大文明建设作为"四位一体"的任务,努力在江苏建设一个经济发达、政治清明、文化繁荣、法制健全、社会安定、生态良好的和谐社会,建设一个充满活力、公平正义、团结共处、谅解宽容、各尽其能、各得其所的和谐社会,努力走在全国构建和谐社会的前列。

(原载《群众》2005年第四期)

建立保持共产党员先进性建设长效机制的几点思考

邱建中

胡锦涛同志在《新时期保持共产党员先进性专题报告会上的讲话》中提出：要“积极寻找新的历史条件下做好党员经常性教育管理工作的方法和途径，努力探索使广大党员长期受教育、永葆先进性的长效机制。”这是对全党提出的一个重大课题。本文试就建立先进性建设长效机制的必要性、原则及其要求作一些粗浅的探讨。

一

先进性是马克思主义政党本质特征、生命所系、力量所在。党员的先进性是党的先进性的重要基础，建立长效机制是保持党员先进性的根本保证，也是保持党的先进性重要保证。

党的性质决定必须建立先进性建设的长效机制。中国共产党是中国工人阶级的先锋队，同时也是中国人民和中华民族的先锋队，是中国特色社会主义事业的领导核心。只有不断适应时代的发展和人民的要求，建立长效机制，持续地推进先进性建设，才能使广大党员长期受教育、永葆先进性，才能始终保持党的先锋队性质，才能不断提高党的执政能力、巩固党的执政地位。也只有这样，我们党才能始终代表中国先进生产力的发展要求、中国先进文化的前进方向、中国最广大人民的根本利益，才能实现党的最高理想和最终目标——共产主义。

党的先进性建设的长期性决定了必须建立长效机制。加强党的先进性建设，是加强和改进党的建设的长期任务和永恒课题。保持党的先进性，是一个不断认识、不断实践、不断提高的过程。推进理论创新和加强理论武装，对党员进行管理和监督，吸收先进分子入党，发扬正气和抵制歪风，整顿软弱涣散的组织，严肃处理违纪违法党员和清除腐败分子，这些都是加强党的先进性建设必须做的经常性工作。除了适当的集中教育，主要是要做好经常性工作，特别是要不断探索新的历史条件下保持党的先进性的有效方法和途径，建立长效机制，做到常抓不懈。

党的历史昭示必须建立先进性建设的长效机制。建党八十五年来，已进行过五次大规模的教育党员活动：历时四年的延安整风、1947年冬至1948年秋的土改整党、建国初期历时三年的整风整党、党的十二大至十三大期间的全面整党和党的十五大后开展的“三讲”教育。每一次教育活动都根据时代要求，不同程度地解决了一些保持先进性方面存在的重大问题。始终把党的先进性建设作为“伟大的工程”摆在重要位置来抓，这是我党八十五年来的宝贵经验。党的先进性建设是永恒的，必须靠建立长效机制，从体制、机制上根本解决问题。

二

通过不断开展先进性教育活动，提高党员素质、加强基层组织、服务人民群众、促进各项工作，从而使我们党始终做到“三个代表”，不断提高执政能力、巩固执政地位、完成执政使命。为了达到这个目的，建立长效机制需把握以下原则：

一是必须同实现党的历史任务紧密联系。党的先进性历来是随着形势和任务的变化而不断丰富和发展的。时代和实践的发展，总是不断给我们党提出新的要求，也给党的先进性赋予新的内涵。我们必须发展地而不是静止地、具体地而不是抽象地看待党的先进性。党的先进性具有鲜明的时代特征,建立先进性建设的长效机制,也一定要紧密联系党在当时的中心任务,紧密联系当时党所面临的重大理论和实践问题,切实解决当时党的建设方面存在的与保持先进性的要求不相适应、不相符合的问题,从而使党的先进性建设不断适应时代需要。

二是必须贯穿于党的建设的各个方面。党的先进性建设不是孤立进行的,而是要通过党的思想建设、组织建设、作风建设和制度建设来加以推进。长效机制必须贯穿于党的建设伟大工程的各个方面:加强理论武装工作,提高全党的马克思主义理论水平;加强执政能力建设,提高党的领导水平和执政水平;坚持和健全民主集中制,增强党的活力和团结统一;建设高素质的干部队伍,形成朝气蓬勃、奋发有为的领导层;切实做好基层党建工作,增强党的阶级基础和扩大党的群众基础;加强和改进党的作风建设,深入开展反腐败斗争;等等。

三是必须同坚持党的根本宗旨紧密相联。全心全意为人民服务是党的根本宗旨。我们党的根基在人民、血脉在人民、力量在人民。群众在我们心里的分量有多重,我们党在群众心里的分量就有多重。能不能坚持全心全意为人民服务的根本宗旨,是衡量一名党员是否合格的根本标尺。建立长效机制,最终要落实到服务人民群众、促进各项工作上来,实现好、维护好、发展好最广大人民的根本利益。这是衡量一切工作是非得失的根本标准,也是衡量党的先进性的根本标准,是不是长效机制不以自我评判为标准,而以群众是否认同为标准。

三

建立保持共产党员先进性建设长效机制,涉及到思想建设、组织建设、作风建设和制度建设等方方面面,是一个内容丰富、体系严谨、结构复杂的系统工程。重点需要研究建立四个方面的机制。

第一,在思想建设方面,建立和完善学习培训机制。马克思主义政党的先进性首先表现在理论上的先进性。坚持用马克思主义理论武装全党,是我们不断保持党的先进性的根本经验。保持共产党员先进性必须把思想理论建设放在首位,建立和完善长效的党员学习培训机制,坚持用马克思列宁主义、毛泽东思想、邓小平理论和“三个代表”重要思想武装广大党员的头脑,用人类创造的全部科学知识和优秀文明成果丰富广大党员的思想。要健全中心组学习制度、定期报告会制度、党课制度、民主生活会制度和总结评优制度。要完善党员干部在职学习制度、干部脱产进修制度以及相应的考核、激励和督查制度。要不断深化学习教育内容、创新学习教育方法,提高学习教育质量。要规范培训内容、拓展培训阵地、健全培训队伍、完善培训计划、创新培训方法,提高培训质量。要弘扬理论联系实际,坚持学以致用,联系工作实际,促进工作创新,联系思想实际,提高思想觉悟,坚定理想信念。

第二,在队伍建设方面,建立和健全管理监督机制。保持共产党员先进性必须贯彻落实党要管党、从严治党的方针,建立长效的管理监督机制,为永葆先进性提供强有力的组织保证。一要明确管理的任务,引导党员严格履行自己的义务,保障党员充分行使权利,组织党员参加党的各项活动,严格党员组织关系和党籍管理,保持党员队伍的纯洁性。二要健全管理制度,必须健全党员编入一个支部、接受党内外群众监督、定期参加党的组织生活、定期向党组织汇报思想和工作、参加“党日活动”、按时交纳党费及定期民主评议党风、严格执行转移党员组织关系、严格遵守党籍管理、加强流动党员管理等项。三要严格党内监督,包括党组织特别是纪检部门对党员的监督、党组织之间的互相监督、党报党刊的舆论监督、党员群众对党的领导干部的监督、全党对党的主要领导人的监督、党员之间的互相监督等。四要加强党外监督，实行党员联系群众制度，组建群众监督队伍，建立和完善在一定范围内定期向群众报告思想、汇报工作的制度和群众对党员特别是领导干部“工作圈”、“社交圈”、“生活圈”的监督网络。

第三，在廉政建设方面，建立和健全惩治预防机制。党风廉政建设是党的建设新的伟大工程的重要组成部分，是党的执政能力建设和先进性建设的重要内容。党风廉政建设和反腐败斗争关系党的生死存亡，永葆党的先进性，必须建立健全惩治预防腐败机制。要着力解决进一步坚定理想信念、进一步加强道德修养、进一步发展党内民主、进一步严明政治纪律、进一步强化制约监督、进一步加强制度建设等重大问题。要不断完善对权力制约和监督的制度，不断完善反腐倡廉相关法律和规范国家工作人员从政行为的制度，不断完善对违纪违法行为的惩处制度及不断完善反腐败领导体制、工作机制等。要不断深化干部人事制度改革、行政审批制度改革、财政体制改革、金融体制改革、投资体制改革和不断推进司法体制改革。要健全政务公开、企务公开、村务公开等制度。要不断规范工程招标投标、土地使用权出让、产权交易及政府采购等制度。要不断加强对领导机关、领导干部特别是各级领导班子主要负责人的监督，不断加强对干部选拔任用工作的监督，不断加强财政资金运行的监督，不断加强国有资产和金融的监督。要充分发挥党内监督、人大监督、政府专门机关监督、司法监督、民主监督和社会监督等监督主体的积极作用，提高监督的整体效能。

第四，要建立和完善党员个人保持先进性的自我修养机制。保持党员的先进性，不仅是党组织的事，更重要的是党员自身的事。要调动党员个人保持自身先进性的内在动力，必须建立和健全党员个人发挥先进性的自我修养机制。党员自我修养，一是勤奋学习，切实解决对马克思列宁主义、毛泽东思想、邓小平理论、“三个代表”重要思想及科学发展观真学、真懂、真信、真用的问题，做到真学蔚然成风，真懂融会贯通，真信坚定不移，真用持之以恒。二是经常检查，要自重、自省、自警、自励，“吾日三省吾身”，坚持自觉按照党章及中央的要求对照自己，找差距、探原因、定目标。三是勇于实践，积极参加“三个文明”建设的实践，不断适应时代新变化、研究现实新情况、形成决策新思路、探索实现决策的新办法、开创工作的新局面、为党做出新贡献。四是善于总结，不断总结经验、肯定成绩、修正缺点，不断把感性认识提高到理性认识，不断提高自己的思想觉悟和工作能力，在实践中有所作为、有所创造、有所发明、有所前进。

（原载《中国思想政治工作年鉴》2005年版）

建设和谐社会要以人为本

徐之顺

中共十六届四中全会向全党提出建设社会主义和谐社会的历史任务，这是贯彻以人为本的科学发展观，提高党的执政能力的必然要求。社会主义和谐社会是全体人民各尽所能、各得其所而又和谐相处的社会。以人为本的科学发展观是构建和谐社会的灵魂，引导着构建和谐社会的正确方向，并体现于社会和谐发展的各个方面。

高度重视民生

和谐社会作为一种理想社会境界，集中表现为政权得到最广大群众的拥护，人民生活在和衷共济、安居乐业的祥和状态，社会有序运行。古人云:“仓禀实而知礼节”,社会的和谐有赖于强大的社会物质基础作保障。胡锦涛同志指出,坚持以人为本,就是要以实现人的全面发展为目标,从人民群众的根本利益出发谋发展、促发展,不断满足人民群众日益增长的物质文化需要,切实保障人民群众的经济、政治和文化权益,让发展的成果惠及全体人民。以人为本作为科学发展观的本质和核心,同样强调以经济建设为中心,通过不断解放和发展生产力为社会全面进步和人的全面发展提供物质基础。

改革开放以来我国经济建设取得巨大成就,但我国仍然处于并将长期处于社会主义初级阶段,人民日益增长的物质文化需要同落后的社会生产之间的矛盾仍然是我国社会的主要矛盾,目前的突出表现就是大量关乎老百姓生计的民生问题仍不同程度地存在,如城乡居民特别是农民的收入增长缓慢问题、就业困难问题、社会保障严重滞后问题,失地农民、失房居民、失业职工和因灾因病致贫致困群众的生活保障问题等。这些民生问题都是发展中出现的问题,要依靠发展来解决。因此,建设和谐社会首要的任务仍然是加快发展经济,毫不动摇地坚持“发展是硬道理”。江苏要走在全国构建和谐社会的前列,应当进一步增强发展的紧迫感,牢记邓小平同志关于江苏应该比全国平均速度快的要求,紧紧抓住新一轮全球产业分工重组的难得机遇,推动经济以较快的速度持续发展,保持在全国的领先地位。

加快发展经济必须更加关注民生,一是解决好人与自然和谐发展的问题。人与自然的和谐是构建和谐社会的重要内容,如果以损害自然环境和浪费资源为代价发展经济,经济指标上去了,但人民生活在恶化的自然环境中,身心健康受到很大伤害,这样的经济发展就不是以人为本。二是把帮助老百姓富裕作为经济工作的核心任务。老百姓富足是社会和谐最坚实的基础。我省确定了到2010年全省总体上实现全面小康的战略目标,并在全国率先制订了省级全面建成小康社会的综合指标体系,包括经济发展、生活水平、社会发展、生态环境四大类18项,其核心指标是城镇居民人均可支配收入达到2000美元、农民人均纯收入1000美元,还包括一系列切实解决老百姓民生问题的指标,如居民住房、居民信息化普及程度、居民文化消费支出比重、恩格尔系数、卫生服务体系健全率、社会保障、人民对社会治安满意率、城乡居民依法自治、绿化水平和环境质量等。这表明我省要建成的小康社会,是以人为本、富民优先、让老百姓真正得实惠的小康社会,各级领导干部要树立正确的政绩观,坚持加快发展、科学发展和富民优先的有机统一,求真务实,真抓实干,一步一个脚印地推进小康进程。

尊重群众主体

人民群众是建设和谐社会的主体力量,我们建设和谐社会,必须充分依靠和激发人民群众的创造活力。在当代中国,全面建设小康社会、实现“三步走”发展战略、实现中华民族伟大复兴,这是包括知识分子在内的工人阶级、广大农民和其它社会各阶层的共同理想,人民群众根本利益的一致性使社会的和谐发展成为可能。在共同理想下,每个社会成员可以拥有个人目标、个人追求,进行自我设计、自我奋斗。一切有利于社会进步的创造愿望得到尊重、创造活力得到支持、创造才能得到发挥、创造成果得到肯定,正是和谐社会所追求的“和而不同”、“活而有序”的理想状态。

社会主义市场经济的发展为每个社会成员发挥创造活力,实现自我价值提供了现实条件。但是,我国目前还处于计划经济向市场经济过渡的转轨时期,完善的市场环境并没有形成,各种不平等、不公正的社会现象还很突出,人们还不可能享有完全平等的就业、收入、教育、医疗、社会保障等方面的机会。从每个社会成员自身来说,由于存在体力、智力、能力的差异,以及后天获得的生存及发展条件的差异,每个社会成员在市场竞争中存在着事实上的不平等,必须从法律上、制度上、政策上努力营造公平的竞争环境,保证每个社会成员都能够平等地参与市场竞争,进行劳动创造,参加社会生活。

尊重人民群众在构建和谐社会中的主体地位,要求我们必须始终坚持以最大多数人的利益为出发点,把最大限度地激发广大工人、农民、知识分子的创造活力和发展潜能放在首位。当前占人口绝大多数的工人、农民等普通劳动者虽然是我国社会的主体力量,但作为个体,他们在市场竞争中并不占据有利地位,面临许多制约他们发挥创造活力和潜能的实际困难。我们要优先关怀普通劳动者,积极创造条件提高他们的思想道德素质和科学文化素质,提高他们的劳动技能和创造才能,支持他们创新创业,提高经营性、资产性收入在他们收入中的比重,使普通群众通过自己的创造性劳动尽快富裕起来。同时要正确处理好工人阶级、农民与其他社会阶层人员的关系。民营科技企业的创业人员和技术人员、受聘于外资企业的管理技术人员、个体户、私营企业主、中介组织的从业人员、自由职业人员等社会阶层,都是和谐社会的建设者。只有尊重他们的劳动、知识和创造,并在体制、机制、法制上保障他们想干事业、能干事业、干成事业,才能使一切劳动、知识、技术、管理和资本的活力充分释放出来,使整个社会的和谐牢固建立在发展与效率基础之上。

坚持共同富裕

利益的和谐是社会和谐的核心和要害。面对我国社会生活中日益增长的利益主体多元化,以及不同利益主体之间的利益冲突,如何统筹兼顾利益关系,使各类利益主体各得其所,是构建和谐社会不可回避的课题。我们党坚持的以人为本,是坚持以中国最广大的人民群众根本利益为本。我们党制定方针政策,以满足最广大人民群众的需要和利益追求作为出发点和落脚点,以人为本作为科学发展观的本质,与“三个代表”重要思想中“始终代表中国最广大人民的根本利益”,与我们党“立党为公、执政为民”的宗旨是完全一致的。

坚持共同富裕,是贯彻以人为本的必然要求。当前各种统计数据表明,我国社会阶层的收入分配已出现明显差距,并呈扩大趋势,表现为社会贫富悬殊,城乡、地区、行业之间发展的严重不平衡。贫富差距问题已经严重影响到我国经济、政治、社会生活的各个方面,成为制约社会和谐发展的不利因素。因此,防止贫富两极分化,推动共同富裕,对于构建和谐社会就具有十分重要的现实意义。十六届四中全会《决定》的一个重要特点,就是更加注重社会公平,强调“合理调整国民收入分配格局,切实采取有力措施解决地区之间和部分社会成员收入差距过大的问题,逐步实现全体人民共同富裕。”这是贯彻以人为本的科学发展观的具体体现。

有效协调社会利益关系,在指导思想上要处理好“四个关系”:坚持公有制为主体和促进非公有制经济发展的关系,坚持按劳分配为主体和实行多种分配方式的关系,坚持市场机制在资源分配中的基础性作用和发挥政府公共权力调节作用的关系,坚持效率优先与兼顾公平的关系。在政策取向上,关键是找准社会最大多数人的共同利益与不同阶层的特殊利益的结合点,既要把不同利益主体间的利益差距控制在一个适度的范围内,以保持社会公平;又要给不同利益主体留下适当的利益空间，以激发社会效率。

在实际工作中，要做到把握全局，搞好统筹兼顾。一是搞好城乡统筹兼顾，切实加大对农业、农村、农民的支持力度，以农民增收为中心环节，依靠工业化致富农民，依靠城市化带动农村，依靠产业化提高农业。二是搞好地区统筹兼顾。国家已经实施了西部大开发和振兴东北老工业基地战略，以减缓和缩小东、西部地区日益扩大的差距。从江苏来说，要继续实施区域共同发展战略，针对苏北苏中发展滞后主要是工业化滞后的实际，将主要集中在苏南的工业化布局进一步调整为沿沪宁线、沿长江、沿东陇海线为轴线的产业带布局，加快苏北苏中工业化进程。三是搞好先富群体与后富群体、优势产业与困难行业、能力强的群体与能力弱的群体、改革中得益较多群体与得益较少群体利益的统筹兼顾，综合运用税收、财政转移支付、提供公共产品、扩大社会保障覆盖面等政府调节利益分配的手段，合理调控收入差距，使各行各业的劳动者都能通过诚实劳动、守法经营得到实惠。四是搞好经济与社会的统筹，在大力推进经济发展的同时，更加注重加快科技、教育、文化、卫生、体育、环保、社会管理、社会民主等社会事业的发展，切实保障人民群众的政治、经济和文化权益。

改革开放初期邓小平曾提出“两个大局”的思想。第一个大局就是允许一些地区、一部分人先富起来，这符合我国发展不平衡的国情，是逐步实现共同富裕的现实途径。第二个大局是发达地区、先富起来的人通过多交利税和技术转让等方式大力支持不发达地区和后富的人，最终达到共同富裕。邓小平又进一步指出：“在本世纪末达到小康水平的时候，就会突出地提出和解决这个问题”。经过改革开放25年的发展，我国人均GDP已超出1000美元，东部发达地区人均GDP已经达到2000美元，苏南一些市已经进入了人均GDP3000美元至5000美元的较高发展阶段，人民生活总体上达到小康水平，正在向全面小康迈进。可以说，现阶段我国已经到了突出地提出和解决先富带后富、推进共同富裕的时候。党中央提出并实施以人为本的科学发展观，为我们推进共同富裕和社会和谐发展提供了重要的指导思想和工作原则。

（原载《群众》2005年第三期）

信息技术对公共管理的影响
——德国交通管理体制考察启示

周 锋

在信息时代，信息技术是最基本和最为普遍的技术手段，在人类社会生活的各个领域、各个方面都有着普遍的应用，公共管理领域也不例外。2004年我们在德国学习、研究公共管理期间，对德国公共交通管理问题进行了观察和研究。德国的公路系统由联邦远程公路、州级公路、县市级公路和乡镇级公路组成，目前公路总里程约65万公里，公路面积约占国土面积的4.8%，其中约1.8%为高速公路，高速公路总里程达1.1万多公里。德国城市交通繁忙，但井然有序，路不很宽而堵车现象不多，城市公交车次准点，转车方便快捷，一些城市的中心广场就是各路公交车的交通枢纽。无论城市还是高速公路交通，几乎都看不到交警指挥。德国公共交通管理水平之高令我们惊叹，许多闻所未闻的信息管理技术、见所未见的新鲜事物，令我们目不暇接。我们认为，信息技术对德国公共交通管理的影响和发挥的作用是巨大的，也由此给了我们许多有关信息技术对公共管理影响的启示。

信息技术对公共管理理念的影响

信息技术的迅猛发展对公共管理形成较大冲击,要求政府公共部门确立与之相适应的理念,信息技术的发展同时也为管理理念创新提供了必要的现实基础和前提条件。因此,创新管理理念成为信息时代政府公共部门发展的前提。

在德国交通管理领域,与新技术相对应的先进管理理念已经初步形成,交通管理部门明确提出的基本准则概括性地表达出了这一点,这就是"努力建立一个尊重生命,尊重他人,遵守规则;科学化,现代化,系统化;统一生态、生活和生产可持续发展的交通体系"。他们认为,交通管理要完全取决于人的需求。政府、研究部门、企业等应以人为本,一切为人服务。通信信息系统的建设也应以需求为导向,统一规划,统一标准,集中管理,分散服务。目前,德国已经建成一个高度发达的"智能交通"网络,通过电子等高科技手段对交通状况实施24小时不间断监控,所有车辆在交通信号灯的指挥下穿梭来往,交通信号灯间的转换,会根据路口的交通流量进行及时、合理的调整,交通设施让司机方便舒适。当汽车看到行人横穿人行横道时,车子会让行人先行,而行人也不会乱穿马路。十字路口的信号灯通常是一上一下相配套,而且与停车线之间的距离恰到好处,当驾驶员将车停在停车线上时,小车司机的平视视线恰好对着前方下设的信号灯,而大车司机的平视视线则正好对着上设的信号灯。和欧洲其他国家相比,德国的交通标记更大、更醒目,一般情况下,只要沿着交通标示行驶,一定能准确无误地抵达目的地。

信息技术对公共管理体制设计的影响

信息技术的不断发展,要求政府部门必须改革与之不相适应的方面,采取与之配套的措施。放松管制,给部门、下级以更多的自主权,这是信息技术发展的迫切要求。为此,大规模地解除管制,放松规制,成为公共部门改革的重要内容。应对的主要措施是:缩小审批事项的管理范围,下放审批权限,废除失效的、过时的条例,合并重复的审批程序和审批制度,简化申报程序和审批手续等。德国的交通管理体制适应信息技术发展的有些做法值得借鉴。1998年10月德国将联邦交通部改革为联邦交通、建设与住房部,主要负责运输、交通方面的法律政策制定和监督执行,具体管理工作一般通过"委托合同"的方式由各个州政府来执行。在实际的执行中,联邦拥有联邦长途公路(包括联邦高速公路和联邦公路)的立法权,各州拥有自己的州级公路、县市级公路、乡镇公路以及农用经济道路的立法权,各个州实际承担联邦长途公路的行政管理任务。同样,对于道路交通管制、驾驶员考试和驾照发放、车辆检测等事务,联邦运输部门一般只负责有关政策和技术标准的制定以及监督这些标准的执行,具体的行政管理、行政机构的设置和职责配置,一般也由地方政府自己决定。此外,在德国,许多技术工作委托给半官方的工业协会和民间机构来承担。这些机构既承担政府委托的事务,又向企业和社会提供服务,资金来源也是多渠道的。联邦交通主管部门与各州政府交通主管部门的业务关系集中体现在两个方面:一是联邦委托各州实施联邦建设项目;二是各州可向联邦申请财政资助。

信息技术对公共政策制定过程的影响

公共部门决策最重要的两个衡量因素,一个是效率,一个是公平。先进信息技术的采用与提高办事效率关系密切。政府部门拥有先进的办公自动化是效率提高的硬性因素。公文制作、公务联络及信息化作业等,都可以通过网络进行,并随时随地取得政府所需资料,这样,可以增进政府部门之间及政府与社会之间的沟通效率。在决策过程中,下级可以使用信息技术手段,随时了解所在单位的运行情况,及时处理各种问题,需要向上级汇报的,利用电子通讯手段,联系转瞬即至,既减少了沟通时间,也增强了决策执行过程的灵活性。上级则可借助信息技术来及时了解和全方位监控决策执行过程,找出执行结果和行政管理目标之间的偏差并采取措施加以纠正。

从德国的高速公路通信信息系统来看,信息技术的综合运用对公共部门在管理过程中采取及时的对策非常重要。他们把信息系统建设作为提高交通管理水平的重中之重。他们认为,通信系统是其他机电设施的基础,是高速公路安全、高速、高效的保障,它为行车人提供了紧急通信手段,为交通监控系统、收费系统提供了传输手段,为车和路的通信提供了联络方式,如紧急电话、光缆、电缆、无线通信、不停车短程通信、车和路信息采集通信等。没有通信系统,其他设施就变成了孤岛;只有打好基础,建设好交通专用通信信息系统,交通信息化才能发展。

信息技术对公共管理方式的影响

信息技术缩短了公共管理过程,加强了政府部门内部信息的沟通。通过各种信息沟通,许多公务在办公室内就可以解决,不必在组织内各部门之间、在与服务客户之间进行长时间的路途奔波。信息技术的发展引起行政管理方式的创新,通过改善信息基础和信息通讯手段,运用先进的信息技术予以支持,可以大大提高公务管理效能。

先进信息技术的采用,使德国的交通管理方式发生了根本改变。德国高速公路通信信息管理系统共分为五个部分:一是专用通信网络;二是紧急电话系统;三是信息采集系统;四是信息显示和发布系统;五是监控管理中心。专用通信网络和紧急电话系统都由联邦交通主管部门建设和管理,所有通信信息设施可直接接入,全国统一标准,紧急电话在汉堡设全国总中心。高速公路上的信息采集、信息处理、交通分析和信息发布以及交通信息化等设施由各州政府交通主管部门建设、管理和维护,公共信息对外发布,做到信息共享。监控管理中心由公路交通主管部门负责,与警察部门职责分明。公路交通主管部门负责交通的引导、疏散和信息发布等交通管理,而警察署负责道路安全及监督检查等,两者信息分享,互相交换信息。德国目前在高速公路上未建任何收费设施,对车辆收取的通行费包含在燃油费和养路费中。

德国在高速公路和城市交通的信息化管理中,运用了许多先进的技术手段,如:智能交通诱导系统、应急通信系统、隧道安全监控系统、GPS 全球定位系统、GIS 地理信息系统、交通网络控制系统、交通信息发布查询系统等。这些先进的交通通信信息技术手段,为交通管理提供了有效可靠的技术保证,为道路使用者提供了优质的服务。

(原载《群众》2005 年第九期)

论城区文化发展的战略选择

王建润

当前,随着文化建设在城市发展中的地位和作用日益受到重视,一些大中城市的城区也纷纷提出自身的文化发展目标。但无论是文化立区、文化兴区或是建设文化名区,都有一个战略选择的问题。只有根据城区自身的特点来确定城区文化的发展战略,才能使文化的战略地位在城区工作中得到具体落实。城区文化是中观向微观的过渡，具有承上启下的特点。城区文化发展总的要求是：确立文化发展在城区建设中的优先地位，坚持以人为本，尊重人才和知识创造，鼓励创业创新创优，放手让一切文化要素的活力竞相迸发，以服务于经济社会发展，造福于广大人民群众。

一、思想先导

城区文化在其精神内涵上，包含着一定区域内共同生活的人们长期形成的文化观念、行为规范、风俗习惯和生活方式等。在城区文化体系中，文化观念起着粘合剂的作用。归根结底决定城区文化发展的，是城区最广大群众的精神文化需求和基本价值取向。

坚持思想先导，就是要坚持用体现全面建设小康社会要求和最广大人民群众利益的中国先进文化引领城区文化建设，紧密结合社会主义市场经济和社会主义民主政治的发展现实，以促进社会文明进步、满足人民群众精神文化需求、实现人民群众的文化利益为出发点和归宿，大力发展先进文化，支持健康有益文化，努力改造落后文化，坚决抵制腐朽文化。

坚持思想先导，就要把培育具有地域和时代特色的城区文化精神放在城区文化建设的首位，形成城区文化建设的支柱和灵魂，构建城区居民群众的精神家园，促进社区认同感和归居感的普遍建立。

二、载体搭建

人们文化活动的开展，必须依赖于一定的物质载体和形式载体。载体建设是文化建设的重要内容和文化工作的重要主题。加强载体建设也是经济文化一体化条件下，体现文化价值、实现文化功能、创造文化氛围的重要手段。

实施载体搭建的第一要务是从传统的“文化搭台，经济唱戏”转变到“经济搭台、文化唱戏”以及两者的相互促进。要以城区文化精神统领城区的规划制订、土地开发、商贸发展以及教育、旅游等各个方面，在景观改造、商贸规划、社区建设中为城区文化发展预留相应的空间，为城区历史文化资源的开发利用营造良好的整体环境和氛围。

其次，要构建和谐、平衡的城区文化生态。坚持普及与提高相结合，以大众、通俗文化为基础，以精英、高雅文化反哺和提升大众文化。兼顾传统文化与现代文化，合理挖掘历史文化资源的现代生活价值，立足当代文化市场的主导需求和情感诉求，发挥历史文化景观的现实的产业功能，实现历史与现实的有机嫁接，打造现代人的精神家园。按照静态的景观文化与动态的文化活动相结合的要求，合理规划和配置城区文化的时空布局，划分若干文化功能区，确立四季文化主题。

三、人才兴文

人才是事业之本，得人才则事业兴，失人才则事业衰。建设一支积极进取、素质优良、专兼结合的文化人才队伍，是城区文化发展的有力支撑。

一要立足于本土文化人才的培养，按照建设学习型社会的要求，采用学历提升、委托培训、专题研讨、考察取经等方式，促进文化干部人才队伍的素质提升和能力提升。

二要按照文化体制改革的总体要求，大力推进城区文化事业单位的改革，充分调动文化工作者的积极性、创造性，使人才尽其才，才尽其用，用有所成。

三要充分利用人才的柔性流动方式，借助外脑，为城区文化发展增添力量。建立城区文化建设专业咨询委员会，邀请驻区单位专家学者和区外友好人士为城区文化建设建言献策。

四、策划创新

策划就是为实现特定目标提出思路对

策、进而制订出具体实施方案的思维及创意实施活动。它以目标为起点,以信息为素材,以创意为核心展开具体的思维实践活动。它是思维与行动、主观与客观之间必不可少的中介环节。当今社会已进入信息社会和知识经济时代,新知识、新思想、新方法层出不穷。事业的发展要求我们善于跟踪和运用新的知识,这就需要进行有效的策划。策划是知识创新和知识应用最活跃的要素之一。

文化工作是十分依赖于创意的实践活动,文化产业是个性化的精神产品的生产。它们需要好的理念、好的创意、好的运作。古人云:凡事预则立,不预则废。策划可以为文化运行提供新观念、新思路、新方法、新举措,可以改善对文化工作的管理水平,增强文化运行的竞争力,提高文化传播的有效性。

实施策划创新战略,就是要把高起点的策划作为文化工作的前提和文化活动创新的关键。从而不断提高文化实践活动的预见性、可控性和影响力。策划需要创新,策划本身就是个性化的思维创新实践。必须在组织层面和组织之间大力倡导创新,激励创新,积极推动多学科的知识应用和头脑智慧风暴,为创新营造良好的环境和氛围。

五、品牌创优

品牌运作是市场经济及大众传媒普及的情况下经济和社会事业运行的通常做法。文化活动较高的社会知名度和影响力,赋予其商业营销的价值。树立品牌意识,加强品牌管理,有利于提高文化经营的水平,巩固文化策划的成果。

文化建设可以划分为文化事业和文化产业两块,因此,文化领域的品牌也可分为文化产业品牌和公用文化品牌两个方面。

文化产业品牌,同其他物质生产领域的品牌一样,具体体现着一个文化企业所生产的文化产品的信誉、质量和竞争力,是其重要的无形资产。公用文化品牌,是文化事业工作者从事的文化生产和经营活动的全过程及其产品的总标识,同时也是这一生产经营过程的成果的有效载体,能给参与者、使用者及社会公众以直观、鲜明的印象。

树立文化品牌意识,对文化事业和文化产业的发展具有重要意义。它有利于整合各类社会文化资源,形成规模效益,扩大参与面和社会影响;有利于增强竞争意识,形成市场竞争机制:有利于积累和利用文化建设中形成的巨大无形资产,吸引社会资金对文化事业和文化活动的投入。必须在社会文化活动的举办、景观载体的建设、公用文化事业的运作、文化的产业化发展等方面全面导入品牌管理意识,使文化真正成为社会广泛参与和共同创造、群众普遍享受的社会大事业。

(原载《2005 年 8 月 6 日中国文化报》第 3 版)

沿江开发要让文化和经济发展比翼齐飞

曹巧兰

20 世纪 90 年代以来,世界范围内的区域经济合作出现了一个新的发展高潮。当前,这种区域经济一体化进程客观上已与经济全球化进程一起成为世界经济发展的主要趋势。作为与区域经济一体化进程相伴随、相适应的一种文化发展战略,区域文化整体联动、共同发展的问题也逐渐引起人们的注意与重视。在我省,抓住沿江开发的契机,大力推动沿江文化带建设,不失为推动区域文化共同发展的一种积极探索。

建设沿江文化带是实现可持续发展的必然要求

2003 年,省委、省政府提出了沿江开发的战略。这一战略对于优化沿江资源配置、合理规划调整产业布局,推动苏南苏中整体联动、一体发展必将产生深远的影响。但各地在实施沿江开发战略时,往往更多地关注于物质资本、经济资本的开发利用,而忽略了对于沿江地区文化资本的开发利用。以科学发展观为认识基础,沿江开发的战略目标不仅要将沿江地区建成国际制造业基地和长三角一体化示范区,还应该包括沿江区域公民素质的提高、区域文化的繁荣和区域形象的塑造,即沿江开发既是经济带的建设,也应是文化带的建设。

首先,从改革开放20多年的实践来看,经济的大发展都是以思想大解放、观念大更新为先导的。实施沿江经济带开发,出发点是以苏南的经济实力、人才优势来带动苏中地区的快速发展。因而,在沿江开发中,联合建设基础设施、统一布局生产力,以项目为纽带,促进苏中发展是必要的。但最根本的是要通过在沿江8市确立共同发展的理念,把沿江开发的外在要求转化为沿江两岸人民群众的内在动力,把苏南率先发展的要求与苏中快速崛起的渴望结合起来,从而为区域经济社会发展提供强大的精神动力。尤其是要以苏南人抢抓机遇、奋勇争先的思想观念来武装苏中人,通过观念的更新来激发苏中人奋发进取的内在动力,才能实现沿江两岸人们共同开发经济带的目的。

其次,作为综合国力的重要标志,文化越来越成为经济社会发展的战略资源。随着"知识经济"时代的到来,文化事业和文化产业在产业结构大调整中的巨大潜力已经显现,将成为我国经济社会发展的一个重要增长点,教育培训产业、媒体产业、艺术产业、体育产业、休闲产业等,都有着巨大的发展空间。沿江8市正可以抓住大开发的有利时机,整体联动、相互合作,充分开发文化资源的整合功能、文化人才的交流功能和文化成果的共享功能,增强区域文化要素交融的互补效应、文化精品荟萃的积聚效应和文化影响的辐射效应,提高沿江地区整体的文化竞争力。

第三,整合文化资源、建设与沿江经济带相适应的沿江文化带是文化建设顺应经济发展形势和文化发展趋势的一种必然选择。一方面,随着我国社会主义市场经济体制的日趋完善,沿江地区交通条件、通讯条件等显著改善,使沿江各市间的经济活动逐渐活跃,经济要素在各市之间的双向流动日益频繁,沿江经济带正在逐渐形成。另一方面,随着文化体制改革的不断深入,市场开放提速,多媒体合作、跨行业合作、跨地区合作已成为当代文化发展的重要趋势。

建设沿江文化带的现实可能性

沿江开发既建设沿江经济带,又建设沿江文化带不仅是必要的,也是可能的。

一是有强大的经济基础。文化的发展以社会文化消费需求的存在和增长为前提,经济发展水平大体上制约着文化产业的发展水平。长江是黄金水道,自古以来,这一流域就是我国经济文化中心之一。改革开放以来,这里的经济发展一直领跑全省。2003年沿江8市实现国内生产总值10057.06亿元,占全省经济总量的81%;财政总收入1492.87亿元,占全省的76%;实际利用外资和外贸出口分别为148.91亿美元和574.72亿美元,分别占全省的94%和97%。第三届全国经济百强县(市)江苏有21个,沿江就有18个县(市)榜上有名。毫无疑问,经济发展为文化繁荣提供了坚实的物质基础和丰沛的创作源泉。

二是有深厚的文化底蕴。在历史的演化进程中,江苏形成了四大文化特色区域,在沿江8市中就拥有吴文化、维扬文化、金陵文化三大特色文化区域。在漫长的历史长河中，这三大区域文化既不断积淀，自成特色，又相互渗透，相互交融，增强了区域内的凝聚力和向心力。全省7个历史文化名城，沿江就有南京、苏州、镇江、扬州、常熟5个；全省7个地方剧种，这里也有4个。沿江8市中所出现的历史文化名人、艺术学术流派也占全省的大多数。沿江地区灿烂悠久的文化底蕴和丰厚的文化积累一旦转入本地区经济的产业链，必将形成区域的文化产业优势。

三是有潜力巨大的文化消费市场。富而思文、富而思乐是社会发展的客观规律。在跨过人均GDP3000美元这个门槛后，人们对物质需求的增长会逐渐减缓，而对精神文化需求的增长会不断加快。这是因为，在满足了基本的物质生活需求之后，人的物质消费毕竟有一定限度，而对精神文化的消费则是无限的，而且精神文化产品的消费不仅仅是一种财富的消耗，更是对人的智能的一种有效的投资。2003年，苏州、无锡、常州、南京等市人均GDP均已超过3000美元，这就意味着沿江地区人们精神文化消费快速增长，并呈现出多样化、多元化层次的时代已经到来。同时，沿江区域是全省高等院校最集中、文化设施比较先进、群众文化十分活跃的地方，居民文化层次高，文化消费能力强。强烈的文化需求、不断增长的消费欲望与消费能力为沿江区域文化的发展既提供了内在动力，又创造了市场条件，必将极大地推动沿江流域文化的交流与互动。

四是有丰富的文化资源和丰硕的文化建设成果。沿江8市历来人文荟萃、文化遗存丰富、文化积累深厚。在省政府分批公布的45个传统工艺美术保护品种中，仅苏州就有22种、扬州有15种，分别占了总数的49%和33%。省委省政府提出建设“文化大省”目标以来，沿江各市高度重视文化建设，加大扶持力度，文化基础设施投入不断加大。“一乡一村一品”的特色文化活动以及大型广场和社区街道文化活动在沿江各市蓬勃开展，成果丰硕：全省31个全国文化先进县，这里就有26个；全省4个全国民间特色艺术之乡全在这里。苏州昆曲艺术节等一大批文化节庆活动充分利用本地文化资源，并在市场化运作的途径和机制上进行了积极的探索与尝试，为各市以及整个沿江地区大力发展文化产业奠定了良好的基础。

对策与措施

第一，解放思想、更新观念，确立“双赢”、共荣的文化发展思路。只有首先在观念上淡化楚河汉界，才能在行动上冲破行政壁垒。面对国际国内文化市场日趋激烈的竞争压力，沿江各市一定要以经济建设中的“诸侯割据”为鉴，充分认识到长三角开发、沿江开发给本地区的文化发展带来了千载难逢的机遇，抓住机遇，乘势而上，从而使区域文化建设跃上一个新台阶。

第二，统筹协调，优化布局，抓紧制订沿江文化带建设的总体规划。规划要突出个性，强化特色，使沿江各市在进一步认清自身优势与劣势、明确自身战略取向与定位的基础上，根据自身的区位条件和特点确定各自的文化发展模式和产业结构安排，实行差异竞争，错位发展，形成具有比较优势的文化产业。

第三，实施文化产业集聚战略，以差别化竞争、专业化分工、园区化建设为重点，使沿江成为产业链完备，龙头企业与中小企业共同发展，既分工又协作的文化产业集聚地。

第四，构建沿江统一的文化大市场，促进文化生产要素的自由流动，以市场一体化为核心推动区域文化一体化发展。必须打破各市之间的行政壁垒，以市场的手段促进文化资源的优化配置，实现沿江8市文化的繁荣与发展,最终将沿江文化带打造成我省乃至周边地区的文化产品消费中心、文化资源配置中心、文化内容创造中心和文化产业发展中心。

(原载《群众》2005年第二期)

把文化资源优势转化为外宣优势

刘　伟

位于东部沿海地区的江苏省,是中国古代文明的发祥地之一,历史上人文荟萃,人杰地灵,文化底蕴深厚。著名京剧表演艺术家梅兰芳先生诞生在江苏,起源于昆山和苏州一带的昆剧,2001年被联合国教科文组织确定为"人类口述和非物质遗产代表作"。

此外,江苏还拥有许多历史文化遗产,如苏州古典园林、南京明孝陵等等。进入新世纪以来,江苏省积极发挥丰富的文化资源优势,不断创新,先后在国外成功举办了一系列文化外宣活动。2001年赴美国旧金山举办"永不忘却——侵华日军南京大屠杀史实展"。2003年赴法国巴黎举办"锦绣江苏——中国江苏工艺美术精品展暨摄影艺术展"。2004年上半年赴法国上塞纳省举办"锦绣江苏——中国江苏文物精品展"暨"秀女乐坊——锦绣江苏音乐会",下半年在该省举办"锦绣江苏——中国江苏现代版画展",今年初"现代版画展"延伸至比利时的友好省份那慕尔省展出,6月,为纪念郑和下西洋600周年赴马来西亚举办"江苏文化周"外宣活动。通过充分挖掘潜在的文化资源优势,借助对外文化交流的有效形式,促进双方关系的发展,提升文化宣传的效果,展示树立地区的良好形象,实现了对外宣传的根本目的。

充分发掘整合资源,找准文化外宣活动的切入点

深厚的文化底蕴与丰富的文化资源,为开展文化外宣提供了得天独厚的有利条件。然而,具体到每场文化外宣活动的对象国,具体到每个文化外宣项目的策划组织,则要注重深入发掘资源、巧妙整合资源,做到好中取优,优中求精,根据不同的国家、不同的民族突出针对性,在文化认同的基础上取得受众的心理认同。

2003至2004年度,中法互办文化年中国文化年期间,江苏作为重要参与省份,除了积极推荐"南通哨子风筝"和"扬州木偶艺术"列入国家项目外,省里还组织了三大项文化外宣活动,所有入选项目都是在充分考虑到法国的文化发展现状与特点,从上百个项目中精心遴选出来的。以江苏现代版画展的策划为例,法国是欧洲的艺术之都,也是仅次于纽约的世界第二大现代艺术中心,尽管江苏也是全国的一个美术大省、绘画大省,国画、水彩画、水墨画、版画等颇具成就,但是要到法国去办画展,选择项目尤其要慎重。经反复论证并和法国方面多次协商,邀请他们实地考察,最终确定江苏现代版画展入选。历史上,以江苏南京为中心的"金陵派"成就显赫,其"十竹斋"画谱、笺谱等水印套色木版画达到中国古典版画的艺术巅峰。作为中国版画创作大省之一,江苏拥有成就卓著的版画家80余位,2000余件版画作品曾经到世界40多个国家和地区展出,并多次在国际性的美术展览、竞赛中获奖,声誉斐然。该展在法国开幕后,吸引了法国以及周边地区的众多观众,并随后应邀赴比利时展出,受到了很高的评价,收效甚好。

今年7月11日是我国伟大的航海家郑和首次下西洋600周年纪念日,江苏省是郑和下西洋的源发地、起锚地,现存遗址遗迹众多，学术研究成果丰硕。如何充分发挥这些资源优势，抓住全球范围内广泛开展纪念活动的难得机遇，借机扩大江苏的对外宣传，经过反复论证，集思广益，最终决定“走出去”，到马来西亚的马六甲州举办“江苏文化周”文化外宣活动。这不仅仅因为马六甲州与江苏省是友好省州，马六甲市与南京市是友好城市，更因为郑和与马六甲同样渊源密切，郑和七下西洋每次必经马六甲，并且在那里留下了三宝山、三宝庙、三宝井等多处遗迹以及众多美好的传说，郑和至今在当地都有着相当的影响力。事实证明，江苏文化周活动引起了当地媒体的广泛关注，受到马来西亚主流社会和民众的积极评价，取得了圆满成功。

文化搭台、媒体造势是文化外宣活动的核心

文化外宣活动着眼于文化，落脚于宣传，借助文化搭台，重在媒体造势，通过舆论的力量放大活动声势，最终树立展示整体形象。

2003 年 11 月 20 日，“锦绣江苏——中国江苏工艺美术精品展暨摄影艺术展”在巴黎中国文化中心开幕。我们通过中国驻法国大使馆和中国文化中心，邀请了在当地拥有较大的发行量或者较高的收视(听)率的媒体，如费加罗报和法国电视台、法国国际广播电台，请他们参与报道，并精心策划宣传报道提纲，为媒体提供多种新闻线索选择。同时邀请法国政界、文化界、艺术界、经济界等方面的社会名流参观展览，通过媒体让他们发表观后感，从而使这些活动在法国当地众多展览活动中，成为一个闪光的亮点，吸引了当地观众的眼球。

江苏工艺精品展在展厅面积较小的情况下，仅短短的两周时间，接待观众便达 5000 多人。法国电视二台盛赞我省组织的文化年活动是“两个伟大国家和民族最亲切的对话”，为法国人民提供了“探究神秘的东方文化、欣赏优雅的中国艺术的机会”。

为了做好马来西亚“江苏文化周”的新闻报道工作，早在今年三月初，省政府新闻办与省外办派出工作组先期访问马六甲时，便专程拜会当地主要媒体，寻求支持。5 月 4 日，马来西亚雪兰莪州痉挛儿童协会和美国俄克拉荷马大学校友会在吉隆坡联合举行记者招待会，向媒体发布江苏省举办文化周、南京小红花将赴马演出的消息，引起媒体关注。图片展在马六甲州预展时，马六甲州行政议员傅润添先生即邀请媒体先睹为快，展览经由媒体报道后引来了大量的参观者。江苏文化周活动期间，马来西亚媒体纷纷派记者前来采访，交流团每场活动都引起媒体的强烈兴趣，浓墨重彩，不惜篇幅，仅 6 月 3 日至 6 日短短 4 天内，马来西亚的华文、英文报纸关于江苏文化周的报道就有 50 多篇。马来西亚最大的华文报纸《星洲日报》几乎是整版报道，《南洋商报》则以“郑和图片展，180 余幅画诉说历史”等大标题图文并茂加以介绍，其他媒体报道也十分踊跃。新华日报等随团的省内媒体从前方及时向国内发回活动最新报道，新华网、中新网、新浪网、中国江苏网、新华报业网等国内主流网络媒体亦对江苏文化周活动作了转载报道。在一段时间内多媒介的强势宣传，成功地放大了活动的影响。

精心策划，突出主题，在不断创新中提升文化外宣活动的效果

文化外宣活动通常是一项系统工程，具有落实周期长、组织环节多、实施难度系数高等特点，而且人力、财力、物力的消耗量相对较大。因此，必须要注重精心策划、认真实施，牢牢树立“细节决定成败”的意识，逐个环节落实，把活动影响大小、宣传效果好坏作为成败的主要评判标准，唯此，前期的投入方能得到回报，丰富的文化资源优势才能转化为对外宣传的现实优势。对此,我们在今年赴马来西亚举办“江苏文化周”的过程中有着更多地感受。

活动主题准确鲜明,引发受众强烈共鸣。江苏文化周紧扣“和平与友谊”这一主题,在各场活动的策划、组织与实施中,着力展现出双方人民“睦邻友好、珍爱和平、共同发展”的时代精神。郑和图片展“和平”主题贯穿始终,分别以“和平使者”、“和平之旅”、“和平之桥”、“和平永恒”统领四个部分,通过180余幅图片,20多件实物,再现郑和下西洋给当地人民带去友谊和瓷器、工艺和文化的史实,展现出江苏与马六甲之间延续600年的源远流长的友好关系。正如马六甲州行政议员傅润添先生在图片展开幕式致词中所说:“郑和下西洋的28年间拜访了30多个国家,传达了和平与友好的讯息。今天江苏省来到马六甲举办一系列文化交流活动,延续了600年来双方和平与友好的关系。”

巧妙设计活动载体,着力贴近受众需求。江苏作为文化大省,文化资源丰富,经过精心策划与论证,我们最终确定了“展览+演出+媒体”的组合模式。经过精心策划与论证,在受众中反响良好。

专家与市场相结合,运作机制实现创新。郑和图片展涉及大量历史史实,我们邀请省郑和研究会专家对史实内容进行把关。在展览制作方面通过招标形式以确保质量。按照马六甲州政府的提议,我们还聘请了吉隆坡专业会展机构金麦司有限公司,负责整个活动的公关运作。同时,通过该公司还邀请到了马来西亚第一华文报《星洲日报》作为江苏文化周的合作伙伴,有效地扩大了活动的影响。实践证明,这种外宣工作社会化、具体项目专业化的做法行之有效。

精心选择时机和场馆,追求活动最大效应。展览馆坐落于马六甲河畔,地处马六甲古城“红屋”的繁华位置,毗邻马六甲的标志性建筑16世纪初葡萄牙圣地亚哥古城堡以及圣保罗大教堂、国家独立纪念馆等众多历史文化古迹,具有浓郁的历史文化氛围,是外地游客来马六甲游览的必到之处。尽管该馆6月份展期一年前便已排定,但经反复协商,我们仍争取到博物馆抽出半个月时间供我方使用。此外,小红花演出的三场地点:吉隆坡天后宫礼堂、马六甲州政府文化大厦、马六甲文化街皆为当地人流集中的主流场馆,客观上保证了活动的最佳效果。

由此,江苏文化周不仅给当地人民带去了丰盛的文化套餐,也深入推动了两省州之间的友好合作关系,同时,一个文明、开放、繁荣、兴旺的江苏形象也在当地深入人心。

(《对外大传播》2005年第十一期)

以少量国资“撬动”社会大资本
——江苏省文化产业集团走出文化产业发展“第三条道路”

新华社南京5月28日电　江苏省文化产业集团以发现和挖掘新型文化产业项目为切入点,整合社会资源,通过股权合作和项目合作,吸引大量社会资本尤其是民营资本投资文化精品生产,以4500万元国有资本有效集聚、控制了1.82亿元社会资本,实现了以较少国有资本“撬动”更多社会资本投向文化产业的目的,同时实现了国有资产的大幅度增值。

专家认为,该集团在原有艺术团体改组转制、民营企业家直接投资文化产业之外,走出了文化产业发展的“第三条道路”。

2003年2月18日,江苏省文化产业发展有限公司正式挂牌,同年11月28日江苏省文化产业集团正式成立,它是我国首家由省级政府直接投资组建的大型国有文化产业公司。公司董事长李向民说,这是一个全新的国有文化企业,必须在体制、机制上进行创新,首先是要树立全新的改革理念。"我们在开业前,精心研究了体制,最后敲定的是搞所有制结构多元化。我们要用少量的国有资金吸引大量的民营资本,搞股份制,搞股权分散化。"

江苏省文化产业集团公司在投资组建子公司过程中,大胆吸收社会资本尤其是民营资本投资参股,大胆引进民营机制。与此同时,按照建立现代企业制度的要求,把构建母子公司体制、完善法人治理结构、健全企业内部各项规章制度放在一切工作的首位。

据李向民介绍,目前集团旗下已有浪淘沙网吧连锁、浪淘沙影业、传世媒体、汉风文化体育与世尊投资管理5家子公司,并针对成长性较高的文化产业项目实施有效投资。在这些子公司中,江苏省文化产业集团有限公司出资3000万元,占浪淘沙网吧连锁公司注册资本的35%;出资550万元吸引两个自然人投入500万元成立传世媒体公司。

浪淘沙影业公司成立后与国内影视界建立了广泛合作关系,初步建立了海外版权销售网络;投拍的《38度》是全国首部抗击非典题材的公益影片,获得第十届中国电影"华表奖"优秀故事片奖等多项大奖;30集电视连续剧《千古风流一坛醋》投入1185万元,已实现合同销售收入1800万元。

"目前文化产业集团公司有8000万元的注册资本,这对于一个集团来说并不是一笔大资金。公司要做的就是用这8000万元来吸引和控制更多的社会资本,放大它的作用。"集团投资总监崔建平说,"股权相对分散,越分散,国家需要拿出的资金越少,这就是小资本撬动大资本的概念。"

(原载2005年5月29日《新华日报》)

中宣部内刊用稿选编(共选20篇)

任彦申谈贯彻落实全国宣传部长会议精神

要努力提高宣传思想工作服务大局的能力。面对经济、政治、文化相互融合的大趋势,我们必须把围绕中心、服务大局作为宣传思想工作的根本宗旨和核心任务,不断提高为大局服务的能力。一要高举旗帜,就是要坚定不移地高举邓小平理论和"三个代表"重要思想伟大旗帜,推动树立和落实科学发展观。宣传思想战线要加强自身学习,在坚持用科学发展观指导宣传思想工作的同时,向全社会大力宣传、阐释科学发展观,宣传在理解、树立和落实科学发展观上走得比较领先的先进地区、先进单位、先进个人,推动全省上下真正把科学发展观作为一种执政理念、工作方针和是非标准,贯穿于经济社会发展的全过程。二要围绕目标,就是要围绕江苏在全国率先全面建成小康社会、率先基本实现现代化的总目标,动员和激励全省人民团结奋斗。"两个率先"是全省人民的共同愿望,是江苏各项工作的总纲。宣传思想工作必须紧紧咬定这个中心不放松,宣传群众、组织群众、动员群众,形成推进"两个率先"的强大合力。要大力宣传"两个率先"的目标措施和基层实现"两个率先"的创新创造,大力弘扬以创业创新创优为核心的新时期江苏精神,着力提高人民群众的整体素质,努力促进利益关系、人际关系和社会秩序的和谐,当好"两个率先"的号角。三要提高能力,就是要不断加强和改进宣传思想工作,以提高建设社会主义先进文化能力的实际行动推进党的执政能力建设。要深入学习领会李长春同志在全国宣传部长会议上关于提高建设社会主义先进文化能力深刻内涵的重要论述，以提高“六个能力”为抓手，进一步加强和改进宣传思想工作，努力做到在领导方式上有新改进，在繁荣发展上有新思路，在实现途径上有新手段，在破解难题上有新举措，在推进工作上有新成效，切实担负起提高我们党建设社会主义先进文化能力的历史使命，为实现“两个率先”、构建和谐社会提供强大精神动力、思想保证、舆论支持和文化条件。

（原载中宣部《宣传工作》2005 年第二期）

新闻媒体要为构建社会主义和谐社会鼓与呼

江苏省委书记　李源潮

构建社会主义和谐社会，是中共十六届四中全会提出的重大战略任务。全面落实科学发展观，加快建设以人为本、全面协调可持续发展的新江苏，必须把构建和谐社会与推进三大文明建设作为“四位一体”的任务，贯穿于“两个率先”的始终。构建和谐社会，新闻媒体是一支重要的建设力量，在建设社会主义和谐社会的进程中，始终需要正确的舆论导向提供保证。新闻媒体要牢牢把握正确舆论导向，进一步提高舆论引导水平，把全省人民的积极性、创造性引导到实现“两个率先”、建设和谐社会的共同理想上来。

一是要引导人们正确认识发展形势，激发构建和谐社会的愿望。2004 年，江苏各项主要经济指标达到了近十年来的最好水平。发展快的地区总是会比较早地遇到新情况、新问题。江苏正在迈入工业化的中期，发展中的不协调、不全面的问题，社会生活中的不公平、不稳定现象，尤其是影响社会和谐的一些突出矛盾，已经更加突出地显现出来。适应江苏经济社会的深刻变化，把“两个率先”事业继续推向前进，就必须牢固树立和全面落实科学发展观，确立以人为本的执政理念，更好地统筹各方面的发展，尤其是要把建设和谐社会摆到突出的位置。构建和谐社会是全面建设小康社会内涵的进一步丰富，是“两个率先”目标的进一步拓展。形势和任务的宣传，是新闻媒体的重要职责。新闻媒体要充分发挥舆论先导的作用，把江苏经济社会发展的总体形势、构建和谐社会的必要性和紧迫性、江苏构建和谐社会的目标定位和政策措施讲清楚、讲明白，大力宣传以发展和谐促进社会和谐的思路，宣传以富民优先、科教优先、环保优先保证社会和谐的方略，宣传以“法治江苏”、“平安江苏”、“诚信江苏”、“绿色江苏”为载体建设和谐社会的举措，真正使和谐社会的思想深入人心，成为全省人民的共同理想，成为各级干部领导发展的重要导向。

二是要引导人们正确把握社会主流，增强建设和谐社会的信心。新闻舆论是人们了解世界、辨别是非、判断形势的重要依据。和谐社会需要积极向上的主流思想来引领，需要强大的进步力量来推动。新闻媒体要始终坚持团结稳定鼓劲、正面宣传为主的方针，旗帜鲜明地唱准唱响唱好主旋律，创造一个积极向上的舆论氛围，使科学理论、进步思想、先进文化在全社会占据主导地位。要始终坚持体现党的主张和反映人民心声的统一，坚持“三贴近”，努力提高舆论宣传的吸引力和感染力，增强针对性和实效性。要了解群众，弄清群众的需求，把握群众的情趣，关注群众的感情。要研究党的主张，准确、生动地解读党的路线方针政策，使党的主张成为吸引人的消息，成为人们感兴趣的新闻，为群众提供及时、全面、丰富的精神产品，增强人们建设幸福生活和美好未来的信心和动力。党报、党刊、电视台、电台等主流媒体，作为党和政府的主要喉舌、在弘扬主旋律方面要发挥主渠道作用，提高主导社会舆论的能力，提高公信度和影响力。

三是要引导人们正确看待发展中的矛盾和问题，优化建设和谐社会的舆论环境。对外开放和市场经济推动了社会利益的多元化，工业化和城市化推动的社会转型使我省处在“矛盾多发期”。正确处理这些矛盾和问题，是构建和谐社会的重要目标，是对各级党委政府执政能力的考验，也是对新闻媒体舆论引导水平的考验。新闻媒体要通过自己的报道，引导人们正确地了解、理解、化解矛盾和困难，切不可因为报道不当而激化矛盾，搞乱人们的思想，妨碍工作的大局。利益的和谐是社会和谐的核心和要害，也是构建和谐社会需要首先解决的突出矛盾。新闻媒体要大力宣传省委、省政府关于利益分配“五个兼顾”的思路，宣传有饭吃、有衣穿、有房住的“三有”底线和逐步解决看病难、子女上学难，保证每个贫困家庭子女都有接受义务教育的机会、每个大学生不因贫失学的“解两难、两保证”的政治承诺，统一全省人民建设和谐社会的思想和行动。舆论监督是新闻媒体帮助党委政府和人民群众发现问题、解决矛盾的重要手段。新闻单位要主动帮助党委政府掌握社会动态，当好党委政府的顺风耳、千里眼。要把舆论监督的立足点放在解决问题、推动工作、化解矛盾上。要多做理顺情绪、平衡心理、化解矛盾的思想政治工作，发挥整合社会关系、消除社会隔阂的作用，为使“矛盾多发期”转变为“黄金发展期”创造良好的舆论环境。

四是要引导人们正确应对突发事件，自觉维护社会稳定。对突发事件和敏感问题的处理，直接关系到社会的稳定与和谐。突发事件和敏感问题往往成为新闻媒体争相报道的热点，这是很正常的，但党的传媒在报道热点问题时必须牢记维护社会稳定、引导社会前进的职责。新闻媒体一方面要满足群众的知情权，另一方面更要把握好舆论的引导权，坚持正面引导，把握尺度。不可火上浇油、扩大事态。要冷静、慎重地对待突发事件和敏感问题的公开报道，对社会稳定和人心安定抱负责任的态度，坚持有利于党和政府开展工作、有利于人民群众自我保护、有利于保持社会稳定。

（原载中宣部《宣传工作》2005 年第七期）

江苏切实加强对重大理论和实际问题的研究与宣传

为认真贯彻中央领导同志关于着力回答重大理论和实际问题，不断增强思想理论工作创造力、说服力、感召力的指示精神，江苏省委宣传部采取积极有效措施，从选题策划、队伍组织、阵地建设、制度管理等多方面入手，切实加强对重大理论和实际问题的研究。他们的具体做法是：

*1. 根据中央、省委的重大部署制定并发布课题指南。*今年以来，江苏省委宣传部根据去年底的全国宣传部长会议精神和中宣部理论局下发的选题方向，明确了 30 多个重点选题。同时，结合本省实际，向各地各部门征集了近 400 个需解疑释惑的思想理论问题。在汇总筛选的基础上，共选取了 69 个理论研究和宣传选题，以文件形式下发到省市两级党报党刊、广播电视、社科理论期刊及有关研究基地，要求围绕这些选题组织开展研究和宣传阐释工作。在此基础上，省委宣传部又组织部分理论宣传工作者，围绕若干难点问题开展集体攻关，并拟在下半年召开热点难点问题研讨会，汇编出

版解疑释惑的理论读物。

2. 专门成立理论宣传重点文章写作队伍。今年以来，省委宣传部在省直社科理论部门、高等院校、报刊和省级机关等有关单位，经过广泛认真的选拔推荐，于近期建立了一支 20 人组成的理论宣传重点文章写作队伍。这支队伍的主要任务是：集中研究阐释党的基本理论和中央、省委的重大决策部署，及时准确回答干部群众关心的重大理论和现实问题。3 月下旬，省委宣传部拟定了写作选题指南，分发给各位作者，要求他们每人选取 3—5 个选题进行深入思考，积极撰写理论文章。省委宣传部负责向省、市两级党报党刊和重点社科期刊推荐发表。根据省委要求和工作部署，由省委宣传部牵头，围绕在率先发展中构建和谐社会等 5 个重大选题，专门组建写作班子，撰写重点文章，为推进"两个率先"、构建和谐社会提供理论支持。

3. 切实加强理论宣传阵地建设。在广泛深入调研的基础上，省委宣传部今年专门制订了《关于进一步加强全省理论宣传工作的意见》，特别加大理论宣传阵地建设的力度。省级广播电视重要频率、频道应设有专门的理论节目，月累计播出时间电台不少于 3 小时、电视不少于 2 小时，并在较好时段播出。市级广播电台主频率设有固定的理论节目，每周至少播出 1 期，每期不少于 20 分钟；有条件的市级电视台主频道应设置固定的理论节目。各类社科期刊和高校学报，要不断巩固和加强已有的马克恩主义理论研究和宣传类专栏，加大组织重点文章的力度，着力回答好重大理论和实践问题。各种都市生活类报刊以及新闻网站，也要结合自身实际，积极探索新形势下做好理论宣传的途径和方法。

4. 充分发挥"三个代表"重要思想研究会等重点基地的带动作用。江苏目前建有省邓小平理论研究会、省邓小平理论研究中心和省"三个代表"重要思想研究会三大骨干研究基地。今年以来，省委宣传部又会同有关部门，积极筹备组建 2—3 个新的研究基地。由省委分管书记任会长、直接挂靠在省委宣传部的省"三个代表"重要思想研究会，在全省研究基地中充当着领头羊的作用。该研究会成立近两年来，已经围绕"三个代表"重要思想及其在江苏的实践探索这一主题，连续两次向全体会员征集课题，从 200 余项课题中评审立项 68 项，每项给予 3000 元至 8000 元不等的课题资助经费。特别是去年下半年以来，研究会选取其中有创新价值的 4 项课题，专门设立"三个代表"重要思想文库课题，除给予每项 2 万元研究经费外，还将在成果评审合格后全额资助出版。

5. 积极资助省直重点社科理论期刊开设理论研究和宣传专栏。近年来，为鼓励省直重点社科理论期刊积极开设马克思主义基础理论，特别是当代中国化马克思主义的研究和宣传专栏，及时编发相关重点理论文章，省委宣传部专门制订了《省直重点社科理论期刊资助办法》，每年从省社科发展专项资金中拿出 45 万元经费，对部分省直重点社科理论期刊给予 3 万元—10 万元不等的办刊资助。通过近几年的扶持和引导，有超过半数的综合性社科期刊、重点高校文科学报开设了"邓小平理论和'三个代表'重要思想研究"、"马克思主义与当代中国"等专栏，每个栏目全年发文 10 篇—15 篇。《南京大学学报》"马克思主义与当代思潮"等一批栏目，已成为国内社科期刊中有较大影响的名牌栏目，并获得了教育部社科期刊名刊工程建设重点入选资格。

6. 大力开展理论宣传栏（节）目和作品的评优表彰活动。为鼓励在重大理论和实际问题的宣传阐释中多出精品佳作，省委宣传部进一步修订完善了全省理论宣传优秀栏(节)目和作品表彰奖励制度,并且加大了奖励力度。由省委宣传部牵头,会同省记协、省版协,对省市两级理论媒体的理论宣传栏(节)目和作品进行了评奖。评奖分报纸、期刊、广电三大类,每类又分优秀栏(节)目、优秀作品两项。3月中旬,省委宣传部专门召开会议,对全省获奖的24个理论宣传优秀栏(节)目、31件理论宣传优秀作品进行了表彰奖励。

(原载中宣部《宣传工作》2005年第十六期)

江苏深入开展“弘扬‘三创’精神,推进‘两个率先’,构建和谐社会”主题教育活动

最近,江苏在全省深入开展“弘扬‘三创’精神,推进‘两个率先’,构建和谐社会”主题宣传教育活动,大力弘扬以“创业创新创优”为核心内容的新时期江苏精神,进一步激发创造活力,提高构建和谐社会能力,确保完成“两个率先”目标任务。

1. *活动的主要内容和任务*。一是全面落实科学发展观,推动江苏经济社会又快又好发展。引导人们进一步深化对科学发展观的认识,进一步解放思想、抢抓机遇,按照“五个统筹”的发展要求和“两个率先”的时序进度,把加快发展、率先发展与全面发展、协调发展有机统一起来,把科学发展观贯穿于“两个率先”全过程,着力推进改革开放,着力转变经济增长方式,着力调整经济结构,着力加快富民进程,着力构建和谐社会。二是大力弘扬“三创”精神,推动全省人民的创业创新创优实践。树立和弘杨艰苦创业、全民创业、自主创业的创业精神;思想解放、敢干敢变、与时俱进的创新精神;争先进位、勇于攀登、争创一流的创优精神,努力使“三创”成为新时期干部群众的共同精神追求。三是积极构建和谐社会,努力营造推进“两个率先”的良好环境。按照省委提出的“五个兼顾”要求,广泛开展构建和谐社会群众性教育和实践活动,扎实推进“法治江苏”、“平安江苏”建设,努力使和谐社会理念深入人心,使构建和谐社会成为全省人民的自觉行动,使江苏走在全国构建和谐社会的前列。

2. *开展活动的推进措施*。一是强化学习教育。组织干部群众深入学习中央、省委领导同志关于贯彻落实科学发展观、加强党的执政能力建设、构建社会主义和谐社会的一系列重要讲话精神,加强科学发展观、形势政策和“三创”精神的学习宣传教育。二是精心设计载体。以“三创之星”系列报道为主要载体,大力开展舆论宣传和社会宣传活动;以各地城市精神集中展示、研讨为主要载体,深入开展宣传教育活动;以“三创”精神系列报告会为主要载体,广泛开展宣传展示活动。三是紧密结合实际。紧密结合党委政府的中心工作和重大举措,紧密结合基层干部群众的生产生活,紧密结合全省经济社会发展的火热实践,紧密结合正在开展的保持共产党员先进性教育活动,着力解决改革发展稳定中存在的突出矛盾和问题,努力为全省实践“三个代表”、推进“两个率先”、构建和谐社会提供强大精神动力。

(原载中宣部《宣传工作》2005年第二十一期)

弘扬张家港精神 推进江苏创业创新创优

江苏省委书记　李源潮

在中央把张家港树立为全国重大典型、

江泽民同志为张家港精神题词10周年之际，如何适应新形势新任务的要求，进一步坚持和弘扬张家港精神，具有十分重要的现实意义。我们要深刻挖掘张家港精神的内涵，继续学习张家港、赶超张家港，坚定不移地推进全省创业创新创优实践，争取早日实现“两个率先”。

1. 艰苦创业需要坚持和弘扬张家港精神。张家港的发展史是在党的领导下张家港人民改革开放的创业史，是邓小平理论和“三个代表”重要思想在江苏大地成功实践的生动写照。改革开放初期，张家港各项人均指标与全省平均水平差不多，在苏南地区属于发展较慢的县市，但通过15年左右的解放思想、改革开放、艰苦奋斗、大胆创新，到1995年人均GDP已达全省平均水平的3倍，成为全省县域经济发展和“两个文明”一起抓的标兵，成为改革开放发展的经典、“苏南模式”的代表。伟大的创业实践必然蕴育伟大的创业精神。“团结拼搏、负重奋进、自加压力、敢于争先”的张家港精神，就是九十年代初张家港人对自己创业实践的精神提炼。张家港在10年前是全省跨越发展、协调发展的先进典型，在10年后的今天，在实现“两个率先”的进程中仍然是全省率先发展、科学发展的领头羊。10年来，张家港人根据形势的变化和实践的要求，不断赋予张家港精神以新的时代内涵，进一步丰富和发展了典型经验，全市主要经济指标快速增长，城市综合竞争力在全国同类县市中名列前茅。实践证明，张家港精神具有旺盛的活力和强大的生命力。任何地方、任何单位要加快发展，都不可没有团结拼搏的士气，不可没有负重奋进的志气，不可没有自加压力的勇气，不可没有敢于争先的锐气。今天，我们落实科学发展观、推进“两个率先”、建设全面协调可持续发展的新江苏，特别需要坚持和发扬张家港精神。

2. 弘扬张家港精神的核心是坚持创业创新创优。创业创新创优，是当今江苏社会实践的主流。今天我们弘扬张家港精神，核心就是要坚持创业创新创优。张家港是江苏人创业创新创优的一面先锋旗帜，张家港精神是江苏“三创”精神的一个生动典型，也是全省人民共同的精神财富。站在今天来回顾和研究张家港掘起、赶超、率先的历程，可以清楚地发现：第一，张家港精神体现了新时期的艰苦创业精神。张家港是实践江泽民同志提倡的新时期创业精神的先进典型，张家港人团结拼搏、负重奋进，在落后时不服输，在赶超中不懈怠，在领先时不陶醉，始终咬定发展不动摇，大力推进艰苦创业、自主创业、全民创业，形成了百姓创家业、能人创企业、干部创事业的生动局面。第二，张家港精神体现了共产党人的开拓创新精神。张家港之所以发展快，关键在于创新多。张家港人思想解放、敢为人先、与时俱进，善于抓住机遇、放开发展，善于迎难而上、创新克难，而且不守陈规，不畏流言，不怕失败，不服挫折，在人民和基层的创新实践中不断推进制度创新、科技创新、管理创新、产品创新，形成了用新观念研究新情况、用新思路落实新任务、用新办法解决新问题、用新举措开创新局面的生动景象。第三，张家港精神体现了江苏人民的争先创优精神。张家港人自加压力、敢于争先，各项工作争先进，样样事情争一流，形成了各个劳动者创优争先、各个单位创优争先、各个乡镇创优争先的生动格局。我们要以与时俱进的态度，牢牢把握张家港精神的本质、核心和特征，在“两个率先”的新实践中大力弘扬张家港精神，使创业创新创优在江苏大地蔚然成风。

3. 把坚持和弘扬张家港精神作为江苏加快发展的精神动力。张家港精神是张家港的创业之魂、力量之源，也是全省人民共同的精神财富。我们弘扬张家港精神、促进创业创新创优的根本目的,就是为了推进江苏率先发展、科学发展、和谐发展。发扬创业创新创优精神既要内化于心,更要实化于行,把精神动力转化为实实在在的发展行动,以发展的实绩来检验思想解放的成效。当前,宏观环境发生了许多新的变化,经济发展也遇到了不少新的困难。用张家港人对待困难的眼光看,在困难面前争一争、抢一抢,就会柳暗花明、别有洞天;等一等、看一看,就会功亏一匮、前功尽弃。江苏要实现"两个率先",就要始终坚持和弘扬张家港精神,把张家港精神作为加快发展的精神动力,任何时候都把发展作为第一要务,进一步形成艰苦创业、勇于创新、争先创优的浓厚氛围,努力开创全省现代化建设的新局面。

(原载中宣部《宣传工作》2005 年第二十五期)

江苏省切实加强典型宣传管理

为加强和改进典型宣传,提高典型宣传工作水平,江苏在总结近年来成功经验的基础上,制定了《江苏省典型宣传工作管理办法》,严格规范典型宣传工作,进一步增强典型宣传的针对性、实效性和可操作性。

《办法》对典型的选择提出明确要求。规定在当前和今后一个时期,要着重选择认真实践"三个代表"重要思想,认真落实科学发展观,努力推进"两个率先",构建和谐社会,为改革发展稳定做出突出贡献的典型。既选择具有在全国、全省集中宣传意义的重大典型,也选择地方、行业和基层的一般典型;既选择震撼力强的杰出人物,也选择群众身边的具有丰富内涵的凡人善举;既选择物质文明建设方面的典型,也选择政治文明、精神文明建设方面的典型;既选择模范恪守传统美德和社会公德的典型,也选择与时俱进、开拓创新和时代感强的典型;既选择典型个人和典型集体,也选择典型经验。

《办法》对典型宣传的分级做出明确规定。省级先进典型分为重大典型、重要典型和一般典型三个等级。重大典型的宣传由省委宣传部统一组织,省及各市主要新闻媒体首轮大篇幅集中报道 3 次以上,同时配发评论员文章,并适时进行追踪报道。重要典型的宣传由省委宣传部统一组织,省主要新闻媒体首轮大篇幅集中报道 2 次以上,并及时报道有关动态。一般典型的宣传由省委宣传部提出意见,省各新闻媒体分别进行报道,通常以较大篇幅报道 1 次。

《办法》明确规定了典型的申报及宣传程序。省级重大典型和重要典型的申报及宣传程序为:一是各地各部门对重大典型或重要典型认真调查,形成事迹材料,在当地或本部门先期宣传的基础上作出学习安排,深入开展学习教育活动。二是各市委宣传部、省各有关部门视情况征得同级纪检、组织、人事、工商、税务等部门同意后,向省委宣传部提交书面报告并附事迹材料,申报为省级重大典型或重要典型。三是省委宣传部对事迹材料进一步调查核实,报经省委有关领导同意,确定为省级重大典型或重要典型。四是省委宣传部制订宣传方案,省各新闻媒体按相应规格开展各具特色的集中宣传报道。五是省委或省委宣传部会同各有关部门作出学习安排。六是省委宣传部会同各地各部门在全省开展形式多样的学习教育活动。七是省委宣传部视情况报请中宣部作为全国重大典型或一般典型进行集中宣传。省级一般典型的申报及宣传程序为:各地各部门对先进典型认真调查,形成事迹材料报省委宣传部审核后,省各新闻媒体进行宣传报道。

《办法》提出，要建立健全典型宣传的工作机制。各级党委宣传部负责组织、指导和协调各新闻媒体的典型宣传工作，并对其进行考核。各新闻媒体要围绕大局，按照党委宣传部门制订的宣传方案和报道口径，统一、有效地开展新闻报道，不得随意变更报道计划。进一步完善典型的表彰奖励机制，根据典型所做的贡献，由各级党委、政府或相关部门授予相应荣誉称号和物质奖励。进一步完善典型的评价反馈机制，采取问卷调查、召开座谈会、网上调查、社会调查、公司评估等方式，汇集、分析社会各界对典型宣传的真实反应，作为调整和改进典型宣传的重要依据。

《办法》强调，要切实加强典型宣传的组织领导。各级党委宣传部作为典型宣传的牵头部门，承担组织、指导和协调的职能，负责典型的发现、申报、宣传等工作。各级党委宣传部门要建立先进典型数据库，加强调查研究，深入群众及时发现典型，立足实际积极培育典型。同时，要协同各方力量，努力形成互相配合、齐抓共管的工作格局。

（原载中宣部《宣传工作》2005年第三十期）

适应构建社会主义和谐社会新要求不断改进创新宣传思想工作

江苏省委常委、宣传部长　孙志军

构建社会主义和谐社会目标的提出，对新时期加强和改进宣传思想工作提出了新任务新要求。当前，如何进一步深化对宣传思想工作的认识，科学把握构建社会主义和谐社会中宣传思想工作的内在规律，积极探索改进创新的途径，已成为宣传思想战线面临的一个重要课题。

1. 按照构建社会主义和谐社会的要求丰富宣传思想工作内涵。构建社会主义和谐社会，要求我们在坚持以经济建设为中心的同时，把加强社会建设、促进社会全面进步摆在更加突出的位置。我们必须按照构建社会主义和谐社会的新要求赋予宣传思想工作新的内涵。一是坚持以人为本。人是和谐社会的主体，实现人与人、群体与群体、社会阶层与社会阶层以及人与自然之间的和谐，是构建社会主义和谐社会的内在要求。宣传思想工作必须发挥思想引领、舆论引导、精神激励、道德教化、文化熏陶等方面的功能和作用，尊重个体差异，体现人文关怀，着力营造各尽所能、各得其所、和谐共处的良好环境。二是统筹发展和谐。社会主义和谐社会是政治经济文化相互协调、健康发展的社会。宣传思想工作必须关注和促进发展的和谐、发展的协调，大力宣传和推进率先发展、加快发展、科学发展，不是片面追求经济增长的速度，而是力争速度、质量和效益的统一，经济快速发展与社会协调发展的统一，经济社会协调发展与生态自然和谐的统一。三是协调利益关系。社会主义和谐社会是公平正义、安定有序的社会。宣传思想工作必须切实做好解疑释惑、理顺情绪、化解矛盾工作，引导各阶层群众正确看待利益调整，以理性合法的形式表达利益诉求，自觉维护改革发展稳定大局。四是激发创造活力。社会主义和谐社会是人的聪明才智和创造力得到充分发挥的社会，只有全体人民创造财富的能量充分释放，才能为和谐社会奠定坚实的物质基础。当前，我们尤其要大力弘扬和培育“创业、创新、创优”的新时期江苏精神，进一步增添全省人民创业的勇气、创新的锐气、创优的志气，充分调动广大劳动者和建设者的积极性和创造性，为实现“两个率先”目标广开活力之源。

2. 根据构建社会主义和谐社会的目标

拓展宣传思想工作领域。随着我国社会主义事业发展总体布局的变化，宣传思想工作必须开阔视野、拓宽领域，不断扩大覆盖面和影响力。一是在内容上拓展。要围绕构建社会主义和谐社会的目标任务，进一步加强科学发展观的宣传，尊重、关心、保护发展的积极性、创造性，重视人与人、人与社会、人与自然的统筹协调发展；进一步加强民主法制建设的宣传，巩固和发展民主团结、生动活泼的政治局面；进一步加强符合时代特征、体现社会进步的思想道德和价值观念的宣传，在全社会倡导积极健康向上的良好风尚；进一步加强维护社会稳定的宣传，引导人们倍加珍视团结、倍加维护稳定、倍加顾全大局；进一步加强生态文明建设的宣传，推动整个社会走上生产发展、生活富裕、生态良好的协调发展之路。二是在对象上拓展。高度重视新的社会群体、知识分子群体、青少年群体和待岗职工、进城民工、困难家庭等社会弱势群体的教育引导工作，既要充分发挥包括知识分子在内的工人阶级、广大农民推动经济社会发展的根本作用，又要鼓励和支持其他社会阶层人员为经济社会发展积极贡献力量。三是在渠道上拓展。在充分发挥大众传媒、文化艺术、思想教育和精神文明创建作用的基础上，注重调动社会非政府组织的积极性，把传统途径与现代途径、组织手段与社会手段、体制内力量与体制外力量结合起来，不断扩大先进文化在各类社会群体和各种信息传播领域中的影响力。

3. 适应构建社会主义和谐社会的形势创新宣传思想工作手段。当今时代，科技发展日新月异，世界政治经济文化深刻变化。宣传思想工作只有与时俱进、不断创新，才能始终保持生机与活力。要紧紧围绕落实科学发展观、构建社会主义和谐社会的新要求，把“依法、科学、求实”的原则贯穿于理论、新闻、文艺、出版、思想道德建设等各个方面，深入研究江苏人均GDP超过2500美元后人们思想观念和精神文化需求的新变化，研究市场经济和高科技条件给人们带来的新变化，准确把握经济社会文化发展的规律、干部群众思想活动的规律和宣传思想工作自身的规律，在继承和发扬成功经验和优良传统的基础上不断改进创新。要坚持贴近实际、贴近生活、贴近群众，切实转变宣传思想工作传统思维定势和教育模式，变单向灌输为双向互动，变被动接受为主动参与，变工作客体为创造主体，把坚持正确导向与讲究宣传艺术统一起来，把传统宣传教育手段与经济、法律、科技等手段统一起来，善用新闻传媒手段，善用新型文化载体，善用群众性创建和社会实践活动，不断增强宣传思想工作的针对性和实效性。要在继续巩固报刊出版、广播影视等宣传文化阵地的同时，认真研究分析网络和手机短信等新兴媒体的特点和规律，充分利用以现代科技为基础的各种信息传播平台，推动各种文化传播方式互动融合，不断增强主流意识形态的时代感和影响力。

4. 立足构建社会主义和谐社会的发展壮大宣传思想工作实力。发展是硬道理。只有不断解放和发展文化生产力、壮大宣传思想工作实力，才能满足人民群众日益增长的精神文化需求，才能在构建社会主义和谐社会的实践中发挥重要作用。当前，宣传文化事业改革发展有着良好的物质基础和科技条件，有着巨大的社会需求和内在动力。我们要有强烈的机遇意识，树立新的文化发展观，切实把宣传思想工作包括文化事业文化产业做大做强。要积极推进文化体制改革，革除制约文化发展的体制障碍，大胆探索经营性产业发展之路，深入推进以广播电视业、报业、出版业为龙头的改革，着力培育一批有实力、有影响力、能够参与国际竞争的市场主体，不断增强文化产业的总体实力。要深入实施文化精品战略，充分利用江苏丰富的人文资源和深厚的文化底蕴，重点实施舞台艺术、影视艺术、文学艺术、图书报刊、多门类文化艺术等精品工程，推出一批思想性、艺术性、观赏性统一，社会效益和经济效益俱佳的优秀精神产品，带动全省文化产品生产和文化市场的繁荣。要切实加强宣传文化阵地建设，进一步增加投入、转换机制、增强活力，逐步形成覆盖全社会的比较完备的公共文化服务体系，保证广大人民群众共享文化发展的新成果。要进一步加快高新技术引进步伐，加强重要新闻媒体和重点网站建设，注重用先进的科技手段传播先进的思想文化，努力占领文化科技发展的制高点。要不断壮大宣传思想工作人才队伍，努力造就宣传文化领域的拨尖人才和领军人物，使宣传文化部门成为奋发有为、建功立业的创业热土和人才高地。

（原载中宣部《宣传工作》2005年第三十四期）

做好下一阶段宣传思想工作的思考

江苏省委常委、宣传部长　孙志军

着力营造服务中心、服务大局、服务发展的良好舆论氛围。坚持把服务大局作为宣传思想工作第一责任，在服务中心中定位，在服务大局中思考，在服务发展中尽职。一是大力宣传"两个率先"的各项进展。围绕加快发展、科学发展、和谐发展，大力宣传全省各地推进"两个率先"的新思路、新举措、新成效，突出抓好"第一个率先"即全面建成小康社会的宣传，重点宣传苏南地区全面建设小康社会的实践探索和发展经验。二是大力宣传科学发展观。结合宣传十六届五中全会精神、宣传"两个率先"，继续加大科学发展观宣传力度，深入宣传科学发展观的深刻内涵、精神实质，宣传贯彻落实科学发展观的重要意义和生动实践，努力使科学发展的理念深入人心，使科学发展成为干部群众的自觉行动。三是大力宣传构建和谐社会。进一步向干部群众宣传和谐社会建设的内涵要求，帮助干部群众正确把握构建和谐社会与全面建设小康社会、落实科学发展观等重大方针政策的关系，深入宣传中央和省委有关决策部署和重大举措，使干部群众对和谐社会建设有更加全面准确的理解。四是大力宣传"三创"精神。深入开展"三创"主题宣传教育活动，在全社会积极倡导创业才能富民、创新才能强省、创优才能率先的理念，广泛宣传"三创之星"先进事迹和精神品质，充分激发全社会创造活力，为推进"两个率先"提供强大的精神动力。

（原载中宣部《宣传工作》2005年第五十二期）

江苏连云港市以文化为载体拓宽外宣工作渠道

近年来，江苏连云港市坚持以文化为载体，大力实施文化"走出去"工程，寓对外宣传于文化交流之中，寓经济建设于对外宣传之中，不断增强外宣工作的服务意识、开放意识和品牌意识，进一步提升了连云港的对外形象，促进了全市经济社会的健康协调发展。

1．紧紧依托旅游文化资源。充分利用中国优秀旅游城市的丰富旅游资源和深厚文化底蕴，抓住2008年北京举办奥运会的有利契机，巧打"猴"牌，以市政府名义积极向北京奥组委推荐孙悟空为吉祥物，重点围绕《西游记》文化、徐福文化、石刻文化等特色品牌,加大宣传力度,做足山海文章,着力打造“神奇浪漫之都”的城市形象。在国内部分大中城市举办大型摄影展,精心制作宣传画册、多媒体光盘等外宣品,展示连云港优越的自然环境和独特的山海风光。通过积极争取,国家旅游局将今年全球第26个“世界旅游日”的中国主会场设在连云港,让连云港吸引世界旅游者的目光。

2. *精心举办文化节庆活动*。注重挖掘文化内涵,借助文化节庆活动来展示城市形象,唱响“春夏秋冬”四季歌。每年春季在海州区举办“连云港之春”文化节,夏季在连岛海滨度假区举办“连云港之夏”文化节,秋季在花果山举办《西游记》文化旅游节,冬季在中国水晶之乡东海县举办“水晶节”。通过文艺演出、民族民俗风情表演、帆板、帆船竞赛等活动,向海内外游客展示连云港的城市特色。去年,抓住全社会关注未成年人思想道德教育的契机,创新思维,将《西游记》文化节的主题定位为“儿童的盛会”,把一年一度的《西游记》文化节改造为国际儿童联欢节,利用孙悟空在世界范围内的巨大影响力吸引全世界儿童欢聚花果山,进一步提高连云港的影响力和美誉度。

3. *积极开展对外文化交流*。充分运用各种外宣资源,坚持以文化交流促进经贸交流,不断拓展对外宣传空间和渠造。以徐福文化为媒介,与韩国济州市、日木佐贺县等缔结友好城市,定期组织文化交流,举办徐福国际研讨会。今年年初,组织专家学者赴韩国中央研究院作专题演讲。以市歌舞剧院女子民乐团为媒介,赴法国、荷兰、比利时、韩国、日本等国进行文化交流,同时,将招商推介活动直接融入文艺演出、学术交流之中。发挥连云港作为新亚欧大陆桥东桥头堡的区位优势,举办沿东陇海(连云港段)产业带发展战略专家论坛,加强与新亚欧大陆桥沿线中外城市的文化交流。组建新亚欧大陆桥新闻协作网,与沿桥城市媒体开展双向联播,实现互动宣传。

4. *充分发挥强势传媒作用*。采取请进来、走出去的办法,加大对中央、省及海内外媒体的宣传力度。精心策划,与中央电视台国际频道“让世界了解你”栏目合作,通过市委领导与美国波特兰市市长对话形式,向海内外观众介绍连云港的经济、文化、旅游情况。同时,与中央电视台联合拍摄制作《走遍中国——山海连云港》专题片和《同一首歌——走进连云港》《金猴闹新春》等大型文艺节目,在中央台和地方城市台播出。与中国国际广播电台合作,开办“走进孙大圣故里”专栏,以中英日韩4种语言向全世界介绍连云港。邀请日本、韩国和香港的重要新闻媒体来连云港采访。同时利用美国、香港影响较大的电视媒体宣传、推介连云港。

(*原载中宣部《宣传工作》2005年第五十三期*)

江苏常熟市创新市民教育途径

江苏省常熟市积极探索思想政治工作新途径,在市民教育内容、方式、手段等方面突出“五个转变”,着力构建全员、全程、全面的市民教育体系。

1. 充实教育内容,由照本宣科的单纯说教向满足群众需求的因需施教转变。紧密联系市民的工作、生活和思想实际,定期列出适合不同人群“口味”的“菜单”,努力打造吸引市民的“强磁场”。精心举办各类专题讲座和特色活动,既突出思想性和知识性,又体现实用性和娱乐性。

2. 丰富教育形式,由零碎分散的一次性活动向主题鲜明、形式多样的系列活动转变。广泛开展各类群众性精神文明创建活动,活动区域从社区扩大到共建单位和附近居委会;活动项目从国情教育电视录像发展到展览、广场文艺及各种联欢会；活动内容从爱我中华、爱我名城、爱我社区扩展到爱英雄模范、尊老爱幼等方面。同时把发展家庭文化作为建设和谐社区的重要抓手，组织开展一系列家庭特色文化活动。

3. 整合教育资源，由倾一家之力向纳百家之长转变。从满足市民文化教育需求出发，积极发挥辖区内教育资源优势，借助社会力量，通过联合举办活动、联合创建设施等形式，实现教育资源共享、人才资源共享，形成强大的教育合力。

4. 创新教育载体，由专家领导讲台向市民论坛转变。积极创办市民论坛，把以专家领导授课形式为主的讲台变为居民交流互动的论坛，居民由被动接受的听众转变为发表见解的主角，通过开设贴近居民生活实际的专题论坛，增强居民“建设和谐社区、共建美好家园”的责任感与荣誉感。

5. 拓展教育对象，由单一成年市民向未成年人、外来人口等各类人群转变。通过开展主题教育、暑期社会实践和与贫困学生结对帮困等活动，积极探索社区、学校和家庭共同关心未成年人健康成长的有效途径。同时针对外来务工经商人员文化水平和道德法律素质良莠不齐、缺乏良好学习条件的现状，在外来人员居住点建立“新市民”道德法制学校，赠送教育读本，提高外来人口的受教育率，使新市民尽快融入创建文明城市、构建和谐常熟的生动实践。

（原载中宣部《宣传工作》2005年第五十六期）

认真学习贯彻五中全会精神 大力推动文化产业繁荣发展

江苏省委常委、宣传部长　孙志军

党的十六届五中全会明确提出了以科学发展观统领经济社会发展全局的战略思想。宣传思想战线的同志务必认真学习贯彻全会精神，按照落实科学发展观的新要求，从建设社会主义先进文化、推进江苏“两个率先”的新高度，进一步确立新的文化发展观，在大力发展文化事业的同时，积极推动文化产业繁荣发展。

1. 把树立和落实科学发展观作为推动文化产业繁荣发展的指导方针。一段时间以来，人们往往把发展定位于单一的经济发展，进而把经济增长简单地等同于发展。这样容易导致只重投入，不计消耗、不顾污染、不谈效益。以胡锦涛同志为总书记的党中央在明确提出发展是第一要务的基础上，进一步丰富发展的内涵，强调坚持以科学发展观统领经济社会发展全局，努力实现又快又好的可持续发展。树立和落实科学发展观，核心是以人为本，关键是统筹协调，根本目标是实现社会全面进步和人的全面发展。文化产业不仅具有特殊的社会意识形态属性，而且是高附加值的朝阳产业，低消耗、无污染的绿色产业，内涵和外延不断扩大的新兴服务业。繁荣发展文化产业充分体现了科学发展观的要求。一方面，文化产品和文化服务能满足人的文化需求，丰富人的精神世界，提高人的综合素质，激发人的创造活力，有利于营造健康和谐的人际关系与社会氛围，促进人的全面发展；另一方面，充分开发文化产品的经济价值，成为新时期国民经济发展新的增长点和地区综合实力的重要组成部分。因此，在调整经济结构、转变经济增长方式、做大做强现代服务业中，大力发展文化产业成为一个重要选择。当前，我们必须紧紧把握树立和落实科学发展观、构建社会主义和谐社会对于文化建设的新要求，把握文化与经济、政治、科技互动发展的新趋势，把最广大人民群众的根本利益、人的全面发展作为文化产业发展的归宿，努力为人民群众提供优秀的文化产品和文化服务，满足人民群众多层次、多方面、多样性的文化需求；必须始终坚持先进文化的前进方向，立足于为人民服务、为中国特色社会主义服务的方向和百花齐放、百家争鸣的方针，立足于改革开放和现代化建设实践，着眼世界科学文化发展的前沿，大力发展反映时代特征、民族特色和先进生产力要求的先进文化；必须始终坚持全面、协调、可持续发展的要求，正确处理好文化事业和文化产业的关系、社会效益与经济效益的关系、市场规律与文化安全的关系、"引进来"与"走出去"的关系、当前工作与长远发展的关系，不断增强先进文化的可持续发展能力。

2. *把提高自主创新能力作为推动文化产业繁荣发展的核心内容。*当今世界，转变经济增长方式，实现科学发展，关键是提高自主创新能力。文化产业的繁荣和发展，离不开自主创新能力的支撑。进入新世纪新阶段，文化赖以生存和发展的物质基础、社会环境、传播手段发生了深刻变化，迫切需要我们进一步提高文化产业的自主创新能力。一是在发展理念上创新。进一步解放思想，拓宽视野，在更高的起点、更广阔的平台上谋篇布局，牢固树立"大文化"产业观念，把文化产业当作经济社会的大产业去规划、去发展。注重政策引导、内容把关，坚持走开放联合之路，发挥市场配置资源的基础性作用，推动文化资源的区域性整体开发、优势行业联动开发和国际性合作开发，促进文化产业与教育、科技、体育、旅游等相关行业互动协调发展。二是在发展思路上创新。坚持把改革作为发展的动力，通过体制创新和机制创新，突破目前重复布局、重复建设、小而全的传统封闭式发展模式，应对开放环境，把握市场规律，以资产为纽带，重塑文化市场主体，提高集约化、规模化发展水平，重点发展优势文化产业群，开发具有高文化附加值、高知识附加值、高社会就业率的行业和项目，实现"优势联合、优势互补、优势扩张"，形成江苏文化产业发展的核心竞争力。三是在方法内容上创新。努力开辟文化产业发展的新空间，善于利用现代科学技术手段，发挥互联网、声光电以及现代传播的作用，不断增强文化工作的时代性和吸引力。积极推进文化产业与高新技术的融合，运用高新技术促进产业升级，大力发展软件服务和软件制作等新兴服务业，逐步使文化产业从劳动密集型向劳动技术型转变，从低附加值向高附加值转变，在新一轮文化发展中赢得主动。四是在管理体制上创新。积极探索、努力形成既符合先进文化发展要求，又符合市场发展规律，能够有效引导精神产品生产和流通的管理新体制，以行政手段、直接管理为主向以经济法律手段、间接管理为主转变，以管理具体的经营实体为主向定发展规划、定政策法规、定监督职责为主转变，研制投资规划，搭建发展平台，培育市场主体，加强规范管理，不断增强文化产业发展的宏观控制力。

3. *把统筹发展作为推动文化产业繁荣发展的长期任务。*树立和落实科学发展观，必须确立统筹发展的理念，切实保障最广大人民群众的文化权益，使全体人民共享文化成果，在"文化享有"上各得其利，在"文化提高"上各得其所，在"文化创造"上各尽其能。一是注重城乡文化发展的统筹。把农村文化建设作为重中之重，积极实施工业反哺农业、城市支持农村的方针，进一步加大政府投入力度，创新投入机制，注重为民实效，不断提高基层公共文化服务能力，大力推进面向农村、面向基层、面向群众精神文化产品的生产和服务，为建设社会主义新农村提供有力的文化支撑。二是注重区域文化发展的统筹。根据区域经济特点和文化资源的集中程度以及产业链的关联效应，统筹文化产业布局，保持区域之间合理调节、错位竞争。经济发达地区要充分发挥资本、人才、科技、信息、市场等优势，在内容创新上下功夫，在高新技术开发上做文章，努力实现文化产业的率先发展。经济欠发达地区要用足用好自身优势资源，突出重点，择优扶强，实现文化产业的跨越式发展。三是注重公益性文化与经营性文化的统筹。坚持一手抓公益性文化事业，进一步加强文化基础设施建设，逐步形成覆盖全社会的比较完备的公共文化服务体系；一手抓经营性文化产业，进一步完善文化产业政策，优化资源配置，增强发展活力，促进产业升级，推动文化事业和文化产业协调发展、共同繁荣。四是注重文化的存量改革与增量发展的统筹。按照建立现代企业制度的要求，加快国有文化企业公司制改造，推动经营性文化事业单位转企改制，形成一批自主经营、自负盈亏、自我发展、自我约束的市场主体。同时，进一步加大对文化产业的研发力度，大力推进优势产业、特色产业和内容产业的发展，使文化产业成为新兴的、增幅较快的、在GDP 中占比例较大的一个重要产业。五是注重公办文化与民办文化的统筹。加大对国有文化支柱产业的投入，加快组建具有规模优势的文化产业集团，使之成为文化市场的主导力量和文化产业的战略投资者。同时，打破地区封锁和垄断经营，减少文化领域的准入限制，在国家允许的政策范围内，鼓励各种社会资本投资文化领域，形成多种所有制形式、多种经营渠道平等竞争、共同发展的格局。

（原载中宣部《宣传工作》2005 年第五十九期）

学习宣传贯彻十六届五中全会精神是当前宣传思想工作的首要任务

十六届五中全会精神是指导我国今后5 年发展全局的总纲，宣传思想工作贯彻落实五中全会精神，要在积极推动经济社会发展的同时，认真抓好自身工作的研究和规划，着重把握好以下几点：

一、正确把握“十一五”期间我国社会的阶段性特征和总体发展趋势，增强宣传思想工作的预见性和科学性。“十一五”时期是我国全面建设小康社会的关键时期，是承前启后的重要发展时期。这一时期将既是战略机遇期，又是社会转型期、经济转轨期、改革攻坚期；既是黄金发展期，又是矛盾凸显期。新形势下，宣传思想工作巩固马克思主义指导地位、巩固共同思想基础的任务很重，凝聚人心、振奋精神、促进发展的任务很重，科学管理、依法管理、有效管理的任务很重，深化拓展创新宣传思想工作的任务很重。必须进一步提高把握规律、把握大局、把握方向的能力，提高科学决策、统筹协调、依法管理的能力，提高创新方法、创新手段、创新机制的能力，更好地体现时代性、把握规律性、富于创造性。

二、紧紧围绕“十一五”发展目标，努力为经济社会发展多作贡献。十六届五中全会提出的“十一五”期间七大类发展指标和改革发展的主要任务，许多是与宣传思想工作相关的。做好“十一五”期间的宣传思想工作，首先要认真梳理宣传思想工作在“十一五”发展规划中承担的任务，坚持高标准履行职责，把为经济社会发展多作贡献作为宣传思想工作“十一五”的工作目标。要在抓好全面工作的同时，把文化建设与精神文明建设作为宣传思想工作的两大重点，投入更多的精力和资源优先发展。

三、坚持按照落实科学发展观、构建社会主义和谐社会的要求，推动宣传思想工作调整思路、转变方式。要把“以人为本、统筹协调、求真务实、开拓创新”作为基本方向。

以人为本。要始终把维护和实现人民群众的根本利益作为出发点和落脚点，把维护和实现人民群众的文化权益、提高文明素质作为着力点，把满足人民群众的精神文化需求、丰富人民群众的精神世界、增强人民群众的精神力量作为最终目的。

统筹协调。要从社会和人的多样性出发，坚持宣传对象、宣传内容、宣传手段、宣传阵地的统筹，特别是新兴群体、困难群体都要纳入工作视野，各种宣传阵地特别是新兴阵地、主流阵地都要积极抢占。

求真务实。要坚持重实际、说实话、务实事、求实效，防止浮在上面、走过场，防止只开花不结果。宣传工作不仅要出声势更要出效果，不仅要有好的内容更要有好的文风。

开拓创新。要开阔眼界、开放心态、开拓思路，积极运用理论创新的最新成果，运用生产生活中的新鲜话语，运用科技发展的最新成就，占据人类文明成果的制高点，占据科技和信息的制高点，力求使宣传文化事业成为最智慧的事业。进一步解放思想、更新观念、拓展内容、拓展对象、拓展渠道，注重增强宣传思想工作的时代感、立体感和层次性、针对性，在创新方法、创新手段、创新机制中不断提高宣传思想工作水平。

四、着力解决当前宣传思想工作存在的突出问题，努力使宣传思想工作更加丰富生动、富有成效。必须加强和改进党对宣传思想工作的领导，进一步健全和完善宣传思想工作体制，进一步向开放式宣传转变，善于借助外力，做好结合文章。要按照科学、依法、求实的要求，适应现代动员方式的新变化和现代人思想的新特点，善用大众传媒、文化载体、各类活动和高新技术，力求宣传思想工作便于参与、易于接受、春风化雨、润物无声。

（原载中宣部《宣传工作》2005 年第六十九期）

改进文风要坚持以人为本 讲实际、求实效

江苏省委常委、宣传部长　孙志军

文风是特定的时代精神和社会风尚的反映。文风问题关乎党的执政能力和执政形象，同时也影响着党的宣传思想工作的有效性和生命力。改进宣传思想工作中的文风，是提高建设社会主义先进文化能力的一个重要举措，也是宣传思想战线一项重大而紧迫的任务。我们要坚持以人为本，面向实际，面向群众，勇于创新，务求实效，在切实改进文风的实践中，不断增强宣传思想工作的针对性、实效性和吸引力、感染力。

一是激发共鸣点，把体现党的主张同反映人民群众的呼声统一起来。宣传思想工作要旗帜鲜明地宣传党的主张，及时如实地反映人民群众的心声，这是宣传思想工作的党性及其服务对象所决定的。把体现党的主张与反映人民群众心声统一起来，就要寻找和激发宣传思想工作与人民群众之间的“共鸣点”，努力揭示党的理论、路线、纲领、方针、政策同最广大人民群众根本利益之间的内在联系，充分展示各级党委、政府所采取的政策措施同人民群众根本利益的一致性。新闻报道、理论宣传、文艺创作、文明创建等各项工作，都要宣传党的主张，传达党的声音，使党的主张为人民群众所掌握，变为他们的自觉行动，鼓舞他们为实现自己的

利益而奋斗；同时，要大力讴歌人民群众的生动实践和英雄业绩，反映人民群众的意愿和诉求，排解人民群众的困惑和疑虑，满足人民群众的精神文化需求，更好地动员和鼓舞人民群众积极投身改革和社会主义现代化建设的伟大实践。要主动深入基层，倾听群众呼声，了解群众疾苦，体察群众情绪，切实掌握人民群众最满意的是什么、最不满意的是什么，赞成的是什么、不赞成的是什么、最不能容忍的又是什么，以此作为组织策划和实施宣传思想工作的重要依据。要在尊重群众意愿和平等交流中激发群众参与和接受教育的积极性，通过面对面地讲政策，心贴心地谈发展，实打实地办实事，化矛盾、解难题、增信心，使宣传思想工作更好地服务中心，服务大局，为推进“两个率先”、构建和谐社会提供精神动力和舆论支持。

二是明确突破点，把继承传统同形成特色统一起来。改进文风，要以“三贴近”为突破口，贴近实际、贴近生活、贴近群众，坚持与时俱进，在继承传统的基础上勇于创新、形成特色。要充分认识时代发展对宣传思想工作提出的新要求。通过思想认识上的新飞跃，实现工作思路上的新突破。要在继承传统的同时勇于创造特色，包括创造地方特色、工作特色、品牌特色、风格特色，形成叫得响、影响大、有个性、群众喜闻乐见的新工作、大活动、强项目、好品牌。要自觉深入实际、深入生活、深入群众，善于抓住社会生活的本质和主流，从现实生活中挖掘生动事实、汲取新鲜营养，从新生事物中把握趋势、预测未来，善于从社会生活和现实矛盾中发现问题、寻找题目，从习以为常的事情中捕捉诉求、感知民意，在掌握第一手材料中赢得宣传思想工作的主动权。改进文风、创造特色还要体现从容不迫的“互动性”。坚持把正面灌输与平等交流有机地统一起来，突破传统的思维定势和教育模式，努力实现宣传方式由灌输说教式向循循善诱启发式转变，由居高临下的单向灌输式向平等交流、双向互动式转变，由大话空话套话、漫无边际的隔靴搔痒式宣传向有针对性解决问题、一把钥匙开一把锁式转变。要善于运用鲜明的实例和活泼的语言，把科学理论转化为群众爱听易懂的朴实道理，把书面语言转化为群众乐于接受的实话白话，把党的方针政策转化为群众管用的思路办法，让群众在轻松愉快、喜闻乐见的环境中领悟道理、接受教育。

三是找准结合点，把改进文风同推进工作统一起来。不良文风是宣传思想战线的宿敌。我们要把改进文风和创新工作、推进工作结合起来，把改进文风贯穿到宣传思想工作的全过程，落实到各项具体工作之中。理论工作要紧扣经济社会发展的重大战略、社会矛盾和社会利益关系的重大变化，紧紧围绕干部群众关注的热点难点问题，善于总结基层的丰富实践和伟大创造，力求写新、写活、写真、写实，善于把逻辑的力量与事实的力量结合起来，把学术的严谨与表述的生动结合起来，使理论宣传深入浅出、生动活泼。新闻工作要在坚持正确舆论导向的同时，着力在生动性与多样性上下功夫，在“刹长、打假、戒空”上下功夫，切实解决语言概念化、结构公式化、报道形式化、内容上层化等问题，努力加大信息量、增强贴近性，力求事实引导、热点引导、典型引导、言论引导，始终站在积极的立场上，更加贴近百姓情感和百姓生活，不断提高新闻宣传效果和新闻服务水平。文艺工作要深入到人民群众中，把握时代脉搏，感受生活气息，体察社情民意，善于运用先进的理念、先进的手段和先进的表达，对群众中蕴藏的丰富文化元素进行艺术创造，融思想性、艺术性和观赏性于一体，多创作文风清新、时代感强、深受群众喜爱的文艺作品，不断满足人民群众多方面、多层次、多样化的精神文化需求。思想政治工作和精神文明创建要树立统筹兼顾、以人为本的新理念,努力整合社会各阶层各群体的利益诉求,既统一思想又尊重差异,既鼓励先进又照顾多数,善于把政治道理、行为规范、道德准则转化为日常生活的平常事、平常行为和平常话语,努力使人们从身边人、身边事中感悟道理,从观察、体验和思考中受到启迪与教育。

(原载中宣部《决策参考》第 21 期)

昆山市在"两个率先"中构建和谐社会的调查

江苏省委宣传部调研组

一、昆山市坚持以人为本构建和谐社会

人是社会的主体,人民群众既是和谐社会的建设者,也是和谐社会的受益者。昆山市在构建社会主义和谐社会的实践中,坚持以人为本、执政为民,抓住人这个构建和谐社会的根本,统筹人与自然、人与社会、人与人的关系,在一切为了人、一切满足人、一切提高人的理念中,大力推进和谐社会和全面小康的协调发展。

第一,富民为先,加快发展,打牢和谐社会的物质基础。昆山市坚持以科学发展观为指导,抢抓发展机遇,强化发展措施,积极调整优化经济结构,更加自觉地加快经济增长方式的转变,走科技含量高、资源消耗低、环境污染少、经济效益好的"集约化发展、内涵式提高"之路。同时,他们坚持从本地实际出发,积极探索具有昆山特色的富民之路,创新和落实各项富民措施,以富民促进强市,以强市保证富民。特别是最近几年,强调"富民优先",大力实施外向带动战略和民营赶超战略,以外资带动民资,以民资配套外资,努力形成了内外资经济共生共长、比翼齐飞的发展格局。目前,全市私营企业总数超过 1.4 万家,注册资本突破 180 亿元,去年全市转移农村劳动力 12178 名,民营企业吸纳了 35% 的社会就业劳动力,同时积极发展农村股份合作经济组织,使群众收入来源多样化,收入结构多元化,确保群众长期增收、稳定增收。一系列富民举措的落实,较好地改变了以往那种"市强民不富"、收入增长水平明显低于经济发展速度的倾向。城镇居民可支配收入、农民人均纯收入分别由 1990 年的 1999 元、1584 元增加到去年的 15011 元、7655 元,家家户户过上了富足小康的日子。

第二,亲民为本,醇化政风,激发社会和谐的创造活力。党风正才能民心顺、人心齐、干劲足,为社会和谐提供源源不断的创造活力。昆山市党政领导按照"为民、务实、清廉"的要求,全面加强自身建设和反腐倡廉工作。通过创新体制机制,提高工作效率,规范从政行为,在构建和谐社会中发挥模范带头作用。

创新体制机制,加强党风廉政建设,勤政高效,为民用权。改革和完善政府决策机制,建立起群众参与、专家咨询和集体决策相结合的民主决策、科学决策机制,加强权力监督,防止滋生腐败。在市级机关全面实行国库集中收付制度,规范政府收支分类体系,完善项目支出预算管理,规范政府采购制度,严格"收支两条线",坚决取缔"小金库"。深化领导干部职务消费改革,明确干部各种职务消费的标准,突出消费额度与业绩紧密挂钩,建立审核监督体系,防止干部在招商引资、项目开发和公务活动等职务消费中的腐败行为。实行公务用车货币化改革,铲除公车腐败,减轻财政负担,消除民怨情绪。

坚持执政为民，密切党和政府同人民群众的联系，充分调动社会各方面的积极性。通过建立各级领导与重点民营企业、外资企业挂钩联系制度，选派百名机关干部深入百家企业开展“亲商服务月”活动，及时收集企业意见，并引导企业诚信经营、科学经营，尤其是市委书记和市长的手机号码对全市所有企业公开，各级机关24小时开通电话，为企业全天候提供即时服务，深受企业欢迎。行政执法单位和窗口服务部门通过开展“规范服务达标，争创文明行业”等活动，提供高效优质服务。各镇成立便民服务中心，各村成立便民服务岗，尽量方便群众、方便企业。

大为开展“效率昆山”建设，转变政府职能，提高工作效率，强化政风建设，以良好政风带动民风改善。针对教育乱收费、药价虚高等带有普遍性的问题，认真推行义务教育“一费制”，建立健全医德医风考核激励惩戒制度，同时，大力倡导诚信经管和开展各种形式的文明创建活动，努力提高全社会的文明程度和道德素养，净化社会风气，让人民群众享有安全感、正气感、幸福感，以更大的热情和信念投入到全面小康社会的建设之中。

第三，安民为重，公平公正，促进全社会的利益和谐。安定是和谐的直接反映，又是和谐的基本要求。建立安定有序的法制环境，兼顾各类人群的利益诉求，维护社会公平公正，是构建和谐社会的实质所在。

加强“平安昆山”建设，实施“四五五”工程，努力营造城乡居民安居乐业的社会环境。以“四个一百”为载体强化法制宣传教育。在全市举办百所“新昆山人”法制学校，放映百场法制电影，组织百场法制讲座，开展百场法律咨询活动，努力实现法制宣传教育社会化、全员化。以“五个网络”为主要内容，构建社会安全防控体系。建立健全了以科技防控网、巡逻防控网、治安卡口网、社区防范网和单位自防网为主体的安全网络，有效地预防和控制刑事案件的发生。建立“五位一体”的农村治安综合治理工作机制。在全市行政村实施“综治、警务室、治保委、调解委、外来人员登记室”于一体的安全工作机制，群防群治，综合治理，有效促进了农村的社会稳定。

协调各方利益，调解各类矛盾，促进社会各类人群和谐共处。主要是处理好四大关系，即干群关系、劳资关系、贫富关系和新老昆山人关系；调解好六种矛盾，即土地征用、城镇拆迁、单位改制、劳资纠纷、外来人口、家庭问题等社会矛盾。市里组建了矛盾纠纷调处工作领导小组，建立市镇两级社会矛盾纠纷调处服务中心，形成了市、镇、村（居委会）三级联动的大调解格局。以平衡利益为核心，努力维护社会公平，尤其是加强对弱势群体的保护，使社会各类成员利益得到保障，人心得以安定。在城镇，广泛开展以“人人有技能、个个有工作、家家有物业”为目标的“三有工程”；加大职业培训力度，引导和帮助困难家庭和下岗职工创业就业，提高收入水平。在农村，全面实行“最低生活保障、养老保险、医疗保障、拆迁补偿、征地补偿”为主要内容的“五道保障”，在全省率先建立起“老有所养、病有所医、弱有所扶、贫有所济”的农村社会保障体系。

第四，智民为要，尚文重教，强化和谐社会的内生机制。和谐社会离不开社会成员素质的提高。昆山市委、市政府认为，光有利益的和谐是不够的，还要有思想文化的和谐和人的素质的提高。他们坚持把学校教育与社会教育有机结合起来，在全市普及了高中教育，初步实现了高等教育大众化，形成了从幼儿园到大学、从学校教育到成人教育相辅相成的新型教育体系。加强学习型社会建设，倡导人人学习、处处学习、终身学习。连续三年开展了以“爱昆山、讲道德、守秩序、树新风”为主题的文明素质提升工程，组织了以公民基本道德规范为主要内容的爱心、真心、关心、热心、贴心的“五心”行动，开展了以诚信为准则的“放心超市”、“放心药店”、“放心菜场”等“365放心消费活动”，实施了以遵纪守法、共建文明为目的的“共处一地、共保平安、共建文明、共创繁荣”新昆山人教育行动。为了追求文化和谐，他们把海派文化与吴文化融为一体，形成具有本地特色的昆山文化。研究、发掘、弘扬以顾炎武等先贤为代表的政教文化，以昆曲为代表的戏曲文化，以周庄为代表的水乡文化，以昆石、琼花、并蒂莲为代表的园艺文化等，并赋予传统文化以新的时代特征，使昆山文化在开启民智、培育新人、提升素质方面发挥独特的教化作用，也使独具魅力的昆山文化在构建和谐社会中释放光华。

第五，益民为旨，共生共融，坚持人与自然和谐统一。《昆山市城市总体规划(2002—2010)》将发展目标定位于可持续发展的，适宜人居、绿色生态和集约高效的城市。编制了《生态建设总体规划》、《环境整治规划》和《资源保护利用规划》等专项方案。树立循环经济发展理念，把产业布局和产业结构调整与生态环境建设结合起来，在各类园区推行ISO14000环境管理体系和清洁生产审计，按照环保经济体系建设生态工业园区。实施了退塘还湖、返窑还湖、退渔还湖的“三退工程”以及湖堤绿化、湿化建设、引流活水等水源生态保护工程。加快完善污水管网建设，“十五”期间，全市生活污水的处理率达到70%。大力推进绿化造林，规划建设了大型生态公园和公路、河流、高压电杆走廊建设防护林带。近3年全市绿化投入超过10亿元，完成8项绿化景观工程和22项生态示范工程，新增绿地面积976公顷。目前，城区绿化覆盖率达40.47%，人均公共绿地面积达到12.07平方米。淀山湖、阳澄湖等省级旅游区环境达标率100%。

二、几点思考

昆山市在全面建设小康社会实践中，以人为本，构建和谐社会的成功实践，为我们提供了很多有益的启示。他们在工作中探索和积累了一系列成功的做法和经验，值得思考和借鉴。

1. *构建和谐社会是实现全面小康的必然要求。*构建社会主义和谐社会，是我们党从全面建设小康社会、开创中国特色社会主义事业新局面的全局出发提出的一项重大任务。在实现全面小康社会的历史阶段，既是“黄金发展期”，又是“矛盾凸显期”，由利益关系引发的各种矛盾错综复杂，这些矛盾事关全面小康社会建设的大局。昆山市在率先全面建成小康社会、率先基本实现现代化的实践中，比如，较早地遇到了各种各样影响社会和谐的问题；比如，在改革改制和利益调整中产生了富裕人群与贫困人群的矛盾，在发展开放型经济、外商大量进入和人口的大流动过程中出现了新、老昆山人的矛盾，在城市化进程加快推进中出现了新、老市民之间的矛盾；又如，在加快发展中，遇到了经济发展和社会发展的不协调、经济发展和资源供给的不协调、经济发展同环境保护的不协调等矛盾。昆山市委市政府面对这些矛盾，积极采取措施，有针对性地解决问题，加快“平安昆山”建设。针对出现的环境问题，提出“既要绿水青山，又要金山银山，有污染不进昆山”；针对土地等资源浪费现象，提出“精细招商、集约经管”，发展循环经济；针对“移民城市”问题，提出了亲商安商富商的理念，成立“新昆山人”工作委员会，对“新昆山人”出台一系列的优惠政策；针对城乡困难群体的不同需求，在城镇实施“三有”工程，在农村完善“五道保障”，有效地维护了社会稳定和经济发展，促进了全面小康社会建设。

2. *人是构建和谐社会的出发点和归宿*。人民群众是我们党执政兴国的基础，也是构建和谐社会的主力军。我们党的执政理念是以人为本、执政为民，构建和谐社会就是为了人、满足人、提高人，一切为了人民群众的根本利益。构建社会主义和谐社会，适应了我国改革发展进入关键时期的客观要求，体现了广大人民群众的根本利益和共同愿望。在构建和谐社会的进程中，只有立足于人、围绕人做文章，满足人们思变革、思稳定、盼发展、盼和谐的需求，促进人的全面发展，才能抓住构建和谐社会的核心，更好地履行党的执政为民的宗旨，才能在构建和谐社会的实践中最大限度地激发人们的创造活力，为构建和谐社会释放聪明才智。正是基于这样的认识，昆山市委市政府在实际工作中，坚持富民为先、亲民为本、安民为重、智民为要、益民为旨，"五民"举措建和谐的做法深得民心。构建和谐社会取得的进展，更好地改善了昆山人的生存环境、生活环境、劳动环境、人文环境，同时也为人的全面发展创造了条件。

3. *构建和谐社会要重在过程*。构建和谐社会是一个动态的过程，社会的和谐是一个动态的目标，工作永无止境，目标永无止境，即使将来全面建成小康社会，构建社会主义和谐社会的任务一刻也不能放松，它贯穿于建设中国特色社会主义的全过程，而且在不同地区不同时段具有不同的目标要求以及不同的手段、载体。这要求在构建社会主义和谐社会这一历史性任务中，始终要把注意力放在建设的过程上，围绕构建和谐社会的具体目标任务要求，经常不断地、深入细致地、因地因时制宜地开展工作、务求实效。为此，昆山市在构建和谐社会中，从大处着眼，从小处着手，坚持从实际出发，有针对性地订计划、办实事、求实效，把问题解决在过程之中，把成果体现在过程之中，在过程中发挥和谐的效益。比如，在处理新老昆山人的关系上，不厚此薄彼，也不一劳永逸。在外来人口大量拥入昆山的时候，市委市政府首先为他们解决就业和立足问题。当这些"新昆山人"解决了生存问题之后，出现生儿育女、入学入托等问题，市委市政府就在全市建起了满足外来人员子女就读需要的十几所"新昆山人"学校。后来又进一步解决外来人口的市民待遇问题，切实保障外来人员的就业权、受教育权、政治民主权、经济利益权、安全卫生健康权、生活居住权，还广泛开展了"新昆山人论坛"、"新昆山人风采征文比赛"等一系列社会文化活动，使占昆山总人口 50% 的"新昆山人"安居乐业，成为昆山推进"两个率先"、构建和谐社会的一支生力军。

（原载中宣部《决策参考》第 32 期）

当前马克思主义经济学研究需要重视的几个问题

江苏省委宣传部

最近，在研究制订江苏省哲学社会科学研究"十一五"规划中，经济学组在调研基础上提出，当前马克思主义经济理论研究要高度重视以下几个问题：

1. *如何正确认识和处理马克思主义经济学与西方经济学的关系*。长期以来，这个问题一直没有得到很好解决。改革开放前，我们过分强调坚持马克思主义经济学，全盘否定西方经济学，把二者完全对立起来。改革开放以后，西方经济学得到了广泛传播与研究。但是，这两大经济理论体系之间到底是一种什么样的关系？是在坚持马克思主义经济学理论的基础与前提下，对西方经济学理论有批判地吸收，还是坚持双轮驱动、平分秋色？这两大理论体系之间到底是一种水火不容、非此即彼的关系，还是可以互相沟通、相互融合？对于这些问题，至今还未得出一个有说服力的答案。而在现实研究工作中，西方经济学的研究偏热，许多理论工作者特别是中青年学者自觉不自觉地接受了西方经济学的理论体系，马克思主义经济学的研究偏冷。

2. 如何与时俱进地发展马克思主义经济学。马克思主义经济学诞生在150年前，不可能完全准确地预测到社会主义的经济体制与经济发展问题。改革开放以来，我国建立社会主义市场经济体制的改革与发展战略，与马克思主义经济学不尽一致，甚至在一些重要观点上发生严重碰撞。那么，面对今天的新情况与新问题，我们到底是削足适履地去坚持马克思主义经济学，还是与时俱进地去发展马克思主义经济学？这是关系到马克思主义经济学生命力的重大问题。近年来，有些研究成果仍然倾向于教条式地用马克思主义经济学来解释当前我国的改革开放与发展实践，得出的结论缺乏说服力。例如有些学者试图用劳动价值论来解释按生产要素分配，其分析过程与观点都牵强附会。因此，如何科学地对待马克思主义经济学，用我国改革开放与发展的实践去丰富和发展马克思主义经济学，是我们迫切需要解决的一个重要问题。

3. 如何把西方经济学理论与我国实践相结合。目前对西方经济学的研究，存在新的教条主义。许多研究者不求甚解，不顾国情差异，食洋不化，不加分析地把西方经济学家依据发达国家经济情况得出的结论照搬到我国来，结果失之毫厘，谬以千里。这种情况几乎在所有经济问题中都存在，如在通货膨胀、失业、教育、收入分配、工业化与城市化、三种产业的构成及其演进规律等问题上，一些研究者简单地以外国作为参照系，与我国进行比较，得出所谓的差距，然后提出缩小差距的对策建议。

4. 如何把对经济史的研究与对现实问题的研究结合起来。马克思主义经济学研究，包括经济思想史和经济史领域。从近年的研究情况看，存在着重视现实而忽视过去、不注重史的研究倾向。实际上，深入了解马克思主义经济学产生发展的历史，可以深化对马克思主义经济学基本原理的认识。同时也可以以文为鉴，通过对西方发达国家经济史的研究，了解他们所走过的市场经济发展道路，对认识和处理我国当前发展市场经济过程中出现的一些问题有很大启发。通过对我国经济史，特别是新中国成立以来经济史的研究以及一些领导人和经济学家思想的回顾，同样可以总结经验教训。

5. 如何把理论分析与实证分析恰当地结合起来。目前经济理论研究中，采取理论分析的较多，一些研究者及其成果缺乏调查研究，坐在书斋中进行抽象地理论推导，得出的结论与实际相去甚远。例如如何看待剩余价值理论，特别是如何看待我国外资、民营企业中的剥削问题，到底是仍然沿袭马克思的分析，还是从当前经济发展的现实出发？对于世界经济的研究，到底是限于一些国外的二手资料，还是应立足我国对外开放的实际，结合经济国际化实践进行研究？对于收入分配等问题，到底是应该仅仅依据统计年鉴及一些二手资料进行研究，还是应该深入实际，进行个案调查研究？对于人口、资源与环境问题的研究，到底是应该限于一般的理论探讨，还是应该结合实际，提出有针对性的分析与观点？

6. 如何解决马克思主义经济学研究队伍青黄不接的问题。与西方经济学的研究“热”比较，马克思主义经济学研究则显得“冷”。表现为马克思主义经济学的研究者数量、成果数量及其层次、质量，都严重偏少和偏低，研究领域则不断受到挤压，处于收缩状态。许多中青年学者认为研究马克思主义经济学出力不讨好，不容易出成果。因此，如何从政策上进行引导，例如在评职称、评奖等方面进行适当倾斜，以吸引更多中青年学者从事马克思主义经济学理论研究工作，同样是一个需要认真对待的问题。

（原载中宣部《决策参考》第46期）

唱响网络舆论主旋律

江苏省委宣传部调研组

江苏互联网事业较为发达，网站总数占全国7.7%，位居全国第五，上网计算机500万台左右，网民突破700万。加强网上舆论引导工作，对促进江苏加快发展、率先发展、科学发展发挥了积极作用。最近，江苏省委宣传部专门成立了调研组，对全省网上舆论引导工作进行了初步总结和思考，提出了改进工作的目标和措施，以进一步提高工作水平，为加快实现"两个率先"、构建和谐江苏营造良好的网上舆论环境。

一、加强网上舆论引导工作的几点做法

1. *着眼体制创新，发挥带动作用，努力构建覆盖全省的网上舆论主阵地。*初步形成了省委宣传部牵头、省委外宣办负责、省互联网新闻中心协助的网上舆论引导工作职能架构。统一整合全省新闻信息资源，着力建设省重点网络媒体。据统计，目前中国江苏网三月平均排名全球第769位（alexa），日均页面浏览量450万，日均用户近100万（IP数80万），其中14%来自海外，成为国内较有影响的新闻网站。同时，以省重点新闻网站为龙头，发挥省市宣传文化系统和传统媒体的积极性，多渠道、多形式地构建省市两级新闻网站体系。加快新华报业网、扬子晚报网、南京市龙虎网发展，建立"今日扬州"网和"盐城新闻网"，在苏州、无锡、徐州、常州等地积极利用传统媒体资源，开辟网上舆论阵地。

2. *坚持正确舆论导向，发挥独特优势，形成网上强势正面舆论。*积极参与重大活动的宣传报道，不断创新舆论引导方式。今年5月前后，台湾国亲两党代表团访问南京，中国江苏网作为近500家媒体中的唯一网络媒体全程参与了报道。积极整合利用传统新闻信息资源，进一步提升新闻品质。中国江苏网把省级和13个省辖市主要媒体新闻资源全部整合统一发布，形成江苏舆论引导的独特优势。积极强化网络宣传报道联动效应。多次组织全国重点新闻网站和海内外知名网络媒体宣传江苏，大力塑造活力江苏新形象。积极加强与商业网站的合作，共同推出专题、友情链接、合作开展活动等。如龙虎网、新浪网、侵华日军南京大屠杀遇难同胞纪念馆合作开办"永不忘却——南京大屠杀史实"专题网站，加强对纪念中国人民抗日战争暨世界反法西斯战争胜利60周年的舆论引导。

3. *找准着力点，开展网评工作，抢占网上舆论引导主导权。*在建立协调机构上下功夫。省市两级宣传部门建立相应协调机构，初步构建两级网评工作协调机制，南京、宿迁市委宣传部赋予网络新闻管理机构网评管理职能，对网上评论进行日常协调管理、选题通气、年终考评。在提高专、兼职评论员组织程度上下功夫。敏感和特殊时期，协调和组织网上评论员以评论、新闻跟贴、论坛发贴、转贴等方式发表时评和贴文，统一对舆论进行集中引导。在加强考评培训上下功夫。明确专职网上评论员队伍的工作任务和职责，完善网上评论工作流程，制定考核指标，建立奖励机制。中国江苏网、

南京市、宿迁市网管部门根据评论员发贴量、跟贴量、影响力等情况进行综合测评，予以奖励。建立学习培训制度，及时通报情况，使评论员及时了解掌握有关宣传方针政策。

4. 推进依法治网，完善处置机制，着力净化网络舆论环境。根据中办国办（2004）32号文件精神，着手建立全省互联网管理联席会议制度，统一指挥和协调互联网管理及网上舆论引导力量。创设工作指导机制，省外宣办针对热点、敏感问题，及时制订下发网上舆论引导工作意见和工作方案，加强指导和引导。规范有害信息处置程序，部署实施“网络管理工程”，明确责任单位；研究出台《江苏省互联网有害信息处置程序》；在各新闻网站实施了新闻采编发三级审核签发制度、各级岗位责任制度和BBS等信息安全监督、防范、纠错机制。加强舆论监管和处置，根据舆情分析提出选题，组织评论员进行网上舆论引导。密切与省外有关互联网管理部门的合作，及时组织、协调处置有害信息。今年上半年，组织协调删除涉及意识形态的各类有害信息2500余条。建立了有害信息处理档案。

二、当前网上舆论引导工作中显现的突出矛盾

从江苏工作实际看，网上舆论引导成效较为明显，成绩令人鼓舞，也为今后工作积累了经验。但网上舆论引导工作还不够深入，还不能完全适应互联网形势发展的要求。

1. 相对日益复杂繁重的形势任务，互联网新闻宣传工作的体制机制、队伍建设、经费保障存在一些不适应。调研中一些地方反映，有些领导对传统媒体非常重视，而对互联网这一新型传媒的规律性认识不够深，有些地方对加强网上舆论引导、维护意识形态安全的重要性、艰巨性、复杂性缺乏深入理解。网上舆论引导工作被动应付多，主动应对少；事发处置多，事后反思少；协调任务多，工作研究少。从全省的情况看，协调机制不够健全，缺乏强势工作机构。目前已经成立省一级专门的网络新闻管理机构，而省辖市一级仍然存在缺位现象，13个市中有5个市还没有设立专门的网络新闻管理机构。队伍编制配备不多，力量不够强，熟悉业务工作、掌握网络技术的人才缺口较大。全省网络新闻管理机构现有专职干部10名，其中省3名（编制5名），南京3名（编制4名），盐城、扬州等市都是1名。同时，开展网上舆论引导工作财政预算内经费偏紧。省一级现有网络新闻管理工作经费仅80万元，而大多数省辖市工作经费未能列入地方财政预算。

2. 相对网上舆论引导主力军的地位要求，重点新闻网站的建设水平、引导手段等存在一些不适应。从江苏具有登载新闻资质网站的情况看，这类网站往往既是代表党和政府声音的事业型新闻单位，又是市场化运作的企业，新闻网站定位不够清晰，自我发展动力不足，小而散、小而全的现象比较普遍。再者，与传统媒体相比，重点新闻网站的重点性、权威性得不到体现。网络媒体在记者采访资格、职称评定、在职培训等方面存在“瓶颈”，制约了重点新闻网站做大做强。还有，重点新闻网站宣传手段不够新，对网民的凝聚力不够强。主要表现在互动性不够强，新技术新业务开展不够多，缺乏品牌知名度高、网民人气旺的知名论坛，在热点问题和突发事件处置过程中议题设置水平还不够高，在通过开发应用新技术、新手段来贴近网络受众生活、服务吸引受众方面做得不够等。

3. 相对主动及时有效掌控网上舆情的要求，研判、反馈机制还存在一些不适应。在舆情研判机制建设方面，缺少对全局性、

涉及多个地方和部门的网上热点问题和突发事件的舆情跟踪分析，舆情分析的预见性不够强。网上舆情的跟踪分析目前仅仅靠省和少数市的有限人员，相对面广量大的网上舆情，力量显得不足。同时，缺少有效专门的技术软件跟踪分析舆情，对舆情的敏感性和判断力不够准确。在舆情反馈机制建设方面，日常工作布置多，信息反馈少。互联网管理各职能部门之间，以及职能部门与众多的各类网站之间没有行政等制约关系、难以形成上下一盘棋的信息收集和沟通渠道。信息滞后现象比较普遍。此外，网评队伍较分散，网评员大多兼职，管理考核难度较大。

4. 相对网上舆论引导应占领信息传播制高点的要求，对互联网新技术新业务的开发应用存在一些不适应。从江苏的情况来看，即使是担负网上舆论引导工作主要任务的省重点新闻网站，在新技术的应用和新业务开发上，与知名商业网站相比尚有相当差距。省辖市新闻网站（页）基本停留在新闻发布这种单一舆论引导阶段。极个别地方还存在因防止互动栏目的负面影响而惧怕开展新技术、新业务的消极倾向。另外，在应对突发事件和有害信息处置方面，新技术含量不够高。对如何开发和运用QQ、MSN、手机短信等新业务，开展对热点问题、敏感事件的正确引导，适时披露有效信息，加强与网民的互动等有待进一步加强。

5. 相对落实互联网属地化管理原则要求，现行网络新闻两级管理体制还存在一些不适应。由于网络管理采取的是中央和省两级统一管理，而非分级管理体制，省辖市如果以此为据，不能有效配合省级管理部门实施互联网管理，管理就不能落实到位，造成管理上的无力和缺位。在日常网络新闻管理中，管理重点是政府和传统新闻媒体主办的新闻网站，而经常出现问题的往往是不具备登载新闻资格的社会网站，对面广量大的社会网站及内容管理还难以实施有效的制约措施。此外，对外省各级各类网站延伸机构的管理、协调较难。在调研中发现，一些外省新闻和商业网站纷纷在江苏抢滩登陆，争夺网上资源，不少网站在江苏省市级层面建立了自己的分站或者给社会网站私自提供新闻发布空间。当出现由地方处置的网上重大舆情事件时，往往由于对这些网站缺少强有力的舆论引导统筹协调机制，给工作带来较大难度。

三、加强和改进网上舆论引导工作的对策建议

1. 力求在体制建设上取得新突破。进一步落实分级领导体制和责任机制。尽快建立完善省互联网管理联席会议制度，明确以省委分管领导牵头亲自抓、省委省政府负责领导具体抓、各职能部门分管领导作为第一责任人的领导体制。在此基础上，强化分级工作责任制，建立网上舆论引导工作责任人制度。省互联网管理联席会议及其常设办事机构负责全局性、涉及多个部门和地方的网上热点问题和突发事件的舆情跟踪分析，统筹指导协调各部门开展网上舆论引导。各地各有关部门负责本地、本部门工作领域内的网上热点问题和突发事件的舆情跟踪分析，加强信息报送，组织网上舆论引导。进一步加强编制配备和经费、技术保障。要在二到三年或更短时间内，配齐省、市两级专职网上舆论引导工作队伍。省委宣传部将从省互联网新闻中心协调15名自收自支编制人员，与网络新闻管理职能处室合署办公。省、市两级财政确保工作经费到位，加大投入，提高技术装备水平，加强安全防范新技术的开发应用，为网上舆论引导工作提供技术支持。

2. 力求在主流阵地建设上取得新突破。一是明确重点新闻网站的建设主体。

把省重点新闻网站定位为省重点新闻媒体，列入省级新闻单位序列。考虑设立专门的重点新闻网站事业发展基金，对列入全省舆论引导工作体系的新闻网站，依据共发展规模和承担任务大小，每年给予适当的经费补助。基金资金来源可采取多渠道筹措。二是加快重点新闻网站发展机制创新。推进公司化运作，在坚持党管宣传原则的前提下，积极探索既保证正确导向、又富有发展活力的新型管理模式；增强服务功能，下大力气做好短信、彩信、WAP、宽带流媒体节目、社区信息化服务等各项增值服务，与网民实现充分互动，使重点新闻网站成为真正有实力和吸引力的内容提供商；加大产业政策引导力度，努力建立政府为主、多方入股，多渠道融资、市场运作良性发展的新机制，在中央有关文件精神范围内，扩大法人资本、民间资本参与网络媒体的市场化运作。三是规范网络传媒新闻从业人员的队伍建设。把网络新闻从业人员纳入新闻从业人员总体管理范围，成立互联网新闻工作者协会，定期举办业务培训，开展网络好新闻评比等活动；完善和细化对网络新闻从业人员的考核考评制度，形成优胜劣汰的竞争机制；建立全省网络新闻从业人员的管理档案，实行动态跟踪管理。

3. *力争在引导水平上取得新突破*。一是进一步加快覆盖全省的网上评论员队伍建设。力争在今明两年内，使省级专职网络评论员达到15名—20名，兼职资深网上评论员30名，打造一支40名—50名的省重点网评队伍。各地各部门配备1名—2名兼职网上评论员。建立分层管理的专家网上评论员资料库。加强对涉及不同部门、地方的热点问题和突发事件的网评分类指导，加强对重点新闻网站和有影响的论坛的网上阅评，提高热点问题和突发事件的“议题设置”水平，主动引导网情民意。拓展网络评论发布空间，在省新闻网站发布的同时，积极向省外新闻网站、知名商业网站、重点论坛发布。完善网评工作考核和奖励机制，开展优秀网评稿件评比，对省重点专兼职网上评论员提供专门的网评工作经费。二是进一步提高舆情研判、报送和指导水平。加强舆情监控软件和搜索软件的开发利用，保证第一时间获知境内外主要新闻网站、商业网站和论坛涉及江苏舆情情况。准确分类定级，避免对网上热点问题、突发事件以及敏感问题处置工作反应不足或者反应过敏。三是进一步增强重大宣传战役指挥艺术。加大策划力度，促进网络媒体与传统媒体互动，加强新闻网站和商业网站合作，放大网上舆论引导的影响，形成网上正面舆论强势。积极实施网络媒体“走出去”战略，主动与境外新闻网站和商业网站合作，加强同境内外网络媒体和传统媒体的交流，着力塑造和谐江苏的新形象，增进国际社会对江苏的了解。

4. *力求在依法管理上取得新突破*。着手对全省所有互联网站按照登载内容进行分类，逐家梳理出涉及意识形态内容的网站，建立全省涉及意识形态内容的互联网站基本数据库，实施动态管理，分类引导。以《互联网新闻信息服务管理规定》为依据，加强工作指导，建立分层管理体系。区分省管网站和市管网站的不同层次，区别对待新闻网站和社会网站，尤其需要加大对社会网站管理和监控的力度。充分发挥互联网行业协会的作用，加强行业自律和行业监督。完善省内举报奖励制度，加大打击力度，坚决抑制各种有害信息在网上传播。大力推进从业人员职业道德建设，深入开展网络文明工程，弘扬先进文化、抵制腐朽文化和精神垃圾。

（原载中宣部《决策参考》第72期）

南京现代快报创新时政报道的实践

现代快报是南京市一份发行量很大的都市类报纸。去年以来，把创新时政报道作为提升影响力的突破口，紧紧围绕党委政府的中心工作，把"三贴近"原则贯穿于创新时政报道的实践中。

一、探索都市类报纸时政报道规律，实现"硬新闻"的"软着陆"

都市报的特点是发行量大、传播面广、生动活泼、内容丰富，但同时也有时政新闻报道不足的问题，重大时政题材更是报道的"短腿"。究其原因，主要是担心时政报道过多会影响报纸的可读性，在报业市场竞争中落下风。现代快报编委会认为这是办报理念上存在的一种偏见。现代社会，普通百姓对传媒的依赖性越来越大，他们兴趣所在并不仅仅是一些社会新闻和娱乐新闻，同样甚至更关心党委政府在想什么、做什么，这一切又会怎样影响自已的生活。从这种意义上说，都市报和党委机关报相比具有得天独厚的优势，在时政新闻报道中是大有可为的，关键是要坚持"三贴近"原则，研究时政报道规律，把握读者阅读规律，吃透党委政府的精神，找准读者关心的问题，做一个平等、热情、善解读者之意的信息传达者，让思想性、指导性和政治性都很强的时政"硬新闻"变得可读、耐读、人们爱读。这样，时政报道同样可以叫好又叫座，赢得满堂彩。

坚持对上负责，同时强化对读者负责。现代快报时政新闻重点关注三个方面的内容：一是党委政府要发布的精神是什么；二是读者最关心、最需要知道的是什么；三是党委政府决策过程中有什么值得报道的内容。从这三个方面入手，在繁杂的政务活动中抓住读者最关心的新闻。以江苏省委十届七次全会的报道为例：全会提出在宏观经济环境发生重大变化，江苏如何争取更进一步发展的重大问题，并作出了以科学发展观为指导，坚定不移推进"两个率先"，努力建设以人为本、全面协调可持续发展新江苏的决策部署。这个决策部署涉及方方面面，现代快报找准决策部署重要内容与老百姓最为关注问题的结合点，推出了"既要金山银山，也要绿水青山，建设以人为本、协调持续发展的新江苏"等主题报道，在反映几项重大战略的同时，突出报道了"富民优先"、"民心工程"等内容，将扩大就业、完善社会保障体系、提高城乡居民收入等信息传递给了读者。

重视报道结果，同时注意挖掘"背后的新闻"进行深度报道。新闻记者在把新闻信息传递给读者的同时，还应该比普通读者看深一层，多想一层，找出事实内在的闪光点。要有"发现并深挖"的本领，捕捉党务、政务会议过程中折射出的政治生活、社会生活的新变化。这一点，现代快报在江苏省公推公选干部的报道中做了成功尝试。去年9月，江苏在全省公推公选22名省管领导干部，虽然动员大会主要是强调选拔原则、条件和程序等，但在这次大规模"公推公选"背后，透露出的新闻信息是"公推公选"即将经常化和干部任用制度的重大变革。现代快报在"江苏公推公选22名省管领导干部"的宣传中，着中报道了"变革用人潜规则"、"解决任人唯亲和买官卖官，把选人的权力交给制度"、"公推公选将被制度化"等方面的内容。

二、运用"加、减、乘、除"，做活时政报道

时政新闻在很大程度上就是会议新闻，如何做活是媒体挠头的难题。现代快报巧妙运用"加、减、乘、除"法，报道时政新闻。

“加法”。是针对时政新闻特别是会议新闻的内容而言的。通常在会议与重大活动的报道中,记者手中能够掌握的“现成”材料主要有三类:领导讲话、相关文件和通稿。前两者有时必须遵守“保密”纪律,其中的很多内容不能报道。通稿虽然严谨、准确,但往往概括性太强,与都市报风格有一定的距离。为提高报道的“含金量”,现代快报不仅认真把握领导讲话的重点,而且十分注意抓住领导“脱稿”“自由发挥”的很精彩、很实在的内容,写出非常抢眼的好新闻。

“减法”。就是在时政新闻报道中必须学会取舍。在时政报道尤其是会议报道中,常见一长串领导名单:“×××讲话”、“×××主持”、“×××在主席台就座”、“×××列席会议”等。如果去掉名单和会议程序,读者最关心的会议内容往往只有寥寥几句。现代快报认为,会议报道的分量并不在于领导职务的高低、参会领导的多少,而是由内容决定的,只有会议本身的内容和意义才能体现出思想深度。所以,报道对领导名单和会议程序进行了简化,能去的尽量去掉,代之以实实在在的内容。在具体写作时,也尽量避免连续使用“××强调”、“××指出”、“××认为”等重复性字眼。

“乘法”。是指对重要新闻进行追踪报道,使新闻效应成倍增长。如,年初江苏省委省政府提出学浙江,全民创业。会后,现代快报组织记者赴浙江台州,采访当地政府部门、民营企业和普通百姓,通过浙江人和江苏人的对比,发现江苏人在创业观、创业实践等方面的不足。报道刊出后,读者反映针对性、指导性很强。

“除法”。就是要学会“化整为零”,从大会中提炼出有效信息。大型会议的议题一般比较笼统,但会议内容可以透露出很多实实在在的资讯,如做出了哪些新的决策、部署等。所以,要精心提炼单条新闻,解决“眉毛胡子一把抓”的问题,使报道更加立体化,增加新闻的信息含量,增强报道的服务性。如“全省经济工作会议”报道,现代快报就抓住了“即将引进国际服务业”、“即将全面取消农业税”等多层次的有效信息。

三、加强策划,追求时政新闻效应最大化

时政新闻往往是命题作文、规定动作,记者可以发挥的空间小。但除了规定动作外,自选动作又给时政新闻提供了效应最大化的广阔空间。现代快报在每次重大时政新闻报道前,都召开专题策划会,制订详尽的报道方案,成立报道组,实行项目负责制,争取把规定动作做足,让自选动作出彩。在精心策划的基础上,讲求报道艺术,注重综合运用消息、特写、热评、图片等多种形式,拓宽报道面,把现场、幕后结合起来,把报结果与报过程结合起来,用最精炼、最生动的语言把最新鲜、群众最关心的信息提炼出来,做到立意高,角度巧,信息新,挖掘深,写作活。

(原载2月2日中宣部《宣传信息清样》)

以人为本促进人的全面发展

——张家港市推进精神文明建设的新经验

张家港市以“两手抓,两手硬”、“两个文明”协调发展而闻名全国。近几年来,该市坚持以人为本、执政为民,在全面建设小康社会的实践中勇于探索,促进了经济社会的快速发展。

经济社会的快速发展提高了人民群众对精神文化的需求,人们已不再满足于居有房、穿有衣、食有粮等基本消费需求,现代文明成为广大市民的自觉追求。张家港市坚持以人为本,自觉将省委、省政府提出的“两个率先”（率先全面建成小康社会、率先基本实现现代化）同精神文明建设统一起来，实施以提高群众收入、满足城乡居民精神文化需求为主要内容的“富民工程”，促进农民向市民转变的“转化工程”，以诚信教育为主要内容的“诚信工程”等“三大工程”，加大精神文明建设力度，促进精神文明和物质文明的同步发展，促进人的全面发展。

一、增加城乡居民收入促进人的全面发展。突出以人为本、民富为先，采用“加减乘除”法，夯实人的全面发展的物质基础。一是“加法”，即加速推进工业化，增强全民就业能力，扩大增收渠道。目前，全市45万劳动力已实现充分就业。二是“减法”，即靠减负保护农民利益，调动农民增收的积极性。建立以城市反哺农村、以工业反哺农业的制度，2003年已免征农村税费，实现农民“零负担”。三是“乘法”，即推进农业产业化，促进全民创业。实施品牌经营、市场营销和资本运营战略，加快传统农业向现代农业、产量农业向效益农业转变，促进农民增收致富。四是“除法”，即加快转移农村剩余劳动力，逐渐减少农村人口数量。目前，全市农村劳动力中从事非农产业的已占75.5%。强大的经济实力为社会保障体系提供了有力支撑，目前全市已有5万余名农民职工转入“城保”，8万余名纯农民纳入“社保”，并全面实施农村新型合作医疗和大病风险基金制度，与城镇职工医疗保险逐步接轨。

二、提高城乡居民生活质量促进人的全面发展。着力统筹城乡建设，优化空间布局，改善生态环境，全方位提高生活质量。一是改善居住条件。按照“工作在现代化园区，生活在花园式城市”的要求，对市、镇、村三级进行统一规划建设。目前全市镇已减少到8个，村减少到186个，形成了科学合理的产业布局，生产和居住功能优势得到较好发挥。二是优化生态环境。每年投入10亿元用于环境设施建设，实现了从卫生城市到环保模范城市，再到园林城市、生态城市的跨越。三是满足精神需求。投入数亿元新建和改造了图书馆、博物馆、广电中心、电影广场等文化设施。全市8个镇建立了文化服务中心，市镇两级公益性文化设施面积达6.76万平方米，全市农村每年组织各类文体活动2000多场，参与群众超过40万人次。建立上百支特色文体活动团队，引导群众自娱自乐。四是完善服务体系。把城市社区建设经验推广到农村，全市8个镇都成立中心社区，186个行政村建立村级社区，形成了市、镇、村、企业四级社区联动的良好格局。建立全市统一的“1890（一拨就灵）社区服务网”，城乡居民共享文娱、休闲、商贸、医疗卫生等公共服务设施，“小事不出村，服务引进门”的生活目标逐步实现。

三、提高城乡居民综合素质促进人的全面发展。一是弘扬张家港精神。大力弘扬“团结拼搏，负重奋进，自加压力，敢于争先”的张家港精神，并在实践中赋予其“争先、创新、求实、富民”新的时代内涵，使之成为全市人民奋发进取的强大精神动力。二是强化教育。1995年以来，先后投资数十亿元用于改善办学条件和扩大教育资源，进入全国首批教育现代化先进市行列，小学入学率和毕业率均达100%，初中升高中比例达95%以上。创办全国第一所县办大学沙洲职业工学院，为全市累计输送高等职业人才8000余名。在全市范围内广泛开展学习型城市、学习型机关、学习型社区、学习型企业和争当学习型干部、学习型青年活动。三是转化农民。坚持“以市民的理念培育农民”，努力在“人居环境、人员素质、发展功能”三个方面实现农民素质与城市文明的对接。开展对农民尤其是青年农民的思想道德、文化科技、职业技能教育。仅2003年，全市举办各类短训班100多期,4万余人接受了培训。开展文明村镇、文明社区、文明小区、文明行业等一系列创建活动,促进农民向现代市民转变。

四、提高城乡居民自治能力促进人的全面发展。从完善基层民主、健全规章制度、引导群众正确行使民主权利和增强参与意识入手,努力提高城乡居民的法制观念和自治能力。一是加强基层民主政治建设。优化干部队伍结构,目前全市高中以上的村干部达70%,35岁以下的村干部达25%以上。规范农村政务,实行民主选举、民主决策、民主管理、民主监督。二是加强民主法制建设。把村民法制教育内容和要求渗透到社区管理各项制度中,融入村规民约中,启发农民自我教育、自我提高、自我完善。三是加强和谐社会建设。坚持重大决策问计于民,广泛收集群众意见,倾听群众心声。着力调整好各方面的利益关系,及时化解不稳定因素。党员干部广泛开展"结对帮扶"活动,坚持不懈地为群众办实事办好事。目前,全市呈现出党风正、人心顺、经济上、事业兴,城乡安全、稳定、和谐的良好局面。

(原载6月20日中宣部《宣传信息清样》)

江苏省采取有力措施建立打击音像盗版行为长效机制

江苏省文化厅近日会同省高级人民法院、省人民检察院、省整顿和规范市场经济秩序工作领导小组办公室、省公安厅下发《关于进一步打击非法音像制品违法犯罪活动的意见》,建立健全打击音像盗版行为的长效机制,对音像市场盗版侵权行为进行严厉打击。

一、建立联席会议制度,加强文化部门、司法机关的协调配合。各地整顿和规范市场经济秩序领导小组办公室发挥综合协调作用,每季度组织公、检、法和文化等部门召开一次联席会议,沟通情况、协调解决有关问题;文化部门根据工作需要不定期召集会议,就有关事项进行讨论、协商,加强沟通协作,形成打击合力。

二、建立行政执法案件备案制度,疏通重要信息沟通渠道。对情节相对严重,尚未达到犯罪追诉标准的行政违法案件,文化部门及时将案件有关情况向违法行为地公安机关备案。《意见》将具体备案标准规定为追诉标准的80%,即违法所得数额在2万元以上的;非法经营数额在4万元以上的;未经著作权人许可,复制、发行其文字作品、音乐、电影、电视、录像、计算机软件及其他作品,数量合计在800张(份)以上的;贩卖淫秽音像制品130张(盒)以上的;向他人传播淫秽音像制品达400人次以上或者造成恶劣社会影响的;其他情节严重的。

三、建立重大案件犯罪线索移送制度,提高刑事打击的精确度。对初步掌握涉嫌犯罪的重大案件线索,文化部门填写《犯罪线索移送单》,转交违法行为地公安机关。公安机关受理并进行初查,涉嫌犯罪的及时立案,文化部门配合公安机关开展案件侦破工作。对特别重大的案件线索,公安机关、文化部门可根据案情共同制订行动预案。

四、强化案件移送工作,推动涉嫌犯罪案件及时进入司法程序。文化部门在依法查处音像制品违法案件中,对涉嫌犯罪的,经调查取证,及时移送违法行为地公安机关。《意见》对案件移送的时限、材料和公安机关审查、受理、决定是否立案的程序和期限,以及双方的交接手续等作了明确规定,并要求文化部门对应当向公安机关移送的涉嫌犯罪案件,不得以行政处罚代替移送。加强对案件移送工作的监督和管理，文化部门定期检查，发现问题督促整改，对拒不改正、情节严重的，予以通报批评，或者提请其上级人民政府责令限期改正；人民检察院对文化部门移送案件、移送后公安机关立案情况依法进行监督；任何单位和个人对文化部门应当移送而不移送的，均有权向人民检察院、监察机关或者上级行政执法机关举报。对文化部门、公安机关在案件移送方面的违规行为，《意见》作出了具体的处罚规定。

五、建立联合执法机制，促进执法资源的有效利用。文化部门、公安机关在音像市场重大执法活动中相互配合，分工负责。文化部门主要负责违法案件涉案物品的收缴、登记，进行行政处罚等；公安机关积极协助文化部门开展有关工作，对妨碍执行公务的立案查处，并将处理情况及时反馈给文化部门，对涉嫌犯罪的立即进行案件初查，收集、调取有关证据材料。

六、从严查处非法音像制品经营行为，切实加大打击力度。明确规定音像制品的批发、零售（包括邮购）、出租以及互联网上购销、传播等经营行为都属于发行，对为了发行而实施的储运、投递行为，也视为发行；从事非法音像制品经营行为的，处于储存、运输等环节中的非法音像制品，计入经营数量；对明知是非法音像制品而提供储存、运输、经营场所的，以共同犯罪论处；对明知是非法音像制品而参与经营构成犯罪的，不论非法音像制品是否属其所有，按有关规定追究刑事责任；对涉案音像制品可按其违法特征分类进行抽样，同时封存其余涉案物品备查，以提高办案效率。

（原载8月29日中宣部《宣传信息清样》）

泰州积极探索运用手机短信创新青少年宣传教育工作新渠道

今年以来，江苏省泰州市创新理念和思路，积极尝试和探索运用手机短信开展宣传教育工作，精心组织了以“感悟张云泉”、“和谐社会在身边”、“现代知识你我他”、“迎十运，我运动，我快乐”等为主要内容的“青春泰州——感悟感动”青少年原创手机短信作品系列比赛活动，使广大青少年在参与中接受教育，拓展了宣传思想工作的渠道，增强了宣传教育工作的活力和影响力。

一、探索运用手机短信开展宣传教育的主要做法

1. 依托各种现代传媒手段，扩大宣传教育的影响力。借助现代移动传媒技术、网络信息技术等现代传播手段和资源，专门制作了“泰州共青团”网站短信大赛主页和泰州移动分公司短信大赛活动门户网站，安装了短信大赛专用群呼群发系统，为广大青少年通过网络了解大赛活动进程，提交原创短信作品，参与网上投票、评论以及活动信息即时更新等提供了坚实的物质和技术保障。同时，在泰州政府网、泰州网、“我的泰州”、泰州日报网等市内主要网站、论坛建立了活动图标链接。为拓宽访问渠道，方便网友在线访问，各主要网站还增设了分类查找、按号码搜索、按点击量排序等功能。

2. 结合青少年的心理特点，抓住思想教育切入点。针对广大青少年求新、求异、求美的特点，推出了“点击创造灵感，拇指传递真情”的活动口号，设计了活动招贴画和宣传广告页，制作了富含动感的活动主题广告音乐和视觉冲击力强的FLASH动漫，印制了精美大方的《“青年心中的时代先锋——张云泉”短信大赛入围作品选》，通过当地各类报纸、电台、电视台等主流媒体的广泛宣传，提高了短信大赛活动在青少年中的影响力，激发了青少年广泛参与的热情。

3. *创新活动形式，提升活动的影响力和感染力*。注重体现广大青少年主体意识强和自主参与、追求互动的特点，精心组织了一系列互动性活动。利用网络宣传优势，即时更新内容、即时发表评论、即时网上投票；利用电台举办专题节目，由主持人与听众共同评论短信，实现空中互动；举办大型现场互动活动，由本地知名节目主持人主持开展短信机智问答、彩铃模仿秀等富含青春韵律的互动性游戏和娱乐节目，充分吸引青少年参加到活动中来。在颁奖仪式上，张云泉同志现场回答会场内外900多名青少年的短信提问，将整个活动推向高潮。

4. *突出重点活动，加强宣传和引导*。以短信大赛活动为主线，将相关活动串连起来。手机短信大赛活动与校园文化艺术活动结合起来，与“五四”青年节、“六一”儿童节等节庆活动结合起来，与青少年学生“快乐之夏”系列活动结合起来，与基层团组织主题团日活动结合起来，与市直机关企事业单位青年文化月结合起来，与共青团信息互动平台结合起来，使各类青少年群体在各自的活动中，相互启发，相互激励，共享文化大餐，满足精神需求，在整体上提高了原创短信的质量。

二、运用手机短信开展宣传教育取得良好效果

由于主题鲜明、形式新颖，青少年原创手机短信作品大赛吸引了众多青少年的广泛参与，广大青少年在积极参与中受到了教育，运用手机短信开展宣传教育的探索取得了明显成效。一是吸引广大青少年的积极参与。在短短3个月的时间内，全市有9000多名青少年通过手机、互联网创作、发送参赛作品，6万余人次点击大赛专题网站参与活动，共收到9300多件有效作品。二是推动先进典型为广大青少年所接受。广大青少年在了解先进、学习先进、感悟先进的过程中，积极思考如何对待青春和人生，对进一步树立科学的世界观、人生观、价值观具有积极作用。新时代的先进典型为广大青少年所接受、喜爱和颂扬，使青少年接受了一次深刻的爱国主义和时代精神教育。三是促进广大青少年良好思想品德的形成。广大青少年通过感悟先进人物、思考和谐社会建设、探讨现代知识、倡导健康生活方式，思想得到了升华，灵魂得到了洗礼，活力到了激发，青少年的思想品德和科学文化素质都得到了一定程度的提高。四是激发了广大青少年的创作活力。这种宣传教育方式互动性强，突破了原有教育形式的单向性缺陷，使青少年在参与活动中迸发出旺盛的创作活力。富有时代感的青春语言，传递了广大青少年对和谐社会的向往，以及从自身做起共建和谐社会的决心，充分反映了他们热爱党、热爱国家、热爱家乡、热爱生活的昂扬向上的精神状态。

三、运用手机短信开展宣传教育的几点体会

加强青少年思想道德教育，要适应社会主义现代化建设的需要和现代社会发展的要求，积极运用现代科学技术，不断拓展渠道、创新形式，进一步增强宣传思想工作的实效性和影响力。

1. *开展宣传教育应积极利用新技术手段*。宣传教育工作要主动抢占高科技发展前沿，积极运用高科技手段，坚持为我所用，唱响主旋律，使新兴信息传播渠道成为推进工作的新阵地。手机短信等高科技手段在信息传播中具有较强的自主性、互动性和参与性，日益成为交流思想、引导思想的重要

平台与载体。运用手机短信开展宣传教育工作，就是积极发挥手机短信等新兴媒体的群众参与性强的特性，让广大群众特别是青少年在参与中受到潜移默化的教育。

2. 宣传教育方式应适合青少年群体的特点。宣传教育工作是做人的工作，只有根据受教育对象的特殊性，采取有针对性的教育方式，才能达到预期的效果。当前，青少年的学习生活方式已经发生很大改变，手机短信成为广大青少年所喜爱的一种沟通和表达形式。运用手机短信开展宣传教育工作，就是根据贴近群众的要求，紧紧抓住青少年群体这个受教育对象的思想、心理和行为特征，巧妙地将宣传教育的思想内容引入到手机短信的形式中，吸引广大青少年在参与手机短信创作中接受教育。

3. 开展宣传教育应善于拓展工作的渠道。保持宣传教育工作的生机和活力，不断提高宣传教育的感召力，就要适应时代发展的要求，在过去行之有效的好传统、好方法的基础上，创新工作方式，拓展工作渠道。运用手机短信开展宣传教育工作，通过手机短信这种宣传教育新渠道，变单向灌输为双向互动，变被动接受为主动参与，变固定场所教育为开放式教育，将思想道德教育有机地融入到现代高科技中，吸引人们在积极参与中接受教育，取得了较好的效果，拓展了宣传教育新渠道。

（原载11月23日中宣部《宣传信息清样》）

干部队伍

全省宣传干部统计

（一）省委宣传部人员数

单 位	部机关	直属事业单位	合 计
编制数	121	109	230
在职数	92	29	121

（二）各市委宣传部人员数

市 别	编制数	在职数	市 别	编制数	在职数
南京市	72	62	南通市	44	37
苏州市	29	26	盐城市	41	35
无锡市	47	38	淮安市	34	29
常州市	41	31	宿迁市	31	20
镇江市	37	31	徐州市	45	42
扬州市	36	30	连云港市	41	39
泰州市	27	26			

（三）各县（市、区）宣传干部数

南京市

县 别	宣传部机关		乡 镇		街 道	
	编制数	在职数	乡镇数	宣委数	街道数	宣委数
玄武区	11	12			8	8
白下区	13	11			10	10
秦淮区	12	12			5	5
建邺区	11	11			6	6

续表

县　别	宣传部机关		乡　镇		街　道	
	编制数	在职数	乡镇数	宣委数	街道数	宣委数
鼓楼区	12	13			7	7
下关区	12	12			6	6
栖霞区	9	7			9	9
雨花台区	8	8			8	8
江宁区	18	18	13	13	7	7
浦口区	23	17	8	8	3	3
六合区	14	10	14	14	5	5
溧水县	12	15	8	8	1	
高淳县	12	12	8	8	1	

苏州市

县　别	宣传部机关		乡　镇		街　道	
	编制数	在职数	乡镇数	宣委数	街道数	宣委数
张家港市	23	21	9	9		
常熟市	21	20	10	10		
太仓市	21	22	7	7		
昆山市	16	16	10	10		
吴江市	20	14	10	10		
平江区	6	7			6	6
金阊区	6	5			5	5
沧浪区	5	6			6	6
虎丘区	9	8	3	3	4	4
吴中区	21	17	10	10	8	8
相城区	8	8	6	6	3	3

无锡市

县　别	宣传部机关		乡　镇		街　道	
	编制数	在职数	乡镇数	宣委数	街道数	宣委数
江阴市	17	15	19	19		
宜兴市	18	17	20	20	2	2
锡山区	10	8	7	7		

续表

县　别	宣传部机关		乡　镇		街　道	
	编制数	在职数	乡镇数	宣委数	街道数	宣委数
惠山区	11	13	6	6		
滨湖区	16	13	5	5	4	4
崇安区	6	4			6	6
南长区	6	6			6	6
北塘区	6	3			4	4
新　区	6	6	4	3	3	3

常州市

县　别	宣传部机关		乡　镇		街　道	
	编制数	在职数	乡镇数	宣委数	街道数	宣委数
金坛市	16	14	16	16		
溧阳市	17	17	18	18	2	
武进区	20	19	24	24		
天宁区	8	8			10	10
钟楼区	4	3	1	1	9	3
新北区	13	11	6	6	3	1
戚墅堰区	6	4	2	2	2	2

镇江市

县　别	宣传部机关		乡　镇		街　道	
	编制数	在职数	乡镇数	宣委数	街道数	宣委数
丹阳市	16	13	15	15	1	
句容市	15	15	11	11	1	1
扬中市	15	14	6	6		
丹徒县	18	16	7	7		
京口区	12	11	3	3	4	4
润州区	7	6	1	1	4	4
新　区	1	4	3	3	2	1

扬州市

县　别	宣传部机关		乡　镇		街　道	
	编制数	在职数	乡镇数	宣委数	街道数	宣委数
宝应县	13	12	14	14		
高邮市	16	15	21	21		
江都市	20	18	13	13		
仪征市	16	15	11	11		
邗江区	19	15	11	11	3	3
广陵区	9	8	2	2	4	4
维扬区	7	6	3	3	2	1

泰州市

县　别	宣传部机关		乡　镇		街　道	
	编制数	在职数	乡镇数	宣委数	街道数	宣委数
靖江市	18	16	10	10	3	
泰兴市	22	16	24	24		
姜堰市	16	15	18	18		
兴化市	16	15	35	35		
海陵区	12	10	1	1	8	
高港区	9	7	5	5		

南通市

县　别	宣传部机关		乡　镇		街　道	
	编制数	在职数	乡镇数	宣委数	街道数	宣委数
海安县	20	20	14	17		
如皋市	14	13	20	20	4	
如东市	15	14	15	15		
通州市	18	16	23	23		
海门市	25	20	22	22	3	
启市东	17	13	24	24	2	2
崇川区	9	7	2	2	8	2
港闸区	9	10	2	2	4	4
开发区	2	1	3	3	1	1

盐城市

县别	宣传部机关		乡镇		街道	
	编制数	在职数	乡镇数	宣委数	街道数	宣委数
东台市	21	20	24	24	6	
大丰市	18	18	14	14	2	
建湖县	19	16	15	15		
射阳县	21	19	19	19	2	2
阜宁县	19	14	20	20		
滨海县	18	13	15	15	2	
响水县	18	16	12	12		
盐都区	18	12	14	14		
亭湖区	13	11	7	7	8	8

淮安市

县别	宣传部机关		乡镇		街道	
	编制数	在职数	乡镇数	宣委数	街道数	宣委数
涟水县	16	14	19	17	11	9
洪泽县	12	12	12	12		
金湖县	11	11	11	11		
盱眙县	14	11	19	15		
楚州区	19	17	27	26	1	1
淮阴区	15	10	21	18		
清河区	8	7			7	7
清浦区	14	11	19	15		

宿迁市

县别	宣传部机关		乡镇		街道	
	编制数	在职数	乡镇数	宣委数	街道数	宣委数
沭阳县	15	10	35	25		
泗阳县	17	17	18	18		
泗洪县	17	14	23	23		
宿豫区	11	12	16	12		
宿城区	11	7	14	14	4	4

徐州市

县　别	宣传部机关		乡　镇		街　道	
	编制数	在职数	乡镇数	宣委数	街道数	宣委数
邳州市	16	13	24	24		
新沂市	13	12	16	16		
沛　县	14	10	15	12		
丰　县	15	15	14	14		
睢宁县	14	14	16	16		
铜山县	14	15	21	20		
贾汪区	13	13	7	7	4	4
云龙区	5	7			9	9
鼓楼区	9	9			11	
泉山区	6	6			10	10
九里区	4	4			13	13

连云港市

县　别	宣传部机关		乡　镇		街　道	
	编制数	在职数	乡镇数	宣委数	街道数	宣委数
赣榆县	19	19	18	18		
东海县	18	16	22	22		
灌云县	16	12	20	20		
灌南县	14	13	14	13		
新浦区	8	6	4	4	6	6
海州区	6	4	2	2	5	5
连云区	6	5	2	2	5	5

全省宣传系统领导干部名单
（2005年内任职）

（一）省委宣传部

部　长　孙志军（省委常委）

副部长　周世康（2月任职）　杨承志
　　　　谭　跃（8月离任）
　　　　周毅之（8月离任）

部务委员　梁　勇　朱维宁（8月任职）

（二）省直宣传文化系统

省文化厅

厅长、党组书记　章剑华

副厅长、党组副书记　尹　明(7月任党组副书记)
副厅长　王慧芬　高　云
马　宁(7月任职)
纪检组长　王世华

省广播电视局

局长、党组书记　徐毅英(8月离任)
耿乃凡(8月任职)
副局长　党组副书记　申彭建
副局长　黄　信　李德田
助理巡视员　杨锡华(8月任职)
纪检组长　王晓萍

省新闻出版局(版权局)

局长、党组书记　黄文虎(2月离任)
徐毅英(8月任职)
副局长　周　斌　沈建国　傅杰三
巡视员　王传明(3月离任)
纪检组长　沈季姚

省文联

主　席　顾　浩(兼)
党组书记、副主席　杨承志
党组副书记　高以俭
书记处第一书记　杨承志
书记处书记　高以俭　言公达

省作协

主　席　王臻中
党组书记　杨承志
党组副书记　赵本夫(11月任职)
副主席　杨承志　赵本夫
书记处第一书记　杨承志
书记处书记　赵本夫　张王飞
副厅级干事　成正和(7月离任)

省社科联

党组书记　孙燕丽
主　席　洪银兴(兼)
党组副书记　廖　进
副主席　孙燕丽(常务)廖　进

新华日报社(省新华日报报业集团有限公司)

党委书记、总编辑、董事长　周正荣
党委副书记、社长、总经理　许洪祥
副社长、副总经理　刘文平　张　艾
副总编辑　朱铭佐　杨步才　周跃敏
缪小星

《群众》杂志社

总编辑　朱同广(8月离任)
周毅之(8月任职)
副总编辑　钱伯华　游新华　陈建生

省社科院

院长、党委书记　宋林飞
副院长　刘　钰　张颢瀚　张德华

省文明办

主　任　谭　跃(8月离任)
副主任　周　琪(12月任职)

省广播电视总台(省广播电视集团有限公司)

党委书记、董事长　(暂空)
党委副书记、台长、总经理　周　莉
副台长、副总经理　张苏明　肖　泉
张建平　戴听祥
徐敢峰
副台长级　杜汝淼(12月免职)　凡　兵
纪委书记　邵明华

省出版总社、凤凰出版传媒集团有限公司(原省出版集团有限公司,2005年2月更名)

党委书记、董事长　石启忠(8月离任)
谭　跃(8月任职)
总编辑　石启忠(2月离任)
陈海燕(2月任职、8月离任)
社长、总经理　耿乃凡(8月离任)
陈海燕(8月任职)
党委副书记　耿乃凡(8月离任)
陈海燕(2月任职)
党委副书记、副社长、副总经理　曹光福
副社长、副总经理　张佩清

副总编辑、副总经理　吴小平(8月免副总编辑)
纪委书记　汪维宏
江苏艺术剧院(省演艺集团有限公司)
院长、总经理　顾　欣
党委书记　杨企鹏
《扬子晚报》社
总编辑　朱铭佐(兼)
江苏人民出版社
社长、总编辑　吴　源(12月离任)
　　刘健屏(12月任职)
江苏科技出版社
社长、总编辑　胡明琇(8月离任)
　　黎　雪(8月任职)
南京图书馆
党委书记、常务副馆长　马　宁
南京博物院
院　长　徐湖平(12月离任)
　　龚　良(12月任职)
省国画院
院　长　赵绪成
省文化产业集团
党委书记　李向明
总经理　曹　剑

(三) 各市委宣传部

南京市委宣传部
部　长　叶　皓(常委)
副部长　周福龙　周天江(9月任职)
　　卜　宇　何亦农　曹劲松
　　王　嵬(5月任职)
苏州市委宣传部
部　长　周向群(常委、女)
副部长　高志罡　缪学为　郦　方
无锡市委宣传部
部　长　王立人(常委)
副部长　须　健　陈尧明　管海燕
　　李建秋(6月任职)
常州市委宣传部
部　长　张晓霞(常委、女)
副部长　卢晓光　张火炫
　　胡国华　黄四清
镇江市委宣传部
部　长　张甫雄(常委)
副部长　汤才顺　欧阳箐　陈　伟
　　周国建　宋成玺　许　星
扬州市委宣传部
部　长　赵昌智(常委)
副部长　曹庆余　祁跃辉　叶冠军
　　王晓庆　丁　毅(11月任职)
泰州市委宣传部
部　长　周　琪(常委,12月离任)
副部长　陈　社　张宏伟　黄林华
　　于国建(1月任职)
南通市委宣传部
部　长　张小平(常委,女)
副部长　徐仁祥　李存玉　叶晓平(女)
　　陈　亮
盐城市委宣传部
部　长　李　驰(常委)
副部长　施建石　王宜民　陈永康
淮安市委宣传部
部　长　刘希平(常委,女)
副部长　管曙光　吴雪华　金德海
　　王信淮
宿迁市委宣传部
部　长　叶　辉(常委)
副部长　张绪正(7月离任)
　　张　莉(7月任职,女)
　　张枫林　胡成国　朱　陆
徐州市委宣传部
部　长　李荣启(常委)
副部长　陈文善　刘　明　孙厚兴
　　高成富　张德超
连云港市委宣传部
部　长　吴加庆(常委)

副部长　曹佳鸣(常务)　王家全
李洪华　李锋古　卢伟军
拾　锋(挂职)

(四) 各县(市、区)委宣传部部长(以年底在任为准)

南京市
玄武区　宋晓辉(常委,女)
白下区　车明军(常委)
秦淮区　刘　凡(常委,女)
建邺区　邱小凡(常委)
鼓楼区　姚　坚(常委)
下关区　张　强(常委)
栖霞区　孙　强(常委)
雨花台区　霍慧萍(常委,女)
江宁县　刘　玲(常委,女)
浦口区　祁凤英(常委,女)
六合县　赵云翔(常委)
高淳县　杨白英(常委,女)
溧水县　孙绿叶(常委,女)
苏州市
张家港市　李汉忠(常委)
常熟市　杨崇华(常委)
太仓市　张志明(常委)
昆山市　毛纯漪(常委,女)
吴江市　吴　炜(常委,女)
平江区　单建华(常委、女)
沧浪区　朱奚红(常委,女)
金阊区　周锡骏(常委,女)
虎丘区　郦小萍(常委、女)
吴中区　顾鉴英(常委,女)
相城区　杨　新(常委,女)
无锡市
江阴市　(暂空)
宜兴市　许伟英(常委,女)
锡山区　丁旭初(常委)
惠山区　计佳萍(常委,女)
滨湖区　顾建忠(常委)
崇安区　王铭涛(常委)
南长区　徐　越(常委)
北塘区　赵虹路(常委、女)
新　区　黄胜平(常委)
常州市
金坛市　刘方勤(常委)
溧阳市　沈福新(常委)
武进区　江建文(常委)
天宁区　魏　敏(常委)
钟楼区　吴嘉润(常委)
新北区　张晓平(常委)
戚墅堰区　江君杰(常委)
镇江市
丹阳市　沈岳方(常委)
句容市　王红卫(常委)
扬中市　施建华(常委)
丹徒县　张建国(常委)
京口区　姚敬源(常委)
润州区　范永放(常委)
新　区　王祥义(党工委委员)
扬州市
宝应县　宋祥林(常委)
高邮市　张秋江(常委)
江都市　严鸿翔(常委)
仪征市　赵　明(常委)
邗江区　陈佳宏(常委)
广陵区　汤天波(常委)
郊　区　马和建(常委)
泰州市
靖江市　尤　红(常委)
泰兴市　陈培才(常委)
姜堰市　李卫国(常委)
兴化市　张育林(常委)
海陵区　张长平(常委)
高港区　曹茂良(常委)
南通市
海安县　徐兴林(常委)
如皋市　谢新民(常委)

如东市　司祝建(常委)
通州市　施　辉(常委)
海门市　顾　华(常委)
启东市　倪春元(常委)
崇川区　曹　斌(常委)
港闸区　杨兴贵
开发区

盐城市

东台市　鲍　宇(常委)
大丰市　陈同远(常委)
建湖县　蒋东仁(常委)
射阳县　王旭东(常委)
阜宁县　王　亚(常委)
滨海县　王玉新(常委)
响水县　裴彦贵(常委)
盐都区　唐　宏(常委)
亭湖区　宋　勇(常委)

淮安市

涟水县　季　军(常委)
洪泽县　曹新军(常委)
盱眙县　安立波(常委)
金湖县　李顺英(常委,女)
楚州区　陈　静(常委)
淮阴区　张建扬(常委)
清河区　季忠民(常委)
清浦区　伍光云(常委)

宿迁市

沭阳县　李公平(常委)
泗阳县　葛翔宇(常委)
泗洪县　陈夫忠(常委)
宿豫区　杨彩林(常委,女)
宿城区　王君文(常委,女)

徐州市

邳州市　王立峰(常委)
新沂市　张同礼(常委)
丰　县　李　杰(常委)
沛　县　刘广远(常委)
铜山县　韩如海(常委)
睢宁县　赵　李(常委)
鼓楼区　平高阳(常委)
云龙区　尹洪平(常委)
泉山区　张儒昌(常委)
贾汪区　王　超(常委)
九里区　靳冠华(常委)

连云港市

赣榆县　孙　海(常委)
东海县　王奎杰(常委)
灌云县　陆　华(常委,女)
灌南县　孙　明(常委)
新浦区　王立斌(常委)
海州区　苏中保(常委)
连云区　李君生(常委)

(各有关单位、省委宣传部干部处、杨仪供稿)